HISTOIRE

DE LA

RÉPUBLIQUE DE 1848

L'auteur et l'éditeur déclarent réserver leurs droits de traduction et de reproduction à l'étranger.

Cet ouvrage a été déposé au ministère de l'intérieur (section de la librairie) en octobre 1873.

PARIS. TYPOGRAPHIE DE E. PLON ET Cie, RUE GARANCIÈRE, 8.

HISTOIRE
DE LA
RÉPUBLIQUE DE 1848

GOUVERNEMENT PROVISOIRE
COMMISSION EXÉCUTIVE
CAVAIGNAC

24 FÉVRIER — 20 DÉCEMBRE 1848

PAR

VICTOR PIERRE

PARIS
E. PLON ET Cie, IMPRIMEURS-ÉDITEURS
RUE GARANCIÈRE, 8
—
1873
Tous droits réservés

HISTOIRE
DE LA
RÉVOLUTION DE 1848

LIVRE PREMIER

RÉPUBLIQUE ET EMPIRE.

Sommaire. — Coup d'œil historique sur les antécédents de la République et de l'Empire. — 10 août 1792; 18 brumaire; caractères communs aux deux régimes. — Les républicains sous l'Empire. — Restauration. — Alliance des bonapartistes et des républicains. — La légende napoléonienne. — Le bonapartisme n'est qu'un rêve, la République n'est qu'un mot. — Esprit européen de conspiration : Carbonari français. — Le général Foy et Grandménil. — Dynastie de Juillet. — Le duc d'Orléans, représentant de la Révolution, élu quoique Bourbon. — Il a aussitôt pour ennemis les républicains et les bonapartistes. — Républicains : insurrections, celle de 1839 est la dernière. — Incertitude et rétrospectivité des systèmes politiques. — Babeuf. — « Le parti républicain doit se recruter dans le camp de ses adversaires. » — La République, champ neutre de toutes les utopies sociales; au fond de toutes, la Révolution. — Bonapartisme. Pas de parti, un homme : Louis-Napoléon Bonaparte. — Strasbourg. — Lettre à M. Laity. — Boulogne. — L'Empereur humanitaire et socialiste. — Après 1840, l'opposition dynastique se substitue aux républicains. — Déclarations monarchiques de François Arago et de M. Carnot. — M. Thiers, chef de l'opposition. — Les banquets de 1830 recommencent en 1847. — Aveuglement et présomption des dynastiques. — Intervention de M. Ledru-Rollin. — Lille, Dijon, Châlon-sur-Saône. — Le *National* et la *Réforme*. — Dernières heures de la Monarchie.

J'ai commencé sous un second Empire, j'achève sous une troisième République, l'histoire d'une courte période qui débuta par la République et qui se termina par l'Empire.

Deux fois en trente-quatre ans, la France a, sous des drapeaux différents, essayé un retour à ses traditions monarchiques : deux fois elle y a échoué. La République et l'Empire vaincus, oubliés, dédaignés, se sont relevés de leur impopularité et de leurs défaites ; par des efforts persévérants, par des coups de main jugés alors téméraires, ils ont tenté vainement la fortune, jusqu'au jour où des événements qu'ils n'avaient ni provoqués ni prévus, ont, dans une heure de surprise, subitement tourné à leur avantage.

Avant de raconter leur avénement et leur histoire, il est nécessaire, pour l'intelligence de leur conduite au pouvoir, de déterminer les caractères de leur action au cours du demi-siècle qui précéda leur triomphe.

I. — La République naquit, en France, le 10 août 1792, des efforts combinés de la Commune de Paris et du club des Jacobins. Elle débuta par les massacres de septembre : ce fut son baptême. Trois semaines après, au milieu de la terreur publique, la Convention se réunit : trois cent soixante et onze députés présents sur sept cent quarante-neuf élus (à peine la moitié !) votèrent, sur la proposition d'un prêtre constitutionnel, l'abolition de la royauté, et, le lendemain, sur la motion d'un membre de la Commune, la République. C'est ainsi que Paris, et, dans Paris, une minorité sans nom, dictant sa loi à la France entière, renversa la Monarchie et avec elle tout régime constitutionnel et légal.

Cette origine de violence et de sang demeura pour la République pendant toute sa durée la nécessité de chaque jour et comme le système forcé de gouvernement. Entre le 21 janvier et le 9 thermidor, de la mort du Roi à celle de Robespierre, qui ne connaît sa sanglante histoire ? A Paris, l'échafaud en permanence ; dans les départements, la guillotine marchant devant les commissaires de la Convention, les fusillades, les noyades; la magistrature, l'armée, la noblesse, et, ce qu'on sait moins, les professions les plus humbles, décimées sommairement; les Girondins, que leur lâcheté ne sauve pas; Hébert et ses complices, Danton et Camille Desmoulins sacrifiés aux grands prêtres de la Révolution; ces derniers tombant à leur tour, victimes d'un coup d'État manqué, et entraînant derrière eux leur personnel de complaisants, juges et jurés du tribunal révolutionnaire?

Née dans la terreur, vivant par elle, du jour où elle est réduite à devenir clémente, la République s'abâtardit et se délabre. Une mesure anodine, la proscription, remplace l'échafaud et dépeuple les Assemblées. Chaque saison a son coup d'État qui recommence un Dix Août, tantôt par la main des faubourgs, comme Germinal et Prairial; tantôt par celle des sections du centre, comme Vendémiaire; tantôt, comme Fructidor, émanant du pouvoir lui-même et de l'autorité constituée. Mais où étaient alors le pouvoir, la légalité, la constitution? Le 10 septembre 1792, quelques jours après les massacres, Marat écrivait dans l'*Ami du peuple* : « Cinquante ans d'anarchie vous attendent, et vous n'en sortirez que par un dictateur, vrai patriote et homme d'État. » Élevé par la Révolution, instruit dans ses dogmes et dans ses pratiques, Bonaparte fut ce dictateur et cet homme d'État; il répéta au 18 brumaire les leçons de Fructidor, et, soldat de la Convention, il s'avisa de renverser ceux qu'il avait défendus.

La République se personnifiait et se couronnait dans Bonaparte. L'un et l'autre sont fils de la Révolution, j'entends celle de 1792. Leur commune origine, c'est la force; leur moyen de gouvernement, la dictature; leur but, le nivellement universel au profit de l'État. Même goût pour la centralisation, même impatience de toute opposition, même dédain des choses religieuses et morales, même tendance à les supprimer ou à se les subordonner. Aux pratiques de l'ancien régime contre la liberté légitime des citoyens, ils ont ajouté l'hypocrisie des maximes libérales. Tant de points de contact sur le fond des choses les rendaient sur le reste réciproquement indulgents.

Aussi le coup d'État de brumaire ne surprit ni n'indigna trop le gros des républicains. Les généraux de la République, Leclerc, Lefebvre, Augereau, Moreau, y concoururent, et, comme si Bonaparte avait eu le mérite d'interpréter avec intelligence leurs théories de prédilection, ces représentants de la souveraineté nationale, qui n'avaient pas voulu d'un Roi, se jetèrent aux pieds d'un César. Carnot, Jean-Bon Saint-André, Cavaignac, Cambacérès, Fouché, reconnurent dans le Premier Consul un des leurs, naguère général d'une armée jacobine et protégé des Robespierre. Le meurtre du duc d'Enghien acheva de mettre à l'aise les consciences des régicides. Les fonctions publiques se peuplèrent de républicains. Célèbre une heure en Prairial, Boissy d'Anglas s'en alla végéter au Corps législatif, oublieux et oublié; le rédacteur de la constitution de l'an III, Daunou, rédigea complaisamment celle de l'an VIII, et, quelques années après, toujours docile, il prêtait à l'Empereur, aux jours des parades théologiques et des luttes avec le Pape, ses souvenirs d'oratorien. Le Tribunat, refuge de quelques indépendants, fut congédié. Le Sénat, gardien des libertés constitutionnelles, comme son chef, ne songea qu'à la guerre, vota levées sur levées et négligea le reste. Des républicains d'occasion inclinés devant un monarque absolu, un despote revêtant la livrée démocratique, tel fut l'Empire, et l'exergue, longtemps conservé sur ses monnaies, forma son symbole et sa devise : *République française. Napoléon, Empereur.*

Il était cependant des républicains impénitents; ceux-ci ne pardonnèrent pas plus à Bonaparte que Bonaparte ne leur pardonna. Dès les premiers jours, l'exil l'avait débarrassé du plus grand nombre; le complot de la rue Saint-Nicaise, imputé tout d'abord aux Jacobins, lui servit de prétexte pour en proscrire sans retard les derniers débris. De ceux qui restèrent ou qu'il oublia, les uns servirent, les autres vécurent dans une retraite absolue; leur mort seule rappela un instant l'attention sur leur vie. — En 1815, à l'île d'Elbe, prêt à partir pour la France, l'Empereur disait au comte Fleury de Chaboulon : « Mais que feriez-vous si vous chassiez les Bourbons? *Établiriez-vous la République?* — La République? Sire, on n'y songe point. » — L'Empereur y songeait : n'étaient-ce pas des survivants d'Assemblées républicaines, Grégoire, Garat, Lanjuinais, Destutt de Tracy, Lambrecht, qui, sous le manteau de sénateurs cachant leur hostilité, avaient, le 2 août 1814, prononcé à la hâte la déchéance de l'Empereur? Il haïssait donc les républicains restés fidèles à leur cause; mais ceux-ci le lui rendaient bien, et leur inimitié survécut à la chute de l'Empire et même à la mort de l'Empereur.

II. — L'avénement de la Restauration amena dans les relations entre impérialistes et républicains une transformation. Fils et représentants de la Révolution, ils s'unirent contre les Bourbons, qu'ils considéraient comme l'ennemi commun. A quoi donc avaient servi vingt-deux années d'interrègne? La souveraineté du peuple, cette prétendue conquête, était mise de côté, et le principe de l'hérédité suffisait à désigner et à rétablir un Roi. Avec la restauration du prince, l'ancien système de gouvernement semblait prêt à renaître comme un insolent démenti. Aussitôt on alarme les esprits, les intérêts, les consciences. Les opinions font volte-face : les partisans de l'Empire glorifient les conquêtes libérales de la Révolution; les républicains se parent des victoires et du nom de l'Empereur. Ils confondent leurs couleurs, ils scellent leur alliance dans une haine commune du nouveau régime. Guerre de presse, guerre à main armée : c'est sous cette double forme que la Restauration eut à subir l'assaut de ses adversaires.

De cette époque date la légende napoléonienne. Constitutionnels, libéraux, carbonari, francs-maçons, débris de la République devenus des débris de l'Empire, serviteurs des Cent-jours, royalistes éconduits, orléanistes, toutes les oppositions concourent à l'édifier. Du despotisme administratif sous lequel a gémi la France, de ces moissons d'hommes fauchées chaque année sur tous les champs de l'Europe, de cette politique égoïste et sans frein dont le sang et les trésors de la France ont payé si cher les illusions et les fautes, il n'en est plus question. Séparés de l'Empire par un abîme, ses platoniques partisans prêtent à son héros de fabuleuses proportions : c'est le César moderne, c'est le dieu de la victoire, c'est Prométhée sur son rocher. Les hyperboles de la poésie deviennent le langage courant de la polémique.

Le bonapartisme, qu'était-il pourtant à cette heure ? A peine un rêve. L'Empereur était loin ; son fils, un enfant, languissait sous la tutelle de l'Autriche ; ses frères n'avaient ni parti ni force personnelle ; les puissances n'auraient toléré sur le trône de France ni un membre de la famille Bonaparte ni même le prince Eugène, quoiqu'il fût allié à l'une des cours du Nord. Il y a mieux : parmi tant de gens qui vantaient l'Empire, combien ne s'y rattachaient ni par les fonctions ni par les souvenirs, que l'Empire reconstitué eût bien vite écartés ou qui ne se fussent même pas présentés pour partager son pouvoir et ses honneurs ! Pour la plupart, le bonapartisme n'était qu'un instrument d'opposition, opposition d'autant plus hardie qu'elle était sans espérance.

On peut en dire autant de la République. Même aux jours de leur puissance, les républicains ne formaient en France qu'une infime minorité, qu'avait multipliée la peur; l'exil, les défections, la mort, achevèrent de les décimer. L'Empire avait été un gouvernement régulier; la République ne fut qu'une crise, et les souvenirs sanglants qui lui survivaient lui ôtaient sur l'opinion toute influence et tout crédit. Il y eut sous la Restauration un comité républicain, mais la Fayette en fut le président; c'était assez pour conspirer, mais non pour fonder une République. Lorsque, le 5 octobre 1822, Saugé monta sur l'échafaud avec le général Berton, il cria : « Vive la République ! » Et ce cri ne rencontra dans tous les partis que la stupéfaction. Chez les uns, les sentiments républicains ne furent alors qu'un généreux éclat de jeunesse; chez d'autres, qu'une tradition de famille, une réminiscence.

Impérialistes et républicains ne s'abusaient guère sur leur faiblesse; aussi ne combattaient-ils que visière baissée. Ils s'unissaient pour faire nombre, et, pour ne pas faire peur, ils se masquaient.

Il se forma dès lors entre divers pays continentaux (Espagne, Italie, Allemagne) une ligue de sociétés secrètes dont les coups de main éclataient à la fois et périodiquement : *Carbonari* en Italie, *Descamisados* en Espagne, *Tugend-bund* en Allemagne. L'Angleterre même était atteinte, et quatre-vingt mille hommes armés de bâtons réclamaient à Smithfield le suffrage universel et des élections annuelles. Vingt-deux années de guerre européenne avaient heurté, secoué et mêlé les peuples. Italiens, Espagnols, Hollandais, Saxons, confondus sous les plis du drapeau français, y avaient contracté des germes révolutionnaires : rentrés dans leurs foyers, replacés au sein de mœurs régulières qu'ils avaient oubliées dans les camps, sous des gouvernements qu'ils n'avaient pas connus, ils y rapportaient une phraséologie déclamatoire, le scepticisme et l'indiscipline sociale. Aux liens publics de la vie militaire s'ajoutèrent vite les liens secrets de mystérieuses affiliations; à la guerre des champs de bataille succédèrent les conspirations.

L'armée fournissait le plus grand nombre d'adhérents. Comment s'en étonner? Vingt-cinq ans de militarisme et de coups d'État avaient propagé le culte de la force pour résoudre et trancher tous les débats. Les *carbonari* franchirent les monts; les francs-maçons rouvrirent leurs loges; les *Ventes* se répandirent sur tout le territoire, ralliées à un comité directeur. Des casernes la conjuration se glissa dans les écoles, « crime nouveau, disait Royer-Collard, et qui manquait à l'histoire des partis. » Buchez, alors saint-simonien, réunissait dans sa chambre de la rue Copeau, MM. Rouen, Limperani, Guinard, Sautelet, Bazard, Flottard, Ch. Dugied, Cauchois-Lemaire, Arnold Scheffer, Trélat, dont les uns devaient aboutir à la République et les autres à l'orléanisme. Le goût des conspirations avait passé en manie, et de même que tricher au jeu passait du temps de Grammont pour un surcroît de grâce qui complétait l'éducation d'un jeune noble, il semble que s'insurger à ciel ouvert ou dans les *Ventes* n'ait été sous la Restauration que le passe-temps le plus innocent et comme l'essentielle condition de la vie politique.

Parmi ces conspirateurs, quelques-uns s'engageaient, marchaient, et, au besoin, mouraient sur l'échafaud. Ainsi périrent les quatre sergents de la Rochelle. Les autres, les chefs, criaient : Courage! et se tenaient à l'écart, ou bien, si la police les surprenait en flagrant délit, ils se plaignaient à la tribune d'être « sous le fer des calomniateurs et des bourreaux. » (Laffitte.)

Mangin, procureur général à Poitiers, n'avait pas craint, au cours de son réquisitoire sur la conspiration de Saumur, de signaler les relations des conjurés avec Laffitte,

Benjamin Constant, Foy et la Fayette. Aujourd'hui, on les avoue, on s'en fait gloire ; mais alors on en repoussait l'idée avec indignation. « Si l'on veut nous égorger, s'écriait Laffitte, qu'on le fasse, qu'on nous traîne à l'échafaud ; mais auparavant qu'on nous donne des juges ! » Grandménil, l'un des plus compromis, celui qui avait conduit quelques-uns des conjurés chez la Fayette, qui avait obtenu de lui des encouragements et des conseils, avait réussi à se cacher dans Paris ; M. Georges de la Fayette favorisait son évasion et se préparait à le faire passer à Jersey. Laffitte, Foy, Benjamin Constant, la Fayette, n'ignoraient rien de ces détails ; ils avaient vu Grandménil, ils venaient de causer avec lui, de lui serrer la main au Palais-Bourbon, dans la salle des Pas perdus. Écoutons cependant le général Foy : « Le point essentiel de l'accusation, c'est la déposition d'un nommé Grandménil, contumace qui, *dit-on*, a pris la fuite... Il ne sera pas interrogé, il ne s'expliquera pas, il ne reparaîtra pas, *je le parie !* Mettre des calomnies dans la bouche d'un accusé contumace, afin que l'impression en reste et qu'on ne puisse les démentir, c'est une action atroce, perverse, infâme ! » Cependant Grandménil était présent, dans une tribune voisine, et lorsqu'il s'entendit traiter par ses amis de « scélérat », d' « agent provocateur », il fallut l'enlever de force et l'entraîner hors de la salle, ou il allait stigmatiser d'un démenti public l'hypocrisie de ses complices [1] !

La dynastie de Bourbon était l'ennemi ; pourvu que les coups frappassent, qu'importaient la vérité, la justice, la logique même ? Ceux qui conspiraient chaque jour accusaient le pouvoir de conspiration ; ceux qui enveloppaient le pays d'un réseau d'agences secrètes signalaient

---

[1] Vaulabelle, *Histoire des deux Restaurations*, 2ᵉ édition, t. V, p. 358 et suiv. M. de Vaulabelle a lui-même emprunté cette précieuse anecdote à une lettre de M. Georges de la Fayette, du 24 mai 1840.

et dénonçaient le gouvernement occulte. Ils combattaient la charte la plus libérale, la plus sincèrement appliquée qu'eût jusque-là connue la France, ils la combattaient avec la liberté de la presse, eux qui n'avaient osé ni l'affronter ni la souffrir ! Ils maudissaient les émigrés de Coblentz, et, sur la Bidassoa et à la Corogne, les premiers coups de fusil qu'essuyait l'armée française venaient d'émigrés, mais d'émigrés révolutionnaires qui s'appelaient Carrel et Fabvier. L'histoire déchire peu à peu les voiles, et déjà, sous le second Empire, le parti libéral commençait à rendre à la Restauration une tardive mais sincère justice.

III. — Cependant la Restauration succomba. La République ne fut pas proclamée ; Napoléon II fut oublié. « Napoléonistes, écrivait Laffitte, vous ne vous êtes pas présentés ; républicains, vous vous êtes retirés. » — « Lors de la dernière révolution, écrivait Béranger en 1833 à Lucien Bonaparte, moi, vieux républicain, convaincu que la France n'était pas encore disposée à accepter la forme républicaine, j'ai désiré, pour achever d'user la vieille machine monarchique, qu'elle nous servît de planche pour passer le ruisseau... » La Fayette pensait-il et faisait-il autre chose? Président du Comité républicain, directeur de la charbonnerie, imbu des idées et des pratiques américaines, il se contente d'une monarchie, à la condition, il est vrai, qu'elle s'entoure d'institutions républicaines. Autant valait dire une république déguisée en monarchie.

La République et l'Empire éconduits, qui va-t-on choisir?

Il y avait un prince « dévoué à la cause de la Révolution, ennemi des ennemis de la Révolution (M. Dupin) », fils d'un père qui en avait été le séide, le jouet et la victime. Par son éducation, par sa vie, par ses mœurs, il se trouvait en dehors des traditions monarchiques; né sur les marches du trône, la loi de succession l'empêchait de les gravir. Voltairien, soldat de la République, courtisan de la gloire de Bonaparte depuis que Bonaparte était déchu, il avait perdu dans les vicissitudes d'une vie agitée tout sentiment des droits et des prérogatives de la royauté. Louis XVIII le considérait avec défiance, le maintenait en exil, le laissait à l'écart. Le duc de Chartres avait évité Coblentz, le duc d'Orléans se garda d'aller à Gand. « Depuis sa rentrée, écrivait le Roi Louis XVIII en 1821, le duc d'Orléans est chef de parti et il n'en fait mine. Son nom est un drapeau de menaces, son palais un point de ralliement. Il ne se remue pas, et pourtant je m'aperçois qu'il chemine. Cette activité sans mouvement m'inquiète. Comment s'y prendre pour empêcher de marcher un homme qui ne fait aucun pas? » En effet, sans qu'il conspirât lui-même, les partis conspiraient pour lui : en 1814, Fouché; en 1815, Drouet d'Erlon et Lefebvre-Desnouëttes; en 1816, Didier, le tenaient en réserve comme le mystérieux candidat qui lèverait son masque au jour du succès. Il attendit : la révolution de 1830 lui donna la couronne.

La branche aînée partie pour l'exil, il n'y avait plus de Bourbons. Le duc d'Orléans avait été choisi, M. Dupin le disait hautement, non *comme* Bourbon, mais *quoique* Bourbon; il n'avait pas pris les armes de France : on ne lui laissa même pas garder les armes d'Orléans. La Charte devint son blason. La souveraineté du peuple, représentée d'office, comme toujours, par quelques individus, le reconnaissait pour Roi, l'adoptait; c'était, on le disait pour lui, sa légitimité, celle que donnent les barricades.

Mais à peine arrivé au trône, le Roi Louis-Philippe eut à se défendre contre ceux qui l'y avaient porté. Ils l'accusaient d'usurpation : que n'avait-il provoqué un plébiscite? Républicains et bonapartistes ne manquent jamais, comme on sait, de violenter les gens et de les consulter ensuite. On imagina certain programme, dit de l'hôtel de ville, modèle d'un État révolutionnaire et qui aurait été la condition de ce trône octroyé; on en voyait la pratique dans les rues, où se déroulaient déjà les manifestations en l'honneur de la Pologne, de la Belgique, de l'Italie; dans les clubs, où foisonnait l'émeute et qui prétendaient au gouvernement. La Fayette lui-même se trouvait débordé. Les républicains et les réfugiés lui rappelaient ses promesses : « Je ne reconnais plus, disait-il naïvement, mes hommes de Juillet. » MM. Dupont de l'Eure, Laffitte, Odilon Barrot, étaient comme la Fayette trop engagés avec la Révolution pour réussir à la comprimer. On s'en aperçut bien lors de la dévastation de Saint-Germain l'Auxerrois et du sac de l'Archevêché.

MM. Odilon Barrot, préfet de la Seine, et Baude, préfet de police, n'avaient rien vu ou avaient laissé tout faire. Leurs explications valaient leur conduite. M. Odilon Barrot imputait cet acte de *barbarie* à l'*ignorance* des masses; il disait à la Chambre des députés : « Cette population prévenue ne peut pas venir s'exprimer ici, discuter avec vous; elle ne peut pas venir vous dire avec la franchise de M. le préfet de police : Il est temps que vous vous retiriez! » Et M. Baude, à son tour : « Il est *fort remarquable* que la masse des hommes égarés qui se sont portés à ces excès *a tout cassé, tout dévasté, et n'a rien emporté*. — Que voulez-vous? répondait le 15 février un ouvrier qui venait de prendre part à la dévastation de l'Archevêché; rien ne va, ni le travail ni le gouvernement; nous n'avons pas de journaux, nous n'allons pas chez le Roi ni aux Chambres, et nous employons un moyen de faire connaître que nous voudrions qu'il en fût autrement. — *Ce que la dévastation a d'odieux, de bar-*

bare, semblait atténué par la leçon qu'elle donnait au gouvernement. » La leçon qu'en recueillit le gouvernement, c'est que, sous peine de périr, il fallait gouverner; Louis-Philippe abdiqua dès lors le rôle de courtisan du peuple, le sang de Bourbon tressaillit dans ses veines : il comprit qu'il devait vivre et régner en Roi.

Désappointés et déconcertés, républicains et bonapartistes reprennent alors leur attitude d'hostilité et de conspiration, mais avec un caractère tout nouveau. Sous la branche aînée, ils faisaient cause commune et abritaient leurs desseins sous le drapeau du libéralisme; sous Louis-Philippe, ils marchent chacun à part. Avant 1830, il leur semblait chimérique de prétendre au pouvoir, tant le principe de la légitimité paraissait un puissant obstacle! Il tombe aux journées de Juillet; la souveraineté populaire restaurée rouvre carrière à leurs espérances, et à leur ambition. Louis-Philippe, c'est le représentant de la Monarchie expirante; c'est « la planche pour passer le ruisseau ». Désormais, les républicains conspireront à ciel ouvert au nom et dans l'intérêt de la République; les bonapartistes travailleront de même au rétablissement de l'Empire.

Comme ils ont distingué leurs causes, nous devons les distinguer dans nos observations. Commençons par les républicains.

IV. — Entre eux et Louis-Philippe, il n'y avait, se plaisaient-ils à dire, qu'une question de force : c'est donc par la force qu'ils entendaient reconquérir la proie qu'ils avaient laissé échapper. Ils dédaignent la propagande pacifique et toute morale; ils ne s'inquiètent ni des dispositions des esprits, ni des souvenirs que le passé leur lègue, ni des répugnances qu'ils doivent rencontrer. Aucune des conspirations tentées sous Louis XVIII n'avait réussi;

quoique réduits en nombre, ils n'en recommencent pas moins sur le même plan. La parole est aux turbulents. Ils conspirent donc tantôt publiquement, fièrement, comme dans la Société des *Droits de l'homme,* tantôt secrètement et dans l'ombre. Le parti chemine comme une sape, exploitant les mécontents, se liguant, sous couleur de démocratie, avec les ouvriers et les poussant au combat. De 1830 à 1840, chaque année se signale par une insurrection; le régicide ne désarme pas. La loi sur les associations dissout la première organisation; l'exil volontaire, les condamnations prononcées par la Cour des pairs, dispersent les chefs.

Alors se produit une évolution, un déplacement d'influence. Cette faction conspiratrice et remuante, dont la queue a toujours entraîné la tête, perd ou renonce son état-major, les hommes que leur situation sociale, leur talent d'écrivains ou d'orateurs, leur passé plus éclatant avaient mis hors de page; ceux-ci, par leur savante tactique, par leur modération, par certain libéralisme dans les idées, faisaient honneur au parti, le rendaient acceptable et le retenaient dans des voies moins aventureuses. A leur place s'élèvent d'autres hommes, sans notoriété, sans assiette dans l'opinion, mais hardis, soldats d'avant-garde, qui s'instituent en conspiration secrète et permanente, et qui, vis-à-vis de leurs prédécesseurs apaisés ou modérés, se posent comme les vrais républicains et les *purs.* Les premiers pouvaient passer pour conventionnels; les seconds sont des Jacobins. Barbès, Martin-Bernard, Blanqui, Huber, les mêmes que nous retrouverons plus tard, rouvrent le cycle des sociétés secrètes, des complots, de la politique à force ouverte, pour finir par la défaite et la prison. Ennemis commodes pour un gouvernement! Ils déconsidèrent la cause qu'ils servent, ils la font succomber le même jour sur la place publique et dans l'opinion : une fois condamnés et relégués dans une forteresse, ils sont comme morts, et l'on n'en parle plus. Le 12 mai 1839, ces sept ou huit cents hommes de la Société des *Saisons* qui, vers trois heures de l'après-midi, étonnèrent les habitants de Paris par leur subite prise d'armes, mais n'en rallièrent aucun, un moment incertains, demandaient à haute voix : « Où donc est le Comité? où sont les chefs? » Alors Martin-Bernard, Blanqui, Barbès, dirent : « C'est nous! » Oui, c'étaient eux! Ce jour-là, le parti républicain consomma sa défaite; la force avait eu raison de la force; l'ère de la violence était close pour quelques années.

Cependant, si l'une des insurrections républicaines eût réussi, à quelle sorte de gouvernement, sous le nom de République, aurait-elle abouti? Tel était, en France, le passé historique de la République, que, ne pouvant le reprendre, il fallait le renier. Laissons de côté la dictature terroriste, les pages hideuses des comités; admettons que ces formes comme ces procédés n'avaient été que provisoires : dans quel cadre d'organisation politique la République nouvelle aurait-elle fonctionné? Démocratie, souveraineté du peuple, ces mots, admirables comme instruments d'opposition, deviennent périlleux et gênants dès qu'ils servent de programme. Comment s'exercera cette souveraineté? Par délégation? par mandat? ou bien directement, dans des comices presque quotidiens? Cette souveraineté aura-t-elle ses intermittences, ses moments de repos, tandis que ses délégués agiront à leur guise, jusqu'au jour où ils redescendront sur la place publique pour y faire juger leur conduite? Sous ce régime, verrons-nous un président, des directeurs, une commission, un président viager ou temporaire, deux Chambres ou une seule? Les questions se pressent. Enfin, l'ordre à l'intérieur, la paix à l'extérieur, la liberté sans désordres, le pouvoir sans dictature, n'étaient-ce pas là les conditions vulgaires auxquelles devait satisfaire la République?

Sur ce terrain tout neuf, quelques républicains marchaient à tâtons, hésitaient, ne fournissaient pas de solutions. Carrel se jetait hors de France, passait l'Atlantique, et, comme la Fayette, demandait aux États-Unis les principaux traits d'une Constitution. Sans juger ici dans quelle mesure notre société complexe et vieillie s'accommoderait des institutions américaines, on ne saurait méconnaître et les satisfactions libérales qu'aurait pu apporter cette transplantation, et le bon sens que montrait Carrel en reléguant dans le monde des chimères l'exhumation des idées, des pratiques et du régime de 1793. Mais qu'il avait peu de disciples! C'est au contraire vers ce régime déshonoré, vers ces institutions flétries par l'histoire et par la conscience publique, vers ce gouvernement violent et impuissant, que les républicains se retournaient avec complaisance. Ils y voyaient le type vénérable et sacré de la Constitution à venir; les emblèmes de la Terreur figuraient en juin 1832 sur les drapeaux des combattants; au jour des professions de foi publiques, Godefroy Cavaignac, l'un des coryphées du parti, -plaidant pour la *Tribune* devant la Cour des pairs, ne trouvait que des regrets pour 93. « Nos jeunes gens, écrivait à ce propos Béranger, sont aussi des hommes rétrogrades. Comme les romantiques, ils veulent tout remettre à neuf, et ne font que de la vieillerie. Ils s'en tiennent à 93, qui les tuera... Cavaignac a trompé l'attente générale... Le discours n'a pas même eu l'honneur de déplaire aux centres. Que dis-je! il leur a plu, car il a prouvé qu'ils n'ont pas trop tort de combattre un parti qui n'a que de pareils arguments à employer. » (Lettre du 23 avril 1833.)

Ce programme rétrospectif ne touchait qu'aux formes politiques; malgré les efforts des sociétés secrètes, l'ouvrier restait réfractaire à un système d'où ne ressortait en sa faveur aucune satisfaction sociale. Afin de l'engager plus avant dans la cause et de le rallier aux projets d'insurrection (c'était là le but constant et suprême), quelques hommes rêvèrent de l'attirer à la Révolution par la convoitise, en ajoutant au programme politique celui d'un bouleversement social. Non plus que leurs coreligionnaires, ils ne se mirent en frais d'invention : la République des égaux, rêvée par Babeuf, Darthé et Buonarotti, l'égalité à outrance, sous les seules exceptions de l'âge et du sexe : tel fut le nouveau drapeau qu'élevèrent Barbès, Martin-Bernard et Blanqui. Carrel s'indignait, les appelait des « fous sauvages ». Mais si misérable que fût le plagiat, il cachait autre chose que les théories de Babeuf. Ce qu'on voulait, c'était un levier d'insurrection; et, dans ce mirage d'égalité chimérique, on croyait l'avoir trouvé. Était-ce bien tout? Le grand avantage de la conspiration babouviste, c'est qu'elle trace un plan complet d'action : plan pour préparer les esprits et organiser les groupes; plan pour les premières mesures à prendre en cas de succès (fusillades, emprisonnements, prise de possession des maisons et des biens d'émigrés, etc.). Deux choses manquaient naturellement dans ce programme si détaillé : l'indication des moyens de gouvernement, et l'application des réformes sociales [1].

Parallèlement à ces projets combinés contre le gouvernement et la société, un journal clandestin, le *Moniteur républicain*, prêchait le régicide. Fieschi, Alibaud, Meunier, commentaient par l'assassinat les théories des sociétés secrètes. Louis-Philippe accordait l'amnistie (1837); les républicains en profitaient pour recommencer la guerre. Le *National*, honteux des solidarités que lui imposait sa cause, reprochait à ses anciens amis leur esprit de « démence et d'anarchie ». De leur côté, les

---

[1] La conspiration de Babeuf avorta en l'an V et le 12 mai 1839; elle eut son jour de succès le 18 mars 1871. En relisant le récit de Buonarotti (*Gracchus Babeuf*, préface et notes, par ARTHUR RANC, 1869), il est facile de se convaincre que les révolutionnaires de la Commune puisèrent à cette source la majeure partie de leurs inspirations.

purs l'accusaient de mollesse, d'étroitesse d'esprit, d'incompétence dans les matières sociales; il « craignait pour son drapeau les éclaboussures de la rue »; il dédaignait « les prolétaires ». Béranger, qui ne suivait que de loin ces débats, Béranger, qu'on aime à citer parce qu'il représente, dans ce monde de plagiaires, de furieux et d'utopistes, le sens des choses pratiques et opportunes, écrivait à Lamennais le 23 juin 1839 : « Ces paroles sanguinaires m'inspirent une horreur que je ne puis vous exprimer. Rien aujourd'hui en France ne s'établira plus par le sang, le bon Dieu en soit béni! De semblables discours, d'aussi affreux et stupides projets, retardent l'événement que vous et moi devons souhaiter. » Et au même, le 11 octobre suivant : « Le parti républicain doit aujourd'hui se recruter dans le camp de ses adversaires. Il faut, dans l'intérêt du principe, que ceux qui ont eu jusqu'ici la prétention de le conduire s'effacent presque entièrement, car ils empêchent de venir à leur drapeau. »

Il semble que les républicains aient entendu ce conseil. Le coup de main de 1839 est le dernier du règne avant celui du 24 février. D'ailleurs, les chefs sont au Mont-Saint-Michel ou à Doullens. Désorganisée par les lois de 1835, surveillée par les parquets, discréditée auprès des jurys, décapitée de ses principaux meneurs, la République, à partir de 1840, n'est plus qu'un champ neutre où s'ébattent les réformateurs en genèse de sociétés nouvelles. Lamennais y apporte ses colères, ses déclamations et les débris d'un talent qui a profité à une autre cause; Proudhon y abrite son scepticisme et ses fantaisies de dialectique; Pierre Leroux y couve la religion de l'humanité; Cabet y rencontre son Icarie; Louis Blanc, l'organisation du travail; Fourier, le phalanstère. Dans cette île d'Utopie, toutes les opinions, tous les cultes obtiennent une égale protection, qu'ils s'appellent Saint-Simon, l'abbé Châtel ou Michel Vintras.

Les républicains de 1792, ces ennemis de la superstition et des autels, démolissaient les églises, persécutaient et guillotinaient les prêtres, condamnaient la foi catholique. Leurs fils cherchent dans l'Évangile des modèles de langage, dans les premiers siècles chrétiens des analogies et des exemples de vie sociale! Jésus de Nazareth n'est pas leur Dieu, mais c'est un martyr de l'humanité; à ce titre, il figure dans leur calendrier d'apôtres et de prophètes. Que dis-je? Buchez le coiffe du bonnet rouge et le met à côté de Robespierre. Sous un Roi voltairien et incrédule, les révolutionnaires, mystiques d'occasion, environnent leur principe d'une religieuse auréole; ils incriminent l'irréligion du Roi; ils lui reprochent, chose étrange, de s'aliéner le clergé et les âmes tendres. Enfin, à tous ces rêves ou purement politiques ou brutalement matérialistes, on impose les livrées d'un spiritualisme chrétien, et c'est dans le langage de l'esprit, au nom de l'IDÉE ou du *Verbe*, que, par une odieuse profanation, on marche tout droit à la réhabilitation et au triomphe de la matière.

A les prendre en eux-mêmes, ces rêves n'offraient aucun danger; mais, sous leur affectation d'innocence, chacune de ces sectes aspirait et tendait à une révolution. C'était le premier article de leur programme. Chose singulière et remarquable! au contraire des inventeurs, ceux-ci sont les premiers à se défier de leurs inventions; ils n'en attendent le triomphe ni de leur valeur propre, ni de la persuasion qui peut gagner les esprits de proche en proche, ni même du progrès des temps; pour pratiquer leurs essais sur une société rebelle, ils souhaitent un coup de force qui leur donne l'empire et une domination absolue. Et de même que la République leur semble le terrain le plus favorable à l'éclosion et au développement de leurs systèmes, fidèles à la tradition républicaine, ils espèrent qu'une révolution violente amènera l'avénement simultané de leurs idées et de la République.

V. — Il nous reste à parler des bonapartistes.

Sous le gouvernement du Roi Louis-Philippe, il n'y avait pas, à vrai dire, de parti bonapartiste. Les anciens serviteurs de l'Empire avaient trouvé faveur auprès du nouveau pouvoir. Il n'était resté en dehors d'eux que « quelques vieilles femmes, quelques jeunes gens aimant les chimères, et aussi quelques vieux personnages mécontents d'un régime sévère, fondé sur l'économie, la publicité, une discussion perpétuelle des actes des fonctionnaires publics.... Minorité imperceptible qui n'a pour tout moyen qu'un nom, un nom immense, qu'elle prête aux anarchistes bien plus qu'elle n'est capable de le faire valoir elle-même [1]. »
Il n'y eut donc pas un parti, mais un homme : Louis-Napoléon Bonaparte, qui conspirait pour lui-même en conspirant pour le rétablissement de l'Empire. Comme les républicains, il croit à l'efficacité de la force pour conquérir un trône. Comme eux encore, il prend ses modèles dans le passé : la constitution de l'an VIII, complétée ou amendée par les sénatus-consultes de l'an XII : tel est son programme. Ainsi, qu'il arrive au pouvoir, et pas d'hésitation : plébiscite, proclamation de l'Empire et des institutions qui l'accompagnaient : le gouvernement naît organisé.

Le prince sentait d'ailleurs fort bien l'avantage qu'il pouvait avoir sur les républicains, parti sans cohésion, sans programme précis, et sans un homme qui le représentât, et, comme le premier Bonaparte était venu à la suite de la République en héritant d'elle, il semble que le neveu ait voulu, même dans l'ordre chronologique, suivre l'exemple de son oncle : aux insurrections républicaines de 1832 et de 1834 succède, en 1836, l'échauffourée de Strasbourg; après l'équipée du 12 mai 1839 vient, en 1840, l'équipée de Boulogne. Il s'agissait de continuer

[1] *La Monarchie de 1830*, par M. A. THIERS, député des Bouches-du-Rhône, 1831, p. 148.

l'ébranlement, en profitant de celui qui s'était déjà produit, et, aux imaginations qu'avaient pu effrayer les hommes et les idées de la République, d'offrir la perspective d'un régime modéré et déjà éprouvé dans la pratique. L'opinion regardait faire les uns et les autres, sans s'inquiéter d'eux, avec cette différence que les républicains faisaient peur et que le prince Bonaparte faisait pitié.

Né en 1808, alors que l'Empereur n'avait pas encore d'héritier direct, Louis-Napoléon Bonaparte avait été accueilli et fêté alors comme s'il était l'héritier présomptif de l'Empire. La naissance du Roi de Rome lui ôtait ses droits; sa mort en 1831 les lui rendait. Mais il était exilé. L'Italie, la Grèce, le Portugal, la Pologne, lui offraient des trônes à disputer : il préféra celui de France, dût-il le conquérir. Il y songea bientôt. Il recrute quelques jeunes gens de son âge; une aventurière se met de la partie. Les Nestors du complot sont MM. Parquin et Vaudrey; l'un, soldat de l'Empire, familier du château d'Arenenberg, marié à une demoiselle d'honneur de la reine Hortense; l'autre, colonel en activité, qui s'engage étourdiment et qui persiste par point d'honneur. De personnages saillants, aucun ne se révèle, si ce n'est peut-être le général Excelmans, par la hâte qu'il met à se disculper. Mais tel était le secret dont le prince s'était enveloppé, que ce secret même fut une des causes de son échec : faute d'avoir laissé transpirer ses projets, il tombe comme un inconnu au milieu de la garnison de Strasbourg. Au moment où la troupe hésite et va fléchir, quelqu'un s'écrie : C'est un imposteur! et la faveur tourne. L'énergie des officiers achève la déroute. Le prince est fait prisonnier, laissant en trophée à ses vainqueurs la plaque du prince Eugène et l'épée d'Austerlitz. Le Roi, usant de clémence, l'envoya en Amérique; l'auteur principal absent, ses complices furent acquittés par le jury.

On s'étonnait, on ne comprenait pas. Où était le parti bonapartiste?

Louis-Napoléon crut devoir s'expliquer, une première fois par l'organe de M. Fialin de Persigny, l'un de ses fidèles, une seconde, en 1838. M. Laity, ex-lieutenant d'artillerie, rédigea une nouvelle relation des événements du 30 octobre 1836 ; le prince y fit de sa main quelques corrections et y ajouta quelques notes. On vendit sept ou huit exemplaires de cette brochure ; on en distribua dix mille. Une lettre du prince (2 juillet 1838), reproduite en tête de l'ouvrage, contenait les curieuses lignes qui suivent : « Dites qu'en vous autorisant à cette publication, mon but n'a pas été de troubler maintenant la tranquillité de la France, ni de remuer des passions mal éteintes, mais de me montrer à mes concitoyens tel que je suis et non tel que la haine intéressée m'a dépeint. *Mais si un jour les partis renversaient le pouvoir actuel (l'exemple des cinquante dernières années nous permet cette supposition), et si, habitués qu'ils sont depuis vingt-trois ans à mépriser l'autorité, ils sapaient toutes les bases de l'édifice social, alors peut-être le nom de Napoléon serait-il une ancre de salut pour tout ce qu'il y a de généreux et de vraiment patriote en France.* C'est pour ce motif que je tiens à ce que l'honneur de l'aigle du 30 octobre reste intact malgré sa défaite, et qu'on ne prenne pas le neveu de l'Empereur pour un aventurier ordinaire. »

Cependant, ce candidat de l'ordre, ce paladin de l'autorité, n'attendit pas que les partis eussent renversé le gouvernement de Juillet ; une seconde fois, il se remit en campagne.

L'occasion le décida. Continuant la politique qu'avaient pratiquée les libéraux de la Restauration, Louis-Philippe s'entourait de souvenirs de l'Empire. Dès la première année de son règne, il avait fait replacer sur la colonne de la place Vendôme la statue de Napoléon ; il avait terminé à Boulogne-sur-Mer la colonne de la Grande Armée, à Paris, l'Arc de triomphe de l'Étoile; enfin, à la suite de négociations avec l'Angleterre, il avait obtenu la restitution des cendres de l'Empereur et confié à l'un de ses fils, le prince de Joinville, la mission de les ramener en France. Louis Bonaparte rêva de recevoir lui-même et comme souverain, sur le seuil des Invalides, les glorieux restes de son oncle.

Des brochures bonapartistes circulèrent dans les casernes; il tenta de nouer des intelligences dans l'armée; il fit même sonder des officiers généraux. Échec partout. A Strasbourg, il avait réussi à gagner un colonel; en 1840, il ne gagna qu'un sous-lieutenant. MM. Parquin, Conneau, de Persigny, de Quérelles, qui figuraient déjà à Strasbourg dans la suite du prince; un des hôtes de Sainte-Hélène, M. de Montholon; des officiers en retraite, MM. de Mésonan, Voisin et Laborde, forment l'état-major de la conspiration. Le reste se composait de domestiques, valets de pied ou cochers déguisés en soldats ou de soldats déguisés en domestiques. Le prince partit de Londres sur un navire qu'il avait frété, l'*Edinburgh-Castle;* il recueillit en route quelques groupes de partisans et aborda bientôt sur les côtes de France, près de Wimereux. Cette fois ses proclamations étaient prêtes : le succès n'en eût pas diminué le ridicule. Dans l'une, aux Français : « Les cendres de l'Empereur, disait-il, ne reviendront que dans une France régénérée. La gloire et l'honneur du pays sont exilés comme moi; nous rentrerons en France. » A l'armée : « Vous vous êtes indignés et vous avez cherché ce qu'étaient devenues les aigles d'Arcole, d'Austerlitz, d'Iéna. Ces aigles, les voilà ! » Aux habitants du Pas-de-Calais : « Du haut de la Colonne de la Grande Armée, le génie de l'Empereur veille sur nous et applaudit à nos efforts. » Il se présente dans les casernes de Boulogne, disant : Je suis le fils de Napoléon, et ce mensonge inutile ne détache pas un soldat. Il offre des grades, des décorations; ses gens le suivent, des sacs de monnaie à la main; il est repoussé partout. On le poursuit, on l'arrête. Il comparaît devant la Cour des pairs, qui le condamne à la détention perpétuelle, et, comme Sganarelle, ses domestiques réclament leurs gages.

Ainsi se termina pour Louis-Napoléon Bonaparte le rôle actif de conspirateur. Mais quelque défaveur qu'il eût rencontrée dans l'opinion, dans la presse même républicaine et jusque dans sa famille, il n'en perdit ni le courage ni la confiance dans l'avenir. Prisonnier, il correspondait avec les publicistes en renom, s'attachant de préférence aux républicains. Comme ces derniers, les échecs politiques le rejetèrent dans l'étude des questions sociales, soit que son esprit, plus rêveur que méditatif, l'y portât naturellement, soit qu'il y cherchât un nouveau levier de propagande napoléonienne. Il prit dès lors l'attitude qu'il a gardée depuis, celle d'empereur humanitaire et socialiste. Sans y gagner des partisans, il trouva dans l'opinion plus de bienveillance; les sympathies pour le prisonnier couvraient les témérités du conspirateur. Il se lassa pourtant de sa prison, bien qu'elle fût douce et non sans avantages, et s'évada. La liberté le rendit à une existence vulgaire dans laquelle pour un temps sa trace échappe à l'histoire.

VI. — Les insurrections républicaines, les équipées bonapartistes, loin d'ébranler le trône de Louis-Philippe, avaient contribué à l'affermir. Les premières levées de boucliers amenèrent l'énergique ministère de Casimir Périer, dont M. Thiers se montra en 1834 le continuateur; le coup de main du 12 mai 1839 précipita la solution d'une crise ministérielle. Ainsi, l'heure du danger ralliait autour du Roi tous ses partisans. En triomphant de ses ennemis intérieurs, la dynastie de Juillet gagna en prestige, mais elle perdit en force; le faisceau des amis se relâcha, la vigilance cessa d'être active, le dévouement se fit marchander. C'est alors qu'on vit les hommes de 1830, éperdus de sécurité, se précipiter dans leurs ambitions, provoquer des rivalités, disputer le pouvoir : la coalition de 1839 ne laissa d'honneur qu'à celui qui, seul contre tous, soutint la lutte et y succomba. L'établissement royal reçut en cette occasion son premier coup; en visant au ministère, les partis atteignaient le trône.

Au lendemain du succès, les vainqueurs se divisent et se combattent. Deux hommes, serviteurs dévoués de la famille d'Orléans, trahissent dans leur attitude la diversité de leurs origines et de leurs principes. L'un personnifie l'esprit de résistance et de conservation, la tradition monarchique : à ses yeux, Louis-Philippe est un Bourbon, successeur d'un Bourbon; l'autre n'admet Louis-Philippe que comme l'élu de la souveraineté nationale et le représentant de la Révolution. Tant que ces deux hommes sont ensemble au pouvoir, la nécessité de marcher d'accord neutralise leurs tendances; dès que l'un des deux, tombé du ministère, rentre dans l'opposition, il reprend sa liberté d'action et son allure révolutionnaire : c'est le libéral de 1827 et de 1829, c'est l'ancien rédacteur du *National*, qui a écrit : « Le Roi règne et ne gouverne pas », c'est l'historien et le panégyriste de la Révolution française. La mort du duc d'Orléans rapproche un instant les esprits dans des mesures communes d'intérêt public : mais la force des circonstances l'emporte, et M. Thiers, trois fois ministre, M. Thiers, ancien président du Conseil, devient le chef de l'opposition.

Bonapartistes et républicains, qu'étaient-ils alors? Nous l'avons vu : leur rôle était fini; ils n'avaient plus qu'un drapeau déchiré et souillé dans la poussière. L'ennemi de la royauté avait passé du camp républicain dans le camp dynastique; c'étaient les parlementaires qui marchaient à l'assaut du trône, en croyant ne marcher qu'à l'assaut d'un ministère. Des institutions dites anglaises ils ne connaissaient que le cadre, les jeux de scène, les formules : il leur manquait le goût et le respect de la royauté, disons plus, de l'autorité, que la royauté représente. Ils pratiquaient ces institutions en révolutionnaires déguisés et, qui pis est, s'ignorant eux-mêmes.

Qu'arriva-t-il ? Les républicains, sous le nom de radicaux, marchèrent à l'ombre de ces amis complaisants. Tandis que l'opposition dynastique se laissait glisser dans l'ornière de la Révolution, les partisans de la Révolution se relâchaient de leurs antipathies monarchiques. L'alliance était proche. En 1844, François Arago adressait aux électeurs du XII° arrondissement la profession de foi suivante : « Je déclare que le gouvernement constitutionnel, monarchique et héréditaire, est, suivant moi, le seul qui puisse prendre racine en France et y fructifier. Je suis convaincu que le pays serait exposé à mille agitations, s'il avait à sa tête un chef électif... Si j'ai l'honneur d'obtenir vos suffrages, je combattrai donc à la Chambre toute mesure qui me paraîtrait conduire à un gouvernement républicain. Je veux la monarchie constitutionnelle héréditaire, je la veux avec la famille d'Orléans [1]. »

Ces déclarations monarchiques échappaient-elles à François Arago comme la rançon de la situation semi-officielle que l'esprit tolérant du Roi lui laissait à l'Observatoire? N'était-il pas, même aux yeux de ses amis, un radical et un républicain un peu suspect de *modérantisme ?* Prenons un homme qui n'était lié envers le pouvoir par aucune obligation de cette sorte, fils d'un conventionnel célèbre, républicain de naissance : M. Hippolyte Carnot. Il se confesse radical, mais serviteur de la Charte; il accepte la royauté constitutionnelle et la dynastie; il dé-

[1] Imprimerie V° Thuau, rue du Cloître Saint-Benoît, 4.

tourne les yeux de l'idée d'une révolution ; il n'est pas « tellement jaloux d'une *satisfaction grammaticale* qu'après avoir obtenu la chose il tente une révolution nouvelle pour acquérir le mot. » Les radicaux siégeant dans la Chambre des députés l'avaient accepté pour organe, et voici dans quels termes il s'expliquait devant ses électeurs en 1846 et 1847 : « Si on entend par dévouement à la dynastie le dévouement aux institutions fondées par la Charte, laquelle a créé une royauté constitutionnelle et en a fixé les conditions, je réponds nettement : Oui. » Il voyait dans la Charte « bien étudiée et interprétée selon son esprit », les éléments d'institutions même démocratiques et de toutes les réformes que convoitait l'opposition. Il allait plus loin ; il acceptait même l'espérance du pouvoir, il se ralliait au commentaire de la Charte donné par M. Thiers le 17 mars 1846 ; il souhaitait la réforme et disait : « Les radicaux peuvent, les radicaux doivent soutenir au pouvoir les hommes qui la favorisent ; ils peuvent, ils doivent marcher eux-mêmes à la conquête légitime du pouvoir afin de la réaliser [1]. » Il n'est que juste d'ajouter que ces concessions, cet esprit de tolérance sur les formes gouvernementales, excitaient la colère et l'indignation des républicains restés inflexibles, et que cette brochure de M. Carnot fut l'occasion d'amères récriminations et d'éclatants désaveux.

Si M. Thiers avait pu rallier les radicaux de la Chambre, on comprend que la gauche, le centre gauche et même le tiers parti l'acceptassent comme leur chef naturel. Pour le suivre, M. Duvergier de Hauranne abandonna M. Guizot ; M. Odilon Barrot mena vers lui le chœur de ses fidèles ; sous son égide, M. de Rémusat présenta un projet de réforme parlementaire. M. Dufaure se laissait aller aussi, mais lentement, à son pas. En 1846, quand sonna l'heure

[1] *Les Radicaux et la Charte*, 1847.

des élections générales, quels triomphes ne se promit pas l'opposition! Cependant, tout compte fait, elle rentrait dans la Chambre moins nombreuse de vingt siéges qu'avaient gagnés les conservateurs. L'opinion publique n'avait donc suivi qu'avec hésitation ceux qui se prétendaient ses guides.: il fallait la secouer, l'agiter, l'ébranler. « Vous êtes les plus forts, disait à M. Vitet l'un des membres de l'opposition, c'est évident. Ici plus rien à faire, plus rien à dire pour nous; nos paroles seraient perdues. Nous allons ouvrir les fenêtres [1]. »

En 1830, la Société *Aide-toi, le ciel t'aidera*, avait imaginé de préparer aux 221 dans leurs départements respectifs des banquets et des fêtes. Paris donnait le signal : le 1er avril, sept cents électeurs offraient un banquet aux députés de la Seine et aux autres députés de l'opposition. C'était M. Odilon Barrot, simple électeur encore, qui, vice-président du banquet, en était l'orateur; les fondateurs étaient MM. Guizot, Vitet, Lanjuinais, Bastide, Godefroy Cavaignac, Marchais, Taschereau, Duvergier de Hauranne, Duchâtel, Lerminier, Renouard, Ch. de Rémusat, de Montalivet, etc. En 1847, c'est aussi par des banquets que l'opposition résolut de propager l'agitation, et, en relisant aujourd'hui le toast que portait au 1er avril 1830 M. Odilon Barrot, on s'étonne qu'à dix-sept années de distance, et sous des gouvernements si différents, le même orateur ait retrouvé dans sa conscience la même banalité d'indignation. Une analogie bien plus saisissante entre les deux époques se présente à la pensée : c'est l'intervention d'abord modérée, puis bientôt dominatrice des *carbonari*, des bonapartistes, de l'élément révolutionnaire dans la société de 1830. Cet avertissement du passé, comment les dynastiques de 1847 ne l'ont-ils pas recueilli dans

---

[1] *Le Comte Duchâtel*, par M. VITET. (*Revue des Deux-Mondes*, 1er avril 1870.)

leurs mémoires? Jetés naguère presque malgré eux dans une révolution dont à la première heure ils redoutaient et voulaient conjurer l'éclat, comment n'ont-ils pas aperçu, après dix-sept ans d'expérience de la vie politique, que leur alliance d'un jour avec le radicalisme tournerait peut-être à leur propre confusion et les précipiterait dans les mêmes extrémités?

VII. — Il n'entre pas dans mon dessein de retracer l'histoire des soixante et dix banquets qui, dans un espace de six mois (9 juillet-25 décembre 1847), propagèrent par tout le pays le mépris du pouvoir légal et la déconsidération des institutions monarchiques. Vainement les organisateurs de ces agapes révolutionnaires prenaient un soin jaloux d'inscrire au programme des toasts au Roi, à la révolution de Juillet, au Roi constitutionnel; vainement s'imposaient-ils le devoir de renfermer leurs démonstrations oratoires dans des limites strictement légales : qu'étaient ces judaïques observances à côté des déclamations bruyantes et multipliées contre les déviations du système constitutionnel et contre la corruption du pouvoir? Lorsque MM. Odilon Barrot et Duvergier de Hauranne, partout présents, invoquaient à satiété la souveraineté nationale, rappelaient la révolution de 1830 et ressuscitaient le mythologique programme de l'hôtel de ville, est-ce que dans leur pensée la royauté ne subissait pas directement les attaques qui, dans l'hypocrisie des mots, s'adressaient au ministère? Est-ce que dénoncer la corruption du pouvoir n'amène pas nécessairement les esprits à en comprendre et à en souhaiter la chute? Est-ce qu'enfin la souveraineté nationale s'exerce autrement que par le renversement des institutions et des hommes auxquels elle s'est déléguée? Ils étaient bien aveugles, les dynastiques de la gauche et du centre gauche, s'ils n'apercevaient pas ces conséquences; ils étaient bien présomptueux, s'ils espéraient que, devenus ministres, tous les abus tomberaient à leur aspect, tandis que les agitations qu'ils avaient provoquées et nourries se dissiperaient en fumée!

Le banquet de Lille (7 novembre) les arracha à cette orgueilleuse sécurité. Un homme qui, dès son entrée dans la vie publique, s'était ouvertement porté le défenseur de la cause démocratique, isolé dans la Chambre des députés, même au milieu des radicaux, et qui jusque-là, non-seulement s'était tenu à l'écart des banquets, mais les avait dédaignés comme une vulgaire manœuvre d'opposition, uniquement destinée à satisfaire des ambitions individuelles, M. Ledru-Rollin entra tout à coup en scène et accepta l'invitation des radicaux de Lille. Ce banquet, manifestation bourgeoise comme toutes les autres, avait pris, grâce à l'initiative de Ch. Delescluze [1], dans l'*Impartial du Nord*, et de Bianchi, dans le *Messager du Nord*, une importance exceptionnelle et des couleurs républicaines. M. Odilon Barrot, serviteur obstiné de la légalité, pressentit un éclat dans lequel ses sentiments dynastiques se trouveraient blessés et compromis; les députés, ses collègues, MM. Crémieux, Corne, Choque, Piéron, Creton, Lestiboudois, Delespaul, Gauthier de Rumilly, Marchand, Beaumont (de la Somme), émus des mêmes craintes, demandèrent au comité organisateur d'ajouter au toast : *A la réforme électorale et parlementaire,* les mots suivants, qui devaient en compléter et en limiter le sens : « *Comme moyen d'assurer la pureté et la sincérité des institutions représentatives fondées en juillet 1830.* » Le comité n'accepta pas ce changement au programme; MM. Odilon Barrot et ses amis se retirèrent; M. Ledru-Rollin resta maître du terrain.

---

[1] Le même qui, en 1871, figura parmi les membres de la Commune de Paris.

Il porta un toast : *A l'amélioration des classes laborieuses ! Aux travailleurs !* Il parla des institutions populaires, du suffrage universel, de la révolution européenne, dans des termes chaleureux et presque mystiques. « Qui donc, s'écria-t-il, dans une Chambre législative, connaît assez aujourd'hui les intérêts, les besoins du peuple, pour oser les défendre? (*Voix nombreuses:* Vous! vous!) Je vous remercie de cet honneur et de ce souvenir. Sans doute j'ai défendu le peuple, sans doute je l'ai fait, le cœur saignant de toutes ses misères, les larmes aux yeux; mais si mon cœur me rapproche de lui, plusieurs générations déjà m'en séparent, l'éducation, les habitudes, le bien-être. Est-ce que jamais j'ai éprouvé, moi, les quarante-huit heures de la faim? Est-ce que j'ai jamais vu autour de moi l'hiver, entre quatre murs humides, les miens sans pain, sans espoir d'en avoir, sans feu, sans argent pour payer le loyer, prêts à être jetés à la porte pour de là tomber dans la prison?... Ah! que ceux qui ont passé par tous ces vertiges en parleraient autrement que moi!... O peuple, à qui je voudrais sacrifier tout ce que j'ai de dévouement et de force, espère et crois. Entre cette époque où ta foi antique s'est éteinte et où la lumière nouvelle ne t'est point encore donnée, chaque soir, dans ta demeure désolée, répète religieusement l'immortel symbole : Liberté, égalité, fraternité! (Explosions de bravos.) Oui, salut! ô grand et immortel symbole! Salut! ton avénement est proche! Peuple! puissent ces applaudissements adressés à ton indigne interprète arriver jusqu'à toi, et être à la fois une consolation et une espérance [1] ! »

Ce discours si déclamatoire et si stérile, mais relativement modéré, n'était qu'un prélude. Quelques jours après, la *Réforme* organisait à Dijon un nouveau banquet, mais celui-ci exclusivement démocratique, et d'où les libéraux

---

[1] M. Ledru-Rollin, passant en revue les célébrités démocratiques,

étaient écartés (21 novembre). MM. Ledru-Rollin, Louis Blanc, Ferdinand Flocon, Étienne Arago, Baune, Grandménil, James Demontry, tout l'état-major de la *Réforme*, siégeaient au milieu de treize cents convives. Là encore, cependant, M. Ledru-Rollin affecta les allures d'un réformateur pacifique. « Nous, en dehors de la constitution ! Pourquoi ? Dans la discussion de la loi électorale, que la Charte même a déclarée modifiable, depuis vos modifications imperceptibles jusqu'au suffrage universel, il y a place pour toutes les opinions, pour tous les systèmes. A nos yeux, c'était un terrain neutre, où, sans forfaire, on pouvait se rencontrer. » M. Carnot avait-il dit et écrit autre chose ? M. Ledru-Rollin ajoutait : « La tâche qui nous est imposée en ce moment est grave, car le mouvement auquel nous prenons part est un mouvement qu'à aucun prix il ne

Chateaubriand, Lamennais, Arago, Béranger, David (d'Angers), enrôla Lamartine dans le nombre. « Et Lamartine, étincelant de poésie, d'éloquence, de style, il a passé par la légitimité, il a traversé les marais de la plaine, pour s'approcher chaque jour de nous. Admirateur passionné des Girondins, le noble désintéressement de son esprit l'a fait conclure en faveur des Montagnards. Il en est qui ne cherchent en lui que ce qui le sépare encore de la démocratie pure; pour moi, je ne vois que les pas de géant qu'il fait chaque jour pour venir à elle. » Lamartine répondit dans le *Bien public* de Mâcon (14 novembre) à ces avances du tribun populaire : « Le discours de M. Ledru-Rollin est un des plus éloquents et des mieux pensés qu'il ait prononcés. *Il n'y a pas un mot contre la monarchie constitutionnelle....* Le communisme de M. Ledru-Rollin est à peu près le nôtre; c'est-à-dire un amour intelligent du peuple, une vive pitié des souffrances des masses, un sentiment sérieux des injustices dont elles sont victimes dans une législation où elles n'ont pas leur voix et leur représentation, enfin une série d'institutions secourables et véritablement fraternelles, descendant de la cime de la société jusqu'au fond et servant d'échelons gradués pour élever, par l'enseignement, par le salaire, par l'assistance universelle de l'État, le niveau du travailleur au niveau du propriétaire et du citoyen. Voilà ce communisme vrai et salutaire qui ne tue pas la propriété, mais qui la fortifie en la multipliant. Il n'y a pas là de quoi se fâcher, mais il y a là de quoi réfléchir. » Cette page n'explique-t-elle pas les condescendances d'opinion que Lamartine montrera plus tard ?

faut compromettre... Le parti démocratique saura tenir fermement son drapeau. L'histoire témoigne assez de son bouillant courage : il lui plaît aujourd'hui de donner la mesure de sa discipline et de son habileté... Le canon ne prévaut pas contre l'idée. Faites que l'idée mûrisse, qu'elle s'étende, qu'elle les enveloppe, et bientôt le peuple lui-même pourra saluer sa propre souveraineté. »

Un troisième banquet démocratique se tint à Châlon-sur-Saône, le 19 décembre. Déjà MM. Flocon et Ledru-Rollin, orateurs ordinaires de ces banquets, avaient, à Lille ou à Dijon, revendiqué leurs pères de la Convention et de la Montagne, comme ils l'auraient pu faire dans les colonnes de la *Réforme :* à Châlon-sur-Saône, ils ne parlèrent pas autrement, mais ils parlèrent plus haut et plus fort. « Dans un temps et dans un pays où chacun parle concessions, je viens vous parler principes. » Ainsi dit M. Flocon; et quels étaient ces principes? Les *Droits de l'homme et du citoyen,* tels que les formula Robespierre. Et M. Flocon se plaignait qu'on l'appelât *un voltigeur de 93!* Mais il relevait l'injure comme un éloge : « Les hommes de la Convention, les Montagnards sont morts, emportés par la tempête, mais ils ont légué au peuple leur testament. Lisons-le, amis, reprenons ensemble un moment cette immortelle Déclaration des droits de l'homme, dans laquelle ils ont gravé en traits impérissables les titres de la loi du genre humain. » L'orateur lit quelques articles de ce catéchisme des sociétés secrètes, auquel, même en 1793, il ne manqua qu'un brevet d'application décerné par ses auteurs. En face de ces théories chimériques, complaisamment applaudies par l'auditoire, M. Flocon décrit les institutions anglaises offertes par les libéraux en modèle à la France. « Est-ce là, s'écrie l'orateur, ce que vous voulez aussi? (Non! non!) Non! n'est-ce pas? Eh bien, donc! à vos tentes, Israël! Chacun sous son drapeau! chacun pour sa foi! La démocratie avec ses vingt-cinq millions de prolétaires qu'elle veut affranchir, qu'elle salue du nom de citoyens, frères, égaux et libres! L'opposition bâtarde avec ses monopoles et son aristocratie du capital! Ils parlent de réformes! Ils parlent du vote au chef-lieu, du cens à cent francs! Nous voulons, nous, les *Droits de l'homme et du citoyen!* » Pauvre programme! Mais des applaudissements frénétiques en avaient à plusieurs reprises interrompu le développement. M. Ledru-Rollin n'aurait pu que forcer la note; il se borna à rassurer les esprits contre le retour de la Terreur; il enveloppa dans les mêmes louanges l'Assemblée constituante, la Législative et la Convention; il déclara, contrairement à son précédent discours, que la Charte n'était pas susceptible de développements tels qu'ils pussent suffire à la démocratie; qu'il n'y avait plus, du reste, à temporiser, comme le voulaient les libéraux du centre gauche ou les républicains du *National*, mais qu'il fallait « se dévouer et agir! ».

M. Odilon Barrot protestait contre ces alliés dangereux. Il s'était retiré du banquet de Lille; au banquet d'Annézin-lez-Béthune (14 novembre), qu'il présidait, il se plaint « que le mal fait des progrès incessants; qu'il n'y a plus de lutte qu'entre les passions qui veulent renverser et les passions qui exploitent le gouvernement, et la lutte s'envenime jusqu'à ce qu'enfin on en arrive à une catastrophe, et la nation n'intervient jamais dans les affaires du gouvernement que pour le briser. » Un ministre en exercice n'aurait pas tenu un autre langage. Le banquet de Rouen (25 décembre 1847), qui clôt la série des banquets réformistes, se défend également de toute pensée de révolution; on sent dans le discours de M. Senard qu'il parle devant des industriels et des commerçants, lesquels consentent à se donner un vernis d'opposition, à la condition de ne pas compromettre leur propre fortune dans les aventures de la politique. La Révolution est à la porte : il se refuse à la voir ou à l'entendre. Quelle que soit la corruption, les intérêts de la dynastie et de la nation ne sont pas divisés. « Sous les gouvernements d'opinion, l'opinion trouve toujours des issues; les révolutions ébranlent les intérêts et gaspillent les ressources, et il n'y faut songer qu'après que tout espoir de redressement des griefs est perdu. » M. Duvergier de Hauranne, avec l'âpreté logique de sa race, réduisait la situation à un dilemme : « Ou bien le pouvoir cédera, et nous aurons fondé sans lutte, sans catastrophe, le gouvernement représentatif; ou bien le pouvoir s'insurgera contre la majorité, contre la constitution, et alors ce ne sont pas les carbonari seulement qui se soulèveront contre lui, c'est la France entière [1]. » Ainsi parlait-il à la veille de 1830, et ces menaces de catastrophe, il se plaisait à les répéter dans les mêmes termes le 25 décembre 1847.

Cependant, malgré le tapage de ses trois banquets, le parti démocratique, représenté par MM. Ledru-Rollin, Flocon et Louis Blanc, n'avait pas conquis l'opinion. Arago, Lamartine, Lamennais, Dupont (de l'Eure), le général Thiard, envoyaient des lettres d'adhésion aux banquets, mais ils s'excusaient d'y assister; c'était le même personnel qui se transportait de ville en ville. La *Réforme*, qui de Paris fomentait le mouvement, ne vivait qu'à force de subsides péniblement recueillis. Le *National*, au contraire, écartant les questions sociales, uniquement préoccupé de politique, n'effrayait pas les classes bourgeoises et se confondait volontiers avec les libéraux. Il avait longtemps lutté contre la *Réforme;* à l'occasion des banquets, il attaquait ouvertement M. Ledru-Rollin. Au contraire, il flattait M. Thiers, il cajolait Lamartine, il frayait avec

---

[1] M. Crémieux, au banquet d'Annezin-lez-Béthune, avait présenté le même dilemme sous une forme plus plaisante : « Ou nous réussissons, disait-il, et que demander de plus? ou nous succomberons, *et.... alors comme alors!* (Vifs applaudissements. Interruption.) *Voilà mes principes, et je pense pouvoir dire qu'ils sont ceux de mes amis.* » Les multiples aspects sous lesquels apparaît M. Crémieux au 24 février peuvent servir de commentaire à ces paroles.

M. Odilon Barrot. Républicains d'atermoiement et d'opportunité, les hommes du *National* achevaient de se personnifier dans Armand Marrast, sceptique, épicurien, ambitieux, qui, las de lutter depuis dix-huit ans sous les drapeaux d'une République impossible, semblait disposé à se rallier à une monarchie démocratique. Il accomplissait à son tour l'évolution qu'avaient faite, en 1830, les rédacteurs du *National* d'alors, et, comme eux, une fois sur la route des honneurs, il abandonnait sans façon ceux qui ne voulaient pas l'y suivre.

Telle était donc, au commencement de 1848, la situation du parti républicain. Les uns, sous la bannière de la *Réforme*, s'obstinaient dans les revendications démocratiques : isolés dans le pays comme dans la Chambre, antipathiques aux classes bourgeoises, se portant les héritiers posthumes de la Convention et, dans la Convention, des Montagnards, ils recrutaient les communistes, les socialistes, et, dans une révolution politique, embrassaient l'espoir d'une révolution sociale. Les autres, ralliés autour du *National*, se montraient disposés, comme leur chef, à s'accommoder aux temps et à ajourner leurs espérances républicaines. Ceux-ci et ceux-là, d'ailleurs, sans illusions sur l'avenir, se rappelant leurs anciennes défaites et reconnaissant la force du gouvernement, repoussait l'idée d'une lutte à main armée. Ils n'ouvriront pas le feu : s'ils se décident à marcher, c'est après que le combat a été engagé par d'autres, et de même que, dans ces événements avant-coureurs d'une révolution, la République se dissimule au second rang, de même, à la dernière heure, nous la retrouverons encore timide, hésitante, et n'envahissant le pouvoir et la dictature qu'en masquant son visage et en dérobant son nom.

VIII. — C'est aux historiens du Roi Louis-Philippe qu'il appartient de raconter en détail ses dernières heures de royauté. Ici, quelques traits suffiront.

Après d'orageux débats, l'Adresse allait être votée par une majorité restée fidèle. Le discours du Trône avait qualifié avec clairvoyance « cette agitation que fomentent les passions ennemies ou aveugles ». Ceux qui s'abritaient derrière l'opposition dynastique pour renverser la dynastie, n'étaient-ils pas des *ennemis ?* Ceux à qui les banquets de Lille, de Dijon, de Châlon-sur-Saône n'avaient pas ouvert les yeux, n'étaient-ils pas des *aveugles ?* Néanmoins, ces derniers continuaient une lutte à outrance. Chaque échec les enhardissait : ils voulaient agiter, agiter, jusqu'à ce que le système s'ébranlât et tombât. On imagina donc de célébrer à Paris même un dernier banquet qui vint clore solennellement la période de *l'agitation légale,* comme celui du Château-Rouge l'avait solennellement ouverte le 9 juillet. Ce banquet, dit du XII° arrondissement (quartier du Panthéon), aurait lieu, non pas dans le faubourg Saint-Marcel, suspect aux hommes d'ordre, et qui pourrait imprimer une physionomie d'émeute au paisible exercice d'un droit, mais aux Champs-Élysées, dans des régions aristocratiques : là, tout se passerait suivant le programme, invitations, cortége, toasts, enfin tout, et l'imprévu en serait banni.

Le ministère s'émut. Le banquet était-il légal? N'avait-il pas besoin d'être autorisé? Le gouvernement se prétendait investi par les lois du droit de l'interdire ; l'opposition affectait au contraire de considérer le droit de réunion comme un de ces droits primordiaux consacrés par la déclaration qui précède la constitution de 1791. Le ministère rappelait que sous tous les régimes ce droit avait été réglementé et souvent restreint, suivant les exigences de l'ordre public. « Mon droit est écrit dans la Charte, s'écriait M. Thiers; il est aussi sacré que celui de la royauté. » M. Guizot lui répondit : « S'il vous arrivait quelque jour d'être sur ces bancs, vous vous défendriez contre les reproches que vous nous faites aujourd'hui. — Je vous garantis le contraire, répliqua M. Odilon Barrot, nous en prenons l'engagement solennel. » — M. Guizot : « Je n'accepte pas la garantie de la parole de l'honorable M. Odilon Barrot; je ne suis pas obligé de régler ma prévoyance sur la sienne. » (Séance du 10 février.)

Néanmoins, le ministère consentit à ne pas interdire le banquet; mais il se réserva le droit de déférer la question aux tribunaux. L'opposition accepta ce compromis comme une solution; en réalité, elle cédait. Quoi! pendant sept mois, prodiguer à un ministère et à un gouvernement les imputations de corruption et de violation des lois, et venir échouer dans le prétoire d'un tribunal! Entraîner des légions de citoyens dans une carrière d'aventure et les arrêter court au premier relais! Armand Marrast, plus pratique et plus conséquent, invitait les membres de l'opposition à donner en bloc leur démission de députés. On le laissa dire; seul, M. Émile de Girardin se retira de la Chambre. Enfin, le jour de ce banquet tant redouté, redouté de l'opposition bien plus que du ministère, fut fixé, reculé, fixé encore : MM. Ledru-Rollin, Flocon, Louis Blanc, qui, comme au début de la campagne, s'étaient tenus à l'écart, acceptèrent l'invitation. Alors Armand Marrast rédige le programme, et convoque à faire la haie sur le passage du cortége la garde nationale en uniforme, mais sans armes. Le ministère, voyant dans cet empiétement sur les pouvoirs publics une violation de la trêve et des conditions qu'il avait acceptées, retire sa parole et interdit le banquet; M. Odilon Barrot désavoue ses amis, M. Duvergier de Hauranne persiste par point d'honneur. Nombre de députés retirent leurs signatures, tandis que les républicains raillent avec justice cette comédie grotesque d'une opposition qui lutte sur des distinctions byzantines et qui, le moment venu d'agir, abandonne le terrain et laisse le peuple à lui-même.

Le banquet n'eut pas lieu, mais l'agitation qu'il entretenait porta ses fruits. On vit des colonnes d'étudiants (*cette respectable jeunesse,* comme l'appelait Benjamin Constant en 1830) descendre du Panthéon, se répandre sur les boulevards, aux Champs-Élysées, aux alentours du Palais-Bourbon, et s'essayer à forcer la Chambre; elle était vide à cette heure, mais ils en apprenaient le chemin. On pille des magasins d'armuriers, on tente des barricades dans la rue Beaubourg et les rues avoisinantes. Cependant MM. Ledru-Rollin et Louis Blanc détournaient leurs partisans d'une lutte ouverte; ils n'avaient pas moins de confiance dans l'armée que le Roi lui-même, et, sur la perspective d'un échec, ils conseillaient l'abstention. Les sociétés secrètes, bien que désorganisées et éclaircies par la défection, la prison ou la surveillance, lâchèrent quelques hommes; leurs hauts faits se bornèrent à incendier quelques postes, à hurler des cris de mort contre les gardes municipaux, courageux et fidèles, dispersés dans les quartiers populeux; à élever des barricades, tolérées par une armée qui n'avait pas d'ordres. L'héroïsme des combattants de février 1848 est une légende républicaine qui n'a rien de commun avec l'histoire.

Le Roi n'apercevait pas venir la Révolution : ce mouvement, ces ardeurs, n'étaient à ses yeux qu'un feu de paille. Les appuis manquaient autour de lui. Dans sa famille, la place de la princesse Adélaïde, sa conseillère ou sa confidente, était vide depuis deux mois; deux de ses fils, les plus expérimentés, les plus énergiques et les plus populaires, étaient en Afrique, le duc d'Aumale gouverneur général de l'Algérie, le prince de Joinville éloigné à dessein dans un demi-exil. Il aurait fallu un ministère énergique; mais parmi les ministres, il n'y avait pas un homme d'action, même au ministère de la guerre. Il aurait fallu une garde nationale fidèle, celle de Juillet; mais l'on se défiait trop d'elle pour la convoquer, et, le jour où elle fut convoquée, elle tourna. Il y avait l'armée; mais, comme la garde nationale, elle n'avait à sa tête qu'un général de cour. Il fallait une direction unique et décidée; le Roi hésitait, les généraux ne donnaient pas d'ordres ou les contredisaient aussitôt que donnés, et le soldat comme l'officier ne savaient que faire en face de gens qui criaient *Vive la réforme!* et que protégeait la garde nationale. Sur ces entrefaites, le ministère, cédant aux désirs secrets du Roi, donne sa démission (23 février, trois heures). Encore une force organisée qui se dissout et qui n'est pas remplacée.

Tandis que M. Molé, chargé de former un ministère, court la ville sans rencontrer un candidat, la sédition marche à grands pas. Une colonne immense, précédée d'un drapeau rouge, parcourt les boulevards dans toute leur longueur : arrivée au boulevard des Capucines, devant le ministère des affaires étrangères, elle se heurte à un bataillon d'infanterie massé en carré dans toute la largeur de la chaussée et des contre-allées. Un coup de feu part; un feu de peloton suit. Est-ce un hasard malheureux? est-ce un signal? La bataille tardait-elle trop à s'engager, au gré de quelques meneurs même subalternes? Un camion est amené, les cadavres y sont entassés, et le funèbre cortége s'en va, à la lueur des torches, dans un appareil de mélodrame, aux bureaux du *National* et de la *Réforme*, propageant dans Paris la soif des représailles, de l'émeute et du sang.

M. Thiers, appelé dans la nuit aux Tuileries, demanda au Roi l'autorisation de s'adjoindre M. Odilon Barrot. Malgré ses répugnances, le Roi s'y résigna. L'apôtre des banquets, dans les contradictions de ses actes, avait donné des gages à la Révolution comme à la Monarchie. Il avait organisé la démonstration du Château-Rouge, mais à Lille il s'était dérobé. Il avait prêté son nom au banquet du XII° arrondissement, mais, l'heure venue, il l'avait retiré. Le 22 février, il avait déposé, de concert avec ses amis, un acte d'accusation contre le ministère; mais le ministère ayant, le 23, donné sa démission, M. Odilon Barrot avait demandé à la Chambre d'ajourner la discussion de l'acte d'accusation. Il avait soufflé la tempête, mais de la même bouche il commandait le calme. Ministre depuis une heure, M. Odilon Barrot voulut éprouver sa puissance, apaiser les passions de la rue et demander à la souveraineté nationale la confirmation de son nouveau titre. Mais quel changement! les complaisants auditeurs des banquets l'accueillent en adversaires et en ennemis; il y a encore quelques gens naïfs pour crier *Vive la réforme!* mais la réforme, c'est déjà l'abdication et la chute de la Monarchie. Cette royauté que les théories de M. Thiers et de M. Odilon Barrot tenaient si volontiers à l'écart, on la dédaigne, on l'oublie, elle n'est plus, et ses ministres, les hommes populaires de la veille, deviennent des ombres comme elle. Le maréchal Bugeaud, le seul homme de sens qui ait assisté le Roi à ces heures funestes, repoussé par les révolutionnaires qui le redoutent, vu avec défaveur par les courtisans, abandonné par le Roi, se retire : le maréchal Gérard et le général Lamoricière déploient un dévouement inutile ; l'heure est passée.

En face d'une armée fatiguée, démoralisée, disséminée, qui n'a pas d'ordres pour combattre et qui se laisse désarmer, les sociétés secrètes reprennent courage et s'avancent vers les Tuileries. On rencontre en route le Château-d'Eau, massive construction faisant face au Palais-Royal, sorte de poste avancé qui défend les abords du Carrousel. C'est là que se livra le seul combat sanglant de Février. Las de tirer sans résultat sur des murailles, les assaillants apportent des matières inflammables. Après une lutte acharnée contre les balles et l'incendie, le poste se rend ;

quelques soldats s'échappent; soixante-cinq étaient brûlés. Telle fut la victoire populaire. A son approche, le Roi signe son abdication et part. Il monte en voiture au pied de l'obélisque de Louqsor, à l'endroit où son père avait été décapité, victime du peuple après en avoir été le flatteur. Cependant le peuple saccageait les Tuileries, brûlait le trône, et dévastait le Palais-Royal.

Ainsi finit le règne de Louis-Philippe d'Orléans : l'histoire de la République commence.

LIVRE DEUXIÈME.

LE GOUVERNEMENT PROVISOIRE.
24 février-5 mars.

SOMMAIRE. — 24 février, une heure et demie. — M. Odilon Barrot au ministère de l'intérieur. — M. Garnier-Pagès à l'hôtel de ville. — Le mot d'ordre : un gouvernement provisoire. — Séance au *National*. — Lamartine : portrait politique. — La duchesse d'Orléans à la Chambre des députés : MM. Dupin, Odilon Barrot, Marie, Ledru-Rollin. — Proclamation des noms des membres du gouvernement. — Séance à la *Réforme*. — A l'hôtel de ville : le gouvernement en proie à la foule. — Distribution des ministères. — MM. Louis Blanc, Marrast, Flocon et Albert. — Luttes du gouvernement contre la souveraineté populaire. — 25 février. — Coup d'œil sur Paris ; la préfecture de police ; les délégués d'arrondissement. — La garde mobile et la garde nationale. — Le droit au travail. — Le drapeau rouge : Lamartine. « Le peuple victorieux n'amènera pas son pavillon. » — Séance du club Blanqui. — 26 février. — La rosette rouge. — Abolition de la peine de mort en matière politique. — Proclamation de la République. — Création des ateliers nationaux. — 27 février-5 mars. — Le ministère du travail : M. Louis Blanc. — La commission de gouvernement pour les travailleurs; abolition du marchandage; réduction des heures de travail. — Goudchaux, ministre des finances, fait ses conditions; abolition de l'impôt du timbre sur les écrits périodiques; anticipation du payement du semestre; démission de Goudchaux. — Ordre d'inhumer nuitamment les victimes; les délégués du peuple; funérailles solennelles. — Établissement du suffrage universel. — Caractère des premiers décrets du gouvernement provisoire : n'obéissait-il pas sans le savoir à un programme de 1839 ?

I. — C'est le 24 février ; il est une heure et demie.

Le Roi parti, la dynastie n'avait plus de représentant. Le comte de Paris était un enfant, qui n'avait pas au trône de droits immédiats ; le duc de Nemours, investi de la régence par la loi, avait abdiqué comme le Roi ; la duchesse d'Orléans n'était pas régente encore. Le Roi ne l'avait pas désignée, par respect de la légalité ; aucun pouvoir public ne l'avait reconnue. Quelques amis la conduisaient à la Chambre des députés, dans l'espoir de faire renouveler en sa faveur l'élection de 1830. A côté de cette Monarchie sans titulaire constitutionnel, il n'y avait ni armée, ni ministère, ni ministres. M. Thiers s'était senti débordé et abandonnait la partie. Seul, M. Odilon Barrot, ministre obstiné d'un pouvoir intérimaire non défini, avait pris possession du ministère de l'intérieur ; mais, tel est l'effet d'une révolution ; dans ce foyer de nouvelles, il ne savait rien ; dans ce centre d'action, il était frappé d'impuissance. L'influence, l'autorité, le pouvoir étaient ailleurs ; en pleine rue, à la discrétion du premier venu.

A tout hasard, M. Odilon Barrot envoya MM. Garnier-Pagès, de Maleville et Beaumont à l'hôtel de ville, soit pour chercher des nouvelles, soit pour s'assurer, comme en 1830, de ce palais du peuple où les révolutions s'achèvent et se consacrent. Quelques membres du conseil municipal s'y trouvaient réunis, mêlés à des élèves de l'École polytechnique, à des bourgeois, à des ouvriers. Un sieur Fanjat demandait la déclaration suivante : « Le Roi Louis-Philippe est immédiatement condamné à mort. » M. Garnier-Pagès s'interpose : Fanjat l'accuse de timidité. Cependant la foule augmente et crie *Vive la République!* — « Vous le voyez, dit M. Garnier-Pagès à M. de Maleville, le peuple veut la République. » Quant à lui, quoique envoyé par M. Odilon Barrot, ministre de l'intérieur, ministre de la royauté, il n'écarte pas les vœux populaires, et il consent à organiser la République. MM. Corbon, Pascal, rédacteurs de l'*Atelier;* M. Catalan, professeur de mathématiques ; M. Paul Meurice, homme de lettres ; M. Flottard, employé de l'hôtel de ville, nomment d'acclamation M. Garnier-Pagès maire de Paris. « La République! la République! » crie-t-on de toutes parts. M. Garnier-Pagès, qui veut qu'on « agisse plutôt que de discuter », déclare qu'il va provisoirement consulter ses collègues de l'opposition radicale « pour procéder à une proclamation régulière de la *vérité* ». Le nouveau maire, sans nouvelles du dehors, entre la régence dont il était l'émissaire, et la République qu'il entendait acclamer, ne savait quoi résoudre; peut-être aussi se demandait-il, quelque autorité qu'il accordât dans son for intime à l'investiture populaire, si MM. Corbon, Pascal, Paul Meurice, Catalan et Flottard avaient un mandat bien précis pour proclamer la République et nommer un maire de Paris. Il jugea donc prudent d'attendre, et, sans se compromettre davantage, il s'en alla sur la place de Grève prononcer quelques paroles, « pour rendre hommage, dit-il, à la souveraineté populaire [1]. »

Ailleurs, on songeait à la faire parler. Armand Marrast, qui depuis quelques semaines, grâce à son tact, à sa clairvoyance et à son esprit de décision, menait l'intrigue et les meneurs eux-mêmes, savait, en vrai disciple d'Aristophane, que le peuple est jaloux d'être flatté et conduit; qu'il vote, qu'il acclame, mais qu'il faut choisir pour lui. Dans un conciliabule qui précéda de quelques jours la révolution, Marie avait ouvert l'avis de nommer un gouvernement provisoire. Cet avis adopté devint le mot d'ordre. Le *National* se hâta de désigner les noms qui composeraient le gouvernement : c'étaient MM. Dupont (de l'Eure), François Arago, Marie, Garnier-Pagès, Ledru-Rollin, Odilon Barrot et Marrast : liste de conciliation sans doute, puisque Armand Marrast y figurait à côté de M. Ledru-Rollin et celui-ci à côté de M. Odilon Barrot; mais aussi liste à double issue, s'acheminant vers la République aussi bien que vers la régence. A l'heure où nous sommes, c'est vers ce dernier parti que penchait Armand

---

[1] Garnier-Pagès, *Histoire du gouvernement provisoire*, t. V.

Marrast. Tandis que ses amis s'agitaient dans une ferveur plus républicaine que monarchique, il s'en allait à la Chambre, où devait, dans sa pensée, se produire le dénoûment, et demandait à Lamartine, de concert avec MM. Bastide, Hetzel et Bocage, un entretien particulier.

Lamartine avait servi la Restauration. La révolution de Juillet survenant, il s'était tenu à l'écart, sans hostilité pour la famille d'Orléans, à laquelle le rattachaient des souvenirs de famille, ni même pour le principe qui avait élevé le trône de Louis-Philippe. Député, il flotta à droite, à gauche, souvent plus voisin du pouvoir que de l'opposition, votant les lois de septembre en 1835, soutenant M. Molé et la prérogative royale en 1839, appuyant, en 1842, la régence de la duchesse d'Orléans. Il donnait à sa politique le nom de *rationnelle*, mot vague qui exprimait bien ce qu'elle avait de capricieux et d'individuel. Vers 1842, il entra en relation avec Béranger, qui, par une singulière destinée, devait rallier les planètes déroutées du siècle, Lamennais, Chateaubriand, Lamartine. Bientôt l'*Histoire des Girondins* parut, qui, « commençant par l'apothéose de Voltaire, devait finir par, l'apologie de Robespierre [1] » : livre éclatant d'imagination, mais où les faiblesses de jugement et les condescendances de morale rapportaient à l'auteur la popularité malsaine dont il couronnait ses héros. Depuis 1845, Lamartine votait contre le ministère ; en juillet 1847, au banquet de Mâcon, donné en son honneur, il apporta son tribut au concert de l'opposition ; mais imitant la réserve de MM. Thiers, Dufaure et de Rémusat, il n'assista à aucun autre banquet. Sa parole retentit mainte fois avec éclat dans la discussion de l'Adresse ; le *National* lui faisait des avances, M. Ledru-Rollin le ménageait ; son nom devenait une force et un drapeau.

[1] M. DE MONTALEMBERT, *Discours* du 14 janvier 1848 à la Chambre des pairs.

Cependant Lamartine n'avait guère que des aspirations vers la République ; cette forme de gouvernement, sans traits précis, prenait dans son esprit les contours incertains d'une organisation idéale. Tout chez lui allait de même : en religion, opposant un déisme philosophique à ses anciennes croyances catholiques, et cependant trop catholique encore de sentiment pour se déclarer philosophe ; en économie sociale, sympathique aux classes populaires, sans s'initier aux problèmes pratiques qui les concernent. Sur toute question, il s'en remettait aux inspirations de l'heure présente, à ces intuitions généreuses que lui prodiguait la richesse de sa nature, plein d'une confiance en lui-même qui n'était pas loin de la fatuité. Il aimait le péril, il avait l'âme grande ; il était brave par hauteur de caractère encore plus que par ce qu'on appelle vulgairement le courage ; et, par-dessus tout cela, amoureux de la gloire comme l'étaient les anciens et surtout Cicéron, son modèle, il convoitait d'être mêlé à de grands événements, pour y développer deux fois son génie et comme acteur et comme historien.

Marrast avait compris que, dans l'aventure à tenter, République ou Régence, il fallait s'assurer le concours d'un tel homme. Sans lui dissimuler ses vœux pour la République, il se déclarait prêt à soutenir la Régence avec Lamartine pour premier ministre. Ses amis tenaient le même langage. Lamartine ne vit-il dans la Régence qu'un champ étroit où lutteraient, dans de vulgaires compétitions de pouvoir, ses rivaux de tribune et de popularité ? Crut-il, au contraire, qu'en jetant la France dans la République, en proie aux hasards de l'inconnu, l'œuvre de la gouverner et de la sauver serait plus grande, plus glorieuse, plus digne de son ambition ? Quoi qu'il en soit, de même que l'avant-veille, à l'heure où l'idée du banquet était abandonnée, Lamartine déclarait qu'en dépit de toutes les menaces, fût-il seul, il s'y rendrait, de même, à cette heure suprême, il s'arrêta au parti le plus téméraire et qu'on eût le moins attendu de lui. Le hasard l'attirait! Il se décida pour la République.

II. — Cependant M. Emmanuel Arago, porteur de la liste arrêtée au *National,* et accompagné de MM. Peauger[1], Sarrans et Duméril, arrivait jusqu'au Palais-Bourbon et y pénétrait presque en même temps que la duchesse d'Orléans. Celle-ci se plaça dans l'hémicycle, au pied de la tribune, ayant auprès d'elle le duc de Nemours et ses deux fils, le comte de Paris et le duc de Chartres. M. Dupin, qui l'avait accompagnée depuis les Tuileries, s'assit à sa place ordinaire. Il a relevé depuis, avec amertume, la faiblesse du président, M. Sauzet, et les hésitations de ses collègues; il a oublié d'accuser sa propre inertie. S'il avait déjà tant de prévoyance, comment n'eut-il pas un peu d'à-propos?

En arrivant à la Chambre, il prend sa place ordinaire. M. Lacrosse demande que la parole soit donnée à M. Dupin. « Je ne l'ai pas demandée », réplique-t-il vivement. Il parle néanmoins, signale les acclamations de la garde nationale, de l'armée, du peuple qui ont éclaté sur le passage de la duchesse depuis les Tuileries jusqu'au Palais-Bourbon et dans le palais même : il en *requiert acte* en formules de procureur. Les acclamations se renouvellent, tandis que, d'autre part, on crie : *Un gouvernement provisoire!* Lamartine demande que la séance soit suspendue, « par respect pour la représentation nationale et pour la duchesse d'Orléans. » « C'était tout uniment, écrit M. Dupin, qui se tut et se tint coi alors, proposer de mettre le jeune Roi et sa mère à la porte, comme des intrus qui n'avaient pas le droit d'assister à la séance... Or cette

---

[1] Depuis préfet des Bouches-du-Rhône et directeur de l'Imprimerie nationale, sous la présidence de Louis-Napoléon Bonaparte.

séance, puisque le Roi était présent, était en réalité une séance royale [1]. » M. Sauzet suspendit la séance, mais la duchesse ne quitta pas la salle ; elle gagna les bancs supérieurs de l'amphithéâtre, ayant auprès d'elle M. Crémieux qui lui présentait un projet de proclamation, et M. Dupin qui lui conseillait de parler d'elle-même. Son incertitude n'allait pas durer longtemps.

M. Odilon Barrot, retiré au ministère de l'intérieur, faisait annoncer par le télégraphe aux départements l'abdication du Roi et l'établissement de la Régence. Il apprend que la duchesse d'Orléans est à la Chambre, il s'y rend aussitôt. A son arrivée, M. Emmanuel Arago et les délégués du *National* l'entourent, lui annoncent que son nom a été inscrit sur la liste du gouvernement provisoire et le pressent d'accepter. Mais M. Odilon Barrot, fidèle à la Monarchie et à la Régence, refusa les offres du *National* et se hâta d'entrer dans la Chambre. M. Marie était déjà à la tribune, demandant un gouvernement provisoire. M. Crémieux, le même qui offrait à la Régente un projet de proclamation, réclame, lui aussi, un gouvernement provisoire. M. Odilon Barrot, dans un ferme et noble langage, proteste en faveur de la Régence : « Notre devoir est tout tracé ; il a heureusement cette simplicité qui saisit toute une nation ; il s'adresse à ce qu'elle a de plus généreux et de plus intime, à son courage, à son honneur. La couronne de Juillet repose sur la tête d'un enfant et d'une femme. » La duchesse d'Orléans se lève et s'incline : sur l'avis de sa mère, le comte de Paris fait de même. Elle veut parler ; mais M. Barrot, qui n'aperçoit pas ses gestes, continue : « Quant à moi, je serai heureux de consacrer mon existence, tout ce que j'ai de facultés dans ce monde,

---

[1] Dupin, *Mémoires*, t. IV, p. 474 et suiv. — M. de Saint-Priest raconte même que la duchesse d'Orléans, entendant M. Sauzet suspendre la séance, se retourna vers le président, et lui dit avec vivacité : « Mais, Monsieur, ceci est une séance royale ! »

à faire triompher cette cause, qui est celle de la vraie liberté dans mon pays. » Et le centre applaudit. « Est-ce que par hasard on prétendrait remettre en question ce que nous avons décidé par la révolution de Juillet?... La régence de la duchesse d'Orléans, un ministère pris dans les opinions les plus éprouvées, vont donner plus de gages à la liberté... Je ne pourrais pas prendre la responsabilité d'une autre situation. »

Les acclamations ne manquaient pas plus à M. Odilon Barrot, à M. Dupin, à la duchesse d'Orléans, qu'ailleurs aux candidats du *National;* mais c'étaient des acclamations de députés, de gens officiels, quelque chose de régulier et de presque constitutionnel. Qui sait cependant? Une adhésion éclatante de la Chambre, la présence de la duchesse, le concours de quelques hommes résolus, une bande entreprenante, auraient peut-être décidé la Régence. Moyens de révolution, sans doute : mais quoi! la souveraineté populaire est-elle si délicate? Elle aime qu'on la brusque, qu'on la violente : comme celles de 1830, les barricades de 1848 pouvaient relever un trône. Les hommes du *National* sentirent le péril. M. de la Rochejaquelein demandait l'appel au peuple : « Vous n'êtes rien ici, vous n'êtes plus rien, disait-il aux députés; la Chambre des députés n'existe plus comme Chambre... Je dis, Messieurs, qu'il faut convoquer la nation, et alors... » Alors *la nation* l'interrompt : c'est une première bordée de foule qui se rue dans la Chambre, poussant les cris : *La déchéance! la déchéance!* — La cause de la Régence était perdue : nous allons assister à l'enfantement de la République.

La foule succède à la foule, les orateurs aux orateurs. MM. Crémieux, Lamartine, Ledru-Rollin disputent la tribune aux envahisseurs populaires. « *Plus de Bourbons! A bas les traîtres!* » M. Ledru-Rollin, dans un moment de silence, réussit à se faire entendre. Il rappelle qu'en 1842 il avait réclamé le concours du *pouvoir constituant* pour la loi de régence; que les députés n'ont le droit ni de transporter la régence du duc de Nemours à la duchesse d'Orléans en renversant la loi qu'ils ont eux-mêmes votée, ni même, sans appel au peuple, d'instituer une Régence. — « Pressez la question, concluez! s'écrie Berryer : un gouvernement provisoire! » M. de Genoude, M. de la Rochejaquelein, Berryer, les légitimistes, voulaient assurer la déchéance de la dynastie de Juillet : c'était leur revanche des dix-huit ans. M. Ledru-Rollin : « Je demande donc, pour me résumer, un gouvernement provisoire, non pas nommé par la Chambre, mais par le peuple, et un appel immédiat à une Convention qui régularise les droits du peuple. »

Lamartine remplace M. Ledru-Rollin à la tribune; avant même qu'il ait parlé, on l'acclame, on l'applaudit, comme s'il s'agissait de le conquérir sans retour à la République. En 1842, il avait défendu la régence de la duchesse d'Orléans : il écarte ce souvenir importun. Une phrase de sympathie pour « cette princesse auguste et ce fils innocent » : il passe, et craignant, à travers quelques murmures, qu'on ne le prenne pour un partisan de la Monarchie, il se hâte de demander un gouvernement provisoire. Il ne fait pas de distinction « entre la représentation nationale et la représentation des citoyens de tout le peuple »; il accepte la compétence de cette multitude et dresse le programme d'un gouvernement qui doit rétablir d'abord la paix publique, puis convoquer tous les citoyens dans les comices. A ces mots, et comme par l'effet d'un ressort poussé par quelque machiniste, de nouveaux combattants envahissent l'Assemblée, gens du Château-d'Eau, pillards et dévastateurs des Tuileries, qui viennent souiller de leur présence le palais de la représentation nationale comme ils ont souillé le palais de la royauté. Les députés dynastiques s'évadent; M. Sauzet se couvre, agite la sonnette, réclame le silence, et, ne l'obtenant pas, il déclare la séance levée et quitte le fauteuil. C'est à ce moment que la duchesse d'Orléans s'échappe avec ses enfants.

Nestor vénéré du parti républicain, Dupont (de l'Eure) consent à présider cette horde d'énergumènes constituants. Mais quelle voix humaine aurait assez de force pour dominer ce tumulte? M. Bastide imagine d'inscrire, avec un doigt trempé dans l'encre, sur une immense feuille de papier, les cinq noms qui doivent composer le gouvernement; mais la feuille flotte et retombe le long de la hampe qui la soutient. On passe la liste à Lamartine : « Je ne puis pas la lire, dit-il, mon nom y est. » On s'adresse à M. Crémieux : « Je ne puis pas la lire, dit-il, mon nom n'y est pas. » Enfin, après des efforts longtemps impuissants, au milieu des cris : *Plus de Bourbons! nous voulons la République!* Dupont (de l'Eure) réussit à prononcer les noms de Lamartine, Ledru-Rollin, Arago, Dupont (de l'Eure) et Marie, qui sont acceptés à l'unanimité. Une voix s'écrie : « Il faut que les membres du gouvernement provisoire crient *Vive la République!* avant d'être nommés et acceptés. » Mais Bocage, l'acteur démocrate : « A l'hôtel de ville, Lamartine en tête! » Et Lamartine, accompagné de Bocage et d'un grand nombre de citoyens, quitte la salle.

M. Ledru-Rollin était élu; néanmoins il ne suit pas Lamartine. Un scrupule l'a pris : il a cru entendre quelques murmures, quelques réclamations. « Nous allons faire, dit-il, *quelque chose de grave : un gouvernement provisoire ne peut pas se nommer à la légère.* » Et il se met en devoir de lire une nouvelle liste, composée de sept noms au lieu de cinq; aux cinq déjà connus, s'ajoutaient ceux de MM. Crémieux et Garnier-Pagès, qui passèrent comme les autres. Fort de la nouvelle investiture que lui a décernée « le pouvoir constituant », M. Ledru-Rollin rejoint sur le quai d'Orsay Lamartine, qui, avec MM. Crémieux et Dupont (de l'Eure), s'acheminait vers l'hôtel de ville. — Il était trois heures et demie.

A l'heure où se faisait à la Chambre des députés cette proclamation tumultuaire, M. Louis Blanc tenait dans les bureaux de la *Réforme*, rue Jean-Jacques Rousseau, une réunion de rédacteurs du journal et d'amis politiques, pour y proposer, lui aussi, une liste de gouvernement provisoire. Caussidière, Sobrier, Baune, Grandménil, Thoré [1], Lucien Delahodde, Flocon, Étienne Arago, Albert, etc., composaient, avec quelques combattants et les gens de service de la feuille républicaine, le grand conseil électoral. M. Martin (de Strasbourg) le présidait, pour maintenir l'union entre le *National* et la *Réforme*. On ne voulait pas créer une nouvelle liste, mais compléter celle du *National*, en y ajoutant les noms des rédacteurs de la *Réforme*, MM. Louis Blanc et Flocon. M. Odilon Barrot fut écarté; Béranger, Lamennais, Audry de Puyraveau, patriarches de la démocratie, n'apparurent sur la liste que pour en disparaître aussitôt, éconduits par la jeunesse du parti. Malgré de récents dissentiments, Armand Marrast fut admis. « Albert! Albert! » crièrent quelques voix. Martin, dit Albert, ouvrier mécanicien, faisait depuis longtemps partie des sociétés secrètes; lors de l'attentat de Darmès, en 1840, il avait été compris dans les poursuites comme membre d'une société de communistes, puis relaxé. L'aréopage de la *Réforme* s'avisa que la présence d'un ouvrier sur la liste imprimerait au gouvernement nouveau un caractère et une impulsion éminemment démocratiques. A la *Réforme* et parmi les membres des sociétés secrètes composant l'assistance, qui ne connaissait Albert? Il fut acclamé. Albert n'était ni un homme politique, ni un économiste, ni un socialiste sérieusement préoccupé des questions populaires; c'était un ouvrier, et, comme ouvrier, il était une enseigne : on ne voulait pas davantage.

---

[1] Connu depuis dans la critique d'art sous le pseudonyme de *W. Bürger*.

La réunion de la *Réforme* ne se borna pas à ce rôle électoral : elle fit œuvre de gouvernement. Elle désigna pour l'administration des postes M. Étienne Arago, et pour la police, Caussidière et Sobrier. Puis la réunion se dispersa, Caussidière et Sobrier se rendant à la préfecture de police, M. Étienne Arago à l'administration des postes, MM. Martin (de Strasbourg), Louis Blanc et Flocon à l'hôtel de ville. Il était trop tard, en effet, pour présenter la liste à la Chambre. M. Louis Blanc s'est prévalu de cette impossibilité pour prétendre que, par un privilége tout démocratique, il tenait son mandat directement du peuple et des combattants, et pour jeter sur ses collègues la défaveur d'une élection parlementaire. Eh! laquelle valait donc mieux que l'autre? Étaient-ce des députés qui siégeaient à la Chambre et nommaient les membres du gouvernement? On l'a vu, c'était la foule, composée d'émissaires du *National* et de la bande des Tuileries : l'élection n'avait de parlementaire que le palais où elle s'était faite. Étaient-ce bien, d'ailleurs, le peuple et les combattants qui avaient acclamé les rédacteurs de la *Réforme*, ou les clients du journal, mêlés de membres des sociétés secrètes? S'il faut peser les suffrages, opposerons-nous les noms aux noms, ceux de Thoré, Sobrier et Delahodde à ceux d'Alexandre Dumas et de Bocage? Arrivé à l'hôtel de ville, M. Louis Blanc harangue le peuple dans la salle du conseil municipal : qu'avaient fait autre chose, en arrivant à l'hôtel de ville, la plupart des membres du gouvernement provisoire élu à la Chambre? Les priviléges électoraux que revendique M. Louis Blanc, ses collègues les partageaient avec lui. Mais, dès la première heure, il tient à se montrer isolé et distingué d'eux.

Cependant, le Gouvernement provisoire errait dans le palais du peuple, sans trouver un endroit où délibérer en paix et qui fût à l'abri de l'importune souveraineté du peuple. Il se barricade dans un cabinet : les solliciteurs l'y dépistent; il se dérobe dans un autre : certains délégués interviennent d'autorité ; à grand'peine trouva-t-il un refuge dans un troisième. Lamartine y rédigea la première proclamation au peuple français ; puis les membres du gouvernement se partagèrent les ministères. Dupont (de l'Eure), à cause de son âge, n'eut point de portefeuille : on lui décerna le titre de président du conseil ; Lamartine reçut les affaires étrangères, Arago la marine, Crémieux la justice, Marie les travaux publics; M. Ledru-Rollin fut nommé ministre de l'intérieur. M. Garnier-Pagès se vit confirmer dans les fonctions de maire de Paris. Pour les autres ministères, les choix furent faits en dehors du gouvernement : M. Carnot obtint le ministère de l'instruction publique et des cultes; M. Bethmont, celui de l'agriculture et du commerce; M. Goudchaux, celui des finances ; le général Subervic, sur le refus des généraux Bedeau et Lamoricière, celui de la guerre. Un député de la gauche, M. Courtais, fut nommé au commandement de la garde nationale. Il ne fut question ni de l'administration des postes ni de la préfecture de police, dont MM. Étienne Arago et Caussidière avaient déjà pris possession. Dès cette première heure, le gouvernement sentait sa faiblesse ; il ne se croyait pas assez de pouvoir pour éconduire ces fonctionnaires improvisés ; il se taisait sur eux pour éviter de les reconnaître.

Vers huit heures et demie, MM. Louis Blanc, Marrast et Flocon furent introduits par M. Guinard dans la salle des délibérations. M. Louis Blanc demanda d'un ton impérieux l'inscription de son nom et de ceux de MM. Marrast et Flocon sur la liste du gouvernement provisoire. La prétention semblait bien tardive; le gouvernement était au complet, tous ses membres avaient été élus à la fois dans la Chambre des députés, les ministères étaient partagés : que restait-il à donner? M. Louis Blanc s'autorisait des acclamations populaires qui l'avaient salué : les membres du gouvernement n'avaient pas d'autres titres. M. Arago résistait, M. Garnier-Pagès flattait M. Louis Blanc pour mieux l'éconduire ; Lamartine écoutait et laissait faire. On offrit à M. Louis Blanc le titre de secrétaire ; il refusa d'abord, puis, se voyant abandonné par MM. Marrast et Flocon, il revint sur son refus, mais, comme compensation, il demanda l'adjonction d'Albert sur la liste du gouvernement. « Qui? Albert? » Là personne ne le connaissait, mais les mêmes raisons qui l'avaient fait accueillir à la *Réforme* militèrent en sa faveur auprès des élus du peuple. Albert, *ouvrier*, fut inscrit sur la liste, et MM. Louis Blanc, Marrast et Flocon y figurèrent avec le titre de secrétaires.

Ainsi se trouva définitivement composé le Gouvernement provisoire. Toutes les nuances républicaines s'y rencontraient : opinions discrètes de Dupont (de l'Eure), d'Arago et de Marie ; souplesse d'allures dans Garnier-Pagès et Crémieux ; le socialisme avec Louis Blanc ; le communisme avec Albert ; les souvenirs conventionnels avec Ledru-Rollin et Flocon ; la république bourgeoise avec Armand Marrast. Celui de tous que son passé, son nom et ses relations aristocratiques recommandaient le moins à la République, Lamartine, personnifiait en lui-même ces caractères si divers de ses collègues. Il n'était absolument ni l'adversaire ni l'allié d'aucun d'eux ; il les dominait par une impartialité supérieure. Mais cette impartialité qui faisait sa force était aussi sa faiblesse ; tantôt il résiste, tantôt il cède, moins pour obéir à de profondes convictions que par esprit de tolérance et pour dégager l'heure présente d'un embarras ou d'un péril. Parmi les membres du gouvernement, il en est un qui y porte des idées et des sentiments tout opposés, M. Louis Blanc. Pour lui, la Révolution doit se nommer la République, et la République doit réaliser ses rêves ; il n'admet ni tempérament ni concession. Nous l'avons vu exiger d'autorité l'inscription de son nom sur la liste du gouvernement; nous le verrons, dans le conseil, s'y poser comme l'antagoniste de tous, suppléer à son isolement par l'intervention de la foule, et réussir à dicter les mesures qui seront le plus fatales à la République.

Telle fut, en effet, dès la première heure, la situation critique du Gouvernement provisoire, que, issu de la souveraineté populaire, il dut à tout instant compter avec elle. L'émeute avait usurpé sur la royauté; elle se plaignit bien vite que le Gouvernement provisoire eût usurpé sur elle-même. Tout à l'heure, elle l'acclamait; maintenant, elle lui demande avec arrogance de quel droit il s'est emparé du pouvoir. « De quel droit? s'écrie Lamartine qui affronte la lutte; du droit du sang qui coule, de l'incendie qui dévore vos édifices, de la nation sans chefs, du peuple sans guides, sans ordres, et demain peut-être sans pain! Du droit des plus dévoués et des plus courageux citoyens! Puisqu'il faut vous le dire, du droit de ceux qui, les premiers, livrent leur âme aux soupçons, leur sang à l'échafaud, leur tête à la vengeance des peuples ou des rois pour sauver la nation! » Le Gouvernement provisoire, après avoir conquis le pouvoir, l'achetait au prix des plaintes, des oppositions, des cris hostiles de la foule; dans l'étroit espace où il délibérait, ses électeurs le tenaient assiégé, prisonnier; chacun de ses décrets n'arrivait à destination qu'après avoir traversé de rigides surveillants qui en contrôlaient le texte et la portée. N'est-ce pas le châtiment naturel de ceux qui toute leur vie ont invoqué la souveraineté du peuple, d'être mis tout à coup en face d'elle, dans l'alternative de s'incliner sous ses arrêts ou de périr sous ses coups?

III. — Le soleil du 25 février vint éclairer un appareil

fort étrange. Les barricades s'étaient multipliées et fortifiées, non pas contre la Monarchie, sa chute était complète ; non pas contre les débris de l'armée, elle avait livré ses armes et s'apprêtait à quitter Paris, mais contre le gouvernement lui-même. La circulation dépendait du caprice des héros populaires, quelques gamins, affublés d'armes disproportionnées à leur taille et de défroques militaires. La place de l'Hôtel-de-Ville était couverte de canons, auprès desquels se tenaient, mèche allumée, des artilleurs improvisés. La préfecture de police, soumise aux ordres de Caussidière et de Sobrier, se peuplait d'anciens membres des sociétés secrètes, qui s'organisaient en compagnies fermées, comme une garde prétorienne pour un futur dictateur. Caussidière ne communiquait pas avec l'hôtel de ville ; il avait, de son chef, publié comme liste officielle du gouvernement celle de la *Réforme* [1]. Dans cette première proclamation, on lisait : « Il est expressément recommandé au peuple de ne point quitter ses armes, ses positions et son attitude révolutionnaire. Il a été trop souvent trompé par la trahison ; il importe de ne plus laisser de possibilité à d'aussi terribles et d'aussi criminels attentats. » Conformément aux avis de cet ami du peuple, la ville était devenue un grand bivouac, ce qui n'ajoutait ni à la sécurité publique ni à la confiance. Enfin, jusque dans l'hôtel de ville, il s'était formé spontanément et sans mandat un groupe de délégués des quatorze arrondissements, qui s'étaient donné pour mission d'assister aux délibérations du gouvernement, d'en publier les résultats, de veiller à la proclamation d'une République sans arrière-pensée, de constater l'identité des morts et des blessés, etc. [2]. Le but véritable, dans l'esprit des hommes

---

[1] Fr. Arago, Louis Blanc, Marie, Lamartine, Flocon, Ledru-Rollin, Recurt, Marrast, Albert. En étaient exclus : Dupont (de l'Eure), Crémieux et Garnier-Pagès.

[2] Ces délégués prétendus des quatorze arrondissements portaient les

qui avaient suscité cette organisation, était de contre-balancer le pouvoir de ceux qu'on appelait déjà des usurpateurs, et d'ériger en face et à côté d'eux la représentation directe du peuple. Déjà des réunions politiques formées à la hâte sur la voie publique avaient nommé d'autres délégués, revêtus d'une mission identique, qui, dans la nuit du 24 au 25, étaient venus s'installer en permanence dans le palais municipal. La foule grondait aux portes, toujours prête à les forcer, tandis que, dans l'intérieur, dans les salles, dans les escaliers, dans les caves, fourmillait et s'agitait une autre foule non moins menaçante.

Le gouvernement n'oublie pas un instant qu'il parle à ses maîtres; il flatte, il conjure. Les barricades arrêtent la circulation et empêchent l'arrivée des subsistances : « Ouvrez-en une partie; en disposant sur les côtés des rues les matériaux des barricades, vous pourrez les reformer en une heure, s'il y a lieu. » Ce peuple de Paris, peuple ami des arts, peuple généreux, il saccage les Tuileries, brûle les archives de l'état-major de la garde nationale, promène l'incendie dans le Palais-Royal, jette par les fenêtres la vaisselle, les porcelaines, éventre les toiles des peintres; « des citoyens ont même manifesté l'intention de détruire les résidences qui ont appartenu à la dynastie, afin de faire disparaître jusqu'aux derniers vestiges de la tyrannie [1]; » le Louvre est menacé. Dès le 24 au soir, le gouvernement nomme Dumoulin, l'aide de camp que l'Empereur ramena de Grenoble en 1815 et l'un des électeurs du Palais-Bourbon, à la garde du Louvre, M. Saint-Amand à la garde des Tuileries, et, pour sauver ce dernier palais, une main ingénieuse le baptise du nom

---

noms suivants : Drevet père, président; Alphonse et Émile Drevet, Boget, Pichot, auteur dramatique; Rochet, rentier; Renoud, fabricant; E. Legrand, docteur-médecin; Panset, contre-maître; J. Thomas, chimiste; Chantrelle, chef d'atelier; Al. de Lilliers, L. de Wins, Ch. de Lavarenne, hommes de lettres.

[1] Avis du maire de Paris, 24 février.

d'*Hospice des invalides civils*. Les envoyés du gouvernement n'arrivent au Palais-Royal que pour constater la dévastation et la ruine. Le maire de Paris rappelle en vain aux citoyens « que ces édifices appartiennent désormais à la nation et qu'ils sont sous sa sauvegarde ». Le Raincy est pillé, Neuilly est incendié, et le château de Suresnes, appartenant à M. Salomon de Rothschild, subit le même sort. « On n'a rien volé, allèguent les apologistes; le peuple avait écrit sur les murs des Tuileries : *Mort aux voleurs*, et deux ont été fusillés. » M. Baude, préfet de police en 1831, ne parlait pas dans d'autres termes des sauvages dévastateurs de Saint-Germain l'Auxerrois et de l'Archevêché.

Un homme qui, en juillet 1830, affublé d'un habit de général, en avait sans vergogne usurpé le titre et les allures et, deux heures durant, avait commandé à l'hôtel de ville, le *général* Dubourg, admis auprès de Lamartine, lui rappela les *volontaires de la Charte* qui, recrutés parmi les combattants de juillet 1830, avaient tenu un rang honorable dans les premières campagnes d'Afrique. Lamartine vit dans cette idée un moyen de débarrasser la place publique et de discipliner par la vie militaire ces éléments tumultueux. Sur sa proposition, le gouvernement institua une garde nationale mobile, composée de vingt-quatre bataillons, dont l'enrôlement devait commencer le jour même, à midi, dans chaque mairie. Ces gardes nationaux recevaient une solde d'un franc cinquante centimes par jour; l'ancien commandant des *volontaires de la Charte*, le général Duvivier, était nommé commandant général de la garde nationale mobile et chargé de l'organisation [1]. Un

---

[1] L'enrôlement militaire de la population désœuvrée, telle fut l'unique idée d'organisation que conçut le Gouvernement provisoire; lorsque, plus tard, elle se sentit débordée par les ateliers nationaux, la commission exécutive ne trouva aussi d'autre ressource que l'enrôlement sous les drapeaux. (*Infrà*, INSURRECTION DE JUIN.)

autre décret appelait tous les citoyens à faire partie de la garde nationale sédentaire. — Tels furent les premiers décrets de la matinée du 25.

Mais, vers onze heures et demie, des cris immenses s'élèvent sur la place, signalant l'arrivée d'une bande qui vient porter une pétition au gouvernement.

Marche, ouvrier, se présente, et, frappant le sol de la crosse de son fusil, il demande que le gouvernement décrète l'organisation du travail, le droit au travail, cela dans une heure : le peuple attend ! La pétition était signée par un sieur de Lancy, rédacteur de la *Démocratie pacifique*, feuille phalanstérienne. Dans une brochure déclamatoire et sans conclusion, M. Louis Blanc avait prononcé, naguère ces mots d'*organisation du travail*; plus tard, Lamartine avait combattu ces théories impraticables et subversives de toute société ; dans la période des banquets, il avait laissé échapper quelques paroles qui pouvaient laisser croire à une modification dans sa pensée, tandis qu'elles n'étaient qu'un accueil de circonstance à des idées alors populaires. M. Ledru-Rollin n'admettait le droit au travail que dans les mots, il reculait par bon sens devant la chose. Seul, M. Louis Blanc avait persisté avec l'accroissement d'ardeur que lui donnait sa popularité grandissante dans les masses ouvrières ; et d'où lui venait cette popularité ? Précisément d'avoir proclamé le droit au travail, sans avoir jamais été mis en demeure d'en essayer l'application. Les rédacteurs de la *Démocratie pacifique* s'étaient, eux aussi, rattachés à cette idée, rêve au milieu de leurs rêves.

A cette insolente sommation, Lamartine répondit par un refus péremptoire, déclarant qu'il ne signerait pas un décret dont il avait toujours combattu la théorie et qu'il ne comprenait pas. M. Louis Blanc tentait une rédaction qui convînt à tout le monde ; mais, quoi qu'il fît, il se heurtait aux convictions opposées du conseil. On invite

Marche à rédiger un projet; il essaye, puis renonce. Arago, Marie, Garnier-Pagès ne se montrent pas moins énergiques que Lamartine. Cependant un décret ainsi conçu est rédigé et signé par tous les membres du Gouvernement provisoire : « Le Gouvernement provisoire de la République française *s'engage* à garantir l'existence de l'ouvrier par le travail; il s'engage à *garantir du travail* à tous les citoyens; il reconnaît que les ouvriers doivent s'associer entre eux pour jouir du bénéfice légitime de leur travail. » Par quelle condescendance subite, ou par quelle illumination d'esprit invraisemblable, les membres du gouvernement, adversaires du droit au travail, signèrent-ils le décret qui le reconnaissait aussi formellement? Décret fatal! Le gouvernement se condamnait à l'impuissance certaine d'y satisfaire; il condamnait les ouvriers aux illusions d'une espérance irréalisable; il condamnait la République à porter dans son sein un germe de revendications acharnées et de guerre civile. Signèrent-ils en aveugles? Après la discussion qui précède, il est impossible de le croire. Ils signèrent par faiblesse, par mollesse, par imprévoyance, cédant une fois encore à M. Louis Blanc, qui, à travers les pétitionnaires, marchait à l'accomplissement dictatorial de ses idées et à sa propre élévation [1].

Quelques heures après, le gouvernement fut en butte à une nouvelle interpellation populaire, mais qui, bien plus terrible dans sa forme et plus menaçante dans ses conséquences, révéla chez certains membres du gouvernement une énergie de résistance que Lamartine poussa jusqu'à l'héroïsme. Il avait conscience de la défaite qu'il venait de subir, du honteux démenti que, par résignation, il avait infligé tout à l'heure à son passé; et, grâce à une puissante

---

[1] Dans un paragraphe final, le gouvernement « *rend* aux ouvriers, *auxquels il appartient*, le million qui va échoir de la liste civile ». M. Louis Blanc s'est montré blessé de cette *aumône* : mais l'aumône au nom de l'État n'est-elle pas la corrélation du droit au travail?

réaction de bon sens et de courage, au lieu de s'abandonner au courant, il lutta avec une ardeur et une obstination égales à l'attaque. Vers quatre heures, des bandes nombreuses se précipitent par flots sur la place de Grève, les uns portant des brassards rouges, les autres des drapeaux, des bannières, tous criant : *Le drapeau rouge! le drapeau rouge!* On s'en souvient : c'est précédée de cet emblème de terreur que, le 23 février au soir, la colonne de peuple venant de la Bastille s'était heurtée aux bataillons d'infanterie massés sur le boulevard, près du ministère des affaires étrangères; ç'avait été le drapeau des barricades peu sanglantes de février, comme celui du cloître Saint-Merry, en 1832 : drapeau de combat, on en voulait faire le drapeau de la victoire, de la Révolution triomphante, de la République reconquise.

La foule bat, comme un bélier, les portes de l'hôtel de ville, force les consignes, brise les obstacles, et se répand dans le palais. En même temps que les uns criaient : *Le drapeau rouge!* d'autres, préoccupés de le combattre, criaient : *Lamartine! Lamartine!* Il fend à grand'peine ces vagues mouvantes de peuple; il parle. Pas d'hésitation, pas de trouble; il renie le drapeau rouge, il maudit l'anarchie, et plus sa parole est ardente, colorée, éloquente, plus il conserve, comme un masque impassible, la fermeté et la sérénité du visage. Les drapeaux rouges s'abaissent. Lamartine a vaincu. Mais il n'avait eu à lutter que contre les envahisseurs de l'hôtel de ville; si nombreux qu'ils fussent, si pressés les uns sur les autres, ils n'étaient qu'un fragment de cette masse immobile qui, sur la place de Grève, avait conservé intact, loin des paroles de l'orateur, son sauvage désir du drapeau rouge. Les cris redoublent. Rien n'a été fait. Épuisé d'efforts, mais admirable autant par cette éloquence toujours en haleine que par l'élasticité d'énergie qu'il puise dans la grandeur de son âme, Lamartine retourne vers ce lion populaire qu'il faut museler et dompter. Mais comment se faire entendre sur cette vaste place? Quelle voix humaine en mesurera l'étendue?

Lamartine se fait hisser sur une chaise boiteuse à l'une des fenêtres du salon préfectoral : les drapeaux s'agitent, les coups de fusil retentissent, et aux puissants murmures d'une grande foule s'ajoutent des explosions de voix éclatant dans ces deux mots : *Le drapeau rouge!* Lequel fut le plus merveilleux alors, ou de Lamartine, qui triompha de ces forcenés, ou de ces forcenés, qui consentirent à se laisser convaincre? Qui redira, qui a pu retenir, fût-ce Lamartine lui-même, les supplications, les adjurations, les flots de paroles qui lui échappèrent dans cette crise solennelle? Il en est quelques-unes du moins que l'histoire doit conserver comme le saisissant résumé de cette longue et intraduisible apostrophe : « Vous pouvez, dit-il, faire violence au gouvernement, vous pouvez lui commander de changer le drapeau de la nation et le nom de la France, mais si vous êtes assez obstinés pour lui imposer une république de parti, le gouvernement, je le sais, est aussi décidé que moi-même à ne pas céder. Quant à moi, jamais ma main ne signera ce décret! Je repousserai jusqu'à la mort ce drapeau de sang, et vous devriez le répudier plus que moi! Car le drapeau rouge que vous nous apportez n'a jamais fait que le tour du Champ de Mars, traîné dans le sang du peuple en 91 et 93, et le drapeau tricolore a fait le tour du monde avec le nom, la gloire et la liberté de la patrie! » A de telles paroles, les adhérents du drapeau rouge pouvaient ne pas céder encore ; mais ils n'étaient plus qu'une minorité infime, impuissante, absorbée et comme anéantie dans cette foule qui saluait l'orateur et éclatait en applaudissements.

Cette victoire de Lamartine, enlevée dans un élan d'héroïsme, imprimait à la République son caractère pacifique, la détachait d'un passé sanglant et de toute tendance rétrospective, la personnifiait pour la France dans le défenseur du drapeau tricolore. Ce fut pour Lamartine la grande journée révolutionnaire. Il fut en une heure grand homme d'État, grand orateur, grand poëte; et, comme un esprit soucieux de la gloire humaine, il avait le droit d'affronter l'histoire et la postérité, sans redouter ni le jugement de l'une ni les ingratitudes de l'autre [1].

Cependant les organisateurs de cette violente manifestation ne se tinrent pas pour battus. Le soir même, une affiche sur papier rouge, sans nom d'imprimeur, était placardée sur toutes les murailles. « Le peuple a arboré la couleur rouge sur les barricades de 1848; qu'on ne cherche pas à la flétrir! Elle n'est rouge que du sang généreux versé par le peuple et la garde nationale. Elle flotte étincelante sur Paris; elle doit être maintenue. *Le peuple victorieux n'amènera pas son pavillon.* » Cette affiche était l'œuvre du docteur Lacambre, l'un des amis politiques d'Auguste Blanqui. Celui-ci, sorti la veille, à la nouvelle de la révolution, de la maison de santé qui avait remplacé pour lui le Mont-Saint-Michel et Doullens, avait immédiatement retrouvé à Paris ce chœur de séides qu'il avait entraînés au 12 mai 1839 et dont il était le prophète. L'avaient-ils consulté, avant de tenter cette épreuve sur le peuple et sur le Gouvernement provisoire? Après avoir approuvé, s'était-il ravisé? Le succès de Lamartine n'avait-il

---

[1] M. Louis Blanc a cru devoir insérer dans son ouvrage : *Pages d'histoire de la Révolution de* 1848, une lettre de M. Corbon au *Siècle*, et dont il ne donne pas la date. Dans cette lettre, M. Corbon raconte qu'un chirurgien, pansant un blessé dans le salon d'honneur, aurait imaginé de découper le velours rouge des canapés pour le jeter à la foule. Quelques-uns auraient crié : Il faut en faire des drapeaux; cela sans mauvaise intention. L'incident n'aurait pris quelque importance que grâce à des officieux et à des intrigants qui voulaient préparer un triomphe à Lamartine. — La scène dite du drapeau rouge est inscrite dans la mémoire de tous les contemporains : l'incident raconté par M. Corbon peut être vrai; sans faire tort à l'exactitude du récit consacré.

pas fait succéder chez lui, à une impatiente ardeur de triomphe, un sentiment et des calculs de prudence?

Le 25 au soir, un club s'ouvrait dans la salle de bal dite du *Prado*, qui prenait jour par deux couloirs obscurs et enfumés dans la rue de Constantine et dans la rue de la Barillerie. En l'absence de Blanqui, la séance était présidée par le docteur Crousse. « Nous représentons, dit-il, la République et la Révolution ; nous sommes d'anciens détenus politiques. La cause pour laquelle nous avons cent fois risqué notre vie et notre liberté triomphe : c'est à nous de diriger la République que nous avons faite. Si nous ne nous emparons pas du pouvoir dans ce premier moment d'hésitation qui nous le livre, il nous échappe à jamais. » Et il ne proposait rien moins que de se rendre à l'hôtel de ville immédiatement, d'enlever les membres du gouvernement, et de s'installer à leur place.

Déjà la proposition était adoptée. En ce moment, Blanqui entre dans la salle, le front soucieux et penché sur la poitrine. Il monte péniblement sur l'estrade, et d'une voix sifflante et métallique : « La France n'est pas républicaine. La révolution qui vient de s'accomplir est une surprise heureuse, rien de plus. Si nous voulons aujourd'hui porter au pouvoir des noms compromis aux yeux de la bourgeoisie par des condamnations politiques, la province aura peur, elle se souviendra de la Terreur et de la Convention, et rappellera peut-être le Roi fugitif. La garde nationale elle-même n'a été que notre complice involontaire ; elle est composée de boutiquiers peureux qui, demain, pourraient bien défaire ce qu'ils ont laissé faire hier aux cris de *Vive la République !*... Abandonnez les hommes de l'hôtel de ville à leur impuissance : leur faiblesse est le signe certain de leur chute. Ils ont entre leurs mains un pouvoir éphémère ; nous, nous avons le peuple, et les clubs où nous l'organiserons révolutionnairement, comme jadis les Jacobins l'organisèrent. Sachons attendre quelques jours encore, et la révolution nous appartiendra! Si nous nous emparons du pouvoir par un audacieux coup de main, comme des voleurs au milieu des ténèbres de la nuit, qui nous répondra de la durée de notre puissance? Au-dessous de nous, n'y aura-t-il pas des hommes énergiques et ambitieux qui brûleront de nous remplacer par de semblables moyens? Ce qu'il nous faut à nous, c'est le peuple immense, les faubourgs insurgés, un nouveau Dix Août. Nous aurons au moins le prestige de la force révolutionnaire [1]. » Le chef avait parlé : les conspirateurs se soumirent; ils ne désarmaient pas, ils organisaient la lutte.

Le lendemain, 26 février, M. Louis Blanc revint à la charge dans le conseil. Il fermait les yeux sur la signification de terreur et de sang que l'opinion publique attache généralement au drapeau rouge; il n'en demandait le rétablissement que par des raisons théoriques. « Il n'y avait plus en France ni royauté ni classes : comment maintenir un drapeau dont les couleurs diverses signifiaient royauté et distinction des ordres? Il n'y avait plus que le peuple, d'autre souverain que lui : l'unité de couleur proclamait ce fait nouveau, produit de la révolution du 24 février. » Les membres du gouvernement étaient unanimes à repousser le système de M. Louis Blanc, que contredisaient les souvenirs laissés par la Convention et par Robespierre lui-même : M. Ledru-Rollin montrait au conseil le dessin du drapeau tricolore peint par Louis David sur la demande de Robespierre [2]. M. Louis Blanc insistait, il se disait l'interprète du peuple : en effet, des cohortes, mieux disciplinées que la veille, étaient répandues en ordre sur la place, portant des bannières et des drapeaux confectionnés avec soin et semblant appuyer la pétition d'un délégué. M. Goudchaux, que les idées économiques de M. Louis

---

[1] *Clubs et clubistes*, par ALPH. LUCAS, 1851, p. 213 et 214.
[2] GARNIER-PAGÈS, *Histoire de la Révolution de 1848*, t. VI, p. 103.

Blanc n'irritaient pas moins que ses idées politiques, s'élevait avec violence contre ces tentatives de dictature, et voulait même déposer son portefeuille. M. Louis Blanc lui représentait que le sang allait couler et qu'il en répondrait sur sa tête. Cependant, au conseil, comme la veille sur la place publique, le drapeau rouge fut écarté : et, pour toute satisfaction, M. Louis Blanc obtint que les couleurs seraient replacées dans l'ordre établi par la première Révolution (bleu, blanc, rouge, le bleu à la hampe, le rouge flottant; décret du 27 pluviôse an II), et que les membres du gouvernement ainsi que les autres fonctionnaires porteraient à la boutonnière une rosette rouge, laquelle serait attachée aussi à la hampe du drapeau.

Comme pour bien marquer, en face de l'opinion, la voie désormais pacifique dans laquelle devait marcher la République nouvelle, Lamartine avait proposé, dès le 25 au soir, l'abolition de la peine de mort en matière politique. Les résistances qu'il rencontra d'abord dans le conseil, même de la part de M. Louis Blanc, disparurent dans la matinée du 26. M. Louis Blanc venait de lire un article d'un journal royaliste qui donnait à entendre que, une fois de plus en France, la hache du bourreau était destinée à devenir un moyen de gouvernement. Il accourt à l'hôtel de ville, et réclame l'adoption immédiate du décret qu'il avait écarté la veille. Lamartine l'accueillit avec enthousiasme; Louis Blanc rédigea la première partie du décret et Lamartine la seconde [1]. Ce n'était pas « la consécration d'une vérité philosophique de plus », comme l'écrivait M. Louis Blanc dans le préambule; mais c'était un principe de conduite qui seyait bien à un gouvernement tout d'autorité morale et qui avait à défendre la République contre des souvenirs imprudemment évoqués. Le Gouvernement provisoire descendit sur la place pour présenter

---

[1] *Pages d'histoire de la Révolution de* 1848, par LOUIS BLANC.

le décret au peuple; l'un des membres en donna lecture et fut applaudi. Il est juste d'ajouter que, par les soins de Lamartine, le personnel de l'assistance avait été renouvelé dans la nuit; les élèves des Écoles étaient accourus, recrutant leurs amis au passage, et formaient au Gouvernement provisoire un noyau de garde bourgeoise qui le préservait d'un contact immédiat avec la foule.

IV. — L'éclatante victoire que Lamartine avait remportée sur cette souveraineté populaire si chatouilleuse et si pressante, avait besoin de se faire pardonner. La République n'était proclamée encore que sous réserve de la ratification de la France : on voulait davantage.

Le bruit courait, d'ailleurs, que la duchesse d'Orléans n'avait pas quitté Paris, et que le Gouvernement provisoire pourrait bien reconnaître la Régence aussitôt que l'effervescence révolutionnaire serait passée. Interprète de ces soupçons, Raspail, à la tête d'une bande, se présenta devant le conseil, et le somma, sous peine de se voir renversé dans une heure, de proclamer la République : à ce prix, le peuple démolirait les barricades et reprendrait confiance.

Plus suspect que tout autre de sympathies pour la Régente, c'est Lamartine qui méritait le moins de l'être. Sur la nouvelle, d'ailleurs controuvée, que la duchesse d'Orléans avait été arrêtée à Mantes, M. Jules de Lasteyrie sollicite de Lamartine un ordre d'élargissement. « Si le peuple la demande, répond-il durement, il faut la lui donner. » Il demeura inflexible, et ce fut seulement en conseil, et grâce à l'intervention de MM. Ledru-Rollin et Albert, que fut signé et délivré le laisser-passer.

Le gouvernement (26 février) s'empressa de publier la déclaration suivante : « La royauté, *sous quelque forme que ce soit,* est abolie. Plus de légitimisme, plus de bonapartisme, *pas de régence*. Le Gouvernement provisoire a pris toutes les mesures nécessaires pour rendre impossible le retour de l'ancienne dynastie et l'avénement d'une dynastie nouvelle. *La République est proclamée*. » Le *National* et la *Réforme* publièrent le jour même, avant le *Moniteur officiel*, une note analogue. Cette déclaration, arrachée par la contrainte, ne conférait pas à la République un titre légal; elle caractérisait au contraire la révolution comme une œuvre de force et de surprise où le peuple de Paris disposait arbitrairement des destinées de la France.

Cependant elle était encore là, cette multitude sans ouvrage et sans pain, toujours prête aux coups de main ou aux menaces! Il fallait lui ouvrir un débouché. Sur la proposition de Marie, le gouvernement ordonna l'ouverture immédiate d'ateliers nationaux. Souvenir de 1830, souvenir de 1792, ni l'un ni l'autre encourageant. Quelle plus singulière solution à la crise qui jetait les ouvriers sur le pavé, que de les attirer hors de l'atelier par l'espoir d'un salaire insuffisant et d'un travail illusoire! La garde mobile, créée dans les mêmes vues, était du moins soumise à une discipline ou allait l'être; l'organisation en était relativement facile : on avait des modèles, des précédents. Mais, pour l'atelier national, il n'en existait que de gaspillages financiers et de désordres. Néanmoins, la nécessité de la mesure parut plus impérieuse que la prudence : il ne s'agissait que de débarrasser la rue, de donner sous forme de salaire une aumône honorable, de rendre les ouvriers sinon au travail, du moins à l'apparence du travail. Les ateliers nationaux n'étaient qu'un expédient; dans la pensée du gouvernement, ils ne devaient durer que le temps de la crise et disparaître comme d'eux-mêmes au retour de l'ordre et du crédit.

La reconnaissance du droit au travail avait été une victoire personnelle pour M. Louis Blanc; l'institution d'ateliers nationaux, bien qu'il n'y eût pas concouru, en était une autre. Son ambition se développait avec les satisfactions qu'elle rencontrait chaque jour. Par un artifice typographique sur lequel ses collègues avaient fermé les yeux, de secrétaire il était monté, ainsi que Marrast, Albert et Flocon, au rang de membre du Gouvernement provisoire. Mais n'ayant pas de fonctions spéciales, il était réduit à un rôle purement délibératif. Tous les ministères étant déjà distribués, il lui en fallait un, de création nouvelle, adapté à ses vues : l'ancien rédacteur de la *Revue du Progrès* imagina le *ministère du progrès*. Sous ce vocable pompeux et vague, il absorbait toutes les attributions de gouvernement, il contrôlait l'esprit d'innovation de ses collègues et rapportait à lui-même l'initiative universelle. Il faisait plus : jusque-là patron officieux de la démocratie ouvrière, il s'en instituait dès lors le chef et l'apôtre. Ce rôle immense, sollicité sans modestie, M. Louis Blanc y aurait failli, sans doute, mais il n'en trahissait pas moins l'intense désir de réaliser la République à son image, de la modeler sur ses rêves et de la personnifier en lui.

Pour donner plus de poids à sa réclamation, il suggéra à MM. Marrast et Flocon de présenter au conseil, en leur propre nom, une demande analogue. Élus par le peuple comme leurs collègues et investis des mêmes prérogatives, ils étaient pourtant sans fonctions ni ministère, relégués dans une dédaigneuse inaction ! A Armand Marrast M. Louis Blanc proposait un ministère des beaux-arts, à Flocon un ministère de la bienfaisance ; pour lui-même et pour Albert il réservait le ministère du progrès. Armand Marrast et Flocon refusèrent de s'associer à l'aventureuse démarche de M. Louis Blanc. Il n'en persista pas moins, et, le même jour (28 février), il porta directement sa demande devant le conseil. S'il n'avait pas l'appui d'Armand Marrast et de Flocon, il s'en était assuré un autre moins scrupuleux et plus sûr : deux ou trois mille ouvriers s'étaient présentés et stationnaient sur la place avec des bannières sur lesquelles on lisait : *Organisation du travail, ministère du travail, abolition de l'exploitation de l'homme par l'homme.* M. Louis Blanc devenait l'interprète du vœu populaire.

Le gouvernement s'assemble, reçoit les délégués, discute. Lamartine, toujours courtois, se bornait à contester les doctrines; d'autres membres du gouvernement signalaient le dictateur. Devant cette résistance, MM. Louis Blanc et Albert déclarent qu'ils donnent leur démission. On s'empresse autour d'eux : leur retraite semble le présage de troubles qu'il faut éviter. M. Garnier-Pagès propose un moyen terme : c'est d'instituer une *commission de gouvernement pour les travailleurs*, dont M. Louis Blanc serait le président, Albert le vice-président, et qui siégerait au Luxembourg. M. Louis Blanc résiste encore; on ne lui donne ni budget ni action; il n'aura à présenter au peuple qu'un leurre de promesses et de paroles. Cependant, sur les instances d'Arago, il se laissa fléchir, rédigea le décret, et en donna lui-même lecture aux délégués des corporations. Dès le 1er mars, cette commission se mit à l'œuvre, et le 2, sur un rapport qu'elle avait appuyé, le gouvernement abolit le *marchandage* et diminua d'une heure la journée de travail. Ce décret, insignifiant à cette époque d'oisiveté générale, avait le triple tort, pour un temps normal, d'enchaîner la liberté des conventions, d'énerver la concurrence nationale vis-à-vis des industries étrangères, et surtout d'attribuer au gouvernement une autorité pleine de périls.

L'industrie n'avait pas seule de quoi s'effrayer. La situation financière, déjà lourde sous le gouvernement déchu, s'aggravait des conséquences ordinaires d'une révolution. La Bourse fermée, les réalisations de papier à la Banque, les demandes de remboursement dans les caisses d'épargne, huit cents millions de dette flottante, créaient au premier ministre des finances de la République une responsabilité pleine d'embarras. Plus encore que ces dangers inhérents à un brusque bouleversement des intérêts, M. Goudchaux redoutait l'esprit d'utopie dont il savait animés certains membres du Gouvernement provisoire, particulièrement M. Louis Blanc par système et M. Ledru-Rollin par faiblesse et par goût de popularité. A peine les eut-ils vus dans le conseil, eux qu'il avait combattus à la veille de la révolution, eux dont il avait exclu les noms de toute combinaison à laquelle il consentirait à prendre part, il refusa sa commission de ministre et voulut se retirer. Il resta néanmoins, mais en stipulant des garanties; il obtint du gouvernement le double engagement : 1° Qu'aucune mesure concernant les finances ne serait prise sans que le ministre des finances eût été consulté ; et 2° que tous les impôts sans exception seraient perçus comme par le passé. Il croyait ainsi se mettre en garde contre les surprises de délibérations improvisées sous la dictée de la foule, fermer la porte aux fantaisies d'innovation ou se donner le temps de les combattre, enfin préserver le budget des recettes. Les révolutions se font au cri de *Vive la réforme!* mais, grâce à la crise qu'elles provoquent, l'abus de la veille devient la nécessité du lendemain [1].

Le 29 février, un acte officiel traçait un programme de réformes financières, « tout système nouveau de politique devant se résumer dans un nouveau système de crédit et d'impôt; » il promettait de présenter à l'Assemblée nationale un nouveau budget où le Gouvernement provisoire donnerait satisfaction « à des vœux qu'il partage et notamment à ce qui touche les impôts indirects, l'octroi, le timbre de la presse périodique ; mais, ajoutait-il, il croit de son devoir le plus rigoureux de rappeler aux

---

[1] « La Convention nationale déclare que les contributions actuellement subsistantes seront perçues comme par le passé. » Tel fut le premier décret que rendit la Convention à sa première séance, le 21 septembre 1792; on abolit tout... sauf les impôts.

citoyens que tout système d'impôt ne saurait être décidé par un gouvernement provisoire; qu'il appartient aux délégués de la nation tout entière de juger souverainement à cet égard; que toute autre conduite impliquerait de sa part la plus téméraire usurpation. » Déjà, pour appliquer les doctrines de l'opposition, la population brûlait les bureaux d'octroi et refusait de payer les taxes; déjà aussi les journaux s'étaient spontanément affranchis de l'impôt du timbre. Un avis de la municipalité, signé Buchez (27 février), en promettant la révision des droits d'octroi, adjurait les bons citoyens d'en aider la perception. Quant à l'impôt du timbre, un arrêté du gouvernement (2 mars) le rétablissait à partir du 5 mars, avec cette réserve que « dix jours avant la convocation des assemblées électorales, l'impôt serait suspendu pour laisser aux élections la plus grande liberté possible ».

Fermeté d'un jour! A peine le décret est-il connu, que la presse, la presse républicaine surtout, se révolte; elle accuse le gouvernement de se retourner contre ses auteurs, de frapper ses amis, de faire œuvre de réaction : une manifestation imposante est annoncée [1]. Que faire? Entre le ministre des finances qui défend son budget et les bruyantes plaintes des journaux, le gouvernement, en dépit des engagements pris envers le ministre, se décide contre lui. M. Goudchaux, pour ranimer la confiance et jeter des capitaux dans la circulation, proposait d'anticiper dès le 6 mars le payement du semestre de la rente échéant le 22. Cette ostentation de richesse assez inopportune ne trompait et ne rassurait personne. Le gouvernement adhère et s'approprie le projet; puis, sans avertir le ministre, après une

---

[1] « Si, dès samedi matin (4 mars), le Gouvernement provisoire n'avait eu la bonne inspiration d'abroger cet impôt détestable et détesté (timbre et cautionnement), cent mille hommes sans armes, mais résolus, devaient se présenter dans la journée devant le Gouvernement provisoire pour lui apporter une énergique expression de l'opinion publique. » (*La Voix des Clubs*, 8 mars, premier numéro.)

délibération prise en dehors de lui, il promulgue un décret qui ordonne l'anticipation de payement, établit un comptoir d'escompte, et supprime l'impôt du timbre sur les écrits périodiques. « Les difficultés passagères de la situation ne lui inspirent aucune crainte... *La République, pour accomplir de grandes choses, n'aura pas besoin de l'argent qu'absorbait la monarchie pour en faire de misérables.* » A quoi aboutissait cette jactance déclamatoire? A demander aux contribuables de payer d'avance les impôts de l'année. Goudchaux ne voulut encourir le reproche ni de contradiction ni de ridicule : le soir même que furent votées ces mesures (4 mars), il donna sa démission et la maintint énergiquement. Le public ne la connut que le 7 mars, en apprenant la nomination de M. Garnier-Pagès, le rédacteur du décret, au poste de ministre des finances.

Une première fois, le 27 février, les membres du gouvernement s'étaient hasardés hors de l'hôtel de ville pour se rendre sur la place de la Bastille, et devant cette colonne de Juillet, symbole de la dynastie déchue et témoin désormais des caprices de la souveraineté populaire, ils avaient, à la face du ciel, proclamé la République. Ce premier essai de solennité politique ayant réussi, il en fut tenté un second : le 4 mars eut lieu la cérémonie des funérailles des victimes de février. Le 24 et le 25, une centaine de cadavres environ, avaient été apportés à l'hôtel de ville et déposés dans la salle Saint-Jean. Dans un intérêt de salubrité, M. Garnier-Pagès, le 25 au soir, fit passer aux délégués qui gardaient ou surveillaient le gouvernement, l'ordre suivant :

« Le Gouvernement provisoire ordonne que le transport des cadavres au cimetière sera fait de suite, *la nuit, sans appareil,* et avec les moyens que possède l'administration des hospices. »

Drevet père, le chef des délégués, s'indigne : il refuse

d'exécuter l'ordre, il reproche au gouvernement son ingratitude : « Songez-y, dit-il, le peuple le saura! » Sur ses observations, le gouvernement se ravise; Gannal, appelé aussitôt, procède à l'embaumement. Sur une estrade circulaire on dispose les cercueils les uns à côté des autres, en laissant à découvert la figure des morts. Au milieu de la salle s'élevait un autel, chargé de candélabres funéraires, au pied duquel se tenait un prêtre. Au fond, sur une estrade isolée, on voyait six bières avec cette inscription : *Gardes municipaux*. La foule entrait, faisait le tour de la salle; sur cent et quelques cadavres, quatre-vingt-dix furent reconnus. Le 4 mars, un service solennel eut lieu à la Madeleine; un cortége immense se déroula sur les boulevards, et les victimes de février 1848 furent déposées dans les caveaux de la Bastille auprès des victimes de juillet 1830.

V. — Venons au plus important des décrets rendus collectivement par les membres du Gouvernement provisoire, celui qui institua le suffrage universel.

Bien que la révolution se fût faite aux cris de *Vive la Réforme!* il s'agissait de réduire le chiffre du cens, d'adjoindre, comme on le disait, *les capacités*, nullement d'introduire dans le jeu politique le suffrage universel. On y avait songé dans quelques groupes rares et disséminés, mais aucun parti politique ne s'était rallié à cette idée, qui n'était pas encore un système. D'ailleurs, où en trouver l'exemple? Nulle part en Europe; et l'Amérique elle-même ne l'avait pas donné. La constitution de 1793, qui instituait le suffrage universel, mais indirect et à deux degrés, n'avait jamais été mise en pratique; les républicains invoquaient la souveraineté populaire sans préciser les moyens électoraux par lesquels elle s'exercerait. En 1831, le programme que Godefroy Cavaignac traçait pour la *Société des Droits de l'homme* contenait bien ces mots : « La souve-

raineté du peuple mise en œuvre par le suffrage universel. »
Mais ce mot répondait plus aux souvenirs de la première
Révolution (citoyens actifs, élection à deux degrés) qu'à la
réalité d'un suffrage direct et universel, tel que nous
l'avons vu pratiquer depuis. En 1840, lors de la pétition
appuyée de 240,000 signatures, qui demandait pour tout
garde national l'électorat et pour tout électeur l'éligibilité,
MM. Arago et Garnier-Pagès ne la soutinrent à la Chambre
des députés que par des considérations assez molles. M. de
Cormenin, qui s'était voué, lui, au suffrage universel de
propos délibéré, constatait que le pays ne suivait pas l'opposition dans ses tentatives de réforme électorale.

La campagne de réforme était menée par l'opposition
dynastique, et les quelques républicains dispersés dans la
Chambre des députés faisaient cause commune avec elle :
aussi, pour rallier MM. de Maleville, de Beaumont, Odilon
Barrot à la République, Marie leur disait : « Il n'y a pas
de distinction à faire entre nous; c'est l'opposition tout
entière qui a vaincu. » Or, cette opposition suivait le drapeau et s'attachait aux idées de l'opposition dynastique,
qui, elle, ne songeait certes pas au suffrage universel. La
Révolution, triomphante au delà de ses espérances, bouleversa les rôles : les dynastiques furent dépassés; du droit
de l'audace, les républicains prirent la tête. Les mots :
« Appel au peuple, souveraineté populaire », étaient
comme une mise en demeure d'organiser cette souveraineté et de l'organiser par le suffrage. La question posée se
résolvait d'elle-même : si le peuple a vaincu et s'il est souverain, le peuple tout entier est électeur, sans limites ni
intermédiaires dans l'exercice de son droit. Des limites,
d'ailleurs, qui pouvait alors lui en tracer? La nécessité du
décret en dissimula l'audace.

Cependant le gouvernement sentait bien que le suffrage
universel devenait la clef du système nouveau; aussi, tout
en mettant grande hâte à préparer le décret, prit-il soin

d'en soustraire l'élaboration au tumulte de l'hôtel de ville. Deux hommes, inégalement célèbres, MM. de Cormenin et Isambert, reçurent mission de rédiger un projet qu'ils présentèrent le 2 mars aux délibérations du gouvernement. Suffrage direct, universel, sans condition de cens : ces trois points furent admis à l'unanimité comme bases du projet. On s'ajourna au 4 mars pour l'examen des articles. Tout Français majeur de vingt et un ans, jouissant de ses droits civils et ayant une résidence de six mois [1], devenait électeur, et à vingt-cinq ans, éligible. Le vote avait lieu par département, au scrutin de liste et au chef-lieu de canton, pour enlever l'électeur aux influences normales de voisinage. Le nombre des représentants était déterminé par la population à raison d'un représentant pour 40,000 habitants [2], soit neuf cents pour toute la France, y compris l'Algérie et les colonies, désormais admises à la représentation. Les électeurs étaient convoqués pour le 9 avril et l'Assemblée constituante pour le 20. Enfin, pour ouvrir à tous, sans distinction de fortune, l'accès de l'Assemblée, les fonctions de représentant cessent d'être gratuites; le décret y attache une indemnité de vingt-cinq francs par jour.

Nous avons vu la souveraineté populaire s'exerçant brutalement sur les barricades, au Palais-Bourbon, à l'hôtel de ville, autour du Gouvernement provisoire : c'était l'heure de la force; par le décret du 5 mars, elle entre dans le domaine du droit constitutionnel. Principe, organes, conséquences du suffrage universel, s'éclaireront peu à peu à la lumière des événements : les juger dès maintenant serait devancer les temps. A l'époque où nous sommes, on n'en pressentait encore ni la nature despotique ni les aventureuses destinées. On marchait dans l'inconnu vers l'inconnu. Aux yeux de la plupart, c'était une

---

[1] Constitution du 24 juin 1793, art. 2. — [2] *Ibid.*, art. 20 et 21.

conquête : dix millions d'électeurs faisaient irruption sur la scène politique, occupée jusqu'alors par deux cent cinquante mille privilégiés; on ne voyait pas autre chose. Pour beaucoup, pour les conservateurs, c'était la chance d'une revanche contre la révolution : par le suffrage, la France reprenait possession d'elle-même; elle pouvait soit réagir contre les faits accomplis, soit en détourner les conséquences; au lieu de subir une oligarchie révolutionnaire et une république rétrograde, elle pouvait s'en faire une assimilée à son tempérament et n'obéissant qu'aux fils légitimes du vœu populaire.

Par un contraste singulier, MM. Louis Blanc, Ledru-Rollin et Flocon, les mêmes qui, sous le régime du cens, avaient prêché à outrance le suffrage universel, aussitôt proclamé, le redoutaient et songeaient à l'ajourner. Le peuple n'était pas mûr à la vie politique, son éducation n'était pas faite, il avait besoin d'être guidé, et, à raison de ces objections, dignes de se rencontrer sur les lèvres d'un ministre de la royauté, ils prétendaient exercer cette tutelle, veiller eux-mêmes sur cette éducation et perpétuer dans leurs personnes la dictature de la première heure. Lamartine et avec lui la majorité du gouvernement combattirent avec fermeté ces tendances usurpatrices : le même acte qui convoquait la France à bref délai dans ses comices, laissait à l'Assemblée le soin de décréter la constitution. Parmi tant de faiblesses, ce fut, de la part de la majorité, une preuve d'indépendance et d'énergie.

VI. — Tel est l'ensemble des principaux décrets rendus par le Gouvernement provisoire du 24 février au 5 mars.

Il les a rendus au hasard des manifestations populaires, qui les lui suggéraient ou les lui dictaient; mais ces manifestations ne procédaient pas comme lui à l'aventure. Il existait depuis 1839 un programme précis « des mesures à prendre et des moyens à employer pour mettre la France dans une voie révolutionnaire le lendemain d'une révolution victorieuse. » En comparant les prescriptions qu'il renferme aux décrets du gouvernement élu le 24 février, il semble évident que, sans s'en rendre compte, les membres de ce gouvernement, chaque fois qu'ils obéissaient à la pression du dehors, accomplissaient à la lettre les dispositions de ce programme.

D'après ce curieux document [1], il faudra « dès la première heure nommer un Gouvernement provisoire, composé de révolutionnaires, d'hommes de progrès, *nommés non pas par le peuple, dont la majorité pourrait se tromper, mais par les auteurs de la révolution.* » Et n'est-ce pas dans les bureaux du *National* ou de la *Réforme*, et non par le peuple, qu'ont été nommés les membres du gouvernement, le 24 février? — « Sa direction sera révolutionnaire, sa durée dépendra des circonstances. » A quoi aspiraient MM. Louis Blanc et Ledru-Rollin, sinon à prolonger le provisoire et à brusquer les innovations?

Que doit faire d'abord le gouvernement? « 1° Adresser au peuple une proclamation dans laquelle il lui fera comprendre que lui, nouveau gouvernement, né du fait de l'insurrection qui vient de triompher, prend pour symbole et pour drapeau ces mots : *Égalité, fraternité, liberté;* qu'il s'engage à faire tous ses efforts pour le mettre, lui peuple, à même d'acquérir tout le bien-être que comporte l'application de ces principes; 2° décréter l'abolition de la royauté et proclamer la République; 3° décréter que tout homme a droit à l'existence et prendre des mesures pour assurer celle-ci; 4° sur l'organisation du travail et

---

[1] Rapport lu à la séance démocratique française à Londres, le 18 novembre 1839, adopté dans ses conclusions le 14 septembre 1840. Il en fut découvert quelques exemplaires au cours de l'instruction judiciaire qui suivit l'attentat de Darmès en 1840. M. Girod (de l'Ain) l'inséra à la fin de son Rapport à la Cour des pairs.

des travailleurs en général, le gouvernement devra se faire, au profit de la nation, premier manufacturier, directeur suprême de toutes les industries; avoir une seule caisse et une seule direction pour elles; pour donner plus rapidement et plus complétement aux travailleurs le bien-être qu'ils sont en droit d'attendre de la Révolution, avoir des maisons qu'on pourra appeler, si l'on veut, *ateliers nationaux*, et où les travailleurs seraient employés chaque jour un espace de temps raisonnable, pendant huit heures, par exemple, et seraient rétribués également; où ils seraient nourris et logés convenablement eux et leurs familles, etc. » Premières proclamations du Gouvernement provisoire, déclarations républicaines, reconnaissance du droit au travail, institution d'ateliers nationaux, théories de M. Louis Blanc : voilà l'histoire de ces premiers jours tracée huit années à l'avance par ce prophétique document !

Il serait facile, mais prématuré, de signaler d'autres rapprochements non moins étranges. Retenons du moins celui-ci : « Pour bien préparer aux élections des membres de la future Convention, pour s'assurer d'avance que la constitution que donnera cette Assemblée sera vraiment l'expression des idées et des besoins de l'époque, avec les moyens d'appliquer les unes et de satisfaire les autres; enfin pour épargner un temps précieux ; le Gouvernement provisoire devrait faire aussi cette constitution, la faire discuter et accepter dans les clubs, qui ne nommeraient alors pour représentants que les hommes qu'ils sauraient être partisans de cette constitution ; celle-ci ne manquerait pas d'être sanctionnée immédiatement par la Convention qui viendrait après le Gouvernement provisoire, puisque chacun de ses membres l'aurait acceptée peu de temps avant la venue de ladite Convention. » MM. Ledru-Rollin et Louis Blanc demandaient-ils autre chose ?

Ainsi, loin d'exercer la spontanéité d'un libre génie révolutionnaire, les membres du Gouvernement provisoire se

soumettaient aux volontés plus énergiques des sociétés
secrètes, armées d'une organisation, d'un programme.
Presque chaque décret est un témoignage de subordination et de faiblesse. La majorité tenait pour les idées modérées, et elle se laissait entraîner aux rêves téméraires de
la minorité; elle détestait le socialisme, elle l'avait combattu sous le dernier règne, et quand il se présente sous
la forme d'un décret, ses adversaires invétérés n'osent pas
lui refuser leur signature! Chez les membres du Gouvernement provisoire, le caractère n'était pas à la hauteur du
courage : hardis sur la place publique et devant l'émeute,
à peine rentrés au conseil, ils semblaient en redouter
l'écho. Leur pouvoir était provisoire ; leur défiance d'eux-
mêmes le rendait précaire. Au sein de l'adhésion générale
qu'ils rencontraient, ils doutaient de la force que leur prêtaient les idées d'ordre, la panique à calmer, les affaires et
le crédit à rétablir. Ils faisaient des concessions à l'émeute,
ils se faisaient des concessions les uns aux autres, couvrant
de signatures complaisantes des décrets contre lesquels
leur conscience s'était insurgée. Ces concessions déplorables, l'esprit révolutionnaire les inspire, l'anarchie s'en
empare : c'est la France qui les payera!

LIVRE TROISIÈME.

LE DIX-SEPT MARS.

SOMMAIRE. — Adhésions à la République (24 février-3 mars); le clergé, la magistrature, l'armée; l'opposition dynastique; les légitimistes. — Raisons de ne pas repousser la République. — Deux hommes la représentent diversement : MM. de Lamartine et Ledru-Rollin. — Lamartine : manifeste à l'Europe. — Ambiguïté de principes. — M. Ledru-Rollin : nomination de commissaires, tous républicains. — M. Jules Favre. — Circulaires des 8, 9 et 12 mars. — Circulaire de M. Carnot. — M. Louis Blanc. — Le gouvernement se divise en deux camps. — Le camp de M. Ledru-Rollin : Caussidière, Sobrier, Imbert, Villain. — La commission des travailleurs et la commission des récompenses nationales au Luxembourg. — Pétition des clubs pour l'éloignement des troupes et l'ajournement des élections, insérée dans le *Bulletin de la République*. — Ajournement au 25 mars des élections de la garde nationale; suppression des compagnies d'élite. — Réveil de l'opposition dynastique : « Ni émigrés, ni girondins ». — Fondation de l'*Assemblée nationale* et du Club républicain pour la liberté des élections. — Députation à Lamartine; sa réponse. — Manifestation des gardes nationaux (16 mars). — Convocation des ouvriers pour le lendemain. — Manifestation du 17 mars. — MM. Ledru-Rollin et Louis Blanc répondent aux pétitionnaires; Lamartine s'efface. — Remerciments du Gouvernement provisoire; visite aux délégués du Luxembourg. — Le général Courtais. — Conséquences du 17 mars : centralisation des clubs; organisation des délégués; un gouvernement de rechange.

I. — L'adhésion au Gouvernement provisoire fut aussi prompte que générale. Du 24 février au 3 mars (il est important de préciser les dates), les grands corps de l'État, les hauts fonctionnaires, les maréchaux, les généraux, la magistrature, le clergé, les hommes les plus marquants de tous les partis, les journaux de toutes nuances saluèrent le nouveau régime et s'engagèrent à le soutenir.

Le 24 février, l'archevêque de Paris, Mgr Affre, ordonnait un service pour les victimes, une quête pour les familles pauvres des morts et des blessés, et l'établissement d'ambulances dans les églises, s'il était nécessaire. Le 3 mars, par un mandement plus étendu, il ordonnait des prières pour demander à Dieu « l'équité dans les lois, l'équité dans les magistrats qui les exécutent ou les font exécuter, la soumission sincère dans tous les citoyens, soumission inspirée par un grand amour de l'ordre, *le courage civique qui défend la société au péril de sa vie* » ; il rappelait que « Jésus-Christ, en déclarant que son royaume n'est pas de ce monde, a déclaré par là même qu'il ne commandait et ne prescrivait aucune forme de gouvernement ; que l'Église, héritière de cet esprit, a vécu sous l'Empire romain, sous les monarchies et les républiques italiennes du moyen âge, qu'elle vit encore sous la Confédération suisse et sous les gouvernements démocratiques du Nord et du Midi, se bornant à redire, d'après saint Paul, aux Rois absolus comme aux présidents des républiques : Vous êtes les ministres de Dieu pour le bien des hommes. »

Confiant dans la modération des esprits, dès le 27 février, il rouvrit la cathédrale aux conférences annuelles du R. P. Lacordaire : « Vous nous avez appelés dans cette métropole, lui disait l'orateur, le lendemain d'une révolution où tout semblait avoir péri ; nous sommes venus, nous voici tranquilles sous ces voûtes séculaires ; nous apprenons d'elles à ne rien craindre pour la religion et pour la France : toutes les deux poursuivent leur carrière sous la main de Dieu qui les protége. » Comme l'archevêque de Paris, l'archevêque de Lyon, Mgr de Bonald (27 février), considérait le drapeau de la République comme un drapeau protecteur : « Vous formiez souvent le vœu de jouir de cette liberté qui rend nos frères des

États-Unis si heureux : cette liberté, vous l'aurez! » La plupart des évêques tenaient le même langage.

C'est en se rattachant à ces espérances de liberté religieuse pour laquelle il avait combattu sous Louis-Philippe, que, le 24 février au soir, M. de Montalembert écrivait dans l'*Univers* : « La dynastie de Juillet a succombé ; la révolution est consommée. Dieu fait son œuvre par toutes les mains ; il marche à ses desseins par des voies que le monde ignore. Aujourd'hui comme hier, rien n'est possible que par la liberté. Une liberté sincère peut tout sauver. Tous les gouvernements ont en eux la faculté de s'affermir ; il leur suffit d'aimer la justice et de pratiquer la liberté. » Le 1er mars, paraissait le prospectus de l'*Ère nouvelle*, dont les rédacteurs (Lacordaire, l'abbé Maret, Frédéric Ozanam, de Coux, etc.), acceptant ouvertement les idées démocratiques, « arboraient un drapeau où la Religion, la République et la Liberté s'entrelaçaient dans les mêmes plis. » (*Mémoires de Lacordaire*.)

Le premier président de la Cour de cassation, M. Portalis, disait (3 mars) au gouvernement : « Votre mission est grande, difficile ; vous veillez au maintien de l'ordre et à l'action régulière de toutes les libertés. » Le maréchal Bugeaud, à l'appui de son adhésion (28 février), invoquait « le besoin d'union générale pour assurer l'ordre à l'intérieur et l'indépendance à l'extérieur ». Le général Castellane disait à la garnison de Rouen : « Groupons-nous autour du Gouvernement provisoire, dans l'intérêt de l'ordre public et de l'indépendance nationale. » Tous les généraux étaient animés des mêmes sentiments, dont les généraux Bedeau et Lamoricière avaient les premiers donné l'exemple. Les députés de l'opposition dynastique, tout en restant à l'écart, déclaraient renoncer à toute opposition, considérant le Gouvernement provisoire comme le représentant et le défenseur de l'ordre. Les légitimistes pensaient et agissaient de même. Dès le 25 février, M. Berryer écrivait : « Dites à tous mes amis et à tous que ma règle de conduite est absolûment et fermement celle-ci : Soutenir le Gouvernement provisoire, *faire respecter les personnes et les propriétés, maintenir la liberté des votes, attendre l'Assemblée nationale.* Toute autre pensée est funeste, toute autre manifestation est coupable. » Le même jour, M. de Falloux : « Désormais, c'est le gouvernement de tous par tous qu'il importe de régulariser. Notre conduite ne doit plus relever que de notre patriotisme, sans aucun souvenir de nos vieilles démarcations de parti. »

On se rallia par nécessité. Tous les pouvoirs étant à terre, la multitude déchaînée, la carrière ouverte aux passions, comment ne pas se tourner avec reconnaissance vers ceux qui, malgré les menaces de naufrage, s'enchaînaient à la barre du navire et tentaient de le diriger? Ainsi, sous la pression de l'événement ou par sympathie réelle pour le dévouement du Gouvernement provisoire, l'installation de la République fut aisée : toute la France s'y préta. Il est difficile de se figurer aujourd'hui l'enthousiasme un peu puéril, la liberté ou plutôt la fantaisie d'allures et l'expansion générale qui suivirent la révolution; on eût dit un peuple en vacances, délivré pour quelques jours de la férule de ses maîtres. Difficultés du présent, problèmes de l'avenir, lourd héritage du passé : la République semblait devoir parer à tout. Elle n'eut donc pas de conquête à faire, et telle fut la promptitude de l'assentiment universel, que les républicains de la veille se plaignaient déjà d'un succès qui menaçait de les reléguer dans l'ombre.

Séparée de son passé, la République n'avait rien en soi qui dût lui aliéner l'opinion. Entre le régime constitutionnel d'où l'on sortait et le régime républicain, les différences paraissaient légères : les partisans du premier pouvaient s'accommoder du second. S'agissait-il de liberté?

Sous peine de manquer à son principe, la République n'en serait pas avare; les libéraux lui étaient donc acquis. S'agissait-il de liberté religieuse, de liberté d'enseignement? Elles triomphaient naturellement par la seule chute du trône; les luttes qu'avaient soutenues les catholiques sous le dernier règne les avaient rapprochés de l'opposition, et leur victoire était enveloppée dans la sienne. S'agissait-il des bases de toute société, la propriété, la famille? Ou la République les respecterait et même les protégerait, ou elle irait droit au suicide. Jusqu'à ce jour, les paroles et les actes témoignaient d'un désir énergique et sincère de réaliser la République nouvelle sous des formes et dans des idées entièrement différentes de l'ancienne; Lamartine, Arago, Marie, Garnier-Pagès, Crémieux, représentaient une république bourgeoise, modérée, sans passions vives, sans caractère bien tranché; MM. Ledru-Rollin et Louis Blanc, bien que clients du peuple souverain, étaient, eux aussi, des bourgeois, des esprits initiés aux rouages vulgaires de la vie sociale, et qui, révolutionnaires par occasion et par goût de popularité, n'en reniaient pas moins toute solidarité effective avec les aïeux de 1793 dont ils glorifiaient la mémoire. Et qu'avaient fait jusqu'ici les membres du Gouvernement provisoire, sinon, dans la mesure de leurs forces, résisté à la multitude, tempéré la Révolution déchaînée, rappelé les troupes à la discipline, les ouvriers à l'atelier, le peuple entier au travail?

Voilà sous quel aspect, plus idéal que réel, apparaissait dans le premier moment la nouvelle République, avant que la nécessité d'agir l'eût forcée de se définir elle-même. Deux hommes, parmi ceux qui détenaient le pouvoir, la caractérisaient différemment aux yeux de l'opinion : Lamartine et M. Ledru-Rollin. Serait-elle un gouvernement national, ouvert à tous, intéressant par là même tous les citoyens à sa défense et à sa durée? Ainsi la voulait Lamartine. Serait-elle, au contraire, l'apanage d'une secte et d'un parti, l'œuvre exclusive des républicains, et, pour avoir une physionomie, devait-elle prendre celle du passé? Tels semblaient être les vœux de M. Lèdru-Rollin. Dans le tumulte des premiers jours, l'antagonisme naturel des idées et des hommes avait pu s'atténuer; mais, avec le retour d'un calme relatif, chacun retrouvait son attitude normale, celle que donnent et qu'imposent les actes passés, les relations, les amis.

II. — Nous avons vu Lamartine à l'œuvre. Il remplit de son nom, il éclaire de son génie les premières heures de la République, il en est le garant devant la France. C'est vers le gouvernement représenté par lui, c'est à lui, parmi tous les membres du gouvernement, que s'adressent les adhésions et les vœux. Mais plus ses goûts, son caractère, ses habitudes d'esprit et l'entraînement de tout un peuple, l'inclinent à ne prendre conseil que de lui-même et des sympathies qui le soutiennent, plus aussi, par crainte d'être suspect, il retient ou s'impose des allures qui le rapprochent des collègues que lui a donnés le hasard. L'opinion reconnaît et salue en lui l'initiateur prédestiné d'une République régénérée, et, comme pour ressembler aux prophètes d'ère nouvelle qui l'environnent, il prend ses oracles dans le passé. L'opinion l'investit spontanément d'une mission de conservation et de paix : il l'accepte ; mais à travers ses paroles circulent des souffles révolutionnaires, venus des régions où M. Ledru-Rollin s'inspire. En un mot, qu'il le veuille ou non, il est le chef d'une bourgeoisie modérée et progressive : mais ce nombreux cortége ne lui suffit pas ; il aspire à gagner la multitude stérile et bruyante que ses collègues croient gouverner. Brigue sans dignité ni profit! Le peuple ne sait gré à ses courtisans ni de leurs abaissements ni de leurs caresses. Lamartine trouve aujourd'hui des appuis dans tous les sens, et, plus tard, à l'heure où, comme un fleuve tari, la popularité s'écoule et se perd, il sollicitera vainement les suffrages ou de ceux qu'il avait tenté de séduire, ou de ceux qui d'eux-mêmes avaient couru à lui.

C'est à Lamartine, comme ministre des affaires étrangères, que revenait le soin de notifier aux Puissances l'avénement de la République. Il s'en acquitta par une lettre adressée aux ambassadeurs ou chefs de mission résidant à Paris :

Paris, 4 mars 1848.

Monsieur,

J'ai l'honneur de vous informer que le Gouvernement provisoire de la République française m'a confié le portefeuille des affaires étrangères.

La forme républicaine du nouveau gouvernement n'a changé ni la place de la France en Europe, ni ses dispositions loyales et sincères à maintenir ses rapports de bonne harmonie avec les puissances qui voudront comme elle l'indépendance des nations et la paix du monde.

Ce sera un bonheur pour moi, Monsieur, de concourir par tous les moyens en mon pouvoir à cet accord des peuples dans leur dignité réciproque, et à rappeler à l'Europe que le principe de paix et le principe de liberté sont nés le même jour en France.

Agréez, etc.

LAMARTINE.

Dans sa brièveté un peu hautaine, cette lettre en disait assez; mais le goût des dissertations et des déclarations de principes, traditionnel chez les républicains français, se joignant chez Lamartine à la vanité littéraire, l'entraîna à rédiger sur la révolution et sur ses relations futures avec les puissances étrangères une circulaire solennelle sous le titre orgueilleux : MANIFESTE A L'EUROPE. Elle était adressée à nos agents diplomatiques, bien que, en réalité, par suite de démissions ou de révocations, il ne restât plus de représentant officiel de la France à l'étranger.

Ce document, fort admiré lorsqu'il parut, et qui mérite tant de l'être si l'on ne regarde qu'à l'éclat d'un style peu familier aux chancelleries, trahissait au fond une politique équivoque et suspecte. On y sent à la fois et le poëte humanitaire qui a écrit la *Marseillaise de la paix,* et le diplomate qui a pris pour la circonstance des leçons de la Convention et du Directoire. Il déclare que, « *en droit*, les traités de 1815 n'existent plus aux yeux de la République française » ; toutefois il accepte « *en fait* les circonscriptions territoriales réglées par ces traités comme base et comme point de départ dans ses rapports avec les autres nations ». — « La République française, dit-il, n'intentera la guerre à personne » ; mais « si l'heure de la reconstruction de quelques nationalités opprimées, en Europe ou ailleurs, nous paraissait avoir sonné dans les décrets de la Providence..., la République française se croirait en droit d'armer elle-même pour protéger ces mouvements légitimes de croissance et de nationalité des peuples ». — Il professe que « la proclamation de la République française n'est un acte d'agression contre aucune forme de gouvernement dans le monde » ; néanmoins, il représente la République comme « la forme complète de la liberté chez les nations plus mûres », et il la proclame, à la face des Rois, comme « l'alliée intellectuelle et cordiale de tous les droits, de tous les progrès, de tous les développements légitimes d'institutions des nations qui veulent vivre du même principe que le sien ».

Ainsi, la circulaire tendait à la paix, elle était « un gage de sécurité européenne », mais la paix qu'elle promettait était précaire : il ne tenait qu'à la France de la rompre, sous le prétexte de propagande républicaine. Comment Lamartine laissa-t-il pénétrer dans une pièce souscrite de son nom deux politiques si différentes, l'une franche et pacifique, l'autre souterraine, agitatrice et menaçante? N'était-il pas acquis d'avance à la première? Ministre des affaires étrangères, ne pouvait-il pas, sous sa responsabilité personnelle, agir et parler dans l'indépendance absolue de ses idées? Il ne le crut pas, et soumit au conseil la circulaire en projet. Les traités de 1815 y étaient reconnus; il n'était question ni d'intervention possible de la France, ni de ligue des peuples contre les trônes. MM. Louis Blanc et Ledru-Rollin accusèrent Lamartine de timidité; son langage ne répondait ni à la dignité de la République ni à cette hauteur de ton habituelle à la Convention lorsqu'elle parlait aux souverains. Comme toujours, Lamartine céda; et de ce double courant d'influences sortit la physionomie ambiguë de la circulaire. Suivant l'heure ou le ministre, elle pouvait porter dans ses flancs la paix ou la guerre.

III. — L'attitude de M. Ledru-Rollin fut tout autre. A ses yeux, la révolution n'était pas le résultat naturel et progressif du mouvement des esprits : elle était venue tout à coup, sans préparation, à la suite de ce qu'on était convenu d'appeler la victoire du peuple. Victoire sans bataille peut-être : mais les troupes avaient désarmé, la Royauté était en fuite, la foule s'était emparée tour à tour du palais de la Monarchie et de celui de la Législature, et c'était à la République, non à la Régence, qu'étaient échues les acclamations souveraines. Le peuple avait triomphé : comment lui marchander sa victoire? La République s'imposait : comment lui disputer ses traditions et son nom? D'ailleurs, y pouvait-on songer? L'autorité du peuple était toujours présente, il avait collaboré à tous les décrets du Gouvernement provisoire, il était en armes, il était le maître! Personnellement, M. Ledru-Rollin se considérait comme intéressé dans ce triomphe; il n'y avait, il est vrai, concouru que de loin, à la façon des héros populaires de tous les temps; mais ses revendications démocratiques à la Chambre des députés, pendant les dernières années du règne et dans la période des banquets, lui conféraient une part et un rôle dans la conquête de la République. Chef du parti vainqueur, c'est avec son parti qu'il entendait gouverner.

Sa première œuvre fut de remplacer les préfets de la Monarchie. Les nouveaux fonctionnaires reçurent le nom de *commissaires*, soit pour marquer la nature temporaire et spéciale de la fonction, soit pour ressusciter un mot d'origine républicaine. Sauf de rares exceptions, ils furent choisis exclusivement dans les rangs des républicains, et plus spécialement, des radicaux du parti. MM. Ch. Delescluze (Nord et Pas-de-Calais), Félix Pyat (Cher), Pilhes (Ariége), Félix Mathé (Allier), Babaud-Laribière (Charente), James Demontry (Côte-d'Or et Doubs), Napoléon Chancel (Drôme), Brives (Hérault), Repellin (Isère), Baune (Loire), Martin Bernard (Haute-Loire), Crevat (Aube), Joly (Haute-Garonne), Sauriac (Tarn-et-Garonne), Berrier-Fontaine (Orne), Vignerte (Hautes-Pyrénées), etc., ne rappellent-ils pas aux esprits familiers avec l'histoire du dernier règne les principaux membres de la *Société des Droits de l'homme,* les événements de 1832 et de 1834, et le coup de main de 1839? Citons des noms plus modérés : MM. Grévy (Jura), Victor Lefranc (Landes), Pereira (Loiret), Struch (Haut-Rhin), Lichtenberger (Bas-Rhin), Grégoire Bordillon (Maine-et-Loire), Emmanuel Arago (Rhône), Émile Ollivier (Bouches-du-Rhône), Trélat et Altaroche (Puy-de-Dôme), Ceyras (Corrèze), Pietri (Corse), Guépin (Loire-Inférieure), etc.; tous sont marqués au cachet républicain. Sur cette nombreuse liste de commissaires, à peine signalerait-on quelques noms relevant de l'opposition dynastique ou recommandés par elle : MM. d'Arragon (Tarn),

Maurat-Ballange (Haute-Vienne), Guignes de Champvans (Ain), Charamaule (Hérault), Beaumont (Somme); encore ces concessions de M. Ledru-Rollin se trouvaient bien vite retirées, soit par les commissaires généraux, soit par l'envoi dans le même département d'autres commissaires chargés d'assister, c'est-à-dire de contrecarrer le commissaire dynastique. Celui-ci, d'ailleurs, au bout de quelques jours, comprenait de lui-même que l'esprit de conciliation n'en dépassait pas le mot, et que, en croyant servir la France, il s'était engagé sous les drapeaux de la Révolution triomphante.

M. Ledru-Rollin avait auprès de lui, comme secrétaire général, un avocat déjà célèbre qui, en 1835, devant la Cour des pairs, s'était conduit avec fermeté et indépendance : M. Jules Favre. Les accusés de Paris s'étaient refusés aux débats; mais, sous le prétexte commode que « des hommes de cœur doivent rendre l'oppression vaine et ridicule en s'y dérobant à leurs risques et périls », ils s'étaient évadés, abandonnant leurs coaccusés à la sévérité de la répression, après leur avoir imposé le serment de ne pas se défendre. M. Jules Favre, en avocat soucieux des intérêts de ses clients, obtint des accusés de Lyon qu'ils changeassent de détermination et qu'ils acceptassent la juridiction de la Cour; M. Ledru-Rollin, avocat de Caussidière, s'était rangé au même avis. Orateur disert, écrivain élégant, M. Jules Favre puisait dans son caractère comme dans ses habitudes littéraires le goût de la modération. Le 2 mars, il écrivait en son nom personnel à M. Delebecque, rédacteur en chef du *Libéral du Nord* : « La République doit être partout accueillie avec joie, parce qu'elle est la fin d'un système de compression et de honte nationale et le commencement d'une ère vraiment démocratique. Pacifique parce qu'elle est forte, elle doit se montrer calme et généreuse. Vous devez donc éviter avec soin tout ce qui peut effrayer la bourgeoisie qui est avec nous par le cœur, qui le sera dans peu par l'intérêt, mais qui s'inquiète d'un état de choses si nouveau pour ses idées... Soyez sûr que la raison et le bon sens du peuple feront justice de toutes les exagérations, de toutes les excentricités de quelques esprits mal faits. »

On retrouve ces sentiments dans la première circulaire (8 mars) de M. Ledru-Rollin aux commissaires. Il veut « rassurer les esprits timides, calmer les impatients. Les uns s'épouvantent de vains fantômes, les autres voudraient précipiter les événements au gré de leurs ardentes espérances. Vous direz aux premiers que la société actuelle est à l'abri des commotions terribles qui ont agité l'existence de nos pères. Aux autres vous direz qu'on n'administre pas comme on se bat. Le sol est déblayé, le moment est venu de réédifier. » Il faisait appel à la confiance, au calme, jusqu'au moment de la réunion de l'Assemblée. « Que tous les cœurs généreux, que tous les esprits intelligents se mettent à l'œuvre et nous viennent en aide! C'est là un sujet de noble ambition! » Mais, à côté de ces instructions modérées et un peu banales, M. Ledru-Rollin en avait placé d'autres plus énergiques et plus tranchées [1].

« Prenez comme règle que les fonctions publiques, à quelque degré de la hiérarchie que ce soit, ne peuvent être confiées qu'à des républicains éprouvés... Au moment solennel où, recouvrant la plénitude de sa puissance, il (le pays) va descendre dans ses comices pour y désigner ses élus, il faut que ses magistrats soient profondément pénétrés de son esprit et dévoués de cœur à sa cause. Le salut de la patrie est à ce prix. Si nous marchons avec fermeté dans la voie de la Révolution, aucune limite ne peut être assignée à sa grandeur et à sa prospérité; si nous nous attiédissons, tout est à craindre. A la tête de

---

[1] « J'ai rédigé la première circulaire, qui fut modifiée toutefois et fortifiée par M. Ledru-Rollin. Elle devait être secrète. » Déposition de M. Jules Favre devant la commission d'enquête, t. I, p. 280.

chaque arrondissement, de chaque municipalité, placez donc des hommes sympathiques et résolus. Ne leur ménagez pas les instructions, animez leur zèle. Par les élections qui vont s'accomplir, ils tiennent dans leurs mains les destinées de la France; qu'ils nous donnent une Assemblée capable de comprendre et d'achever l'œuvre du peuple. En un mot, *tous hommes de la veille et pas du lendemain.* »

Après avoir écrit aux commissaires, le ministre de l'intérieur s'adressa aux maires. Il leur dépeignit la République comme le gouvernement du peuple par le peuple. « La République ne persécute personne; elle honore tous les cultes, elle respecte les opinions, elle augmente la prospérité et garantit la liberté de chacun... Le gouvernement compte sur votre concours; c'est avec l'aide des hommes de cœur qu'il s'établira solidement. » Comment, après ces deux circulaires, M. Ledru-Rollin crut-il nécessaire d'en publier une troisième (12 mars), qui, au tort de répéter les deux premières, joignait celui de formuler en un langage violent des instructions révolutionnaires? Comment surtout, à l'occasion de mesures d'un intérêt général et qui engageaient le gouvernement, négligea-t-il de provoquer une délibération collective? Ses collègues ne connurent la circulaire du 12 mars que par le *Moniteur* du lendemain, et ils n'en comprirent l'importance que par l'émotion publique qui la suivit.

« Quels sont vos pouvoirs? écrivait le ministre de l'intérieur aux commissaires : ils sont ILLIMITÉS. Agent d'une autorité révolutionnaire, vous êtes révolutionnaire aussi. La victoire du peuple vous a imposé le mandat de faire proclamer, de consolider son œuvre. Pour l'accomplissement de cette tâche, vous êtes investi de sa souveraineté, vous ne relevez que de votre conscience, vous devez faire ce que les circonstances exigent de vous. Grâce à nos mœurs, cette mission n'a rien de terrible... Il ne faut pas cependant vous faire illusion sur l'état du pays. Les sentiments républicains y doivent être vivement excités, et, pour cela, il faut confier toutes les fonctions politiques à des hommes sûrs et sympathiques. » Suivait un programme de destitutions : préfets, sous-préfets, maires, conseillers municipaux étaient condamnés d'avance; faculté de requérir la force armée, et même de suspendre un chef de corps; même droit sur la magistrature inamovible, sous réserve d'en référer immédiatement au ministre.

Le point principal de la circulaire était celui des élections à l'Assemblée constituante. « Les élections sont votre grande œuvre; elles doivent être le salut du pays. C'est de la composition de l'Assemblée que dépendent nos destinées. *Il faut qu'elle soit animée de l'esprit révolutionnaire, sinon nous marchons à la guerre civile et à l'anarchie....* Sachez bien que pour briguer l'honneur de siéger à l'Assemblée nationale, il faut être pur des traditions du passé. Que votre mot d'ordre soit partout : des hommes nouveaux, et autant que possible sortant du peuple... Vous comprenez combien ici votre tâche est grande. L'éducation du pays n'est pas faite. C'est à vous de le guider. Provoquez sur tous les points de votre département la réunion de comités électoraux, *examinez sévèrement les titres des candidats. Arrêtez-vous à ceux-là seulement qui paraissent présenter le plus de garanties à l'opinion républicaine*, le plus de chances de succès. Pas de transactions, pas de complaisances. *Que le jour de l'élection soit le triomphe de la Révolution.* »

En résumé, conférer aux commissaires un pouvoir absolu, en ne leur donnant pour contrôle que la surveillance distraite d'un ministre négligent; leur subordonner la magistrature et l'armée; prescrire un système de destitution universelle qui désorganise toute l'administration et ne respecte même pas les magistratures élues; enfin, et pour suprême privilége, les transformer en tuteurs du suffrage universel, leur confier le soin de choisir, de patronner les candidats, en même temps que d'éliminer ceux que ne recommanderait pas un passé républicain : telle était cette circulaire dont les fastes de la monarchie constitutionnelle n'offriraient pas d'exemple. Mais pour prétendre occuper toutes les fonctions et suffire à toutes les magistratures, quel était ce personnel d'hommes de la veille? Le pays les voyait à l'œuvre, commentant à l'avance par leurs actes les prescriptions de la circulaire, semant l'agitation, prodiguant les révocations, instituant des clubs et nommant leurs amis à tous les emplois! Et c'étaient tous ces survivants de conspirations avortées, ces fonctionnaires sans expérience et qui n'avaient de relations que dans les sociétés secrètes, c'étaient eux qui recueillaient à sa naissance le suffrage universel et qui devaient guider ses premiers pas! c'est de leurs mains que la France recevrait ses candidats et ses élus!

La presse se révolta, l'opinion publique cria à la dictature, le gouvernement s'émut. Pourtant, qu'avait dit M. Ledru-Rollin qui ne s'inspirât directement des doctrines républicaines? Le ministre de l'instruction publique et des cultes, M. Carnot, que nous avons vu résigné naguère à la monarchie constitutionnelle, mais que l'épanouissement de la République replaçait dans le courant des traditions conventionnelles, M. Carnot, esprit modéré, écrivait dès le 6 mars aux recteurs d'Académie : « Des hommes nouveaux, voilà ce que réclame la France! Une révolution ne doit pas seulement renouveler les institutions, il faut qu'elle renouvelle les hommes. On change d'outil quand on change d'ouvrage... » Il faisait appel aux instituteurs primaires, il les invitait à se porter candidats : « Mais pourquoi nos instituteurs primaires ne se présenteraient-ils pas non-seulement pour enseigner ce principe, mais pour prendre place eux-mêmes parmi les hommes nouveaux? Il en est, je n'en doute pas, qui en sont dignes : qu'une ambition généreuse s'allume en eux!... Qu'ils vien-

nent parmi nous, au nom de ces populations rurales dans le sein desquelles ils sont nés... Tel est le service nouveau que, dans ce temps révolutionnaire, je réclame du zèle de MM. les instituteurs primaires. En attendant qu'ils puissent enseigner aux enfants, avec le calme nécessaire, les devoirs élémentaires du citoyen, qu'ils en instruisent les adultes. »
Ainsi les instituteurs primaires, candidats à la représentation nationale et missionnaires de la République : voilà le rôle que leur proposait M. Carnot.

Il allait plus loin : dans son ardeur démocratique, il souhaitait que le paysan lui-même abandonnât sa charrue pour venir à Paris fabriquer des constitutions et des lois. « La plus grande erreur contre laquelle il faille prémunir les populations de nos campagnes, c'est que, pour être représentant, il soit nécessaire d'avoir de l'éducation ou de la fortune. Quant à l'éducation, il est manifeste qu'un brave paysan, avec du bon sens et de l'expérience, représentera infiniment mieux à l'Assemblée les intérêts de sa condition qu'un citoyen riche et lettré, étranger à la vie des champs... *Il ne faut pas oublier que, dans une grande Assemblée comme celle qui va se réunir, la majeure partie des membres remplit le rôle de jurés. Elle juge par oui ou par non si ce que l'élite des membres propose est bon ou mauvais.* »
En un mot, une oligarchie qui prononce, un troupeau qui vote : tel était l'idéal d'une Assemblée républicaine suivant M. Carnot. N'y avait-il pas parenté de système entre M. Ledru-Rollin et lui?

M. Louis Blanc s'attachait aux mêmes opinions. A ses yeux, la dictature devait précéder la liberté et lui creuser son lit; le peuple était ignorant et ne comprenait pas la République. Il en concluait non pas que la République et le suffrage universel avaient été proclamés trop tôt, mais qu'il fallait ajourner les électeurs et les élections, refondre la société et le gouvernement, marteler et façonner les esprits, jusqu'au jour où la France serait devenue digne de son nouveau sort. De quelque côté qu'on se tourne, l'exaltation et le mépris du peuple marchent de concert; on le salue souverain et l'on proclame son ignorance; il sait tout, il voit tout, il va tout refaire et tout restaurer, et cette compétence infuse ne doit être l'apanage que des hommes privilégiés qui lui ont surpris le pouvoir; on ouvre la carrière à toutes les libertés, et la première, celle de l'électeur, sera escamotée par des commissaires !

IV. — Le gouvernement, malgré l'apparente union de ses membres, se trouva dès lors, en fait aussi bien que vis-à-vis de l'opinion publique, partagé en deux camps : dans l'un, Lamartine, entouré de la majorité, Arago, Marie, Crémieux, Garnier-Pagès et Marrast; dans l'autre, M. Ledru-Rollin, appuyé de MM. Flocon, Louis Blanc et Albert. Le premier groupe représentait, sous des traits un peu vagues, une République libérale et de transaction; le second ne se donnait une physionomie qu'en prenant l'allure violente d'un jacobinisme heureux. Les uns insinuaient la République comme pour faire pardonner sa venue; les autres l'imposaient du droit de la victoire. Lamartine ne s'étayait que des flottantes mais enthousiastes adhésions qui lui arrivaient de toutes les parties de la France et qui élevaient autour de son nom un hymne de reconnaissance et de gloire; M. Ledru-Rollin cherchait à Paris même et autour de lui les éléments de popularité prochaine qui devaient balancer son infériorité dans le conseil. — Jetons un coup d'œil sur les forces révolutionnaires qui se rangeaient sous son nom.

Caussidière occupait la préfecture de police. Ancien membre de la *Société des Droits de l'homme* et chef de la Charbonnerie à Saint-Étienne, mêlé de sa personne, avec son frère et son père, aux insurrections de Lyon et de Saint-Étienne en 1834, Marc Caussidière avait été condamné le 28 décembre 1835, par la Cour des pairs, à vingt ans de détention. L'amnistie de 1837 l'avait rendu à la liberté, en le maintenant sous la surveillance. Client de M. Ledru-Rollin en 1835, il devint, lors de la fondation de la *Réforme,* un des plus actifs courtiers du journal. Tout en gardant un pied dans les sociétés secrètes, il ne se compromettait pas avec la police. Cauteleux et madré, il dissimulait sous une bonhomie banale son ambition et ses menées. Du reste, sans études, sans idées, il ne pratiquait des choses révolutionnaires que le vocabulaire déclamatoire et le goût des coups de main; quant aux réformes sociales, il en parlait plus volontiers qu'il n'y croyait; mais elles faisaient partie du programme républicain, et il les colportait avec le reste. Qu'un homme de cette trempe, commis voyageur de la République, ait pu saisir le poste de préfet de police, c'est le secret des révolutions; mais il le garda, il s'y maintint, grâce à sa propre audace plus encore qu'à l'appui de M. Ledru-Rollin.

Nous avons vu que le Gouvernement provisoire ne l'avait ni reconnu ni destitué; maire de Paris, M. Garnier-Pagès tenta de l'éconduire et de lui substituer M. Recurt. Caussidière résista et resta. M. Garnier-Pagès le nomma son délégué à la préfecture de police; subordination purement nominale, qu'enregistrait le *Moniteur,* mais que la réalité ne confirmait pas. Caussidière ne correspondait ni avec la mairie de Paris ni avec le Gouvernement provisoire; il ne relevait que de lui-même. Nous verrons à Marseille, à Lyon, à Toulouse, s'organiser des corps spéciaux destinés à la défense de la cause républicaine; Caussidière avait réuni, sous le nom de *Montagnards,* une bande de sectaires recueillis sur les listes des sociétés secrètes, et qui, gardiens de la préfecture de police, étaient aussi les siens propres. Maître chez lui, il ne se donnait à aucun; tout au plus se prêtait-il, en apparence, à M. Ledru-Rollin. Il se contentait de maintenir autour de lui une force respectable, de manière à ne subir la loi de personne; et, le moment venu, à pouvoir dicter la sienne.

Un Lyonnais, compromis naguère comme lui dans les affaires de 1834, mais non condamné, Sobrier, avait été délégué avec Caussidière à la préfecture de police. Quelques jours après le 24 février, il se retira, sous prétexte de mésintelligence avec Caussidière, mais en réalité pour fonder, rue de Rivoli, n° 16 (aujourd'hui 192), dans une maison dépendant de la liste civile, une succursale de la préfecture de police. Il y réunit des *Montagnards*; et, avec l'aide de Cahaigne, poëte sans lecteurs, il y institua un journal, moniteur des clubs, la *Commune de Paris*. Tout auprès, Imbert, condamné le 8 janvier 1836, par contumace, à dix ans de détention, commandait aux Tuileries, tandis que Villain, chef en titre de la *Société des Droits de l'homme* réorganisée (condamné le 23 janvier 1836, par contumace, à quinze ans de détention), tenait au Conservatoire des arts et métiers, plus tard au Palais-Royal, les assises d'une révolution en permanence. Les Tuileries, le n° 16 de la rue de Rivoli et le Palais-Royal, formaient comme une triple redoute au cœur de Paris : Caussidière y donnait le mot d'ordre.

Au Luxembourg, MM. Louis Blanc et Albert avaient inauguré les séances de la *commission des travailleurs*, en renouvelant contre la société actuelle le serment d'Annibal. Après les déclamations d'usage, les théoriciens de l'organisation du travail, mis en demeure de promulguer leurs révélations, avaient demandé aux ouvriers du temps, de la patience; ils nommaient des sous-commissions, ils ajournaient les solutions à la réunion de l'Assemblée nationale. « Quelque légitime que soit votre impatience, disaient-ils aux ouvriers (proclamation du 5 mars), la commission vous conjure de ne pas faire aller vos exigences plus vite que ses recherches. Toutes les questions qui touchent à l'organisation du travail sont complexes de leur nature. Elles embrassent une foule d'intérêts qui sont opposés l'un à l'autre, sinon en réalité, du moins en apparence. Elles veulent donc être abordées avec calme et approfondies avec maturité... L'Assemblée nationale va être incessamment convoquée. Nous présenterons à ses délibérations les projets de loi que nous élaborons en ce moment, avec la ferme volonté d'améliorer moralement et matériellement votre sort... »

Pour masquer l'inertie à laquelle le condamnait la témérité déjà reconnue de ses idées, M. Louis Blanc tentait de s'assurer une influence politique sur ses auditeurs. Il leur insinuait ses opinions sur l'ajournement des élections et de l'Assemblée, sur la nécessité d'une dictature qui organisât d'abord la République, sur l'éloignement des troupes; ces opinions, qui retentissaient dans les cercles populaires, lui revenant par contre-coup, il les accueillait comme un vœu spontané du peuple et des travailleurs, qu'il se croyait le devoir de rapporter au gouvernement. Albert jouait dans la commission le rôle le plus effacé; mais le gouvernement l'ayant nommé président de la *commission des récompenses nationales,* Albert centralisa au Luxembourg sa double mission. Il choisit pour vice-président Grandménil, ami de Caussidière, dont nous avons signalé la résignation dans la conspiration de Saumur (*supra*, p. 9), et pour membres de la commission Martin-Bernard, Lhéritier (de l'Ain), Napoléon Chancel, condamnés en 1835 et 1839; Victor Masson, Eugène Suë et Boileau, ouvrier; le secrétaire était M. Ch. Rouvenat, plus connu depuis sous le nom de Charles de la Rounat. Ainsi les délégués des corporations se ralliaient autour de M. Louis Blanc, et les condamnés politiques autour d'Albert.

C'est à l'aide de ces diverses forces, secondées par l'influence naissante des clubs, que le parti avancé de la

République résolut de demander l'éloignement de l'armée et l'ajournement des élections, soit de la garde nationale, soit de l'Assemblée. Ces deux requêtes avaient le même but : replacer le pouvoir dans les mains du peuple ou des empressés qui se feraient alors ses mandataires. Plus d'armée : par conséquent, pas de force organisée qui pût faire échec à la masse révolutionnaire. Pas d'Assemblée : par conséquent, libre dictature des nouveaux chefs de la République. Qui avait inventé ce programme ? MM. Sobrier et Blanqui ou M. Louis Blanc ? M. Louis Blanc ou MM. Blanqui et Sobrier ? L'hésitation est permise, car les idées de l'un reflétaient celles des deux autres. Et comment présenter ces requêtes au Gouvernement ? Par une manifestation. Trente clubistes, réunis en commission, préparaient la pétition, l'ordre de convocation, le jour et l'heure : ainsi avait fait M. Marrast au 21 février, lorsqu'il publiait le *scenario* de la manifestation réformiste.

Le ministère de l'intérieur s'y associait à sa manière. Le *Bulletin de la République*, sorte de moniteur officiel rédigé dans les bureaux [1], contenait (numéro du 15 mars) la pétition des clubs, comme le commentaire immédiat de la circulaire du 12 mars : « Citoyens, nous demandons l'ajournement des élections de la garde nationale et de l'Assemblée constituante. Ces élections seraient dérisoires. A Paris, un très-petit nombre d'ouvriers sont inscrits sur les listes électorales. L'urne ne recevrait que les suffrages de la bourgeoisie... Notre âme s'indigne à la pensée que les oppresseurs puissent ainsi recueillir les bénéfices de leur crime... Ce serait un défi par trop insolent aux barricades de février... Lorsque la contre-révolution a seule la parole depuis cinquante ans, est-ce donc trop d'accorder *une année* peut-être à la liberté ?... Il faut

---

[1] Rédigé d'abord par MM. Alfred Delvau, Anselme Petetin, Lacoste, Élias Regnault, plus tard par George Sand.

que la lumière pénètre jusque dans les derniers hameaux de la République. Il faut que les travailleurs redressent leurs fronts courbés par la servitude et se relèvent de cet état de stupeur et de prostration où les castes dominantes les tiennent les pieds sur la tête. Et ne dites pas, citoyens, que ces craintes sont vaines. Les élections, si elles s'accomplissent, seront réactionnaires. C'est le cri universel que le parti royaliste, le seul organisé, grâce à sa longue puissance, va les maîtriser par l'intrigue, la corruption, les influences sociales, et sortira triomphant du scrutin. *Songez-y, ce triomphe c'est la guerre civile! Paris, le cœur et le cerveau de la France, ne reculerait pas devant un retour offensif du passé! Réfléchissez aux sinistres conséquences d'un conflit entre la population parisienne et une Assemblée qui croirait représenter la nation, qui ne la représenterait pas... Laissez le pays naître à la République...* » Ainsi, en quelques jours, le ministre de l'intérieur jetait le masque; hier il livrait les élections aux commissaires, aujourd'hui il les voulait ajourner!

Cependant, le complot marchait à ciel ouvert. Le 13 et le 14, M. Louis Blanc exposa au conseil le plan des pétitionnaires; si le Gouvernement n'accédait pas à temps à leur demande, ils viendraient cent mille à l'hôtel de ville la présenter eux-mêmes. Cette forme de requête, M. Louis Blanc l'avait conseillée; mais il ne l'en redoutait pas moins, et, tout pacifique qu'il estimât ce moyen, il eût préféré que le gouvernement devançât la démarche en accordant aux clubs ce qui en faisait l'objet. Après avoir résisté, le gouvernement céda pour la garde nationale et ajourna les élections au 25 mars : il tint ferme sur le reste. Par un arrêté du même jour, le ministre de l'intérieur dissolvait les compagnies de grenadiers et de voltigeurs qui, dans la garde nationale nouvelle, auraient pu former dans chaque légion, dans l'intérêt même du gouvernement, un élément de résistance.

V. — Les dynastiques et le centre gauche, vaincus au 24 février, s'étaient réveillés brusquement au tocsin de la circulaire du 12 mars. Le temps des adhésions complaisantes est passé. « Ni émigrés, ni Girondins », tel est le programme nouveau ; c'est-à-dire que les hommes politiques de cette nuance n'entendent ni se dérober à la lutte par un exil volontaire, ni, comme les Girondins, se faire les complaisants et les complices de la Montagne. Dès le 28 février, un journal s'était fondé, dont le titre : *l'Assemblée nationale,* pouvait passer pour un programme. Il prenait au mot les déclarations du Gouvernement provisoire, sa promesse de consulter la France, de convoquer en hâte une Assemblée, de la laisser élire librement, de faire appel à toutes les énergies du pays. Le prospectus de cette feuille était ainsi conçu : « Liberté des élections. — Indépendance de l'Assemblée nationale. — Représentation sérieuse des provinces et défense de leurs intérêts. — Sous l'égide de la loi, liberté politique, liberté religieuse, liberté d'enseignement. — Respect pour les droits de tous. — Reconnaissance et justice pour les services rendus au pays à toutes les époques. — Point de partis. — Point de réaction, mais aussi point d'intolérance, point d'exclusion, point de tyrannie d'un parti, quel qu'il soit. » Vis-à-vis de gens dont l'esprit d'exclusion et de despotisme venait d'éclater au grand jour, un pareil programme devenait un acte d'opposition et un signal de résistance.

A côté du journal, il se forma un club. Parmi ses fondateurs se trouvaient MM. Liadières, Mauguin, duc de Fezensac, de Montépin, duc de Richelieu, Chapelle, Fould, Laboulaye, comte d'Anthouard, duc de Crillon, comte de Noé, de Vatimesnil, Saint-Marc Girardin, Michel Chevalier, duc de Noailles, Viennet, Odiot, comte Beugnot, de Chastellux, vicomte Lemercier, duc d'Estissac, général Fabvier, etc. La première séance se tint le

13 mars. Sur l'avis de M. de la Rochejaquelein, il prit le nom de *Club républicain pour la liberté des élections*. La liberté électorale, telle était en effet sa préoccupation : le scrutin de liste et le vote au chef-lieu de canton lui semblaient en être une éclatante violation. On voulait proposer au gouvernement des amendements au décret, protester..... « Non, non, s'écriait M. de la Rochejaquelein, des conseils tant qu'on voudra, mais non pas des protestations, c'est de mauvais exemple. Tâchons de faire de bonnes élections, et nos élections réformeront la loi. » Le club adhéra à ces sages paroles, et résolut d'organiser dans chaque arrondissement un club analogue et qui s'inspirât de son esprit.

La séance du 15 mars fut moins pacifique : il s'agissait de la circulaire de M. Ledru-Rollin. Le club vota d'acclamation l'adresse suivante, qu'une députation fut chargée de porter sur l'heure au Gouvernement provisoire : « Convaincus que la circulaire adressée par le ministère de l'intérieur aux commissaires délégués dans les départements attaque la liberté des élections par un système d'intimidation et d'arbitraire, nous demandons au Gouvernement provisoire de rassurer l'opinion publique sur les conséquences d'un pouvoir illimité qui transforme les délégués en proconsuls, et de rendre au peuple la liberté d'élection que la révolution a consacrée. En faisant cet appel à la loyauté du Gouvernement provisoire, le *club lui donne une preuve de l'appui qu'il est disposé à lui prêter dans l'intérêt de l'ordre et des lois.* »

Lamartine reçut avec faveur les députés : « Le gouvernement, dit-il, n'a chargé personne de parler en son nom à la nation, et surtout de lui parler un langage supérieur aux lois..... Ce droit, il ne l'a donné à personne, car il n'a pas voulu le prendre pour lui-même..... Soyez certains qu'avant peu de jours le Gouvernement provisoire prendra lui-même la parole ; que ce qui a pu dans les termes, et non certes dans les intentions de ce document, blesser, inquiéter la liberté et la conscience du pays, sera expliqué, commenté, rétabli par la voix même du gouvernement tout entier..... Le gouvernement éprouve le besoin de rassurer deux fois la conscience publique, une fois par ce dialogue, puis par une proclamation..... Nous voulons fonder une République qui se fasse aimer et respecter de tous, et qui ne se fasse craindre par personne, excepté par les ennemis de la patrie ou des institutions. Nous voulons fonder une République qui soit le modèle des gouvernements modernes et non l'imitation des fautes et des malheurs d'un autre temps. Nous en adoptons la gloire, nous en répudions les anarchies et les torts! Aidez-nous à la fonder et à la défendre! Votez selon vos consciences; et si, comme je n'en doute pas, ce sont des consciences de bons citoyens, la République se fondera par vos votes, comme elle s'est fondée ici par les bras du peuple de Paris. »

Ces paroles furent accueillies par des applaudissements frénétiques. M. Ledru-Rollin se mettait à la tête des clubistes et des Jacobins; mais Lamartine désavouait son collègue et rassurait les esprits; il était trouvé, le chef de cette croisade de l'ordre que M. Ledru-Rollin avait coalisée contre lui par ses imprudentes circulaires! Tel fut même l'effet de ces paroles, que le public découvrit dans l'attitude décidée de Lamartine le signal de la chute de M. Ledru-Rollin, et que, sur ce bruit, à la Bourse du 16 mars, la rente monta de quatre francs (de 65 à 69).

C'était bien plus encore pour exprimer un sentiment d'hostilité à M. Ledru-Rollin que pour revendiquer un privilége, désormais impossible à maintenir, que les compagnies d'élite de la 1re et de la 2e légion et de la banlieue se présentèrent le 16 mars à l'hôtel de ville. Elles vinrent sans armes, mais en uniforme; une délégation fut admise devant MM. Arago et Marrast. L'éclat de cette adhésion à la politique d'ordre et de liberté déplut aux souverains de l'hôtel de ville; il leur fallait ménager leurs collègues et derrière eux la multitude qui les appuyait. Ils eurent facilement raison des réclamations des gardes nationaux. Conserver des compagnies d'élite dans une garde nationale aussi radicalement réorganisée, n'aurait-ce pas été les signaler comme des refuges de réaction et de monarchisme? L'appui même qu'elles déclaraient apporter à certains membres du Gouvernement provisoire aurait desservi ces derniers auprès de leurs électeurs du 24 février. Arago disculpa M. Ledru-Rollin en public, réservant ses plaintes pour le conseil; Marrast s'éleva contre toute tendance aux priviléges. Lamartine ne parut pas : il craignait le retour des ovations de la veille. La délégation se retira avec les gardes nationaux, qui rentrèrent paisiblement dans leurs quartiers, tandis que les patrons populaires de M. Ledru-Rollin préparaient, sous ses auspices, pour le lendemain, une manifestation toute différente.

VI. — Cependant, le gouvernement discutait l'ajournement des élections. Lamartine, Dupont (de l'Eure), Garnier-Pagès, Crémieux, s'attachaient à la date originairement fixée; M. Ledru-Rollin déclarait avoir consulté les commissaires et attendre leurs réponses; M. Louis Blanc demandait nettement un ajournement indéfini, puis un ajournement d'un mois. Lamartine et Dupont (de l'Eure) rappelaient qu'ils n'avaient accepté le gouvernement qu'à la condition d'une convocation immédiate des électeurs; leur parole était engagée, ils offraient leur démission. Mais si les membres modérés du gouvernement redoutaient une scission avec les radicaux du conseil, qui risquerait de provoquer un mouvement populaire, ceux-ci, à leur tour, avaient le sentiment qu'ils n'étaient acceptés par le pays qu'à la faveur de la modération de leurs collègues. Tout finit, comme d'habitude, par une transaction; Lamartine donna lecture d'une circulaire en l'honneur de la liberté électorale, assez vague pour ne pas inspirer d'ombrage; elle ne contredisait pas ouvertement la circulaire de M. Ledru-Rollin, et celui-ci pouvait s'abriter derrière ce libéralisme complaisant.

En congédiant les gardes nationaux, Arago leur avait dit : « Nous aurons une contre-manifestation demain. » Dans la nuit du 16, elle s'organisa. « Tout cela avait été préparé à la main par le préfet de police, a dit plus tard M. Jules Favre, et dans la nuit on avait parcouru tous les ateliers pour prévenir et exciter les ouvriers [1]. » Le 17 au matin, l'appel suivant, rédigé par Cahaigne et Sobrier, rédacteurs de la *Commune de Paris* et secrétaires de la commission des clubs, fut placardé sur les murs : « Le peuple est appelé aujourd'hui à la haute direction morale et sociale..... Il est de son devoir de rappeler fraternellement à l'ordre ces hommes égarés qui tenteraient encore de se maintenir en corps privilégiés dans le sein de notre égalité. *Il voit d'un œil sévère* ces manifestations contre celui des ministres qui a donné tant de gages à la Révolution..... Nous attendons avec confiance la réalisation des promesses du Gouvernement provisoire. Nous attendons, nous qui manquons souvent du nécessaire..... A nous donc, citoyens! Allons au Gouvernement provisoire, l'assurer de nouveau que nous sommes prêts à lui donner notre concours pour toutes les mesures d'ordre et de salut public. » Le rendez-vous était fixé à dix heures, place de la Révolution.

Dès le matin, les groupes affluèrent et couvrirent bientôt la place de la Concorde et l'avenue des Champs-Élysées jusqu'à l'Arc de triomphe. Les rangs se formèrent, les bannières désignèrent les corporations et les clubs,

---

[1] *Commission d'enquête*, t. I, p. 280.

et, à onze heures, l'immense cortége se déroula en ordre le long des quais, aux chants de la *Marseillaise* et des *Girondins;* les premières files atteignaient l'hôtel de ville quand les dernières quittaient à peine les Champs-Élysées. Au passage, Blanqui et la *Société des Droits de l'homme* prirent la tête et, avec eux, la commission des Trente. Pauvre peuple! il croyait protester contre la manifestation de la veille, porter l'appui de ses nombreuses cohortes à un Gouvernement menacé par la réaction, courir à la défense de la République contre des tentatives de monarchie; et ceux qui se faisaient ses chefs n'avaient préparé que le cortége de leur triomphe personnel! On arrive à l'hôtel de ville, on s'y range comme en bataille, les chants patriotiques éclatent comme un mugissement. Lamartine disait : « Voilà notre 20 juin! » Buchez voulait qu'on arrêtât les meneurs. On les introduisit devant le Gouvernement provisoire : c'était la commission des Trente. Un sieur Girard[1], au nom des délégués, lut l'adresse préparée du matin; elle demandait : 1° L'éloignement des troupes; 2° l'ajournement des élections de la garde nationale du 25 mars au 5 avril; 3° l'ajournement des élections pour l'Assemblée nationale du 9 avril au 31 mai. « Hier, ajoutait l'orateur, une manifestation menaçante avait pour but de vous ébranler : nous y répondons par une manifestation pacifique, pour vous défendre et nous défendre avec vous. »

L'hypocrisie de ce langage reçut un prompt démenti. Blanqui avait vu le matin écarter comme trop violente la pétition qu'il avait rédigée; mais il était là, et, prenant la parole, il somma le Gouvernement de délibérer séance tenante et de rendre immédiatement sa réponse. A cette audace inattendue, M. Louis Blanc s'émeut. « Vous nous

---

[1] Auteur de *Chansons nationales et autres*, dédiées à Béranger et à Armand Marrast.

avez, dit-il, exprimé des vœux qui feront l'objet de nos délibérations. Vous-mêmes, vous ne voudriez pas que le gouvernement qui est appelé à vous représenter cédât à une menace. Nous délibérerons, et soyez sûrs que le plus ferme désir du gouvernement est de marcher avec le peuple et de vivre pour lui et s'il le fallait de mourir pour lui. » — « Quelle réponse rapporterons-nous au peuple? » — « Nous délibérerons », réplique M. Louis Blanc. — « Le peuple attend autre chose que des paroles, reprend un délégué, il veut une réponse définitive. Prenez le temps que vous voudrez pour délibérer, mais nous ne sortirons pas d'ici sans avoir une réponse à lui transmettre. » Cabet, Sobrier, à demi gagnés, protestent qu'ils n'entendent pas violenter le gouvernement. M. Ledru-Rollin déclara qu'il attendait les réponses des commissaires, qu'elles lui viendraient avant le 25 mars, et que le Gouvernement aviserait en conséquence.

Mais la question électorale ne formait qu'une partie du programme de la manifestation; restaient celles de l'éloignement de l'armée et de l'ajournement des élections de la garde nationale. On allait insister : Cabet demandait qu'on se retirât, en exprimant la confiance des clubs dans les membres du Gouvernement provisoire. « Non pas tous, non pas tous », s'écrie quelqu'un. « Lamartine! Lamartine! murmurent plusieurs voix; qu'il s'explique! »

Lamartine se tenait à l'écart, laissant à MM. Louis Blanc et Ledru-Rollin le soin de répondre à leurs adhérents et au besoin de les combattre; ils l'avaient fait spontanément, sentant bien que dans cette attaque au Gouvernement provisoire, ils n'étaient pas moins menacés que leurs collègues. Il résultait de l'attitude discrète de Lamartine et de l'initiative prise par MM. Ledru-Rollin et Louis Blanc, que les favoris de la manifestation étaient forcés d'en devenir les adversaires, et que la journée qu'ils avaient préparée finirait peut-être par tourner contre eux. Toutefois Lamartine ne crut pas devoir se dérober à cette interpellation directe ; mais, sans répondre aux questions posées, sans rappeler son improbation publique de la circulaire du 12 mars, il s'attacha surtout à défendre la liberté de délibération du Gouvernement provisoire : « Si vous me commandiez de délibérer sous la force et de prononcer la mise hors la loi de toute la nation qui n'est pas à Paris, de la déclarer pendant trois mois, six mois, que sais-je, exclue de sa représentation et de sa constitution, je vous dirais ce que je disais à un autre gouvernement, il y a peu de jours : Vous n'arracherez ce vote de ma poitrine qu'après que les balles l'auront percée ! » L'un des délégués lui dit : « Soyez sûrs que le peuple n'est là que pour appuyer le Gouvernement provisoire. » — « J'en suis convaincu, reprit Lamartine, mais la nation pourrait s'y tromper. Prenez garde à des réunions de ce genre, quelque belles qu'elles soient. Les 18 brumaire du peuple pourraient amener contre son gré les 18 brumaire du despotisme, et ni vous, ni nous, nous n'en voulons ! »

A ces mots, les délégués se retirent, et, appelés par les cris qui s'élèvent de la place, les membres du Gouvernement descendent avec eux. Telle était cependant leur défiance contre certains des hommes qui composaient la délégation, que, craignant un coup de main de Blanqui et de ses partisans, le club Popincourt, sur l'invitation de Sobrier, de Barbès et d'Étienne Arago, prit soin d'entourer l'estrade préparée pour le Gouvernement, et, malgré ces précautions, deux hommes armés se jetèrent sur Marrast et Garnier-Pagès [1]. M. Louis Blanc félicita le peuple de son imposante et pacifique manifestation : les cris de *Vive Louis Blanc! vive Ledru-Rollin!* lui répondirent. Pour la foule, en effet, ignorante des manœuvres qui s'étaient tramées sous son nom, cette manifestation n'était que la ré-

---

[1] GARNIER-PAGÈS, *Histoire du Gouvernement provisoire*, t. VI, p. 442.

plique à celle de la veille, un appui donné aux défenseurs de la Révolution contre ceux qui voudraient l'enrayer; la seule leçon qu'on voulût donner à Lamartine, c'était de l'omettre dans les acclamations populaires. Tandis que le peuple défilait sous les fenêtres de l'hôtel de ville, M. Ledru-Rollin retourna au ministère de l'intérieur; il y retrouva quelques milliers d'hommes qui s'étaient détachés du corps principal de la manifestation, et qui venaient renouveler auprès de lui la demande de l'éloignement des troupes. Il résista; sa popularité faisait tolérer son énergie. Sans sacrifier encore le gouvernement, il avait manifesté sa popularité.

Tel fut, en effet, le but que visèrent MM. Louis Blanc et Ledru-Rollin en préparant le 17 mars : ils aspiraient tous deux, comme M. Louis Blanc l'avait fait maintes fois dans les premiers jours de la Révolution, non pas à renverser leurs collègues, mais à les intimider et à les soumettre; la majorité que par eux-mêmes ils n'obtenaient pas dans le conseil, ils prétendaient la conquérir en montrant derrière eux et auprès d'eux une multitude d'auxiliaires! Les clubistes, et parmi eux Blanqui surtout, avaient d'autres desseins, sans doute; aussi s'étonnèrent-ils d'abord en voyant que MM. Ledru-Rollin et Louis Blanc n'encourageaient pas la démonstration et revendiquaient fièrement l'indépendance du gouvernement. « Tu es donc un traître, toi aussi? » murmurait Flotte à l'oreille de M. Louis Blanc en descendant les degrés de l'hôtel de ville. En jouant avec cette force confuse, inconsciente, qui se prête au premier venu, M. Louis Blanc s'aperçut vite qu'il n'en était pas le maître, qu'elle déviait de l'ornière qu'il lui traçait, et que, sous prétexte de pousser le gouvernement en avant, elle allait le jeter à terre. Et lui-même, que deviendrait-il dans ce désastre? Ainsi, le sentiment de sa propre conservation le déterminait à prendre la défense du Gouvernement provisoire.

8

Le défilé franchi, il put se flatter d'avoir réussi. Les élections de la garde nationale furent ajournées au 5 avril. Quant aux élections générales, des pétitions se signaient en grand nombre pour que le gouvernement les maintînt à la date fixée; les commissaires, dont M. Ledru-Rollin attendait l'avis, se prononçaient dans le même sens, représentant avec raison que les vaincus du 24 février relevaient la tête et que chaque jour de retard leur conquérait des sympathies. En dépit de ces renseignements peu suspects, les élections furent ajournées au 23 avril et la réunion de l'Assemblée au 4 mai. Retard de quinze jours, assez insignifiant en somme : des difficultés matérielles pouvaient même le justifier ; mais l'opinion conservatrice y vit autre chose : la complaisance du gouvernement pour les désirs des clubs, la prolongation du provisoire, une chance de plus laissée à l'imprévu et aux agitations de la place publique.

Les membres du gouvernement affectèrent de prendre en bonne part la manifestation du 17, et confondirent leurs amertumes et leurs joies dans un hymne à la gloire du peuple : « Citoyens, le Gouvernement provisoire croit de son devoir de vous *remercier* de la manifestation si imposante dont vous avez donné hier le magnifique spectacle. Proclamé pour ainsi dire sous le feu du combat et dans le premier moment de la victoire, *le Gouvernement provisoire a vu hier ses pouvoirs confirmés* par ces deux cent mille citoyens, organisés comme une armée, marchant avec le calme de la puissance, et qui, par leurs acclamations, *ont apporté à notre autorité transitoire la force morale et la majesté du souverain*. Peuple de Paris, vous avez été aussi grand dans cette manifestation si régulière et si bien ordonnée, que vous aviez été courageux sur vos barricades ! » Que l'on rapproche de ce panégyrique si peu mérité les réprimandes adressées aux pacifiques manifestants de la veille : « Il (le gouvernement) rappelle à tous les citoyens qu'il entend délibérer et exercer le pouvoir dans la plénitude de sa liberté : toute pression extérieure, de quelque part qu'elle vienne, trouvera le Gouvernement provisoire décidé à maintenir les résolutions qu'il a prises et qui lui sont dictées par ses principes, dont il ne déviera pas. » Où était donc l'intimidation? Chez le peuple de la veille ou chez celui d'aujourd'hui? Chez quelques milliers d'hommes, ou chez les deux cent mille dont la manifestation était « si régulière et si bien ordonnée »? Mais, après s'être sentis menacés dans leur indépendance, presque dans leur vie, les membres du Gouvernement provisoire, à peine délivrés du péril, se demandaient déjà s'il n'y avait pas un concours à utiliser dans cette force terrible dont ils avaient eu raison, et, plutôt que de blasphémer contre elle, ils préféraient la caresser et la séduire.

Deux jours après, ils se rendirent en corps au Luxembourg et firent visite aux délégués. « Le Gouvernement provisoire, dit Arago, a désiré vous voir réunis autour de lui pour vous remercier du fond du cœur de la magnifique, de l'imposante manifestation d'avant-hier! » Était-ce assez? Le général Courtais disait aux gardes nationaux, le 16 mars : « Voyez le peuple! il souffre; mais il a foi et il attend. Pendant le combat, il a été héroïque, confiant... aujourd'hui encore, sa modération égale son courage. » Au contraire, le lendemain, aux manifestants du 17 mars : « Vous le savez, disait-il, le gouvernement s'appuie sur votre force... Au milieu de vos chants patriotiques, vous demandiez des armes : à quelles mains plus dignes de les porter pourrait-on les confier? Vous en aurez tous! Oui, je partage vos joies et vos espérances, et si je puis ambitionner un titre, c'est celui de *général du peuple*. »

Ces flatteries au peuple, ces remercîments empressés, ne cachaient qu'imparfaitement les blessures secrètes; la majorité du gouvernement sentait l'échec que lui infligeaient MM. Ledru-Rollin et Louis Blanc, et ceux-ci, à leur tour, les triomphateurs de la journée, ne voyaient pas sans souci grandir autour d'eux et à l'abri de leur nom cette puissance populaire dont ils n'avaient pas le secret.

VII. — Les clubs, en se rencontrant sur la place publique, avaient pu constater leur nombre et leur puissance; ils y prirent l'idée de se concerter et de s'unir. Dès le lendemain, sous le prétexte des élections prochaines, leurs principaux chefs, Barbès, Sobrier, Martin-Bernard, Grandménil, etc., annonçaient dans une proclamation l'institution d'un *comité central* qui devait le jour même tenir sa première séance, salle Molière. Le 19 mars, au *club de la Société des Droits de l'homme,* Villain, le président, s'exprimait ainsi : « Si le Gouvernement provisoire était assez fort, il aurait certainement fait déjà de grandes choses; mais il craint de prendre des mesures révolutionnaires, il a peur de toucher à la propriété. Que va-t-il arriver? Les élections de la garde nationale sont mauvaises; celles de la Constituante ne vaudront pas mieux : au contraire, peut-être seront-elles pires. Il faudra donc faire nos affaires nous-mêmes. Mais pour cela, nous devons nous organiser, nous unir. Quand le peuple est fort, il peut descendre dans la rue les mains dans ses poches. En 1834, en 1839, nous étions faibles, il a fallu prendre nos fusils. Le 17 mars, notre manifestation a été calme, majestueuse; plus nous serons forts, moins nous aurons à craindre. Qui pourrait résister à cette immense pression de tout un peuple? Nous supprimerons les contre-révolutionnaires sans secousse et sans danger. »

Barbès voulut avoir son club; ce fut le *club de la Révolution,* qui aspirait à devenir le *comité central.* Il tenait ses séances au même lieu, salle Molière. Barbès, Cahaigne, Thoré, Lamieussens, Raisan, Longepied, Numa et Marc Dufraisse, en formaient le noyau. A la séance du

21 mars; Marc Dufraisse en traça le programme. Constituer dans Paris un club révolutionnaire composé des républicains de vieille date; provoquer les clubs à déléguer quelques-uns de leurs membres, dont le concours formera un club central « d'où rayonneront vers chaque club les idées qui se seront révélées dans ce centre intellectuel »; établir ainsi, sans renoncer à son existence propre, une centralisation aussi complète que possible : tel était le premier objet du *club de la Révolution*. Le second était d'appuyer pour les élections les candidats radicalement démocratiques et de les soutenir par des émissaires et des publications. Enfin, il faisait profession de défendre le Gouvernement provisoire. « Nous le défendrons, disait-il, contre l'esprit de réaction d'une part et contre l'imprudence et l'exagération de certaines impatiences, de certaines témérités; » mais il distinguait entre les élus de février, et pour le cas où l'accord entre eux viendrait à se rompre : « Nous défendrons ceux qui ont le mieux accentué et défendu le sentiment et la tradition révolutionnaire qui vivent en nous. Mais nous devons aussi, disait-il en terminant, exprimer loyalement et hautement nos réserves. Notre appui ne sera pas aveugle; tant que la dictature marchera dans le mouvement que l'insurrection lui a imprimé, nous serons avec elle, nous serons pour elle, notre concours est à ce prix. Mais nous la surveillerons sans cesse; nous la tiendrons à l'œil, si je puis m'exprimer ainsi. Et si l'hôtel de ville violait les conditions de son investiture, nous reprendrions aussitôt l'allure que nous avons toujours gardée contre ceux qui oublient leur devoir et la sainteté de leur mission. » En résumé, un club centralisant toutes les forces révolutionnaires, organisant les élections, et ne soutenant le gouvernement qu'à la condition que celui-ci se conforme à la tradition et aux sentiments du club; autrement, déserter sa cause et le combattre comme on avait combattu la Monarchie : tel était le

programme du club de la Révolution et celui du Club des clubs. Tout s'y trouve annoncé : l'organisation, les manifestations, la bataille.

L'invitation fut entendue. Dès le 26 mars, soixante et onze clubs avaient adhéré; dans le courant d'avril, on en comptera deux cents. Le Club des clubs ou comité révolutionnaire tenait ses séances au Palais-Royal, salle des Batailles, là même où la Société des *Droits de l'homme* renouvelait ses cadres de combat et réorganisait les sections, tandis que dans leurs loisirs ses membres y fondaient des balles et fabriquaient des cartouches. La *Déclaration des droits de l'homme,* présentée à la Convention par Maximilien Robespierre, était le catéchisme du lieu; on la lisait, on la commentait, on jurait de la défendre envers et contre tous; on la faisait imprimer à trois millions d'exemplaires. Les séances se tenaient dans l'après-midi, de façon que les délégués pussent rapporter dans leurs clubs, aux séances du soir, les décisions de la journée. Dans la foule des délégués, munis, disait-on, de pouvoirs réguliers, c'est-à-dire offrant des garanties révolutionnaires, affiliés de façon spéciale, gens de confiance en un mot, on avait choisi une commission exécutive permanente, chargée de la haute direction et dépositaire des secrets de l'œuvre.

La maison Sobrier était la citadelle du Club des clubs; le journal en était l'organe. On y lisait le 20 mars : «Nous invitons les citoyens des départements à transmettre sans délai et *franco* les renseignements certains qu'ils pourront se procurer, tant sur le compte des fonctionnaires restés en place, que sur celui des solliciteurs. Il est du devoir de tous de ne pas laisser surprendre la bonne foi des ministres par cette tourbe éhontée qui n'a d'autre souci que de manger l'État. Ces documents seront immédiatement communiqués à la commission instituée *ad hoc;* elle s'empressera d'avertir les ministres, et au besoin elle publiera les noms. » Ce bureau de dénonciation ou de destitution devenait un rouage administratif, et le Club des clubs offrant son concours au Gouvernement provisoire, semblait plutôt de force à l'imposer.

Dans cette œuvre de propagande révolutionnaire, M. Ledru-Rollin avait besoin d'aide. Demanda-t-il des collaborateurs au Club des clubs? Est-ce au contraire le Club des clubs qui prit l'initiative de lui en offrir? Le ministre n'était déjà plus libre de les refuser. Lorsque, à côté de l'armée des fonctionnaires, une société s'est fondée, du consentement ou avec la tolérance de l'administration, l'administration a, dès ce jour, une rivale avec laquelle il faut compter. Le Club des clubs, après avoir centralisé toutes les forces remuantes de Paris, aspirait à étendre son action à toute la France. Le personnel devait se composer de délégués empruntés à chaque club affilié, et qui auraient pour mission de semer ou de ranimer les sentiments républicains, de soutenir les candidatures les plus avancées, de surveiller les commissaires. Dès le 29 mars, Villain s'écriait : « La question d'argent ne doit arrêter personne : cette difficulté a été surmontée. » En échange d'un journal, de délégués, d'une police, M. Ledru-Rollin avait promis des fonds [1] et donné son adhésion. Chose plus singulière! le Gouvernement provisoire, consulté, n'avait pas refusé la sienne, faisant seulement cette réserve que les délégués n'auraient aucun caractère officiel. Comme toujours, le gouvernement n'osait ni refuser l'alliance des démagogues ni paraître l'accepter.

Munis d'argent, assurés de la tolérance du gouvernement, les missionnaires de la République partirent, au nombre de quatre cent cinquante, pour se répandre dans toute la France. N'étaient-ce pas autant de commissaires et de sous-commissaires officieux, exploitant, excitant,

---

[1] Le Gouvernement provisoire alloua 500,000 francs de fonds secrets à M. Ledru-Rollin pour suffire à cette œuvre. (Séance du 12 avril.)

espionnant et dénonçant les fonctionnaires en exercice, tout prêts à les supplanter? Ils devaient correspondre tous les jours avec le Club des clubs, à l'adresse de Longepied, rue de Rivoli, 16, c'est-à-dire avec la *Commune de Paris*. Ce foyer d'informations quotidiennes, arrivant de tous les points du territoire, constituait chez Sobrier une puissante succursale de la préfecture de police, du ministère de l'intérieur et du gouvernement lui-même. Enfin, ce Club des clubs, condensant à Paris toutes les forces révolutionnaires, réunissant les hommes les plus actifs et les plus connus du parti radical, formait comme une assemblée qui aspirait ou à se mesurer avec la prochaine ou à la devancer. Sous l'inspiration de cette agence fortement organisée, disséminée en tous lieux, les mouvements de Paris se répercutent et se répètent; quelques grandes villes font, à certains jours, écho à la capitale. Vienne le signal d'une manifestation triomphante : Assemblée, gouvernement, commissaires, tout est prêt pour subvenir à l'ajournement indéfini des élections, à la chute du Gouvernement provisoire et au remplacement de ses fonctionnaires.

LIVRE QUATRIÈME

LES COMMISSAIRES.

24 février-20 avril.

Sommaire. — Les départements accueillent sans hésitation la République; politique violente à leur égard. — *Rouen :* M. Deschamps, commissaire général; tarif officiel de salaires, clubs, chantiers nationaux. — Organisation de la garde nationale; M. Ledru-Rollin consent à donner des armes. — *Limoges :* le comité provisoire, les chantiers nationaux, la Société populaire. — MM. Maurat-Ballange et Chamiot. — Un délégué du Club des clubs : Genty et sa correspondance. — Le délégué demande la destitution du commissaire, et le commissaire celle du délégué : pas de réponse. — Symptômes de troubles. — *Lyon :* proclamation de la République, comité municipal, comité préfectoral, drapeau rouge, Voraces; incendies, dévastations d'usines et de maisons religieuses. — M. Emmanuel Arago, commissaire extraordinaire. — Ses arrêtés reproduisent ceux du Gouvernement provisoire. — Docile aux violents, hardi contre les faibles, impopulaire auprès de tous. — Centralisation des clubs (24 mars); le club à la caserne. — Le général Le Pays de Bourjolly; le sous-officier Gigoux. — Solennité publique pour l'anniversaire d'avril 1832. — Candidature de M. Emmanuel Arago; il s'adjoint M. Martin-Bernard, puis se retire. — *Épisodes divers.* Commissaires de 1792 et de 1848. — MM. Fanjat, Anselme Petetin, Latrade, Léclanché, Bergeron, Napoléon Chancel, Joly, Sauriac, Place, Crevat, Lefèvre, Étienne Arago. — Les commissaires modérés : M. Émile Ollivier. — Confession de M. Trélat, commissaire général repentant. — *La Révolution cosmopolite.* — Attitudes contraires de Lamartine et de M. Ledru-Rollin. — Un dix-sept mars polonais contre Lamartine. — Projets révolutionnaires contre la Belgique : MM. Caussidière, Ledru-Rollin, Delescluze, patrons de l'entreprise. — Les deux bandes. — Tentatives d'émeutes à Gand et à Bruxelles. — Les bandes sont armées par les soins de Delescluze. — Risquons-Tout. — Delescluze n'est ni désavoué ni destitué. — Sa conduite vis-à-vis du tribunal de Lille. — Les Savoisiens : expédition de Chambéry (30 mars); triomphe et chute rapide. — Conclusion.

La République avait été accueillie dans les départements avec la même facilité qu'à Paris; les courriers de la poste ne rencontraient sur leur route que rapides adhésions ; les municipalités s'empressaient d'envoyer des adresses de sympathie au Gouvernement provisoire. A la faveur de ce bon vouloir universel, les commissaires de la République s'installèrent paisiblement dans les hôtels de leurs prédécesseurs. Le passage de la Monarchie à la République s'opéra sans secousse, comme si la révolution du 24 février, sous la réserve de quelques modifications dans les hommes, ne devait être qu'une contre-épreuve de la révolution de 1830. Il semblait que la Monarchie, épuisée de vie, expirât dans les bras d'une république constitutionnelle.

Cette prise de possession tranquille, ces calmes allures, ne furent que l'erreur des premiers instants. Bientôt (7 avril) les commissaires reçurent l'invitation de « remuer *profondément et pacifiquement* le pays »; les tièdes furent révoqués, des commissaires généraux partirent, ayant pouvoir sur quatre ou cinq départements. A leur passage, les destitutions pleuvent, les clubs s'organisent, et l'agitation, ce mot d'ordre de la démagogie parisienne, devient celui de la démagogie provinciale. Par contre, la confiance et les sympathies suspendent leur élan; les populations, qui se laissaient entraîner, regimbent et se refusent; et, plus le ministre de l'intérieur et ses agents déploient de violence, plus l'opinion, revenue de sa méprise, les abandonne ou les repousse.

C'est l'histoire de cette agitation provinciale, tantôt locale et spontanée, comme dans certaines grandes villes : Rouen, Limoges, Lyon; tantôt provoquée par les commissaires; tantôt aussi obéissant à l'impulsion directe de Paris, que nous allons essayer de retracer.

I. — A Rouen, la campagne des banquets avait été, comme ailleurs, inaugurée par la bourgeoisie; l'un de ses représentants, M. Senard, avait assisté comme délégué au banquet du Château-Rouge; plus tard il présidait celui de Rouen, l'un des plus modérés et des plus constitutionnels. Son nom semblait donc désigné pour les fonctions de commissaire de la République; mais il parut sans doute à M. Ledru-Rollin relever trop directement de la bourgeoisie, et, malgré l'opposition du Gouvernement, le choix du ministre s'arrêta sur un homme, rival de M. Senard au barreau et bâtonnier de son ordre, M. Deschamps, dont les opinions se rattachaient au radicalisme et à la *Réforme*. La bourgeoisie s'en émut, les fabricants l'accueillirent avec hostilité, et une députation se rendit même auprès de M. Ledru-Rollin pour lui demander, non pas la révocation de M. Deschamps, mais tout au moins l'envoi d'un commissaire général extraordinaire dont la suprématie s'étendrait au département de la Seine-Inférieure et aux départements voisins. M. Ledru-Rollin refusa.

Cependant M. Deschamps ne tarda pas à justifier les préventions qu'il excitait. Son premier acte fut de sanctionner par un arrêté un tarif de salaires dont les ouvriers avaient rédigé les clauses, apportant ainsi dans les choses de l'industrie cette intervention de l'État qui, à Paris, était devenue la doctrine officielle. Arrêté, du reste, de mince importance : à Rouen, non plus qu'ailleurs, on ne travaillait. On ne pouvait reprocher aux fabricants de fermer leurs usines qu'en reprochant du même coup aux ouvriers de ne pas vouloir les fréquenter. A cette foule vaguant sur les places et dans les rues, sans goût et sans désir d'occupation, le préfet ouvrit un triple refuge dans les clubs, les ateliers nationaux et la garde mobile. Les clubs préparaient des manifestations dont les ateliers nationaux recrutaient le personnel; tantôt c'étaient des rassemblements sur les boulevards, tantôt de longues files de promeneurs se déroulant au milieu des cris et des chants; d'autres fois, ces groupes, composés de quinze cents ou deux mille ouvriers, se portaient à la prison, tentaient de délivrer les prisonniers, et souvent y réussissaient. Les ateliers nationaux comptaient seize mille individus inscrits, dont sept mille agglomérés sur un même point. Aussitôt l'appel fait, les cinq sixièmes des appelés s'évadaient; on expédiait de là des colonnes mobiles de deux ou trois cents hommes pour disperser les clubs qui déplaisaient. La tribune, ornée de drapeaux, était dressée sur le champ du travail, et les propos les plus violents s'y faisaient entendre. C'est tantôt là et tantôt dans les clubs qu'un certain Riaucourt, sous-préfet du Havre, épave des tribunaux correctionnels, prononçait l'éloge de Robespierre; c'était là qu'un certain Durand disait aux ouvriers : « Eh! ne travaillez pas, mais conduisez-vous bien et soyez honnêtes », compensant du reste une autre fois ce conseil en déclarant, dans le club de la commune, que, « si l'on n'arrivait pas par le scrutin, on arriverait à coups de carabine. »

Salué par des acclamations éclatantes au milieu de ces rassemblements, le commissaire général n'en était ni plus écouté ni mieux obéi. Le 28 mars, sur le bruit qu'une manifestation se préparait contre la prison de Bicêtre et que le commissaire de police avait été maltraité, M. Deschamps se rend, accompagné d'une escorte de hussards, auprès des ouvriers, et les exhorte à s'abstenir de toute démonstration. A peine est-il parti qu'un long cortége se forme, se fractionne, et l'une des bandes se précipite pour délivrer un sieur Blanchard, accusé d'avoir mis le feu au pont du chemin de fer. Ce dernier fut en effet relâché;

mais grâce à l'intervention des troupes, les envahisseurs durent se disperser. Les villes voisines subissaient des crises pareilles. A Lillebonne, la loi martiale fut proclamée, et, dans l'émeute qui éclata, il y eut six morts et plusieurs blessés. A Bernay (2 avril), les ouvriers des fabriques campent sur la place et somment les patrons d'y venir. Le commissaire, M. Boucher, voulut les calmer, et écrivit sous leur dictée des conditions auxquelles adhérèrent quelques fabricants. On criait : « *A bas la carde à lin! allons la démolir! pas de machines anglaises!* » Et les fabricants, effrayés, promettaient de ne plus employer de machines et d'augmenter les salaires. Mais revenons à Rouen.

L'organisation de la garde nationale était une nouvelle cause d'embarras. Exposés à ce désordre quotidien causé par les rassemblements et les manifestations d'ouvriers, les gardes nationaux du régime précédent n'ouvraient pas volontiers leurs rangs à ces fauteurs de troubles. Sans refuser les fusils d'une façon absolue, on se retranchait derrière l'ordonnance de 1846 pour n'en distribuer qu'à ceux qui portaient l'uniforme; on n'en confiait aux autres que pour le temps du service. Les ouvriers s'irritaient de cette distinction, et les clubs attisaient leur mécontentement. Vers la fin de mars, ils envoyèrent une députation auprès de M. Deschamps pour lui demander des armes, afin d'organiser un corps spécial. M. Deschamps refusa et conseilla aux pétitionnaires de se faire inscrire dans la garde nationale, déclarant qu'il allait lui-même demander des fusils au Gouvernement provisoire. Mais, sur l'observation que la demande dormirait dans les cartons du ministère, il conseilla d'envoyer une députation au ministre. La députation obtint en effet plein succès. M. Ledru-Rollin écrivit au ministre de la guerre, à la date du 5 avril; la lettre suivante : « Mon cher collègue, je vous prie de vouloir bien, ainsi que vous me l'avez promis, mettre à la disposition de la ville de Rouen quatre mille fusils destinés à la garde nationale. Je tiens beaucoup à ce que les braves ouvriers qui m'en ont fait la demande puissent au plus tôt être mis en possession de ces armes, qui sont à leurs yeux, comme ils le disent eux-mêmes, le symbole de la liberté [1]. » Nous verrons plus loin quel usage ils en voulaient faire.

II. — Limoges nous offre un spectacle analogue. Même population ouvrière nombreuse et livrée par le club et l'atelier national aux excitations de l'oisiveté et du désordre ; même préoccupation d'avoir des armes, même rivalité entre les anciens gardes nationaux et les nouveaux. Mais, pour suppléer à la mollesse révolutionnaire du commissaire, nous allons voir figurer un délégué des clubs, artisan d'élection et d'émeute.

La disette de l'hiver de 1847, les troubles voisins de Buzançais, qu'avait suivis une répression sévère, certaines querelles entre le prolétariat et la bourgeoisie, avaient jeté dans l'irritable population de Limoges des ferments d'agitation. Les discours tenus au banquet réformiste, présidé par Théodore Bac, avaient été relativement modérés ; on s'était même abstenu d'y chanter la *Marseillaise :* mais cette attitude discrète n'était que l'effet d'un mot d'ordre ; la presse locale rachetait par ses vivacités de polémique le calme des manifestations officielles. La Révolution venue, tout éclata.

Le 25 février, à la nouvelle de l'abdication, Limoges entra en émoi ; trois ou quatre mille ouvriers se rassemblèrent sur la place de la Liberté ; et, en attendant les dépêches, parcoururent la ville en chantant la *Marseillaise*. Le maire avait déjà donné sa démission, et un

---

[1] *Commission d'enquête,* t. I, p. 211.

comité provisoire, composé de républicains [1] et d'ouvriers, était nommé avant que la nouvelle de la proclamation de la République fût arrivée. La foule souveraine voulut même envahir la préfecture et en chasser le représentant du gouvernement de la veille; mais Théodore Bac s'interposa, et, se rendant de sa personne auprès du préfet, il réussit à le faire évader. A huit heures du soir, une estafette officielle apporta les nouvelles de Paris; les fonctionnaires civils et militaires reconnurent immédiatement la République, et promirent leur concours pour le maintien de l'ordre.

Malgré des craintes trop légitimes, les fabricants s'étaient engagés à ne pas fermer les fabriques, les banquiers avaient promis leur crédit; mais les commandes s'arrêtaient, les banquiers de Paris refusaient l'escompte et les ouvriers s'abstenaient. Dès le 26 février, un club s'était ouvert, qui, peu nombreux d'abord et favorable au comité, compta bientôt six mille membres et put dicter sa loi; en même temps furent institués des chantiers nationaux qui dilapidaient les finances de la ville, continuaient en plein air les déclamations du club, et, de gré ou de force, retenaient les ouvriers loin du travail. Est-il besoin d'ajouter que la police n'avait pas d'action? La Révolu-

---

[1] MM. Théodore Bac, avocat, qu'avait fait connaître le procès de madame Lafarge; Chamiot, avocat; Courcelle-Seneuil, économiste; Dussoubs jeune et Villegoureix. Dussoubs jeune fut frappé à mort, le 4 décembre 1851, dans les rangs de l'insurrection, à la barricade de la rue Montorgueil. Son frère, Dussoubs aîné, avait subi, sous le gouvernement de Juillet, plusieurs condamnations politiques, qui lui valurent d'acclamation la présidence d'honneur de la Société populaire. — J'ai emprunté les principaux éléments de mon récit des affaires de Limoges aux débats du procès qui se déroula en mars et en avril 1849 devant la Cour d'assises de la Vienne. M. Bourgnon de Layre, qui la présidait, avait soigneusement réuni les comptes rendus publiés par les journaux et quelques pièces intéressantes. Ce volume, offert par lui avec une dédicace de sa main à la Bibliothèque des avocats de Paris, fut brûlé dans l'incendie du 24 mai 1871.

tion l'avait désorganisée, la *Société populaire* y avait introduit ses protégés; les anciens agents étaient impuissants ou suspects, les nouveaux inexpérimentés ou complices : dans une ville qui comptait sept à huit cents individus en surveillance, avec une police insuffisante et mal informée, comment s'étonner que Limoges et les campagnes voisines eussent perdu toute sécurité?

Ancien député de la Haute-Vienne et membre de l'opposition dynastique, M. Maurat-Ballange, nommé commissaire par M. Ledru-Rollin, arriva le 2 mars à Limoges. Le comité provisoire lui remit les pouvoirs : il ne les accepta que pour les déposer au plus vite. M. Trélat, commissaire général de l'Allier, de la Creuse, du Puy-de-Dôme et de la Haute-Vienne, le releva de ses fonctions et en investit presque par surprise (30 mars) M. Chamiot, qui avait consenti seulement à en partager le fardeau. Avocat distingué à Limoges, M. Chamiot avait été tour à tour, dans la même semaine, membre du comité provisoire du 25 février, commissaire dans la Corrèze, avocat général à la Cour de Limoges. Le poste de commissaire, entre les conservateurs décidés à disputer le terrain et la population ouvrière enivrée des promesses que lui faisaient ses flatteurs, n'était ni désirable ni facile. Gardes nationaux aujourd'hui, électeurs demain, les nouveaux citoyens que les décrets du Gouvernement provisoire appelaient à l'exercice intégral des droits politiques, considéraient le bulletin de vote et le fusil comme deux instruments de domination. Mais les fusils manquaient. A Limoges, comme à Rouen, les anciens gardes nationaux ne consentaient pas à se dessaisir des leurs (et pourquoi l'eussent-ils fait?), ni à subir une répartition par la voix du sort. Un certain Bulot, président de la *Société populaire*, vint à Paris demander trois mille fusils. Furent-ils promis? Peut-être; mais ils ne vinrent pas. En attendant, les conservateurs venaient de fonder un journal, l'*Ordre*, et un club dit des *Tra-*

vailleurs, dont les noms trahissaient assez clairement les idées et le but.

Sur ces entrefaites, la *Société populaire* reçut de Paris un renfort inattendu. Ce n'étaient ni des fusils pour les gardes, ni l'annonce de travaux publics pour les ouvriers; c'était un des quatre cent cinquante délégués du Club des clubs, professeur de belles-lettres, dont la Révolution avait dispersé les élèves, brave homme dans sa famille, honnête, doux, on l'a su plus tard, mais pour l'instant le plus exalté, le plus dangereux et le plus naïf des démocrates. Homme de plume, de parole, de coup de main, Genty écrivait journellement à Longepied, pérorait au club, et préparait à la main un petit 24 février dont il se voyait déjà le héros, l'orateur et l'historien. Si ses discours nous manquent, nous avons du moins sa correspondance. Comment ne se serait-il pas abusé sur sa puissance? Il conspirait publiquement contre les fonctionnaires, et pas un n'osait l'arrêter; les clubistes eux-mêmes le trouvaient trop violent, et sa parole n'en était pas moins libre; le Club des clubs le couvrait de sa mystérieuse autorité.

Il arriva le 9 avril. Le jour même, il se hâta d'affilier la *Société populaire* au Club des clubs et de l'abonner au journal de Sobrier, *la Commune de Paris*. Le lendemain, il dressa une liste électorale, et comme M. Chamiot en avait dressé une autre, Genty sollicita la destitution du commissaire. Au bout de dix jours, il avait demandé en outre celle des juges de paix, du procureur général et du président du tribunal. Mais le commissaire l'embarrassait plus que tous les autres. Il écrit le 12 avril : « Encore une escobarderie de Chamiot; tous les jours un nouveau tour de passe-passe. Envoyez un commissaire de Paris; qu'il agisse ici avec l'esprit des démocrates, et tout peut être sauvé encore. Vous ne me donnez pas d'instructions, et pourtant j'en ai besoin... Nous allons prendre des mesures d'adresse... Envoyez *la Commune* et des Déclarations des droits de l'homme. Elle fait fureur ici. »

On voit à ses actes qu'il n'avait pas besoin d'instructions, et qu'il avait pressenti tout le système. Il demandait un commissaire de Paris : il ne s'agissait que de lui-même. Il écrit le 15 avril : « Dans le cas où il surviendrait une collision *que j'ai des motifs pour croire possible,* il serait bon que j'eusse un *caractère plus tranché.* Je dois vous dire que dans la classe ouvrière *il est décidé qu'on ne laissera pas partir pour Paris les députés rétrogrades*... *Je suis sûr que nous sommes sur un volcan ; je ne dis pas tout ce que je sais.* » Et le 19 : « Nous avons à Limoges un noyau de patriotes sur lesquels on peut compter en cas d'émeute à Paris contre nos idées ; j'en réunirai quatre mille que je vous enverrais et qui seraient bientôt arrivés, j'en réponds. Le ministre de l'intérieur peut compter sur eux et sur moi. ». Ces patriotes, n'ayant pas provisoirement d'emploi à Paris, restèrent à Limoges, à la disposition du délégué, qui ne les laissera pas inoccupés.

Les conservateurs, pour n'être pas aussi bruyants, n'en étaient pas moins actifs : les listes modérées gagnaient du terrain. De son côté, M. Chamiot, froid, honnête, un peu faible, après quelques concessions, s'était ravisé ; ces menaces d'une révolution locale, entée sur celle de Paris, ces agitations continues, les terreurs qu'elles répandaient dans les esprits, le décidaient dans le sens de l'énergie. Genty était plus exalté que jamais. « J'ai (*sic*) aujourd'hui (20 avril) monté à la tribune, et j'ai, je crois, été à la hauteur de ma mission. Oh ! mon Dieu, citoyen, ne croyez pas que ce soit amour-propre de ma part, mais j'agis sous l'influence de l'imminence du danger, et, je le sens bien, il faut de la vigueur, de l'énergie, de l'audace (à la Danton) ; toujours de l'audace. » Il en montrait tant, que le lendemain M. Chamiot demanda au ministre de l'intérieur l'ordre d'arrêter le délégué.

« Décidément, écrivait celui-ci le 22, je suis mal avec le commissaire. » Suivant son usage, le ministre de l'intérieur ne répondit pas. M. Chamiot écrit dans le même sens à M. Trélat, commissaire général; M. Trélat, qui se plaindra plus tard du silence obstiné du ministre, l'imite cette fois. Laissé à ses propres inspirations, M. Chamiot n'osa pas violer la liberté de Genty; à Paris, ne respectait-on pas celle de Blanqui? Théodore Bac, les Dussoubs, essayaient vainement de calmer les meneurs : « La farce est commencée, leur disait l'un d'eux, il faut aller jusqu'au bout. » Dussoubs jeune répondait : « Vous seriez donc bien plus avancés quand vous aurez mis Limoges à feu et à sang? Prétendez-vous faire la loi à toute la France? » Ils le prétendaient bien.

III. — La nouvelle de la proclamation de la République à Paris avait à peine transpiré à Lyon, que cinq ou six cents ouvriers descendirent de la Croix-Rousse au chant de la *Marseillaise*, et, recrutant des adhérents sur leur passage, se jetèrent au nombre de quinze cents sur l'hôtel de ville. Le poste ne comptait que quarante hommes, qui formèrent le carré et ne furent pas entamés. Mais, dans la nuit, les bandes revinrent et s'emparèrent à la fois de la préfecture et de l'hôtel de ville. Le préfet, M. Chaper, était parti; M. Laforest (Démophile) avait reçu de ses collègues du conseil municipal le titre de maire. Le 26, à onze heures du matin, le drapeau rouge fut hissé à l'hôtel de ville; le 27, soixante-quinze citoyens sans mandat se formèrent en conseil municipal et cinq autres en comité préfectoral. Le premier acte du comité préfectoral fut de sommer le général de Perron de faire distribuer à la garde nationale les fusils disponibles et de reconnaître le gouvernement provisoire. Quant au comité municipal, hardiesse ou complaisance, il passait toute mesure;

9.

il prenait, le 28, l'arrêté suivant : «*Le peuple, concurremment avec les troupes de la garnison, occupera immédiatement tous les postes et tous les forts de l'agglomération lyonnaise. Le commandement de chaque poste et de chaque fort sera dévolu au peuple. Signé :* LAFOREST. » C'est ce qui eut lieu. Tandis que l'armée se concentrait dans la presqu'île de Perrache, un corps spécial, composé d'ouvriers en soie de la Croix-Rousse et de condamnés pour délits politiques ou de coalition, s'était, sous le nom de *Ventres-Creux* ou *Voraces*, chargé de la police de la ville, ne relevant que de ses propres chefs et ne reconnaissant ni le maire, ni le nouveau comité municipal, ni le comité préfectoral, ni plus tard le commissaire de la République.

En réalité, il n'y avait plus à Lyon ni force armée ni autorité, et l'esprit de désordre se donnait carrière.

Le 27 et le 28, une bande de la Croix-Rousse et de Vaise, composée de terrassiers, de mineurs, de passementiers, se porte rue Groslée, rue Masséna, à la scierie mécanique, rue Pomme-de-Pin, dans une fabrique d'allumettes chimiques, au chantier de construction des bateaux à vapeur *les Hirondelles*, et brise les métiers et les machines. Les mêmes jours, leur fureur s'exerce sur les maisons religieuses. Au couvent des Trappistines (quartier de Gorge-au-Loup), les Sœurs, forcées d'ouvrir, voient briser et brûler dans leur établissement seize métiers de tissage et gaspiller le vin et les provisions. De là, la même troupe, poursuivant son œuvre de destruction, se rend à la Sainte-Famille, association libre de femmes réunies pour travailler en commun, près de l'enclos dit de l'ancienne pépinière. Vingt métiers sont jetés par les fenêtres et brûlés; les meubles, trente-deux lits, les portes et les ornements de la chapelle, subissent le même sort. Enfin, le lundi 28, en plein jour, deux cents personnes se portent sur le pénitencier d'Oullins, fondé par l'abbé Rey; malgré les efforts de l'abbé Besson, les métiers de soie sont enlevés et brûlés, les outils dispersés, une voiture chargée de soieries achevées est rattrapée sur la route et incendiée. Les élèves avaient été cantonnés dans un coin du jardin et tenus en respect pendant cette démonstration. A quatre heures, une nouvelle bande survient, pille les dortoirs, brûle les lits, défonce les tonneaux de vin, et met le feu à divers points de la maison, qui est ruinée de fond en comble [1].

Le travail désorganisé, la sécurité détruite, les maisons religieuses dévastées, le crédit éteint, la populace souveraine : telle était, sous prétexte de République, la situation de Lyon à l'arrivée du commissaire extraordinaire.

Le 25, à l'hôtel de ville, M. Ledru-Rollin, parcourant les dépêches des départements, s'écrie tout à coup : « Le sang coule à Lyon : qui veut y aller?. » M. Emmanuel Arago se présente : on l'accepte: Fils de l'illustre savant, directeur de l'Observatoire, après quelques essais dans la littérature légère (1830-1837), il avait rallié le barreau et la politique militante. Il défendit Barbès devant la Cour des pairs en 1839; nous l'avons vu, le 24 février, porter à la Chambre la liste du *National;* il y lutta énergiquement contre les tentatives de régence. Son passé républicain, ses relations étroites avec les membres les plus avancés du parti, semblaient devoir lui promettre à Lyon un accueil empressé et une administration facile.

Il prit d'abord modèle sur Paris, proclamant les couleurs nationales, publiant le décret qui garantissait le droit au travail, instituant un bataillon de garde mobile, des ateliers nationaux, des clubs; pour suffire à ces dépenses qui perpétuent le désordre et l'oisiveté, il ouvrit des souscriptions et demanda aux contribuables d'anticiper le payement des contributions. Ces nombreux arrêtés furent l'œuvre de trois jours (29 février, 1ᵉʳ et 2 mars).

---

[1] Cour d'assises du Rhône, 31 mai 1848.

Le 3, la Croix-Rousse, prenant à son tour l'initiative, décréta la démolition de l'enceinte fortifiée qui sépare la ville de Lyon du plateau sur lequel s'élève la Croix-Rousse : les ouvriers se mirent de suite à l'œuvre. M. Emmanuel Arago s'empressa de rendre un arrêté conforme, et ordonna (6 mars) la démolition de l'enceinte sous les ordres de l'autorité militaire. Mais, comme si la Croix-Rousse n'avait prétendu qu'à faire montre de sa puissance, les ouvriers dédaignèrent de travailler à la destruction qu'ils avaient eux-mêmes décrétée, et l'enceinte resta intacte [1]. Il était plus facile de s'attaquer aux Jésuites et aux Capucins : le 9 mars, un arrêté du commissaire prononça leur expulsion. L'archevêque protesta auprès du ministre, mais M. Carnot se refusa à désavouer le commissaire [2].

Docile aux violents, M. Emmanuel Arago s'enhardissait contre les faibles, contre les riches, contre le gouvernement lui-même. — M. Garnier-Pagès envoyait à Lyon cinq cent mille francs pour fonder un comptoir d'escompte : M. Arago en détournait l'emploi au profit des ateliers nationaux, des clubs et de ses amis incommodes de la Croix-Rousse. — Les affaires s'arrêtaient, les riches émigraient ou portaient leur argenterie à la Monnaie ; la misère s'étendait à toutes les classes. M. Arago prohibait par un arrêté (17 mars) la sortie du numéraire, et les Voraces fouillaient d'office les voitures aux portes de la ville. — Enfin, se croyant tout permis [3], même après la circulaire du ministre de l'intérieur qui recommandait aux commissaires d'agir en matière de finances avec la plus grande réserve, M. Emmanuel Arago n'hésita pas, par un arrêté du 19 mars, à

---

[1] Benoit, *Souvenirs de la République de 1848*. Genève, 1855.
[2] Circulaire de M. Carnot du 11 mars 1848.
[3] « M. Emmanuel Arago prétendait avoir tout pouvoir, même de raser Lyon. » Déposition de M. Jules Favre devant la Commission d'enquête, t. I, p. 280.

établir un impôt extraordinaire égal au chiffre des quatre contributions directes, dont moitié était exigible immédiatement, l'autre moitié à première réquisition, et d'autre part un impôt supplémentaire sur les capitalistes des communes suburbaines [1]. Le Gouvernement provisoire, que révoltait tant d'audace, sans maintenir l'arrêté, n'osa pas cependant l'annuler : il décida que cet impôt se confondrait pour quarante-cinq centimes avec l'impôt général fixé par le décret du 16 mars (*infrà*, SEIZE AVRIL), et que, pour le surplus, il serait perçu comme impôt départemental au profit de la ville de Lyon et du département du Rhône (décret du 27 mars).

Malgré ces concessions, M. Emmanuel Arago n'en était ni plus populaire ni même plus respecté. Les bandes civiques avaient enlevé du fort des Bernardines dix-neuf canons, neuf cents kilogrammes de poudre et environ soixante mille cartouches à balles ou à poudre, et toutes ces munitions avaient été transportées à la Croix-Rousse. Deux convois d'armes (mille fusils), destinés à l'armée expéditionnaire d'Italie qui se réunissait sur la frontière, et trente caisses d'armes dirigées de Marseille sur Saint-Étienne, avaient suivi la même route. Le 22 mars, un détachement d'artillerie se présente au quartier pour enlever les poudres qui y restaient encore. Aussitôt un rassemblement nombreux se forme : le maire de la Croix-

---

[1] Voici le texte de cet arrêté : « Article 1er. Un impôt extraordinaire, égal au chiffre des quatre contributions directes pour l'année 1848, est établi ; il sera exigible par moitié : la première le 20 mars courant ; la seconde à première réquisition. — Article 2. Sont exceptées de cette mesure : 1° les cotes mobilières et personnelles au-dessous de vingt-cinq francs ; 2° les patentes au-dessous de cent francs ; 3° les portes et fenêtres des citoyens compris dans les deux exceptions ci-dessus. — Article 3. A dater du 20 mars courant, un impôt supplémentaire sera fixé pour les capitalistes dans les communes suburbaines, et perçu comme l'impôt extraordinaire ci-dessus arrêté. — Un jury d'appréciation, choisi dans les diverses professions, sera chargé de déterminer la quote-part contributive des citoyens compris dans ce présent article. »

Rousse est insulté, menacé, contraint de se retirer, et le détachement doit renoncer à accomplir sa mission. Pressé de mettre un terme à ces dilapidations quotidiennes, M. Emmanuel Arago se rend seul et à pied à la Croix-Rousse. Grâce aux relations qu'il entretient avec les Voraces, il espère obtenir la restitution des poudres et des canons. Le maire et le conseil municipal, quelques ouvriers influents qu'il a convoqués, répondent à son appel et lui promettent ce qu'il désire. Mais au retour, une foule furieuse l'arrête à la barrière; on crie à la trahison! Il essaye en vain de parler, il est couché en joue, menacé de mort, lorsqu'une compagnie de Voraces accourt au son du tocsin, le délivre et le reconduit à la préfecture (24 mars).

Leçon inutile! Ce même jour, 24 mars, trente-quatre clubs de Lyon, à l'instar des clubs de Paris, se reliaient les uns aux autres dans un club central permanent et secret, et le maire livrait à ce club la grande salle de la bibliothèque municipale! Trois jours après (27 mars), huit mille individus se réunissent place Bellecour et se rendent à la préfecture porteurs d'une pétition. Comme les hommes du 17 mars, ils venaient assurer le gouvernement de leur dévouement et lui demander l'éloignement des privilégiés, l'invitant à s'entourer du peuple et à se conformer à la circulaire de Ledru-Rollin, « ce ministre qui a parlé le langage de la Montagne ». Ils demandaient, en outre, que les troupes pussent fraterniser avec la garde nationale, et qu'il fût permis aux soldats de faire partie des clubs. M. Emmanuel Arago promit pour le soir même l'ouverture de discussions politiques dans les casernes. On ne livre pas plus aisément les clefs de la maison qu'on est chargé de garder. A la suite de cette manifestation, une autre se présente, tambours et drapeau en tête, et portant un crêpe noir au fusil; c'étaient les citoyens de la Croix-Rousse qui avaient le 24 menacé de mort le commissaire : démarche touchante en tout autre cas, mais, en face d'un homme qui ne savait que céder et se soumettre, n'était-ce pas une comédie ajoutée à un outrage?

L'armée de Lyon avait alors pour chef le général de division Le Pays de Bourjolly [1], qui, non moins jaloux de la discipline que des prérogatives de son commandement, n'entendait les subordonner ni aux ordres d'un commissaire, ni aux circulaires de M. Ledru-Rollin, ni même aux instructions du ministre de la guerre, lorsqu'il les croyait opposées aux lois militaires. Le commissaire se plaignait; le ministre de la guerre (M. François Arago depuis le 19 mars) donnait naturellement raison à son fils, celui-ci ouvrait les clubs à l'armée, et le scandale d'une indiscipline militaire devenue publique s'ajoutait à tous les éléments de désordre qui fermentaient dans la ville de Lyon.

Deux régiments, le 13e et le 22e, étaient désignés pour rallier l'armée qui se formait sur la frontière d'Italie; nouveaux venus à Lyon, il s'agissait de les y retenir, de les attirer à la cause populaire, et de désarmer ainsi la résistance dont ils pouvaient être l'appui. Telle était la visée des clubs; à peine avaient-ils été ouverts à l'armée, qu'un caporal du 13e demandait au Club des clubs une manifestation pour obtenir l'ajournement du départ de son régiment. Les clubs, avertis le soir même, réunissent leur personnel sur la place Bellecour, et à dix heures et demie du soir ils se rendent à la préfecture. Le commissaire maintint l'ordre du départ, mais avec un délai de vingt-quatre heures.

Autre fait. — Un sous-officier d'artillerie, nommé Gigoux, avait été envoyé à Grenoble par le colonel du 4e régiment d'artillerie pour y subir une peine disciplinaire. Les soldats en émeute prétendaient obtenir de gré ou de force la grâce et le retour du sous-officier. Animés

---

[1] Il avait remplacé le 8 mars le général de Perron dans le commandement de la quatrième division militaire.

par les scènes tumultueuses de l'expédition savoisienne [1], à laquelle ils avaient fait escorte, assistés de compagnies de Voraces qui vomissent des menaces contre le général, les soldats du 13ᵉ se rendent chez le colonel d'artillerie et chez le général Neumayer; ceux-ci ayant réussi à s'échapper, la bande se porte à l'hôtel du général Le Pays de Bourjolly. La porte est enfoncée, le corps de garde saccagé, les soldats du poste sont désarmés, les appartements envahis. Le général était dans son cabinet, avec son chef d'état-major et quelques officiers. L'un d'eux court avertir le commissaire; le commissaire se garde de venir. Trois heures durant, le général est en proie à l'émeute. Enfin, le maire de Lyon se présente, accompagné de son frère et de quelques conseillers municipaux, et conjure le général, au nom de la sûreté publique, de céder à la force. Sur ces instances, il accorde l'élargissement de Gigoux, mais il refuse de donner des otages et de renvoyer les officiers suspects. La foule en se retirant se rend au pénitencier militaire, place Saint-François, et libère d'office les condamnés, qui parcourent la ville en triomphe. Le lendemain (31 mars), Gigoux faisait son entrée dans Lyon, devenait candidat aux élections, et, tandis que le colonel qui l'avait puni donnait sa démission, le sous-officier était pendant trois jours l'objet des ovations populaires. Cependant quelle était l'attitude du commissaire? Lorsque le général, voulant mettre fin à ces scandales, décidait le départ du régiment d'artillerie pour amener celui du sous-officier, M. Emmanuel Arago lui demandait pour celui-ci un congé de vingt jours : « Je crois, écrivait-il, que sa présence à Lyon doit avoir un excellent effet. »

Maire et préfet n'avaient qu'un semblant d'autorité : le Club des clubs et les Voraces tenaient les rênes et dictaient la loi. N'est-ce pas à ces impérieuses influences

---

[1] *Infra*, p. 170.

qu'obéissait M. Laforest en convoquant la population à une cérémonie solennelle et publique en mémoire des insurrections lyonnaises et parisiennes? Le 9 avril, à neuf heures du matin, un cortége composé des corps constitués, des écoles, de députations des clubs, et en tête duquel marchaient le maire, le commissaire de la République, les généraux avec leur état-major, se rendait de l'hôtel de ville à la place des Cordeliers. Là s'élevait un catafalque entouré de guirlandes de lierre et de cyprès; sur les côtés, des inscriptions rappelaient les journées de juillet 1830, novembre 1831, juin 1832, avril 1834, mai 1839, février 1848, dates funèbres de coups de main sanglants contre les lois. Sur les drapeaux, on lisait : « *Aux combattants d'avril! Chefs : Lagrange, Caussidière mort*[1]. » Glorification des émeutes passées, justification des troubles présents, consécration d'une doctrine de désordre et de révolution perpétuelle : telle était cette fête. Il faut néanmoins reconnaître que, dans son discours, M. Emmanuel Arago parla dans un sens d'ordre, de conciliation et d'oubli; mais qu'étaient des paroles devant les faits?

Deux jours après, nouveaux désordres, nouvelles concessions du commissaire : mais, cette fois, grâce aux mesures prises par le général, la discipline et les lois eurent le dessus.

Le fort Lamothe contenait le principal dépôt d'armes de l'arsenal. Le 11 avril, un attroupement assez considérable et armé se présente pour « fraterniser » et partager avec la ligne la garde du fort. Le général Le Pays de Bourjolly, averti de ce qui se passe, donne l'ordre de tenir trois heures ; pendant ce temps, cinq bataillons des forts de la rive droite de la Saône doivent descendre au pont d'Ainay et prendre position à Perrache. Cependant, une députa-

---

[1] Frère de Marc Caussidière, le préfet de police, tué à Lyon dans l'insurrection d'avril 1834.

tion de Voraces, après une visite à la préfecture, est introduite devant le général; celui-ci feint de se consulter, répond d'une façon ambiguë, traîne en longueur. Les députés retournent auprès de M. Emmanuel Arago et reviennent bientôt porteurs de la lettre suivante : « De grâce; terminons cette affaire du fort Lamothe : vingt-cinq hommes de la garde nationale de la Guillotière, régulièrement de garde à ce fort, ne peuvent en aucune façon troubler la paix publique. Je vois là un moyen de pacifier, et je vous invite *très-formellement* à employer ce moyen, dont j'accepte toute la responsabilité. » Le général ne crut pas devoir céder, les troupes arrivèrent à l'heure fixée, et, devant leur ferme attitude, les émeutiers se retirèrent [1].

Las tous deux de ces luttes incessantes, le général commandant la division et le commissaire de la République demandèrent, l'un et l'autre et presque en même temps, leur remplacement. M. François Arago s'empressa d'acquiescer au désir du général, dont l'attitude contrastait si fort avec celle de son fils. Quant à celui-ci, il s'adjoignit, avec l'adhésion du Gouvernement, M. Martin-Bernard, Lyonnais, ancien ouvrier imprimeur, qui avait expié par une longue détention au Mont-Saint-Michel et à Doullens sa participation à l'échauffourée du 12 mai 1839. Cependant, au lieu de partir, M. Emmanuel Arago demeurait. Prétendait-il protéger les débuts de ce coadjuteur, avec lequel il était, écrivait-il, « uni depuis longtemps de cœur et de principes? » Voulait-il essayer encore si le nom de M. Martin-Bernard ne donnerait pas quelque essor à sa candidature, délaissée même du parti populaire? Ses faiblesses passées, ses faiblesses nouvelles, n'ajoutèrent rien à son crédit. Le 17 avril, deux cents Voraces entrèrent à l'hôtel

---

[1] *Quarante jours et l'armée française à Lyon en* 1848, par le général LE PAYS DE BOURJOLLY. Il occupa sous l'Empire un siège au Sénat. — *Annuaire du département du Rhône*, 1849.

de ville et à la préfecture et s'y installèrent en maîtres. Le 19, le Club central exigea la destitution de tous les maires nommés avant Février. Sur cent cinquante, quatre-vingts avaient été changés. M. Arago s'engagea à destituer les autres, au fur et à mesure des demandes des communes.

Cependant les Voraces continuaient à opérer des perquisitions chez les particuliers, dans des pensions de jeunes filles, chez les Jésuites, au couvent de Sainte-Claire, et jusque chez le général Rey. Ce dernier avait joué un rôle assez ambigu : général d'artillerie, il avait distribué quarante mille fusils spécialement aux Voraces et à leurs adhérents; chargé de la surveillance des convois d'armes et des dépôts de cartouches, il n'avait pris aucune précaution pour en prévenir le pillage, qui, plusieurs fois, s'était fait sous ses yeux. Pourquoi cette inertie si proche de la complicité? On supposait qu'il avait voulu ménager son crédit auprès des Voraces. De part ni d'autre, il ne fut récompensé : les Voraces violèrent deux fois son domicile, et le gouvernement le mit en disponibilité. M. Emmanuel Arago et M. Rey ne recueillirent tous deux que l'impopularité, juste châtiment de leur faiblesse; et comme pour y ajouter la sanction de leur propre conscience, dans des lettres publiées plus tard, ils se renvoyèrent l'un à l'autre les reproches les plus amers et les plus mérités.

M. Emmanuel Arago partit enfin. Resté seul, M. Martin-Bernard ne fit ni mieux ni pis : comme son prédécesseur, il laissa faire.

Rouen, Limoges, Lyon, à travers quelques différences, offrent dans leur attitude un caractère commun : c'est la population ouvrière qui prend la tête des affaires; sans attendre le mot d'ordre de Paris ou de son représentant, le commissaire. A Rouen, à Limoges, il y a hésitation, incertitude; à Lyon, l'organisation est complète dès le premier jour. Avant que le ministre ait parlé, mairie, préfecture, garde civique, tout est constitué. Le commissaire arrive : l'activité spontanée de ses administrés le réduit au rôle de spectateur, d'orateur et de serviteur du peuple. Il fournira de l'argent, il ratifiera, au nom du pouvoir central, des actes qui mériteraient un désaveu; il prendra des mesures contre les riches, contre les religieux : à peine lui sait-on gré de ses complaisances. Ses sentiments généreux le rendent dupe; sa faiblesse le discrédite; son courage ne lui sert à rien. Une force plus grande que la sienne, celle du nombre, force brutale et sans cœur, le domine et le mène. Qu'il cède, on lui demande davantage, et parfois, après avoir réclamé une concession, dès qu'elle est obtenue, on dédaigne d'en user. A cette longanimité persévérante, M. Emmanuel Arago ne gagna même pas la popularité. De cette triste expérience, il ressort une leçon : c'est que, dans de telles circonstances, un homme politique n'a devant lui que l'alternative ou d'une démission immédiate ou d'un viril exercice de l'autorité.

IV. — Lorsque, en août 1792, sous couleur de hâter la formation des nouveaux bataillons de gardes nationaux et de pourvoir à la défense du pays, l'Assemblée législative expirante autorisa le pouvoir exécutif à envoyer des agents dans les départements, Danton, ministre de la justice, se substitua d'office au timide Roland, ministre de l'intérieur. « La Commune de Paris, dit-il, nous fournira d'excellents patriotes. » Sur leur passage, ces « patriotes » déclaraient qu'il n'existait plus de loi, et que, le peuple étant souverain, chacun était maître; ils destituaient les magistrats, même ceux qu'avait élus le peuple; à l'instar de Paris, ils créaient des comités de surveillance. Les préoccupations de défense nationale se résumaient pour eux dans les élections prochaines; ils désignaient les candidats à soutenir ou à écarter; pour prévenir l'indépendance des votes, ils essayaient de propager le système du vote à haute voix, qui amena à Paris, dans des colléges électoraux qui n'étaient que des conciliabules, l'élection de Marat, Robespierre, Collot-d'Herbois, Philippe-Éga-. lité, etc. Danton excepté, ils décriaient tous les ministres ; ils se plaisaient à répéter que les « mauvais députés » ne seraient point acceptés, et que l'on saurait se défaire de ceux qui ne marcheraient pas dans le sens de la Commune de Paris.

Sans comparer ni M. Ledru-Rollin à Danton, ni certains commissaires de la seconde République aux patriotes parisiens de la première, il est difficile de ne pas reconnaître certaines similitudes entre les deux époques. C'est parmi les combattants de 1832, parmi les membres de la *Société des Droits de l'homme*, dans la secte républicaine et jacobine, que M. Ledru-Rollin avait choisi beaucoup de ses commissaires ou sous-commissaires, comme Danton prenait les siens parmi les combattants du 10 août et de la Commune de Paris. Glorification du ministre qui les a députés aux populations, destitutions, pression électorale, menaces aux « mauvais députés » : ces procédés des commissaires de 1792 ont passé comme une tradition à ceux de 1848. Mais pas plus à cette date qu'à l'autre la France n'accepta cette humeur violente, ces fantaisies despotiques et cette superstition révolutionnaire. En 1792, nous voyons Guermeur arrêté et détenu à Quimper jusqu'en mars 1793 ; à Langres, Martin et Danjou expulsés, et reconduits à Paris de brigade en brigade ; à Lisieux, Momoro et Dufour arrêtés par les autorités municipales, etc. En 1848, les membres de la *Société des Droits de l'homme* ont, comme commissaires, le privilége de ces avanies. Tant qu'ils restent modérés, on les tolère ; le jour où ces chevaliers du droit républicain changent d'allure, ils reçoivent congé, soit directement des populations, soit de leurs représentants élus, soit de commissaires généraux, forcés de sévir. La date de leur avénement se confond presque avec celle de leur chute, et la ville qu'ils administrent ne prendrait pas place dans l'histoire si le commissaire n'y fournissait un court et ridicule épisode.

Nommons d'abord un héros de février, inconnu jusque-là, le sieur Fanjat, que nous avons vu, à l'hôtel de ville, réclamer un décret de mort contre Louis-Philippe. Sous le titre pompeux d'*inspecteur général de la République*, il promène sa puissance à travers huit départements : la Marne, la Haute-Marne, l'Aube, le Bas et le Haut-Rhin, la Meurthe, la Moselle et les Vosges. Chacun de ces départements était déjà pourvu d'un commissaire et chaque groupe d'un commissaire général; Fanjat avait pouvoir sur les uns et sur les autres. Il reste deux heures à Langres : c'en est assez pour dénoncer un curé, un percepteur, des maires, et blâmer officiellement le sous-commissaire, M. Van Tenac, d'avoir en sa présence parlé avec admiration de Lamartine. Il part : un huissier le suit, déposant à chaque étape des saisies-arrêts sur M. l'inspecteur général de la République.

M. Guigue de Champvans, ami et parent de Lamartine, avait dû à ce haut patronage d'être nommé commissaire dans le département de l'Ain. A peine installé à Bourg, il voit arriver M. Anselme Petetin, ancien rédacteur du *Précurseur* de Lyon, et qui, commissaire général du Jura et de l'Ain, venait à ce titre y préparer sa candidature électorale. M. Guigue de Champvans refuse de le reconnaître : M. Petetin se retire pacifiquement à Nantua, qu'il institue de son autorité propre chef-lieu de département; puis, « en cours d'inspection »; par un arrêté daté de Lons-le-Saulnier (10 avril), il révoque le commissaire rebelle « comme donnant une mauvaise direction politique au gouvernement [1] ». M. Guigue de Champvans

---

[1] M. Anselme Petetin fut nommé en mai 1848 envoyé extraordinaire de France à la Haye; il a été sous le second Empire directeur de l'Imprimerie impériale.

n'accepte pas plus l'arrêté qu'il n'a reconnu le personnage. Quant à la population, dès le 28 mars, sur l'avis de la nomination de deux sous-commissaires, MM. Roselli-Mollet et Hugon, elle s'était portée à leur rencontre et les avait empêchés de débarquer. Information prise, M. Ledru-Rollin les révoqua.

Bordeaux comptait peu de républicains. Il lui était échu pour commissaire un homme paisible, M. Chevallier, fondateur de la *Bibliothèque historique*, le même qui, en 1830, avait prêté sa chambre aux conciliabules qui avaient précédé la révolution de Juillet. Un commissaire général est signalé, M. Latrade, médecin; le rôle actif qu'il a joué dans les insurrections républicaines le rend suspect : la foule s'amasse, entoure l'hôtel, tandis que le commissaire général s'évade spontanément par les toits pour éviter d'être réembarqué de force par chemin de fer. M. Clément Thomas le remplaça, puis M. Henri Ducos, ancien député de l'opposition dynastique.

Amiens regorgeait de commissaires et de sous-commissaires. On y voyait M. Dutrône, qui ne l'était plus, mais qui voulait publier une brochure justificative de sa conduite; un sieur Léclanché, destitué, mais qui ne voulait pas partir, et trois sous-commissaires, Nyon, Galisset et Bergeron [1]. La *Société républicaine,* présidée par un sieur Lefèvre, prêtait à cette administration à plusieurs têtes le secours de ses violences. Le gouvernement informé ordonne à Léclanché de quitter la ville; il obéit, mais pour revenir au plus vite (18 avril). La foule envahit la préfecture, s'empare de Léclanché, et le conduit à la gare, malgré les efforts d'une bande de la *Société républicaine* accourue pour le délivrer. Il donne enfin sa démission et part dans la nuit. Les habitants prirent la même mesure à

---

[1] C'est ce même Bergeron qui prit part à l'insurrection de 1832, et qui, accusé d'avoir tiré sur le Roi le 19 juillet de la même année, fut acquitté par le jury.

l'égard du président de la *Société républicaine;* lui aussi, il partit, revint, et annonça l'arrivée de troupes pour châtier la ville comme un repaire de la contre-révolution et de la Régence. Sans s'inquiéter de ses menaces, on le reconduisit à la gare; il fut délivré en route par la *Société républicaine.* Le maire et les adjoints se rendirent à Breteuil à la rencontre des troupes, qui entrèrent le 22 au nombre de douze cents hommes environ, sans châtier personne, tandis que les commissaires Nyon et Bergeron émigraient dans le département de l'Aisne.

A Valence, Napoléon Chancel, condamné de 1835, arrive le 12 avril en qualité de commissaire. Accueilli avec une répugnance marquée, il consent à suspendre ses pouvoirs jusqu'à l'arrivée des commissaires généraux, MM. Baune et Froussard. Cependant, le 13 au matin, il faisait afficher une proclamation pour soulever le peuple. Le conseil municipal rédige aussitôt une protestation contre Chancel et la soumet au commissaire général, qui l'approuve. Chancel se refusait à tout accommodement; il se promenait sur les remparts, annonçant aux ouvriers qu'il serait arrêté à six heures du soir et les exhortant à prendre sa défense. On bat le rappel et la générale : la garde nationale veut en finir. La gendarmerie fait des charges dans toutes les directions, disperse les perturbateurs; à minuit Chancel est arrêté. Il voulut jouer son rôle de martyr jusqu'au bout, et comme il refusait de marcher, on dut le porter sur une civière jusqu'à la prison, d'où il fut conduit en chaise de poste à Grenoble, puis, sur un ordre du ministre de l'intérieur, transféré à Paris.

A Montauban, M. Ledru-Rollin avait envoyé un autre membre de la *Société des Droits de l'homme,* M. Xavier Sauriac[1]. Au cours du voyage, causant avec un jeune étu-

---

[1] Condamné le 9 janvier 1836 par la Cour des pairs à cinq ans d'emprisonnement.

diant en droit qui revenait de Paris à Montauban : « Nous ne connaissons, s'avisa de dire Sauriac, que les républicains de la veille ; nous n'en voulons pas d'autres. S'il en est nommé, ils n'arriveront pas jusqu'à la Chambre, parce qu'il y a le pont à traverser, et, au-dessous du pont, la Seine. » Ces imprudents propos étaient le lendemain reproduits dans les journaux de Montauban ; une députation sommait Sauriac de s'expliquer. Deux jours après (9 avril), le commandant de la garde nationale se rend à la préfecture avec les officiers ; une foule nombreuse arrive, Sauriac veut parler. « Qu'il parte, nous n'en voulons pas ! » En effet, après trois heures de lutte, Sauriac quitta secrètement la préfecture et se rendit à Toulouse auprès de son supérieur hiérarchique, M. Joly, commissaire général de quatre départements : Haute-Garonne, Tarn-et-Garonne, Lot-et-Garonne et Gers.

Ce jour-là même, M. Joly venait de remporter au profit de l'ordre un triomphe qui l'embarrassait.

Malgré sa prodigalité de destitutions et la roideur de ses principes révolutionnaires, le commissaire général ne rencontrait pas auprès du club de *la Voix du peuple* la faveur et le concours qu'il en aurait pu espérer. A Toulouse comme à Paris, les clubs prétendaient ne servir le gouvernement qu'à la condition de le dominer. Celui de *la Voix du peuple* était présidé par un jeune homme ardent, Astima, surnommé *le Corse*, et qui passait même, dans le parti royaliste, pour un agent secret du commissaire. Le 9 avril, à deux heures de relevée, quatre cents clubistes, précédés d'un drapeau tricolore, débouchent sur la place Saint-Étienne et veulent forcer les portes du Palais-National qu'habite M. Joly, ce palais qui, disent-ils, « appartient au peuple ». A ces nouvelles, les femmes fuient avec les enfants ; on déserte les églises (c'était un dimanche, le jour de la Passion, à l'heure de vêpres) ; les écoles se lèvent, la garde nationale disperse les émeutiers, découvre

10.

à grand'peine le Corse et l'amène devant le commissaire. M. Joly reproche à Astima d'avoir laissé croire qu'il était son agent, et félicité la garde nationale. Quatre-vingt-quatre individus sont arrêtés et conduits sous bonne escorte à la maison d'arrêt; le club est fermé; M. Joly est accueilli le soir au théâtre par des applaudissements; de l'avant-scène, il prend la parole, il désavoue les clubistes, et le lendemain matin une proclamation confirmait sa conduite et ses paroles de la veille.

Sur ces entrefaites, arrive Sauriac, expulsé de Montauban par le parti que M. Joly venait de féliciter et à qui il devait son triomphe. Sauriac prétendait rentrer à main armée dans sa préfecture : M. Joly adhère à ce projet. Un peu d'ingratitude envers le parti de l'ordre rétablirait son crédit du côté des jacobins. En effet, le 11 au matin, le 41° de ligne se présentait devant Montauban avec deux batteries de canons et le 11° chasseurs à cheval. La ligne et les canons ne dépassèrent pas le faubourg, mais le commissaire se rendit à la préfecture au milieu d'un escadron de chasseurs. On bat le rappel : gardes nationaux et citoyens accourent. Sauriac comprit que sa reprise de possession serait éphémère : il se borna à publier une proclamation où, après avoir accusé la contre-révolution, il déclarait qu'il n'avait voulu que rétablir le principe d'autorité et qu'il donnait sa démission. Une demi-heure après, il avait quitté Montauban [1].

A Beauvais, M. Côme avait été élu colonel de la garde nationale contre le vœu du commissaire Place et des sous-commissaires Legout et Jouvente. Un arrêté suspend les élections. Démarches du maire, d'officiers de la garde nationale, de beaucoup de citoyens, protestation écrite. M. Place déclare que les élections reprendront le 11 avril. M. Mes-

---

[1] Sauriac publia en 1850 : *Un système d'organisation sociale*, par le citoyen X. SAURIAC.

nard fut élu ce jour-là lieutenant-colonel par sept cent quatre-vingt-dix-neuf voix sur huit cent dix-huit électeurs; les mêmes démonstrations de joie accueillirent le résultat du vote. M. Place se venge à sa façon : il destitue près de deux cents maires, les plus populaires, suspend les juges de paix, introduit d'autorité dans les conseils municipaux des citoyens non élus, comme si, en ce temps de suffrage universel, le vœu populaire, qu'il s'agit d'officiers de gardes nationales ou d'officiers municipaux, ne méritait aucun égard. Enfin, irrité de la mollesse que M. Danse, président du tribunal civil de Beauvais, avait mise à servir ses rancunes contre certains hommes politiques (MM. Barillon et Marquis) qu'il voulait faire traduire en Cour d'assises, il suspendit d'office M. Danse de ses fonctions de président.

Celui-ci, sans s'émouvoir de l'arrêté du commissaire, déclara publiquement que, d'après les instructions du Gouvernement provisoire, les suspensions dans la magistrature inamovible ne pouvaient être prononcées qu'après accord intervenu entre le ministre de la justice et le ministre de l'intérieur, et que rien de pareil n'ayant eu lieu, il remonterait le lendemain sur son siége. A cette nouvelle, M. Place donne l'ordre à un sieur Daniel, lieutenant de garde nationale, de commander le poste pour faire respecter l'arrêté. Daniel refuse. Place lui demande son épée. Nouveau refus du lieutenant, qui néanmoins remet son sabre au général Lanthonet, et jette le fourreau dans la cour. On crie : *Aux armes!* La garde nationale accourt exaspérée : devant cette énergique manifestation, M. Place révoque son arrêté.

Cependant la foule augmentait et tentait d'escalader les murs de la préfecture. Le commissaire sentait l'autorité défaillir entre ses mains; la foule réclamait son départ. Le maire s'interposa, harangua le peuple, déclara que l'autorité représentée par M. Place devait être respectée, mais

que les deux sous-commissaires allaient quitter la ville.
En effet, MM. Legout et Jouvente paraissent, l'un entre
MM. Dupont-White et Leroux, maire, l'autre au bras
d'un garde national, et, au milieu du plus grand silence,
deux ou trois mille citoyens les reconduisent pacifiquement jusqu'à l'hôtel du *Cygne;* une voiture s'y trouvait,
qui les emporte. Quant à M. Place, il se renferma dans
l'hôtel de ville jusqu'au soir, sous la protection de la municipalité, et ne rentra à la préfecture qu'à la nuit tombante.
La tranquillité était rétablie.

A Troyes, il s'agit encore d'élections de garde nationale.
Les deux commissaires, Crevat[1] et Lefèvre, avaient fixé
d'office les élections au 9 avril. Les opérations commen-
cent à huit heures; mais à dix heures, sous le prétexte que
les inscriptions sont incomplètes, en réalité parce que le
scrutin semblait tourner à l'avantage des conservateurs,
les commissaires l'ajournent au 16. Les gardes nationaux
réclament : les commissaires persistent d'abord, mais se
résignent ensuite à laisser reprendre le vote le jour même
à deux heures. Dans ce court intervalle, Crevat se souvint
de ses anciens procédés de conspirateur, et, à l'heure indiquée, un attroupement d'ouvriers terrassiers, sortant des
chantiers de la Madeleine, entrait en ville et tentait de
s'emparer des canons sur la place de la Préfecture. Les
gardes nationaux accourent; une lutte s'engage. Crevat se
présente; on crie : *A bas Crevat!* Il tire de sa poche un
pistolet; on le désarme, et, sous la protection de la garde
nationale, il est ramené à la préfecture. A six heures, il
donna sa démission, ainsi que Lefèvre.

Cependant les ouvriers soulevés par les commissaires,
ayant échoué dans la ville, se rejetèrent dans les faubourgs,
et tentèrent d'établir une barricade sur l'un des ponts du

---

[1] Condamné le 9 janvier 1836 par la Cour des pairs à dix ans de détention.

canal. Elle fut enlevée le soir même par la garde nationale. Dans la nuit, ils se portèrent au chemin de fer et *décoinsèrent* trois cent quarante mètres de rails sur la ligne de Montereau à Troyes, pour empêcher l'arrivée des gardes nationales voisines. Un train dérailla à Romilly; le machiniste fut tué, le chauffeur blessé grièvement. Le 10, au matin, M. Lignier, commissaire général de l'Aube, arriva, et se rendit à l'hôtel de ville. Il y trouva réunis les pompiers et les gardes nationaux de vingt-quatre communes; l'arrondissement et le département s'unissaient dans la défense de la liberté électorale. M. Lignier les passa en revue aux cris de *Vive la République ! vive la fraternité!* et les félicita de leur bon esprit.

Les commissaires, provocateurs du désordre, ayant donné leur démission, et M. Lignier, commissaire général, l'ayant ratifiée, il semblait que tout fût fini. Mais la *Société des Droits de l'homme*, atteinte dans l'un de ses membres, avait besoin d'une réparation. Elle obtint l'envoi, comme commissaire extraordinaire, de l'un des factotums de la République, M. Étienne Arago, collègue de Barbès et de Sobrier au Club des clubs, et qui, à ces diverses qualités, joignait, comme on sait, celle d'administrateur général des postes. « Ma mission, dit-il dans la proclamation qu'il s'empressa de faire, est de maintenir d'abord l'autorité centrale dans ses droits méconnus.... Article 1er. Les citoyens Crevat et Lefèvre n'ont pas cessé jusqu'à ce jour d'être commissaires de la République dans le département de l'Aube. — Article 2. Les citoyens Crevat et Lefèvre sont révoqués de leurs fonctions. Fidèle à la pensée du Gouvernement provisoire, ajoutait M. Étienne Arago, je borne là l'exercice de mes pouvoirs; mais, ne vous y trompez pas, citoyens, c'est parce que je n'ai reconnu dans la ville aucun sentiment hostile à la République ni au caractère officiel de ses mandataires. S'il en eût été autrement, l'autorité n'aurait pas failli dans mes mains, et je n'aurais pas trompé la confiance du Gouvernement provisoire, qui, *protecteur de la famille et de la propriété, est décidé à agir avec la plus grande rigueur contre le moindre symptôme de fédéralisme et de réaction!* » M. Étienne Arago fit afficher ce galimatias, et reprit le chemin de l'hôtel des postes.

Il n'est que juste de le reconnaître, maint commissaire républicain n'acceptait ni ne pratiquait ces traditions surannées. MM. Grévy (Jura), Grégoire Bordillon (Maine-et-Loire), Guépin (Loire-Inférieure), Lichtenberger (Bas-Rhin), Victor Lefranc (Landes), Fleury (Indre), bien d'autres encore, commissaires ou sous-commissaires, ne croyaient pas déroger à leur foi politique en offrant aux populations une politique modérée et conservatrice. Dans ce nombre, nous devons signaler M. Émile Ollivier, commissaire général des Bouches-du-Rhône et du Var.

À peine âgé de vingt-deux ans, avocat stagiaire de la ville, le passé républicain de son père, Démosthènes Ollivier, avait recommandé et presque imposé le fils au choix de M. Ledru-Rollin. Démosthènes avait quitté Marseille en 1836, après une faillite qu'avaient amenée la légèreté de son caractère et ses distractions politiques, laissant une nombreuse famille aux soins de sa femme et d'un sieur Agenon, républicain non moins prononcé que lui. En dépit de ces souvenirs et de ces influences domestiques, M. Émile Ollivier s'affranchit d'abord de l'entourage jacobin qui l'obsédait; il osa même refuser à Agenon la mairie de Marseille, et, dans les nominations qu'il fit, soit de maires, soit de commissions municipales, au lieu de procéder par exclusion, il fit appel aux différents partis. Sa jeunesse, son éclatante franchise, le charme et l'abondance de sa parole, provoquaient sur ses pas d'enthousiastes sympathies.

Il semblait que Lamartine fût son modèle : comme lui, toujours prêt à entrer en scène, recherchant le péril pour conquérir la gloire de le surmonter, mais, comme lui aussi, s'imaginant que l'éloquence et la loyauté suffisent à tout, que l'indulgence est le meilleur moyen de gouvernement, et que la fraternité a passé dans les cœurs dès que le nom en a été inscrit sur les murs. Alarmé sur la modération du jeune commissaire, M. Ledru-Rollin lui dépêcha M. Repellin, commissaire de l'Isère, des Basses-Alpes, de Vaucluse, du Var et des Bouches-du-Rhône. M. Repellin blâma publiquement la modération et l'esprit pacifique de son collègue. Mais, soit bon sens, soit insouciance du ministre, les dénonciations qui lui parvinrent restèrent sans effet. Jusqu'ici, M. Émile Ollivier n'a connu que les succès de la vie publique; encore quelques mois, et il se débattra dans les angoisses qui l'accompagnent.

Au milieu de ces conflits entre les populations et les commissaires, quelle était l'attitude de M. Ledru-Rollin? Il faut l'avouer, il n'accordait pas à ces aventures ou à leurs héros une attention bien sérieuse. Les commissaires partis, il les abandonnait à eux-mêmes. Il les avait nommés sans choix, il les révoquait sans amour-propre. Les expulsait-on, il en renvoyait d'autres, oubliant ses injures et celles de ses agents.

L'un de ces commissaires généraux, le docteur Ulysse Trélat (*suprà*, Limoges), a retracé, avec des sentiments de contrition pour ses propres faiblesses, un intéressant tableau de cette administration. « J'ai écrit, dit-il, de toutes les villes soumises à mon autorité, je n'ai reçu nulle réponse du ministre, et le secrétaire général, Jules Favre, ne me donnait aucune instruction, se contentant de dire : « Nous avons pleine confiance en vous, vous êtes sur les « lieux; vous avez pleins pouvoirs, voyez, agissez, faites « comme vous le voudrez :... » Tenez, messieurs les jurés, ç'a été l'un des plus grands chagrins de ma carrière politique; ç'a été une douleur poignante pour moi, ainsi que pour tous mes collègues, que cette inexactitude à répondre, que cette insouciance du ministre de l'intérieur. On ne saurait se figurer comment se traitaient les affaires les plus importantes. *Nous demandions des réponses, on nous envoyait des commissaires;* j'en avais trouvé trois à la fois à Guéret, de fort honnêtes gens, bien intentionnés, capables même; un seul d'eux eût été un excellent choix; à trois, ils ne faisaient rien de bon. J'en supprimai deux, qui sont, je crois, demeurés mes amis.

« Non content de ces trois commissaires en pied, on en avait envoyé un quatrième, revêtu seulement d'un caractère semi-officiel, dont la besogne consistait à inspecter les trois autres, à décacheter leurs dépêches, à contrecarrer leurs ordres. Pour vous donner une idée de ce quatrième commissaire, il vint me dire sérieusement : « Les « ouvriers manquent de pain, il faut prendre l'argenterie « des gens riches pour leur en fournir. » J'eus toutes les peines du monde à obtenir sa destitution, n'ayant pu parvenir à lui faire abandonner cette aimable théorie. Ajoutez à cela les délégués des clubs qui venaient prêcher le communisme, le socialisme et autres rêveries, aux habitants des villes et des campagnes. Un jour que trois ou quatre apôtres avaient fait un sermon dans ce genre, sur la place d'Aubusson, quelques habitants indignés les saisirent, les jetèrent dans une diligence qui passait là d'aventure, et les réexpédièrent pour Paris. Pour brocher sur le tout, il m'arriva un commissaire général, inspecteur en chef de seize départements, lequel trouva fort mauvaise l'action des habitants d'Aubusson, et *me força, ce dont j'ai grand regret,* à écrire au procureur général, afin que la Cour d'appel évoquât l'affaire et mît en accusation ceux qui avaient violé ainsi la liberté des délégués. Dès le lendemain, je compris que j'avais eu un moment de faiblesse, et je fis les démarches nécessaires pour que ma lettre n'eût pas de résultat. »

Confusion, faiblesse, dictature : ces trois mots résument

le rôle de certains commissaires de la République : la confession de M. Trélat est l'histoire de ses collègues.

V. — C'est bien ici le lieu d'exposer les tentatives d'agitation internationale auxquelles se livrèrent, vers la fin de mars 1848, le ministre de l'intérieur et ses agents. M. Ledru-Rollin avait déjà obtenu de Lamartine, dans le manifeste aux puissances, des concessions au langage et aux habitudes révolutionnaires ; par un empiétement hardi sur les attributions de son collègue, il s'efforçait ouvertement d'introduire ses procédés d'action politique dans la pratique des affaires étrangères. Lamartine ne voulait ni agression ni intervention d'aucune sorte à l'égard des nations limitrophes ; M. Ledru-Rollin, au contraire, sensible à la légende de la Convention et du Directoire, prétendait frayer à la République une route à travers l'Europe, guerroyer et renverser les princes, et improviser sur nos frontières des républiques, sœurs de la nôtre. Le tableau de l'administration départementale serait donc incomplet si nous n'y joignions le récit des équipées auxquelles M. Ledru-Rollin prêta son nom, le budget de son ministère et le zèle de quelques agents.

La révolution du 24 février n'avait été qu'un des éclats de cette conspiration latente qui, depuis tant d'années, travaillait en tous sens le sol européen ; le coup de main était partout le même : l'heure seule variait. Milan et Venise chassaient les Autrichiens de leurs murs ; la pacifique Munich se soulevait contre le sceptre adultère de Lola Montès ; la Pologne agitait et rassemblait ses tronçons sanglants ; l'empereur d'Autriche fuyait devant les Viennois révoltés ; Frédéric-Guillaume inclinait devant les victimes de l'émeute la fierté de sa dynastie. La colonie révolutionnaire cosmopolite dont la France était l'asile considérait tous ces événements comme des victoires pour sa cause, elle brûlait d'y prendre part; chaque nationalité avait son club, et chaque club, soit par des affiches, soit par des députations au Gouvernement provisoire, demandait de l'argent et des armes.

Lamartine n'avait nul goût pour ces aventures extradiplomatiques. Chargé, comme ministre des affaires étrangères, de répondre aux réfugiés, il le faisait chaque fois avec une réserve qui déconcertait les pétionnaires et irritait leurs amis de France. Mais il ne luttait qu'avec des paroles et par la force morale : son collègue de l'intérieur avait sous la main les meneurs actifs auxquels il lâchait la bride. Avant de songer à envahir leur pays, les Belges se portaient au nombre de cinq cents chez le prince de Ligne, le chargé d'affaires de Belgique, lui demandaient impérieusement des secours, et menaçaient de venir trois mille et de démolir le palais de l'ambassade. Les Allemands adressaient au comte d'Appony, ambassadeur d'Autriche, les mêmes menaces; le jour du coup de main était fixé, et Lamartine attendait dans le salon de l'ambassadeur pour répondre à ces furieux et protéger l'hôte de la France. Les Irlandais, conduits par MM. Smith O'Brien et Méagher, prétendaient engager la France dans la cause de leurs revendications politiques contre l'Angleterre. Lamartine ne renia pas ses sympathies pour l'Irlande, mais il ajouta : « Quant à d'autres encouragements, il ne serait pas convenable à nous de vous les donner, à vous de les recevoir. Je l'ai déjà dit à propos de la Suisse, à propos de l'Allemagne, à propos de la Belgique et de l'Italie; je le répète à propos de toute nation qui a des débats intérieurs à vider avec elle-même ou avec son gouvernement. Quand on n'a pas son sang dans les affaires d'un peuple, il n'est pas permis d'y avoir son intervention ni sa main. »

Tant de modération, un système d'abstention si obstiné, élevaient entre Lamartine et les révolutionnaires du dedans une barrière de plus en plus haute. Il semblerait même qu'on eût multiplié à dessein autour de lui les occasions d'affirmer la politique pacifique afin d'ébranler pierre à pierre l'édifice de sa popularité. Les pétitionnaires étrangers devenaient ainsi les auxiliaires des *manifestants* du 17 mars, et continuaient l'œuvre déjà ébauchée qui consistait à signaler l'isolement de Lamartine dans le gouvernement, son esprit réfractaire aux traditions de la Révolution, son incapacité à tenir plus longtemps les rênes de la République. Un groupe important de l'émigration polonaise essaya même d'obtenir par l'intimidation une adhésion efficace.

Hôtes de la France et presque assimilés aux Français, nombreux, soutenus par de puissantes sympathies, les Polonais s'imaginaient que l'heure des compromis monarchiques était passée, et que la République leur fournirait sans hésiter un secours que la Monarchie s'était bornée toujours à promettre. Le gouvernement (24 mars) leur offrit 60,000 francs pour secours de route, mais il refusa des armes. Déçus dans leurs espérances, ils résolurent une *manifestation* contre celui des membres du gouvernement qu'ils supposaient être le seul obstacle à leurs desseins. Comme avant-goût, Lamartine trouva un soir dans son salon une députation polonaise. Elle venait non plus solliciter, mais exiger un secours ; à l'entendre, « les Polonais étaient plus maîtres dans Paris que le gouvernement ; quarante mille ouvriers des ateliers nationaux se joindraient à eux le lendemain pour marcher ensemble sur l'hôtel de ville, et, si le gouvernement ne cédait pas, ils étaient assez forts pour le renverser et le changer ».

Lamartine, blessé dans sa fierté d'homme et de Français, releva promptement l'injure, et déclara aux Polonais que « si leur députation dégénérait en manifestation, il les traiterait non plus en hôtes, mais en perturbateurs de la France. » Le lendemain, à l'hôtel de ville, l'attitude des députés fut convenable, celle de Lamartine s'adoucit. « Ne soyez injustes, leur dit-il, ni envers Dieu, ni envers la République, ni envers nous. Les nations sympathiques de l'Allemagne, le Roi de Prusse ouvrant les portes de ses citadelles à vos martyrs, à vos exilés, Cracovie affranchie, le grand-duché de Posen redevenu polonais, voilà les armes que nous vous avons données en un mois de politique. Ne nous en demandez pas d'autres! » Ces orgueilleuses paroles excluaient toute promesse. En effet, le Gouvernement provisoire se borna à avancer aux Polonais un trimestre de leur subvention, soit 150,000 francs; il s'engagea à donner aide et protection aux femmes et aux enfants qui restaient en France, et veilla à ce que les réfugiés ne partissent que par groupes isolés (27 mars).

Les Allemands n'obtinrent pas mieux. Les 24 et 30 mars, ils partirent en trois détachements, de cinq cents hommes l'un, mais sans armes. Chefs prudents, Herwegh, Bœrnstedt, se réservaient pour l'arrière-garde, et bien leur en prit. En Allemagne, on s'alarma de ce retour en masse, et quand les réfugiés se présentèrent, accompagnés de quelques *Montagnards* de Caussidière, ils furent reçus à coups de fusil, poursuivis à travers bois, massacrés sans pitié; un très-petit nombre put rentrer en France.

La Pologne, l'Irlande, l'Allemagne elle-même n'offraient aux fantaisies d'invasion républicaine qu'un but éloigné et des résultats fort incertains. Il y avait au contraire, à la porte de la France, une petite nation qui, plusieurs fois dans l'histoire, avait partagé les destinées de sa puissante voisine, ouverte d'ailleurs sur ses frontières, et qui recélait, dans certaines villes, quelques foyers soigneusement entretenus de révolution européenne. Un prince y régnait, gendre du roi Louis-Philippe. Renverser le gendre comme avait été renversé le beau-père, et constituer à Bruxelles une République à l'image de celle de Paris, voilà le rêve auquel se laissaient aller quelques républicains, et, avec eux, M. Ledru-Rollin. Mais il faut entrer dans les détails

pour montrer comment le ministre de l'intérieur et ses
agents donnaient libre cours à leurs passions personnelles,
au mépris des intentions les plus clairement exprimées,
soit par le ministre des affaires étrangères, soit par le Gouvernement provisoire tout entier.

VI. — La révolution belge de 1830 avait été, comme
celle de Paris, un mécompte pour les républicains. L'expulsion de la maison d'Orange, les libertés nationales consacrées et étendues sous un prince populaire, le bon sens
général, avaient eu facilement raison des tentatives insurrectionnelles. Il y avait cependant à Bruxelles un comité
démocratique permanent, présidé par le général Mellinet,
un des généraux français proscrits en 1815; dans ce comité
avaient pénétré Delescluze, Imbert, Bœrnstedt et d'autres
réfugiés, condamnés en France et ailleurs. Le 24 février eut un écho à Bruxelles et à Gand; mais les troubles
furent rapidement comprimés. En présence du mouvement
insurrectionnel, le Roi Léopold offrit de déposer la couronne; ses sujets le supplièrent de la conserver. Il était
donc acquis que la République ne comptait en Belgique
qu'une infime minorité de gens sans crédit, et qui ne pouvaient puiser de force que dans une entente avec la révolution cosmopolite.

Le comité résolut de combiner l'émeute intérieure avec
une intervention étrangère. Un certain Spilthoorn, avocat à Gand, fut chargé de porter une adresse au Gouvernement provisoire. Cette mission ostensible en cachait
une autre, celle de s'entendre avec le parti avancé, de
sonder le ministre de l'intérieur et de préparer une expédition franco-belge en Belgique. Pour Spilthoorn, il
s'aboucha avec Imbert, commandant des Tuileries; celui-ci, qui avait passé quatorze ans à Bruxelles avec le titre de
vice-président de la *Société démocratique,* ne se contenta pas

d'offrir à Spilthoorn et à un autre agent nommé Delestrée l'hospitalité et le vin de l'ex-Roi, « qui était excellent » ; il s'engagea à procurer des vivres aux *condottieri* de rencontre qu'on ramassait sur le pavé de Paris. Ami de Caussidière, il réclama son aide : Caussidière donna à plusieurs reprises des bons de vivres réalisables à la mairie du VIII° arrondissement, et qui servirent à nourrir pendant quelques jours les plus nécessiteux; il y ajouta un bon pour le transport gratuit par le chemin de fer du Nord. Par Caussidière, il était facile d'approcher M. Ledru-Rollin, qui d'ailleurs ne cachait guère sa faveur personnelle pour l'expédition. Le 24 mars, des élèves de l'École polytechnique se rendirent au ministère de l'intérieur : M. Ledru-Rollin leur dit que, comme membre du gouvernement, il ne pouvait pas encourager l'entreprise, mais que, comme homme, il l'approuvait, et il leur remit quinze cents francs [1]: Bonne aubaine! car cinq émissaires s'étaient mis en quête d'argent, et n'avaient, en huit jours, recueilli que vingt francs.

La légion belge s'organisait publiquement, comme si les réfugiés n'avaient rien à cacher au Gouvernement provisoire ou rien à craindre du gouvernement belge. Dès le 27 février, un certain Félix Becker, de Reims, qui avait servi en 1831 sous les ordres du général Mellinet, convoquait les Belges présents à Paris d'abord passage Rivoli, 17, puis, 24, rue de Ménilmontant, chez un Belge, marchand de vin en gros, nommé Blervacq, qui devait jouer un des rôles principaux dans l'équipée en préparation. Sur un écriteau suspendu à sa porte on voyait ces mots : *République belge,* avec un bonnet phrygien et un cachet rouge ; sur les murs, l'expédition était annoncée par des affiches comme un spectacle de foire. Le 20 mars, Spilthoorn partit pour Gand, où il devait organiser un mouvement insur-

---

[1] *Commission d'enquête.* Documents relatifs à l'expédition de Belgique.

rectionnel en correspondance avec celui de la frontière. Le départ de la légion devait s'effectuer en deux fois, à deux jours d'intervalle; les uns entreraient en Belgique par Quiévrain, les autres par Mouscron.

La première bande, sous le commandement d'un sieur Fosse, partit par le chemin de fer du Nord en deux convois. A Arras, il y eut une distribution de vivres; à Amiens et à Valenciennes, des soldats de l'armée veillaient à ce que personne ne descendît des trains, tandis que, sur chaque *tender*, des hommes armés se tenaient auprès des mécaniciens pour les empêcher de faire entrer le train en Belgique. C'est ici que va se montrer l'action de Delescluze.

Dans la période des banquets (*suprà*, p. 30), nous avons rencontré son nom, signalé son influence. C'est lui qui, par son ardente polémique dans l'*Impartial du Nord*, excita les esprits contre les libéraux dynastiques; qui, le premier, interrompit le cours de l'agitation légale pour y substituer l'agitation révolutionnaire; c'est lui qui prépara le champ sur lequel allait combattre et vaincre M. Ledru-Rollin; c'est lui, enfin, qui précipita la crise quand M. Ledru-Rollin hésitait et délibérait encore. Contraint de s'exiler sous Louis-Philippe, il avait vécu plusieurs années en Belgique dans l'intimité des radicaux du pays. Les projets caressés dans l'exil, l'heure lui semblait venue de les exécuter. Commissaire général des départements du Nord et du Pas-de-Calais, nommé à ce poste important sur le désir de M. Ledru-Rollin et malgré l'avis contraire du Gouvernement provisoire, il trouvait une double satisfaction à engager dans ses propres voies un gouvernement récalcitrant; et à réaliser, avec les ressources du pouvoir, ses rêves et ses illusions d'exilé.

Un témoin oculaire, M. Gobert, ingénieur mécanicien sur les chemins de fer belges, a exposé le dénoûment de cette première expédition, et la part que Delescluze y avait prise :

« Le 24 mars, dit-il, je fus envoyé à la frontière pour un service difficile. Il fallait se rendre à Quiévrain pour s'entendre avec l'autorité militaire. L'idée me vint que la station de Valenciennes est un cul-de-sac ; je proposai d'entrer dans cette station, comme le convoi devait arriver la nuit, et d'y accrocher le convoi pour l'amener en Belgique. Le plan fut soumis aux ministres et obtint peu d'assentiment. Le ministre de la guerre y voyait une violation de territoire ; il s'en rapporta à ma prudence. On vint nous prévenir à Quiévrain qu'un convoi arrivait ; je fis les signaux d'arrêt et j'allai à sa rencontre. Je criai : « *Parlementaire !* » M. Delescluze, ceint de son écharpe, et d'autres personnes, se trouvaient là. M. Delescluze me dit que c'étaient des gens qui ne nous voulaient pas de mal, des femmes et des enfants. Après des pourparlers, j'obtins de M. Delescluze que j'irais chercher les deux convois dans la station de Valenciennes. J'y allai vers minuit avec deux locomotives. Le convoi parisien devait arriver à une heure, il arriva vers quatre heures. On détacha les locomotives de l'avant ; j'attachai la mienne par derrière et je les poussai vers la Belgique. Ils avaient crié *Vive la République !* ils crièrent *A la trahison !* et sautèrent à bas du convoi. Quand le convoi fut en Belgique, on fouilla les voitures, et l'on trouva des armes, des drapeaux, des proclamations, des munitions. On délibéra sur ce qu'il fallait faire des Français ; comme on les avait été chercher en France, on ne pouvait les arrêter. On prit le parti de les renvoyer en France, et de diriger sur leur domicile les Belges dont les papiers étaient en règle.

« Je me chargeai d'aller dire à M. Delescluze ce qui s'était passé. En route, je trouvai les gens qui avaient sauté du convoi et qui me demandèrent ce que j'avais fait de leurs frères. Je leur expliquai la décision qui avait été prise en Belgique ; ils tentèrent de me maltraiter, mais enfin je pus continuer ma route sain et sauf. J'arrivai à Valenciennes, et j'allai chez M. Delescluze avec le sous-chef de la station, lui dire que je venais de prendre le premier convoi. M. Delescluze paraissait très-mécontent de ce qui s'était passé. Il me dit qu'il ne m'avait autorisé à prendre à Valenciennes qu'un convoi de femmes et d'enfants; — d'ailleurs, dit-il en se tournant vers le sous-chef de la station, c'est à vous que je m'en prendrai; je vous avais défendu de laisser sortir un convoi de la station sans mon ordre. Ces paroles me confirmèrent dans mon opinion que M. Delescluze avait voulu nous tromper et nous jouer un mauvais tour. Il n'était venu sur la frontière que pour s'assurer s'il y avait des troupes; nous avions fait tout ce que nous avions pu pour lui faire croire qu'il n'y en avait pas. Il voulait nous prendre au piége : il y fut pris [1]. »

La présence de Delescluze, les drapeaux, les proclamations, les munitions, l'irritation du commissaire lorsqu'il voit ses plans déjoués, trahissent suffisamment le caractère semi-officiel de cette première expédition. Le gouvernement n'y avait pas directement participé; mais la publicité du départ, les vivres et les wagons fournis par le préfet de police, l'intervention de Delescluze, agent du ministre de l'intérieur, constituaient une responsabilité indirecte plus regrettable encore : n'en résultait-il pas la preuve que le gouvernement voulait et n'était pas obéi; qu'un ministre ne craignait pas de trahir sa confiance, et un simple commissaire de le compromettre?

La seconde expédition n'en partit pas moins le lendemain 25 mars, en deux convois; l'un, commandé par Blervacq, à une heure de relevée; l'autre, commandé par Charles Graux, typographe, à onze heures du soir; deux élèves de l'École polytechnique accompagnaient chaque convoi. A Amiens, la municipalité fit donner du pain et de la bière. A Douai, Delescluze monta dans le train et le

---

[1] Cour d'assises d'Anvers.

fit arrêter à deux lieues en avant de Lille, déclarant d'ailleurs qu'il désapprouvait l'expédition. Alors se joua cette comédie télégraphique que quelques historiens ont racontée sérieusement : Delescluze demande par le télégraphe au ministre de l'intérieur de lui répondre par oui ou par non si l'expédition devait avoir lieu; le ministre répond non ; mais la dépêche reste trois jours en route, ou, suivant une autre version, les brumes de l'atmosphère empêchent de voir les signaux [1]. Delescluze aurait interprété le silence du ministre comme une approbation. En attendant, la bande resta trois jours logée à Séclin chez les habitants ; chaque homme recevait trente-cinq centimes par jour et une ration de soldat, et Delescluze ajouta quinze cents francs à la somme qu'avait déjà donnée M. Ledru-Rollin [2].

Ces quelques jours de repos n'étaient pas perdus pour le succès de l'entreprise. En passant à Douai, Blervacq avait envoyé des émissaires au comité démocratique de Bruxelles. Il chargea un sieur Perrin, ancien gérant de l'*Atelier démocratique*, compromis en 1834 et en 1839, de répandre en Belgique une proclamation aux ouvriers :

« Ils ne pourraient vivre tant qu'ils auraient à la tête du gouvernement des despotes, des suceurs de la sueur du peuple, des hommes gorgés de toutes les jouissances, tandis que leurs concitoyens étaient décimés par la famine. C'est donc à nous, républicains de toutes les nations, de nous réunir pour chasser ces tyrans, tremblants au seul nom de la République. C'est en vain qu'ils prennent toutes les mesures en leur pouvoir; ils devraient savoir que ni la force des baïonnettes, ni le plomb, ni la mitraille, ne peu-

---

[1] On sait que, à cette époque, le télégraphe électrique n'était pas en usage. On voyait encore dans ces dernières années, sur l'église Saint-Eustache et sur l'une des tours de l'église Saint-Sulpice, les appareils sémaphoriques qui servaient à la transmission des dépêches.

[2] *Commission d'enquête*. — D'après les Rapports de M. Ducos sur le budget de 1848 (14 avril 1849 et 25 juin 1851), Delescluze présenta une dépense de cinq mille sept cents francs dont il refusa de justifier l'emploi.

vent servir d'obstacle à un peuple qui marche à la conquête de ses droits. Organisez-vous, citoyens, et marchez sur Bruxelles rejoindre vos frères. » Sur ces excitations, une tentative d'émeute se produisait le 26 mars à Bruxelles. Le 28, il circulait dans la ville des bulletins ainsi conçus : « Mercredi 29 mars 1848, à six heures du soir, on se rendra en masse au couvent des Jésuites; *feu et sang* sont les mots de ralliement [1]. » Le même jour, à Gand, on dépavait le Marché du Vendredi, et des coalitions d'ouvriers éclataient au Borinage et dans les environs de Tournay. Le 29, à Ath, circulaient des bulletins apportés par des émissaires de Blervacq : « *En bas* (sic) *le Roi! Vive la République française!* » Ainsi se combinaient, suivant les plans originaires, l'insurrection intérieure et l'agression étrangère. — Mais revenons à Séclin.

Par une inadvertance fort inopportune, le ministre de la guerre, Arago, avait, le 26 mars, donné l'ordre au général Négrier, commandant la 16ᵉ division militaire, de mettre quinze cents fusils et un nombre de cartouches suffisant à la disposition du commissaire général *pour l'armement de la garde nationale*. L'issue de la première expédition, le départ de la seconde, l'esprit indocile du commissaire général, c'en était assez pour ouvrir les yeux du gouvernement. En effet, ce même jour, il donne l'ordre de faire rétrograder immédiatement sur Paris les élèves de l'École polytechnique, ajoutant que « le Gouvernement provisoire ne voulait pas violer, ni aider à violer la frontière belge »; mais, pour les quinze cents fusils, il ne révoque pas les ordres précédents. Le général Négrier, craignant une surprise, recommandait au général Salleyx

---

[1] Cour d'assises d'Anvers. « La Belgique, disait à Paris un sieur Matthieu, orateur du *Café belge*, est le jardin de l'Europe; nous devions y aller non comme des brigands, mais comme de bons citoyens; que si nous mourrions, on écrirait notre nom en lettres d'or sur notre tombeau... » Déposition de Nicolas Moreau, corroyeur.

(ordre du 27 mars) « de veiller à ce que ses troupes ne fussent pas désarmées par les bandes, de ne pas les morceler, de faire éclairer par des patrouilles de cuirassiers, de ne recevoir des commissaires que des réquisitions écrites, indiquant bien le but qu'ils veulent atteindre en se servant de la force armée, et de maintenir ses communications avec le commandant. »

Le 29 mars, un commissionnaire de roulage (qui fut payé le lendemain à la préfecture) consentit à fournir cinq chariots pour prendre à la citadelle et conduire du côté de Bondues les armes et les munitions de guerre destinées, disait-on, à la garde nationale. Elles furent chargées dans l'après-midi par des soldats d'artillerie, mais elles ne partirent qu'à la nuit; le commissionnaire avait reçu l'ordre d'arrêter en avant du village, sur la grande route, à peu de distance d'une habitation. Il y arriva à onze heures; les voitures stationnèrent jusqu'à deux heures du matin. La colonne parut alors, composée de mille à douze cents individus partagés en compagnies; en tête marchaient les élèves de l'École polytechnique avec la troupe des *Enfants de Paris* et des gardes mobiles en uniforme. Les élèves distribuèrent les armes et les cartouches de quatre chariots; le cinquième fut déchargé vers six heures du matin à la mairie de Bondues.

A peine armée, la petite troupe se mit en marche. Elle traversa Tourcoing et passa la frontière près d'un hameau nommé Risquons-Tout, sous la conduite d'un ancien contrebandier, Lahousse-Delmotte, condamné par contumace à Douay, et auquel Delescluze avait donné, le 27, un sauf-conduit avec mission de guider la bande en Belgique. Le général belge Fleury-Duray, qui commandait aux frontières, ne connut qu'à sept heures du matin la marche de Blervacq; il envoya aussitôt une avant-garde formée d'infanterie, de cavalerie, d'artillerie. Les bandes criaient *Vive la République!* On leur répondit par des volées de mitraille et des coups de fusil. Le combat dura une demi-heure; plusieurs hommes furent tués, un grand nombre blessés; la petite troupe se replia sur la France [1].

Delescluze, qui était resté à Tourcoing pour surveiller les événements, s'approchait des blessés, leur distribuait de l'argent, leur promettait des secours [2]. Le même jour, il réexpédia sur Paris, avec un sauf-conduit, les débris de la légion.

Ainsi se termina en une ridicule échauffourée l'expédition qui garda le nom prédestiné de *Risquons-Tout*. Le Gouvernement provisoire, quoique informé à temps, n'avait pas su la prévenir; il se borna à déclarer qu'il ne l'avait pas autorisée, et qu'il avait instruit le gouvernement belge des trames qui se préparaient sur le territoire français. A Paris, le prince de Ligne, chargé d'affaires de Belgique, et à Bruxelles, le ministre des affaires étrangères, donnèrent au Gouvernement provisoire un certificat de loyauté et de non-intervention. La loyauté de Lamartine n'est pas en cause; mais comment apprécier l'acte du ministre de la guerre livrant quinze cents fusils à Delescluze; un ministre de l'intérieur contrecarrant par un silence calculé ou par une complicité secrète les volontés du gouvernement; un commissaire les dédaignant sans vergogne et n'obéissant qu'à son initiative personnelle?

Cependant Delescluze, que soutenait M. Ledru-Rollin, ne fut ni destitué ni même officiellement désavoué. Après le double scandale qu'il avait donné, en s'associant de sa

---

[1] Les Belges compromis dans ces expéditions furent traduits en août 1848 devant la Cour d'assises d'Anvers. Il y avait quarante-quatre accusés, dont trente-deux présents et douze absents. Dix-sept furent condamnés à la peine de mort, quinze acquittés (30 août). Le pourvoi en cassation des condamnés fut rejeté le 9 novembre 1848. Spilthoorn se retira à New-York; lors de l'insurrection du 18 mars 1871, il accourut à Paris. On signala son arrivée, rien de plus. Le rôle de Delescluze est connu.

[2] *Commission d'enquête.*

personne, et de ses soins à l'expédition de Fosse, du 24 mars, et à celle de Blervacq, du 29, il en donna un autre quelques jours après. Deux des principaux organisateurs de l'expédition avaient été arrêtés. Le procureur de la République près le tribunal de Lille, fidèle interprète du ministre de l'intérieur et du commissaire général, concluait à une ordonnance de non-lieu. Mais la chambre du conseil, contrairement à ces conclusions, exigea un supplément d'instruction, motivé sur ce que les lumières résultant de l'interrogatoire des prévenus seuls n'étaient pas suffisantes, et, comme conséquence, il ordonna qu'une commission rogatoire fût adressée à Paris.

Le lendemain, 9 avril, tous les corps officiels étaient convoqués à la préfecture pour se rendre en cortége à la cérémonie de la plantation de l'arbre de la liberté. Delescluze se tenait dans la grande galerie. Lorsque les membres du tribunal se présentèrent, il se précipita au-devant d'eux, et, avec un ton irrité et des gestes menaçants : « J'ai été indigné, dit-il, d'apprendre que, contrairement aux conclusions du commissaire du gouvernement, la chambre du conseil ait ordonné un supplément d'instruction dans l'affaire Blervacq et Jaspin. Je sais que cette mesure est dirigée contre moi, et vous a été inspirée par les journaux légitimistes, conservateurs et barrotistes. C'est un acte antisocial, antidémocratique; *mais, sachez-le bien, votre décision ne suivra pas son cours; j'ai brisé l'écrou, et Blervacq est libre! Ne songez pas à revenir sur cette affaire, ou j'use de mes pouvoirs. J'ai le droit de vous suspendre, et la révocation suivra immédiatement la suspension.* »

Violent à l'intérieur, violent à l'extérieur, tel fut Delescluze; il ne connaissait ni ménagements, ni subordination; sa passion l'emportait : c'était un sectaire.

VII. — Il nous reste à parler des Savoisiens.

Deux mille d'entre eux, faisant écho aux cris de *Vive la République! Vive la France!* qui éclataient à Chambéry, avaient présenté une adresse au Gouvernement provisoire. En aucun temps de sa vie, à la fin pas plus qu'au début, Lamartine ne professa de sympathie pour la maison régnante de Savoie; il la connaissait astucieuse, cupide et rapace. A côté de lui, M. Bastide, *carbonaro* d'ancienne date, reprochait amèrement à Charles-Albert d'avoir violé ses serments, et, parvenu au trône, d'avoir persécuté les hommes avec lesquels il conspirait dans sa jeunesse. Charles-Albert, de son côté, suspectait et craignait le gouvernement de la République. Lamartine lui avait offert le concours d'une armée française; mais le roi de Piémont, sentant venir sous sa main la riche proie lombarde, redoutait, ou d'être forcé d'en laisser quelques lambeaux à la France, ou de voir la République envahir l'Italie sur les pas des soldats français, et disputer à la monarchie de Savoie et sa couronne patrimoniale et la couronne de fer des rois Lombards. Alors fut prononcé le mot célèbre: *l'Italia farà dà se,* mot admirable, s'il n'avait été que le cri de l'orgueil imprudent et d'un jaloux sentiment d'indépendance.

On peut s'expliquer, par ces courtes réflexions, comment Lamartine, dans sa réponse aux Savoisiens, ne garda pas cette fois la même retenue : « Nous ne romprons pas la paix de l'Europe, leur dit-il; mais si la paix est troublée, si la guerre éclate contre l'Italie et que la carte de l'Europe soit déchirée, soyez convaincus qu'un fragment de cette carte resterait dans vos mains et dans les nôtres. Reportez ces paroles dans vos Alpes, non comme des paroles de guerre, mais comme des paroles de parenté, d'amitié et de paix. » A travers ce langage trop sympathique à la Savoie, le parti révolutionnaire aperçut l'autorisation de marcher, ou tout au moins la tolérance assurée.

L'expédition fut, comme celle de Belgique, déguisée sous les apparences d'un rapatriement. Les Savoisiens habitent Lyon en grand nombre ; ils y trouvent, sans s'éloigner beaucoup de leurs montagnes, des travaux nombreux et des salaires élevés. Surpris par la crise industrielle, ils s'étaient fait inscrire aux ateliers nationaux ; mais l'esprit de fraternité démocratique, qui expulsait de France les ouvriers anglais du chemin de fer de Rouen à Dieppe, et qui voulait proscrire les Génois de Marseille et de France tous les ouvriers étrangers, réussit à Lyon, même par des violences et par des visites domiciliaires, à interdire aux Allemands et aux Savoisiens, non-seulement l'entrée des ateliers, mais tout séjour dans la ville. A Marseille, M. Émile Ollivier résista, et les Génois demeurèrent ; mais M. Emmanuel Arago, moins rebelle à la voix populaire, prit un arrêté pour *inviter les étrangers* à retourner chez eux, en leur offrant un passe-port gratuit et une indemnité de route (28 mars). Les Allemands partirent ; les sévices continuant contre les Savoisiens, ceux-ci durent se décider. Ils se réunirent à la Rotonde au nombre de six cents. Des délégués des clubs, des membres de la commission préfectorale se rendirent à la réunion pour protester contre les violences : « Les Savoisiens étaient libres de rester ; s'ils voulaient, au contraire, aller républicaniser leur pays, les vœux du peuple de Lyon les accompagneraient. » Un autre leur conseillait de suivre l'exemple de Paris et de Messine, et M. Rittiez (de la commission municipale) leur promettait un triomphe certain. Ne semble-t-il pas que cette expulsion violente n'était qu'un moyen détourné pour précipiter l'expédition ?

Sur ces encouragements ridicules, le 30 mars au matin trois ou quatre mille hommes, Savoisiens, Suisses ou Piémontais, réunis sur la place Bellecour par nation et avec leurs bannières, défilèrent devant le commissaire de la République, escortés de gardes nationaux ; de membres des clubs, de soldats du 13e léger et d'autres corps en garnison à Lyon. Au faubourg de Bressé, on leur remit des drapeaux français. Ils partaient, les uns simplement pour rentrer au pays; les autres, foule mêlée, gens de désordre, pour essayer une révolution contre la maison de Savoie. Dès le 1er avril, les autorités sardes se retirèrent, abandonnant la ville de Chambéry, où les bandes arrivèrent le 2. Pour toutes armes, elles avaient une centaine de fusils et quelques bâtons. Au lieu de les accueillir avec enthousiasme, comme des sauveurs, la population ne les admit que sur l'assurance qu'ils ne venaient pas pour piller. Ils installent un maire, forment un conseil de gouvernement, désarment la garde civique et proclament la république. Mais le lendemain, dès l'aube, le tocsin sonnait; de Chambéry et des campagnes voisines, les habitants accouraient et se jetaient sur les intrus. A huit heures du matin, la déroute des bandes était achevée; l'ancienne municipalité reprenait sa place, et trois mille hommes de troupes sardes rentraient dans la ville.

On vient de voir les échecs répétés des réfugiés, Allemands, Belges, Savoisiens, et l'accueil invariablement hostile qu'ils avaient rencontré chez les populations elles-mêmes. Leur histoire était celle des membres de la *Société des Droits de l'homme,* qui, jouant aux proconsuls, s'étaient vus, malgré leur titre officiel de commissaires, congédiés ou expulsés par leurs administrés. Cette parité de sort entre les uns et les autres, au delà des frontières ou en deçà, révélait une antipathie générale, profonde, spontanée, contre la politique de violence et de dictature. La Révolution s'était à peine mise à l'œuvre, et déjà on en était las. La manifestation parisienne du 17 mars trouvait dans les départements sa contre-partie; les clubs s'étaient attaqués à Lamartine; la province s'attaquait à M. Ledru-Rollin. Chaque expulsion de commissaire, chaque expédition de corps francs manquée, donnait raison à la politique d'ordre, de modération et de légalité. M. Ledru-Rollin et ses amis comprirent que la France s'était remise de son émoi, et qu'elle reprenait à leur égard ses sentiments de défiance et d'aversion. Une fois encore il fallait, suivant la tradition, provoquer à Paris une révolution et une dictature.

LIVRE CINQUIÈME.

LE SEIZE AVRIL.

Sommaire. — Identité des moyens révolutionnaires à Paris et en province. — Impuissance et stérilité des doctrines : la presse et les clubs; pas de liberté sans autorité. — Ateliers nationaux. — La voie publique encombrée ou troublée; avis et menaces du gouvernement. — La population vit dans la rue : députations à l'hôtel de ville, arbres de la liberté, banquet des *Incorruptibles*, manifestation des Écoles. — Crise financière : le Trésor et la Banque de France; impôt des quarante-cinq centimes. — Projets de dictature révolutionnaire : MM. Louis Blanc, Caussidière, Ledru-Rollin; rôle du Comité central; activité de Blanqui; les révélations de la *Revue rétrospective*. — Situation du gouvernement, cerné, divisé, trahi; Lamartine et Marrast se partagent le soin de la défense commune. — Pressentiments de Lamartine sur le rôle des départements; démarches auprès du général Négrier; entrevues avec les chefs de clubs. — Marrast forme une police; la garde mobile et la garde nationale. — Menées autour de M. Ledru-Rollin; ses feintes devant le conseil. — Le *Bulletin* n° 16; Paris mandataire de la France. — Réserve de M. Ledru-Rollin. — Nuit du 15 au 16 avril. — Visite de M. Ledru-Rollin à Lamartine. — Préparatifs à l'hôtel de ville; le général Changarnier. — La manifestation du 16 avril; affluence subite de garde nationale et de garde mobile; Barbès. — Désarroi de la manifestation. — Tous ses auteurs la désavouent : hypocrisie officielle; hommages du gouvernement à « l'impulsion féconde » des clubs; mesures contre la magistrature et la bourgeoisie; l'armée rentre dans Paris; fête de la *Fraternité*. — Caractère et conséquences immédiates du 16 avril.

Sur un théâtre plus vaste, Paris va nous offrir le spectacle que nous a donné la province. Clubs agitant l'opinion et préparant l'émeute; journaux déclamatoires et provocateurs; ateliers nationaux dévorant les finances, ruinant l'industrie et démoralisant l'ouvrier; manifestations réitérées, jusqu'à irriter ceux des membres du gouvernement qui les voyaient sans déplaisir; finances en désarroi, auxquelles il faut prêter un secours irrégulier, mais indispensable : tel est le tableau qui va se dérouler sous nos yeux. Et de même que, dans certains départements, c'est du pouvoir et de ceux qui le représentent que descend l'esprit de révolution, à Paris, ce sont des membres du gouvernement qui fomentent et patronnent l'agitation. « Je voudrais bien, répondait en 1847 M. Guizot à M. Crémieux, vous voir à notre place, sur ces bancs qui font l'objet de votre convoitise, et que nous céderions si volontiers à de plus capables que nous de travailler au bien-être, à l'honneur du pays. Mais non, je l'aime trop, mon pays, pour souhaiter que le gouvernail en soit remis entre vos mains; car, si vous parveniez à vous en saisir, dans moins de quinze jours tout serait bouleversé de fond en comble. » L'événement donnait à ces paroles l'autorité d'une prophétie.

I. — Jamais prétentions plus orgueilleuses ne reçurent un démenti plus répété. La République, à entendre ses fidèles, était une ère nouvelle, une révélation, une hégire, un évangile; elle allait reprendre la société par la base et régénérer le monde; elle placardait sur tous les murs, elle proclamait par toutes ses voix « l'immortel symbole : Liberté, égalité, fraternité »; elle avait pour mot d'ordre : Tout pour le peuple et par le peuple; et le peuple même, il avait toute science infuse! Si l'on passe des paroles aux choses, quel désenchantement! L'évangile nouveau était cette stérile et pédante Déclaration des droits de l'homme, imaginée dans une heure d'abstraction par Maximilien Robespierre; la régénération sociale n'était qu'un prétexte pour donner cours à tous les rêves que Saint-Simon, Fourier, Cabet, Louis Blanc, Considérant, pour ne citer que les plus connus, avaient émis à loisir, sans s'inquiéter des conditions les plus vulgaires de la vie sociale; « l'immortel symbole » ne rencontrait dans la pratique qu'insultes et désaveux; le peuple, dont on attendait des oracles, mendiait à ses flatteurs un morceau de pain, et la Révolution, qui devait résoudre victorieusement ce qu'on appelait le problème de la misère, l'aggravait et la multipliait partout. Des mots! des mots! des mots! la révolution de février n'avait pas trouvé autre chose.

Au lieu de doctrines, un désir immense et confus; au lieu d'idées précises, des velléités vagues; l'ambition du pouvoir sans aucune des qualités nécessaires pour l'exercer; l'utopie chez ceux qui croient savoir, et chez les autres l'ignorance tenant lieu de bon sens : voilà avec quelles ressources d'esprit se présentaient les hommes d'État qui avaient risqué l'aventure d'une révolution. L'impuissance dans la pratique les conduisait au charlatanisme dans les discours; ils enivraient la foule, ils s'enivraient eux-mêmes de phrases, et après avoir trop promis, pour échapper à leurs engagements, ils promettaient davantage. Ils avaient trompé le peuple dès le début, mais en se trompant sincèrement eux-mêmes; revenus de leurs illusions, ils se trouvaient forcés, pour ne pas se démentir, de persister dans leur erreur. Ils le sentaient bien; aussi, pour dissimuler leurs incertitudes et leur trouble, ils se rejetèrent dans la politique, dans les intrigues de parti, dans les manœuvres populaires, plus dangereuses encore, tentant d'étourdir la démocratie par le bruit de sa masse et de son remous éternel.

Si le gouvernement renonçait à toute initiative pratique, les clubistes, les journalistes, les réformateurs en titre, les agitateurs du peuple, le peuple lui-même n'avaient pas à un plus haut degré l'esprit d'invention. Pourtant à quelle époque l'esprit révolutionnaire vit-il s'ouvrir devant lui plus de débouchés ? Toutes les barrières étaient tombées, toutes les lois restrictives abolies. Le génie du peuple n'allait-il pas jeter des éclairs et illuminer le monde? C'était la levée en masse des intelligences : il fallait s'attendre à des conquêtes, telles qu'autrefois en avaient fait, au delà de nos frontières, ces volontaires héroïques dont la légende n'était pas encore contestée. Hélas! toute liberté a été laissée au peuple pendant quatre mois; les murs se sont couverts d'affiches, de proclamations, de révélations émanant de prophètes inconnus; elles existent encore ces affiches, soigneusement recueillies. Y a-t-on vu autre chose que la forfanterie, la niaiserie, le ridicule? Brochures, journaux avaient leurs coudées franches ; pas de timbre ni de cautionnement, agents de fiscalité qui eussent entravé l'essor des esprits; ces nombreuses feuilles, écloses au pâle soleil de Février, ont-elles produit une seule idée qui eût chance de cheminer dans le monde et d'y faire fortune? Les clubs, enfin, nous connaissons déjà leur œuvre, n'étaient-ils pas des foyers d'émeute? La République ne pouvait donc passer pour un gouvernement plus progressif, plus initiateur que tout autre ; la liberté n'amenait pas avec elle le génie, l'esprit pratique, la solution de tous les problèmes. Comme tout autre régime politique, c'était un milieu pour les esprits, et quant aux révélations, s'il en est fait au monde, il demeurait acquis qu'elles ne viennent ni du peuple, ni de la République, ni de la liberté, puisque, mis en demeure pendant quatre mois, peuple, République et liberté n'ont, à eux seuls, révélé que leur impuissance.

II. — Entre le 24 février et le 16 avril, il a paru environ quatre-vingts feuilles nouvelles ; les unes (et c'était le plus grand nombre), mourant le même jour qu'elles sont nées, introuvables, insignifiantes ou sottes ; les autres, rivali-

sant de publicité avec les journaux déjà fondés et méritant
à quelques égards d'arrêter l'historien.

Le 27 février, on cria dans les rues le *Peuple constituant*,
par M. de Lamennais. Disciple de Jean-Jacques Rousseau
jusque dans ses idées de constitution religieuse et ecclésiastique, Lamennais l'avait adopté aisément pour maître
dans le domaine politique; la souveraineté du sens commun en matière de dogme le conduisait naturellement à la
souveraineté populaire. Ses sauvages imprécations contre
les Rois l'avaient rangé au nombre des républicains ; les
condamnations de presse qu'il subit sous Louis-Philippe
achevèrent de l'en rapprocher. C'était de lui avant tout
autre que l'opinion publique attendait quelque idée nouvelle ; depuis qu'il avait quitté l'Église catholique, il était
réputé le grand prêtre de la Révolution ; il semblait que
les lois rigoureuses de la Monarchie eussent seules arrêté
sur ses lèvres les oracles prêts à sortir. Cependant il flotta
du communisme au socialisme, se rallia aux formules politiques du parti, plutôt qu'il n'en promulgua de personnelles, et aboutit à un *projet de constitution* qui, dans une
forme remarquable, ne renfermait que les idées américaines du *National*. Lamennais était un écrivain passionné,
éloquent, un combattant hardi et plein de feu ; mais il
n'avait ni ne goûtait l'esprit d'invention, soit que son
intelligence exercée lui en dévoilât les périls, soit que,
pèlerin déjà las lorsqu'il aborda aux plages républicaines,
il considérât le présent avec dégoût et l'avenir sans espérance.

Proudhon publiait le *Représentant du peuple*. Proudhon
n'était pas un réformateur, mais un critique ; il n'était pas
non plus un philosophe, tel qu'on se représente volontiers
ceux qui aspirent à ce titre, désintéressé, sincère, poursuivant pacifiquement la vérité, mais un dialecticien tapa-
geur chez qui le goût des spéculations métaphysiques marchait de pair avec le besoin de renommée et de bruit. Cet

homme qui excellait à démasquer les plans chimériques des réformateurs, avait, lui aussi, ses chimères économiques ; mais il sacrifia si souvent à l'ironie et à l'amour du scandale, qu'on peut se demander si, jusque dans ses erreurs ou ses négations les plus monstrueuses, il n'entrait pas une part de scepticisme et d'indifférence. Proudhon critique, discute, nie, blasphème : métier de sophiste qu'il a exercé toute sa vie.

Le même jour que le *Peuple constituant* de Lamennais, paraissait l'*Ami du Peuple* de Raspail. Ce titre, de mémoire sinistre, et qui rappelait les délations sanglantes de Marat, ne cachait qu'une feuille doucereuse où Raspail dressait à sa personne un piédestal populaire. Rester en vue, parader devant le public, faire parler de soi, n'importe comment, ç'a été, alors comme depuis, l'unique politique de Raspail. Son tempérament ne le portait pas aux violences ; il n'avait souhaité le pouvoir que pour essayer une attitude ; son esprit pratique le détournait des idées de réforme sociale. Qu'était donc Raspail ? un monomane de popularité. Avisé d'ailleurs et clairvoyant, il fut le premier peut-être à signaler le vide dans lequel s'agitait le Gouvernement provisoire : « Nulle idée, nul acte qui vous dévoile au peuple ! Vous lui administrez de l'opium à haute dose, et voilà tout !... Quant aux idées, point ; quant au programme, point ; quant aux assurances sur l'esprit républicain qui doit nous animer, point. » (28 février.)

L'un des *constituants* de la *Réforme*, Théophile Thoré, publia, le 26 mars, la *Vraie République*. Ancien substitut du procureur du Roi au Mans, en 1831 ; critique d'art au *Constitutionnel* ; collaborateur de revues républicaines ou socialistes, Thoré avait, en 1840, tenté de rallier autour d'une feuille nouvelle, la *Démocratie,* tous les éléments dispersés du parti républicain. La brochure qu'il publia à cette occasion lui valut une condamnation en cour d'assises. Plus tard, il collabora à la *Réforme*. Il avait assez de flair pour deviner tout ce que contenaient de chimères les projets communistes ou socialistes en cours; il reconnaissait loyalement que « la vérité sociale » n'était pas encore dégagée des nuages dont l'avaient entourée les *penseurs*. Des antithèses et des métaphores composaient sa langue et son bagage politiques. Il se qualifiait de « prolétaire intellectuel », d' « ouvrier de la pensée ». Son journal tirait, non pas son importance, mais son intérêt, de la collaboration de George Sand.

Dès son débuts dans les lettres, George Sand, sous couleur d'introduire l'amour dans le mariage, y avait intronisé l'amant et l'adultère. De l'amour dans le mariage, elle passa à l'amour libre avec Saint-Simon, mêlant à ses théories en action la peinture des scènes d'insurrection de 1832 et du cloître Saint-Merry (*Horace*). Ce goût de réformes dans la vie domestique l'avait menée aux réformes sociales : son imagination recevait docilement l'empreinte des intelligences qu'elle fréquentait, Pierre Leroux, Lamennais, Agricol Perdiguier, et le progrès, ce mot à double sens, lui apparaissait tantôt dans les utopies socialistes, tantôt dans les sectes condamnées au quinzième siècle dans la personne de Jean Huss et de Jérôme de Prague. Le *Péché de M. Antoine*, le *Meunier d'Angibault*, le *Compagnon du tour de France*, *Spiridion*, *Consuelo*, portaient les traces d'un esprit en quête d'erreurs à vulgariser ou d'hérétiques à réhabiliter. Elle ne s'attachait de cœur à aucune des sectes qu'elle paraissait embrasser, mais se laissait aller, suivant l'heure et les hasards de sa vie, aux idées qui flattaient sa mobile imagination. Comme ses maîtres, comme ses amis, lorsqu'elle salua la République, elle ne la connaissait que par le mot et le dehors. A partir du 15 mars, elle fut chargée, par une décision du Gouvernement provisoire, de rédiger le *Bulletin de la République*, publication semi-officielle, déclamatoire comme toutes celles de ce temps, et qui, malgré son renom de violence, ne l'a réellement mérité qu'une seule fois. (*Infrà*, p. 205.)

A côté de ces journaux, qui auraient pu avoir des doctrines et qui n'en avaient point, faut-il citer ceux qui n'en affectaient aucune : le *Père Duchêne*, honteuse exhumation de 1793, qui se tirait à soixante et quatre-vingt mille exemplaires; la *Voix des Clubs*, fidèle interprète des motions qui s'y produisaient; la *Commune de Paris*, qui, par privilége ministériel, circulait en franchise par toute la France, et qui n'était jamais plus modérée dans la forme que lorsque ses rédacteurs machinaient quelque *journée;* le *Tribun du Peuple*, par le citoyen Constant, dit l'abbé Constant, condamné sous la Royauté pour outrage à la morale publique et religieuse; la *Voix des Femmes*, où les idées saint-simoniennes d'émancipation féminine se mêlaient à des idées moins étranges que patronaient quelques femmes honorables?

III. — L'histoire de la presse est, en bien des points, celle des clubs, mais les clubs prirent un tout autre développement. La population s'y jetait avec une sorte de frénésie, comme si l'exercice du droit de réunion promettait la conquête de toutes les réformes. Il y avait des clubs de réfugiés polonais, italiens, allemands, belges; il y avait des clubs professionnels, à commencer par celui des artistes dramatiques, présidé par Samson, de la Comédie française, et l'un des plus sages, pour finir par celui des cuisiniers, présidé par Flotte et Gorat, disciples de Blanqui, et l'un des plus radicaux. Les hommes d'ordre avaient établi dans chaque arrondissement un club où se groupaient les éléments de résistance; la Société des Droits de l'homme avait également, dans chaque quartier, des clubs affiliés comme celui de la *Belle Moissonneuse*, à la barrière d'Ivry; le club de l'*Avenir*, cour des Miracles, présidé par le docteur Alphonse Baudin, de Nantua; le club du *Banquet du XII° arrondissement;* celui des *Barricades*, où l'on étudiait la guerre des rues; celui des *Blessés de Février*, qui négociait en faveur de ses membres près de la commission des récompenses; le club de la *Montagne*, à Montmartre, présidé par l'un des rédacteurs du *Père Duchêne;* le club populaire de Montrouge, que présidait un sieur Roybin, dernier membre survivant du club des Jacobins, etc.

Au-dessus de ces clubs violents et obscurs, il faut signaler celui de Raspail, dit des *Amis du Peuple*, fondé le même jour que son journal, salle Montesquieu, dans la rue du même nom : Raspail n'y souffrait pas d'autre orateur que lui-même; celui de Cabet, le colonisateur d'Icarie, qui réunissait les adeptes du maître, hommes et femmes (salle Valentino); celui de la *Société républicaine centrale*, autrement dit *Club Blanqui*, au Prado d'abord, où nous avons raconté sa première séance, puis dans une salle du Conservatoire de musique; le club de la *Révolution*, ou club Barbès, composé de la fine fleur de la démocratie militante : Thoré, Cahaigne, Lamieussens, Étienne Arago, Gornet, Raisan, Numa et Marc Dufraisse, etc. (salle du bal Molière, rue Saint-Martin); le club de la Société des *Droits de l'homme et du citoyen*, qui avait son comité central au Palais-Royal, son club central au Conservatoire et des clubs affiliés dans chaque arrondissement; Villain, Huber, Chipron, Napoléon Lebon, en étaient les principaux membres. C'est de ces trois grands clubs (Blanqui, Barbès et Droits de l'homme) que partit l'idée de centraliser les clubs parisiens et départementaux dans une action commune, et de mettre leurs forces conjurées au service du ministre de l'intérieur.

Comme on le voit, les clubs étaient présidés, dirigés, inspirés par des hommes d'action. Les écrivains, les penseurs, les réformateurs, tels que Lamennais et Proudhon, n'en faisaient pas partie, et les dédaignaient sans doute. Dans ces tumultueuses réunions, y a-t-il place, en effet, pour les hommes d'étude et de réflexion? Le club est fait pour les badauds qui s'imaginent que la discussion y est libre ; pour les orateurs à poumons et qui ne disposent pas d'autre éloquence ; pour les chefs de bande qui veulent tenir leurs hommes sous la main ; pour les sociétés secrètes, qui y recrutent des dupes et des fidèles. On a tenté d'établir de *bons* clubs ; ils n'étaient qu'insignifiants. C'est ainsi que, dans la presse de ce temps, un certain nombre d'hommes de lettres essayèrent de fonder quelques feuilles modérées et républicaines ; dans le brouhaha général, ils parlaient en gens bien élevés, à demi-voix : on ne les entendait pas.

Que manquait-il à ces journaux, à ces clubs, à tous ces hommes qui, au sein d'une liberté sans entraves, épanchaient leurs rêves, leurs passions, leurs désirs quelquefois sincères de réformes salutaires ? Il leur manquait précisément une entrave, un frein ; leur liberté était sans règle ; aucune discipline supérieure ne les reliait dans l'unité des doctrines ; l'autorité leur faisait peur. Aussi leur agitation n'avait d'autre résultat que leur agitation même ; ils parlaient pour parler, ils écrivaient pour écrire ; ils voguaient sans phare ni boussole !

IV. — Ces désordres des esprits avaient leur écho et comme leur réalisation matérielle dans les désordres de la voie publique.

Les ateliers nationaux devaient être l'exutoire de la rue, un refuge pour les oisifs, un secours pour les ouvriers sans ouvrage. Par malheur, les travaux manquaient. On n'avait pas prévu la Révolution ; pouvait-on prévoir que la majorité des ouvriers serait réduite à se contenter de travaux de terrassement? Rien n'était donc organisé; pendant plusieurs jours (28 février — 6 mars), les ouvriers se rendirent aux mairies, qui ne savaient qu'en faire, dépêchés à tous les coins de Paris, n'y trouvant ni ouvrage ni salaire, et revenant chez eux fatigués, mécontents, pour recommencer le lendemain. Le remède était pire que le mal. Au milieu de ces embarras, un jeune ingénieur civil, ancien élève de l'École centrale, se présenta au ministre et lui soumit un plan d'organisation. On l'adopta sans le discuter, et M. Garnier-Pagès déclara « qu'un grand homme d'État venait de se révéler ». C'était M. Émile Thomas. Nommé immédiatement délégué du gouvernement auprès des ateliers nationaux, il établit son bureau central dans une dépendance de l'ancienne liste civile, au pavillon du parc Monceaux, et les inscriptions commencèrent. Quelle affluence! 8,000 noms dans les premiers jours, bientôt 14,000; le 9 avril, 59,000; le 15 avril, M. Émile Thomas écrivait : « Nous sommes 66,000. » Comment suffire et pour la solde et pour le travail, la solde pour nourrir tout ce monde, le travail pour l'occuper? On n'occupait que 14,000 ouvriers par jour, chaque ouvrier ne travaillait qu'un jour sur quatre. La solde fut partagée en solde d'activité de 2 francs par jour et solde d'inactivité de 1 fr. 50 ; mais, à partir du 16 mars, la première fut réduite à 1 fr. 50 et la seconde à 1 franc; la paye du dimanche fut supprimée; les élections de la garde nationale, dans les premiers jours d'avril, durèrent quatre jours; pendant ces quatre jours la paye fut suspendue. Ce fut, du 9 mars au 9 avril, une économie de 850,500 francs. Quel budget néanmoins, qui au 15 avril s'élevait par jour à 94,000 francs! La ville renonçait à le fournir; le gouvernement ouvrait des crédits. Ainsi on faisait une grosse dépense, des travaux parfaitement inutiles (M. Émile Thomas l'avoue), et le but qu'on visait, occuper les ouvriers, on ne l'atteignait pas.

Cependant le gouvernement prodiguait les avis et les proclamations. Le 20 mars, le ministre des travaux publics, M. Marie, rappela aux ouvriers et les concessions qui leur avaient été faites (fixation de la journée à dix heures, abolition du marchandage), et l'ouverture de grands ateliers soit par l'État, soit par les industriels. Ces ateliers étaient abandonnés ou menacés de l'être; il les adjurait d'y rentrer et de reprendre une vie de travail, « afin de raffermir le crédit et de maintenir à la France son rang dans l'industrie ». Observations vaines! les ouvriers fréquentaient bien plus les clubs que les ateliers, ou bien, se répandant le jour par processions bruyantes, le soir se promenant avec des torches, obligeant les citoyens, sur le cri sinistre : « *Des lampions!* ». à illuminer les fenêtres, ils effrayaient la population et provoquaient un état d'excitation aussi défavorable à l'ordre qu'aux affaires. Le 23 mars, Caussidière intervient, et, dans un avis où sa signature s'appuyait de celle de M. Ledru-Rollin, les deux chefs démocratiques invitaient la population à renoncer à ces manifestations nocturnes, comme pouvant servir d'exemple aux ennemis de la Révolution : ils réservaient, bien entendu, le droit des « grandes démonstrations patriotiques qui sont l'expression de la souveraine volonté du peuple ». MM. Ledru-Rollin et Caussidière n'étant pas écoutés, le 30 mars, le gouvernement entre en scène tout entier. « Veillez, citoyens, à ce qu'une bruyante affectation de patriotisme ne devienne pas une cause d'alarme et de trouble dans cette cité, maison commune de la République; *dans une ville si remarquable par le calme et la dignité du peuple*[1], on ne saurait ni tolérer ni comprendre le tumulte dans la rue; qui arrêterait les

---

[1] Suivant son usage, le gouvernement, avant de blâmer le désordre, commençait par constater la tranquillité générale et le calme du peuple. Ce procédé vulgaire, le Gouvernement provisoire ne manquait jamais de l'employer.

affaires et les travaux, les coups de fusil qui effrayeraient les habitants paisibles. Que les cérémonies républicaines, si belles dans leur simplicité, se fassent avec l'autorité publique : vous la consulterez, elle leur donnera son approbation et son concours, elle régularisera les patriotiques manifestations. » Proclamation vaine comme les autres !

Armand Marrast perd patience. Maire de Paris depuis la démission de M. Garnier-Pagès, il a charge, lui aussi, de maintenir l'ordre dans la cité : le 2 avril, il lance à son tour sa circulaire : « Malgré les observations du Gouvernement provisoire, ce soir encore on a tiré des feux d'artifice, des pétards, allumé des lanternes et causé de nombreux rassemblements. De tels désordres ne peuvent pas durer ; les mauvais citoyens qui résistent aux avis doivent sentir le poids de l'autorité. La tranquillité de Paris ne saurait être à la merci de quelques hommes suspects, qui saisissent tous les prétextes pour empêcher le calme de renaître, et qui semblent vouloir jeter un défi à la modération du peuple et de ceux qu'il a élus pour exercer temporairement le pouvoir. » Et il invite les maires à commander pour le soir des patrouilles de garde nationale et de garde mobile, qui devront « parcourir tous les quartiers, arrêter et conduire à la préfecture de police tout individu qui voudrait forcer les citoyens à illuminer, qui tirerait des pétards, etc. Les ordres les plus sévères seront donnés pour que le calme et la tranquillité soient maintenus, et que les contrevenants soient arrêtés et poursuivis conformément aux lois. » C'était là le vrai langage de l'autorité, mais Armand Marrast n'en pouvait avoir que le langage, et les fonctionnaires auxquels il s'adressait n'avaient ni peut-être la volonté, ni surtout la force nécessaire, pour exécuter ses instructions.

Le gouvernement n'avait-il pas d'ailleurs réservé le droit des « grandes manifestations patriotiques qui sont l'expression de la souveraine volonté du peuple » ? N'avait-il pas promis « son approbation et son concours aux cérémonies républicaines, si belles dans leur simplicité»? Elles ne manquaient guère, et le gouvernement y prêtait en effet les mains.

Faut-il rappeler ces députations incessantes qui assiégeaient les portes de l'hôtel de ville, apportant leur offrande à la patrie, tandis que les membres du gouvernement, dérangés à tout instant par ces sollicitateurs d'un nouveau genre, leur prodiguaient à l'envi d'emphatiques allocutions? Chaque profession semblait comme déracinée de ses habitudes domestiques; c'était la vie en plein air, vie d'*agora* ou de *forum* antique, où le citoyen juge, vote et pérore, tandis que ses esclaves travaillent au logis, pour suffire à l'oisiveté politique de leur maître[1]. Mais à Paris, tandis que tous les corps d'état se laissaient aller à un *far niente* universel, les coffres du Trésor se vidaient, ceux des lazzaroni politiques ne s'emplissaient pas, et chaque jour chômé comme une fête était une ressource ôtée aux particuliers, à la société, à l'État. Ce vagabondage universel trouvait un prétexte plutôt qu'un remède dans l'atelier national. Là, il s'organisait, se disciplinait; là se recrutaient les bandes pour les promenades ou les manifestations.

La plantation d'arbres de liberté devint aussi, entre le 17 mars et le 10 avril, la distraction presque quotidienne de la population, et, pour ceux qui participaient plus directement à la cérémonie, une des contrefaçons du travail. Qu'avait-on de mieux à faire que d'aller quérir des

---

[1] L'orateur de l'une de ces députations, celle des imprimeurs sur étoffes, disait à M. Edmond Adam : « Ne voyez pas dans notre démarche une perte réelle de temps pour nos travaux ; malheureusement ces travaux ne sont pas tels que nous ne puissions pas remettre à demain ce que nous ne pourrons pas faire aujourd'hui. » Le citoyen Adam : « Les citoyens qui agissent comme vous, Messieurs, n'ont pas besoin d'expliquer leur conduite. » (*Moniteur* du 22 mars 1848.)

peupliers dans les pépinières, sur les promenades, dans les jardins publics, jusque dans les jardins particuliers, et, tambour et musique en tête, de procéder à la fouille, à la plantation, et comme à la consécration de cet innocent symbole? La foule s'assemblait, le clergé de la paroisse voisine se rendait à l'invitation, et de part et d'autre il y avait émulation de discours sur la liberté, l'égalité, la fraternité. Le 22 mars, au Champ de Mars, avec le clergé de Saint-Pierre du Gros-Caillou et M. Ledru-Rollin; le 24, place de Grève, sur l'emplacement de l'échafaud où périrent le 22 septembre 1822 les quatre sergents de la Rochelle, avec le clergé de Saint-Gervais et Buchez, *carbonaro* contemporain de cette hécatombe; le 25, dans le jardin du Luxembourg, avec MM. Louis Blanc et Albert; le 28, sur la place de la Révolution, avec le curé de la Madeleine; le 30, place du Carrousel, où l'état-major de la garde nationale, MM. Courtais et Guinard en tête, amènent le curé de Saint-Germain l'Auxerrois; sur la place Cadet, aux Batignolles, à la barrière du Trône, à l'Opéra, place Saint-Georges : tels furent les points principaux sur lesquels la déclamation démocratique s'exerça par ses orateurs les plus connus. MM. Flocon, Ledru-Rollin, Caussidière s'y prodiguaient, comme s'ils cherchaient dans ces comparutions répétées dans tous les quartiers de Paris un accroissement de popularité. Le clergé bénissait ces arbres à qui l'avenir réservait une si courte vie. La République ne dédaignait pas alors de s'appuyer sur le clergé et de lui emprunter une part de son influence; quant au clergé, rencontrant faveur, il se laissait faire, et surpris de sa popularité, il s'y abandonnait sans réserve et non sans naïveté.

C'est au milieu de cette fièvre de *reboisement*, comme on disait alors, que le club des *Incorruptibles* (rue Saint-Honoré, 219) invita les autres clubs à une *communion* fraternelle en plein air en l'honneur de la plantation des arbres de la liberté. Le rendez-vous était indiqué place du Châtelet et sur les quais, de la place de la Révolution à la Bastille. Mais le baromètre variait beaucoup : « Austerlitz a eu son soleil, disait un membre [1] du club Blanqui aux délégués des *Incorruptibles* : que le triomphe de la liberté ait le sien ; attendons quelques jours que le beau temps s'affermisse. » Il voulait aussi, qu'au lieu de se rassembler sur une place déterminée, la réunion et la communion se fissent partout à la fois dans Paris, à jour et à heure fixes, dans chaque quartier, autour de l'arbre de la liberté. Malgré les applaudissements dont cette proposition fut saluée au club Blanqui, le club des *Incorruptibles* ne crut pas devoir l'adopter, et la fête resta fixée au 2 avril, sur la place du Châtelet. Non-seulement le soleil d'Austerlitz se refusa à la fête, mais une pluie diluvienne arrosa cette communion grotesque ; il ne s'en trouva pas moins des orateurs pour discourir et des sociétés populaires qui, bureau en tête et bannières au vent, se rendirent processionnellement à la Bastille pour y rendre hommage aux victimes de Février.

Le même jour, autre manifestation. Les Écoles (de quoi se mélaient-elles et à quoi donc servaient leurs maîtres?) se réunissent à dix heures du matin sur la place du Panthéon. Précédé d'un sapeur du génie, « symbole du travail et de l'intelligence », qui marche entre un élève de l'École normale, à gauche, portant le *Contrat social* couronné d'immortelles, et à droite, un ouvrier portant une pioche couronnée des mêmes fleurs, le cortége se rend au Champ de Mars. Là « les élèves travaillent un instant (comme on travaillait alors) aux terrassements ; puis tous réunis, élèves et ouvriers, se serrant la main, se serrant le bras, se rassemblent au pied de l'arbre de la liberté en chantant la *Marseillaise*, laquelle, commencée au Champ de Mars, se poursuit le long des Champs-Élysées et des

---

[1] M. Baud, avocat. Extrait de la *République*, numéro du 30 mars.

boulevards. » Ils arrivent enfin à l'hôtel de ville, et des délégués demandent au Gouvernement provisoire « d'inviter les citoyens qui possèdent un revenu à s'imposer volontairement, au profit de la République et dans les limites qu'ils jugeront équitables, un sacrifice proportionné à leur fortune ». M. Barthélemy Saint-Hilaire, qui reçoit la députation, trouve ce moyen purement moral tout à fait à l'usage de la République, et les délégués, élèves des grandes Écoles publiques, se hâtent de déclarer que « c'est la solution la plus heureuse de la question financière et sociale [1] »..

V. — Ce juvénile optimisme, ces souscriptions volontaires, ces offrandes à la patrie, n'apportaient aux embarras croissants du Trésor qu'un remède d'apparat. Une révolution blesse tant d'intérêts, que, pour se faire pardonner, elle a besoin ou de se limiter elle-même ou de brusquer les réformes qui en ont pu être le prétexte. Tout au contraire, la révolution de Février ajoutait chaque jour à son programme. La Monarchie renversée, elle voulait renverser autre chose. « Si la société actuelle est mal faite, disait sans façon M. Louis Blanc, il faut la refaire. » Cette désinvolture d'un utopiste au pouvoir aggravait la crise et risquait de la prolonger. Après un essai de quelques jours, Goudchaux avait renoncé à y faire face (*suprà*, p. 75); M. Garnier-Pagès, esprit entreprenant et sans défiance de lui-même, ne ressentit pas la même hésitation. Les questions de finance lui étaient familières; il en écrivait dans la presse, il en discourait à la Chambre des députés. Ses anciennes fonctions de courtier lui assuraient même, en matière commerciale, une supériorité marquée sur ses

---

[1] Les passages entre guillemets sont textuellement extraits du récit inséré au *Moniteur*.

collègues de la gauche. Quant aux doctrines financières, il n'en avait pas de personnelles; l'impôt progressif, le rachat des chemins de fer et des assurances et leur exploitation par l'État, tel était le programme du parti républicain représenté par le *National*; c'était également celui de M. Garnier-Pagès.

La Bourse avait été fermée le 24 février et les jours suivants; elle fut rouverte le 7 mars, au moment où M. Garnier-Pagès prenait officiellement possession du ministère des finances. Le mercredi 23 février, veille de la révolution, la rente 5 pour 100 cotait 116 fr. 40 c., le 3 pour 100, 73 fr. 80 c., les actions de la Banque de France, 3,180 fr.; les mêmes valeurs étaient tombées, le 7 mars, à 89, à 56 et à 2,400 fr. Les deux circulaires de M. Ledru-Rollin (9 et 12 mars) précipitèrent la baisse; le 15 mars, le 5 pour 100 marquait 65-69, le 3 pour 100, 48-45-46; la Banque de France, à 1,300 fr., perdait 900 fr. sur le cours du 7 mars. Si la chute rapide des fonds publics trouvait une explication naturelle dans le fait seul d'un changement de gouvernement, la continuation de la baisse ne se justifiait pas moins par les alarmes légitimes qu'éprouvaient la haute banque, l'industrie et le commerce.

Dans cette République, réputée faite par les travailleurs et pour eux, l'enseigne du travail était partout, mais le travail n'était nulle part. Les fabricants et les propriétaires d'usines ouvraient leurs ateliers; mais les ateliers restaient déserts; l'*infâme capital*, loin de se cacher, allait au-devant des entreprises, la richesse souhaitait la bienvenue à la République; mais la République répondait par des calomnies contre la richesse et le capital, instituait une caste nouvelle, celle des prolétaires; organisait et salariait l'oisiveté, et menaçait d'ostracisme les anciennes classes qui venaient vers elle. Alors se produisit dans le monde de l'industrie et de la finance le phénomène que nous avons déjà signalé dans le monde politique : les capitaux firent retraite comme les sympathies, et chacun attendit dans l'anxiété le sort que lui réservait le nouveau gouvernement. Cependant les grandes maisons financières suspendaient leurs payements, les marchandises ne trouvaient pas d'acheteurs, l'escompte ne fonctionnait plus, toutes les places de commerce, toutes les banques de province appelaient du secours; le Trésor, par l'anticipation du semestre, épuisait ses ressources sans rétablir la confiance; la Banque de France voyait tarir sa réserve métallique.

Pour subvenir à cette crise, M. Garnier-Pagès eut l'heureuse idée de fonder des comptoirs d'escompte (7 mars) dont le capital était formé un tiers en argent par les associés souscripteurs, un tiers en obligations par les villes, un tiers en bons du Trésor par l'État. Celui de Paris fut établi le même jour au capital de vingt millions, et placé sous la direction de M. Pagnerre, libraire-éditeur de la démocratie et secrétaire du Gouvernement provisoire. Soixante-sept autres comptoirs furent successivement fondés dans les départements. Mais les comptoirs ne pouvaient faire l'escompte que des valeurs revêtues de deux signatures; aussi à ces comptoirs furent annexés plus tard (24 mars) des sous-comptoirs, destinés à garantir les signatures des petits commerçants. Ainsi, par le concours du comptoir et du sous-comptoir, se trouvait complété le chiffre de trois signatures exigé par la loi pour les effets présentés à l'escompte de la Banque de France. Enfin, par décret du 21 mars, le gouvernement établissait des magasins généraux de marchandises, tels qu'il en existait déjà en Angleterre, en Hollande et aux États-Unis, où les négociants et les industriels pourraient déposer les matières premières, les marchandises, les objets fabriqués; les déposants recevaient en échange des récépissés, transmissibles par voie d'endossement et transférant la propriété des objets déposés. Ces récépissés pouvaient être donnés en garantie aux sous-comptoirs et suppléaient même, auprès de la Banque de France, à la troisième signature. Ces mesures, qui ont passé depuis, avec quelques perfectionnements, dans nos usages commerciaux, font honneur à l'initiative de M. Garnier-Pagès.

Facile à l'espoir et satisfait de son début, M. Garnier-Pagès entrevoyait déjà « les perspectives les plus rassurantes ». Dans un rapport sur la situation financière, qu'il présentait au Gouvernement provisoire quarante-huit heures après son entrée en fonctions, il passait en revue ses plans, qui devenaient immédiatement autant de décrets : Vente des diamants et de l'argenterie de la Couronne; vente de bois de l'État pour cent millions; vente de bois de la Couronne; réduction des emplois. Ressources insignifiantes, soit en elles-mêmes, soit à cause des circonstances au milieu desquelles il fallait les réaliser. A ces décrets, destinés à la montre, et qui ne révélaient que le charlatanisme démocratique de leur auteur, M. Garnier-Pagès ajoutait celui d'un emprunt national. « Un grand nombre de citoyens ont offert au gouvernement le don volontaire de sommes et de valeurs considérables. Plein d'une gratitude profonde pour une offre si patriotique et si honorable, le gouvernement de la République ne l'acceptera pourtant pas. » Et le ministre propose à ces généreux capitalistes de souscrire *au pair* la somme de cent millions en 5 pour 100, qui reste à émettre sur le dernier emprunt (loi du 8 août 1847). Au pair! et la rente est à 71! « *Et les souscripteurs conserveront ces avantages, quand bien même ce fonds dépasserait le pair avant le complément de la souscription!* » Comment qualifier ces paroles? Est-ce naïveté ou malice?

Donner de la rente *au pair* aux prêteurs, aux déposants de Caisses d'épargne, aux bénéficiaires de bons du Trésor, c'était l'idée fixe et comme le pivot du système de M. Garnier-Pagès. Il ne sait comment remplir les coffres du Trésor; mais, en revanche, il prend ses précautions pour ne les pas vider.

Le 7 mars, il s'agit des Caisses d'épargne. Le Gouvernement provisoire, sur la proposition du nouveau ministre, déclarait que, « de toutes les propriétés, la plus inviolable et la plus sacrée, c'est l'épargne du pauvre », et que, non content d'exécuter loyalement les engagements pris, voulant rétablir l'égalité entre le produit des capitaux du riche et celui des capitaux du pauvre, il élevait de 3 à 5 pour 100, à partir du 10 mars, l'intérêt des sommes versées dans les caisses d'épargne, aussi bien pour les fonds déjà versés que pour ceux qui le seraient ultérieurement. Deux jours après, le ministre distinguait entre les dépôts; « les uns, formés de petites sommes, appartiennent à des citoyens besoigneux; les gros dépôts, surtout dans les départements, sont la propriété de familles plus ou moins aisées. Nous avons reconnu que si les premiers, en retirant leurs dépôts, obéissaient aux conseils de la nécessité, les autres faisaient preuve d'une malveillance coupable et d'une défiance injurieuse envers le gouvernement de la République. » En conséquence, le ministre, « voulant récompenser ceux qui montrent une confiance éclairée », décide que les dépôts de 100 francs et au-dessous seront remboursés intégralement en espèces; ceux de 100 à 1,000 francs seraient remboursables 100 fr. en espèces, la moitié du surplus en bons du Trésor à quatre mois d'échéance, la dernière moitié en rente 5 pour 100 au pair. Or, à la date du 9 mars, la rente 5 pour 100 était de 25 francs au-dessous du pair, ce qui réalisait pour les déposants une perte du quart sur leur capital. Les livrets au-dessus de 1,000 francs subissaient le même sort, avec cette aggravation que l'échéance de la moitié remboursable en bons du Trésor était prorogée de quatre mois à six mois.

Le 9 mars, le ministre écrivait dans son rapport sur la

situation financière : « Le service des bons du Trésor est assuré. Je propose seulement de fixer l'intérêt à 5 pour 100 pour toutes les échéances indistinctement. » Le 16 mars suivant, il s'avisait que « ces bons sont, en majeure partie, la propriété de capitalistes dont les intérêts ne sont pas directement liés à ceux de l'industrie et du commerce », et, sur cette raison toute démocratique, il en ajournait le remboursement à six mois de la date de leur échéance, ou bien offrait de les échanger contre des coupons de rente 5 pour 100 au pair. Et, le 16 mars, la rente cotait 71 francs, c'est-à-dire 29 francs au-dessous du pair.

Il reste à se demander de quel nom M. Garnier-Pagès appelait ces deux opérations; s'il entendait, en offrant de la rente au pair, tenir les engagements de la royauté, protéger le pauvre, maintenir inviolable et sacrée son épargne! La nécessité, voilà de quoi il fallait parler, mais non de la fidélité aux contrats! Cependant M. Garnier-Pagès se hâte de monter au Capitole. Il met fièrement en regard le crédit de la Monarchie et le crédit de la République. « Le dernier prestige de la Monarchie, c'était l'utilité. Beaucoup d'hommes sincères croyaient le maintien de cette forme indispensable au maintien de l'ordre, au règlement de tous les intérêts légitimes. La Monarchie compromise, ils croyaient tout perdu. Ils se trompaient. Cette solennelle expérience, qui vient de se faire, a dû convaincre les esprits abusés mais sincères. Ce qui est certain, ce que j'affirme de toute la force d'une conviction éclairée et loyale, c'est que, si la dynastie d'Orléans avait régné quelque temps encore, la banqueroute était inévitable. Oui, citoyens, proclamons-le avec bonheur, avec orgueil : à tous les titres qui recommandent la République à l'amour de la France et au respect du monde, il faut ajouter celui-ci : LA RÉPUBLIQUE A SAUVÉ LA FRANCE DE LA BANQUEROUTE [1]! »

---

[1] Lire, en réponse à ces assertions glorieuses, la brochure de

La crise devenait de jour en jour plus aiguë. Le 15 mars, M. d'Argout, gouverneur de la Banque de France, vient exposer au ministre que la Banque avait escompté, du 26 août au 15 mars, 110 millions, remboursé au Trésor 77 millions, escompté 43 millions dans les départements; que, dans la même période, l'encaisse métallique avait diminué de 70 millions, et qu'il était réduit à 59. Dans ces circonstances critiques, le remède le mieux indiqué était le plus dangereux : c'était le cours forcé. Le gouvernement s'y décida; mais les limites d'émission furent fixées à 350 millions, et la Banque devait publier tous les jours sa situation dans le *Moniteur*. Ces deux conditions laissaient au public une certaine sécurité. Ce décret (16 mars) fut accueilli par une hausse sensible sur les actions de la Banque de France; le 15, elles étaient à 1,300 francs; le 16, elles montaient à 1,500 francs, et le 17 à 1,650 francs.

L'heure des illusions était passée. Il fallait reconnaître que les banquiers ne faisaient pas d'offres au Trésor, que le patriotisme des citoyens ne faisait pas crédit à la République, que l'emprunt ne se couvrait pas. Des expédients, il en venait de toutes parts, depuis la banque d'État, qui, dans le système de M. Louis Blanc, devait absorber toutes les autres, jusqu'à la banqueroute, qui multiplierait les embarras qu'on la destinait à résoudre; depuis l'éternel milliard des émigrés, dont il seyait bien de réclamer la restitution, jusqu'à la confiscation des biens de la famille d'Orléans; depuis l'emprunt forcé, jusqu'au papier-monnaie. Toutes ces solutions d'aventure, de confiscation et de despotisme, M. Garnier-Pagès eut le mérite de les repousser. Restait un nouveau système d'impôt à établir, l'impôt sur le revenu, l'impôt progressif; mais l'un et

---

M. Lacave-Laplagne, qui fut sept ans ministre des finances du roi Louis-Philippe : *Observations sur l'administration des finances pendant le gouvernement de Juillet, en réponse aux Rapports de M. le ministre des finances des 9 mars et 8 mai 1848.* Paris, 1848.

l'autre ne promettaient que des résultats lointains, tandis qu'il en fallait d'immédiats. Le parti le plus simple était d'augmenter le chiffre des quatre contributions directes; les rôles étaient faits; elles étaient déjà en cours de recouvrement. M. Ledru-Rollin proposait une augmentation de 2 fr. 50, avec exemption pour les petites cotes; M. Garnier-Pagès ne demanda que 45 centimes. Un décret du 16 mars ratifia sa proposition, et des décrets ultérieurs donnèrent également satisfaction aux préoccupations de M. Ledru-Rollin [1].

La rente ne s'en trouva pas mieux. Encore quelques jours, et, le 5 avril, le 5 pour 100 tombe à 50 fr., le 3 pour 100 à 33 fr., la Banque de France à 1,080 fr. Les actions du chemin de fer d'Orléans, mis arbitrairement sous séquestre par décret du 4 avril, qui cotaient 1,180 fr. le 23 février, cotaient 385 fr. le 5 avril ! Plus de travail, le commerce nul, l'industrie impossible, les impôts augmentés : voilà, en regard de la présomptueuse assurance de M. Garnier-Pagès, le bilan de la République! La populace l'avait faite : les propriétaires en payaient les frais, et, parmi ces frais, il fallait compter la solde de cette populace même et de ses chefs, gens affamés et remuants, pour qui la révolution de la veille n'était jamais que le prélude et l'ébauche de la révolution du lendemain !

VI. — L'ajournement des élections, obtenu le 17 mars, donnait aux clubs, aux chefs populaires, à ceux qui les soudoyaient ou les écoutaient, un délai suffisant pour préparer une journée. A les entendre, la révolution était à recommencer. Il fallait un nouveau 24 février, insurrection ou manifestation, peu importe, qui mît le pouvoir aux mains des républicains, c'est-à-dire de ceux qui, sans tran-

[1] GARNIER-PAGÈS, *Histoire du Gouvernement provisoire*, t. VII.

siger avec le temps, avaient conservé pure la tradition jacobine; alors, adieu aux demi-mesures, aux décrets timides, aux compromis bourgeois! La démocratie régnerait incontestée sur la France, et servie par ses plus fidèles enfants. Ces projets témoignaient chez leurs auteurs d'une ambition plus égoïste que clairvoyante. Comment ne sentaient-ils pas qu'en soumettant la République à un nouveau coup de main, ils l'exposaient fatalement à une série d'assauts du même genre; que, vainqueurs aujourd'hui, ils seraient peut-être les vaincus de demain, et que, dans cette lutte de convoitises, le triomphe irait non pas aux plus dignes, mais aux plus audacieux? Cette révélation, l'histoire de la première République la leur offrait : une expérience immédiate allait la confirmer.

La manifestation du 17 mars servit de modèle; mais les cadres étaient mieux organisés, le but plus précis, la résolution plus complète. La scission d'idées et d'actes qui s'accentuait de plus en plus entre les membres du gouvernement les rendait moins scrupuleux dans leurs relations; il ne s'agissait plus d'intimider, mais d'*épurer* la majorité. Clubs, journaux, ouvriers étaient enrégimentés; la population flottante de la rue n'aspirait qu'à montrer sa puissance, c'est-à-dire, à servir d'instrument aux meneurs. Comme au 17 mars, les fils de la conspiration remontaient vers M. Ledru-Rollin, à qui l'on destinait la dictature; non pas que M. Louis Blanc et Caussidière abdiquassent volontiers devant le ministre de l'intérieur: mais il fallait bien un programme, que les circonstances d'ailleurs pouvaient modifier sur l'heure.

Au nombre de ceux dont la complicité semblait à la fois nécessaire et redoutable, il y avait Blanqui. Laissé aux portes du pouvoir le 24 février, il grondait depuis et s'agitait sourdement. Il n'aspirait à rien moins qu'au rôle de chef de la démocratie militante : on connaissait son ambition tenace, secrète, multipliant les menées et servie par une grande influence sur des hommes déterminés. Il avait la confiance du peuple : c'était l'austère, l'incorruptible ! Tout à coup, le 31 mars, M. Taschereau, ancien rédacteur du *National*, publia dans le premier numéro de la *Revue rétrospective* et la *Gazette des Tribunaux* reproduisit aussitôt une pièce intitulée : *Affaire du 12 mai 1839. Déclarations faites par *** devant le ministre de l'intérieur.* C'était, sous forme personnelle, une série de révélations faites les 22, 23 et 24 octobre 1839. M. Taschereau ne nommait pas l'auteur; mais il se révéla en criant à la calomnie : c'était Blanqui. « Il écrivait dans une lettre aux journaux : « J'y suis désigné d'une manière aussi claire que si mon nom y était articulé, bien qu'il ne le soit pas. » Son club, très-assiégé ce soir-là, s'ouvrit une heure plus tard qu'à l'ordinaire. Blanqui y parut et déclara « avec un certain embarras » (*Commune de Paris*) qu'il avait l'intention de combattre « la note infâme publiée par la *Gazette des Tribunaux*, mais qu'il lui manquait quelques documents ». Il céda la présidence, se retira au fond de la salle, causa avec quelques personnes, mais il ne reprit pas la parole à la fin de la séance. Raspail s'exprima sur le document avec une réserve ironique, Barbès soupçonna la vérité, et Blanqui, dont l'insuffisante justification tarda huit jours à paraître, fut rangé dans la catégorie des Delahodde, des Chenu et des Victor Bouton, dénonciateurs soldés des manœuvres républicaines [1].

---

[1] Lucien Delahodde, ancien rédacteur du *Charivari* et de la *Réforme*, s'était installé dès le 24 février au secrétariat général de la préfecture de police. Il fut signalé par M. Élouin comme ayant été l'un des agents secrets de la police de M. Delessert, ce qu'établit aisément la comparaison de son écriture avec celle des nombreux rapports signés *Pierre* déposés aux Archives. Le 14 mars au soir, Caussidière, après avoir dîné avec lui, l'emmena au Luxembourg, et là, dans la chambre d'Albert, en présence des chefs de sociétés secrètes, il démasqua le rôle qu'avait joué Delahodde, et lui offrit même un pistolet pour se brûler la cervelle. Delahodde s'abstint d'en user; il resta en prison tout le temps que Caus-

Convaincu que la pièce avait été livrée par le ministre de l'intérieur et publiée avec l'assentiment du Gouvernement provisoire, Blanqui rêva de se vénger. Les partisans de M. Ledru-Rollin flairèrent immédiatement un complot sous cette rancune et se hâtèrent de le signaler. Mais déjà Blanqui n'était plus seul à conspirer, et ses menées se trouvaient couvertes ou secondées par les menées parallèles du Comité central révolutionnaire. Ses affiliations dans tous les arrondissements, ses sections armées, les traditions révolutionnaires de la *Société des Droits de l'homme*, ne permettaient pas de supposer qu'elle dût se contenter d'une manifestation pacifique. Les délégués partaient (9 avril) ou étaient partis; la *Commune de Paris* adjurait le ministre de l'intérieur de destituer les anciens fonctionnaires et les commissaires tolérants; ces derniers étaient signalés par leurs noms. Concurremment à cette agitation départementale qu'allaient susciter les délégués, le Club des clubs aspirait à secouer avec la même violence la popu-

sidière demeura préfet de police; après le 15 mai, M. Trouvé-Chauvel le délivra. Il passa en Angleterre. Il a publié une *Histoire des sociétés secrètes* sous Louis-Philippe. Au coup d'État de décembre 1851, il continuait son rôle de délation. — Chenu (Adolphe), cordonnier, capitaine des *gardes de Caussidière,* mêlé aux expéditions de Belgique et de Bade, fut arrêté plus tard comme ayant pris part à l'insurrection de juin. Il fit alors des révélations. En 1850, il publia ou laissa publier sous son nom deux brochures intitulées *Les Conspirateurs,* où se trouvaient retracées les mœurs publiques et privées de certains héros de Février. — Victor Bouton, ancien employé à la librairie Pagnerre, fut dénoncé le 12 avril au *Club de la Révolution* comme ayant fait partie de la police sous le n° 1000. — Quant à Blanqui, la paternité directe ou indirecte de la note publiée par la *Revue rétrospective* ne saurait lui être contestée après les déclarations faites par MM. Pasquier, Franck-Carré, Zangiacomi, Dufaure, etc., devant la chambre du conseil du tribunal civil de la Seine, lors de la plainte en diffamation portée en avril 1848 par M. Taschereau contre Blanqui. Les clubs nommèrent une commission devant laquelle Blanqui refusa de comparaître. Cette commission, présidée par M. Étienne Arago, demanda et obtint du ministère de l'intérieur communication du dossier de Blanqui; il n'y a pas été rétabli depuis.

lation parisienne et à organiser cette dictature, salut rêvé de la République et des républicains. Les élections approchaient, grosses d'échecs pour les radicaux : à tant de clairvoyance pour les pressentir, n'ajouterait-on pas un peu d'énergie pour les empêcher?

Entre les délégués du Luxembourg, jouant la naïveté, et le comité central, moins discret et plus hardi, la préfecture de police formait un centre armé et organisé. Outre ses Montagnards, troupe dévouée, Caussidière, nommé officiellement préfet de police le 17 mars, avait obtenu du Gouvernement provisoire la création d'une garde républicaine et de gardiens de Paris, et, de plus, mille fusils et trente mille cartouches, qu'il avait partagés entre la préfecture et la succursale que dirigeait Sobrier. Enfin, le Palais-National, foyer des clubs, préparait les sections pour un combat prochain. Les conciliabules de la préfecture de police n'étaient plus un mystère, et la prudence même de Caussidière commençait à le trahir.

Blanqui manœuvrait dans ces divers foyers d'insurrection, détestant tous les chefs et non moins détesté par eux. Les uns pour les autres, ils étaient des instruments et des moyens, jusqu'à ce que la victoire en fît des ennemis déclarés. Blanqui ne se bornait pas à agir sur ses partisans, anciens détenus politiques; il pratiquait des intelligences et parmi les gardiens de l'hôtel de ville, et jusque parmi les Montagnards de Caussidière. La dénonciation de la *Revue rétrospective* l'animait à vaincre. Les clubs avaient nommé une commission d'enquête à laquelle il avait refusé de se soumettre; c'était par un coup de main qu'il voulait conquérir sa justification. Toutes les accusations, toutes les calomnies seraient noyées dans le succès!

Le complot était patent, public : l'*Assemblée nationale*, informée par Carlier, directeur de la police au ministère de l'intérieur, le dénonçait chaque jour, malgré les dénégations de la *Commune de Paris*. On préparait, disait-on, chez Sobrier, un comité de salut public d'où étaient exclus Lamartine, Arago, Garnier-Pagès, Marie et Marrast; MM. Ledru-Rollin, Flocon, Louis Blanc et Albert devaient s'adjoindre Blanqui, Sobrier, Cabet, Raspail, Kersausie. Blanqui ne voulait pas de M. Ledru-Rollin, qu'il accusait d'avoir livré les pièces publiées contre lui; M. Ledru-Rollin éprouvait pour Blanqui la même antipathie. Il hésitait; dans le conseil, il se taisait.

Ainsi, le gouvernement divisé; pas de troupes à Paris, et la conviction qu'en appeler serait provoquer la guerre civile; une garde nationale renouvelée, considérablement accrue, et dont l'esprit n'était pas connu; la garde mobile, fille des barricades et se souvenant sans doute de son origine, d'ailleurs ni organisée ni même habillée; l'état-major de la garde nationale lui-même promettant son concours à la manifestation dans la *Société démocratique centrale* et possédant deux forteresses: les Tuileries, où siégeait l'état-major et que hantaient Villain et les chefs de clubs; les bâtiments du Temple, réservés à l'artillerie sous le commandement de M. Guinard; la préfecture de police hostile, les clubs ligués; périls de tous côtés, ressources nulles: telle était la situation à laquelle devait faire face le gouvernement.

Lamartine et Marrast se partagèrent le soin de défendre le Gouvernement provisoire.

L'historien des Girondins se trahit dans les moyens qu'imagina Lamartine. C'était d'abord un appel aux départements, une fédération provinciale armée, représentée par trois cents bataillons de gardes nationales mobilisées, prêtes à se porter sur Paris à la moindre alerte. Rêve alors, où la garde nationale n'était qu'une ombre, mais qui révélait chez Lamartine un pressentiment instinctif de l'opinion des provinces et du rôle qu'elles seraient bientôt appelées à jouer. Un autre projet, analogue au précédent, avait reçu un commencement d'exécution. Lamartine avait expédié au général Négrier, commandant de la place de Lille, et placé à la tête d'un corps de 25,000 hommes, un émissaire secret chargé de lui demander si le Gouvernement, au cas où l'émeute triompherait, pourrait compter sur lui, soit pour marcher sur Paris, soit pour offrir à Lille un asile au Gouvernement. Le général promit son concours; mais il était bien loin, et les questions politiques, on l'avait vu au 24 février, se résolvent en quelques heures et à Paris même.

Lamartine avait fait des démarches d'une toute autre sorte. Il avait tenté de gagner les chefs populaires dans des entretiens particuliers. Raspail, Cabet, Lamennais, Sobrier, Blanqui lui-même, soumis tour à tour aux séductions de son éloquence, n'avaient répondu que par des adhésions difficiles à refuser, ou par des atténuations de principes que leur arrachait le bon sens persuasif de l'homme de génie ou la diplomatie souveraine du patricien. Malheureusement, ces succès qu'il obtenait dans son cabinet n'en dépassaient pas le seuil; ils n'arrêtaient ni une manifestation, ni une émeute. Les clubistes se prêtaient une heure à l'éloquence de Lamartine; et, reprenant au départ leur liberté, ils couvraient de son apparente protection les trames qu'ils ourdissaient à leur profit. Lamartine lui-même n'était qu'à moitié dupe; comment expliquer son anxiété au 16 avril, s'il avait eu pleine confiance dans les demi-promesses qu'il avait arrachées la veille?

Armand Marrast était plus pratique et plus secret. Convaincu que la partie devait encore se décider à Paris même, c'est à Paris qu'il concentrait ses efforts.

La première chose qui fit défaut, c'était une police. M. Marie l'a déclaré depuis devant la commission d'enquête : « Nous ne savions rien et nous n'étions pas obéis. » Marrast tenta d'y suppléer. A l'aide d'emprunts faits à la caisse du *National,* de son traitement comme maire de

Paris et de diverses allocations (entre autres quinze mille francs que Lamartine lui procura sur ses fonds secrets), il parvint à s'assurer des renseignements, soit par d'anciens détenus politiques qui avaient leur entrée dans les clubs et ailleurs, soit par l'entremise de M. Carlier, soit même à la préfecture de police [1]. La garde de l'hôtel de ville se composait de quatre cents hommes, où l'augmenta en recrutant sur la place nombre d'individus sans ressources qui y stationnaient sans cesse; on les habilla, et ils devinrent sinon des auxiliaires bien actifs, du moins des voisins moins dangereux. Pour dissimuler leur petit nombre, on leur faisait faire de fréquentes entrées et sorties. Blanqui avait trouvé pourtant des affidés dans ce groupe, et plusieurs mirent du sable dans leurs fusils.

Restait à s'assurer le concours de la garde nationale et de la garde mobile. Le général Duvivier chargé d'organiser la seconde, bien que le décret d'institution datât d'un mois, n'avait pas encore d'habillement pour ses soldats. L'association des tailleurs de Clichy, patronée par M. Louis Blanc, s'occupait si activement des questions économiques, que les dissertations sur le travail y remplaçaient le travail. Le général ne dissimulait pas son mécontentement et portait ses plaintes au ministre de l'intérieur, qu'il soupçonnait de retarder à dessein les livraisons. Les termes dont il se servit étaient même si peu mesurés que le ministre exigea sa destitution. Marrast l'écouta, plaida sa cause auprès du ministre, et réussit à se l'attacher. Dans la première semaine d'avril, deux bataillons étaient habillés et prirent garnison à l'hôtel de ville. Quant à la garde nationale, Marrast trouva dans les élections qui venaient de se faire un prétexte pour entrer en communication avec elle. Chaque jour, il se rendait dans les

[1] Commission des comptes de 1848. Rapport de M. Théodore Ducos, du 25 juin 1851. La plus grande partie des récépissés furent brûlés le 15 mai et le 22 juin par le secrétaire de Marrast.

mairies pour procéder à la reconnaissance des officiers. Puis, rassemblant autour de lui les principaux, il les encourageait, soit collectivement, soit individuellement, à défendre la République et le gouvernement. Il parlait de dangers prochains, il recommandait la vigilance et le zèle. Sa figure sympathique, ses tendances d'ordre hautement exprimées, l'appel mystérieux qu'il faisait à leur dévouement, lui conquéraient les esprits.

VII. — Cependant, les conciliabules se poursuivaient à la préfecture de police. MM. Louis Blanc et Albert pressaient M. Ledru-Rollin de se décider. Caussidière joignait ses instances aux leurs : souple et conciliant avec les membres du parti modéré, il se livrait vis-à-vis de M. Ledru-Rollin à sa fougue révolutionnaire. Sobrier prêchait l'alliance de Blanqui, et c'était précisément cette alliance qui effrayait M. Ledru-Rollin sur les conséquences de l'aventure. S'il acceptait l'idée d'une nouvelle révolution, il répudiait du moins les moyens sanglants; s'il entraînait les masses, il voulait les maîtriser. Flocon, son compagnon de lutte à la *Réforme*, n'approuvait ni ces rêves de dictature, ni ces alliances qu'imposerait la nécessité. MM. Jules Favre, Landrin, Carteret firent auprès de lui, le 14 avril, une démarche presque solennelle pour le détourner de ses projets. Les conseils de ces hommes devant lesquels s'étaient confidentiellement agités les rêves de dictature, prenaient plus de force à ce moment où l'heure paraissait venue de les réaliser. Sans écarter leurs conseils, M. Ledru-Rollin objectait que, l'Assemblée n'étant pas encore réunie, il n'y avait qu'un gouvernement de fait susceptible d'être modifié par un autre fait qui serait à lui-même sa légalité; au contraire, l'Assemblée, en prenant siége, résumerait en elle la souveraineté et le droit. De là des hésitations; il sentait que l'action révolutionnaire aurait son terme, moins à la convocation de l'Assemblée qu'à celle des comices, et que, si le 17 mars avait préparé sa dictature, il fallait la conquérir avant le 23 avril [1]. Pour rester maître du mouvement, il s'était déjà concerté avec Caussidière, qui devait faire arrêter Blanqui après le succès.

Le 15, à midi, le gouvernement tint conseil. M. Louis Blanc annonça la manifestation; M. Ledru-Rollin signala l'intervention de trois clubs qui devaient présenter un programme au Gouvernement provisoire, tandis que Blanqui chercherait à provoquer un soulèvement. Était-ce, de la part de M. Ledru-Rollin, une tentative pour amener l'arrestation anticipée de Blanqui? Quoi qu'il en soit, tout en discutant la question, le conseil n'admit point ce système d'arrestation préventive; Lamartine considérait Blanqui comme un contre-poids à d'autres influences, et saisissait sans scrupule l'occasion d'embarrasser son collègue d'un rival dangereux. Pour lui, il demanda 150,000 francs de fonds secrets. Une seconde séance du conseil fut indiquée pour le soir; les généraux de la garde nationale et de la garde mobile y devaient assister.

Jusque-là, le ministre de l'intérieur, en signalant la manifestation, n'avait rien révélé des préparatifs qu'il avait dû faire pour s'y opposer. La défiance de ses collègues s'autorisa d'un nouvel incident. En sortant du conseil, ils voient affiché sur les murs le *Bulletin de la République*, organe officiel du ministère de l'intérieur, portant la date du 15, et où les projets des conspirateurs étaient clairement dévoilés : « Les élections, si elles ne font pas triompher la vérité sociale, si elles sont l'expression des intérêts d'une caste, arrachée à la confiante loyauté du peuple, les élections qui devaient être le salut de la République seront

---

[1] M. Ledru-Rollin exposait cette théorie sophistique devant ses amis; il ne craignit pas de la répéter plus tard à la tribune, et s'étonna même des murmures qu'elle provoquait.

sa perte, il n'en faut pas douter. *Il n'y aurait alors qu'une voie de salut pour le peuple qui a fait les barricades, ce serait de manifester une seconde fois sa volonté et d'ajourner la décision d'une fausse représentation nationale.* » Réédifier les barricades, recommencer la révolution, ajourner toute réunion parlementaire, déclarer Paris investi du mandat de la France entière, « le rendez-vous de toutes les volontés », solidaire de tous les intérêts, et lui imposer « la douleur de vaincre lorsque nous aurions voulu seulement persuader »; tel était, audacieusement tracé à l'avance, le programme du lendemain. Et quel rôle laissait-on au Gouvernement provisoire? « Citoyens, il ne faut pas que vous en veniez à être forcés de violer vous-mêmes le principe de votre propre souveraineté. Entre le danger de perdre cette conquête par le fait d'une Assemblée incapable ou par celui d'un mouvement d'indignation populaire, le Gouvernement provisoire ne peut que vous avertir et vous montrer le péril qui vous menace. Il n'a pas le droit de violenter les esprits et de porter atteinte au principe du droit public. *Élu par vous*, il ne peut ni empêcher le mal que produit l'exercice mal compris d'un droit sacré, *ni arrêter votre élan, le jour où, vous apercevant vous-mêmes de vos méprises, vous voudriez changer dans sa forme l'exercice de ce droit.* » Parler ainsi plus encore au nom du gouvernement tout entier que du ministre de l'intérieur; déclarer le gouvernement solidaire de ces mouvements « d'indignation populaire » et impuissant « à arrêter ces élans », n'était-ce pas aussi outrageant pour le gouvernement à qui l'écrivain infligeait ce rôle pitoyable, que pour la France vouée tout entière aux caprices de la populace parisienne et de ses chefs [1] ?

Par un singulier concours de circonstances, ce bulletin,

---

[1] Un journal de Bordeaux n'osa pas prendre au sérieux le *Bulletin* n° 16; il prétendit que c'était un *canard* inventé par les royalistes.

rédigé par madame Sand et livré par elle, suivant son usage, au contrôle absolu du chef de cabinet, personne ne l'avait lu avant l'impression, ni le ministre, ni le chef de cabinet, ni le secrétaire général du ministre, M. Jules Favre. Celui-ci, à peine averti, le fit arracher des murailles et courut à la poste pour en arrêter l'envoi; il était trop tard! C'était bien le programme caché au fond de la pensée de M. Ledru-Rollin et qu'avaient souvent trahi ses entretiens, le programme banal des clubs et du Luxembourg, mais Ledru-Rollin ne l'avait ni publié ni signé : il ne le connaissait pas encore lorsque ses collègues, oubliant sa dissimulation, n'accusaient plus que son impudence [1].

La séance du soir ne toucha qu'incidemment à la manifestation du lendemain : MM. Louis Blanc et Albert se déclarèrent impuissants à l'empêcher; Flocon désapprouva toute tentative de briser l'intégrité du gouvernement. Le ministre des finances proposa deux décrets, l'un établissant un impôt sur les créances hypothécaires, l'autre abolissant l'impôt du sel à partir du 1er janvier 1849, mesures sans portée réelle ni immédiate, bien que destinées à « satisfaire la Révolution et le peuple » en soulageant le pauvre et en frappant le capitaliste. Un troisième décret, appelé par les vœux impatients de la *Commune de Paris*, de la *Réforme* et du *National*, mettait à la retraite soixante-cinq officiers généraux. M. Arago n'était entré au ministère de la guerre que pour endosser la responsabilité de cette me-

[1] M. Élias Regnault, chef du cabinet de M. Ledru-Rollin, a raconté depuis que madame Sand, devant partir le 14 pour la campagne, l'avait invité à venir prendre l'article qu'elle déposait sous enveloppe cachetée chez son concierge. M. Élias Regnault, apprenant ce jour-là même que sa mère était à l'extrémité, courut prendre l'article et le livra sans même le décacheter à l'imprimeur. Personne au ministère n'en relut les épreuves. Il n'y eût pas trois articles rédigés par madame Sand, parmi lesquels on choisit celui-là au hasard, ainsi que M. Jules Favre l'aurait affirmé par erreur devant la commission d'enquête.

sure : aucun général n'avait voulu s'en charger. Ces décrets étaient-ils bien opportuns, à la veille du jour où le gouvernement ne devait trouver son salut que dans la bourgeoisie et dans l'armée ?

VIII. — Les clubs s'étaient déclarés en permanence. Lamartine et Marrast y avaient envoyé une nuée d'agents secrets qui rapportaient les plus sinistres renseignements. L'entente, toutefois, n'était pas parfaite entre les conspirateurs. Au *Club de la Révolution* (club Barbès), on discute la manifestation : elle doit avoir pour but d'exprimer le mécontentement des amis de la Révolution, de demander la révocation des commissaires suspects de réaction et une modification dans la composition du Gouvernement provisoire. Mais le club n'est pas éclairé, il hésite : on nomme des délégués pour s'informer. L'hostilité de Barbès contre Blanqui va se marquer nettement dans les actes. Le *Club des clubs* et la *Société républicaine centrale* veulent s'assurer le concours de M. Ledru-Rollin ; mais celui-ci commençait à se dégoûter de ses amis. Flotte, le séide de Blanqui, se rend au ministère de l'intérieur, M. Ledru-Rollin ne le reçoit pas ; Sobrier s'y rend à son tour, M. Ledru-Rollin refuse de s'engager. « Eh bien, lui dit Sobrier, si vous ne voulez pas marcher avec nous, vous serez jeté par la fenêtre, dimanche, avec les autres ; nous sommes en mesure. »

M. Ledru-Rollin n'hésita plus. L'ambition le livrait perplexe aux aventures de l'émeute : sa conscience lui dictait nettement un devoir facile. Au lieu de rester au ministère exposé à de nouvelles sollicitations, il va le matin chez Lamartine, celui de ses collègues dont la générosité native comprendra le mieux la franchise de sa démarche. Lamartine suivait de ses fenêtres les cortéges d'ouvriers se rendant au Champ de Mars, bannières au vent. « Il n'y a pas deux partis à prendre, répond Lamartine en se levant et en tendant la main à Ledru-Rollin : il faut combattre ou livrer le pays à l'anarchie, la République aux aventures, le gouvernement à l'opprobre. Vous êtes ministre de l'intérieur, vous êtes loyal et résolu, vos attributions vous donnent le droit de faire battre la générale dans Paris et d'appeler la garde nationale aux armes..... Allez de ce pas donner l'ordre de faire lever les légions. Moi je vais faire lever les bataillons de garde mobile qui peuvent être en état de combattre... S'il y a une garde nationale, s'il y a une garde mobile, s'il y a une société, s'il y a de la vie dans la République, si nous existons, enfin, nous allons le voir. La France sera sauvée, ou nous succomberons avec honneur. »

M. Ledru-Rollin se dirige immédiatement vers l'esplanade des Invalides, où se trouvaient réunies deux légions de la banlieue; assisté du général Courtais, Armand Marrast procédait à la reconnaissance des officiers. Sur l'ordre du ministre, le général part pour les Tuileries, où il rencontre Lamartine. Le chef d'état-major, Saisset, refusait de croire au mouvement et tardait à faire battre le rappel. A l'hôtel de ville, MM. Buchez et Edmond Adam avaient pris leurs dispositions et donné les mêmes ordres dans diverses mairies. Arago s'y portait pour en surveiller l'exécution. Caussidière envoya vers midi, soit pour détourner les soupçons, soit pour placer des affidés au point principal de l'attaque, le bataillon des Lyonnais; mais, en homme avisé, Buchez ne les laissa pas entrer à l'hôtel de ville et les posta sur la place Saint-Jean. Enfin, à midi et demi, Lamartine et Marrast arrivaient à l'hôtel de ville. Un nouvel auxiliaire s'était joint à eux : le général Changarnier, qui, désigné pour un poste diplomatique, s'était rendu le matin au ministère des affaires étrangères pour y prendre des instructions; madame de Lamartine, informée de sa démarche, l'avait pressé d'aller rejoindre son mari. On l'accueille avec empressement, on lui confie le commandement du palais. Ceux qui le virent en ce moment, raconte un témoin oculaire, furent stupéfaits de la métamorphose qui se fit en lui. Il distribue les postes, multiplie les ordres, imprime à tous son ardeur. Deux officiers lui paraissaient douteux, il les fait sortir des rangs : « Vous êtes des braves, dit-il, vous resterez toute la journée auprès de moi. » Sous sa dictée, Marrast écrit au général Duvivier de faire partir ses bataillons en masse de la place Vendôme, de déboucher en colonne par toutes les rues perpendiculaires au quai, depuis le Louvre jusqu'à la Grève, de manière à prendre en écharpe les masses populaires et à les diviser en tronçons, de ne pas disperser les troupes et de ne tirer qu'à la dernière extrémité. Le général Duvivier se contenta de renvoyer l'ordre, après y avoir écrit : « C'est bien. » Il y avait alors à l'hôtel de ville environ dix-huit cents hommes composés des hommes du colonel Rey, d'élèves des Écoles et de deux bataillons de garde mobile.

Cependant, depuis le matin, de tous les points de la ville, des groupes d'ouvriers se hâtaient vers le Champ de Mars, portant des bannières sur lesquelles on lisait : *Organisation du travail, Abolition de l'exploitation de l'homme par l'homme*. Bientôt, il s'y trouva réuni environ quarante mille hommes. Blanqui circulait dans cette foule, distribuant sa réponse aux révélations de la *Revue rétrospective* et faisant semer partout le mot d'ordre : « A l'hôtel de ville [1]. En même temps, le bruit courait, répandu sans doute par ses soins, que MM. Ledru-Rollin et Louis Blanc avaient été assassinés.

Enfin, le rappel bat, et la manifestation s'ébranle. Elle suit les quais, rencontre sur son passage cinq mille individus qui s'étaient réunis à l'Hippodrome, puis d'autres

---

[1] Haute Cour de Bourges, 1849.

clubs. Ainsi accrue dans sa marche, elle dépasse le Louvre, atteint le Châtelet, et poursuit, pleine de confiance. Bien que les sons du tambour se fissent entendre dans le lointain, aucune troupe de garde nationale ou de garde mobile ne s'était encore montrée. L'hôtel de ville était inquiet et se demandait avec anxiété si les masses du peuple n'allaient pas envahir la place et assiéger la maison commune. En effet, la tête de la colonne apparaît à l'angle de la place de Grève; mais, à ce moment, la 10ᵉ légion [1] se précipite du pont d'Arcole sur la place, arrête par son impétuosité la marche de la foule, et vient se ranger au pied de l'hôtel de ville. En même temps, les colonnes de garde mobile se jettent sur les quais par toutes les issues, et coupent en tronçons la manifestation, dont les groupes déconcertés s'étonnent et se dispersent. La garde nationale accourt de toutes parts, débouche sur les places, les quais, les rues, poussant un cri unanime : *Vive le Gouvernement provisoire!* Le président du *Club de la Révolution*, l'ennemi de Blanqui, Barbès, arrive à cheval à la tête de la 12ᵉ légion, et ce n'est pas le côté le moins original de cette journée que ce conspirateur de la veille qui se range à la défense du Gouvernement.

Lamartine et Marrast haranguaient tour à tour les députations des légions, tandis que la manifestation, réduite, morcelée, disséminée au milieu des uniformes, avait perdu tout l'avantage de sa masse. Lamartine, toujours généreux, affirmait l'unité du Gouvernement provisoire, défendait son intégrité, sollicitait la confiance. « Le Gou-

---

[1] La 10ᵉ légion était celle de l'ancien Xᵉ arrondissement, aujourd'hui VIIᵉ, connu sous le nom de faubourg Saint-Germain. Deux fois encore, cette même légion devait venir la première au secours de la République et de la légalité menacées, la première fois, le 2 décembre 1851, lorsqu'elle protégeait les délibérations des représentants du peuple qui protestaient contre le coup d'État; la seconde, le 31 octobre 1870, lorsqu'elle délivra à l'hôtel de ville les membres du Gouvernement de la défense nationale.

vernement provisoire, disait-il, vous en donne l'exemple
dans la confiance méritée que chacun de nous porte à ses
collègues et qu'il en reçoit à son tour. Il en donne aujourd'hui la preuve en refusant à tout prix de se désunir......
L'indivisibilité du Gouvernement provisoire doit être ainsi
la conquête civique de cette magnifique et unanime manifestation. »

Quant aux délégués des ouvriers, au lieu d'être introduits devant le Gouvernement provisoire, ils ne furent
reçus que par l'un des adjoints, M. Edmond Adam. La
pétition qu'ils apportaient était ainsi conçue : « Citoyens,
la réaction lève la tête; la calomnie, cette arme favorite
des hommes sans principes et sans honneur, déverse de
tous côtés son venin contagieux sur les véritables amis du
peuple. C'est à nous, hommes de la Révolution, hommes
d'action et de dévouement, qu'il appartient de déclarer au
Gouvernement provisoire que *le peuple* VEUT *la République démocratique; que le peuple* VEUT *l'abolition de l'exploitation de l'homme par l'homme; que le peuple* VEUT
l'organisation du travail par l'association. » M. Edmond
Adam leur répondit brièvement que le gouvernement
« portait un vif intérêt aux classes ouvrières et qu'il en
avait donné des preuves; quant à l'offrande qu'apportaient
les délégués, c'était la commission installée à l'Élysée-
Bourbon qui avait seule mission de la recevoir. »

Les délégués sortirent de cette audience déconcertés
et irrités; et, rencontrant M. Louis Blanc, ils se plaignirent vivement; mais l'heure de M. Louis Blanc était
passée. Le premier coup de tambour l'avait étonné,
M. Ledru-Rollin avait repoussé ses observations. Irrité,
mais sentant que le sort se déciderait contre lui s'il était
absent, il se rend avec Albert, son inséparable acolyte,
à l'hôtel de ville. En apprenant le langage qu'avait tenu
M. Edmond Adam, il demande sa destitution : à peine
daigne-t-on l'écouter. Plus d'un républicain pressait

même Armand Marrast de faire arrêter M. Louis Blanc.
On se contenta de lui infliger le spectacle de ses projets
déroutés, de ses troupes dispersées, des flots de garde
nationale roulant tout le jour et jusque pendant les premières heures de la nuit, à la lueur des torches, sous
les fenêtres de l'hôtel de ville, mêlant les acclamations
au Gouvernement et le cri, devenu le cri officiel de la
journée : *A bas les communistes!* C'était l'armée de l'ordre qui se réveillait de son sommeil. C'était la garde nationale réorganisée sur le pied démocratique qui donnait
un démenti à toutes les fantaisies révolutionnaires, politiques ou économiques ; c'était la revanche du 17 mars. A
minuit, les rues retentissaient du passage des gardes nationaux, dont le succès de la journée avait enivré le zèle.

IX. — Cependant, comme il arrive des entreprises qui
n'ont pas réussi, personne ne voulut avoir pris part à
celle du 16 avril. Cabet s'y déclara étranger ; Villain se
défendait d'y avoir trempé, Sobrier la désavouait. M. Louis
Blanc s'indigna qu'on eût pu soupçonner de complot les
délégués du Luxembourg, et ceux-ci vinrent le lendemain
à l'hôtel de ville pour protester de la pureté de leurs intentions. Caussidière se hâta de rentrer dans l'ordre : par
un de ces malentendus qui ne tiennent pas seulement au
hasard, la compagnie de garde nationale qui prenait le
poste de la préfecture n'avait pu y entrer le 15, ni le 16,
ni le 17, sur le refus des Montagnards ; le 18, Caussidière
les réunit, leur fit de sévères reproches et les rappela à
l'exécution des lois. Blanqui seul eut la franchise de ses
desseins ; il se cacha. Caussidière avait découvert sa retraite ; il sollicita un mandat d'arrêt qui lui fut promis,
mais non délivré. Quant au Gouvernement provisoire, devant l'attitude énergique de la garde nationale, il craignit
de verser dans le parti de l'ordre, et il s'écria dans une

proclamation (19 avril) : « Le Gouvernement provisoire protége les clubs, les clubs sont pour la République un besoin », oui, ces clubs mêmes contre lesquels il s'était armé et qui la veille menaçaient de le renverser et de le dissoudre. Et, pour témoigner de « l'impulsion énergique, vigoureuse et féconde » qu'il avait reçue de ces dangereux collaborateurs, le 17, il déclarait le principe de l'inamovibilité de la magistrature incompatible avec le gouvernement républicain, donnant pouvoir au ministre de la justice de suspendre et de révoquer les magistrats de l'ordre judiciaire, au ministre des finances, de suspendre et de révoquer les magistrats de la Cour des comptes. Et l'on ne s'en fit pas faute, des deux côtés [1]..... Le 18, l'octroi sur la boucherie était supprimé et remplacé : 1° par une taxe spéciale et progressive sur les propriétaires et sur les locataires occupant un loyer de huit cents francs et au-dessus; 2° par un impôt sur les voitures de luxe, les chiens et les domestiques mâles; 3° et par une contribution directe de 1 pour 100 sur les créances hypothécaires. Voilà les mesures « énergiques et fécondes » qui occupaient les loisirs du Gouvernement provisoire, tandis que d'une part les gardes nationaux, sur qui tombaient ces impôts, le protégeaient de leur zèle, si imprudemment rebuté, et que de l'autre ces clubistes qu'on redoute et qu'on flatte complotaient d'enlever les membres du Gouvernement au milieu de la fête de la Fraternité!

Hypocrisie des paroles et des actes! A peine au sortir d'une échauffourée, on tombait dans une fête pour amuser le peuple qu'on ne savait pas conduire et qu'on ne pouvait pas occuper! Du 16 au 20 avril, « la moitié de Paris,

---

[1] La suspension était prononcée le 17 contre M. Barthe, président de la Cour des comptes; le 18, contre quatre conseillers maîtres ou référendaires; le 19, contre quatre présidents de Cour d'appel; le 20, contre trois conseillers à la Cour de cassation. Le 1er mai, les conseillers maîtres suspendus étaient révoqués, et dix autres étaient admis à la retraite.

comme le disait plus tard Caussidière, voulait arrêter l'autre moitié. » Chaque jour, une nouvelle panique jetait sur les places des milliers de gardes nationaux, et, le 20, il fallait fêter *la fraternité*, « l'unité du peuple, de la garde nationale et de l'armée ! » En effet, une immense revue convoquait toute la garde nationale de Paris et de la banlieue ! A cette colossale parade qui dura seize heures, et où trois cent mille hommes défilèrent aux Champs-Élysées devant l'estrade du Gouvernement provisoire, il y eut du moins un profit : quinze mille hommes de l'armée se mêlèrent au défilé. Humiliée et bannie par les vainqueurs du 24 février, l'armée rentrait à la faveur d'une revue, mais elle rentrait et elle restait.

Ce fut Lamartine qui se chargea de décrire la fête dans la proclamation du lendemain. « Nous voudrions, dit-il, conserver à la postérité la fidèle image de ce jour fraternel : cette forêt flottante de baïonnettes que seize heures n'ont pas suffi pour écouler au pas de charge; ces fleurs, ces pavillons, ces rameaux au bout des fusils, symbole de paix dans la force; ces bataillons accourus des villes et des villages les plus éloignés, avec une partie de leur population ; ces régiments composés de nos fils et de nos frères, rentrant dans la capitale, réconciliés et entrelacés dans les groupes armés ou désarmés du peuple; ces visages qui ne respiraient que la concorde, la confiance, la sérénité de l'ordre et de la liberté; ces cris dont pas un seul n'a été un cri de haine ou d'alarme; cette unanimité d'adhésion à quelques citoyens modestes et laborieux, chargés par les circonstances de veiller au salut de tous; ce recueillement enfin, en rentrant aux flambeaux dans ces rues de Paris spontanément illuminées pour prolonger encore plus avant dans la nuit ce jour trop court pour laisser contempler l'armée pacifique de la fraternisation! Conservez du moins cette image dans vos cœurs! L'Europe et la France le sauront demain : l'Europe, pour mesurer l'incommensurable puissance d'une nation qui, dans une seule ville, peut armer trois cent mille hommes dans une nuit; la France, pour se réjouir de l'esprit qui anime l'universalité de sa capitale et pour dissiper les craintes que les ennemis de la République pourraient répandre contre la raison et contre la perpétuité de la République.

« Vous l'avez vu, citoyens! et la France le verra par vos yeux après vous! Quand Paris armé est debout, tout s'abaisse et disparaît devant son attitude. L'ordre est garanti. La sécurité et l'indépendance de la représentation nationale sont assurées. La famille et la propriété sont sacrées. Les industries sont libres. Le crédit remonte. Le numéraire, enfoui par la défiance, reparaît. Le travail, cette propriété des travailleurs, est créé par le gouvernement, entouré d'institutions protectrices des droits du plus pauvre et du plus faible. La fraternité ne sera pas seulement une cérémonie, elle sera la loi. La République, impérissable dans sa force et invariable dans sa marche, continuera la Révolution, mais la continuera au profit de tous; elle sera une, comme vous avez été un. Donnez-lui le temps et la force, elle vous rendra la justice entre toutes les classes, l'égalité entre tous les intérêts, l'union entre tous les cœurs, l'influence au dehors, la sécurité au dedans. »

Était-ce là une description, pompeuse et vaine comme la fête qu'elle célèbre, ou une brigue électorale à grand fracas, une circulaire à quatre cent mille électeurs?

Le 16 avril nous offre le second exemple de ces manifestations solennelles par lesquelles la souveraineté populaire était, dans le système de ses meneurs, destinée à s'exercer. Mêmes moyens, mêmes manœuvres, même programme qu'au 17 mars, avec un caractère plus tranché. Même programme, c'est-à-dire un prétexte déguisant le but véritable. M. Ledru-Rollin disait plus tard

(1849) devant la Haute Cour de Bourges : « Pour faire une révolution, on a soin de s'emparer d'une idée sympathique à la foule; on ne lui dit pas où l'on veut aller; mais, quand le mouvement est produit, quand le gouvernement est renversé, par un tour non moins habile, on y substitue un autre gouvernement. » Voilà la souveraineté populaire, dupe de ses meneurs! Mêmes moyens : convocation des clubs, des corporations, des ouvriers. — Pas d'armes, a-t-on dit; donc pas de complot. — Mais à quoi bon des armes contre un gouvernement désarmé? Rappelons le langage de Villain le 19 mars : « Quand le peuple est fort, il peut descendre dans la rue les mains dans les poches... qui pourrait résister à cette immense pression de tout un peuple? »

Cependant la manifestation fut vaincue, même moralement. M. Ledru-Rollin, dictateur prédestiné sous la tutelle d'un comité de salut public, ruina son crédit, même auprès des siens : quelle confiance placer dans un homme qui, le matin, jette les sections dans la rue, et, quelques heures après, y appelle la garde nationale? Il est redevenu fidèle, mais comment s'assurer qu'il ne reprendra pas sa parole et ne désertera pas sa nouvelle cause? La manifestation du 16 avril prépare les échecs électoraux de M. Ledru-Rollin. Quant aux clubs, l'opinion les croyait puissants : l'événement démontra qu'on s'aveuglait sur leur force, comme ils s'aveuglaient eux-mêmes. Au milieu de la débâcle générale, malgré toutes les causes de dissolution et de désordre, il se trouva à Paris deux cent mille gardes nationaux qui revendiquaient leurs droits, vingt-cinq mille gardes mobiles qui, grâce à la discipline militaire, se rattachaient au gouvernement. Grande surprise pour tous, y compris le gouvernement. Il n'avait donc plus à capituler devant la foule, à transiger avec les clubistes : Paris, le sanctuaire de l'insurrection, Paris défendait l'ordre et réprimait l'émeute. La population prêta aux membres du gouvernement toute la fermeté qu'elle leur souhaitait et qu'elle espérait d'eux, et il arriva que cette manifestation du 16 avril, destinée à éliminer les membres modérés du gouvernement, à exalter les autres, après avoir tourné contre ses auteurs, allait rencontrer à l'heure du scrutin des résultats analogues : les victimes désignées des clubs y trouveraient un succès éclatant et leurs favoris la déroute.

LIVRE SIXIÈME

LE SUFFRAGE UNIVERSEL.

Sommaire. — La question électorale est au fond de tous les événements qui précèdent : résumé rapide. — Circulaire du 7 avril. — La République de droit divin. — « Que feriez-vous si l'Assemblée nationale ne proclamait pas la République? » — Les listes du *National*. — Le club de l'Assemblée nationale. — Comment les républicains du lendemain entendaient la République. — Circulaire de M. Thiers. — Les faits de pression électorale établis par les comptes de finances. — L'élection à Paris; deux influences : MM. Marie et Louis Blanc. — La liste du Luxembourg, celle de la Mairie. — Revue projetée et contremandée des ateliers nationaux. — L'embrigadement des votes : réunion au Champ de Mars, protestation de Lamennais. — Les élections du 23 avril ont été républicaines à Paris et dans les départements, mais en donnant ses voix à la République, la France a distingué. — Succès éclatant de Lamartine. — Infériorité relative de MM. Ledru-Rollin et Louis Blanc. — Échec de la liste du Luxembourg et des Jacobins. — Protestations du *National*, de la *Réforme* et de la *Vraie République* : menaces à l'Assemblée. — Troubles de Limoges et de Rouen. — *Limoges*. — Le 26, réunion de la *Société populaire*; complot pour le lendemain. — Invasion de la salle du scrutin, lacération et dispersion des bulletins. — Rétablissement du comité provisoire de Février. — La garde nationale est désarmée. — Les membres du comité combattent le désordre et pacifient la ville. — Rôle de M. Trélat. — Le délégué des clubs. — *Rouen*. — Échec de la liste radicale. — Rassemblements sur la place de l'Hôtel-de-Ville. — Tentatives pour désarmer les gardes nationaux. — Démission du commissaire, M. Deschamps. — Les barricades sont enlevées sur les deux rives. — Menaces des clubs et de la *Société des Droits de l'homme*. — Prédictions sinistres. — Incertitudes et délabrement du pouvoir.

I. — Depuis que, par le décret du 5 mars qui instituait le suffrage universel, la question électorale était entrée en scène, elle n'en était, à vrai dire, jamais sortie. Nous l'avons rencontrée au 17 mars, servant de prétexte officiel à la manifestation ; elle se cachait dans l'équipée du 16 avril. Le 17 mars, on ne parlait que d'ajournement temporaire ; le 16 avril, il s'agissait d'ajournement indéfini. Au fond des agitations parisiennes et départementales que nous avons racontées, derrière les coups de main qui marquent chaque mois l'existence précaire de la République, on sent la crainte de l'Assemblée prochaine et la terreur du scrutin. Ce suffrage populaire, hier, il était apte à tout ; aujourd'hui c'est un mineur qu'il faut diriger et instruire ; au 5 mars, la République le proclame comme son cadeau de bienvenue ; deux mois s'écoulent, et elle voudrait l'écarter comme un péril.

La circulaire du 12 mars, qui provoqua de si légitimes colères ; la protestation de Lamartine, qu'appuya le gouvernement tout entier ; l'énergique réveil de l'opposition dynastique, que le ministre de l'intérieur tentait puérilement de décourager et de flétrir ; les élections reculées du 9 avril au 23 ; l'envoi de délégués soldés par le Gouvernement provisoire pour propager les opinions républicaines et combattre ce qu'on appelait la réaction ; le *Club des clubs* fournissant les fonctionnaires, les missionnaires, le journal, l'armée, et renfermant dans sa vaste organisation tous les rouages d'un gouvernement prêt à supplanter l'autre sous couleur de le seconder ; les ateliers nationaux transformés en électeurs dont on se dispute le vote ; le Luxembourg, hier parlement ouvrier, aujourd'hui pépinière de candidats ; le complot, enfin, qui, dans le désarroi général, a failli mettre aux mains des clubs le gouvernement de la France : tous ces faits, déjà racontés et sur lesquels il n'y a pas lieu de revenir, composent l'histoire des élections et forment le milieu dans lequel le suffrage universel, modifiant au jour le jour ses impressions et ses tendances, passait d'une sympathie improvisée pour la République à un état de défiance et parfois d'hostilité.

M. Ledru-Rollin n'était pas d'humeur à céder sans combat. Le 7 avril, à la veille du départ des délégués, il adressa aux commissaires une nouvelle circulaire. Loin de rétracter celle du 12 mars, il semblait prendre plaisir à en accentuer l'esprit. Avec ce sans-façon de logique qui permet aux républicains de prêcher et de faire tout ce qu'ils incriminaient dans la Monarchie, le ministre de la révolution qui succédait à M. Duchâtel affirmait hautement le droit, pour le gouvernement, de se mêler à la lutte, de signaler et d'appuyer ses candidats, et cela, sans inconséquence et sans plagiat. « Le gouvernement doit-il agir sur les élections ou se borner à en surveiller la régularité? Je n'hésite pas à répondre que, sous peine d'abdiquer ou même de trahir, le gouvernement ne peut se réduire à enregistrer des procès-verbaux et à compter des voix; il doit éclairer la France et travailler ouvertement à déjouer les intrigues de la contre-révolution, si, par impossible, elle ose relever la tête... Est-ce à dire que nous imitions les fautes de ceux que nous avons combattus et renversés? Loin de là. Ils dominaient par la corruption et le mensonge, nous voulons faire triompher la vérité; ils caressaient l'égoïsme, nous faisons appel aux sentiments généreux; ils étouffaient l'indépendance, nous lui rendons un libre essor; ils achetaient les consciences, nous les affranchissons. Qu'y a-t-il de commun entre eux et nous? »

Il ne prétendait ni procéder timidement ni cacher son drapeau : « Quoi! nous sommes libres d'hier; il y a quelques semaines encore nous subissions une loi qui nous ordonnait, avec amende et prison, de n'adorer, de ne servir, de ne nommer que la Monarchie; la République était par tout représentée comme un symbole de spoliation, de pillage, de meurtres, et nous n'aurions pas le droit d'avertir la nation qu'on l'avait égarée? Nous n'aurions pas le droit de nous mettre perpétuellement en communication avec elle pour lui ouvrir les yeux? Hommes publics sans prévoyance et sans foi politique, nous laisserions insulter notre drapeau! Nous nous exposerions à l'ensanglanter dans une guerre civile pour n'avoir pas osé le déployer librement! Non, nous ne méconnaîtrons pas à ce point notre devoir. Apôtres de la Révolution, nous la défendrons par nos actes, nos paroles, nos enseignements. Vigilants et résolus contre ses ennemis, nous lui conquerrons des partisans en la faisant connaître. Ceux-là seuls qui ne la comprennent pas peuvent la redouter. »

Il faisait donc appel au zèle des commissaires, à « l'enseignement viril », pour « remuer profondément et pacifiquement le pays ». Il ajoutait : « Dans toutes les occasions où vous serez appelés à le guider, pénétrez-vous de cette vérité que nous marchons vers l'anarchie si les portes de l'Assemblée sont ouvertes *à des hommes d'une moralité et d'un républicanisme équivoques.* » Qui étaient ces hommes? Il ne le dissimulait pas; c'étaient : « Ceux qui ont adopté l'ancienne dynastie et ses trahisons, ceux qui limitaient leurs espérances à d'insignifiantes réformes électorales, ceux qui prétendaient venger les mânes des héros de Février en courbant le front glorieux de la France sous la main d'un enfant. » — Mais ils se convertissent, lui disait-on; les empêcherez-vous de s'incliner devant la République? — « Eh bien! s'écriait M. Ledru-Rollin, puisque le choc impétueux des événements leur a subitement dessillé les yeux, soit : qu'ils entrent dans nos rangs; mais qu'ils n'aspirent ni à nous commander ni à nous conduire. Qu'ils marchent à l'ombre du drapeau du peuple, mais qu'ils ne songent pas à le porter..... Que le peuple s'en défie donc et les repousse. Mieux vaudrait des adversaires déclarés que ces amis douteux. »

M. Ledru-Rollin avait sous la main des candidats fort empressés, je veux dire les commissaires, qui, en dépit des critiques constitutionnelles contre les députés fonctionnaires, ou des plaintes de l'opposition contre les 225 *sa-*

tisfaits, ne trouvaient rien d'inconciliable entre leur magistrature administrative et une compétition électorale. Si le ministre de l'intérieur avait eu un peu de logique ou seulement de mémoire, il aurait interdit aux commissaires de se présenter aux électeurs dans le département qu'ils administraient. Tel était le vœu de M. Louis Blanc; M. Ledru-Rollin ne poussa pas aussi loin le désintéressement. Il se contenta, dans cette même circulaire, de recommander aux commissaires de la discrétion dans la brigue électorale.

« Laissez-moi vous dire que vous ajouterez à l'autorité morale des résolutions qu'elles (ces pensées) vous inspireront, en donnant l'exemple de l'abnégation personnelle et de la réserve dans la recherche des suffrages. Ce serait mal comprendre, ce serait abaisser votre mission, que de la consacrer à faire réussir votre candidature. »

Telle était cette circulaire du 7 avril, dont la *Commune de Paris* n'aurait désavoué ni l'esprit, ni le langage, et dont le *Bulletin de la République* (n° 16) donnait quelques jours après (*suprà*, p. 205) le menaçant commentaire. Faut-il ajouter que les candidats insultés par le ministre ne se plaignaient ni de ses violences ni de ses insultes, et que les électeurs leur en tenaient compte comme de gages de succès? Vainement le *National* (13 mars) conseillait charitablement aux anciens députés de l'opposition dynastique de ne pas prendre part à la lutte électorale, sans doute pour laisser le champ plus libre aux candidats de son choix; vainement le club de l'*Émancipation des peuples*, présidé par un certain Suau, protégé, disait-on, de Lamartine, allait en députation auprès du Gouvernement provisoire pour l'inviter à exclure, par décret, de l'éligibilité, les 225 *satisfaits;* la faveur qui avait naguère porté les uns, les accompagnait encore; et, quant aux autres, l'opinion publique commençait à les excuser en les voyant insultés par un gouvernement et par un ministre qui les imitaient si bien.

Elle était donc de droit divin, comme l'antique Monarchie, cette République née d'hier! Les candidats s'en apercevaient bien : dans chaque club, il se trouvait quelque personnage qui, soucieux des droits suprêmes du peuple, leur adressait infailliblement cette question : « Que feriez-vous si l'Assemblée nationale ne proclamait pas la République? » Déjà, le 13 mars, M. Émile de Girardin l'avait posée au gouvernement, et il ajoutait : « Si par suite du manque de travail, de l'extension de la misère et de la faiblesse du pouvoir, l'Assemblée nationale ne voit d'autre terme à l'anarchie que la royauté rétablie par la régence, jettera-t-on à l'eau la majorité ou la mitraillera-t-on? » Malheur au candidat qui ne répondait pas par l'axiome républicain : L'insurrection est le plus saint des devoirs! Ainsi pénétrait et s'établissait peu à peu dans les esprits l'idée que l'Assemblée nationale ne représenterait pas la nation; que le peuple, celui de Paris sans doute, conservait sur elle un droit de suprématie et de contrôle, lequel devait s'étendre jusqu'à l'empêcher de se réunir, ou, le cas échéant, à l'expulser.

II. — Autant M. Ledru-Rollin, ses agents ou ses amis, montraient officiellement d'aigreur et d'hostilité contre les candidats du tiers parti ou de l'opposition dynastique, autant le *National*, et le *Comité central*[1], qui portait ses couleurs, voyant les anciens députés gagner du terrain dans l'opinion, usaient à leur égard de modération et de prévenances. De ce côté, l'alliance d'avant février ne semblait pas rompue; les candidats républicains avaient le pas, bien entendu, mais sans fermer la porte aux autres. Le comité

---

[1] Ce comité, qu'il ne faut pas confondre avec le *Club des clubs*, siégeait dans la salle des concerts, boulevard Bonne-Nouvelle. Les membres du bureau étaient : MM. Recurt, Clément Thomas, Chevallon, Corbon, Degousée, Dubois, Outin, Thirion.

avait la prétention, digne du *Club des clubs,* de fournir une liste complète de candidats à chaque département (*National,* 10 avril), presque dans chaque liste il glissait le nom d'un rédacteur du *National.* Ainsi M. Léopold Duras, devenu rédacteur en chef par la retraite d'Armand Marrast, et M. Charles Thomas, pour ne citer que ces deux noms, figuraient sur ces listes, sans que ni leur notoriété de journalistes expliquât cette candidature universelle, ni leurs relations dans chaque département ces candidatures locales. C'était l'inconvénient du scrutin de liste de faire apparaître aux yeux des électeurs des célébrités improvisées de la veille; bien qu'inconnues, elles réussissaient parfois à la faveur du groupe dans lequel elles figuraient.

Le *Club de l'Assemblée nationale* n'était pas tombé dans cette erreur bien proche du ridicule. Tout en organisant une certaine centralisation d'efforts au profit de candidats légitimistes ou orléanistes, il ne publiait pas de listes générales, il n'aspirait pas, du moins en apparence, à régir la France entière. C'est dans le département même, sur place, qu'il préparait ses listes, d'où il n'excluait pas même les républicains, lorsqu'ils jouissaient dans les localités d'une notoriété honorable. M. Ch. Beslay dans le Morbihan, David (d'Angers) dans Maine-et-Loire, bien d'autres encore furent portés sur des listes dites de conciliation. En localisant ses efforts, le parti monarchique procédait plus sûrement, et la modestie de son attitude lui valut plus de succès que n'auraient fait des prétentions plus ambitieuses.

On a incriminé depuis, et l'ardeur de ses circulaires et même son adhésion à la République. Singulier reproche dans la bouche des républicains! Ils appelaient à eux tous les partis; ils sollicitaient tous les citoyens de s'unir sur ce terrain commun; par le suffrage universel le gouvernement se subordonnait à l'opinion publique : ces appels étaient-ils sincères ou non? Mais la République, comme le

Gouvernement provisoire, avait deux faces. Lorsque MM. de Falloux, Montalembert, Rouher, de Dampierre, etc., adhéraient à la République, ils n'entendaient pas sans doute se ranger sous le drapeau de MM. Ledru-Rollin, Caussidière, Sobrier et Barbès. M. Ledru-Rollin n'avait-il pas été lui-même, au 16 avril, infidèle à ses amis pour se rallier à la République de Lamartine et de Changarnier? Ceux qu'on appelait les monarchistes n'ont pas agi autrement; seulement, leur choix était fait avant que M. Ledru-Rollin eût fait le sien, et ils n'ont pas varié comme lui. Ils voulaient la République d'ordre, et, pour la maintenir, un gouvernement ferme. N'était-ce pas le vœu de Lamartine et de la majorité du Gouvernement provisoire, sauf l'énergie ou la continuité des efforts qui aurait pu changer ce vœu en réalité?

M. Thiers, chez qui l'âge et l'expérience des hommes avaient suspendu l'enthousiasme auquel tant de gens distingués s'étaient laissé aller, acceptait sans empressement la candidature qu'on lui offrait dans les Bouches-du-Rhône. « Il est bien vrai, écrivait-il, que je n'ai ni désiré ni voulu la république; car, dans mon opinion, la monarchie constitutionnelle était suffisante pour nous assurer une large liberté, et l'état de l'Angleterre pendant les deux derniers siècles me semblait pour mon pays une destinée qui n'était point à dédaigner. La Providence en a décidé autrement; je m'incline devant ses décrets, et si je suis prêt à résister à toute tyrannie, je ne résisterai jamais à la force des choses, manifestée par des signes éclatants. J'accepte donc la République sans arrière-pensée; mais je n'entends désavouer aucune partie de ma vie. »

Il traçait plus loin le rôle qu'il prétendait s'attribuer dans l'Assemblée : « Je crois qu'indépendamment de l'expérience acquise, qui est toujours bonne sous tous les régimes, même les plus nouveaux et surtout sous les plus nouveaux, les députés membres de la dernière opposition pourraient être utiles, *car si on veut réduire les soutiens de la nouvelle république à ceux qui étaient républicains il y a six semaines, on l'exposera à un grand isolement.* J'ai donc consenti à être porté à la députation ; j'y ai consenti par devoir, par dévouement, par honneur, non pour travailler dans la future Assemblée nationale à une restauration déguisée, mais pour y travailler franchement à constituer la nouvelle république sur des bases solides et durables, pour y défendre les conditions essentielles de toute société, la famille, la propriété, la liberté des transactions. Je prie mes amis de se dispenser de tout effort, de ne point se compromettre pour seconder ma candidature, surtout de ne prendre aucun engagement pour mon compte ; je n'en veux prendre aucun que celui de travailler loyalement à bien constituer le nouvel ordre de choses. Prêt à remplir courageusement une mission difficile, si elle m'était confiée avec abandon, je ne la désire plus dès qu'elle m'est contestée, quelque peu qu'elle le soit. »

M. Thiers était l'un de ceux que M. Ledru-Rollin faisait combattre le plus énergiquement, et, docile sur ce point aux instructions de son ministre, M. Émile Ollivier, qui avait refusé de s'engager contre Berryer, faisait campagne contre M. Thiers jusque dans les clubs, et, plus tard, lorsque la commission du budget lui demandait compte de certaines dépenses assez importantes, il n'hésitait pas à reconnaître qu'elles avaient servi à combattre M. Thiers.

Si les faits de pression électorale exercée par les commissaires ne laissent dans les récits du temps qu'une trace souvent fugitive, les comptes rendus des finances en ont gardé plus fidèlement mémoire [1]. Ainsi, dans l'Aisne,

---

[1] Rapports des 14 avril 1849 et 25 juin 1851, rédigés tous deux par M. Th. Ducos, l'un à la fin de la Constituante, l'autre vers la fin de la Législative. La commission de 1849 se composait de MM. *Évariste Bávoux*, Germain Sarrut, Louvet, Degeorge, Comandré, Emmery, Didier, Matheix, Chavoix, *Théodore Ducos*, Delbetz, *Achille Fould*,

15.

le commissaire Bergeron reçoit vingt et un mille cinq cents francs de fonds secrets dont il refuse d'expliquer l'emploi, et qui eurent, dit-on, pour objet de combattre la candidature de M. Odilon Barrot; dans les Bouches-du-Rhône, M. Émile Ollivier emploie treize mille cent cinquante francs en bulletins, influences électorales, etc.; dans le Doubs, M. Faivre a quinze cent quatre-vingt-un francs de dépenses secrètes dont il refuse de justifier l'emploi : on suppose que la candidature de M. de Montalembert était en cause; dans le Morbihan, distribution de trois mille circulaires du *Comité électoral républicain* (celui du *National*, dont il est question plus haut), et publication de quatre-vingt-cinq mille bulletins électoraux par ordre des commissaires; dans l'Oise, dans Seine-et-Oise, dans l'Orne, dans l'Ariége, distribution de bulletins, etc. Et nous n'admettons dans ce compte que les dépenses reetées par la commission, écartant celles beaucoup plus importantes qui furent mises à la charge des départements, ou dont M. Sénard, ministre indulgent, autorisa l'ordonnancement. Mais, quels que fussent les efforts des commissaires, délégués et sous-commissaires dans les départements, le terrain était trop peu préparé pour que l'esprit républicain ou jacobin y pût germer tout à coup et fournir une riche moisson de représentants. Les influences locales

de *Charencey, Druet-Desvaux,* Greslet. Les noms en italiques formaient la minorité, d'où il résulte que la majorité était de couleur très-républicaine. En 1851, au contraire, la commission n'est guère formée que de représentants de la droite : MM. de Flavigny, Barthélemy Saint-Hilaire, Évariste Bavoux, Champanhet, Quentin Baucbart, Baze, Chadenet, Étienne, Druet-Desvaux, Simonot, Fortoul, de Girard, Callet, de Charencey, Théodore Ducos. Il y a des différences sensibles entre les deux rapports, quoique rédigés tous deux par le même rapporteur; mais elles portent sur les appréciations politiques, plus timides dans le premier, plus fermes dans le second, et nullement sur les détails financiers, plus complets seulement en 1851 qu'en 1849. La conformité du rapport de 1851 avec celui de 1849, lequel émanait d'une majorité républicaine, donne à ces deux documents une grande autorité histeoriqu.

luttaient contre ces listes parisiennes qui s'abattaient sur les départements, et, bien qu'à son premier essai, le suffrage universel montrait plus de clairvoyance, de fermeté et d'initiative qu'on n'en aurait pu attendre de lui.

III. — A Paris, le nombre des électeurs, celui des candidats, la diversité des esprits et des groupes et l'indépendance des Parisiens, opposaient de sérieux obstacles à l'action du gouvernement. Toutefois, si la bourgeoisie, collection d'opinions individuelles rebelles à la discipline, était forcément abandonnée à ses libres instincts, il semblait, au contraire, que les ouvriers et particulièrement ceux des ateliers nationaux, qu'une certaine reconnaissance pouvait rattacher au gouvernement, offriraient une matière plus souple. Certes l'esprit n'en était pas homogène, le nombre en était trop grand (soixante-six mille au 15 avril) pour qu'on pût s'assurer de les tenir dans la main; mais ne dût-on détacher de ce massif électoral que la moitié où le tiers de ses suffrages, c'en pouvait être assez, soit pour compléter un appoint, soit pour donner à l'élu un rang plus élevé.

Deux influences se disputèrent cette proie. Nous allons voir MM. Marie et Louis Blanc entreprendre concurremment de transformer en club électoral, l'un les ateliers nationaux, l'autre le parlement du Luxembourg.

Le 23 mars, M. Marie, conversant avec M. Émile Thomas, lui annonce l'ouverture d'un crédit de cinq millions et lui demande s'il peut compter sur ses ouvriers. Et comme M. Émile Thomas faisait observer que le nombre s'en accroissait à tel point chaque jour que la direction en devenait plus difficile et plus flottante : « Ne vous inquiétez pas du nombre, répondait le ministre; si vous les tenez, il ne sera jamais trop grand, mais trouvez un moyen de vous les attacher sincèrement. Ne ménagez pas l'argent; au besoin on vous accorderait des fonds secrets. » Le 26 mars, il visite les ateliers, reçoit les remercîments des ouvriers, et leur répond par des compliments : « Nous sommes toujours prêts à vous entendre, que vous soyez en grand nombre ou en petit nombre... Ce qui fait toujours la force de votre cause, ce n'est pas le nombre des réclamants, c'est la justice des réclamations. » On demandait un local pour un club : « Partout, répond le ministre, où s'assembleront *des ouvriers comme vous, si patients, si calmes, si amis de l'ordre,* le Gouvernement provisoire sera toujours confiant. » En effet, les ateliers nationaux organisaient un club central et douze clubs d'arrondissement, autant de foyers où le gouvernement espérait se faire des adeptes et des défenseurs.

L'enseignement de M. Louis Blanc n'avait été qu'une invective et une déclamation ; il en sentait lui-même le vide et le manque de conclusions. Quant aux délégués, ces disciples nés de M. Louis Blanc, ils ne croyaient pas à leur maître ; nulle part ses théories n'étaient plus énergiquement critiquées, sinon combattues, et, devant cette divergence, M. Louis Blanc aurait essuyé un échec public, si l'agitation universelle n'en avait étouffé l'éclat. Il renonça donc à l'enseignement, et appela ses auditeurs sur le champ de bataille électoral. Ainsi, de part et d'autre, le travail et son organisation faisaient place à des préoccupations purement politiques : désordres dans la rue, stagnation des travaux, grève générale, questions secondaires ! L'urgent était de préparer les élections, de discipliner les suffrages, et de n'organiser cette masse ouvrière que pour l'œuvre du scrutin.

M. Louis Blanc, dans un discours qui ne fut pas comme les autres inséré au *Moniteur,* posa devant ses auditeurs la question de la candidature ouvrière. Sur trente-quatre places, il en réservait quatorze aux défenseurs connus des intérêts populaires, les vingt autres à des ouvriers.

Pour ces derniers, chaque corporation présentait un candidat; une commission d'examen de six délégués, siégeant non pas au Luxembourg, de peur qu'on ne suspectât l'influence de M. Louis Blanc, mais à la Sorbonne, dans le logement particulier de M. Dumas, faisait subir aux candidats un interrogatoire sur la religion, l'organisation du travail, l'organisation de la magistrature et de l'armée, les impôts, le divorce, etc.; toutes questions d'une telle gravité, et qui ont suscité tant de controverses, que les réponses devaient être ou assez insignifiantes ou conformes à un programme connu. La commission, formée le 5 avril, entendit en huit jours soixante-dix candidats présentés par autant de corporations. Les réponses étaient sténographiées. Les procès-verbaux furent portés au Luxembourg en assemblée générale le 17 avril, et pendant trois jours, en présence des candidats, l'assemblée des délégués travailla à constituer la liste définitive [1].

On remarquera avec quel soin (qui depuis est devenu vulgaire) la publication de cette liste était réservée pour la dernière heure, de manière que les électeurs n'eussent le temps ni de la discuter sérieusement ni d'en concerter une autre. La majorité du Gouvernement provisoire en était exclue : en pouvait-il être autrement au lendemain du 16 avril? En revanche, ceux de ses membres qui en formaient la partie dite progressive et démocratique, MM. Ledru-Rollin, Louis Blanc, Albert, Flocon et Caussidière, y figuraient au premier rang. Les neuf autres *défenseurs du peuple*, non ouvriers, étaient MM. Raspail, Pierre Leroux, Étienne Arago, Thoré, Barbès, Sobrier, que recommandait seulement une certaine notoriété révolutionnaire, et trois personnages moins connus : Vidal, secrétaire de l'assemblée des délégués du Luxembourg, Deplanque, Napoléon Lebon, ces deux derniers hauts fonc-

---

[1] *Pages d'histoire de* 1848, par Louis Blanc, p. 135 et suiv.

tionnaires du *Club des clubs*. Venaient alors vingt noms d'ouvriers, les uns délégués au Luxembourg, les autres, tels que Huber, Martin-Bernard, Flotte, n'ayant d'ouvriers que le titre, en réalité, vieux routiers de conspiration. Au milieu de ces noms d'un caractère plus politique que professionnel, se détachait celui de M. Agricol Perdiguier, qu'avaient fait connaître du public ses écrits sur le *Compagnonnage* et un roman de George Sand.

En constituant cette liste, que tous les ouvriers devaient unanimement déposer dans l'urne, M. Louis Blanc eut le mérite de deviner le mécanisme du suffrage universel, c'est-à-dire l'art de procéder par masses, comme à la guerre, la nécessité d'imposer à un parti une discipline inflexible, le sacrifice volontaire des opinions et des goûts individuels au bénéfice d'un candidat commun. Mais la conscience de chacun, la liberté du choix disparaissent, et le suffrage direct se transforme en suffrage à deux degrés. N'est-ce pas là aujourd'hui même, après vingt ans de pratique, le régime presque normal du suffrage universel? N'est-ce pas à une sorte d'assemblée primaire, extra-légale mais indispensable, qu'est remis le soin de désigner les candidats? Toutefois, le suffrage universel, né de la veille, était alors trop jeune et trop novice pour abdiquer déjà son indépendance et ses droits; les ouvriers eux-mêmes étaient mus de sentiments moins égoïstes, leurs vues se tournaient encore vers l'intérêt général avant de se rabaisser à des intérêts de caste. M. Louis Blanc se fit-il illusion sur le succès possible de cette liste ouvrière? Ce serait faire tort à sa clairvoyance. Il est probable qu'il ne vit là qu'un essai d'organisation électorale, un moyen de compter ses fidèles, et comme un supplément assuré de suffrages pour lui-même et pour les quatorze défenseurs du peuple.

La mairie de Paris (Marrast, Buchez, Recurt) procéda dans un sens différent. Au lieu de proposer une liste de couleur unique et tranchante, elle en fit une de concilia-

.tion; on y voyait figurer au premier rang les membres du Gouvernement provisoire; les ministres en exercice; un certain nombre d'anciens députés de l'opposition dynastique; quelques noms d'ouvriers. Il y eut trois listes : la première, tirée sur papier rose à un million d'exemplaires, fut, par les soins de M. Barthélemy Saint-Hilaire, envoyée par des affidés aux maires réputés favorables; une seconde, concertée entre MM. Marie et Buchez, se ressentait des prédilections déjà anciennes de Buchez pour les classes ouvrières, et admettait les noms de trois ouvriers charpentiers (Vellu, l'un d'eux, obtint 76,777 voix), membres de l'*Union des travailleurs*, qui en faisait les frais et y joignait l'exposé des principes de la société. Enfin, une troisième liste, un peu différente des deux autres et patronée encore par la mairie, fut présentée aux ateliers nationaux par M. Jaime, l'un des directeurs, dans une réunion au Tivoli d'été, et acceptée d'acclamation [1]. Ces trois listes avaient pour caractère commun que les noms de MM. Ledru-Rollin, Louis Blanc, Albert et Flocon en étaient exclus. Celle du Luxembourg, composée en majorité d'ouvriers, les flattait grossièrement de l'espérance d'un triomphe impossible; celles de la mairie, n'en admettant que quelques-uns, éclairaient leur obscurité par le voisinage de noms célèbres qui en pouvaient assurer le succès.

Cependant l'heure des élections approchait : nous avons vu comment le Gouvernement provisoire avait trouvé dans la fête de la Fraternité (20 avril) l'occasion d'une revue électorale, et dans la proclamation du lendemain celle d'une circulaire. La mairie goûta cet exemple venu de haut : Marrast et Buchez voulurent passer le 22 avril (veille des élections) une grande revue des ateliers nationaux sur le champ de manœuvre de Saint-Maur; le soir, il y aurait réception des délégués au palais de la Bourse, et les ate-

[1] Émile Thomas, *Histoire des ateliers nationaux*, p. 217.

liers recevraient un supplément de solde de cinquante centimes. Mais, à peine ordonnée, Buchez comprit à quels soupçons allait prêter cette revue, et il la contremanda. « Nous aurions été heureux, écrivit-il à M. Émile Thomas, de voir réunie cette masse de citoyens *laborieux*, honnêtes, dévoués à la République malgré leurs souffrances; nous aurions été heureux de leur prouver, par cette démarche et par nos paroles, que nous comprenons leurs sentiments, que nous avons une seule âme avec eux; mais il faut craindre la calomnie. » M. Émile Thomas, moins timide, représentait à Buchez que « peu importait l'impression produite, lorsque, en définitive, le but atteint serait tout entier au profit de la modération et de la sagesse, et concourrait ainsi au maintien et au triomphe des véritables principes républicains. » Buchez et Marrast allaient se rétracter; mais les journaux du soir (21 avril), signalant la manœuvre électorale, les ramenèrent à leur première opinion. Dans une lettre aux maires, Marrast déclara qu'il « repoussait une aussi indigne accusation; il a suffi qu'on pût supposer même une intention d'influence électorale, pour que cette revue fût contremandée et renvoyée après les élections. »

Le Luxembourg y mit moins de façons. — A la fête du 20 avril, Lagarde, l'un des délégués et des candidats, avait proposé à M. Émile Thomas d'inscrire son nom sur la liste du Luxembourg, à la condition que M. Émile Thomas ferait adopter cette liste par les ateliers nationaux. M. Émile Thomas refusa. On tenta de se passer de lui. Le 22, les délégués adressèrent la proclamation suivante *aux travailleurs leurs frères* : « C'est à l'exercice du droit électoral qu'est attaché notre avenir, l'existence de nos familles; mais ce n'est que *par la plus complète abdication*

---

[1] ÉMILE THOMAS, *Histoire des ateliers nationaux*, p. 222. Il est superflu d'ajouter que, les élections passées, on ne songea plus à cette revue.

de toute susceptibilité de candidature entre les divers corps d'état, ce n'est que par *l'union* que nous pouvons arriver à un résultat sérieux. Ne nous faisons pas illusion : si nous nous divisons, nous sommes perdus. Pour arriver à cette unité dans le vote, une réunion de tous les travailleurs de la Seine a été résolue pour dimanche, 23 avril, à six heures du matin, au Champ de Mars. Que personne n'y manque! Nous vous en adjurons, *au nom de l'indépendance des votes populaires.* »

Aujourd'hui cet *embrigadement* effronté des votes n'étonnerait presque personne ; mais alors il révolta les esprits. « Êtes-vous ou n'êtes-vous pas libres? s'écrie Lamennais avec son impatience native de toute discipline ; êtes-vous ou n'êtes-vous pas citoyens? Êtes-vous ou n'êtes-vous pas hommes? La première fois que vous exercez votre droit politique, on vous assemble d'autorité, on vous met dans la main une liste que vous n'avez ni discutée ni même pu lire ; et l'on vous dit impérativement : Jetez cela dans l'urne !... Est-ce pour cela que vous combattiez sur vos barricades?... Hier on vous proclamait souverains, aujourd'hui on vous traite comme des serfs qui ne doivent avoir d'autre pensée, d'autre volonté que celle de leur gracieux seigneur... Comprenez-vous maintenant où l'on vous mène? — Et vous n'êtes qu'au commencement[1]. »

Pour répondre à cette provocation du Luxembourg, M. Émile Thomas fit afficher le soir même des circulaires où il donna rendez-vous au Champ de Mars aux élèves des Écoles, qui de là se répandirent aux Champs-Élysées, à la place de la Concorde, sur les boulevards, au Panthéon, au Luxembourg même, partout où s'étaient formés des groupes d'ouvriers. La manifestation projetée ne réunit que peu d'adhérents ; mais telle était la colère des délégués

---

[1] *Peuple constituant.* Lamennais ni Béranger n'avaient été jugés dignes par M. Louis Blanc de figurer sur la liste du Luxembourg parmi les défenseurs du peuple.

que, dans la matinée, le jour même du vote, ils envahirent les bureaux de l'*Assemblée nationale,* qui avait énergiquement protesté contre leurs prétentions despotiques.

IV. — Le 23 avril tombait le jour de Pâques. Bien que peu favorables, pour ne pas dire hostiles, aux idées religieuses, il n'avait pas déplu aux chefs de la République d'inaugurer au milieu d'une grande solennité catholique le premier acte du suffrage universel. On votait au chef-lieu de canton ; cette mesure, particulièrement gênante pour les électeurs ruraux, séparés souvent du chef-lieu par plusieurs kilomètres, avait été imaginée pour soustraire l'électeur aux influences conservatrices dites *de clocher,* et l'exposer sans doute à celles du chef-lieu, estimées plus républicaines. Mais la difficulté enhardit les cœurs, et ceux qu'on paraissait tenir éloignés du scrutin se montrèrent les plus empressés à s'y rendre.

C'était un grand spectacle que celui de huit millions d'électeurs [1] prenant part au vote le même jour dans un pays qui, deux mois auparavant, n'en comptait que deux cent cinquante mille ! Que de ténèbres, quel inconnu dans cette immense manifestation ! Que d'hésitations pour le citoyen appelé à se prononcer sur quinze à vingt noms, la plupart inconnus ! On ne votait pas pour des noms, mais pour des listes, émanant de partis différents ; ou bien quelques noms plus éclatants entraînaient l'électeur et décidaient de son suffrage. En vain songeait-on à travailler les esprits, à frauder les bulletins, à disputer les consciences, à discipliner les masses : l'incertitude de la

---

[1] **Chiffres exacts :**

Inscrits. 9,395,035
Votants. 7,835,327

veille ne devait être égalée que par les surprises du lendemain. Cette France, ébranlée d'un bout à l'autre par les circulaires ministérielles, secouée par les commissaires et les délégués des clubs; cette France qu'un coup d'État parisien avait jetée à l'improviste dans la République, et sur laquelle s'abattait le lendemain une avalanche jacobine, elle intervenait enfin dans ses affaires, elle allait parler!

La France électorale ne protesta pas plus le 23 avril contre la République qu'elle ne l'avait fait le 24 février; elle accepta la République et même les républicains.

A Paris [1] étaient élus tous les membres du Gouvernement provisoire sans exception; les ministres en titre, Carnot et Bethmont; les hauts fonctionnaires : Caussidière, Duvivier, Buchez, Recurt, Pagnerre; les amis du *National* : Cavaignac, Bastide, Guinard, Lamennais, Cormenin, Berger. Sur trente-quatre élus, l'opposition dynastique en comptait trois à peine; les autres portaient tous les couleurs républicaines. Que souhaiter de mieux? Les élections départementales donnaient des résultats analogues. Neuf départements (Bouches-du-Rhône, Côte-

1. Lamartine..	259,800	18. Cormenin..	135,050
2. Dupont (de l'Eure)..	245,983	19. Corbon..	135,043
3. François Arago	243,640	20. Caussidière..	133,779
4. Garnier-Pagès..	240,890	21. Albert..	133,041
5. Armand Marrast..	229,166	22. Wolowski..	132,353
6. Marie..	225,776	23. Peupin..	131,969
7. Crémieux..	210,699	24. Ledru-Rollin..	131,587
8. Béranger..	204,271	25. Schmit..	124,383
9. Carnot..	195,638	26. Flocon..	121,865
10. Bethmont..	189,262	27. Louis Blanc..	121,140
11. Duvivier..	182,775	28. Recurt..	118,075
12. Ferdinand de Lasteyrie.	165,156	29. Perdiguier..	117,290
13. Vavin..	151,103	30. Jules Bastide..	110,928
14. Cavaignac..	144,187	31. Coquerel..	109,934
15. Berger..	136,660	32. Garnon..	106,747
16. Pagnerre..	136,117	33. Guinard..	106,262
17. Buchez..	135,678	34. Lamennais..	104,871

d'Or, Dordogne, Finistère, Gironde, Ille-et-Vilaine, Nord, Saône-et-Loire et Seine-Inférieure) avaient inscrit en tête de leurs listes le nom de Lamartine, comme la plus glorieuse personnification de la seconde République. Ses collègues du gouvernement avaient été honorés les uns d'une triple élection, comme Marrast et Cormenin; les autres d'une double, comme Ledru-Rollin, Bastide et Bethmont; les moins favorisés voyaient un nouveau mandat s'ajouter à celui qu'ils tenaient déjà de Paris; tels étaient : Arago, Crémieux, Louis Blanc, Garnier-Pagès, Marie et Recurt.

Maintenant, sur quelque point de la France qu'on se place, quel est l'homme jouissant d'une notoriété quelconque, écrivain, avocat, médecin, journaliste, agriculteur, industriel, qui, ayant sous la Royauté manifesté des opinions républicaines, n'en ait été récompensé le 23 avril par un mandat de représentant du peuple? Les noms se pressent : Trélat, Sarrut, Félix Pyat, Sarrans, Joly, Guépin, Alem-Rousseau, Emmanuel et Étienne Arago, Barbès, Martin-Bernard, Baune, Lagrange, etc. La province ne fit pas même de distinction entre les républicains et les révolutionnaires : quiconque portait la marque républicaine reçut mandat de constituer la République. Pas plus que le gouvernement, les populations n'eurent souci ni mémoire d'avoir reproché à la Chambre du dernier règne ses députés fonctionnaires; que de commissaires généraux, de sous-commissaires, de procureurs généraux sollicitèrent et obtinrent les suffrages dans les départements mêmes qu'ils administraient! Parmi les noms cités plus haut, M. Trélat n'était-il pas commissaire général pour le Puy-de-Dôme où il fut élu; Félix Pyat, pour le Cher; Joly, pour la Haute-Garonne; Grévy, dans le Jura; Trouvé-Chauvel, dans la Sarthe; Lichtenberger, dans le Bas-Rhin; Struch, dans le Haut-Rhin; Vignerte, pour les Hautes-Pyrénées; Baune, pour la Loire, et tant d'autres[1] ! Il est vrai, Raspail, Thoré, Blanqui, Proudhon, Kersausie, Pierre Leroux, manquaient au rendez-vous ; mais se présentant tous à Paris, comment tous auraient-ils pu être élus à la fois ? Les républicains n'occupaient pas sans doute tous les siéges de l'Assemblée, mais leur personnel était-il si nombreux et si connu que, remplissant déjà la plupart des fonctions judiciaires et administratives, ils pussent prétendre encore absorber les fonctions électives ? En résumé, les élections départementales furent en majorité républicaines, autant qu'elles pouvaient l'être, eu égard à l'insuffisance du parti républicain.

Comptons maintenant les élections dites réactionnaires, les victoires des légitimistes et de l'opposition dynastique. M. Thiers n'est élu ni à Marseille ni ailleurs. M. Odilon Barrot, le second chef de l'opposition, n'a reçu qu'un seul mandat, celui du département de l'Aisne, malgré les efforts du commissaire de la République, et il a échoué dans les Ardennes. De tous ceux qui ont signé la mise en accusation du ministère le 22 février, ou qui, sans pousser aussi loin, avaient voté contre lui, nul ne manqua à l'appel, et c'était justice ; ils avaient sonné le tocsin de la Révolution, ils lui avaient ouvert la porte : quoi d'étonnant que les électeurs leur tinssent compte de l'initiative qu'ils avaient prise ? Les légitimistes (100 sur 900) étaient peu nombreux ; mais Berryer, La Rochejacquelein, MM. de Falloux et Sauvaire-Barthélemy apportaient avec eux l'expérience des affaires et l'autorité de leur passé. Leur force consistait moins en eux-mêmes que dans le faisceau qu'ils pouvaient former avec l'ancien tiers parti et avec l'opposition dynastique, soit sur le terrain des idées d'ordre et de conservation, soit plus tard sur celui des idées monarchiques.

[1] Quatre-vingt-quinze représentants du peuple étaient au moment de leur élection commissaires, sous-commissaires, procureurs généraux ou procureurs de la République. Il serait trop long d'en donner la liste.

Le clergé était moins nombreux encore. A Paris, un ministre protestant, M. Coquerel, avait obtenu un siége de représentant. Aucun prêtre catholique n'y avait réussi : l'abbé Deguerry avait recueilli 64,495 voix, le R. P. Lacordaire 62,333, chiffres bien insuffisants; un prêtre de Saint-Roch, connu pour ses œuvres populaires, l'abbé Ledreuille, en avait 31,797. Quel chaos que celui où Barbès, non élu, prend place entre l'abbé Deguerry et Lacordaire, où l'abbé Ledreuille côtoie le cuisinier Flotte! En province, MM. Graveran, évêque de Quimper, Parisis, évêque de Langres, Fayet, évêque d'Orléans, formaient dans l'Assemblée le contingent épiscopal; Lacordaire, élu à Marseille, représentait les ordres religieux; dix prêtres seulement avaient été élus, parmi lesquels l'abbé de Cazalès, vicaire général d'Alby, l'abbé Fournier, curé à Nantes, l'abbé Sibour; total : trois évêques, un religieux et dix prêtres! Telle fut la part du clergé dans l'Assemblée.

V. — Cependant, malgré le caractère généralement républicain des élections, les républicains se plaignaient comme s'ils avaient été vaincus. A ne considérer que les résultats d'ensemble, ils se trompaient; à les voir dans le détail et de près, leur irritation s'explique. La France avait donné ses votes à la République, mais elle avait distingué.

Souvenons-nous du 16 avril! Il date de huit jours, et l'homme qui l'a énergiquement comprimé, Lamartine, est élu le premier à Paris, le premier dans neuf autres départements, avec deux millions de voix. Les membres du gouvernement qui l'ont soutenu passent les premiers et partagent son triomphe. Que devient M. Ledru-Rollin? Lui, ministre de l'intérieur, ancien chef des clubs, dictateur désigné, il n'arrive que le vingt-quatrième, après

Pagnerre, Buchez, Corbon, avec moitié moins de voix que Lamartine! Deux départements seulement l'ont élu; Saône-et-Loire, où il ne l'a été que sur la recommandation très-énergique de Lamartine [1]; l'Algérie, où il avait envoyé un délégué des clubs, Couput, qui n'y apparut que pour l'élection, s'y conduisit de façon scandaleuse et fut révoqué cinq jours après par le gouvernement en conseil! Il est candidat dans plusieurs départements; il échoue partout. Châtiment mérité d'une politique d'aventure!

La minorité révoltée du Gouvernement provisoire n'avait pas eu meilleur sort. Au lieu du triomphe que semblaient lui préparer les suffrages des ouvriers disciplinés par le Luxembourg, Caussidière ne passait que le vingtième, Albert le vingt et unième, Flocon et Louis Blanc vingt-sixième et vingt-septième! Aucun des noms portés sur cette liste, sauf les membres du gouvernement et Agricol Perdiguier, qui l'était sur d'autres, n'était élu. Les vieux conspirateurs, Barbès, Martin-Bernard, Raspail, Étienne Arago, Pierre Leroux, Huber, Flotte, n'avaient reçu de la population parisienne qu'un concours insuffisant. Chose plus grave : la discipline du vote, qu'on était loin de l'avoir obtenue! Laissons en dehors de nos calculs les candidats non ouvriers qui pouvaient par leur notoriété rallier des suffrages de bien des côtés; les vingt ouvriers désignés par l'assemblée des délégués n'auraient-ils pas dû, si le mot d'ordre avait été observé, compter chacun un nombre à peu près égal de voix? A défaut du succès, les ouvriers auraient du moins fait

---

[1] En souvenir du concours inespéré qu'il avait reçu de M. Ledru-Rollin au 16 avril, Lamartine écrivit à ses amis de Saône-et-Loire : « Je verrais avec plaisir le nom de mon collègue Ledru-Rollin sortir de l'urne avec le mien dans Saône-et-Loire; nous sommes en complète harmonie de sentiments. Non-seulement son élection dans Saône-et-Loire me serait agréable, mais je la désire très-énergiquement comme utile à la République. » M. Ledru-Rollin ne passa que le dernier sur la liste de Saône-et-Loire.

preuve d'union et d'esprit politique. Tout au contraire, l'écart du premier (Savary) au dernier (Deplanque) est de 41,000 voix; du premier au second (Malarmet), de 19,000; les chiffres descendent ensuite par échelon de deux, trois et même quatre mille voix. Dans cette masse qu'on se flattait de dominer, il y avait donc non-seulement des scissions importantes, mais des groupes indépendants et nombreux! Enfin, c'est dans un rang très-éloigné qu'il faut chercher les noms de Lagarde et de Vidal, les plus remuants des délégués, les plus chers à M. Louis Blanc; les trois derniers sont : Thoré, Sobrier et Deplanque, du *Club des clubs*, comme si le bon sens des ouvriers avait reculé devant les théories des uns comme devant le caractère exclusivement politique et révolutionnaire des autres.

Ces froissements d'amour-propre se trahirent immédiatement dans la presse républicaine. Le *National* cria à la réaction. « Nous avions compté sur de bien mauvaises élections, écrivait la *Réforme*, mais l'événement, il faut l'avouer, a dépassé nos espérances. » Elle tarde à donner les résultats du scrutin de Paris; la *Commune de Paris* fait mieux : elle s'abstient complétement d'en parler. « La révolution de février n'a-t-elle été qu'un orage? s'écrie la *Vraie République* de Théophile Thoré, candidat non élu; nous voici comme ci-devant condamnés à la lutte. » La *Réforme* fait observer hardiment que « c'est sous la surveillance des fonctionnaires laissés sur pied que les élections ont été faites », et dans le 21° *Bulletin de la République* nous lisons : « On nous rendra cette justice que nous n'avons point voulu imposer des choix, *alors que nous eussions pu et même que nous eussions dû le faire.* » Quant à M. Ledru-Rollin, il sentit si vivement le désaveu que les élections infligeaient à sa politique, que, dès le 26 avril, c'est-à-dire à une heure où les résultats du scrutin étaient à peine et partiellement connus, il donna, dit-on, sa démission de membre du Gouvernement provisoire; mais, sur les observations de ses collègues, il la retira.

Que des candidats déçus se hâtent de trahir leurs mécomptes, quoi de plus naturel? Mais ils mettaient les ouvriers de moitié dans leur défaite, et la leur présentaient comme un échec que la bourgeoisie infligeait aux classes laborieuses et à leurs légitimes prétentions. Les ouvriers auraient pu s'imputer à eux-mêmes, à leur esprit d'exclusion, à leur indiscipline, le mauvais succès de leurs listes; il était plus commode d'accuser la réaction et de représenter l'Assemblée comme en devant être le foyer. Alors se reproduisaient les menaces dont les circulaires de M. Ledru-Rollin contenaient le germe; l'heure de les réaliser approchait. Si les élections de Paris, quoique exclusivement républicaines, avaient le tort de n'être pas jacobines, celles des départements l'étaient moins encore. Que faire? Fallait-il attendre la réunion de l'Assemblée pour la dissoudre par la force ou l'empêcher de se réunir en annulant les élections? Pareille question ne pouvait se discuter que dans l'ombre des sociétés secrètes; produite au grand jour, le bon sens public en aurait fait prompte justice.

Déjà, dans certaines villes, à Rodez, à Castel-Sarrasin, à Saint-Jean Pied-de-Port, des désordres avaient accompagné la proclamation des résultats du scrutin. A Lyon, quoique le comité central eût vu triompher quelques-uns de ses candidats, les clubs firent une démarche auprès de Martin-Bernard pour protester contre les élections, et reprirent leurs habitudes de violence et de pillage contre les établissements religieux. Mais à Limoges et à Rouen, les protestations eurent lieu à main armée; et elles méritent, soit en elles-mêmes, soit comme avant-coureurs des événements qui suivirent, un récit plus détaillé.

16.

VI. — La Haute-Vienne[1] avait à élire huit représentants; sur ce nombre, la *Société populaire* espérait faire réussir quatre ou cinq de ses candidats, principalement MM. Théodore Bac, Dussoubs aîné, Villegoureix, Courcelle-Seneuil, qui, sans approuver les désordres démocratiques, avaient conservé la faveur de la multitude. Dans la ville même, les suffrages des ouvriers leur assuraient la majorité; les cantons ruraux étaient moins favorables. Les membres du club résolurent de se porter, le jour de l'élection, au-devant des paysans, avec des drapeaux et des brassards, « pour user envers eux d'une influence énergique, mais toute de persuasion[2] ». En effet, les uns, et parmi eux M. Alfred Talandier, substitut du procureur général[3], apostés sur les routes à l'entrée de la ville, arrachent aux paysans les bulletins qui ne portent pas les noms des candidats démocrates; les autres, distribués aux environs des salles de scrutin, apostrophent les électeurs, cherchent leurs bulletins jusque dans leurs goussets et les lacèrent; cinquante ou soixante individus, plus violents, insultent, menacent des fabricants : « Canailles, b.....d'aristocrates! Allons! Commençons-nous? Ça y est-il? Tapons-nous[4]? » Genty écrivait le 24 : « ..... Quant à Limoges, *je vous garantis* que si les représentants démocrates ne sortent pas au moins quatre ou cinq, il y aura des coups de fusil, car les classes ouvrières de ce pays sont très-radicales. »

Les journées des 24 et 25 avril furent paisibles. Le 26, commença le recensement des procès-verbaux; il eut lieu

---

[1] *Suprà*, p. 126-131.
[2] Interrogatoire de l'accusé Lonclas, acquitté.
[3] Condamné à deux ans de prison. En novembre 1871, malgré ses antécédents, M. Crémieux le nomma premier avocat général à Limoges; soit bon sens, soit que la Cour manifestât quelque opposition, il n'accepta pas ces fonctions.
[4] Le maire d'Aureil, qui s'était opposé à cette inquisition sur les habitants de sa commune, fut dénoncé comme ayant voulu contraindre leur vote.

dans la salle du manége, trop grande, mais qu'on avait choisie pour complaire à la *Société populaire;* elle avait ses raisons pour désirer que ses membres assistassent en nombre à l'opération. Lorsque le président fit son entrée, accompagné du colonel de la garde nationale et d'un piquet de gardes nationaux, il fut accueilli par les cris « *A bas la garde nationale, à bas les baïonnettes!* » Ce président, un sieur Glangeaud, juge de paix, procédait lentement, avec solennité, sans écouter personne, amis ou ennemis, convaincu qu'il maintiendrait l'ordre par la seule majesté de son attitude et de son caractère. Les sifflets et les cris les plus injurieux accueillaient les listes qui ne portaient pas les noms de Bac, Villegoureix et Dussoubs; des huées et des menaces accompagnèrent les membres du bureau dans le trajet du manége à la mairie où ils rapportaient les boîtes. Cependant, pour assurer le respect des urnes, chacun des présidents y apposa son cachet, les scellés furent mis aux portes et aux fenêtres, des ouvriers s'adjoignirent aux gardes nationaux du poste, et, pour éviter même toute chance de collision entre le peuple non armé et les compagnies de la garde nationale, le commissaire invita celles-ci à se retirer.

Cependant, on pressentait déjà l'échec de Villegoureix et de Dussoubs. La *Société populaire* se réunit dans la soirée : les meneurs réclament et font voter le désarmement de la garde nationale, la répartition des fusils par la voie du sort et l'organisation d'un nouveau conseil municipal. Genty et Dussoubs jeune, malgré l'heure avancée, vont porter ces résolutions à M. Chamiot et à M. Reybaud, colonel de la garde nationale : ils somment ce dernier avec violence de ne pas faire battre le rappel le lendemain. En effet, que la garde nationale soit désarmée et qu'on s'abstienne de battre le rappel : cette double précaution, ou seulement l'une des deux, suffirait à ce que la place publique fût libre et abandonnée aux émeutiers qui triompheraient sans risque ni combat. On voit, et par les lettres de Genty, et en suivant pas à pas les démarches des meneurs, si la violation du scrutin fut l'éclat d'une exaspération subite, irrésistible, ou l'exécution préméditée d'un complot.

Le 27 avril, dès le matin, les ouvriers du Naveix (quartier ouvrier de Limoges) faisaient aiguiser leurs *lancis* [1], pour suppléer aux armes qui leur manquaient, et se rendaient, vers dix heures, au Champ-de-Juillet, où Genty déclamait avec tant de violence que Dussoubs lui-même en était irrité. Dans la salle du Manége, le dépouillement se continuait au milieu des cris et du tumulte. « *A l'eau! à la potence! deux livres de poudre!* » criaient les assistants, lorsque sortaient des noms de candidats conservateurs. La séance fut suspendue à midi. A deux heures, le président avait à peine repris sa place au bureau, que deux mille ouvriers, tant du Naveix que des chantiers nationaux, envahissent la salle, chaque chantier ayant son porte-drapeau en tête; deux ouvriers montent à la tribune par les escaliers de droite et de gauche, et l'un d'eux, appuyé sur la lance de son drapeau : « On nous promet des armes depuis longtemps, il faut que ça finisse, il nous en faut nécessairement. » Cette vulgaire harangue est le signal : deux jeunes gens, l'un de dix-huit ans, l'autre de vingt-trois, s'avancent de chaque côté du président, et tandis que, imperturbable, il comptait les bulletins et les enfilait avec gravité, ils lui passent chacun la main sous le bras, saisissent la boîte aux bulletins et la jettent en l'air. Vingt, cinquante, cent individus se joignent à eux, brisent les lampes, bousculent le président. Ce dernier, hors de lui, atterré, criait d'une voix retentissante : « Où est Bardonnaud? Il faut que j'embrasse Bardonnaud » [2]. Il avait

---

[1] Instrument qui sert à l'extraction du kaolin.
[2] Bardonnaud fut condamné à un an de prison.

perdu la tête. Alors un nommé Jourde, se figurant qu'en l'absence de Bardonnaud M. Glangeaud éprouvait le besoin d'embrasser quelqu'un, se jeta dans ses bras, et, au milieu des éclats de rire des assistants, ils se donnèrent une chaleureuse accolade.

" Le scrutin était violé; mais, grâce à la précaution de M. Chamiot, qui, à midi, avait emporté à la préfecture les procès-verbaux déjà dépouillés, il n'était resté sur le bureau en proie aux émeutiers que les procès-verbaux de l'armée. L'élection était donc acquise, notoire, officielle : la violation du scrutin n'en détruisait pas le résultat. Elle tourna même contre l'un des favoris de cette multitude égarée : Dussoubs manquait l'élection de quelques voix seulement, que les procès-verbaux de l'armée lui eussent données peut-être[1]. Mais s'il était insignifiant dans ses conséquences, cet attentat électoral ouvrait carrière à l'émeute. Tandis que le commissaire et le procureur général hésitaient et expédiaient des ordres contradictoires, le bruit courait que la populace s'était portée à la poudrière et que, à la Monnaie, elle s'était emparée des canons. La cour de la préfecture se remplit de femmes qui dansent en rond au chant de la *Carmagnole;* on jette des pierres dans les fenêtres. Quelques gardes nationaux, réunis là malgré le colonel, s'exaspèrent et font mine de tirer : « *A bas les baïonnettes!* » crie la foule. — « Faites vider les gibernes », écrit le maire, Théodore Bac, « ou je ne réponds de rien ». Enfin Genty arrive, à la tête d'une députation de la *Société populaire.* « Au nom du peuple, dit-il à M. Chamiot, je vous somme de donner votre démission et de céder la place à Dussoubs. » Mais Dussoubs se défend de la prendre et Chamiot de la céder. Alors,

---

[1] M. Coralli, le dernier élu, comptait 24,826 voix; Dussoubs, non élu, 24,153; différence : 673. L'armée ayant fourni 1500 suffrages, il y avait pour Dussoubs une chance sérieuse de ressaisir l'avantage sur M. Coralli.

suivant le mot d'ordre de la veille, la *Société populaire* réclame le rétablissement du comité provisoire de Février; ce qui, sous une autre forme, revenait à demander la déchéance du commissaire. MM. Bac, Coralli et autres, dans l'impuissance de résister, se présentent au balcon et jettent à la foule les noms des candidats. M. Chamiot avait fait partie du comité provisoire au 24 février; à ce titre, son nom est prononcé, mais il ne passe qu'avec peine. Alors, soit comme membre du comité, soit comme préfet, pour prêter à ce comité insurrectionnel une sorte d'autorité officielle, il ordonne par écrit de remettre le poste de la poudrière à une nouvelle garde ouvrière.

Ainsi se consommait cette révolution locale. La mairie était envahie comme la préfecture; les gardes nationaux recevaient du colonel lui-même l'ordre de désarmer, sous le serment que les armes déposées au poste y resteraient pour le service. Mais les hommes du peuple, sans tenir compte des promesses qu'on faisait en leur nom, se glissaient entre les jambes des gardes nationaux et enlevaient les fusils; d'autres pillaient les boutiques des armuriers. Le général Saint-Maurice recevait de M. Chamiot l'ordre d'envoyer soixante hommes à la poudrière, et de Bac, au même instant, l'ordre contraire. Il se rend à la caserne : on lui jette des pierres, on le couche en joue, son domestique est maltraité. Un minotier, nommé Lanoaille, refusait de vendre quarante-trois francs de la farine cotée cinquante francs à la mercuriale. On entoure sa maison, on saisit le malheureux, la foule s'amasse, on dresse la potence. Cette scène durait depuis trois heures, lorsqu'un capitaine de pompiers arrive, et, pour soustraire Lanoaille à ces furieux, imagine de l'arrêter et de le conduire en prison, où il reste quatre ou cinq jours.

Les membres du comité provisoire expiaient par de cruelles inquiétudes le périlleux honneur qu'ils acceptaient pour la seconde fois. Républicains, ils l'acceptaient d'une insurrection contre la République ; les uns favorisés, les autres délaissés par le suffrage universel, ils semblaient tous de complicité avec les aveugles ou les forcenés qui le violaient. Cette situation, contraire aux sentiments de la plupart d'entre eux, alarmait leur jugement et leur conscience ; aussi se donnèrent-ils pour unique tâche de déguiser le caractère de l'émeute, d'en neutraliser les résultats, et de rétablir promptement l'ordre et la sécurité. L'émeute s'était faite sous prétexte de réclamer des armes pour tous les gardes nationaux sans exception ou de les répartir par la voix du sort ; le comité provisoire désarma les anciens gardes nationaux, mais il n'arma pas les autres ; il fit déposer les fusils à la mairie ou dans les postes, avec défense de les emporter. Il interdit aux débitants de livrer de la poudre ; il fit restituer aux armuriers les armes pillées ; enfin, il organisa une garde mobile de deux cents hommes, qui, le soir, parcouraient la ville en patrouille avec des pistolets cachés sous leurs habits. Bulot, qui les commandait, leur avait donné l'ordre de brûler la cervelle au premier qui se porterait à des excès sur des personnes ou des propriétés. Des mesures plus radicales encore avaient été prises : au risque de s'aliéner la population ouvrière, le pain fut augmenté, les chantiers nationaux supprimés : quant au club et à Genty, son orateur favori, ils semblaient avoir disparu en même temps. Ainsi, en écartant les causes de désordre, le désordre s'éteignait de lui-même ; ceux mêmes dans l'intérêt desquels on pouvait croire qu'il s'était produit, se hâtaient de le renier et de le combattre, et, grâce au courage et à l'énergie de quelques citoyens, une insurrection, qui pouvait devenir sanglante, ne devait laisser le souvenir que de quelques heures d'égarement.

M. Trélat arriva le 29 avril, accompagné de M. Félix Duché, qu'il avait recueilli sur sa route et qu'il s'était réservé *in petto* de nommer commissaire. Il joua l'offensé et la victime, comme si sa personne avait été atteinte dans l'injure faite à la République. Le lendemain, il ne parut qu'à deux heures de l'après midi, et aux explications du comité il ne trouva que ces seuls mots : « Je n'ai rien à répondre, je suis ici votre prisonnier. » Cette grotesque affectation d'impuissance couvrait mal l'inertie dont nous le verrons atteint plus tard sur un plus grand théâtre. En réalité, le calme était rétabli et la présence du commissaire général inutile. Mais il voulait prendre à son compte l'honneur de ce résultat, temporiser, laisser le comité s'affaiblir, lui susciter des rivalités, singuliers procédés pour un personnage sentimental et bucolique [1]. Déjà M. Chamiot, alarmé de son rôle, était parti à Paris pour se justifier; M. Coralli, suspectant les intentions de M. Trélat, donnait sa démission. Au milieu de sa perfide besogne de conciliation, M. Trélat, après avoir institué sans difficulté M. Félix Duché commissaire à la place de M. Chamiot, se préparait à passer à Limoges quelques jours avec lui, « sacrifiant au bien-être de la ville ses devoirs de représentant », lorsque, sans avis préalable, il se vit arriver à lui-même un remplaçant. Son âme sensible fut blessée de cette inconvenance, et il partit pour Paris sans prendre même le soin de renseigner son successeur.

Tels furent les troubles de Limoges, locaux et éphémères sans doute, mais témoignant d'une brutalité politique qui, à Paris, les aurait vite transformés en révolution. Gouvernement provisoire, ateliers nationaux, clubs, promenades bruyantes, tout l'attirail révolutionnaire passe sous nos yeux : les riches émigrent, les capitaux se ca-

---

[1] M. Trélat, devant la Cour de Poitiers, n'a pas dissimulé qu'il avait visé à obtenir ce résultat. — Il traverse un petit bourg. « Il n'y avait pas, dit-il, un seul mendiant. Je me trompe : il s'y en trouva un seul, *c'était sous le gouvernement déchu.* Les habitants se cotisèrent pour lui faire un petit traitement, et le chargèrent uniquement du soin d'arroser leur arbre de la liberté. Ainsi ces paysans dissimulaient une aumône sous la forme d'une honorable fonction. »

chent, le travail chôme, le pouvoir hésite et chancelle, l'émeute triomphe jusqu'au moment où ses propres favoris la compriment et la réduisent. Au milieu de cette effervescence, survient un de ces délégués dont nulle part ailleurs nous ne rencontrons une aussi complète et aussi naïve image ; homme sans autorité personnelle, n'ayant de force que dans la mission dont il se pare et dans le désordre qui marche devant lui ; le plus coupable et le seul sur qui l'on n'ose porter la main ; présomptueux, insupportable même à ceux qu'il paraît servir ; toujours prêt à vanter ses prouesses, mais n'obtenant de ceux qui l'emploient qu'un silence obstiné, digne récompense de sa vaniteuse et ridicule ambition [1].

VII. — A Limoges, l'émeute avait triomphé, mais sans combat, sans effusion de sang ; à Rouen, elle tenta la lutte, et il fallut la vaincre à l'aide des moyens sanglants dont elle prit l'initiative.

Nous avons signalé plus haut [2] les passions qui s'agitaient à Rouen, la division profonde entre les ouvriers et les fa-

[1] Il écrivait le 27 avril que « les citoyens *patriotes* de la ville de Limoges, *indignés* de voir que les représentants qu'ils préféraient ne sortaient pas, [avaient] *par un moyen violent*, déchiré les listes, » etc. Et plus loin : « J'ai vu une petite diminution de nos bonnes émeutes de Paris : boutiques fermées, armuriers obligés de donner leurs armes, etc. ; rien n'y a manqué. Un mouvement a eu lieu, mais *il n'y a eu aucun malheur*. Les citoyens ont désarmé la garde nationale *avec notre concours* et celui de certains citoyens influents... A l'heure où je vous écris, nous sommes très-tranquilles à l'hôtel de la préfecture : c'est un petit 24 Février... » Tout en s'estimant assez haut, il pressentait l'ingratitude : « Vous avez cru, en m'employant, utiliser un homme ordinaire ; eh bien, *je vous le dis, vous reconnaîtrez que je vaux quelque chose aujourd'hui*... Du reste, si vous ne répondez pas à celle-ci, je verrai là une désapprobation de ma conduite, et *ce sera encore pour moi un déboire à ajouter à ceux que j'ai éprouvés depuis que j'ai souffert pour la bonne cause.* » — Genty fut condamné à la déportation..

[2] *Supra*, p. 123-126.

bricants, la faiblesse du commissaire général. L'approche des élections avait donné à ces symptômes un caractère menaçant. Les clubs devaient organiser le vote, les ateliers nationaux en fournir les éléments disciplinés, les corps armés consacrer la victoire ou réparer la défaite. La distribution des cartes électorales commença le 18 avril, au milieu d'une certaine agitation. Ce jour-là même, tous les instituteurs primaires furent rassemblés dans une des salles de la mairie. Le président de la réunion exalta les pouvoirs illimités du commissaire général et fit prendre à chacun des instituteurs présents l'engagement *écrit* de voter pour tous les candidats du club central démocratique, ajoutant que si une autre liste obtenait la majorité, les représentants ainsi élus ne siégeraient pas vingt-quatre heures à la Chambre. Des propos ou des manœuvres analogues se produisaient non-seulement à Rouen, mais dans les localités voisines, à Sotteville, Bois-Guillaume, Boos, Ymare, Bosc-le-Hard, Fontaine-le-Bourg. « Si le résultat du scrutin ne nous est pas favorable, disait-on ouvertement, nous l'emporterons par la force. » Il est inutile d'ajouter que les ateliers nationaux devaient voter comme un seul homme.

Cependant les élections se firent avec calme, comme si chaque parti avait une confiance entière dans le résultat qu'il espérait. Mais, au fur et à mesure du dépouillement des votes, l'échec de la liste démocratique paraissait de moins en moins douteux. Lamartine marchait le premier; après lui des banquiers, des filateurs, anciens députés de la gauche dynastique; M. Senard, procureur général. Le dernier des élus comptait cinquante-quatre mille voix; M. Deschamps, le commissaire général, le premier des non élus, n'en avait réuni que vingt-quatre mille. De la liste du club central, deux candidats étaient seuls sortis de l'urne, deux ouvriers, qui, l'un et l'autre, devaient, quelques jours plus tard, donner leur démission, le premier confessant son incapacité, le second sous menace d'enquête sur son passé judiciaire.

Le 27 au matin, les groupes étaient nombreux et animés : on pressentait une collision. L'hôtel de ville servait naturellement de point de mire aux émeutiers : les urnes électorales y étaient déposées, le dépouillement s'y achevait, et, considération plus grave, là se trouvaient les armes, les munitions, les canons. Le rassemblement grossissait d'heure en heure ; des enfants, cette éternelle avant-garde de l'émeute, insultaient les gardes nationaux ; déjà même une bande d'ouvriers avait pénétré dans les galeries, et le poste allait être désarmé sans la fermeté du lieutenant. Un peloton de gardes nationaux dégage péniblement la place. Cependant, des luttes isolées préparaient une lutte générale des plus sérieuses. Les gardes nationaux qui, après leur repas, regagnaient le poste, étaient arrêtés, entourés, les uns terrassés, frappés à coups de bâton et à coups de pierres ; d'autres désarmés et blessés [1]. Cependant, les insurgés se dispersent et répandent l'émeute de la place Saint-Ouen dans les rues adjacentes.

Il était cinq heures et demie. Les cris : « *Aux armes ! aux barricades ! On massacre nos frères !* » retentissent. Les portes, les volets des maisons se ferment : on les enfonce en réclamant des armes, des pioches, des planches ; trente-sept barricades se dressent rapidement, de manière à cerner l'hôtel de ville. On répand du verre sur le sol pour arrêter les chevaux. On monte des pavés, de l'eau bouillante, de l'eau-forte dans les maisons pour jeter sur la troupe, les réverbères et les becs de gaz sont brisés. Malgré l'obscurité, soldats et gardes nationaux n'hésitent pas ; ils s'engagent dans les ruelles étroites, et, après que l'autorité a multiplié sans résultat les sommations légales,

---

[1] Citons les noms : Moitié, Marjollin, Amable, Dubosc, Fillette, Pionnier, Legentil, Billard.

ils essuient le feu des insurgés et enlèvent dans la nuit plus de trente barricades. Le préfet avait fait afficher une proclamation pour rappeler les ouvriers à l'ordre et à l'union, mais les ouvriers ne l'écoutent plus. Il tente, par la persuasion, de faire démolir les barricades; mais, se trouvant isolé, il craint d'être compromis et se retire [1]. Tenu en défiance par les uns, dédaigné par les autres, ses fonctions n'étaient plus qu'un titre dont il ne se dissimulait plus la vanité. Il remit ses pouvoirs entre les mains du général Ordener.

Le 28, l'insurrection s'étendait sur les deux rives de la Seine, concentrée sur la rive droite dans cet enchevêtrement de rues sinueuses qui avoisinent le fleuve, et, sur la rive gauche, se développant dans le faubourg Saint-Sever, à Sotteville et dans les communes environnantes. On supposait encore que les ouvriers des nombreuses usines qui peuplent Deville, Maromme, Monville et Malaunay, sortant en foule de leurs vallées, attaqueraient la ville par l'ouest, tandis que les troupes et la garde nationale seraient occupées à réprimer l'insurrection au sud et à l'est. Dès le matin, la ville fut déclarée en état de guerre et occupée militairement. A sept heures, les opérations commencèrent. Deux colonnes, commandées par le général Gérard (de Soissons), pénétrèrent dans le quartier Martainville. Dans la rue des Arpents, il y avait trois barricades assez élevées, formées avec des pavés. Une pièce de canon, placée en batterie sur le quai Napoléon, y envoya quatre boulets. Trois hommes en blouse se présentèrent alors au général Gérard pour parlementer, déclarant que les insurgés voulaient détruire leurs barricades. Le général fit cesser le feu. Quelques engagements eurent encore lieu dans les rues voisines, mais, à une heure, l'armée circulait victorieusement sur la rive droite.

[1] Cour d'assises du Calvados. Déposition de M. Deschamps.

Sur la rive gauche, il n'en était pas de même. Des bandes insurrectionnelles parcouraient le Petit-Quevilly et la route de Caen, abattant les arbres sur les boulevards et les chemins publics, disposant en travers des rues les voitures et les meubles, enlevant aux gardes nationaux fusils, sabres, pistolets, munitions. Cependant, la troupe arrivait, et, vers midi, s'emparait assez facilement d'une barricade rue d'Elbeuf et de quelques autres. La barricade Saint-Jean était défendue par trois cents hommes, maîtres d'un baril de poudre enlevé dans une fabrique de mèches de mineurs située aux Chartreux. Le commissaire de police se présenta et fit les sommations légales. Derrière lui, arrivait le général Gérard avec sept cents hommes en garde nationale et troupe de ligne, une section d'artillerie, trente hussards et vingt-cinq dragons. Un insurgé s'avance et demande à parlementer. Il était quatre heures. Le général lui remet sa montre et donne aux insurgés un quart d'heure pour se rendre. Le quart d'heure se passe, l'insurgé revient, rapportant, avec la montre du général, la réponse négative des insurgés. Nouvelle sommation d'humanité, inutile encore. Mais la nuit approchait ; les insurgés avaient porté toutes leurs forces (quinze cents hommes, dit-on) derrière la barricade. Quinze boulets l'atteignent et y font brèche. La colonne s'élance en avant sans tirer sous une fusillade nourrie ; les défenseurs de la barricade se débandent et fuient sur la route de Caen. L'insurrection était vaincue. Vers trois heures, deux pièces de canon avaient été mises en batterie au Mont-Riboudet, pour tenir en respect l'invasion qu'on attendait du côté des vallées de Maromme et de Malaunay ; mais, soit que le mouvement ne fût pas décidé, soit que la défaite de l'insurrection sur les deux rives eût découragé ses adhérents, personne ne vint.

Ainsi finit l'insurrection rouennaise.

Le jour même (28 avril), le maire de Rouen recevait de

Saint-Omer trois caisses, et, deux jours après, trente-sept autres. C'étaient les quatre mille fusils qu'une députation d'ouvriers avait demandés à M. Ledru-Rollin, que le ministre avait accordés avec empressement, et dont l'expédition avait été annoncée dès le 18 avril au commissaire général [1]. « Vous avez commencé trop tôt », disait un des chefs aux insurgés de Sotteville. L'armée, elle, ne s'était donc pas trop hâtée : la promptitude de la répression, en abrégeant la lutte, l'avait rendue moins sanglante. M. Senard déclara, quelques jours après, à l'Assemblée, qu'il y avait eu onze morts et soixante-seize blessés, sur lesquels vingt-trois avaient succombé depuis. La garde nationale et la ligne n'eurent pas de pertes à regretter. Ce fait, que les amis de l'insurrection voulaient tourner à la honte des généraux, tenait, a dit l'un d'eux, à deux causes : 1° à ce que les insurgés n'ayant pas pratiqué de banquettes derrière leurs barricades, qui étaient assez élevées, leurs balles passaient au-dessus de la tête des militaires ; 2° à ce que leur poudre, provenant d'une fabrique de mèches de mineurs, était de mauvaise qualité [2].

M. Senard, élu représentant du peuple, avait donné sa démission de procureur général ; il crut devoir reprendre ses fonctions, dans lesquelles il n'était pas encore remplacé, et, sur ses conclusions, la Cour d'appel, qui avait évoqué l'affaire, nomma une commission d'enquête de sept membres. C'était le premier président, M. Franck-Carré, qui la présidait ; sous la Monarchie, il requérait énergiquement comme procureur général contre les émeutiers, républicains ou bonapartistes ; la République lui continuait la même destinée. Un rédacteur du *National*, M. Hippolyte Dussard, fut envoyé par le gouvernement pour procéder à l'enquête administrative en qualité de

---

[1] *Commission d'enquête*, t. I, p. 212.
[2] Cour d'assises du Calvados. Déposition du général Gérard.

commissaire général, en remplacement de M. Deschamps.

La nouvelle de ces séditions, et, suivant le langage des clubs, des *massacres* de Rouen, vint retentir à Paris comme un signal d'insurrection. La *Société des Droits de l'homme,* proclamant l'antagonisme des *parias* et des *privilégiés,* disait aux seconds : « Ralliez-vous, car vous avez besoin du pardon de ceux que vous avez si longtemps sacrifiés. Si, malgré cette promesse de pardon, vous persistez à vous isoler pour défendre l'ancienne forme sociale, vous trouverez à l'avant-garde au jour de la lutte nos sections organisées, et *ce n'est plus de pardon que vos frères vous parleront, mais de justice.* » Blanqui, distinguant toujours son action, affichait une adresse aux ouvriers plus incendiaire encore. Proudhon, prophète ce jour-là, écrivait : « La masse prolétaire est prête à marcher, la garde nationale, aidée de l'armée, à faire résistance. L'idée vague d'une nouvelle et inévitable terreur circule dans l'air et agite les âmes. Les ouvriers se disent que la révolution est à recommencer [1]. » Et c'était à Paris, où les manifestations tournent si vite à l'émeute, en face d'un gouvernement qui se dissout et s'efface, qu'une Assemblée, sans cohésion et sans puissance, allait se réunir, recueillant, pour bienvenue, les inquiétudes de la population, les menaces et les cris de vengeance poussés par la *Société des Droits de l'homme* et par Blanqui !

Que faisait cependant le gouvernement? « Le gouvernement, disait le *National,* n'est plus qu'un gouvernement fantôme, un édifice lézardé. » La division qui avait toujours existé entre ses membres, les élections l'avaient consommée. Au vain désir de se présenter tout entier devant l'Assemblée, il avait sacrifié l'unité de direction et la

[1] Le *Représentant du Peuple* du 28 avril.

fermeté de la conduite; à la puérile satisfaction de pouvoir dire : « Nous n'avons porté atteinte à la liberté d'aucun citoyen », il sacrifiait la liberté et la sécurité de tous. Caussidière sollicitait un mandat d'arrêt contre Blanqui et ne pouvait l'obtenir. Delescluze avait la pudeur de donner sa démission de commissaire général dans le département du Nord : M. Ledru-Rollin lui déclare, à la stupéfaction du département, que le département le remercie, et refuse la démission. Les délégués des clubs ont, le 2 mai, signé la proclamation citée plus haut, vrai tocsin de guerre civile : le lendemain, M. Ledru-Rollin accorde à leurs instances une tribune à l'Assemblée. Enfin, au milieu des angoisses de la population, qui se demande si chaque jour n'est pas la veille d'une insurrection, par quel décret le Gouvernement provisoire signale-t-il ses derniers instants? Il règle le costume des représentants du peuple !

LIVRE SEPTIÈME.

LE QUINZE MAI.

SOMMAIRE. — Réunion de l'Assemblée nationale. — Le Gouvernement provisoire dépose ses pouvoirs. — La République dix-sept fois acclamée. — L'Assemblée comparaît devant le peuple. — Vérification des pouvoirs, nomination du bureau. — Comptes rendus du Gouvernement provisoire; il a bien mérité de la patrie. — Commission exécutive de cinq membres; Lamartine et Ledru-Rollin. — Composition du ministère. — Projets contre l'Assemblée : MM. Raspail et Louis Blanc; la Pologne et le ministère du progrès. — Intervention des clubs. — Décret de l'Assemblée nationale sur les pétitions; droit de réquisition directe pour le président. — Précautions de la Commission exécutive; le général Courtais et Caussidière. — La colonne se met en marche; les délégués forcent la grille; Lamartine. — Louis Blanc, Raspail, Barbès. — Discours de Blanqui. — MM. Taschereau, Senard, Froussard, Lacordaire; le dossier de la Corse. — Impuissance de la manifestation. — Motions de Barbès. — Le rappel. — Ovation à M. Louis Blanc. — Huber prononce la dissolution de l'Assemblée nationale; listes de gouvernement. — La garde mobile fait évacuer l'enceinte; les factieux s'acheminent vers l'hôtel de ville; Courtais et Lamartine. — Dispositions d'Armand Marrast; Albert et Barbès sont arrêtés. — Ce qui arriva des meneurs : Sobrier, Quentin, Chancel, Huber, Raspail, Blanqui, Louis Blanc. — Zèle des gardes nationaux; la maison Sobrier. — Mesures prises par la commission exécutive; défiance réciproque entre ses membres; la garde républicaine et les Montagnards. — Caussidière à l'Assemblée; il donne sa démission de préfet de police et de représentant du peuple. — Jugement sur la journée du 15 mai.

I. — L'Assemblée nationale constituante se réunit le 4 mai. Quelques républicains auraient souhaité qu'à l'exemple de la Convention, elle prît séance aux Tuileries; mais, au lieu de lui attribuer le palais de la royauté, le

17.

Gouvernement provisoire avait fait élever, dans la cour du Palais-Bourbon, un local assez vaste, mais incommode, mal disposé pour l'acoustique, sans ornements : à la nudité des murs, on aurait dit quelque temple de la Raison, et la légèreté de la construction l'aurait fait prendre pour un baraquement d'armée en passage.

Et quelle diversité dans ces neuf cents personnes que rassemblait le même mandat! Le noble y coudoyait le roturier, le capitaliste siégeait à côté du prolétaire, le religieux s'y trouvait égaré au milieu d'une foule sans croyances, les anciens partis y étaient confondus comme les professions. C'était l'idéal démocratique, cette représentation de toutes les classes et de tous les groupes sociaux dans le parlement, et jamais assemblée politique n'y atteignit davantage. On s'imaginait alors que, du sein de cette variété d'intelligences, l'inconnue politique et sociale ne pouvait manquer de se révéler.

A une heure un quart, des salves d'artillerie signalèrent l'approche des membres du Gouvernement provisoire. Ils venaient à pied du ministère de la justice, place Vendôme; les colonels et lieutenants-colonels des légions de la garde nationale marchaient, l'épée nue, à leurs côtés. Soixante et onze jours auparavant, élus du hasard, ils s'étaient acheminés de la Chambre des députés à l'hôtel de ville. Malgré leur origine, malgré leurs défaillances, en dépit des divisions intérieures, des troubles de la rue et des rivalités populaires, c'étaient les mêmes hommes, réunis encore, comme ils l'avaient souhaité, à cette heure suprême; et ce pouvoir, qu'ils avaient plutôt usurpé que reçu, de l'hôtel de ville où ils l'avaient disputé à la sédition, ils le rapportaient à l'Assemblée, à la France! Ils venaient dans ce Palais-Bourbon où, sous leurs auspices, la légalité avait subi un si violent outrage; ils venaient, grande leçon, pour attester cette légalité protectrice et s'en déclarer pour l'avenir les serviteurs et les apôtres.

Les cris unanimes de *Vive la République!* accueillirent les membres du gouvernement à leur entrée dans la salle. Dupont (de l'Eure) monta le premier à la tribune, et, au nom de ses collègues, déposa les pouvoirs entre les mains de l'Assemblée, qui se retira immédiatement dans les bureaux pour procéder à la vérification des élections. Elle rentra en séance à trois heures et demie. Démosthène Ollivier, jaloux de conquérir sans retour à la République les représentants des divers partis que le suffrage populaire avait envoyés au parlement, proposa que chaque membre, dont l'élection serait vérifiée, prêtât individuellement serment à la République. M. Crémieux répondit que le serment politique avait été aboli par le Gouvernement provisoire. Les applaudissements, les cris de *Vive la République!* accueillirent le ministre de la justice, interrompirent Démosthène Ollivier, et celui-ci se déclara satisfait, du moment « que tous les membres de l'Assemblée avaient de fait prêté serment en répétant le cri de *Vive la République!* »

Mais cette reconnaissance spontanée et tumultuaire ne suffisait pas, paraît-il, aux républicains. Ils y voulaient un acte formel, presque un décret, quelque chose qui ratifiât expressément la proclamation du 25 février. Conformément au programme arrêté d'avance par le gouvernement [1], M. Berger proposa la déclaration suivante : « L'Assemblée nationale, fidèle interprète des sentiments du peuple qui vient de la nommer, avant de commencer ses travaux, déclare, au nom du peuple français, à la face du monde entier, que la République, proclamée le 24 février,

---

[1] « Lorsqu'un signe extérieur annoncera au dehors l'acclamation de la République faite par l'Assemblée, les gardes nationaux et les troupes présenteront les armes, les tambours battront aux champs, les trompettes joueront la marche. Les musiques joueront immédiatement après. » (Lettre d'Armand Marrast, maire de Paris, au commandant de la garde nationale.)

est et restera la forme du gouvernement de la France, etc. »
Cette déclaration, qui n'était revêtue que des signatures des députés de Paris, M. Clément Thomas, rédacteur du *National*, la revendique au nom de toute la France. Les applaudissements éclatent à chaque phrase. Cependant M. Ducoux voudrait plus de solennité, plus de recueillement, qu'on ajourne à une séance prochaine ce serment unanime. M. Emmanuel Arago : « L'instant est assez solennel. Pas d'ajournement; il n'y a pas d'ajournement possible pour cela. *Vive la République!* » Et, répondant à cette voix vibrante, l'Assemblée se leva en masse et cria : *Vive la République!*

Les chroniqueurs ont compté dix-sept fois, dans cette première séance, le cri de *Vive la République!* Ce n'était pas assez; le général Courtais, et, après lui, M. Babaud-Laribière, vinrent demander que, conformément aux vœux du peuple, le Gouvernement provisoire et l'Assemblée se rendissent sur le péristyle du palais pour y proclamer la République *à la face du ciel*. Beaucoup de représentants s'opposent à cette cérémonie théâtrale; mais la foule l'emporte. Il fallait que l'Assemblée, désormais pouvoir souverain, s'accoutumât à ces scènes populaires que la nécessité avait rendues si familières au Gouvernement provisoire. Le peuple voulait entrer en communication avec ses délégués, leur parler, leur signifier ses désirs ou ses ordres, et participer directement à cette souveraineté dont il n'abandonnait que l'ombre.

Dans la séance du 5 mai, la vérification des pouvoirs se poursuivit sans incidents graves. Sur neuf cents élections, deux seulement furent annulées; celle de M. Louis Blanc, dans la Corse, à raison d'irrégularités dans la tenue des colléges électoraux, et, dans la Seine, celle d'un sieur Schmit. Il y avait eu deux candidats de ce nom, l'un, ouvrier cordonnier et délégué de sa corporation; l'autre, prenant aussi le titre d'ouvrier (c'était la mode alors), mais ancien maître des requêtes au Conseil d'État et ancien chef de division au ministère des cultes. Deux brochures antisocialistes (le *Catéchisme de l'ouvrier*, et *Du pain, du travail et la vérité*) avaient donné à son nom une popularité subite et des plus honorables. Les suffrages, partagés à peu près également entre Schmit ouvrier, Schmit écrivain et Schmit sans désignation, formaient un total de cent vingt-cinq mille, que les scrutateurs avaient réunis sur Schmit, écrivain. L'Assemblée pensa qu'il y avait lieu de les diviser, et, l'un ou l'autre des candidats n'ayant plus alors qu'un nombre de voix insuffisant, l'élection fut annulée [1].

Avec moins d'à-propos, l'Assemblée s'empressa d'ordonner une enquête sur l'élection de l'abbé Fayet, évêque d'Orléans, et de M. Desmolles, élus tous deux dans la Lozère. La lutte y avait été vive entre les conservateurs et le parti républicain avancé; le commissaire de la République, M. Requier, avait énergiquement combattu les premiers. Néanmoins, MM. Fayet et Desmolles obtinrent un avantage considérable sur leurs rivaux, M. Fayet surtout, que dix mille voix séparaient des trois autres candidats. Une dénonciation légèrement faite, sur des documents sans valeur, par le procureur de la République de Marvejols, signala des distributions d'argent et des abus d'influence ecclésiastique; mais ces accusations, dirigées contre MM. Fayet et Desmolles, tombèrent honteusement devant l'enquête : il en résulta que l'abbé Fayet n'avait pas quitté Orléans, soit avant, soit pendant l'élection, et qu'aucune distribution d'argent n'avait été faite par les candidats ou par leurs mandataires en vue de l'élection. Elle

---

[1] Schmit, ouvrier : 42,937; Schmit, écrivain : 30,060; Schmit, sans désignation : 44,396. En ajoutant ce dernier chiffre à l'un ou à l'autre des deux précédents, on trouve 87,333 voix pour Schmit ouvrier et 74,465 pour Schmit écrivain. Lamennais, dernier élu, en avait 104,871.

fut validée le 16 mai, sans discussion, sur le rapport de
M. Landrin [1].

Le 6 mai, l'Assemblée élut son bureau. Buchez réunit
trois cent quatre-vingt deux voix pour la présidence. Ancien *carbonaro* sous la Restauration, chevalier des idées
d'association ouvrière, qu'il défendait dans l'*Atelier* et
dans la *Revue nationale*, et dont il avait été l'initiateur
dès 1829 dans l'*Européen;* connu encore par des travaux
d'histoire et de philosophie qui faisaient école; avec cela,
austère dans sa vie et fier dans sa pauvreté, Buchez représentait à merveille certains côtés séduisants de la révolution de février : le goût du progrès moral dans l'ordre industriel se traduisant par des réformes pratiques, et le
christianisme présidant à la régénération sociale. Les vice-
présidents furent : le docteur Recurt, compromis en 1834,
puis acquitté, homme modéré et bienfaisant; le général
Cavaignac, que recommandait le souvenir de son frère;
Corbon, ouvrier ciseleur, disciple de Buchez et l'un des
rédacteurs de l'*Atelier;* Guinard, républicain éprouvé;
Cormenin, l'illustre pamphlétaire; M. Senard. On le voit :
l'Assemblée, après avoir chaudement proclamé la République, n'hésitait pas davantage à élire des républicains,
et, parmi eux, des républicains du *National*. Ils avaient
avant tous appelé la République : on trouvait juste qu'ils
la gouvernassent.

II. — Ces travaux préliminaires accomplis, les membres
du Gouvernement provisoire vinrent l'un après l'autre
(séances des 6 et 8 mai) rendre compte de leurs actes. Dans
ce long exposé, Lamartine se réserva le début et la fin,
comme s'il voulait assurer la première impression et résu-

---

[1] Daniel Stern (t. II, p. 375) ne paraît avoir lu que le premier rapport qui accuse, et n'avoir pas eu connaissance du second d'où ressort
la pleine justification de l'abbé Fayet.

mer la dernière. Il avait alors, vis-à-vis de l'Assemblée, la même situation que, le 24 février, vis-à-vis de la France : élu par dix départements, soutenu par deux millions de voix (presque le tiers des votants), plus sa popularité avait baissé dans la partie turbulente et émeutière de la population, plus elle avait grandi dans la bourgeoisie et dans l'Assemblée. La France aimait à se contempler en lui; elle ne lui demandait que de se donner à elle pour se donner à lui tout entière. Il traça dans un préambule plein d'éclat le tableau des deux longs mois qui séparaient la première heure de la révolution de la réunion de l'Assemblée. Il ne dit pas tout, tant s'en faut : il omet les crises de mars et d'avril, il présente, c'est-à-dire déguise ou arrange certains faits; il ne rappelle ni les ateliers nationaux, ni l'impôt des quarante-cinq centimes, ni les destitutions dans la magistrature; il noie tout dans le nimbe d'or de la légende. S'il ne donne pas l'idée la plus précise du Gouvernement provisoire, il témoigne du moins pour lui-même; il aspire à personnifier la République.

Sur le caractère de l'élection du 24 février, il va au-devant des scrupules de l'Assemblée, il confesse les siens : c'est « un pouvoir d'urgence », c'est « un interrègne ». Il ajoute : « Simples citoyens, sans autre appel que le péril public, sans autre titre que notre dévouement, *tremblant d'accepter,* pressés de restituer le dépôt des destinées de la patrie, nous n'avons eu qu'une ambition, celle d'abdiquer la dictature dans le sein de la souveraineté du peuple. » Et comme il tourne les passages difficiles! On se souvient de la manière dont fut proclamée la République, les uns ne s'en reconnaissant pas le droit, les autres se l'arrogeant sans hésiter, et la populace tranchant tous les doutes par son intervention. « Le trône renversé, écrit Lamartine, la dynastie s'exilant elle-même, nous ne proclamâmes pas la République. *Elle s'était proclamée elle-même par la bouche de tout un peuple.* »

Ces défilés franchis, comme il vogue à l'aise! Journée du drapeau rouge, abolition de la peine de mort en matière politique, Manifeste à l'Europe, établissement du suffrage universel, armement des gardes nationales, adhésion de la France : voilà le prélude au panégyrique du Gouvernement provisoire.

« Nous avons passé quarante-cinq jours sans autre force exécutive que l'autorité morale, entièrement désarmée, dont la nation voulait bien reconnaître le droit en nous, et ce peuple a consenti à se laisser gouverner par la parole, par nos conseils, par ses propres et généreuses inspirations. Nous avons traversé plus de deux mois de crise, de cessation de travail, de misère, d'éléments d'agitation politique et d'angoisse sociale, accumulés en masse innombrable dans une capitale d'un million et demi d'habitants, sans que les propriétés aient été violées, sans qu'une colère ait menacé une vie! sans qu'une répression, une proscription, un emprisonnement politique, une goutte de sang répandue en notre nom, aient attristé le gouvernement dans Paris! Nous pouvons redescendre de cette longue dictature sur la place publique et nous mêler au peuple, sans qu'un citoyen puisse nous demander : « Qu'as-tu fait d'un citoyen? »

« Nous remettons avec confiance à votre jugement tous nos actes. Nous vous prions seulement de vous reporter au temps et de nous tenir compte des difficultés. Notre conscience ne nous reproche rien comme intention. La Providence a favorisé nos efforts. Amnistiez notre dictature involontaire. Nous ne demandons qu'à rentrer dans les rangs des bons citoyens. Puisse seulement l'histoire de notre chère patrie inscrire avec indulgence au-dessous, et bien loin des grandes choses faites par la France, le récit de ces trois mois passés sur le vide, entre une monarchie écroulée et une république à asseoir, et puisse-t-elle, au lieu des noms obscurs et oubliés des hommes qui se sont

dévoués au salut commun, inscrire dans ses pages deux
noms seulement : le nom du peuple qui a tout sauvé, et
le nom de Dieu qui a tout béni, sur les fondements de la
République ! » (*Acclamations unanimes et prolongées.*)

Cette attitude modeste, ces ménagements oratoires, ces
atténuations prudentes s'adressaient évidemment, non pas
à la partie républicaine de l'Assemblée, mais à ce faisceau
de conservateurs auprès desquels le héros du 24 février
voulait faire oublier son rôle révolutionnaire ; il sentait
que sa renommée conservatrice avait pu subir quelque
atteinte ; et, aux objections que sa propre conscience devait lui faire, il devinait celles que lui ferait cette majorité
modérée dans le sein de laquelle il fallait chercher les
suffrages et l'appui. M. Ledru-Rollin était dans une situation tout opposée : définitivement compromis auprès des
conservateurs, il eût fallu qu'il se reniât lui-même pour
tenter de les reconquérir. Au contraire, vis-à-vis des républicains ardents, n'avait-il pas à racheter l'ambiguïté de
sa conduite au 16 avril, son alliance momentanée avec le
parti de l'ordre, les gages qu'il avait donnés à la République conservatrice ?

Son rapport est un plaidoyer. « Appelé au Gouvernement
provisoire *par le vœu du peuple* », il ne marchande pas la
validité des pouvoirs qu'il en a reçus ; il défend ses commissaires comme des « soldats destinés à continuer et à propager la victoire » ; il défend « les pouvoirs illimités »,
comme étant les seuls qu'on pût conférer « en face de l'imprévu ». Il s'est montré « l'homme de la révolution » et
« l'homme du gouvernement ». Il a armé la garde nationale, organisé la garde mobile et la garde municipale. La
verve déborde d'un bout à l'autre du rapport : c'est
l'homme attaqué deux mois durant et qui a trouvé enfin
l'heure de répondre. Il a organisé l'application du suffrage
universel, et cela en trois semaines, besogne impossible,
disait-on, mais dont les difficultés exagérées ont disparu

devant la volonté de la réaliser. Il revendique sa libre adhésion au mouvement du 17 mars, son énergique résistance au 16 avril. « Le jour où *quelques fous* ont essayé de pervertir le sens et le résultat d'une manifestation pareille, je n'ai point hésité à les combattre de front. *C'est par mon ordre que le rappel a été battu*, et que la garde nationale, qui maintenant est le pays, s'est levée pour se confondre avec les citoyens qui n'étaient point armés et protester contre toute tentative violente. »

Aux calomnies personnelles, il répondait en ces termes : « Dans les jours de trouble et d'inquiétude, jour et nuit je veillais sans relâche. C'est par un dévouement absolu à mes devoirs que je répondais aux infâmes calomnies dont j'ai été l'objet. Je n'ai jamais vu dans ce débordement sans exemple qu'une raison de plus pour défendre intrépidement une cause que la fureur de quelques insensés voulait compromettre en ma personne. (*Très-bien! très-bien!*) J'ai eu confiance dans le bon sens de la nation, dans la justice de l'Assemblée, et j'ai pensé que, soldat de la Révolution, je devais tout souffrir pour elle, et ne pas perdre à relever d'odieux mensonges le temps précieux que son service réclamait tout entier. (*Applaudissements prolongés.*) Du reste, tous mes actes sont publics, leur libre discussion vous appartient, et, maintenant que votre souveraineté me décharge du fardeau des affaires, toute calomnie privée me trouvera debout pour la confondre. » (*Applaudissements.*)

Les autres rapports n'offraient pas le même intérêt. Le défaut qui les gâte tous, c'est le ton important. MM. Louis Blanc, Crémieux, Carnot, Marie, Garnier-Pagès, préviennent les éloges de la postérité et se les décernent d'office : la République est un fétiche, les républicains des sauveurs. Arago ne versa pas du même côté; Bethmont se borna à déposer son rapport sans en donner lecture. Marrast, Albert, Flocon, s'abstinrent. Lamartine, comme ministre des affaires étrangères, termina le défilé. Ce second rapport n'a pas l'inspiration facile, et les adresses heureuses du premier; il est roide, gourmé, embarrassé de théories improvisées, allongé d'un tableau général de la révolution européenne rédigé dans les bureaux du ministère, et répète, avec moins d'éclat, le système pacifique du Manifeste à l'Europe.

III. — Le Gouvernement provisoire ayant déposé ses pouvoirs, il y avait lieu d'organiser l'exercice de la souveraineté. Une réunion de représentants, seul groupe constitué dans cette nombreuse Assemblée, et qui prenait ses inspirations dans la coterie dite du *National*, s'était donné pour tâche de dresser les programmes parlementaires et d'en suivre l'exécution. Trois hommes de ce groupe, rédacteurs tous trois du *National*, MM. Dornès, Jean Reynaud et Trélat, proposèrent de déclarer que le Gouvernement provisoire, suivant la formule romaine, avait *bien mérité* de la patrie, et qu'il serait remplacé par une délégation de cinq membres, sous le nom de commission exécutive, qui choisirait ses ministres en dehors d'elle. Tout était prévu, même les noms, que Dornès réussit à lire, malgré des réclamations presque générales : c'étaient MM. Lamartine, Arago, Ledru-Rollin, Marie et Garnier-Pagès, l'ancien gouvernement sans l'élément socialiste qu'y représentaient MM. Albert et Louis Blanc; M. Ledru-Rollin s'y trouvait compris, mais enveloppé dans une majorité qui le réduisait à l'impuissance. Cette combinaison avait l'inconvénient de prolonger le provisoire; mais sait-on si, dans les plans d'Armand Marrast, l'inventeur de cette combinaison, il n'y avait pas l'intention d'user la popularité de Lamartine, qui effaçait toutes les autres, et de prévenir l'institution d'une présidence que l'Assemblée lui eût alors décernée d'acclamation?

Sur la première partie de la proposition, les remerciments au Gouvernement provisoire, une seule voix hostile s'éleva, celle de Barbès. *Au nom du peuple,* il demandait compte des *massacres,* des *tueries* de Rouen, et « de l'abandon qui a été fait de nos frères allemands, polonais, italiens, belges ». M. Senard répondit à Barbès en ce qui concernait les *tueries* de Rouen; M. Ledru-Rollin se tut; M. Crémieux rappela qu'une enquête était ouverte, et l'Assemblée vota à l'unanimité, sauf Barbès et quelques autres, que le Gouvernement provisoire avait bien mérité de la patrie.

Sur l'organisation du pouvoir, une discussion longue et confuse s'ensuivit. Une commission, nommée dans les bureaux, concluait à l'élection par l'Assemblée de neuf ministres et d'un président du conseil sans portefeuille. Cette combinaison repoussée, comme plaçant le pouvoir exécutif dans une dépendance trop immédiate du parlement, on en revint à l'idée d'une commission désignant elle-même ses ministres : double rouage qui constituait la commission exécutive à l'état de président à plusieurs têtes avec les inconvénients de la pluralité, et qui ne faisait des ministres que de simples commis. Barbès proposait de continuer les pouvoirs du Gouvernement provisoire jusqu'à ce que la constitution eût statué d'une façon définitive : c'était un moyen de combattre la liste du *National* en y rétablissant M. Louis Blanc. Mais le Gouvernement provisoire avait-il été bien uni? La France ne s'était-elle pas expressément prononcée contre ce mode de pouvoir? Le vote de remercîment ne renfermait-il pas des réserves, sous-entendues de tous, et qui devaient empêcher le rétablissement ou la prorogation de ce gouvernement? Toutes ces questions, portées à la tribune, motivaient et restreignaient le vote précédent. Enfin, par un vote exprès et rendu à une immense majorité, l'Assemblée décida que le Gouvernement provisoire ne serait pas prorogé dans ses pouvoirs, et que la commission serait composée de cinq membres ; l'élection fut remise au lendemain, pour être faite au scrutin de liste et à la majorité absolue.

Les votes peu enthousiastes de l'Assemblée nationale à l'égard du Gouvernement provisoire ne présageaient pas à la liste Dornès un succès assuré. M. Ledru-Rollin rencontrait chez beaucoup de représentants, malgré son évolution du 16 avril, une hésitation ou même des répugnances invincibles ; d'autre part, il sentait lui-même que, dans cette commission de cinq membres, il serait deux fois en minorité, d'abord par son isolement, puis par l'infériorité des suffrages que lui décernerait l'Assemblée. Était-il sage, était-il politique d'affronter cette situation difficile où son initiative serait entravée ou annihilée ?

Lamartine professait hautement des sentiments tout opposés. Non-seulement il invita M. Ledru-Rollin à se laisser porter sur la liste, mais il déclara que si M. Ledru-Rollin n'y figurait pas à côté de lui, il renoncerait pour son compte au bénéfice de l'élection. Lamartine, en tenant cette conduite, s'inspirait d'un double sentiment. Considérant M. Ledru-Rollin comme le chef réel ou possible du parti républicain proprement dit, il estimait imprudent de le laisser en dehors des sphères de gouvernement, livré en proie à la mobilité de ses instincts et aux téméraires suggestions de ses fidèles ; et, d'un autre côté, en le maintenant dans la commission, il pensait rattacher au pouvoir ceux dont son exclusion aurait fait des adversaires. A cette conduite, il espérait personnellement un autre avantage, celui de s'assurer au sein de l'Assemblée un double appui, les conservateurs-monarchistes et les républicains, et d'y trouver, suivant l'heure, vis-à-vis des uns ou des autres, la force d'un contre-poids.

En marchant ainsi et contre le courant des opinions dans l'Assemblée et contre celui du suffrage universel, Lamartine rencontra un commencement de défiance et d'échec. Il avait voulu joindre sa fortune à celle de M. Ledru-Rollin : l'Assemblée ne les sépara pas. Au scrutin du 10 mai, MM. Arago, Garnier-Pagès et Marie passèrent les premiers; MM. Lamartine et Ledru-Rollin fermèrent la liste avec une minorité significative, bien que Lamartine conservât encore sur le collègue qu'il protégeait une majorité de près de deux cents voix [1].

Le pouvoir exécutif acheva de se constituer en composant un ministère. On y retrouve les noms déjà connus sous le Gouvernement provisoire avec des attributions analogues : M. Crémieux à la justice; M. Bastide, aux affaires étrangères, avec M. Jules Favre pour sous-secrétaire d'État; M. Carnot à l'instruction publique, et, pour sous-secrétaire d'État, M. Jean Reynaud; aux finances, l'ami et le disciple de M. Garnier-Pagès, M. Duclerc; M. Charras remplissait l'intérim du ministère de la guerre, réservé au général Cavaignac; M. Bethmont passait aux cultes. Le ministère de l'intérieur était occupé par M. Recurt, les travaux publics par M. Trélat, l'agriculture et le commerce par M. Flocon, la marine par le vice-amiral Cazy. Il était aisé de remarquer que tous ces personnages avaient été exclusivement choisis dans les rangs républicains; que si le *National* y dominait, la *Réforme* y avait néanmoins sa place, et que la plupart de ces ministres, sans grande importance personnelle, ne devaient être, comme il avait été prévu dans la discussion, que des secrétaires d'État, sans initiative et sans responsabilité réelle!

IV. — Tandis que l'Assemblée nationale et la commission exécutive essayaient, dans des conditions toutes nouvelles, l'organisation d'un régime provisoire encore, les

---

[1] Votants : 794. Arago, 725; Garnier-Pagès, 715; Marie, 702; Lamartine, 643; Ledru-Rollin, 458.

factions, dont les cadres et les chefs ne variaient pas, poursuivaient contre l'Assemblée le système de lutte et de renversement qu'elles avaient ouvert contre le gouvernement précédent. A quelles tristes répétitions se trouve condamné l'historien! Depuis le 24 février, chaque mois est marqué par un complot que préparent les mêmes hommes; et qui sont-ils, ces hommes, et que veulent-ils? Ils ne tiennent leur notoriété sinistre que de leurs coups de main, de leurs procès et de leurs condamnations! Accouplez leurs noms à celui d'une forteresse qui s'appelle le Mont-Saint-Michel ou Doullens, et voilà leur célébrité! Aucune œuvre historique, économique ou philosophique n'est sortie de leur prison pour signaler un mérite personnel que les passions politiques eussent un instant égaré; ils ne sont même pas descendus dans ces modestes régions de la vie pratique où l'obscurité ne diminue pas l'honneur; ils ont vécu inutiles et dangereux! Et n'est-ce pas pitié que, au lieu d'une République se constituant dans la légalité et la justice, et poursuivant pacifiquement et harmonieusement ses destinées, nous soyons sans cesse ramenés par des gens qui se disaient républicains à raconter leurs complots contre la République, qui s'affaiblit chaque jour et dépérit sous leurs coups?

On se rappelle les menaces des Sauriac, des Genty et de tant d'obscurs personnages à l'égard de l'Assemblée, les affiches provocatrices de Blanqui, les pressentiments de troubles démentis par l'éclatante manifestation du 4 mai. On accusait déjà l'esprit réactionnaire de l'Assemblée, on parlait d'apporter à sa barre les vœux populaires et d'exercer sur elle cette pression extérieure à laquelle on avait soumis systématiquement le Gouvernement provisoire. Mais il fallait toucher la fibre des masses: quelle question soulever? Les prétendus *massacres* de Rouen avaient été réduits à leur juste valeur par M. Senard; cette Assemblée, suspecte de monarchisme, avait acclamé dix-sept fois la République, continué dans leurs fonctions les principaux membres du Gouvernement provisoire, choisi un bureau républicain. Il fallait chercher autre chose : la rancune de deux ambitieux déçus, MM. Raspail et Louis Blanc, fournit aux hommes entreprenants du parti un double prétexte d'agitation.

Bien qu'il se fût proclamé l'*ami du peuple*, bien que, par la presse et le club, il eût multiplié la brigue autour des urnes, Raspail n'avait pas été élu représentant [1]. « O ma patrie, écrivait-il le 11 mai, que je te remercie de m'avoir jugé indigne de siéger au sein d'une Assemblée aussi introuvable! Qu'aurais-je pu faire dans ton intérêt, en compagnie de ces braves gens qui n'ont presque tous à s'occuper que de leur intérêt propre, de l'intérêt de ce qu'ils appellent l'ordre et la propriété? » Il affectait de donner au peuple des conseils de modération : « N'écoute pas les mauvais conseillers qui te pousseraient à renverser par la violence l'œuvre de la plus inconcevable déception... Gardons nos fusils en cas d'attaque et comme armes défensives, mais donnons à nos féroces ennemis l'exemple de ce calme qui est le signe de la force..... Tout vient à point à qui sait attendre; attendons dans la vigilance une nouvelle occasion de faire triompher nos vœux; organisons-nous dans nos clubs..... »

Ce fut Raspail qui eut le premier l'idée d'une pétition pour la Pologne; il en rédigea le texte, qui fut adopté par son club le 6 mai, et il la fit présenter à l'Assemblée le 9. Mais cette manifestation modeste ne lui suffisait pas; il rêva de donner à son œuvre l'appui des clubs. Le 10 mai, un émissaire apporta la pétition Raspail au comité centralisateur qui, depuis les élections, avait pris la place du *Club des clubs;* il s'agissait de la soumettre à l'acceptation des

---

[1] Il obtint à Paris 52,095 voix. Son nom figurait sur la liste du Luxembourg.

clubs, qui la porteraient solennellement à la barre de l'Assemblée. Huber, qui présidait, refusa; Raspail insista les jours suivants, et trouva enfin auprès de Sobrier un plus facile accès. Le 11, dans une séance tenue chez Sobrier, il fut décidé que tous les clubs se rendraient à la Chambre.

Quant à M. Louis Blanc, depuis trois mois il était travaillé d'une idée fixe : le ministère du progrès! Rebuté sous le Gouvernement provisoire, il cherchait, sans l'espérer peut-être, un meilleur accueil auprès de l'Assemblée. Lorsqu'elle refusa de continuer dans ses pouvoirs le Gouvernement provisoire, il ressentit ce vote comme une blessure personnelle, et donna sa démission de président de la commission des travailleurs. Le 10 mai, à peine les noms des membres de la commission exécutive étaient-ils sortis de l'urne, qu'il monta à la tribune et demanda à l'Assemblée d'instituer un ministère du progrès. A l'ambitieux tribun qui prétendait absorber dans sa personne l'amour pour le peuple et le dévouement aux ouvriers, ce fut, par un contraste piquant, un ouvrier, et, qui plus est, un ouvrier délégué au Luxembourg, qui répondit. M. Peupin [1] déclara qu'il ne voulait pas d'un ministère *du progrès* parce qu'il ne connaissait pas de ministère *de la routine;* que le ministère des travaux publics, bien dirigé, correspondait aux nécessités signalées par M Louis Blanc, et qu'il y avait simplement lieu de nommer une commission d'enquête sur la situation des travailleurs. La proposition de M. Peupin fut acclamée; celle de M. Louis Blanc, au contraire, fut repoussée par un vote unanime.

Le lendemain de ce vote, le placard suivant était affiché sur les murs de Paris :

---

[1] Ouvrier horloger élu dans le département de la Seine le vingt-troisième (avant M. Louis Blanc), par 131,969 voix. Quoique délégué au Luxembourg, il n'était pas porté sur la liste de M. Louis Blanc.

« OUVRIERS,

« Les promesses faites sur les barricades n'étant pas accomplies, et l'ASSEMBLÉE NATIONALE ayant refusé, dans sa séance du 10 mai, de constituer un MINISTÈRE DU TRAVAIL ET DU PROGRÈS, les OUVRIERS DÉLÉGUÉS AU LUXEMBOURG se refusent à assister à la fête *dite* de la Concorde.

« Paris, le 11 mai 1848.

» LAGARDE, *président;* BESNARD, *vice-président;* GODIN, *id.*; LAVOIE, *id.*; LEFAURE, *secrétaire;* DÉLIT, *id.*; PETIT, *id.* »

Ainsi se trouvaient posées devant l'Assemblée deux questions parallèles : une expédition politique en faveur de la Pologne, un ministère du travail pour M. Louis Blanc. Questions sans solution possible ou immédiate, et, pour cela même, plus dangereuses et d'un caractère vraiment révolutionnaire.

Menacée dans sa liberté d'action, l'Assemblée, par un décret spécial (11 mai), confia aussitôt au président le soin de veiller à sa sûreté, tant intérieure qu'extérieure, et lui donna le droit de requérir directement la force armée. Déjà, par une mesure pleine de prévoyance, elle avait voulu que le service ne fût confié qu'à la garde nationale, et non pas aux Montagnards ou aux gardiens de Paris que Caussidière avait proposé d'y introduire. Le 12, nouveau décret qui, en consacrant le droit de pétition, interdit aux pétitionnaires de se présenter en personne à la barre. Il y avait donc, chez les représentants, la ferme volonté de ne pas laisser au peuple, à la populace ou aux clubs, comme l'ancienne Législative et comme la Convention, la faculté d'intervenir à leur heure dans les délibérations, de procéder à de scandaleux défilés, et, législateurs d'aventure, de partager le pouvoir avec ceux qui en ont régulièrement reçu le dépôt.

Les précautions de l'Assemblée ne parurent aux clubistes qu'un impuissant défi. Le 13, une manifestation assez considérable s'achemina vers l'Assemblée; toutefois elle s'arrêta sur la place de la Concorde, au pied de l'obélisque; M. Vavin recueillit la pétition de la main des pétitionnaires et la déposa sur le bureau de l'Assemblée. Mais ce n'était là qu'un essai ou peut-être un moyen d'abuser le gouvernement et de dérouter ses soupçons. En effet, cette manifestation du 13 ne suspendit pas les préparatifs: Lamartine avait accepté pour le lundi 15 les interpellations sur la Pologne et sur l'Italie : c'est au lundi, 15 mai, que furent ajournés les projets des clubs. Le samedi, une réunion se tint vers la barrière de l'Étoile, dans un grand établissement connu encore aujourd'hui sous le nom de salle Dourlans; on y discutait la manifestation prochaine, s'il fallait s'y rendre avec ou sans armes : Huber repoussait toute manifestation armée. Le soir, Barbès, malgré son intempérante ardeur à l'Assemblée, se montrait dans son club plus modéré; Blanqui ne se refusait pas à marcher contre l'Assemblée, il contestait seulement que le moment fût opportun. Mais, il ne faut pas l'oublier, ces séances publiques des clubs étaient précédées ou suivies de séances secrètes auxquelles n'assistaient que les affidés; les premières n'étaient destinées qu'à tromper les badauds ou la police sur les desseins réels des conjurés.

La commission exécutive, sitôt le ministère nommé, s'était préoccupée d'organiser une nouvelle fête; elle y appelait non-seulement les divers corps d'états avec leurs emblèmes, mais les délégués des gardes nationales des départements : sous le nom de fête de la Concorde, on évoquait en réalité les souvenirs de l'antique fédération du Champ de Mars. Mais, devant les menaces de trouble, la commission ajourna la fête du 14 au 21 mai, et dut songer à faire des préparatifs tout différents.

Le 14, elle resta en permanence au Luxembourg et y convoqua les ministres, le préfet de police et le maire de Paris. Armand Marrast ne vint pas; Caussidière fit de même et prétendit plus tard n'avoir pas reçu d'avis. Le général Tempoure, commandant de la garde mobile (Duvivier, élu représentant, s'était démis de ces fonctions), le général Foucher, commandant la première division militaire, le général Courtais, commandant la garde nationale, reçurent en conseil des instructions pour le lendemain. Courtais insista pour obtenir le commandement en chef des troupes : homme faible, vaniteux, amoureux de popularité, il n'avait ni l'expérience militaire ni l'autorité morale que comporte un tel rôle; ancien chef d'escadron dans l'armée, il pouvait sans déchoir céder le pas à des généraux. Il insista : ceux-ci cédèrent. Il obtint encore que Buchez renonçât pour cette journée au droit de réquisition directe que le décret du 11 mai assurait au président de l'Assemblée; pour ne pas le froisser, Buchez s'y résigna aussi.

Les dispositions militaires arrêtées en conseil furent les suivantes : mille hommes de la 1re légion (faubourg Saint-Honoré) devaient occuper la tête du pont de la Concorde; mille de la 2e, les Tuileries et le quai; mille de la 3e et mille de la 4e, la place du Carrousel et le Louvre. En cas de danger, ces quatre mille hommes seraient dirigés sur l'Assemblée et remplacés par les 5e et 6e légions; les 8e et 9e devaient protéger l'hôtel de ville; les 11e et 12e, le Luxembourg. Quatre bataillons de garde mobile seraient consignés dans le voisinage de l'Assemblée; le général Foucher tiendrait la garnison prête à marcher, renforcerait les piquets de deux bataillons et de deux escadrons, et, en cas grave, manderait à Paris les gardes nationales de Saint-Denis, Versailles, Melun, Fontainebleau et Orléans.

Rentré à l'état-major, le général Courtais y appela les colonels dans la soirée et leur communiqua les ordres qu'il avait reçus. Il fut entendu que les légions se réuniraient le lendemain à neuf heures du matin, sans rappel, pour ne pas effrayer la population ou défier les *manifestants*; mais, tout en signalant les postes que devait occuper chaque légion, le général omit de donner des ordres précis indiquant l'heure du mouvement; plusieurs colonels comprirent que ces ordres seraient expédiés par l'état-major dans la matinée. Courtais ne croyait pas à la gravité de la manifestation annoncée; il supposait qu'elle s'arrêterait à l'obélisque comme celle du 13, et pensait qu'il y avait danger de collision à rapprocher la garde nationale de l'armée, des clubs ou de ce qu'il appelait le peuple. Plusieurs démarches faites auprès de lui le confirmaient dans cette conviction : Armand Marrast l'invitait formellement à ne pas faire battre le rappel [1]; Caussidière répondait des allures pacifiques de la manifestation. Ainsi, par omission involontaire ou à dessein, Courtais, tout en prenant des mesures sérieuses de défense, ne leur imprimait pas la précision qui en eût assuré l'efficacité.

Caussidière reprenait son attitude ambiguë du 16 avril. Sous prétexte d'indisposition, il ne se rendait pas aux appels de la commission; il recevait la visite de Sobrier et lui faisait des promesses de concours ou de secours dont celui-ci devait se prévaloir le lendemain. Il convoquait les forts de la halle et leur confiait un poste à la préfecture; les Montagnards étaient consignés, distribués dans les combles avec ordre de signaler tout mouvement, populaire ou autre, et de défendre la préfecture contre *quiconque* viendrait à l'attaquer ou tenterait d'y pénétrer. Il sollicitait à nouveau le privilége de défendre l'Assemblée

---

[1] Huber écrivait à Marrast, le 14 mai : « Je vous jure sur l'honneur que la manifestation sera pacifique; mais, si elle trouvait de la résistance, le torrent emporterait tout. »

avec ses propres troupes : Buchez n'accepta pas plus ce concours suspect qu'il n'avait fait le 16 avril; enfin, il envoya à l'Assemblée de nouveaux commissaires de police, et, au mécontentement avec lequel il apprit que Buchez les avait refusés et qu'il en avait choisi lui-même, il était facile de voir que Caussidière cherchait moins à défendre qu'à surprendre l'Assemblée, ou plutôt qu'il voulait avoir, là comme ailleurs, des hommes dévoués qui agissent suivant l'heure et dans le sens où la mobilité des circonstances pourrait placer son intérêt.

V. — Le 15 mai, la commission exécutive se réunit dès huit heures et convoqua encore une fois le préfet de police, qui s'excusa de nouveau. Elle lui donna l'ordre d'arrêter Blanqui, Flotte et Lacambre, mais sans les désigner par écrit : Caussidière s'abstint. Il envoya un officier d'ordonnance pour informer la commission que la manifestation était conduite par des hommes dont il répondait comme de lui-même. Néanmoins, la commission dépêcha des estafettes dans toutes les directions, et le gouvernement se divisa en deux groupes, l'un composé d'Arago et de Garnier-Pagès, qui restait au Luxembourg; l'autre, qui comprenait Lamartine, Ledru-Rollin et Marie, se rendait à l'Assemblée.

Cependant la manifestation s'organisait. Les habitants de la maison Sobrier se vantaient en la quittant de coucher le soir au ministère de l'intérieur. En se rendant à la Bastille, ils passèrent rue Montesquieu, à la salle de ce nom, où se trouvaient réunis les délégués des gardes nationales départementales venus à Paris pour la fête de la Concorde, et ils les invitèrent à se joindre à eux avec leurs bannières : les délégués refusèrent. Villain, chef de la *Société des Droits de l'homme*, se défiant du Palais-Royal, qu'il savait hanté par des agents de la police de Carlier, transporta ses registres et tout son matériel de conspiration à la salle Molière : il devait convoquer les sections dans la soirée, en prévision d'une lutte à main armée. Enfin, de tous côtés, affluaient vers la Bastille des corporations avec leurs bannières et des ouvriers des ateliers nationaux. On criait : *A bas les modérés! Le gouvernement ne fait rien pour le peuple! Vive la Pologne!* Les plus exaltés entamaient la critique du gouvernement.

A onze heures, la colonne est formée et s'ébranle aux cris longuement répétés de *Vive la Pologne!* On y voyait des ouvriers entremêlés d'officiers de la garde nationale et de soldats de la garde républicaine. En tête, Huber et Sobrier; aux premiers rangs, les délégués du Luxembourg, reconnaissables aux cartes orange qu'ils portent au chapeau, avec Lagarde, leur président, et Blum. Sur le boulevard du Temple, Blanqui prit avec son club place dans le cortége; Raspail s'y réunit un peu plus loin avec le sien. Huber remarqua qu'on n'avait pas de pétition et fit demander celle de Raspail. Celui-ci, qui était presque à la queue, prit les devants avec une voiture et atteignit la tête de la colonne au moment où elle débouchait sur la place de la Madeleine. Il était midi.

Le président de l'Assemblée venait de recevoir avis de Caussidière que sa confiance du matin avait disparu et que la direction du mouvement lui échappait. Il s'empressa (onze heures un quart) de transmettre cette information à l'état-major de la garde nationale; la lettre fut décachetée, par qui? on l'ignore, mais elle ne parvint au général Courtais que le 17. Quant aux ordres que l'état-major devait faire circuler dans la matinée, ils n'étaient pas encore partis; les gardes nationaux se réunissaient dans leurs arrondissements respectifs, mais sans prendre position. M. de Tracy, colonel de la 1re légion, devait occuper le pont de la Concorde avec mille hommes : il n'en reçut l'ordre qu'à midi et demi; la 4e légion s'y était portée d'elle-même; quatorze cents hommes de la 2ᵉ légion occupaient les Tuileries; la garde mobile était massée en échelons sur les degrés du péristyle du Palais-Bourbon. Lorsque la 1ʳᵉ légion se présenta pour traverser la place et prendre position en tête du pont, la colonne populaire avait déjà envahi la plus grande partie de la place de la Concorde. Il pouvait y avoir danger de conflit; le commandant Bourcart se replia par le pont des Invalides et gagna les quais de la rive gauche. Pour la sûreté de l'Assemblée, il suffisait que le pont fût occupé, et il l'était. Un ordre malheureux du général Courtais détruisit l'effet de ces dispositions.

La colonne avait suspendu sa marche au pied de l'obélisque; l'abbé Châtel, ce fondateur d'une Église réduit au rôle d'émeutier, y discourait chaudement en faveur de la Pologne, lorsque les cris *En avant! en avant!* furent poussés par des membres du club Blanqui. En même temps, à l'apparition du général Courtais, qui s'avançait à cheval, *Vive le général du peuple!* cria la foule. Et Courtais de répondre : « Oui, mes amis, général du peuple, et je le serai jusqu'à mon dernier soupir. *Vive la Pologne!* » Et il donne l'ordre à la 4ᵉ légion de démasquer l'entrée du pont et de se ranger en haie sur les trottoirs. Les gardes mobiles, échelonnés sur le péristyle, s'étonnent, se prennent à rire : Courtais ordonne, par écrit cette fois, au commandant Bassac, de faire remettre les baïonnettes au fourreau; quatre-vingts gardiens de Paris, apostés par Caussidière, crient *Vive la Pologne!* et se mêlent à la foule. Quelques instants après, malgré les observations de M. Degousée, questeur, de plusieurs représentants et même d'huissiers de service, Courtais fait ouvrir la grille, où passent aussitôt quelques délégués. Lorsque Raspail se présenta, deux individus étaient déjà entrés en prenant son nom. Après les délégués, venaient leurs amis : Lamartine et Ledru-Rollin se présentent et veulent arrêter l'invasion, mais inutilement; ils sont forcés de rentrer dans le palais.

Les premiers délégués rencontrèrent Lamartine dans la salle des Pas-Perdus : c'étaient Albert, le représentant; Houneau, ex-maître d'études, rédacteur de la *Commune de Paris ;* un capitaine d'artillerie nommé Laviron et un quatrième individu qu'on a cru être Quentin. Lagrange (de Lyon) était auprès de Lamartine avec quelques représentants : « Citoyen Lamartine, dit Houneau, nous venons pour lire à l'Assemblée nationale une pétition en faveur des Polonais. Nous voulons un vote immédiat, sinon, malheur à vous! bientôt nous crierons : Il est trop tard! » Lamartine témoigna de ses sympathies pour la Pologne et ajouta : « Remettez-moi votre demande, je la transmettrai à l'Assemblée nationale. » — « Citoyen Lamartine, réplique Houneau, nous vous admirons tous comme poëte, mais vous n'avez pas notre approbation comme homme politique. Vous perdez la Pologne par vos hésitations, vos tergiversations et vos moyens dilatoires. » Albert s'avance alors, la figure empourprée, l'air exalté : « Il y a assez longtemps que vous nous faites de la poésie et de belles phrases, dit-il à son ancien collègue de l'hôtel de ville; il faut autre chose au peuple : il veut aller parler lui-même à l'Assemblée nationale. » — « Non, vous n'entrerez pas, répond Lamartine, un décret voté par l'Assemblée nationale nous défend de vous y laisser pénétrer. Vous passerez sur mon corps ou vous n'entrerez pas. » Et il étendait ses bras en croix comme pour empêcher de passer. — « Nous entrerons malgré vous, malgré tout le monde. Nous sommes les maîtres, ici; nous appartenons au peuple souverain, vous n'êtes que nos commis [1]. » Et, sur cette parole, les délégués repoussent Lamartine et entrent dans la salle.

[1] Dépositions de Sigismond Sklower, sténographe de l'Assemblée, et de Lagrange (de Lyon).

Cependant, l'Assemblée avait pris séance à midi. De nombreuses pétitions arrivaient au bureau, émanant de clubs de Paris ou des départements, et sollicitant la représentation nationale en faveur de la Pologne. L'heure des interpellations était arrivée : Lamartine avait demandé à répondre à la fois sur la Pologne et sur l'Italie. M. Wolowski ouvre la discussion ; mais à peine avait-il prononcé quelques mots, que les cris *Vive la Pologne !* éclatent au dehors, redoublent, et, à plusieurs reprises, étouffent la voix de l'orateur. Il poursuivait, quand, tout à coup, le questeur Degousée s'élance à la tribune et annonce que le général Courtais a ordonné à la garde mobile de remettre la baïonnette au fourreau. En même temps, le peuple se fraye un passage par la grille du quai et par celle de la place de Bourgogne ; les tribunes publiques s'emplissent d'individus qui agitent des drapeaux et poussent des cris de *Vive la Pologne !* M. Larabit, Clément Thomas, montent à la tribune ; Barbès s'y élance. — « Vous n'avez pas la parole », crie-t-on à Barbès. — « Citoyens, c'est dans votre intérêt à tous », réplique celui-ci. — M. Lacrosse : « Nous n'avons pas besoin de votre protection. » — Cependant les tribunes se remplissent de plus en plus, les envahisseurs se laissent glisser le long des galeries et descendent dans l'enceinte. Enfin, les portes de la salle s'ouvrent, et, parmi les nouveaux venus qui s'y précipitent, on remarque Sobrier, Blanqui, Raspail, et d'autres chefs de clubs.

M. Louis Blanc était resté à son banc. On l'invite à parler, il résiste ; mais, après avoir pris l'autorisation [1] du président, il monte à la tribune. Il s'adresse aux envahis-

---

[1] Buchez n'autorisa pas expressément M. Louis Blanc à haranguer la foule : « Comme président, disait-il, je ne puis pas vous donner d'autorisation ; comme homme, je ne puis que vous conseiller de faire ce que vous pourrez. » Les paroles que va prononcer M. Louis Blanc ne répondaient certainement pas aux intentions de Buchez.

seurs : « Mes amis, dit-il, si vous voulez que la pétition que vous avez apportée puisse être discutée dans l'Assemblée nationale et avec le sentiment qui vous anime tous, je vous demande du silence, afin que le droit de pétition soit consacré; mais, afin qu'il soit dit aussi que le peuple est calme dans sa force, et que sa modération est la plus grande preuve précisément de sa force. (*Bravo! bravo!*) Veuillez donc, mes amis, faire un instant de silence, afin que la pétition soit lue et qu'on ne puisse pas dire que le peuple, en entrant dans cette enceinte, a violé par ses cris sa propre souveraineté. » Par cette courte allocution, M. Louis Blanc prenait le parti des clubs et violait ouvertement le décret qui interdisait d'apporter en personne des pétitions à l'Assemblée.

Raspail lui succède : « Citoyens, dit-il, nous venons au nom de deux cent mille citoyens qui attendent à votre porte. » L'Assemblée réclame de partout. « En vertu de quel pouvoir, s'écrie M. d'Adelswærd, le citoyen Raspail prend-il la parole dans une assemblée où je m'étonne de le voir? » On menace le courageux représentant. Le bruit augmente, les protestations et les interpellations se croisent. Enfin, après avoir pris, prétendait-il, l'avis du président, tandis que celui-ci, non-seulement ne voulait pas lire la pétition, mais voulait la lui arracher des mains, Raspail parvint à en donner lecture, mais sans réussir à se faire entendre, même du président, tant l'agitation générale couvre sa voix. On demande Blanqui : « La parole est à Blanqui, nous voulons Blanqui! » Un grand nombre de représentants refusent de délibérer : « Envoyé ici par le peuple, s'écrie l'un d'eux, je ne voterai jamais, je ne délibérerai jamais que dans la plénitude de mon droit et de ma liberté! » — « Qu'on délibère immédiatement », clame la foule. Le président invite le peuple à sortir. — « Nous ne voulons pas attendre. Un décret, un décret! »

Cependant, Blanqui approchait de la tribune. Barbès

l'aperçoit. La veille et le matin même, il semblait désapprouver la manifestation; mais, pressentant que Blanqui va lui enlever son rôle, excité d'ailleurs par l'exemple de M. Louis Blanc, il demande que « l'Assemblée s'associe aux vœux du peuple, et qu'elle déclare que le peuple de Paris a bien mérité de la patrie. » C'était trop, mais aux cris de *Vive Barbès!* il se laisse entraîner plus loin : « Citoyens, vous êtes venus exercer votre droit de pétition; ce droit de pétition, vous avez bien fait de venir l'exercer, il vous appartient, et, désormais, il ne peut jamais vous être contesté. » Puis, telle est la confusion de ses pensées, qu'il invite l'Assemblée à décréter le vœu du peuple comme étant celui de la France, et qu'il sollicite en même temps les envahisseurs de se retirer. Ainsi se combattaient encore chez Barbès les instincts du clubiste et les devoirs du représentant.

Blanqui était arrivé. On le hisse à la tribune par-dessus la balustrade. La pétition de Raspail procédait comme un arrêt de justice; celle de Blanqui parle au nom du peuple, dont le nom, prononcé sans cesse, domine chaque phrase : « *Le peuple demande*, *le peuple connaît*, *le peuple compte*, *le peuple vient demander justice*, etc. » Soit que le tumulte ait momentanément cessé, soit que la voix perçante de Blanqui parvienne à le traverser, les applaudissements qui avaient manqué à Raspail, qu'on n'entendait pas, éclatent de loin en loin. Raspail n'avait pétitionné qu'au nom de la Pologne : Blanqui, qu'encouragent les applaudissements, ne craint pas de rappeler les événements de Rouen, et son langage reflète les violences des affiches : « Le peuple sait, dit-il, qu'au lieu de panser les cruelles blessures qui ont été faites dans cette ville, on semble prendre plaisir à les envenimer tous les jours, et que ni la modération, ni la clémence, ni la fraternité n'ont succédé aux fureurs des premiers jours, même lorsque trois semaines se sont écoulées depuis ces sanglantes collisions; il sait que les prisons sont toujours pleines : il demande que ces prisons soient vidées. » (*Bravos et applaudissements dans le peuple.* — Quelques voix : *Justice ! justice !*) — Blanqui : « Il demande que, s'il y a quelqu'un à punir, ce ne soient pas les victimes des massacres, mais leurs auteurs. » Après les *massacreurs* de Rouen, vient le tour du peuple, qui, les trois mois de misère écoulés, demande de l'ouvrage et du pain ; puis : « la douleur du peuple en voyant que des hommes qu'il aimait ont été, pour ainsi dire, systématiquement écartés des conseils du gouvernement. » (*Bravo, bravo !*) Mais Blanqui n'avait pas sans doute mandat de toucher tous ces sujets ; une réclamation s'élève, une seule, et l'orateur s'y rend aussitôt. « Ce n'est qu'incidemment, citoyens, que cette question du travail et de la misère du peuple a été soulevée ici ; je dois vous dire que le peuple ne vient pas ici principalement pour vous occuper de lui ; il vient pour vous occuper de la Pologne. (*Bravo, bravo !*) Il ne peut pas laisser passer cette occasion sans rappeler à ses représentants que, lui aussi, est malheureux, et que c'est là un nouveau point de similitude entre le peuple de France et le peuple de Pologne. Mais enfin, citoyens, après avoir parlé un instant de lui, le peuple rappelle votre attention tout entière sur la Pologne. » (*Bravo, bravo !*) Il essaye de continuer ; le tumulte et les cris redoublent : il descend et va s'asseoir sur un banc de représentant.

Comment décrire les scènes de désordre qui suivirent ? Quelques-uns cherchaient l'occasion d'exercer des vengeances personnelles. Flocon avertissait MM. Taschereau et Senard de menaces qu'il avait entendu faire contre eux par des membres du club Blanqui, et obtenait qu'ils quittassent la salle des séances. Un représentant du peuple, M. Million, protestait avec énergie contre la violence faite à l'Assemblée : quelques-uns des envahisseurs se jetaient sur lui. Lacordaire était resté fièrement à sa place, désigné aux regards par sa robe de dominicain ; Buchez entendit l'un de ses voisins d'émeute s'écrier : « Est-ce qu'on ne tordra pas bientôt le cou à cette cigogne-là [1] ? » D'autres se jetèrent sur M. Quentin Bauchart, rapporteur de l'élection de M. Louis Blanc dans la Corse ; ils lui disputèrent le dossier, et, malgré ses efforts, ils réussirent à le lui arracher. Espéraient-ils donc que, le dossier disparu, les causes qui viciaient l'élection s'évanouiraient en même temps, et que, dans l'incertitude, l'Assemblée trouverait préférable d'en prononcer la validité?

Napoléon Chancel, que nous avons vu expulser de Valence (*suprà*, p. 146) par M. Froussard, commissaire général de la Drôme, faisait partie des émeutiers. Il va droit à Froussard, le traite de canaille, et lui signifie l'ordre de quitter Paris dans les deux heures et le département de la Seine dans les vingt-quatre heures. Il lui demandait réparation du passé, et comme Froussard insistait pour obtenir son adresse, Chancel lui répondait : « J'ai bien autre chose à faire ; nous sommes là soixante mille qui allons vous jeter par les fenêtres ! » Deux heures plus tard, il rencontrait de nouveau Froussard dans un couloir ; il le signalait à ses complices d'invasion, il lui crachait au visage. Froussard répliqua qu'il avait fait arrêter non le républicain mais l'escroc, et qu'il s'en remettait à la décision d'un jury d'honneur pour l'appréciation de la moralité de son insulteur [2].

VI. — Que faisait cependant le gouvernement? Caussidière était à la préfecture, Marrast à l'hôtel de ville; Recurt au ministère de l'intérieur; Lamartine avait dû céder

---

[1] Haute cour de Bourges; déposition de Buchez.
[2] Déposition de M. Étienne Arago.

la place aux envahisseurs; il s'était retiré dans le jardin de la présidence, attenant au palais de l'Assemblée, et attendait que la satiété du désordre y eût mis un terme ou, que la force en eût raison. Les représentants étaient dispersés. Trente ou quarante s'étaient réfugiés dans l'hôtel encore inachevé de la présidence, la plupart orléanistes ou légitimistes; de républicains de la veille, on n'y voyait que MM. Corbon et Senard, et M. Dupont (de l'Eure) à demi évanoui. Les uns voulaient que l'Assemblée se transportât à Metz ou à Bourges; le plus grand nombre demandait qu'on résistât. MM. de Dampierre et de Kerdrel vont haranguer les gardes mobiles; M. Wolowski, hissé sur le mur de clôture, appelle les gardes nationaux à la défense de l'Assemblée. On lui objecte les ordres de Courtais, la dissolution de l'Assemblée; il répond : « L'Assemblée ne se laissera pas dissoudre, l'Assemblée se reconstitue à l'hôtel de la présidence; les représentants se feront tuer plutôt que de quitter Paris. » Mais les paroles restaient encore sans effet [1]. M. Pagnerre put se rendre au Luxembourg et informer de ce qui se passait les membres de la commission. MM. Arago et Garnier-Pagès donnèrent l'ordre de battre le rappel dans toutes les légions, à Paris et dans la banlieue.

Qu'allait devenir cette foule prise dans son propre piége, cernée par les troupes dans cette étroite enceinte? Confondue avec les représentants, ne songerait-elle pas, dans son désespoir, à tourner contre eux sa fureur et à leur faire expier le sort qui la menaçait? Est-ce dans la prévision des ordres qu'avaient dû donner ses collègues et des conséquences qu'ils pouvaient avoir, que M. Ledru-

---

[1] *Les Républicains et les Monarchistes*, par M. de FALLOUX. L'auteur rend aussi justice au courage et à l'énergie de Flocon, qui, le 15 mai, se montra ce qu'il avait été au 16 avril, un homme d'ordre et un républicain qui ne pactisait plus avec l'émeute. (*Revue des Deux-Mondes*, 1er février 1851.)

Rollin monta à la tribune et, au nom de la dignité de l'Assemblée, invita le peuple à se retirer sur le péristyle? Soit qu'ils pressentissent le même danger, soit qu'ils espérassent d'un déplacement de cette foule stupide une solution plus favorable à leurs visées, Raspail, Blanqui, Huber, s'accordaient pour adresser au peuple la même invitation que M. Ledru-Rollin : « Je ne reconnais pas pour républicains, s'écrie Raspail, ceux qui persistent à rester dans l'Assemblée. Mes amis, retirez-vous. » Huber tente d'organiser un défilé au pied de la tribune; mais vingt ou trente individus, qui stationnaient dans l'hémicycle et paraissaient manœuvrer sous l'œil et sous l'inspiration de Blanqui, se jetaient contre le bureau et rompaient la marche. Raspail s'en alla prendre le frais dans le jardin de la présidence. Huber, exténué de fatigue et de faim, s'évanouit. Sur le mot de *défilé*, la foule qui encombrait les tribunes descendit dans l'enceinte et y augmenta le désordre.

Barbès revenait alors de la salle des Pas-Perdus, où, debout sur une fenêtre avec MM. Albert et Louis Blanc, il s'était montré au peuple, théâtralement enveloppé dans les plis d'un drapeau polonais, tandis que M. Louis Blanc haranguait la foule. Enivré de ces ovations, jeté hors des gonds par ces cris, ce tumulte, ces applaudissements, présages trompeurs d'une victoire déjà compromise, Barbès veut l'assurer et dominer d'un coup ses rivaux. Il remonte à la tribune; il demande, lui aussi, que le peuple défile; il veut que les représentants se mêlent dans ses rangs; il veut qu'ils déclarent que la cause de la Pologne est celle de la France; il veut que, immédiatement et séance tenante, l'Assemblée vote le départ d'une armée pour la Pologne, un impôt d'un milliard sur les riches [1], qu'elle défende de battre le rappel, qu'elle fasse sortir les troupes de Paris,

---

[1] Eugène Avond a énergiquement affirmé que Barbès ajouta : « Sur cette infâme ville de Paris. »

sinon les représentants seront déclarés traîtres à la patrie. A ces motions insensées, dignes de la populace qui les écoute, un tonnerre d'applaudissements répond et se continue en vociférations qui couvrent la voix de l'orateur.

M. Louis Blanc accompagnait Barbès. « Organisation du travail! Application du décret du 25 février! Il nous faut le citoyen Louis Blanc! Oui, Louis Blanc, Louis Blanc! » Ainsi criaient des délégués du Luxembourg, tandis que les premiers roulements des tambours arrivaient jusqu'à l'Assemblée [1]. Le président veut enjoindre aux émeutiers de partir. « Tu n'as pas le droit de parler ici, interrompt l'un d'eux, tais-toi. » — « Pourquoi bat-on le rappel? s'écrie Barbès furieux; qui a donné l'ordre de battre le rappel? que celui qui l'a donné soit déclaré traître à la patrie et mis hors la loi. » — « On nous trahit, on veut nous tuer ici; à bas les traîtres! s'écrie-t-on de tous côtés; qui a donné l'ordre de battre le rappel? qu'on donne l'ordre de ne plus battre le rappel! » Le président Buchez est menacé, tiraillé par les clubistes : d'un côté on lui annonce que la garde nationale sera arrivée dans un quart d'heure; de l'autre, M. Degousée, questeur, lui assure que ses contre-ordres ne seront pas exécutés. Sur des morceaux de papier sans timbre, sans date, sans apparence officielle, à mesure qu'on les lui présente, il écrit : « Ne faites pas battre le rappel! » On les lui enlève, on les passe de main en main, on les porte au dehors, on les oppose à la garde nationale qui arrive par la rue de Bourgogne et qui les reçoit avec indignation. En ce moment, M. Louis Blanc est enlevé sur les bras, porté en triomphe autour de l'enceinte; on crie *Vive Louis Blanc!* Une table lui sert de tribune; ses paroles se perdent aussi dans le bruit. Ainsi avaient succombé tour à tour dans leurs efforts pour

---

[1] Une voix : « Laissez parler le docteur Baudin! » — Il était donc, lui aussi, au nombre des envahisseurs. (*Compte rendu des séances de l'Assemblée nationale*, t. I, p. 231.)

parler à cette multitude, ses favoris et ses chefs : Raspail, Blanqui, Barbès, Louis Blanc.

Alors, dans le désordre inouï qui succède, au moment où les tribunes fléchissent sous le poids, un seul homme, parmi ces chefs populaires frappés d'impuissance, eut de l'habileté et de l'audace. Huber, l'ex-corroyeur, l'ancien prisonnier de Doullens, le président du *Club des clubs,* s'élance à la tribune, et, d'une voix glapissante : « Citoyens, écoutez ! On ne veut pas prendre de décision, eh bien ! moi, au nom du peuple trompé par ses représentants, je déclare que l'Assemblée nationale est dissoute ! » Et, appuyant d'un acte son audacieuse motion, il menace du poing le président, le bouscule, le fait arracher de son siége, tandis que Laviron, qui depuis une heure se tenait debout, l'épée à la main, auprès du président, pour intercepter ses communications avec les représentants, s'installe au fauteuil [1].

C'était l'heure du triomphe, et pourtant les meneurs ne l'entendent sonner qu'avec terreur ! Le tambour approchait, l'émeute était à bout. N'ayant su trouver ni une solution, ni un chef, roulant sur elle-même, perdue dans son chaos, il ne lui restait qu'à s'échapper de l'Assemblée et à se disperser dans la rue. C'est alors que, par l'organe d'Huber, elle trahit son secret. La Pologne, les massacres de Rouen, les misères du peuple, l'organisation du ministère du travail : prétextes, mots de passe, pro-

[1] Laviron fut frappé à mort en 1849 sur les remparts de Rome en combattant l'armée française. Il avait été officier d'artillerie. On a de lui une traduction de l'anglais d'un *Voyage à la lune.* — Buchez, devant la haute Cour de Versailles (octobre 1849), a fait la déclaration suivante : « J'avoue que le tumulte était tellement épouvantable, le désordre tellement grand; j'étais, d'une autre part, tellement sûr de l'esprit public, de l'armée, de tous enfin, que je considérais alors comme une chose heureuse mon expulsion du fauteuil et celle de l'Assemblée; *j'en parlai même à Huber.* C'était un moyen de couper court à tout. Je crus un instant que c'était cette intention qui l'avait fait agir; alors je ne l'attribuais pas à mal. » Huber a protesté contre ces allégations.

gramme menteur! La dissolution de l'Assemblée, voilà le but réel. Empêcher les élections avant le 23 avril; n'ayant pu les empêcher, les annuler par la force et proclamer la dictature : tel était le rêve des organisateurs du 15 mai. Incertains de leur victoire, ils se gardaient de le révéler. Huber les démasque, il les contraint à s'engager; il les livre aux ovations qu'ils commençaient de craindre. Barbès, Sobrier, sont enlevés de force et portés malgré eux en triomphe. Un nouveau gouvernement provisoire est nommé, où les noms de Barbès, Huber, Louis Blanc, se rencontrent avec ceux de Caussidière, Étienne Aragó, Ledru-Rollin, Flocon, et, pour couronner la parodie du 24 février, on crie : *A l'hôtel de ville! à l'hôtel de ville!*

Mais, chose qui ne s'était pas vue au 24 février, on crie en même temps : *Voici la garde mobile!* Le 2⁰ bataillon de garde mobile et la 2⁰ légion de la garde nationale pénétraient en effet dans l'enceinte, et le peuple victorieux s'évadait en hâte comme un vaincu. Il était quatre heures trois quarts.

Les représentants rentrent peu à peu; à leur tête se trouvait M. Duclerc, ministre des finances : « Au nom de l'Assemblée nationale, qui n'est pas dissoute, dit-il; au nom du peuple français, qu'une minorité infime et infâme ne déshonorera pas, l'Assemblée reprend ses travaux. » Celui dont la faiblesse, qu'on prit alors pour de la complicité, avait facilité l'invasion, le général Courtais, paraît dans la salle. Mais les huées, les cris *A bas Courtais! à bas le traître!* partent des rangs des gardes nationaux : il lutte vainement; l'un lui arrache ses épaulettes; qu'il montre à tous ceux qui passent en leur disant : « Voici l'épaulette de celui qui nous a trahis »; l'autre lui tire son sabre du fourreau et ne consent à le remettre qu'à un élève de Saint-Cyr, qui l'en prie au nom de l'honneur militaire d'un vieux soldat. Protégé par MM. Flocon et Vieillard, il sort de la salle, mais il est maintenu en arrestation. Son successeur était déjà nommé. Pendant que cette scène se passait, Clément Thomas montait à la tribune en uniforme de colonel et annonçait qu'il était investi par la commission du commandement de la garde nationale de Paris.

Lamartine apparaît enfin, ayant à ses côtés MM. Crémieux et Ledru-Rollin. Les tambours battent un ban pour obtenir le silence. Était-ce le sentiment de la nullité du rôle qu'il venait de jouer pendant l'invasion? Était-ce le remords d'une complicité intime et secrète, qui, sans goûter l'attentat, avait médité d'en profiter pour ressaisir une popularité fugitive? Dans cette crise, l'éloquence de Lamartine l'abandonne. Après quelques paroles de reconnaissance à la garde nationale, à la garde mobile, *au peuple de Paris,* « qui *rougissait d'avoir profané la souveraineté nationale* », son allocution marche à l'aventure, traversée par des bravos qui en couvrent le désordre ou par des interruptions et des murmures qui lui signalent des écueils. Enfin, il tourne court : « Dans un moment pareil, dit-il en terminant, le gouvernement n'est plus dans un conseil; le gouvernement est à votre tête, citoyens gardes nationaux; il est à votre tête dans la rue; sur le champ même du combat [1]. » Il n'y avait pas autre chose à dire. On l'acclame avec enthousiasme : les tambours battent la marche et les gardes nationaux quittent la salle avec lui. Il monte le cheval d'un dragon de service, M. Ledru-Rollin l'accompagne; le marquis de Mornay était à sa droite, M. de Falloux à sa gauche : deux représentants des Bourbons escortaient la République!

Chassée par la panique avant de l'être par la garde mobile, la foule, au sortir de l'Assemblée, s'était partagée en deux colonnes : l'une, sous la conduite de Barbès, par les quais de la rive droite; l'autre, sous celle d'Albert, par

---

[1] Tel est le texte du *Moniteur*; je l'ai préféré au suivant, imaginé après coup : « A cette heure, la plus belle tribune du monde, c'est la selle d'un cheval! »

les quais de la rive gauche; elles se rejoignirent sur le quai Pelletier. Barbès, épuisé, avançait avec peine : « Allons, Barbès, lui disaient ses amis, encore deux cents pas de courage! » Mais en approchant de l'hôtel de ville, la bande se heurta contre un bataillon de la 9e légion, qui fermait le passage et croisait la baïonnette. Devant cette résistance imprévue, les factieux rebroussèrent chemin ; mais bientôt après ils revinrent, précédés de gardes nationaux qui portaient leurs fusils la crosse en l'air; ils assuraient que l'Assemblée s'était dissoute d'elle-même, et qu'ils venaient annoncer cette nouvelle à la mairie. Un coup de pistolet partit et blessa un garde national ; dans le désordre qui suivit, quelques délégués passèrent; les autres se jetèrent sur les baïonnettes et défoncèrent les rangs ; le bataillon se dispersa.

L'hôtel de ville était mal défendu. Lorsque Barbès se présenta à la grille, le colonel Rey refusa d'ouvrir. « Rey, disait Barbès, laisse-nous entrer; il n'existe plus de Chambre; nous sommes comme au 24 février; laisse-moi entrer pour sauver la France et la République. » Rey lui répondit : « J'ai un devoir à remplir, celui de défendre l'hôtel de ville, et vous n'y entrerez qu'en me passant sur le corps ou en m'apportant un ordre écrit du pouvoir exécutif. » Barbès résistait, suppliait : « Barbès, répliqua Rey, tu me conseilles une lâcheté, tu n'es plus mon ami : je te l'ai dit et je te le répète, tu n'entreras qu'en me passant sur le corps. » Barbès ordonna de passer outre; et comme quelques factieux se jetaient sur Rey : « Ne lui faites pas de mal, empêchez-le d'agir; le malheureux ne comprend pas la situation. » La grille s'ouvrit aussitôt, et le flot se précipita par le grand escalier. Deux à trois mille individus encombrent les cours et les escaliers, tandis que les meneurs se dirigent vers une salle où le gouvernement avait délibéré au 24 février, puis dans une autre où ils s'enferment et se font garder par des hommes armés. Là, ils essayent des listes de gouvernement, au milieu des plus vives discussions; les listes [1], toutes différentes, pleuvent des fenêtres sur le peuple assemblé au dehors. Puis des décrets : entre autres une déclaration de guerre à la Russie et à l'Allemagne, si la Pologne n'est pas immédiatement reconstituée. Et ces puissants d'une heure, qui organisent la révolution à trois cents lieues des frontières, ne sont pas maîtres de la salle où ils délibèrent !

En effet, mandées en hâte par le maire de Paris, les 6°, 7° et 8° légions arrivaient au pas de charge; puis le général Foucher avec son état-major; et, tandis que sur la place la foule poussait les cris de *Vive Barbès! vive Louis Blanc! vive Albert!* deux bataillons de garde nationale et de garde mobile dégageaient la place, cernaient la salle où les meneurs étaient réunis et procédaient aux arrestations. Barbès et Albert furent conduits chacun dans un cabinet différent, en attendant les ordres de l'Assemblée; au bout de quelques heures, deux cents individus étaient arrêtés, parmi lesquels le colonel Rey et son état-major. Lamartine et Ledru-Rollin, suivis de Clément Thomas, venaient d'arriver à l'hôtel de ville et avaient signé l'ordre d'arrêter les deux représentants.

VII. — Qu'étaient cependant devenus les autres acteurs du coup d'État populaire : Sobrier, Quentin, Chancel, Huber, Blanqui, Raspail, Louis Blanc?

Sobrier, au lieu d'aller à l'hôtel de ville, s'était rendu directement avec quelques hommes au ministère de l'in-

---

[1] Ces listes portaient principalement les noms de Louis Blanc, Albert, Ledru-Rollin, Barbès, Raspail, Pierre Leroux et Thoré. — Lorsqu'il s'agit de constituer un gouvernement provisoire, quelqu'un prononça le nom de Blanqui. Barbès, qui était pâle, devint livide, et, regardant autour de lui comme s'il cherchait Blanqui, il dit : « Ne parlez pas de Blanqui; s'il se présente, je lui casse la tête. » (Haute Cour de Bourges, déposition de Guyon, vingt-huitième témoin.)

térieur, s'était emparé des sceaux et avait demandé tout naturellement à M. Recurt, paisible au milieu de l'agitation générale, s'il voulait garder son portefeuille sous le nouveau gouvernement. M. Recurt refusa, mais le laissa partir. Sobrier s'en revint au quai d'Orsay et s'installa au café qui porte ce nom. Entendant ses voisins parler d'une façon dubitative de la dissolution de l'Assemblée, il les rassure : « Oui, l'Assemblée est dissoute; il y a un nouveau gouvernement. Je suis Sobrier. » On l'arrêta quelques instants après, rue du Bac, n° 15, et il fut déposé provisoirement à la caserne du quai d'Orsay. Le soir, Arago vint, accompagné de Lamoricière, l'y recommander au colonel de Goyon, qui ne devait le remettre que sur un ordre signé d'Arago lui-même. Sobrier était abattu; quand on lui apporta des aliments, il refusa d'en prendre le premier, craignant qu'ils ne fussent empoisonnés; il fit même son testament.

Quentin, celui qui avait répondu à Lamartine : « Pas de phrases! » se présenta au petit Luxembourg et tomba en face d'Arago, auquel il dit : « Je viens vous remplacer. » Arago le prit au collet : « En attendant que vous me remplaciez, je vais vous donner une place dans une prison. »

En quittant l'Assemblée, Chancel s'était rendu directement à l'hôtel des postes. « Allons, allons, dit-il en entrant à la domestique de M. Étienne Arago; faites vos paquets; nous allons balayer tout cela. » Et il s'installa dans le cabinet du directeur, comme avait fait celui-ci le 24 février, et expédia des lettres à Valence. M. Étienne Arago survint, l'intrus s'esquiva : il réussit à quitter la France.

Huber, à la tête d'une bande de peuple, était sorti de l'Assemblée par le péristyle du quai d'Orsay. Sur le pont, il somme le général Tempoure de lui livrer passage. Le général refuse énergiquement, et, levant son épée, crie *Vive l'Assemblée nationale!* Huber s'avance en avant de la troupe : « Au nom du nouveau gouvernement provisoire ! » dit-il, et il passe. Au bout du pont, il se jette dans une voiture, longe le quai jusqu'au Carrousel, et, trouvant la route encombrée, il se rabat sur la place du Palais-Royal. Il entre tranquillement dans un café, écrit quelques proclamations, les donne à l'un de ses amis pour les faire imprimer, et rentre chez lui, rue de Grenelle Saint-Honoré. Lorsqu'il redescend, quelques gardes nationaux, parmi lesquels M. Sée, docteur en médecine, l'arrêtent et le conduisent auprès d'un sieur Lemor, maire du IVe arrondissement. Celui-ci le reconnaît pour un ancien détenu politique ; il s'informe s'il était porteur d'armes, s'il était dans un rassemblement, s'il avait prononcé des paroles perturbatrices. A chaque question, les gardes nationaux, ignorant le rôle qu'avait joué Huber au Palais-Bourbon, répondent négativement. Lemor lui dit : « Vous avez assez souffert sous le régime précédent », et aux gardes nationaux : « Il faut respecter la liberté individuelle. » Et il le fit relâcher [1].

Blanqui avait crié avec le groupe qui entraînait Barbès : *A l'hôtel de ville !* Il suivit avec l'une des colonnes ; mais, arrivé au pont Neuf, il s'en détacha, suivit seul le quai de la Mégisserie, et, sur l'avis que les gardes nationaux affluaient à l'hôtel de ville, il laissa Barbès et Albert se jeter dans le piége, et se retira, 1, rue Boucher, dans le logement du cuisinier Flotte. Comme au 12 mai 1839, Barbès était aux premiers rangs et Blanqui se dérobait. Il se cacha à Paris, puis aux environs, et fit répandre le bruit qu'il était parti pour Bruxelles. Il ne fut arrêté que le 27 mai, 3, rue Montholon, en même temps que Lacambre. Flotte fut arrêté le 29.

Raspail se garda bien de suivre la foule. Mais, soit qu'il

---

[1] Huber se réfugia et se tint caché à Neuilly jusqu'en février 1849, où il partit pour Londres. Nous le retrouverons en octobre 1849 devant la haute Cour de Versailles.

flairât déjà la défaite, soit que, incertain encore sur l'issue de l'échauffourée, il voulût l'observer de loin, sauf à s'y mêler de nouveau, il se dirigea, lui aussi, du côté de l'hôtel de ville. L'enthousiasme de ses amis lui fait peur : il recherche l'*incognito*. Place de Bourgogne, il prend une voiture, mais trop d'insurgés le suivent : il en descend au quai d'Orsay et remonte à pied la rive gauche jusqu'au quai Malaquais, où il prend une seconde voiture : « A l'hôtel de ville! » dit-il au cocher; puis, se ravisant, il se fait conduire, par les quais Conti et des Grands-Augustins, jusqu'au pont Saint-Michel, et de là au quai Napoléon. La foule l'entoure : un homme s'approche, lui tend un papier [1]. Sur cet avis officieux, Raspail descend de voiture; et tandis que, en ce moment même, Barbès et les siens débouchaient étourdiment sur la place de Grève, Raspail s'achemine à pied par la rue d'Arcole, gagne la place Maubert et y prend une troisième voiture qui le mène au Panthéon. Là, il congédie le cocher, et, persuadé qu'il a rompu la piste, il descend tranquillement rue des Francs-Bourgeois Saint-Michel, chez son fils. C'est dans cet asile que, malgré ses précautions, il fut arrêté le soir même.

Nous avons laissé M. Louis Blanc au moment où, porté en triomphe dans l'enceinte de l'Assemblée, il tentait vainement de s'y faire entendre. Dans le tumulte qui suivit la dissolution proclamée par Huber, le groupe dont il faisait partie fut refoulé par la masse des survenants hors de l'Assemblée, dans la salle des conférences. Albert marchait à quelques pas de M. Louis Blanc, sans que celui-ci pût l'apercevoir. Les ouvriers qui les entouraient leur criaient avec vivacité : *Allons, allons, marchons à l'hôtel de ville!* Ils étaient pâles, abattus; Albert surtout, a dit

---

[1] Haute Cour de Bourges, deux cent cinquième témoin, audience du 23 mars. Raspail se taisait sur cette cauteleuse odyssée, qui ne fut découverte qu'à la fin de l'instruction.

un témoin oculaire. « Ils ressemblaient plus à des victimes que l'on conduit au supplice qu'à des triomphateurs que l'on va élever sur le pavois [1]. » Albert suivit Barbès. M. Louis Blanc, serré, bousculé, presque étouffé, fut jeté par le torrent dans le jardin de la présidence ; il en sortit par la porte qui ouvre sur la rue de l'Université. La foule n'avait pas diminué autour de lui. Les uns voulaient le porter en triomphe ; M. Louis Blanc leur disait : « Ne le faites pas, je vous en prie ; c'est une affaire manquée ; vous me feriez remarquer. » Les autres voulaient l'emmener à l'hôtel de ville. On lui embrassait les mains, les pieds ; il était haletant de sueur et tombait de fatigue, luttant vainement contre ces démonstrations en quelque sorte violentes. D'accord avec ses bruyants conseillers, il désirait se rendre à l'hôtel de ville, mais, s'il était possible, en masquant ses mouvements. Un cabriolet passa ; la personne qui l'occupait consentit à recevoir M. Louis Blanc et son frère. Ainsi échappé à son escorte de fanatiques, M. Louis Blanc pressa à maintes reprises le propriétaire du cabriolet de le conduire à l'hôtel de ville, pour empêcher, disait-il, la guerre civile. Mais n'ayant pas réussi à le persuader, il descendit place de l'École-de-Médecine, d'où il gagna à pied le quai Napoléon. Une conversation avec quelques délégués du Luxembourg et la vue des troupes qui, sur l'autre rive, se pressaient vers la place de Grève, achevèrent de lui révéler le sens de la journée : il s'éloigna. Nous allons le retrouver à l'Assemblée [2].

VIII. — L'Assemblée nationale avait été si mal protégée par la commission exécutive, qu'elle voulut ramener à elle les pouvoirs dont elle s'était dessaisie. Elle se con-

[1] M. Levasseur, ministre plénipotentiaire. (*Commission d'enquête.*)
[2] *Commission d'enquête*, t. I. Documents relatifs à Louis Blanc. *Passim.*

stitua en permanence, manda à sa barre les membres de la commission, et confia la garde du palais au général Baraguey d'Hilliers; elle aurait même étendu son action sur Paris tout entier, si Flocon ne lui avait rappelé avec chaleur qu'elle empiétait sur les droits de la commission exécutive et qu'elle devait ou la révoquer ou la laisser agir. Alors, les uns demandent l'ordre du jour, comme si les interpellations sur la Pologne pouvaient trouver une solution sans que, favorable, on l'impute à la peur, ou, contraire, à la réaction; les autres insistent pour qu'il soit pris des mesures urgentes : proclamations, désarmement du poste de Sobrier, etc. Les nouvelles arrivent peu à peu, apportées soit par les ministres, soit par des officieux. La commission exécutive demande à l'Assemblée de se transporter au Luxembourg et d'y siéger dans l'ancienne Chambre des pairs : mais la permanence au Palais-Bourbon était déjà décidée. On annonce la mise en arrestation du général Courtais et de Barbès : le procureur général demande et obtient l'autorisation de les y maintenir. M. Garnier-Pagès arrive du Luxembourg pour se mettre à la disposition de l'Assemblée : « Nous sommes, dit-il, décidés à donner de l'énergie au pouvoir ou nous donnerons notre démission. Nous avons agi avec énergie, nous continuerons d'agir avec la même énergie. Oui, nous voulons tous une République ferme, honnête et modérée. » Les applaudissements éclatent. Garnier-Pagès est entouré d'un grand nombre de représentants qui le félicitent de cette profession de foi. On apprend bientôt que l'hôtel de ville est libre; Lamartine, qui en revient, confirme cette assurance et déclare que, de concert avec M. Ledru-Rollin, il a pris des mesures pour rétablir l'autorité.

En ce moment paraît M. Louis Blanc, les cheveux en désordre, l'habit déchiré. Reconnu dans le vestibule de l'Assemblée par quelques gardes nationaux : « En accusation! » disaient les uns. D'autres : « Il faut le tuer, ce sera plutôt fait! » et ils se précipitent sur lui avec rage. D'autres gardes l'avaient défendu, puis des représentants, le général Duvivier, La Rochejacquelein, Boulay de la Meurthe, Wolowski, etc. Il monte à la tribune : mille interpellations, mille cris s'élèvent qui l'obligent d'en descendre. Quelques instants après, il demande la parole : il affirme sur l'honneur qu'il ignorait absolument ce qui devait se passer dans l'Assemblée, qu'il avait déploré la manifestation, qu'il n'était pas allé à l'hôtel de ville; ces affirmations sont accueillies par des rumeurs traversées d'interruptions injurieuses. Mais aussi, quelle maladresse dans ses tentatives de justification! Était-ce l'heure de déclarer qu'il n'est pas de ceux qui approuvent la marche suivie par l'Assemblée? qu'il a regretté cet article du règlement qui semble placer le peuple sous le coup d'une suspicion? « Ce n'est pas le peuple, dit un membre, car nous sommes tous du peuple, c'est le club de la rue de Rivoli. » — Était-il opportun d'ajouter qu' « *il était complétement dans les sentiments que le peuple avait manifestés?* » Pourquoi, ayant à se défendre d'une complicité effective, afficher cette complicité morale? Les cris *A l'ordre! il n'y a que mépris pour vous, vous êtes un lâche, assez, assez!* partent de divers points de la salle, et le contraignent de quitter la tribune.

Après un vote d'autorisation de poursuites contre Albert, la séance se termine par un vote de remercîments aux gardes nationales sédentaire et mobile, à l'armée, aux délégués des gardes nationales départementales et aux élèves des Écoles. La commission et les ministres se retirent pour vaquer aux soins du gouvernement, et la séance, levée à neuf heures dix minutes, est renvoyée au lendemain dix heures.

Cependant, le rappel battu dans tous les quartiers avait répandu dans les rues et sur les places des milliers de gardes nationaux qui, ne recevant pas d'ordres, se demandaient à quel gouvernement ils prêtaient leur concours, à la commission exécutive, ou à un nouveau gouvernement provisoire. Colporté par ceux qui l'avaient envahie, par les gardes nationaux qui y avaient assisté, par cette foule de curieux qui, amassés au pied du Palais-Bourbon, s'étaient de là dispersés dans tous les quartiers, le bruit de la dissolution de l'Assemblée avait pris assez de consistance pour que celui de sa reconstitution n'en triomphât pas aisément. Les affiches de la mairie de Paris et celles du ministère de l'intérieur rétablirent peu à peu la vérité. Vers huit heures, sorties d'incertitude, les légions arrivèrent plus fortes et plus compactes. Elles défilaient devant l'hôtel de ville aux cris de *Vive la République! à bas les communistes! à bas Cabet! à bas Blanqui!.* Cabet surtout jouissait, ce soir-là, d'une popularité dérisoire [1]. On s'abordait sans se connaître, on se félicitait de ce nouveau succès; les quais, les places, les environs de l'hôtel de ville étaient illuminés. Dans les théâtres, la joie était au comble, la bourgeoisie se considérait comme sauvée d'un nouvel attentat, et chacun triomphait de cette victoire comme s'il l'avait remportée lui-même. Pendant la nuit, à chaque coin de rue, des sentinelles; sur les places, des bivouacs; par toute la ville, des patrouilles. Çà et là, quelques expéditions sommaires : le club Blanqui était cerné, les papiers et l'argent saisis. Même opération au club du Palais-Royal. Une compagnie envahit la maison Sobrier, rue de Rivoli. D'abord, on n'y trouva personne; mais des sapeurs-pompiers s'étant avisés de donner des coups de hache dans les armoires et d'allumer du feu dans les che-

---

[1] Cabet, poursuivi à raison du 15 mai, bénéficia d'une ordonnance de non-lieu. Mais il fut condamné le 15 novembre suivant pour détention d'armes et de munitions de guerre, à un mois de prison et seize francs d'amende. On avait trouvé à son domicile quatre fusils de chasse, dix fusils de guerre, dont neuf chargés, et trente-quatre cartouches. (Tribunal correctionnel, sixième chambre.)

minées, firent apparaître de mystérieux habitants : soixante-quinze furent arrêtés; on enleva douze cents paquets de cartouches et deux cents fusils chargés, les registres de la *Commune de Paris,* et, parmi les papiers, des décrets tout préparés, portant dissolution de l'Assemblée, nomination d'un comité de salut public, abolition de toutes charges, impôts forcés, organisation du travail, etc. C'était le programme de la journée que l'événement avait déjoué.

La commission exécutive, par l'organe de M. Garnier-Pagès, avait pris l'engagement « d'agir avec énergie ». L'ardeur de la population, l'arrestation déjà opérée de quelques chefs révolutionnaires, l'esprit général, la précipitaient vers ce rôle et lui en facilitaient l'accomplissement. Et quelle conduite était plus nécessaire au maintien de la République ébranlée par toutes ces secousses, plus utile à la Commission elle-même auprès de l'Assemblée et devant le pays?

Elle prononça la destitution du général Tempoure, commandant de la garde mobile, qu'on avait vu dans une tribune pendant l'envahissement de l'Assemblée [1], et le remplaça par le général Bedeau. L'état-major de la garde nationale était suspect : Saisset fut révoqué et décrété d'arrestation; Guinard, vétéran des conspirations républicaines, fut traité avec plus d'égards : on se contenta de lui demander sa démission. Barbès, Albert, Raspail, le général Courtais, le colonel Rey, furent envoyés au fort de Vincennes sous une forte escorte. Le directeur de la Conciergerie reçut l'ordre d'écrouer tous les prisonniers qui lui seraient amenés et de ne pas communiquer avec la préfecture de police. Enfin, Caussidière fut mandé au Luxembourg, pour rendre compte de sa conduite.

On se souvient que, le 14 au soir, une prétendue luxa-

[1] Le général Tempoure a expliqué que, descendant de cheval à la place de Bourgogne, il avait été entraîné de force dans l'enceinte et ne s'en était esquivé qu'à grand'peine.

tion au genou l'avait empêché de s'y rendre. Le 15, il n'avait pas bougé de la journée. Montagnards, Lyonnais, gardes républicains étaient restés en permanence, les fusils en faisceaux. Caussidière, s'attendant à être arrêté, prit avec lui quelques Montagnards pour l'escorter et partit avec un sieur Mercier, son beau-frère, chargé de faire un signal en cas de péril. Caussidière parla vingt minutes; on l'avait accueilli avec froideur, mais on l'écouta. Arago et Marie votèrent seuls son arrestation; Lamartine lui serra la main. Est-ce à la suite de cette conférence et de ce partage suspect de votes, que la commission, flairant la trahison partout et jusque dans son propre sein, expédia au commandant du fort de Vincennes l'ordre de défendre la citadelle *envers et contre tous*, sans pouvoir jamais ni la rendre ni capituler, et de se refuser à toute réquisition de l'autorité locale? Elle ajoutait : « Tout arrêté de la commission exécutive qui ne porterait pas les signatures de *trois des cinq membres signataires du présent ordre, sera tenu par le commandant supérieur, sur sa responsabilité personnelle, pour faux et pour acte de trahison contre la République.* »

Quant à Caussidière, tranquille du côté de la commission exécutive, il faisait afficher immédiatement une proclamation aux Parisiens où il se décernait sans vergogne les honneurs de la journée : « Le magistrat chargé plus spécialement de veiller à la police de la capitale, disait-il, a rempli ses devoirs. Il vous répond de la sécurité de vos foyers et de vos familles. *Son action était inaperçue à travers ces grands mouvements : elle n'a pas cessé de s'exercer.* Le principe républicain ne permettait pas de mesures préventives, mais le devoir d'un gouvernement lui impose toutes les mesures répressives autorisées par la loi..... Union, confiance, ordre, dévouement, voilà nos devoirs à tous : comptez sur moi comme je compte sur vous; *vous étiez avec moi sur les barricades de la liberté; je serai avec vous sur les barricades de l'ordre.* »

A cette dernière phrase, on croyait reconnaître la plume de Lamartine, qui, pour la deuxième fois en quelques heures, se faisait le garant de Caussidière.

Mais la majorité de la commission était moins indulgente. Dès le matin, Caussidière reçut l'ordre de faire sortir de la préfecture les Montagnards et la garde républicaine. Il était en outre invité à se rendre à l'Assemblée. Les Montagnards quittèrent en effet la préfecture; mais quand ils arrivèrent à la caserne de la rue Saint-Victor, ils la trouvèrent occupée par un poste de gardes nationaux qui, tout d'abord, les entourèrent et les tinrent cernés; après quelques pourparlers, ils rentrèrent chez eux sans trouble, par groupes de dix. Restait la garde républicaine, composée de deux mille cinq cents hommes, mais dont l'organisation, toujours promise, n'avait pas encore été officiellement publiée au *Moniteur.* Quinze cents hommes de cette garde occupaient la préfecture. Pour ceux-ci, Caussidière se pressa moins, et, avant de partir pour l'Assemblée, il leur déclara qu'ils ne devaient se retirer que sur son ordre, ordre non pas écrit, mais donné directement et personnellement par lui.

Ainsi divisée contre elle-même, comment, avec ses incertitudes de conduite, la commission exécutive n'eût-elle pas été suspecte à l'Assemblée? L'Assemblée ne voulait pas la renverser : il lui suffisait de la tenir à sa discrétion. Pour premier sacrifice, elle demanda la révocation de Caussidière. Devant l'Assemblée comme devant la commission, Lamartine se porta fort pour le préfet de police : « Je déclare, dit-il, qu'il a fait preuve d'un zèle dont je ne justifie certes pas tous les moyens, mais dont j'atteste le patriotisme et la sincérité. » M. Garnier-Pagès annonça que Caussidière viendrait donner en personne des explications. — « A quoi bon? répliqua M. Baroche : la com-

mission n'est-elle pas responsable de son subordonné? »
M. Garnier-Pagès s'emporte ; Lamartine demande « une
confiance non pas indéterminée, mais de temps, d'heures,
de jours nécessaires ». L'Assemblée passe à l'ordre du jour.

Enfin, Caussidière arrive. Convaincu par quelques vagues propos recueillis au passage que l'Assemblée va voter sa destitution, il demande la parole. C'était la première fois qu'il montait à la tribune. Son langage, d'allure familière et brusque, sentait le club ou l'estaminet; mais, dans son désordre, il semblait pittoresque et trahir une nature heureuse et primesautière : le sans-façon laissait croire à la bonhomie. Il exposa sa conduite depuis le 24 février; comment il avait « fait de l'ordre avec du désordre » ; que « la moitié de Paris voulait faire arrêter l'autre » ; qu'il avait dû résister à cet entraînement; qu'il avait joué un rôle de modérateur, de conciliateur au milieu de gens aussi forcenés des deux côtés; mais le Gouvernement provisoire ne l'avait pas secondé, mais la commission exécutive laissait courir sans cesse des bruits de révocation sur son compte. Ainsi allait-il, attaquant à droite, à gauche, présentant habilement sa cause, et, jusque devant cette Assemblée prête à l'abandonner, offrant des conseils et promettant son concours.

On l'écoutait avec surprise, mais non sans sympathie; il excitait plus de sourires que de murmures, et si sa hâblerie n'avait été si frondeuse, on y aurait presque applaudi. Mais MM. Portalis et Crémieux ranimèrent les griefs en les précisant : ordres d'arrestation non exécutés, prisonniers relâchés, prétoriens aussi étranges d'attitude que de costume et de langage; cette garde républicaine surtout, débris de toutes les émeutes, monarchiques ou républicaines. Caussidière, excédé de répondre sans convaincre, se lève une dernière fois, sur la nouvelle prétendue que des canons ont été braqués contre la préfecture. Le général Bedeau veut donner une explication. « Avant toute explication, s'écrie Caussidière, je déclare que je donne librement, volontairement, ma démission de préfet de police. Je vous l'ai dit : je ne puis agir en vertu de la force ; il faut qu'on ait confiance en moi ou pas. Si vous n'avez pas confiance en moi, je me démets de mes fonctions. » Et, quelques instants après celle de préfet de police, il donne sa démission de représentant.

Cette fierté d'attitude tourna à l'avantage de Caussidière et au détriment de la commission. Elle n'avait su ni le frapper ni le défendre : elle l'abandonnait. Au lieu de poser comme lui ses conditions, elle se résigna à un rôle précaire et sans honneur. La démission de Caussidière eut pour lui un double à-propos. Elle le sauva d'une destitution prochaine, qu'aurait accompagnée peut-être une demande de mise en accusation. Elle lui ménagea encore, dans le parti révolutionnaire comme dans celui de l'ordre, un retour soudain de popularité : on lui sut gré d'être à la fois la victime et l'antagoniste de la commission exécutive.

IX. — Telle fut cette journée du 15 mai. Il n'est pas de fait historique sur lequel les enquêtes politiques et judiciaires aient jeté plus de lumière dans les détails ; grâce à ces nombreux documents, nous avons pu suivre pas à pas les préparatifs et les circonstances de l'attentat. Mais sur le sens et le but de la manifestation, il plane un mystère qu'aucune révélation n'a encore percé.

Bien des suppositions ont été faites ; aucune ne s'élève à la certitude. La commission exécutive fut-elle secrètement complice, non pas dans tous ses membres, mais du moins dans la personne de deux d'entre eux : Lamartine et Ledru-Rollin? En présence de ce mouvement populaire, où ils n'avaient pas la main et dont ils ne tenaient pas le secret, auraient-ils voulu, sans y concourir, retremper dans le trouble public leur crédit compromis et leur suprématie ébranlée? On l'a dit : leur inaction pendant l'envahissement, leur promptitude à réapparaître aussitôt que l'Assemblée a été délivrée sans leur aide, leur obstination à ne voir, soit alors, soit plus tard, dans cet attentat qu'un « égarement » ou, comme dira Lamartine, « une étourderie populaire », les ménagements dont Caussidière est l'objet, enfin la suspicion réciproque dans laquelle se tiennent les membres de la commission, et qui semble atteindre de préférence Ledru-Rollin et Lamartine : voilà les présomptions qui s'élèvent contre eux.

Nous ne les croyons pas décisives. La conduite de Lamartine au 17 mars et au 16 avril ôte toute vraisemblance à l'idée qu'il ait pu être complice du 15 mai. Il voyait dans cette invasion populaire un coup de force auquel il était impossible de résister : il cédait. Le flot populaire s'écroulerait et le gouvernement resterait debout. Notons-le bien : l'incertitude de Lamartine ne précéda pas la sédition, elle la suivit. Sa pensée dominante fut alors la crainte d'une réaction parlementaire qui risquerait de l'emporter loin des horizons démocratiques. Par M. Ledru-Rollin, rallié depuis le 16 avril, il restait en communication avec le gros du parti; par Caussidière, avec les turbulents; par Sobrier, avec les gens d'action : mais, tout en s'appuyant, plus qu'il ne devait sans doute, sur ces éléments révolutionnaires, il invitait le ministre de la guerre, Cavaignac, à tenir toujours rassemblés dans Paris 50,000 hommes de troupes. Par ses ménagements intempestifs, il ne trahissait donc que lui-même.. M. Ledru-Rollin, depuis que l'influence seule de Lamartine l'avait fait entrer dans la commission exécutive, semblait avoir perdu toute initiative : il n'avait pas la faveur de l'Assemblée, il n'avait plus celle des clubs, qui le considéraient comme un renégat; il abdiquait. Il n'a pas pris part au 15 mai, et qui sait si ses anciens amis l'eussent mis de moitié dans leur succès?

Caussidière et Louis Blanc n'eurent pas une culpabilité
définie, judiciaire; ils intervinrent d'ailleurs d'une façon
toute différente. Caussidière ne trempe pas dans la sédition; il a l'oreille dans les conciliabules, il adhère aux
projets, mais il respecte assez son caractère officiel pour
ne prêter au complot que le concours de son inaction. Il
se réserve, fortifie la préfecture pour s'y défendre, soit
contre l'émeute, soit contre le gouvernement, et pour dicter
ses conditions aux uns ou aux autres. C'est dans ce rôle
ambigu que consiste la complicité de Caussidière. M. Louis
Blanc n'était pas, lui, initié aux secrets des sociétés populaires; mais il ne faut pas se le représenter comme le chevalier du droit et des manifestations purement pacifiques.
« Oh! certes, a-t-il écrit de lui-même, ce n'est pas l'audace
révolutionnaire qui me manque lorsque je la crois féconde [1]. » L'admirateur de la Convention et des héros de
la Commune n'a pas répudié la plus belle part de leur
héritage. Il ne se mêlera pas à la manifestation, mais il en
accepterait une mission comme d'un pouvoir légitime.
N'était-il pas, du reste, « dans les sentiments de la manifestation »? Il l'avoue lui-même lorsqu'il est dangereux de
le faire : ne voulait-il pas pour le peuple le droit d'apporter des pétitions à la barre? Et ces sentiments, quand
le peuple envahit l'Assemblée, M. Louis Blanc les lui
exprime du haut de la tribune. Au fond de ces manifestations, menées par des amis comme Albert et Barbès,
secondées par des partisans comme Lagarde et Blum,
n'espérait-il pas retrouver le pouvoir perdu et l'influence
compromise? Il attend l'occasion, sauf à dire quand elle
échappe : « Nous avons échoué », et à rôder aux environs de l'hôtel de ville pour épier si, aux dernières heures
de la journée, les chances de succès vont se ranimer ou
s'éteindre.

[1] *Nouveau-Monde*, 15 décembre 1849, p. 270.

Maintenant, entre Barbès, Raspail, Huber, Blanqui, Sobrier, Albert, les principaux acteurs de la journée, y a-t-il eu accord préalable? Certainement non. Chacun d'eux formait comme une secte fermée; chacun d'eux jouait contre l'autre. Raspail prenait la tête : il était débordé. Blanqui conquiert une sorte de succès : vite! Barbès monte à la tribune. La foule a son tour : Huber accourt et renverse le pavois ridicule qu'elle se prépare. Il y avait accord dans l'idée ou de disperser l'Assemblée, ou tout au moins de la soumettre, comme naguère la Législative et la Convention, à la domination des clubs; à l'heure du triomphe, chacun aurait repris ses prétentions à la suprématie.

On a donné sur le 15 mai une explication commode et banale en l'attribuant à une manœuvre de police ; Marrast aurait été l'instigateur et le directeur du mouvement, et, par l'entremise d'Huber dont il aurait acheté la veille les complaisances en le faisant nommer gouverneur du Raincy, il en aurait tenu tous les fils.

Cette opinion ne s'est fait jour que longtemps après l'événement, au cours du procès qui en fut la suite et pour les besoins de la défense. Même alors, Barbès, Blanqui, Albert, Courtais, Sobrier, les accusés les plus compromis, n'y eurent pas recours et acceptèrent la responsabilité de leurs actes ; Huber, pour se laver d'une injurieuse imputation, renonça à la liberté de l'exil et s'exposa volontairement à une condamnation certaine. Seul, Raspail eut l'honneur et prétendit aux bénéfices de l'invention, si l'on peut donner ce nom à un moyen de défense devenu vulgaire dans tous les procès de conspiration. Quand même il y aurait lieu d'admettre qu'Huber a joué le rôle d'un agent provocateur, la part de ses coaccusés, celle même de Raspail, resterait assez grande. Est-ce la police qui a ouvert les rangs de la garde nationale au pont de la Concorde, qui a dicté les paroles impertinentes d'Albert, à

Barbès, à Louis Blanc, à Blanqui, leurs discours séditieux? Lagarde et Blum, qui préparaient des ovations pour M. Louis Blanc, étaient-ils des agents de police? Qui a rédigé les décrets trouvés chez Sobrier? Qui a proclamé à l'hôtel de ville un gouvernement provisoire? Si nous revenons à Raspail, est-ce la police qui a dirigé sa plume lorsqu'il rédigeait la pétition pour la Pologne? Est-ce la police qui a transmis cette pétition à Huber, qui à mainte reprise l'a recommandée au comité centralisateur, qui a mêlé le club Raspail au cortége, introduit Raspail dans l'Assemblée, poussé Raspail à la tribune? N'est-il pas évident que, à tous les moments de la journée, les auteurs de l'attentat ont eu toute liberté d'initiative?

On peut dire du 15 mai : même programme, mêmes idées, mêmes hommes qu'au 16 avril; mais l'audace a augmenté. L'esprit révolutionnaire est en permanence, travaillant sur une trame où chaque jour a fait son œuvre. Le 24 février, la proclamation immédiate et forcée de la République, l'imprudent décret du droit au travail, double encouragement, moins au peuple lui-même qu'aux meneurs qui le dirigent; tant de choses obtenues, pourquoi ne pas conquérir le reste? Cependant la population n'était avec les conspirateurs ni au 17 mars ni au 16 avril, ni à plus forte raison au 15 mai. Elle se laissait conduire; dès qu'elle apercevait le but, elle reculait et abandonnait ses guides. Mais chacune de ces journées, en ébranlant l'autorité, dissolvait les forces sociales et marquait un nouveau pas dans cette voie fatale qu'il nous reste à parcourir jusqu'aux journées de juin, lamentable date, sanglante et suprême étape de la Révolution de février!

LIVRE HUITIÈME

LA COMMISSION EXÉCUTIVE.

SOMMAIRE. — Réprobation universelle contre le 15 mai. — Les gardes nationales, la *Société des Droits de l'homme*, le banquet à vingt-cinq centimes. — Les grèves encombrent les ateliers nationaux. — Mesure rigoureuse et exorbitante de la Commission exécutive à leur égard, réserves de M. Émile Thomas; son arrestation. — Explications ambiguës de M. Trélat. — M. Léon Lalanne, beau-frère de M. Trélat, est nommé directeur. — Irritation des ouvriers. — Interpellation de M. Taschereau; l'Assemblée passe à l'ordre du jour. — Élections complémentaires. — Révolutionnaires et Conservateurs. — Candidatures de Caussidière, du prince de Joinville et de Louis-Napoléon Bonaparte. — Décret de proscription contre la famille d'Orléans. — Proposition d'abrogation des lois de proscription contre la famille Bonaparte : M. Crémieux. — Le prince Louis pose sa candidature. — Situation particulière d'Armand Marrast. — Ses intrigues contre MM. de Lamartine et Ledru-Rollin; demande en autorisation de poursuites contre M. Louis Blanc; M. Jules Favre, rapporteur. — M. Louis Blanc était-il à l'hôtel de ville le 15 mai? Armand Marrast sommé de répondre. — Divisions de la Commission exécutive. — Élections du 5 juin : ordre à outrance, socialisme à outrance; soixante-dix mille voix pour l'émeute. — M. Thiers élu par cinq départements. — Le prince Louis Bonaparte. — Persistance des rassemblements et des cris séditieux sur le boulevard. — Affinités du parti bonapartiste et des agences révolutionnaires; apparition simultanée de feuilles impérialistes et radicales. — La Commission demande, sous forme de crédit, un vote de confiance, et propose d'urgence l'arrestation de Louis Bonaparte. — Le crédit est accordé. — Le prince Louis est admis sur les conclusions conformes de M. Jules Favre, rapporteur. — Vains efforts de M. Ledru-Rollin. — Lettres du prince; sa prudence. — Tumulte dans l'Assemblée. — Les ateliers nationaux; rien n'est changé : M. Trélat monte au Capitole. — Ses artifices pour éluder la discussion; M. de Falloux l'y ramène; M. Trélat « plus médecin que ministre ». — Déclarations énergiques et spontanées de Goudchaux à propos des ateliers : « Vous m'entendez bien, il faut qu'ils disparaissent! » Il est élu président de la commission des ateliers nationaux. — Rapport de M. de Falloux. — La charité de M. Trélat. — MM. Victor Hugo et Caussidière. — Il faut dissoudre les ateliers nationaux !

I. — L'attentat du 15 mai avait soulevé, à Paris comme dans les départements, une énergique et universelle réprobation.

A toutes ces fantaisies révolutionnaires de clubistes en permanence, à ces retours périodiques de manifestations menaçantes qui s'attaquaient non-seulement à l'ordre, mais à toute espèce de gouvernement établi ou possible, la garde nationale de Paris répondait par un zèle enthousiaste; jour et nuit sur pied, elle entourait l'Assemblée d'un imposant appareil et partageait avec l'armée l'honneur de la protéger. Les gardes nationales des départements ne montraient pas moins d'empressement. Leurs délégués, représentant soixante-douze départements, avaient refusé, le 15 mai, de faire partie de la manifestation; le 16, ils étaient reçus par le président de l'Assemblée : « Au nom des délégués des départements, disait l'un d'eux, M. Argence, maire de Troyes, au nom de la France, dites aux représentants que pour le présent, pour l'avenir, l'Assemblée est placée sous l'inviolabilité de la garde nationale parisienne et des gardes nationales de France. Que l'Assemblée compte sur nous, qu'elle nous appelle, et nous accourrons tous pour verser avec orgueil notre sang, pour la défendre. » A la première nouvelle de l'attentat, plusieurs gardes nationales étaient accourues, celles de Melun, de Cambrai, de Fontainebleau, d'Orléans; celle de Cambrai avait contribué à rétablir l'ordre au chemin de fer du Nord; les autres occupaient les postes voisins de l'Assemblée. De tous côtés arrivaient des adresses de gardes nationales, de maires, de conseils municipaux, protestant de leur dévouement, offrant leurs services, et décidés à ne pas laisser engloutir le gouvernement, quel qu'il fût, dans un mouvement de surprise.

De son côté, le parti révolutionnaire n'avait retiré de ses échecs répétés que le désir d'une revanche formidable. Son premier noyau, la *Société des Droits de l'homme*, reformait ses cadres. Dans chaque arrondissement de Paris, elle avait un club et un commissaire en permanence. Elle exigeait de ses adhérents l'abnégation la plus absolue et un dévouement complet à la Société. M. Trouvé-Chauvel, le nouveau préfet de police, homme énergique et droit, et peu disposé à transiger avec le désordre, demandait vainement la dissolution de la Société et l'arrestation de ses principaux membres : la Commission exécutive s'y refusait et les affiliations continuaient.

C'est sans doute à la *Société des Droits de l'homme* qu'il faut attribuer l'idée de la souscription qu'avaient ouverte le journal *le Père Duchêne* et le *Club de la Montagne*[1], pour un banquet à vingt-cinq centimes, qui, le 26 mai, comptait déjà trois mille souscripteurs, et, quelques jours après, quinze mille ! Ce banquet, remis du 29 mai au 4 puis au 11 juin, offrait aux émeutiers, outre l'avantage de se compter, celui de réunir des fonds et des armes. Les souscripteurs étaient sévèrement interrogés sur leurs opinions républicaines : avec leur billet, ils recevaient quatre cartouches. Ce banquet devant avoir lieu sur les glacis des fortifications, aux environs de Vincennes, le maire de Vincennes s'effrayait et craignait qu'à la faveur des femmes et des enfants qui seraient lancés en avant, on ne cherchât à forcer le pont-levis, à pénétrer dans le fort et à délivrer les prisonniers du 15 mai. La Commission exécutive n'osa encore ni interdire le banquet ni en reconnaître le but véritable.

---

[1] Plusieurs clubs ont porté ce nom. Celui dont il s'agit siégeait à Montmartre, au *Petit Château-Rouge*.

D'autres causes amenaient dans les rues, sur les boulevards et sur les places, des rassemblements tumultueux que la force armée ne réussissait qu'imparfaitement à disperser. Tous les corps d'état se mettaient successivement en grève, quittant leurs ateliers et demandant à être inscrits aux ateliers nationaux. En sus des ouvriers de Paris, il en arrivait par bandes du Vaucluse, de Saint-Étienne, de Rive-de-Gier; les représentants du peuple, les ministres, les maires, tous les fonctionnaires adressaient à M. Émile Thomas des recommandations pressantes pour des admissions nouvelles. Les ateliers nationaux comptaient cent vingt mille ouvriers. Que faire de cette armée dont les déplacements ressemblaient à des manifestations d'émeute? Les lieux de travail n'étaient que des rendez-vous de paresse et de nonchalance, les cabarets seuls profitaient de leur voisinage. Ainsi, les coalitions ouvrières mettaient les ateliers particuliers en interdit, comblaient les ateliers nationaux d'une foule tapageuse et troublaient la rue. Carlier, directeur de la police au ministère de l'intérieur, signalait dans les coalitions la main de certains délégués du Luxembourg, indiquait les lieux de rendez-vous et d'embauchage, réclamait des poursuites qui, en amenant la saisie des papiers, fourniraient sans doute des lumières sur les menées de leurs auteurs. Mais on laissait faire, et la garde nationale, appelée chaque jour au service, assistait, frémissant de son impuissance, aux désordres qu'elle aurait dû être chargée de réprimer.

Au milieu de ces embarras, dont chaque jour augmentait le fardeau, la Commission exécutive souffrait encore de divisions intérieures. L'injuste suspicion qui planait depuis les derniers événements sur MM. Ledru-Rollin et Lamartine, avait donné à leurs collègues l'idée de s'unir en s'isolant d'eux et de choisir Arago pour président. Mais celui-ci semblait, depuis février, ne s'être livré qu'à regret aux ambitions politiques, et, par l'inertie, il se préparaît à une retraite prochaine. Marie, nature honnête, mais froide et sans ressources, s'effrayait d'une responsabilité qui s'accroissait sans cesse. M. Garnier-Pagès manquait moins d'ambition que d'autorité : il se remuait, croyant marcher. Au contraire, Lamartine, fort des nombreux suffrages qui l'avaient triomphalement conduit à l'Assemblée, supportait sans souci pour lui-même l'impopularité de ses collègues. Plus la Commission baissait dans l'opinion, plus il croyait monter lui-même, tandis que le public le confondait ou l'oubliait dans la médiocrité de son entourage.

Au regard de l'Assemblée et du ministère, la Commission jouait le rôle d'un souverain qui se réfugie dans une sphère supérieure et qui ne se commet pas dans la mêlée. Elle s'abstenait de paraître à l'Assemblée; elle délibérait même (si elle délibérait) en dehors des ministres, ne leur donnant que de courtes audiences. Ainsi elle n'était pas informée des détails du gouvernement, puisque les ministres ne communiquaient que rarement avec elle, et les ministres, de leur côté, étaient abandonnés à eux-mêmes sans direction, puisque les délibérations communes avec la Commission leur étaient interdites. La plupart des ministres n'étaient d'ailleurs que des secrétaires : aux finances, M. Duclerc était l'*alter ego* de M. Garnier-Pagès; aux affaires étrangères, Bastide celui de Lamartine. M. Recurt ne goûtait ni les théories ni les hommes de M. Ledru-Rollin, mais celui-ci occupait en réalité le ministère par M. Carteret, son intime ami, secrétaire général. Un jour, aux représentants du département des Vosges qui se plaignaient des commissaires envoyés par le ministre, M. Recurt répond qu'il n'y peut rien, que ce n'est pas lui qui les nomme. « Qu'on les renverse, dit-il, et qu'on s'en débarrasse [1]. » M. Trélat luttait aux travaux publics contre

---

[1] Séance du 12 juin 1848.

la question des ateliers nationaux, avec les ressources d'une capacité douteuse servie par une loquacité mystique. MM. Carnot, Bethmont, Flocon, Crémieux, n'usaient de leur indépendance que pour opérer des réformes d'économie dans le personnel de leur ministère. En résumé, l'activité de la Commission était si discrète, qu'elle ressemblait à l'inaction. Aussi, faute d'avoir à se prendre à des actes publics, l'opinion se jetait sur la vie privée de ses membres, où quelques fantaisies déplacées prêtaient au ridicule.

II. — Cependant, les questions graves abondaient, mais la plus grave était, sans doute, celle des ateliers nationaux. Comme à toutes les autres, la Commission n'y touchait qu'avec hésitation ou répugnance, comme si elle craignait à la fois de les maintenir et de les dissoudre.

Au 15 mai, le ministre des travaux publics, M. Trélat, n'avait pas encore visité les ateliers nationaux. Sous le coup de l'événement du jour, la Commission réclama le recensement immédiat des ouvriers. M. Émile Thomas l'apporta le 22, dans le comité des travailleurs, exécuté par profession jusqu'au chiffre de 87,000 hommes[1]. Le 17, M. Trélat institua une commission composée d'ingénieurs civils et d'ingénieurs des ponts et chaussées. Le 22, l'Assemblée vota d'urgence un crédit d'un million. Recensement, nomination de commission, vote de crédit, mesures dilatoires.

Le 24, M. Trélat transmettait à M. Émile Thomas les

---

[1] Cette liste comprenait cent soixante-quinze professions. L'industrie du bâtiment y était représentée par 4,341 maçons, 1,395 charpentiers, 6,312 menuisiers, 5,091 ébénistes, 3,957 peintres, 144 sculpteurs, 2,934 serruriers. On retrouvait à peu près les mêmes chiffres pour les professions de tourneurs, tonneliers, tisserands, cordonniers, bijoutiers, ciseleurs, fondeurs, imprimeurs, tailleurs d'habits.

décisions suivantes, qu'avait prises la Commission exécutive : 1° enrôlement sous les drapeaux des ouvriers célibataires de dix-huit à vingt-cinq ans, sous peine, *s'ils refusent de souscrire des engagements volontaires,* d'être immédiatement rayés des listes des ateliers nationaux ; 2° recensement des ouvriers de Paris : on retranchera les secours et salaires à ceux qui ne justifieraient pas de six mois de séjour avant le 24 mai ; 3° faculté pour les patrons de *requérir,* sur les listes dressées par profession et par arrondissement et déposées dans un bureau spécial, tel nombre d'ouvriers qu'ils déclareront nécessaire à la reprise ou à la continuation de leurs travaux ; les ouvriers qui refuseront de les suivre seront immédiatement rayés des listes ; 4° substitution du travail à la tâche au travail à la journée pour les ouvriers restants ; 5° enfin, organisation de brigades d'ouvriers à diriger dans les départements pour l'exécution de grands travaux publics.

Ces mesures arbitraires et violentes, cette façon dérisoire et despotique d'organiser le travail, ces engagements dits *volontaires,* et dont la contrainte formait la loi ; les patrons investis d'un droit de réquisition ; les ouvriers réduits à l'état de serfs qu'on envoie à l'armée ou qu'on expatrie, tel était le sort que, sous la République, après les décrets de Février, après l'exaltation des prolétaires, après que tous s'étaient fièrement appelés travailleurs des mains ou de la pensée, on osait offrir ou plutôt imposer ! Ces mesures n'avaient pas encore de publicité : qu'arriverait-il le jour où le *Moniteur* et les affiches signifieraient à 120,000 ouvriers ces décrets paternels du gouvernement ?

Sur les observations de M. Émile Thomas, M. Trélat consentit à suspendre pendant vingt-quatre heures l'exécution de ces mesures. Le 25, il institua une nouvelle *Commission des ateliers nationaux,* qui, « sans porter atteinte au principe sacré de la garantie du travail, devait signaler les modifications à introduire pour diminuer les charges de l'État et surveiller l'exécution des mesures décrétées : le directeur lui était subordonné ». Cette commission se réunit le lendemain (26 mai); composée de fonctionnaires et d'ingénieurs qui étaient restés jusque-là complétement étrangers à l'organisation des ateliers nationaux, elle n'avait, en réalité, d'autre mission que de patronner et de faire exécuter les mesures indiquées plus haut.

Devant cette perspective, M. Émile Thomas fit ses réserves et parla de démission : M. Trélat lui déclara nettement qu'il s'agissait de détruire ce qu'il avait édifié; que les ateliers nationaux, nécessaires hier, étaient nuisibles aujourd'hui[1]. M. Émile Thomas protesta de son dévouement, mais seulement pour l'exécution des mesures qu'avoueraient la justice et la prudence : M. Trélat le combla de compliments. Si M. Émile Thomas l'eût mieux connu, à ces effusions inattendues il eût redouté quelque machination ; mais comment prévoir ce qui arriva? Le soir de ce même jour, il est appelé dans le cabinet du ministre. On l'invite à donner sa démission : il la donne. Et aussitôt, le même ministre, toujours affable, l'expédie nuitamment à Bordeaux entre deux agents de police armés de pistolets. Une lettre de cachet, un acte de violence injustifiable, anachronisme plus honteux encore dans ce temps où un respect superstitieux pour la liberté individuelle avait empêché d'arrêter Blanqui : tel fut le début de la dissolution des ateliers nationaux. La Commission exécutive n'en est pas responsable : c'est M. Garnier-Pagès, l'homme aux solutions inattendues et aux grands partis pris, qui en suggéra l'idée à M. Trélat; les ministres et les autres membres de la Commission n'apprirent le fait que le lendemain, lorsque M. Recurt,

---

[1] Déposition de M. Trélat devant la commission d'enquête.

ministre de l'intérieur, vint demander à la Commission la rétractation de cette scandaleuse mesure; et lui-même il venait de l'apprendre par une dépêche de Bordeaux.

Le départ de M. Émile Thomas (on ne parlait pas encore d'arrestation) fut connu le soir même au pavillon Monceaux, par l'intermédiaire du secrétaire général du ministre des travaux publics, M. Boulage. On pressait celui-ci de donner des explications : il promit une visite du ministre pour le lendemain. M. Trélat vint en effet : « Où est allé M. Émile Thomas? Pourquoi est-il parti? — Il est parti chargé d'une mission, répondait M. Trélat; il va établir l'embrigadement dans les Landes. » A ces réponses ambiguës et naïves, les cinq sous-directeurs, devinant la vérité, donnèrent leur démission. Sur les instances de MM. Flachat et Polonceau, membres de la commission du 17 mai, que leur députa le ministre, ils consentirent, non pas à la retirer, mais à continuer leur concours à titre provisoire et désintéressé, à la condition que le ministre donnerait des explications publiques et de nature à fournir satisfaction à M. Émile Thomas. « Il n'y a rien eu, se hâta d'écrire M. Trélat, dans la mesure prise à l'égard de M. Émile Thomas, qui puisse porter atteinte à son caractère, à son honneur, ni diminuer la justice rendue à ses services. » Précédé de ces paroles de conciliation, il se présenta à trois heures à l'assemblée des délégués. Il parla de l'écroulement du trône et de l'avénement de la République, s'étendit sur sa vie privée, sur sa captivité : « Au fait! au fait! Pourquoi l'a-t-on enlevé? Où est-il? — Je ne suis, répliquait le ministre, qu'une faible partie du pouvoir, il ne m'appartient pas de vous découvrir ses desseins. Ce que je puis vous dire, c'est qu'au départ j'ai serré la main d'Émile Thomas comme à un ami, comme à un honnête homme. — Alors, pourquoi l'enlèvement? On n'arrête qu'un coupable : de quoi est-il coupable? » Ces cris, poussés de toutes parts, sont le signal d'une scène de tumulte. Trois heures durant M. Trélat est pressé d'interrogations violentes : enfin, les sous-directeurs s'interposent et facilitent son évasion. Le soir même, à dix heures, M. Léon Lalanne, beau-frère de M. Trélat, ingénieur des ponts et chaussées et secrétaire de la dernière commission instituée par le ministre, apparaissait dans le salon du pavillon Monceaux, en grand uniforme de colonel de la garde nationale, accompagné de M. Boulage. Deux mille hommes en armes cernaient le parc ; une compagnie occupait le vestibule. Ce fut au milieu de cet appareil militaire que M. Boulage proclama et installa le nouveau directeur.

Cependant, l'agitation qui s'était produite à Monceaux se répandait au dehors. A la porte Saint-Denis et sur toute l'étendue des boulevards, se formaient des rassemblements d'ouvriers où l'on parlait hautement de procéder par la force au renversement du gouvernement ; les délégués du Luxembourg avaient pris occasion de ces motifs d'irritation pour pénétrer dans les groupes et exercer sur les ouvriers des ateliers nationaux l'influence que M. Émile Thomas se flattait d'avoir toujours écartée. Désormais, entre le Luxembourg et Monceaux, ces deux puissances rivales décapitées de leurs chefs, la cause devenait commune ; les délégués fomentaient les grèves, les ateliers nationaux étaient à eux seuls une grève permanente dont l'État soldait les frais à cent soixante-dix mille francs par jour. M. Louis Blanc, exclu de la Commission exécutive, antipathique à l'Assemblée, compromis au 15 mai, se rencontrait dans le même sort avec M. Émile Thomas, dépouillé de ses fonctions par ceux-là mêmes qui l'avaient élevé et soutenu en face de M. Louis Blanc : la communauté des ressentiments rapprochait leurs partisans. Le 27, à la suite de la visite de M. Trélat au pavillon Monceaux, les ouvriers avaient signé une pétition à l'Assemblée nationale ; le 28, ils furent convoqués pour le lendemain à la barrière Saint-Mandé, d'où ils devaient porter à l'Assemblée la pétition demandant le maintien des ateliers nationaux.

Le matin du 29 mai, de très-bonne heure, on battait le rappel dans tous les quartiers de Paris. De leur côté, les ouvriers se réunissaient en grand nombre avec leurs bannières à la place du Trône, à la barrière Ménilmontant, au quai de Gèvres, au quai Saint-Bernard, au clos Saint-Lazare, sur les boulevards. Cependant, ils se bornèrent à envoyer quatorze délégués à l'Assemblée. En ce moment même, M. de Falloux lisait un rapport introduisant le travail à la tâche dans les ateliers nationaux, et concluant à l'ouverture de crédits spéciaux dans divers ministères pour hâter la reprise des travaux. Rien, dans ce projet de décret, ne rappelait les mesures rigoureuses et violentes proposées naguère par M. Trélat. En ce qui concernait les ouvriers séjournant depuis moins de trois mois dans le département de la Seine et qui n'y pouvaient justifier de moyens d'existence, le projet conciliait les nécessités de la sécurité publique avec les devoirs de la charité. Avec une feuille de route, ils devaient recevoir une indemnité de déplacement dont partie serait payée pendant le trajet et partie à destination. Ce rapport, sans déguiser les menaces que renfermait l'organisation actuelle, s'inspirait avant tout de pensées d'humanité.

Après la lecture du rapport, M. Taschereau, dépositaire des lettres que M. Émile Thomas avait écrites à sa famille depuis son départ, interpella le ministre des travaux publics sur cette violation de la liberté individuelle. M. Trélat n'hésita pas à répondre que M. Émile Thomas avait *accepté volontairement* sa mission, *écrit volontairement* sa démission. « Maintenant, dit-il, il y a un autre fait, c'est vrai ; eh bien ! moi, j'en subirai toutes les conséquences, et même, citoyens, quoique cela me fût bien douloureux, votre blâme, s'il devait peser sur moi. » Ne

21.

semble-t-il pas qu'une assemblée républicaine devait se lever tout entière pour protester contre le ministre? Mais telle était sa lassitude à l'égard des ateliers nationaux, jointe peut-être à la crainte d'encourager par quelque faiblesse une sédition qui grondait aux portes : l'Assemblée, lorsque M. Trélat parla de blâme, s'écria : « Non, non ! » et, de toutes parts, on demanda l'ordre du jour.

Vainement M. Taschereau tâcha de reprendre la parole. « Toute l'Assemblée désire l'ordre du jour », s'écrie M. Jules Favre. M. Taschereau reprend : « Il s'agit de l'honneur d'un citoyen; il s'agit de la liberté individuelle. — L'ordre du jour! — Mais, Messieurs, permettez donc! — L'ordre du jour! l'ordre du jour! — Je demanderai, continue l'orateur, dans l'intérêt de la liberté individuelle, que, quand on a des griefs contre un fonctionnaire, ce ne soit pas entre deux muets et par une justice à la turque qu'on en cherche la satisfaction. La justice a d'autres moyens de procéder. » Cependant l'Assemblée prononça l'ordre du jour.

Au dehors, l'opinion fut moins clémente, et les interprétations favorables de l'Assemblée n'y trouvèrent point d'écho. Ces lettres de M. Émile Thomas, c'était la vérité qui se faisait jour! En dépit de ses protestations doucereuses et de ses attitudes de repentir, M. Trélat n'avait-il pas fait cerner l'hôtel, introduit des gens armés, fait enlever militairement M. Émile Thomas? A Bordeaux, une nouvelle dépêche, émanée de lui, n'avait-elle pas prescrit une nouvelle arrestation? Et l'on parlait de démission volontaire, et l'Assemblée ne réclamait pas en faveur de la liberté individuelle! Il y avait là pour la foule, non pas un principe à venger, elle se soucie peu des principes, mais un prétexte de troubles, et c'est ce soir-là même, 29 mai, que commencèrent ces rassemblements de plus en plus considérables, aux portes Saint-Denis et Saint-Martin, qui devaient chaque jour alarmer la population et tenir en haleine la garde nationale. Sur le passage des patrouilles, on entendait les cris *A bas la bourgeoisie! à bas les aristocrates! à bas les municipaux patentés!* C'étaient des vociférations, des discours en plein vent, des conciliabules à ciel ouvert; un sujet succédait vite à l'autre : l'arrestation d'Émile Thomas et la dissolution même des ateliers nationaux passèrent bientôt au second plan, pour faire place à d'autres préoccupations.

Nous voulons parler des élections complémentaires.

III. — Par suite d'options, d'annulations ou de démissions, vingt-trois départements étaient appelés pour les 4, 11 et 18 juin, à élire quarante-deux représentants; le département de la Seine en comptait onze à lui seul. Sur ce vaste champ électoral, tous les partis prenaient carrière. Parmi les candidats, on remarquait d'abord ceux que le scrutin du 23 avril avait relégués dans des rangs inférieurs : MM. Victor Hugo, Pierre Leroux, Proudhon, noms éclatants à divers titres, aspirant à représenter, le premier une république modérée et qui rompît avec les traditions de l'ancien régime républicain [1]; les deux autres les écoles socialistes.

---

[1] Citons un extrait de la circulaire électorale de M. Victor Hugo :

« Deux Républiques sont possibles. L'une abattra le drapeau tricolore sous le drapeau rouge, fera des gros sous avec la colonne, jettera bas la statue de Napoléon et dressera la statue de Marat, détruira l'Institut, l'École polytechnique et la Légion d'honneur, ajoutera à l'auguste devise : *Liberté, Égalité, Fraternité*, l'option sinistre : *ou la mort;* fera banqueroute, ruinera les riches sans enrichir les pauvres, anéantira le crédit, qui est la fortune de tous, et le travail, qui est le pain de chacun, abolira la propriété et la famille, promènera des têtes sur des piques, remplira les prisons par le soupçon et les videra par le massacre, mettra l'Europe en feu et la civilisation en cendres, fera de la France la patrie des ténèbres, égorgera la liberté, étouffera les arts, décapitera la pensée, niera Dieu; remettra en mouvement ces deux machines fatales qui ne vont pas l'une sans l'autre, la planche aux assignats et la bascule de la guillotine; en un mot, fera froidement ce que les hommes de 93 ont fait ardemment, et, après l'horrible dans le grand que nos pères ont

Puis venaient : Raspail, détenu à Vincennes, et en faveur duquel on voulait que le suffrage universel s'élevât comme une protestation contre l'Assemblée; Kersausie, républicain de vieille date, qui avait connu les prisons de Louis-Philippe, et qui sortait à peine de celles du roi de Naples où la flotte française venait de le réclamer; Théophile Thoré; Lagrange, l'un des chefs de l'insurrection lyonnaise de 1834.

A côté de ces chevaliers de la République, la bourgeoisie rappelait sur la scène politique des hommes qui se rattachaient aux idées monarchiques : le général Changarnier, que la Commission exécutive avait relégué en Afrique malgré ses services; M. Thiers, porté à l'envi par plusieurs départements; M. Émile de Girardin, dont le journal avait repris depuis le 4 mai des allures d'opposition. Ces trois noms donnaient aux élections prochaines une couleur sinon réactionnaire, du moins royaliste, et l'on pouvait mesurer, à la faveur dont ils jouissaient, le progrès qu'avaient fait les idées modérées et avec quelle hâte les populations étaient revenues des superstitions républicaines. Vaincu du 23 février, ministre d'une heure au moment où la faiblesse du Roi s'abandonnait à la diversité des conseils, monarchiste impénitent, M. Thiers personnifiait mieux qu'aucun autre l'esprit d'habitude et

---

vu, nous montrera le monstrueux dans le petit. » C'est naturellement à *l'autre république* que, en ce temps de réaction, se ralliait le poëte. L'*Organisation du travail*, dont il sera question plus loin, traçait de lui (n° 1, 3 juin) le portrait suivant : « Favori de Salvandy et de Guizot, abonné des Tuileries, courtisan émérite, il mendie les voix des blouses comme il avait quêté les voix des conservateurs sans plus de succès. A l'affût de toutes les gloires, de tous les noms, promenant sa grandeur ennuyée, se posant tout vivant sur un piédestal d'argile pétri de ses mains; suivi d'un état-major dont la morale n'est pas le premier but, se comparant à Corneille, daignant amnistier Racine, espérant le Panthéon, accusant la société et rêvant le Mirabeau. Voilà l'homme que nous avons vu haranguer le peuple, le flattant dans ses jours de colère quand il est roi, lui prodiguant l'injure quand il est vaincu. »

presque de routine d'où le pays avait été subitement arraché, au détriment de sa sécurité et de sa fortune.

Ainsi qu'il s'y était engagé, Caussidière, représentant démissionnaire, soumettait sa conduite politique au jugement des électeurs. Bourgeois et prolétaires, royalistes et républicains, hommes d'ordre et hommes d'émeute, tous l'adoptaient. Singulier préfet de police, dont la popularité s'était accrue dans une place où d'autres perdent la leur ; émeutier notoire en qui la bourgeoisie, lasse d'émeutes, mettait toute sa confiance pour assurer l'ordre; ayant eu l'art, dans l'exercice du pouvoir, de ne pas blesser ses anciens amis et de s'en créer de nouveaux; chef de bande, goûté moins pour ce qu'il fait que pour ce qu'il ne fait pas, pouvant le faire; bonhomme et fin, se prêtant à tous, se servant de tous, ne se donnant à personne, et laissant amis ou ennemis dans l'incertitude s'il sert ou s'il trahit, s'il attaque la Commission ou s'il la défend, s'il tient pour l'ordre ou pour Sobrier, s'il a conspiré contre l'Assemblée ou s'il a tenté de la protéger. Il est fier, voilà sa force : il n'endure pas un soupçon; on court vers lui, et ce fonctionnaire suspect qui, dans la Commission exécutive, ne peut compter que sur Lamartine et Ledru-Rollin, que persécutent Armand Marrast et ses amis, que l'Assemblée voulait mettre en accusation hier si elle ne le fait demain, ce sphinx dont on s'amuse, il est pour quelques jours le héros des comices, le caprice de tous, le plus populaire des candidats.

La Commission exécutive ne faisait pas à Caussidière l'honneur de le trouver dangereux : deux candidats monarchiques se disputaient son attention, le prince de Joinville et le prince Louis-Napoléon Bonaparte.

Aucun décret de bannissement contre la dynastie d'Orléans n'avait suivi la révolution de février. Le Roi avait fui; le duc d'Aumale et le prince de Joinville avaient résigné leurs commandements; le duc de Nemours avait rejoint la famille royale en Angleterre; la duchesse d'Orléans s'était provisoirement retirée en Allemagne avec ses fils. Mais cette nécessité de l'exil, si les événements l'avaient faite, d'autres événements pouvaient la changer, et la surprise du coup qui les avait frappés, comme les incertitudes du gouvernement sous lequel s'agitait la France, persuadaient aux princes que des chances prochaines pouvaient leur rouvrir les portes de la patrie. Le Roi avait abdiqué; mais le duc d'Aumale et le prince de Joinville, populaires dans l'armée, exilés presque volontaires, éloignés d'ailleurs du trône par leur naissance, se plaisaient à rêver le rôle de simples citoyens dans une libre république. Le fils de Murat, ceux de Lucien et de Jérôme Bonaparte, malgré les lois de proscription de 1816 et de 1832, avaient été admis sans hésitation par l'Assemblée. Élus, eux aussi, de la souveraineté populaire, relevés par elle de l'incapacité infligée par les événements ou la naissance, les princes d'Orléans ne pourraient-ils pas servir la France soit comme représentants, soit dans la marine ou dans l'armée? C'était la tradition de leur famille : Philippe-Égalité siégeait à la Convention, tandis que les ducs de Chartres et de Montpensier combattaient dans les armées de la République.

Le gouvernement les tira vite de cette illusion; le 17 mai, il présentait un décret de bannissement contre Louis-Philippe et sa famille, en même temps qu'un autre décret contre les réunions et les associations armées. Dans l'exposé des motifs, commun aux deux décrets, on lisait : « Il importe également de mettre le pays à l'abri des folles tentatives et d'anéantir dans leur principe même de coupables espérances. Modéré dans sa victoire, le gouvernement de la République doit se montrer fort..... Les uns l'attaquent par leurs tentatives anarchiques et antisociales, les autres par de sourdes excitations, par des manœuvres corruptrices au profit de restaurations impossibles. Nous vous demandons, citoyens, de les atteindre tous à la fois..... » Cette assimilation à des émeutiers n'irrita pas moins les princes que le décret lui-même; ils protestèrent avec le duc de Nemours par une lettre adressée à l'Assemblée; le prince de Joinville écrivait dans une lettre particulière rendue publique : « J'aime, j'avoue, mon pays. J'ai ruiné ma santé à son service. Je me serais fait tuer pour lui; je me ferais tuer encore; mais l'idée d'un bannissement pour récompense me donne le vertige..... J'ai des larmes de colère contre ceux qui ont présenté ce décret [1] ».

Cependant, le projet suivait une marche rapide, concurremment à la candidature du prince de Joinville, dans plusieurs départements et à Paris même. Une série de ses lettres, publiées le 22 mai dans la *Presse*, semblaient autant de professions de foi : il aspirait à rentrer en France, à y vivre en simple citoyen ou dans les fonctions publiques. Comment, en effet, dans l'âge de l'énergie, s'ensevelir dans un exil meurtrier? Des affiches portant son nom s'étalaient sur les murs, provoquant une décision du peuple ou de l'Assemblée. La discussion eut lieu le 26 mai, brève et insignifiante. Aucun ministre ne prit la parole. Le scrutin de division, réclamé par vingt représentants républicains sans notoriété, réunit six cent trente et une voix pour l'adoption du décret et soixante-trois seulement contre [2]. Le 4 juin, toutes les affiches du prince de Joinville étaient

---

[1] *Presse* du 22 mai.
[2] Votèrent *contre* : MM. d'Aragon, Béchard, Bedeau, Beslay, Boulay (de la Meurthe), Creton, Dahirel, Gambon, de Kerdrel, de Larcy, général Lebreton, Louis Blanc, de Montalembert, de Mortemart, de la Rochejaquelein, etc.
Votèrent *pour* : MM. d'Albert de Luynes, Baroche, Bavoux, Baze, Gustave de Beaumont, Billault, Bineau, Buffet, Bureaux de Puzy, Cavaignac, Corcelle, Cormenin, Crémieux, Denjoy, Drouyn de l'Huys, Th. Ducos, Dufaure, Duvergier de Hauranne, Glais-Bizoin, les trois Lafayette (Georges, Oscar et Edmond), Laidet, Lamennais, Ferdinand de Lasteyrie, Mauguin, Piétri, de Tocqueville, Vivien, Wolowski, etc.

arrachées par l'ordre de l'autorité, et, au même instant, les murs se couvraient en un clin d'œil de celles du prince Louis-Napoléon Bonaparte.

Il semblait, en effet, que le décret de proscription contre la famille d'Orléans n'eût été préparé et rendu que pour faire place au prince Louis. Le lendemain, M. Piétri déposait une proposition [1] d'abrogation formelle de l'article 6 de la loi du 10 avril 1832, proposition qui fut immédiatement déclarée d'urgence.

Superflue pour les membres déjà admis de la famille Bonaparte (Murat, Napoléon et Pierre Bonaparte), cette proposition n'avait d'intérêt que pour le prince Louis. Deux fois il avait revendiqué à main armée ses droits de succession, en 1836 et en 1840, à Strasbourg et à Boulogne. Aussi, tandis que son oncle et ses cousins avaient, sans opposition, repris sous Louis-Philippe et vu consacrer par le suffrage universel sous le Gouvernement provisoire l'exercice complet de leurs droits de citoyens français, Louis Bonaparte, au contraire, arrivé à Paris le 27 février, avait reçu aussitôt l'invitation de quitter la France. On le distinguait donc de sa famille, on sentait qu'il portait avec lui des ambitions monarchiques et la restauration d'un régime déchu. Cette loi de 1832, abrogée pour le reste de sa famille, serait-elle maintenue contre lui seul? Il s'en offensait, il protestait d'avance : que lui reprochait-on? Serait-ce d'avoir été deux fois victime de son hostilité contre un gouvernement que la révolution de février avait renversé? d'avoir invoqué la souveraineté nationale? d'avoir déféré au vœu du Gouvernement provisoire? d'avoir refusé les candidatures qu'on lui avait proposées? « En présence de la souveraineté nationale, je ne

---

[1] Parmi les signataires, on remarque les noms de MM. Louis Blanc, Conti, Casabianca, Abatucci, Boulay (de la Meurthe), Laurent (de l'Ardèche), Germain Sarrut, etc. M. Louis Blanc, on l'a vu, avait déjà voté contre le décret de bannissement de la famille d'Orléans.

peux et ne veux revendiquer que mes droits de citoyen
français; mais ceux-là je les réclamerai sans cesse, avec
l'énergie que donne à un cœur honnête le sentiment de
n'avoir jamais démérité de la patrie [1]. »

La discussion s'ouvrit le 2 juin. L'auteur de la proposition, M. Piétri, affirma la solidarité de la Révolution et
de la famille Bonaparte, ensemble victorieuses de l'Europe, ensemble vaincues et proscrites. « On ne pardonna
pas à Napoléon d'avoir été le défenseur héroïque du sol et
de l'indépendance nationale, le représentant glorieux et le
propagateur armé de la Révolution victorieuse à l'étranger.
C'était là son crime ; on frappa en lui la Révolution française... En admettant dans son sein trois membres de la
famille Bonaparte, l'Assemblée nationale a établi que le
triomphe de la Révolution avait eu pour effet de rendre à
cette famille la jouissance et l'exercice de ses droits de
citoyens français. Il ne nous reste plus maintenant qu'à
décréter que l'article 6 de la loi du 10 avril 1832 est
abrogé, pour donner à cette manifestation le caractère
d'un acte de réparation nationale. »

La délibération fut tumultueuse et courte. M. Crémieux,
seul ministre présent et qui semblait parler au nom du gouvernement [2], abonda dans le sens de la proposition ; il
alla même plus loin, et demanda l'ordre du jour ; car, la
loi de 1832 n'existant plus, comment l'abroger ? « Déclarer,
disait-il, que la loi de 1832 a pu survivre une heure au
triomphe de nos barricades de février, ce serait presque
commettre un crime ! » Cet argument déclamatoire ne suffisait pas à quelques représentants, qui ne comprenaient
pas « comment la proclamation de la République avait pu
abroger une loi faite contre une famille dont le chef a
régné comme empereur et a eu le pouvoir absolu ». Le

---

[1] Lettre à l'Assemblée, lue seulement le 13 juin.
[2] M. Ledru-Rollin le désavouera le 13 juin.

ministre invoquait alors la triple admission prononcée par l'Assemblée : « Il n'y a que cette raison-là à donner », criait une voix. — « Eh bien ! je vous la donne », répondait le ministre avec son sans-façon ordinaire. Il s'avisait plus loin de la souveraineté nationale, qui s'était exprimée par un triple vote en faveur des Bonaparte : « A ce titre-là, s'écriaient quelques représentants, le prince de Joinville pourrait être nommé ou le duc de Bordeaux. » Les plus favorables auraient souhaité des arguments moins vagues; s'il y avait eu abrogation virtuelle, pourquoi le Gouvernement provisoire avait-il prié le prince Louis de s'éloigner? Ses cousins n'avaient pas conspiré contre les institutions de la France; le prince Louis était-il dans les mêmes conditions? « Nous n'avons personne à craindre », s'écriait fièrement M. Crémieux. L'Assemblée prit la proposition en considération à la presque unanimité, et ajourna la discussion au 8 juin. Mais, avant ce temps-là, les élections auraient eu lieu.

Pour rendre irrévocable la faveur de l'Assemblée, que manquait-il en effet au prince Louis? Ce qu'avaient obtenu ses cousins : l'appui du suffrage populaire. Le scrutin s'ouvrait le 4 juin; le 4 au matin, tous les murs de Paris se couvrirent instantanément d'affiches. Cet indifférent de la veille, qui avait dédaigné de se présenter aux élections générales, que le gouvernement négligeait, que l'Assemblée traitait légèrement, ce héros du jour, qu'avait déjà saisi la caricature, se trouva tout d'un coup candidat dans plusieurs départements à la fois. Sa candidature se propageait comme une traînée de poudre. Elle éclatait comme une conspiration. Que se préparait-il? Ce dictateur, subitement investi par le suffrage universel, s'apprêtait-il à renverser le nouveau directoire, en lui disant, comme son oncle : « Qu'avez-vous fait de la France? »

IV. — A côté de la Commission exécutive et de ce ministère sans consistance, grandissait l'influence d'un homme qui se gardait un rôle dans les destinées de la République. Modeste d'abord, Armand Marrast avait grandi vite; il se trouvait déjà maire de Paris et maire sans conseil municipal. Au 16 avril et au 15 mai, il avait été utile et s'était fait important. Depuis la réunion de l'Assemblée, il s'isolait de la Commission et lui donnait ses amis sans se donner lui-même. La rédaction du *National* fournissait tous les hauts fonctionnaires : au commandement de la garde nationale parisienne, Clément Thomas; dans les ministères, MM. Recurt, Trélat, Bastide, Duclerc, personnages médiocres qu'Armand Marrast dominait aisément. Seul, le général Cavaignac se détachait de ce groupe; par la dignité de son attitude, il avait déjà conquis les sympathies de l'Assemblée. Son nom rappelait les souvenirs de la Convention et ceux des luttes républicaines sous la monarchie déchue : la modération de son langage les faisait oublier. Cavaignac était un soldat; serait-il un homme politique? On l'ignorait, mais Marrast, mieux renseigné sans doute, avait dû reconnaître en lui certaine prédestination aux grandes œuvres. Appuyé sur un homme de guerre, ne pouvait-il pas se ménager un rôle auprès de lui, au-dessous ou au-dessus, suivant les circonstances? Vice-président de l'Assemblée, secrétaire du comité de constitution, tenant par ses amis toutes les avenues du pouvoir, de manière à les fermer à ses adversaires de la *Réforme*, il avait encore, dans la personne de M. Jules Favre, un orateur habile et un mécontent disposé à battre en brèche la Commission expirante. Enfin, dans les derniers jours de mai, il s'était fondé au Palais-Royal, à la place du *Club des clubs,* une réunion de deux cents représentants du peuple, fidèles du *National,* et qui, sous le programme de « défendre la Commission exécutive contre les attaques injustes et systématiques », ne travaillaient en réalité qu'à la déconsidérer et à l'amoindrir. Ils hésitaient à attaquer de front MM. de Lamartine et Ledru-Rollin : ils tentèrent de les atteindre à travers M. Louis Blanc.

Outre les antipathies de doctrine qu'il avait depuis longtemps provoquées jusque dans le camp républicain, ses alliances populaires, ses étroites relations avec M. Ledru-Rollin avant le 16 avril, l'ambiguïté de son rôle au 15 mai, avaient amassé autour de M. Louis Blanc bien des soupçons et bien des haines. On a vu l'accueil que lui avait fait l'Assemblée le soir du 15 mai; depuis, il était resté en suspicion. Des affiches, placardées jusque sur les murs du palais, dénonçaient sa trahison, les journaux conservateurs l'attaquaient chaque jour. On dira : Que ne donnait-il sa démission, comme avait fait Caussidière? Mais la popularité de M. Louis Blanc ne dépassait pas le cercle du Luxembourg et de ses délégués; la bourgeoisie le considérait comme l'auteur véritable de tous les embarras de l'industrie et du commerce. Incertain de sa réélection, menacé dans sa liberté, n'était-il pas plus sage à lui d'attendre l'attaque sur son siége de représentant, pour s'y défendre à l'occasion avec les priviléges de la tribune?

L'occasion ne tarda pas à se présenter. Au cours de l'instruction ouverte par le parquet contre les accusés du 15 mai, M. Louis Blanc avait été entendu d'abord comme témoin. Le 27 mai, le juge d'instruction déclara au procureur général que désormais, d'après les documents recueillis, il ne pouvait plus interroger M. Louis Blanc que comme inculpé. Une autorisation de l'Assemblée devenait nécessaire : le procureur général, M. Portalis, et le procureur de la République, M. Landrin, soumirent la question au ministre de la justice, qui l'exposa devant la Commission exécutive. La Commission demanda qu'il fût procédé à un nouvel interrogatoire : cet interrogatoire eut lieu; puis, les deux magistrats revinrent à la charge, mais, cette fois, le procureur général déclarant que, si la Commission ne consentait pas à laisser demander l'autorisation, il donnerait sa démission. La Commission ne connaissait pas les détails de la procédure; d'autre part, le ministre de la justice semblait marcher d'accord avec les deux magistrats : sans examiner le fond, elle décida « qu'il ne lui appartenait pas d'entraver le cours de la justice [1] ». Le 31 mai, la demande d'autorisation de poursuite fut portée à l'Assemblée par les deux magistrats et renvoyée à l'examen des bureaux.

Quoique membre du gouvernement, M. Jules Favre accepta ou sollicita même, dit-on, les fonctions de rapporteur [2]. Il lut son rapport à la séance du 2 juin. Il n'articulait aucun fait, il ne discutait ni les témoignages contenus dans l'instruction ni les énergiques dénégations de M. Louis Blanc à la tribune; mais cette étrange discrétion n'était qu'un artifice pour demander un verdict de confiance. « Quel esprit sensé, disait-il, pourrait admettre qu'on eût choisi comme victime de je ne sais quel système haineux, un homme déjà considérable par ses travaux d'histoire, en relation de familiarité, en communauté d'opinion avec ceux qui le signalent aujourd'hui, un homme qui a partagé le dévouement, les sacrifices, les périls de ce Gouvernement provisoire dont vous avez proclamé les incontestables services; un homme, enfin, qui, attaqué dans ses théories, n'en a pas moins été constamment respecté et honoré pour les sentiments généreux que ses erreurs économiques n'ont point effacés? Personne ne voudra croire que, par une animosité du reste inexpliquée, les magistrats aient songé à créer cet embarras au gouvernement et que le gouvernement l'ait inutilement accepté. »

[1] Procès-verbaux de la Commission exécutive.
[2] La commission était composée de MM. Leblond, Dubruel, Auguste Avond, Woirhaye, Freslon, Bac, Vogué, Douesnel, Abatucci, Émile Lenglet, Bonjean, Jules Favre, Roger, Favreau, Porion, Renouard, Denjoy, Jouin. — M. Jules Favre était sous-secrétaire d'État au ministère des affaires étrangères.

Tant d'efforts pour mettre hors de doute la pureté d'intention des magistrats et prévenir tout examen des faits incriminés, ne réussirent qu'à éveiller les scrupules de l'Assemblée. Aussi, lorsque le lendemain (3 juin), quelques représentants (Buchez, Senard, les amis du *National*) demandèrent, conformément au rapport, un vote sans discussion préalable, les protestations surgirent de toutes parts. Théodore Bac, membre de la minorité, qui, dans la commission, avait refusé l'autorisation, démontra que le droit d'accorder ou de refuser impliquait le devoir d'examiner, lequel était un devoir personnel et impossible à déléguer; que la commission qui s'était fait présenter les pièces de l'instruction, ne tenait ce droit que de l'Assemblée, et qu'elle ne pouvait prétendre que celle-ci s'en fût dessaisie d'une manière irrévocable. Il stigmatisait cette instruction mystérieuse et incomplète, il rappelait avec adresse « tel bruit arrivé à l'oreille d'un grand nombre de représentants et qui sera publiquement démenti à cette tribune; nous savons, par exemple, disait-il, qu'un des membres du Gouvernement provisoire avait, *sans le vouloir*, laissé répandre dans le public le récit d'un fait qui sera entièrement démenti par lui, et nous porterons dans nos mains le procès-verbal déclarant qu'il n'est pas vrai que M. Louis Blanc se soit trouvé à l'hôtel de ville ainsi qu'on l'a prétendu. »

Après ce discours, favorablement écouté, M. Louis Blanc déclara qu'il ne voulait pas se défendre, qu'il n'avait donné aucun éclaircissement à la Commission, qu'aucune question ne lui avait été adressée : « Ou plutôt, dit-il, je me trompe, j'ai entendu dire hier, au sortir de cette séance, que le bruit avait couru qu'on m'avait vu à l'hôtel de ville. Eh bien, j'atteste que je n'ai pas mis les pieds à l'hôtel de ville; que dis-je? je l'atteste, j'en fais le serment devant Dieu, et, au nom de la vérité, au nom de la justice, je somme celui qui croirait avoir le droit de me démentir, de venir à cette tribune opposer son serment au mien. » C'était la seconde fois qu'Armand Marrast était invité à s'expliquer; il se taisait encore. M. Jules Favre revint à la charge; M. Dupont (de Bussac) répliqua : « Il est certain, disait-il en terminant, que Louis Blanc a intérêt à ce que M. Marrast, sommé par lui, s'explique à cette tribune et dise que ces faits sont complétement faux. »

Armand Marrast tenait en effet dans ses mains le nœud de la discussion; mais, plus les interpellations multipliées des amis de M. Louis Blanc respiraient la provocation et la menace, plus Armand Marrast s'obstinait dans son silence. Enfin un député de l'Aude, M. Théodore Raynal, l'ayant *invité* à donner des renseignements à l'Assemblée : « Je n'aurais vu, dit Armand Marrast, aucun inconvénient à répondre plus tôt à l'interpellation qui m'a été adressée, si elle m'avait été faite dans les termes qu'a employés le dernier orateur; mais je n'aime pas les sommations, je n'ai pas l'habitude d'y répondre, et, toutes les fois qu'on manquera vis-à-vis de moi aux choses de convenance, j'y répondrai par le silence le plus absolu. » Cette part faite à sa fierté, il n'hésita pas à reconnaître que le premier jour seulement, le 15 mai, il avait cru que Louis Blanc était venu à l'hôtel de ville, mais que, après enquête, il lui était « *resté la conviction la plus complète que jamais Louis Blanc n'y avait mis les pieds dans la journée du 15 mai* ».

Cette déclaration, longtemps attendue, décida l'Assemblée. Après deux épreuves par assis et levé estimées douteuses par le bureau, on procéda au scrutin de division. L'autorisation de poursuites fut repoussée par trois cent soixante-neuf voix contre trois cent trente-sept.

On remarqua, pendant le vote, que, à l'exception de Bastide et de Pagnerre, le gouvernement et le ministère avaient voté contre le réquisitoire et le rapport. N'était-ce pas désavouer ceux qui y avaient engagé leurs noms?

MM. Portalis, Landrin, Jules Favre le comprirent ainsi et donnèrent leur démission. Mais, à la séance suivante, le ministre de la justice et la Commission furent interpellés. La Commission déclara n'avoir ni connu les pièces ni délibéré : chacun de ses membres avait voté sans concert préalable et comme un juré dans l'indépendance de sa conscience. M. Crémieux prétendit de même avoir réservé son opinion personnelle. Portalis et Landrin soutenaient au contraire que le ministre avait approuvé leur conduite; il leur avait même dit en sortant du conseil : « C'est entendu, nous marchons d'accord. » Et il votait contre eux! M. Crémieux niait. MM. Portalis et Landrin affirmaient de plus belle. L'Assemblée indiqua suffisamment son opinion en nommant, dans la même séance, M. Portalis vice-président et M. Landrin secrétaire. M. Crémieux se sentit atteint et donna immédiatement sa démission de ministre de la justice. La Commission exécutive triomphait avec la majorité, mais que lui servait de s'être ralliée? Elle se flattait tardivement de n'avoir pas accusé un ancien collègue, mais l'avait-elle défendu? L'indifférence de l'Assemblée lui faisait expier l'ambiguïté de son attitude.

V. — Le résultat des élections de Paris fut connu et promulgué le 8 juin [1]. Caussidière marchait en tête. Après lui venaient MM. Moreau, Goudchaux, Changarnier et Thiers; puis, dans un mélange singulier, M. Pierre Leroux à côté de M. Victor Hugo; le prince Louis Bona-

---

[1] Électeurs inscrits, 414,417. — Votants, 247,402. — Élus : 1. Caussidière, 146,400; 2. Moreau, 126,889; 3. Goudchaux, 107,097; 4. Changarnier, 105,539; 5. Thiers, 97,394; 6. Pierre Leroux, 91,375; 7. Hugo (Victor), 86,965; 8. Louis Bonaparte, 84,420; 9. Lagrange, 78,682; 10. Boissel, 77,247; 11. Proudhon, 77,094. Les candidats qui avaient obtenu ensuite le plus de suffrages étaient Thoré, 73,102; Kersausie, 72,438; Raspail, 71,917; de Girardin (Émile), 70,508.

parte à côté de Lagrange; enfin M. Boissel précédant M. Proudhon : socialistes, conservateurs, républicains, monarchistes, prétendants, se trouvaient rapprochés sur la même liste. Kersausie, Thoré, Raspail n'étaient pas élus, mais le chiffre de soixante-dix mille voix que chacun d'eux avait presque uniformément obtenues ne donnait-il pas celui des recrues de l'émeute? Ordre à outrance, socialisme à outrance : tel était le double caractère des élections parisiennes.

Celles des départements portaient uniformément la bannière de l'ordre et des idées monarchiques. On voyait reparaître MM. Charles Dupin, de Panat, Louis Reybaud, Poujoulat, Ferdinand Barrot et Demante. M. Thiers était élu par cinq départements (Gironde, Mayenne, Orne, Seine, Seine-Inférieure), les mêmes qui, le 23 avril, avaient élu Lamartine; Louis-Napoléon Bonaparte, candidat de la veille, recevait de trois départements (Seine, Yonne, Charente-Inférieure) l'investiture de représentant, avant que l'Assemblée ait statué sur sa capacité : ces arrêts du suffrage universel, en ce temps de superstition pour la souveraineté du peuple, ne dénonçaient-ils pas à la République une réaction imposante de l'opinion, le discrédit de ses œuvres et de ses hommes, un appel désespéré même à l'inconnu? Remonter le courant du scrutin populaire, morigéner ses volontés ou ses caprices, devient dès lors l'unique préoccupation de la Commission exécutive.

Malgré la loi sur les attroupements votée le 7 juin (478 pour, 82 contre), les rassemblements des boulevards se reproduisaient invariablement chaque soir. Les promeneurs se massaient dans les contre-allées, tandis que les groupes formés sur la chaussée chantaient la *Marseillaise* et le *Chant du départ*, entrecoupés des cris : « *Vive Barbès! à bas Thiers*[1] *! vive Louis Blanc!* » Ces groupes se

[1] M. Thiers était particulièrement impopulaire auprès des émeutiers.

composaient en grande partie d'enfants de quatorze à quinze ans au milieu desquels circulaient des individus dont ils suivaient le signal. Les boutiques se fermaient non-seulement sur le boulevard, mais dans le faubourg et dans les rues adjacentes. Vers neuf heures, lorsque la chaussée était complétement encombrée et que la circulation des voitures n'était plus possible, la garde nationale se mettait en mouvement, précédée de commissaires de police qui, après un roulement de tambours, sommaient la foule de se dissiper. Alors les groupes se dispersaient, huant et sifflant, tandis que la garde nationale et la cavalerie les pressaient au pas de charge. Vers onze heures, le calme revenait. Les mêmes scènes recommençaient le lendemain et chaque soir.

La Commission trouvait commode d'imputer ces troubles à des manœuvres monarchiques; mais, à vrai dire, les noms des prétendants, celui même de Louis Bonaparte, n'étaient que des masques cachant les conspirateurs persévérants de mars, d'avril et de mai. Par ces tumultueuses soirées qui depuis le 15 mai s'étaient suivies presque sans interruption, on voulait fatiguer la garde nationale et les troupes, énerver la bourgeoisie et le commerce dans des alertes continuelles, accoutumer la population à des troubles de chaque jour, la mener ainsi à l'indifférence, et, dans une heure de distraction et de lassitude, faire éclater une insurrection générale. Les émeutiers se comptaient, se passaient en revue; quelques naïfs croyaient travailler pour Louis Bonaparte : au jour du succès, on eût proclamé Barbès, Caussidière ou Blanqui.

On lit dans un journal : « Onze heures. — Une foule tumultueuse se précipite en ce moment vers la place Saint-Georges et cherche à escalader la grille de M. Thiers, en criant : IL FAUT LE PENDRE! La garde mobile et la garde nationale accourent de tous côtés, chassent ces perturbateurs, et un piquet de gardes nationaux stationne dans la cour de M. Thiers. »

Il y avait toutefois, entre le parti bonapartiste et les agences révolutionnaires, sinon un concert, du moins une sorte d'affinité : comment expliquer autrement la faveur dont jouissaient et le nom et la famille du prince Louis auprès des feuilles les plus avancées, telles que l'*Organisation du travail?* C'est ce journal, né le 3 juin, qui, dès son sixième numéro (8 juin), dénonçait au public les noms de soixante millionnaires, habitants de Paris; qui, par un surcroît de respect pour l'hospitalité, ajoutait à certains noms l'épithète de « juif » ou d' « étranger »; qui, le lendemain, reproduisait sa liste de délation « à la demande des abonnés »; qui, stigmatisé le 10 à la tribune de l'Assemblée, continuait le 11, et donnait une nouvelle liste de soixante noms; qui, le 12, s'écriait en réponse à l'Assemblée : « Ils ne comprennent pas encore que par le mot république on entend le gouvernement de tous, et que dans un état social pareil, un homme ne peut posséder huit cents millions devant six millions de mendiants. De bonne foi, je le demande à tout homme qui a été dans les affaires, est-il possible que dans l'espace d'une vingtaine d'années on puisse acquérir avec probité une vingtaine de millions? Certes non, *et pourtant voilà l'histoire de la plupart des fortunes de nos jours!* » C'est le même journal qui, chaque jour jusqu'au 23 juin, non loin de ces listes infâmes qu'il reproduisait et renouvelait à satiété, recevait et publiait les avis communiqués par la famille Bonaparte, prenait la défense du prince Louis, et citait longuement ou analysait en une série d'articles certains ouvrages de sa captivité.

Outre ces amis de hasard, il avait aussi ses partisans et ses fidèles, le général Piat, MM. Laity et de Persigny, beaucoup d'autres, obscurs de nom, très-humbles d'origine et de condition, mais actifs et entreprenants. Il y avait, rue d'Hauteville, un bureau de recrutement pour ceux qui devaient pousser, à l'hôtel de ville, autour de l'Assemblée, sur les boulevards, des cris de *Vive l'Empereur! Vive Napoléon! Vive Louis Bonaparte!* Il y avait aussi une presse organisée; comme la candidature, elle sembla se lever tout armée. Le 10 juin, parut l'*Aigle républicaine*; le même jour, la *Constitution, journal des vrais intérêts du pays*, et qui, dès le numéro 3, s'appelait en sous-titre : *Journal de la République napoléonienne;* le 11, le *Napoléon républicain;* le 12, le *Napoléonien;* quelques jours après, le *Petit Caporal* et la *Redingote grise* (15 et 18 juin); feuilles éphémères dont le titre seul faisait l'intérêt.

Dans la presse républicaine, même effort soudain, mêmes titres éclatants, même revendication de dénominations surannées : la *Carmagnole*, le *Robespierre*, la *République rouge*, le *Bonnet rouge*, le *Drapeau des sans-culottes*, le *Pilori*, le *Spartacus* [1], etc. Entre le 10 et le 20 juin, la presse anarchique pullule, concurremment avec la presse bonapartiste.

La Commission exécutive dédaignait le parti avancé, elle le traitait par les moyens déjà connus et pratiqués sous Louis-Philippe. Depuis le 15 mai, les chefs étaient incarcérés; quelques centaines d'arrestations [2] chaque soir débarrassaient la rue des plus turbulents; des charges de cavalerie dispersaient les rassemblements. Le 11 juin était le jour fixé pour le banquet à vingt-cinq centimes; le fort de Vincennes avait été garni de troupes, les canons mis en batterie sur les plates-formes; tout le long des remparts, on avait dressé des tentes pour des soldats d'artil-

---

[1] *La Presse de 1848*, par J. WALLON, 1849. — C'est M. Thiers qui eut le premier les honneurs du pilori dans le journal de ce nom; M. Dupin vint ensuite, et le journal expira.

[2] Notons dans le nombre Alphonse Baudin, de Nantua, candidat de la *Commune de Paris* aux élections du 23 avril, le même qui fut frappé à mort, le 3 décembre 1851, sur une barricade du faubourg Saint-Antoine.

lerie qui y passèrent la nuit du 10 au 11. Le 10 au soir, sept cent cinquante arrestations sur le boulevard. Mais le 11, point de banquet; les organisateurs (Deshayes, Thomassin, etc.) avaient été arrêtés; le banquet était remis au 25 juin [1].

VI. — Quant au prince Louis, inconnu, et, malgré sa triple élection, sans assiette dans l'opinion, il n'avait que le renom douteux dont l'avaient investi les équipées de Strasbourg et de Boulogne. Héritier d'un nom populaire, la maladresse de ses amis pouvait n'en faire qu'un héros d'émeute; la Commission exécutive lui imposa le rôle d'homme dangereux et de prétendant. Frayeur réelle ou feinte, il semblait qu'au seul nom de Bonaparte la République allait disparaître dans une échauffourée. Le bruit se répand qu'un régiment de la ligne a poussé à Troyes le cri de *Vive Louis-Napoléon!* Aussitôt, Cavaignac monte à la tribune et « voue à l'exécration publique quiconque portera une main sacrilége sur les libertés du pays »; les représentants applaudissent à outrance, et se lèvent tous aux cris répétés de *Vive la république!* Ce coup de théâtre en préparait un autre.

Le 12 juin, le palais de l'Assemblée et ses abords étaient environnés de troupes : Clément Thomas traversait à cheval les groupes qui encombraient la place de la Concorde et les faisait refouler dans la rue Royale et dans la rue de Rivoli. Cet appareil militaire annonçait une grande séance. En effet, la Commission devait demander à la fois un vote de confiance, enveloppé dans un modeste crédit de cent

---

[1] La souscription avait produit 14 ou 15,000 francs. Deshayes voulait appliquer cette somme à la candidature de Louis Bonaparte : ses amis s'y refusèrent. Il la déposa à la Banque de France. Ces fonds furent dissipés plus tard. *Gazette des tribunaux* du 21 juillet 1850.

mille francs pour frais de sûreté générale, et un décret d'arrestation contre Louis Bonaparte.

Cette double mission revenait de droit à Lamartine : à l'indigence des moyens ne fallait-il pas suppléer par les pompes de l'éloquence? Cependant, le grand orateur allait se répétant et répondant à tout par l'épisode du drapeau rouge, lorsque, dans un intervalle de repos, un incident du dehors fournit à ce discours flottant la conclusion qu'il cherchait. Un coup de fusil avait été tiré sur la place de la Concorde aux côtés du général de la garde nationale, au milieu des cris de *Vive l'Empereur!* La renommée grossit les faits; c'est sur le général lui-même qu'on a tiré, il est blessé : Lamartine rapporte ce bruit à la tribune. Avant la séance, le gouvernement avait envoyé l'ordre dans tous les départements d'arrêter le prince Louis : il s'agit d'obtenir de l'Assemblée le maintien des lois de bannissement. L'Assemblée hésite : un vote d'acclamation lui répugne, Lamartine n'insiste pas et continue son discours. L'Assemblée s'était animée, l'orateur s'anime avec elle : de la défense du gouvernement il passe à la sienne propre, et c'est alors que, rappelant ses entretiens avec Blanqui, Sobrier, Raspail, il s'écrie qu'il a conspiré avec eux « comme le paratonnerre conspire avec la foudre pour en dégager l'électricité ». Toute cette fin ne fut qu'un triomphe. Malgré de sourdes oppositions, l'éloquence l'emporta : le crédit fut voté. — Restait la question Bonaparte.

Dès le lendemain, elle revint à l'ordre du jour. Au nom du septième bureau, M. Jules Favre concluait à l'admission du prince Louis comme représentant de la Charente-Inférieure. Au point de vue légal, la discussion du 2 juin avait ouvert les portes de la France à Louis Bonaparte; le ministre de la justice, M. Crémieux, avait déclaré toutes les lois de proscription virtuellement abrogées par la révolution du 24 février. Contre la prise en considération de la proposition d'abrogation, le gouvernement n'avait pas protesté, et, tandis que les affiches du prince de Joinville disparaissaient aussitôt qu'apposées, celles de Louis Bonaparte s'étalaient tranquillement sur les murs! Au point de vue politique, « par la faute de la Commission exécutive, ce n'est plus un simple citoyen, ce n'est plus un prétendant, c'est un élu du peuple », la souveraineté nationale l'a relevé de son incapacité originelle. Aucun danger à l'admettre, grand danger à ne l'admettre pas. « Le citoyen Louis Bonaparte, repoussé par votre vote, sera rejeté dans sa qualité de prétendant, et il repassera la mer avec quelques centaines de mille de suffrages des électeurs qui, jusqu'à un certain point, lui donneront une sorte de légitimité. » L'histoire s'étonne aujourd'hui de rencontrer le nom de M. Jules Favre à l'origine de la fortune politique du prince Louis-Napoléon Bonaparte. Il n'est pas besoin, pour expliquer cette anomalie, de rappeler que M. Jules Favre, défenseur d'Aladenize en 1840, avait pu conserver quelques relations avec la faction bonapartiste [1]. Son rapport ne témoigne ni d'alliances ni de sympathies politiques : Louis Bonaparte n'est pas son client, mais l'ennemi de la Commission exécutive; c'est à elle que s'attaque l'orateur en défendant le prince : il n'y a ni entraînement de l'esprit ni souvenir du cœur, mais une manœuvre d'homme de parti.

Après plusieurs orateurs, M. Ledru-Rollin prit la parole. Il dédaigna et laissa de côté les attaques dirigées par M. Jules Favre soit contre la Commission, soit contre lui-même, et abordant le fond même du débat : « Comment, s'écria-t-il, la loi n'existe pas! Et pourquoi donc ce projet présenté pour décider si cette loi serait ou non abrogée?... La loi existe par cela même que vous avez mis en question de savoir si elle serait suspendue, abrogée, ou, au con-

---

[1] Aladenize était un sous-lieutenant au 42e, qui prit part à l'affaire de Boulogne. Il fut condamné à la déportation.

traire, exécutée. (Très-bien, très-bien!) Et on vient dire : Vous violez la souveraineté du peuple! J'avoue qu'il paraît singulier à des hommes qui ont contribué à constituer, le 24 février, la souveraineté du peuple, d'entendre soutenir aujourd'hui qu'ils veulent la violer. Entendons-nous bien; si le principe était en question, il devrait prévaloir ; cela ne peut pas faire de difficulté. Mais, comment! vous reconnaîtriez que un, deux, trois départements constituent la souveraineté du peuple? (Très-bien! très-bien! Réclamations.) ...... La souveraineté du peuple existe dans l'universalité, dans l'absolu. Autrement, Citoyens, remarquez-le bien, il peut convenir à un département surpris de nommer un prétendant qu'on vous indiquait tout à l'heure et que vous avez proscrit par une loi récente... Quel est celui d'entre vous qui viendrait soutenir qu'un département ainsi égaré et protestant pèse lui seul dans la balance autant que l'ensemble de la nation? (Mouvement prolongé.) Je le répète, en droit et en fait, quand la souveraineté du peuple qui est l'universalité, quand la souveraineté du peuple que vous représentez, puisque vous êtes constituants, a déclaré que la loi de 1832 existe encore, vous ne pouvez pas dire qu'on attente à la souveraineté d'un député du peuple, si la majorité de la nation... décide que le département s'est mépris, qu'il a cru à des conditions légales que le candidat n'avait pas; ce qu'il faut respecter, c'est l'ensemble de la nation et non pas le vœu isolé d'un département. Voilà les principes. » (Très-bien! très-bien! Vive adhésion.)

L'orateur, ainsi soutenu par l'Assemblée et par la force des principes qu'il rétablissait, signale, comme d'autres l'avaient fait, la différence de situation des Bonaparte siégeant dans la Chambre de celui qui réside à l'étranger ; les uns sans précédents et ayant d'ailleurs manifesté leur adhésion, l'autre, prétexte ou instrument de conspiration. Les faits enfin, peut-on les nier? Ces cris qui éclatent partout : *Vive Napoléon empereur!* l'embauchage d'une nouvelle garde impériale; le vin versé à profusion au nom de Napoléon; l'attentat du 12 contre Clément Thomas; la fondation de trois journaux napoléoniens, ouvertement hostiles à la République et à la Commission, demandant la présidence immédiate de Louis Bonaparte, annonçant la participation de Paris et de la banlieue pour lui faire une entrée triomphale?

« Et vous croyez, continuait-il, qu'en présence de ces faits votre Commission exécutive, à peine de mourir sous une accusation d'incapacité ou d'imprudence, ne devait pas vous dire ceci : Une loi existe, la loi de 1832; nous, Commission exécutive, nous l'appliquerons; si vous, Assemblée nationale, vous pensez que ces faits ne soient pas assez graves, vous en déciderez autrement. Nous avons fait notre devoir, faites le vôtre. (*Mouvement prolongé.*) Je ne mets pas d'exagération dans les accusations contre Louis Bonaparte; je ne viens pas vous dire d'une façon hyperbolique : la République est perdue, non. Non, nous savons comment elle a été conquise sur les barricades, nous savons comment nous la défendrions. (*Applaudissements.*) Non, non, la République n'est pas perdue; mais je demande à ceux que nous combattons s'ils veulent se rendre responsables d'une seule goutte de sang versée au nom de l'Empereur. Prévenir pour conjurer des malheurs probables, telle est notre pensée. » (*Très-bien! très-bien!*)

Malgré l'éloquence et la fermeté politique de son langage, M. Ledru-Rollin n'obtint qu'un succès oratoire, et l'Assemblée, après une réplique de M. Jules Favre, vota l'admission pure et simple de Louis-Napoléon Bonaparte. M. Jules Favre eut à subir les éloges de l'*Organisation du travail,* la feuille anarchique dont nous avons parlé plus haut, ainsi que des feuilles napoléoniennes; la Commission dut rétracter l'ordre d'arrestation lancé la veille. Lamartine, vivement blessé de cet échec, voulait donner sa démission. Cependant, à Nancy, à Nîmes, dans les Charentes, les préfets avaient à démentir la nouvelle d'une restauration impériale, et, d'autre part, le bâtiment des Messageries, *le Sphinx*, apportait le 17 juin de Marseille à Alger, et le gouverneur général faisait afficher la dépêche télégraphique suivante : « La Commission du pouvoir exécutif, composée de MM. Arago, Garnier-Pagès, Marie, Lamartine, Ledru-Rollin, s'est retirée; cette Commission est remplacée par une autre commission de trois membres qui sont : MM. Armand Marrast, Berger, Cavaignac. » Le bonapartisme et le *National*, c'étaient là les deux ennemis de la Commission, et ils escomptaient déjà sa chute.

Quant au prince Louis, il écrivit deux lettres, l'une aux électeurs pour les remercier, l'autre au président de l'Assemblée. La première était déjà placardée sur les murs de Paris, lorsque M. Senard donna lecture de la seconde : « Je partais pour me rendre à mon poste, quand j'apprends que mon élection sert de prétexte à des troubles déplorables et à des erreurs funestes. Je n'ai pas cherché l'honneur d'être représentant du peuple, parce que je savais les soupçons injurieux dont j'étais l'objet; je rechercherais encore moins le pouvoir. *Si le peuple m'imposait des devoirs, je saurais les remplir...* » Ces derniers mots frappent l'Assemblée; Cavaignac se lève comme pour relever une injure personnelle : « Citoyens représentants, l'un des membres du Gouvernement provisoire vous a dit, il y a quelques jours, qu'une personne seule n'avait pas parlé. Ce silence vient d'être rompu. L'émotion qui m'agite ne me permet pas d'exprimer, comme je le désirerais, toute ma pensée. Mais ce que je remarque, c'est que dans cette pièce qui devient historique, le mot de République n'est pas prononcé [1]. (Mouvement d'indi-

---

[1] Le remerciment aux électeurs répondait à ce reproche : « Ral-

gnation. De toutes parts : *Vive la République! Vive la République!*) Je me borne à signaler cette pièce à l'Assemblée nationale, à l'attention et au souvenir de la nation tout entière. » (Applaudissements. *Vive la République!*)

Les vieux champions de la République se sentent atteints : « Je viens à mon tour au nom de la République, s'écrie M. Baune, protester contre la déclaration de guerre d'un prétendant. Nous ne craignons pas un 18 brumaire! » — Quelques voix : « Qu'il vienne! qu'il essaye! » MM. Antony Thouret, Glais-Bizoin, Raynal, s'exclament, s'indignent; en sa qualité de ministre, Flocon est plus calme : « Je ne comprends pas l'agitation de l'Assemblée en présence d'un individu, lorsqu'elle a montré tant de calme au 15 mai. » Pour M. Étienne Arago, « il s'agit du salut de la patrie, il s'agit du salut de tous ». Le président, M. Sénard, s'écrie d'un ton théâtral : « Écoutez donc, on menace votre président! » Il venait de recevoir un billet ainsi conçu : « Si vous ne lisez pas les remercîments aux électeurs, je vous déclare traître à la patrie. *Signé* : Auguste BLUM, ancien élève de l'École polytechnique[1]. » — « Qu'à l'instant même on le garde et on le retienne. Il saura ce que c'est qu'une menace au président de l'Assemblée nationale! » — « Mais il est fou, répliqua M. Corbon, c'est un aliéné, je le connais. » — De toutes parts : « Oui, oui, c'est un fou! »

La séance se termina dans une grande confusion; Ca-

lions-nous donc tous autour de l'autel de la patrie *sous le drapeau de la République.* » Il donnait aussi un sens plausible à la phrase incriminée : « Votre confiance m'impose des devoirs que je saurai remplir... je joindrai mes efforts à ceux de mes collègues, etc., etc. » Ainsi interprétée, la phrase de la lettre n'avait rien de séditieux. Mais Cavaignac n'avait entendu que la lettre et n'avait pas sous les yeux la circulaire aux électeurs.

[1] Blum était un des délégués du Luxembourg et l'un des plus énergiques partisans de M. Louis Blanc.

vaignac demandait de surseoir au lendemain; M. Jules Favre voulait qu'on renvoyât les deux lettres au ministre de la justice; M. Duclerc appuyait le sursis par ces paroles de commisération : « Pas de colère, Messieurs, je vous le demande, ce serait beaucoup trop d'honneur! » Clément Thomas réplique que le lendemain ce sera peut-être la bataille; mais M. Duclerc, plein de confiance : « Je vous demande de renvoyer à demain, et, quant à la bataille, soyez sûrs qu'elle ne s'engagera pas, et, si elle s'engage, soyez sûrs qu'elle ne sera pas dangereuse! » Sur ce langage rassurant, l'Assemblée crie plusieurs fois : *Vive la République!* et se sépare.

Il n'y eut pas de bataille le lendemain, mais une nouvelle lettre du prince Louis Bonaparte, lettre écrite en toute hâte de Londres et confiée à un ami qui la remit au début de la séance au président de l'Assemblée. La voici : « Monsieur le président, j'étais fier d'avoir été élu représentant à Paris et dans trois autres départements; c'était à mes yeux une ample réparation pour trente années d'exil et six ans de captivité; mais les soupçons injurieux qu'a fait naître mon élection, mais les troubles dont elle a été le prétexte, mais l'hostilité du pouvoir exécutif m'imposent le devoir de refuser un honneur qu'on croit avoir été obtenu par l'intrigue. Je désire l'ordre et le maintien d'une république sage, grande, intelligente; et puisque involontairement je favorise le désordre, je dépose, non sans de vifs regrets, ma démission entre vos mains. (Mouvement.) Bientôt, j'espère, le calme renaîtra et me permettra de rentrer en France comme le plus simple des citoyens, mais aussi comme un des plus dévoués au repos et à la prospérité de mon pays. Recevez, Monsieur le président, l'assurance de mes sentiments distingués. LOUIS BONAPARTE. » L'Assemblée, ou du moins les ardents républicains de l'Assemblée, recevaient de cette lettre une leçon de modération, et, quant au prince, par l'à-propos de sa démission, il désavouait des troubles dont il était trop près de profiter pour n'en pas paraître le complice.

VII. — Cependant, la nouvelle direction n'avait apporté aucun changement à la situation des ateliers nationaux. Après douze jours de travail, le recensement avait établi la présence de cent cinq mille ouvriers au lieu de cent dix-sept mille, mais cette révision n'avait produit en réalité qu'une modification de chiffres, sans diminuer le montant ni des salaires ni des frais généraux. Toutefois les admissions étaient suspendues ; les maires des départements recevaient l'invitation de ne délivrer de passe-ports pour Paris qu'aux ouvriers qui justifieraient de travaux qui les y appelassent. Il fut même pris quelques mesures de sévérité; ainsi, deux brigades, l'une de menuisiers employés au Palais-Royal, l'autre de terrassiers travaillant aux boulevards extérieurs, entre les barrières d'Ivry et de la Gare, furent dissoutes, et une brigade fut rayée des contrôles.

M. Trélat rayonnait de satisfaction. L'Assemblée venait de voter la loi sur les attroupements : il monte à la tribune : « Citoyens, s'écrie-t-il avec bonhomie, après ces sévérités nécessaires, j'ai une bonne communication à vous faire, j'ai de bonnes choses à vous dire des ateliers nationaux. Ils sont transformés, il n'y règne plus d'agitation, on n'y entend plus de plaintes, plus de menaces... Les ouvriers, les bons ouvriers (ils sont nombreux !) vous demandent du travail. En voilà ! » L'Assemblée applaudit à ces nouvelles qui l'étonnent, et M. Trélat montre des projets de travaux pour lesquels il demande l'urgence. Le 10 juin, ces divers travaux sont votés sans discussion, et M. Trélat recommence le panégyrique de son administration ; tout s'est amélioré et pacifié : « Déjà, dit-il, au lieu de ces plaintes, de ces murmures, de ces menaces qui se faisaient entendre dans les ateliers nationaux, on n'y voit plus régner que le calme et l'impatience de reprendre le travail. » Derrière ce spectacle rassurant, il laissait entrevoir un plan mystérieux qui devait résoudre d'un seul coup la question des ateliers nationaux, mais il se gardait bien de s'en expliquer. Pour les fonds dont il avait besoin chaque jour, il procédait par virements de chapitres, éludant ainsi la nécessité de demander à l'Assemblée des crédits spéciaux et d'aborder le fond des choses.

C'est à une sous-commission composée de trois représentants, MM. de Falloux, Charles Beslay et Jullien [1], que le comité du travail avait remis le soin de suivre la question des ateliers nationaux. Au nom de cette sous-commission, M. de Falloux invita M. Trélat à rentrer dans la légalité, en formulant une demande de crédit. Le ministre dut s'y résigner, et, le 14 juin, il demanda une allocation de trois millions. M. de Falloux en prit occasion pour rappeler l'arrestation arbitraire de M. Émile Thomas, les lenteurs du recensement, l'inertie administrative ou politique qui pesait sur la question et qui maintenait la classe ouvrière dans une détresse factice, comme pour préparer le rachat des chemins de fer; car tel était le plan secret qu'on prêtait à M. Trélat et qu'il aurait combiné avec M. Duclerc, à qui cette idée de rachat était, comme à M. Garnier-Pagès, particulièrement chère. M. Trélat, forcé d'être plus modeste, convint qu'il y avait peu de chose de fait, mais que « les ateliers n'étaient plus un foyer d'agitation, etc. » Sur le fait d'Émile Thomas, il reconnut qu'il avait agi « plus en médecin qu'en ministre », réponse prétentieuse, car ce médecin politique avait violé les lois et n'avait rien guéri. M. de Falloux concluait à ce que l'examen du pro-

---

[1] M. de Falloux, par les œuvres de charité qu'il dirigeait dans le faubourg Saint-Antoine, et M. Ch. Beslay par ses relations de chef d'industrie avec les ouvriers, se trouvaient naturellement désignés au choix de leurs collègues. M. Jullien avait été ouvrier trois ans dans l'imprimerie Mame, puis chauffeur mécanicien au chemin de fer de Tours.

jet de loi fût renvoyé non pas à la sous-commission, trop peu nombreuse pour supporter une aussi lourde responsabilité, mais aux bureaux, qui nommeraient une commission spéciale. C'est ce qui fut décidé.

Le lendemain, à propos d'un débat sur la constitution politique de l'Algérie, Goudchaux, montant à la tribune, déclara qu'il venait non pas parler de l'Algérie, mais des ateliers nationaux, et telle était l'angoisse dont, à ce seul mot, tous les cœurs étaient étreints, qu'en dépit de l'ordre du jour et de quelques réclamations, Goudchaux put donner libre cours à ses sentiments. Sa hâte de parler n'avait d'égale que, chez l'Assemblée, la hâte de l'entendre. « Il faut, dit-il, que les ateliers nationaux disparaissent, à Paris d'abord, en province aussi ; *il ne faut pas qu'ils s'amoindrissent, entendez-le bien, il faut qu'ils disparaissent.* » Rien de plus précis et de moins timide, on le voit, et comment les faire disparaître ? En laissant les ouvriers rentrer dans les ateliers particuliers qui les rappellent; en renvoyant ceux qui prennent le nom d'ouvriers et qui ne l'ont jamais été; en donnant enfin à ceux que l'on devra garder, un travail sérieux, utile, « qui ne les démoralise pas... » ; toutes ces mesures, accompagnées de ménagements, d'égards pour des souffrances réelles, incontestables. « Les ateliers nationaux, continua-t-il, ont produit jusqu'à présent une chose dont nous n'avions pas d'exemple, je le dis, c'est-à-dire des ouvriers qui cessent d'être honnêtes..... On est venu dire aux travailleurs : La vieille société vous a traités injustement, vous avez en vous ce qu'il faut pour obtenir justice; elle ne vous la donnera pas. Vous n'avez qu'une seule chose à faire : croisez-vous les bras, ne retournez pas dans vos ateliers ; ces ateliers deviendront vides, nous les exproprierons pour cause d'utilité publique, nous vous les donnerons, et, quant aux anciens possesseurs, nous les payerons quand nous pourrons. »

Après avoir signalé ainsi les doctrines perverses, il déclarait que ce n'était pas au gouvernement à faire vivre les travailleurs, mais aux travailleurs à faire vivre l'État; que la république était venue trop tôt, en ce sens que ses solutions sur la question du travail n'étaient pas prêtes; que les membres du Gouvernement provisoire n'avaient pas de connaissances précises... Des discussions économiques s'étaient produites avant la révolution : « les uns avaient été désarçonnés, les autres n'y avaient pris aucune part. Ceux qui avaient été désarçonnés ont profité de ce que les autres n'avaient pas étudié la question pour reparaître et pour pouvoir reparaître de la manière la plus fatale, la plus fâcheuse au pays, et produire la situation dans laquelle nous sommes aujourd'hui, *je veux parler du Luxembourg.* »

Et le remède? L'Assemblée le demandait; l'orateur se flattait de l'avoir. Le remède, le voici : il faut assurer à l'ouvrier le crédit, la liberté d'association, l'instruction gratuite. Cela dit, Goudchaux descend de la tribune au milieu d'un désappointement général. A un mal présent et qui réclame une médication presque instantanée, opposer la lente efficacité d'institutions économiques encore à naître, c'était une conclusion qui répondait aussi mal aux nécessités du moment qu'aux engagements de l'orateur. A vrai dire, il fallait transposer son discours; s'agissait-il de remèdes dont le temps et l'expérience seraient les meilleurs auxiliaires, on pouvait adopter comme éléments sérieux, dans la solution du problème, le crédit, la liberté d'association, l'instruction gratuite; s'agissait-il d'un remède immédiat et puissant, Goudchaux l'avait nommé dès le début et c'était le seul : la dissolution des ateliers nationaux. Pour l'avoir hardiment indiqué, Goudchaux s'était désigné lui-même à la présidence de la commission que l'Assemblée avait à nommer.

Le 19 juin, M. de Falloux, que la nouvelle commission

avait maintenu rapporteur, lut son rapport à l'Assemblée. Il en résultait que l'allocation de trois millions demandée par M. Trélat était déjà dépensée, et que le décret du 29 mai, malgré les votes de travaux, malgré les lumières qu'avaient dû fournir, sur les diverses aptitudes des ouvriers embrigadés, les recensements opérés, l'un par M. Émile Thomas, l'autre par M. Lalanne, n'avait pas même reçu un commencement d'exécution; il ne dissimulait pas la nécessité d'une solution rapide et définitive, en dépit de l'inertie de l'administration. Enfin, tout en accordant les trois millions demandés, le projet amendé par la commission proposait que chaque allocation nouvelle ne pût pas dépasser un million et que les pouvoirs de la commission fussent prorogés. Ainsi, le ministre était mis en demeure d'agir et exposé au contrôle éclairé d'une commission permanente.

M. Trélat crut avoir sous la main une vengeance immédiate. Aux lenteurs que lui reprochait la commission, il réplique qu'il n'avait pu embrigader les ouvriers qu'après avoir su positivement où les envoyer : « car enfin, ajoute-t-il, ces ouvriers sont nos frères, ce ne sont pas des *malfaiteurs* que nous avons à renvoyer, et ici, trop souvent, on parle des ouvriers des ateliers nationaux comme de *malfaiteurs*. » Protestation générale : « Jamais on n'a dit cela ! » — « Mais je ne peux avoir oublié ce que j'ai entendu il y a trois jours dans le sein de la commission ». M. de Falloux lui répondit : « Personne dans la commission, personne de cette Assemblée n'a pu prononcer le mot de *malfaiteurs*, parce que le sentiment qu'il exprime n'est dans le cœur et ne peut se trouver dans la bouche de personne. Personne ne vous reconnaît et ne vous abandonne le droit de vous porter ici le défenseur exclusif de l'humanité. Quant aux expressions échappées dans la commission, il y a un sentiment de convenance qui devait interdire une révélation partielle de ce qui s'y est prononcé; mais je n'invoque pas ce sentiment de convenance, il ne couvre personne d'entre nous, aucune de nos impressions n'a pu être dissimulée, et si nous en avons ajourné la manifestation à cette tribune, c'est par ménagement et par prudence politiques. Si donc le sentiment de convenance que M. le ministre n'a pas respecté protégeait quelqu'un, c'était lui [1]. » Après ce démenti, M. Trélat se rejeta sur les socialistes et sur M. Pierre Leroux, les accusant de tout le mal; il fallait bien qu'il accusât quelqu'un, puisqu'il ne voulait pas s'accuser lui-même.

Le lendemain, 20 juin, M. Victor Hugo, élu, lui aussi, du 4 juin, ouvrit la discussion par un discours où il appuyait la commission, déclarait qu'il fallait de la conciliation dans les paroles et de la fermeté dans les actes, et se prononçait contre les ateliers nationaux : discours honnête, mais où l'ambition du style déguisait mal le vide des idées et l'incertitude de l'homme politique. Sur un ton bien différent, Caussidière traita le même thème, proposant pour remède des primes à l'exportation, la colonisation algérienne, le défrichement des terres incultes en Corse, en Sologne, etc., le tout avec une verve un peu banale, mais qui soulevait les applaudissements. M. Trélat, invité à dévoiler son grand secret, déclama et ne dit rien; son projet « était à l'étude, il subissait des phases, il n'était pas prêt ». MM. Goudchaux et de Falloux se bornèrent à expliquer chaque article du projet, et l'Assemblée vota le crédit.

A cette heure suprême, qu'étaient les paroles, les discours, les projets de loi? L'Assemblée, presque tout entière, voulait la dissolution des ateliers nationaux, et les

---

[1] Cette discussion se renouvellera dans les derniers jours de l'Assemblée constituante (mai 1849); M. de Montreuil dira à M. Trélat : « C'EST VOUS *qui êtes venu nous demander en grâce de vous débarrasser des ateliers nationaux.* » — Le docteur Trélat est aujourd'hui membre du conseil municipal de la ville de Paris.

ateliers nationaux ne voulaient pas entendre parler de dissolution. Dans un placard portant pour titre : *Les Travailleurs des Ateliers nationaux au citoyen Goudchaux*, les délégués d'arrondissement écrivaient : « Loin d'être une mauvaise institution, les ateliers nationaux sont une création admirablement philanthropique, qui peut avoir les meilleurs résultats sous une administration sage et habile : c'est l'organisation qui leur a manqué. Il faut à l'industrie un réservoir pour l'alimenter et une pépinière pour lui fournir des ouvriers connus, de bons employés et de bons comptables. Il lui faut un déversoir pour recevoir ses blessés et ses invalides. L'État, qui a droit au dévouement de tous, doit aussi assurer l'existence de tous..... Ouvriers appelés à la construction de l'édifice social, organisez, instruisez, moralisez les ateliers nationaux; mais ne les détruisez pas. La République démocratique ne peut vouloir cet attentat fratricide. »

LIVRE NEUVIÈME.

L'INSURRECTION DE JUIN.

Sommaire. — L'insurrection est née du *droit au travail*. — Arrêté rigoureux de la Commission exécutive; protestations des ateliers nationaux, de *l'Organisation du travail*; Pujol au Luxembourg. — Situation militaire dans les deux camps. — *23 juin*. — Construction simultanée de barricades dans tous les quartiers; difficultés pour concentrer les troupes. — La garde nationale à la porte Saint-Denis et au faubourg Poissonnière. — Au Panthéon, M. Pinel-Grandchamp et Arago. — Barricades du Petit-Pont et de la rue Saint-Séverin : le commandant Francis Masson. — Partout les tentatives de conciliation sont repoussées. — Lamoricière au Château-d'Eau ; Cavaignac lui amène du renfort. — Barricade du faubourg du Temple. — Les symptômes sinistres et les symptômes rassurants. — La nuit du général Cavaignac. — L'Assemblée nationale ; M. de Falloux. — Rôle actif et effacé de la Commission exécutive; les accusations de trahison. — La réunion républicaine du Palais-Royal complote une fois de plus la chute de la Commission. — *24 juin*. — Séance de l'Assemblée; le pouvoir exécutif confié au général Cavaignac; proclamation de l'état de siège; démission de la Commission exécutive. — Les combats de la matinée : la caserne des Minimes et la place des Vosges. — Deux heures de trêve; proclamations de Cavaignac. — Reprise des hostilités. — L'hôtel de ville. — Barricades du faubourg Poissonnière et du clos Saint-Lazare. — Sur la rive gauche, la place Maubert, la montagne Sainte-Geneviève; prise du Panthéon. — Le général Damesme. — Arrivée des gardes nationales des départements.

I. — Le Gouvernement provisoire avait en toute occasion salué la souveraineté du peuple; il avait reconnu le droit au travail; il avait, dans les ateliers nationaux, organisé le désœuvrement et la grève. Le jour était venu où les ouvriers se trouvaient acculés à la misère et le gouvernement à l'impuissance. A ce peuple engourdi par quatre mois d'oisiveté salariée, oser parler de travail et de devoir, quelle audace ou quel abîme d'illusion! Le 25 février, le gouvernement était désarmé, à la merci d'un coup de main ; qui sait pourtant si, de même que, à force de courage, Lamartine avait écarté à tout jamais le drapeau rouge, il n'aurait pas sur le droit au travail remporté la même victoire? Si l'on regarde aux paroles, quelle fermeté! Mais un décret, rédigé par M. Louis Blanc, les dément aussitôt. Depuis quatre mois, le droit au travail était le ferment des passions, l'aliment des émeutes : il allait devenir le mot d'ordre de l'insurrection. Les ouvriers ne voulaient pas y renoncer, le gouvernement ne pouvait pas l'accorder ; les uns et les autres n'aspiraient plus qu'à combattre.

Le 21 juin, par un arrêté qui renouvelait celui du 17 mai dont M. Émile Thomas avait refusé d'assumer sur lui l'exécution, la Commission exécutive ordonna le départ pour la province ou l'enrôlement militaire des ouvriers. Cet arrêté était accompagné (*Moniteur* du 22) d'un commentaire dérisoire : « *Le public et les ouvriers eux-mêmes verront avec plaisir que par cette mesure on commence enfin la solution de cette grave question.* Les ateliers nationaux ont été une nécessité inévitable pour quelque temps. Maintenant, ils sont un véritable obstacle au rétablissement de l'industrie et du travail. Il importe donc, dans l'intérêt le plus pressant des ouvriers eux-mêmes, que les ateliers soient dissous, et nous sommes persuadés que les ouvriers le comprendront sans peine, grâce au bon sens et au patriotisme intelligent dont ils ont fait preuve si souvent. » Le même jour, le directeur des ateliers nationaux, M. Lalanne, leur communiquait la mesure prise par la Commission exécutive dans ce sec et impérieux ordre du jour : « Les chefs d'arrondissement sont invités à envoyer chacun la cinquantième partie de leur effectif ce soir à trois heures au manége. Il s'agit des départs qui doivent avoir lieu aujourd'hui, demain et après-demain. Je parlerai moi-même aux hommes de bonne volonté qui se présenteront. *Le gouvernement veut que ces départs aient lieu. Il faut que sa volonté soit exécutée aujourd'hui même.* »

Le ressentiment des ateliers nationaux s'exprima avec violence, mais non sans logique, dans une adresse à l'Assemblée nationale : « Vous venez de prononcer, par la bouche d'un de vos vizirs, un décret de proscription qui atteint vingt mille prolétaires, et vous joignez à la cruauté de l'exil l'insulte en leur jetant le pain du mendiant et une aumône de cinq francs. Trélat, du *National*, est chargé de cet ordre inhumain, et, au moment où nous écrivons ces lignes, nous entendons la voix du peuple, voix qui brise tout dans sa colère, s'élever et protester contre cette barbarie. Est-ce bien ce même peuple que vous traitiez naguère de libérateur du genre humain? Est-ce bien lui dont vous étiez hier le vil courtisan?... Il y a trois mois, la langue était trop pauvre pour exprimer vos adulations, et aujourd'hui elle l'est encore trop pour rendre vos insultes... Pour les traiter ainsi, vous n'avez pas vu leurs barricades, ou, si vous les avez oubliées, je ne puis que vous appeler insensés! »

L'*Organisation du travail*, dont le rédacteur en chef, Lacolonge, dirigera l'insurrection dans le faubourg Saint-Antoine, jette le cri de guerre : « Il faut à la République des armes contre la République, et nous avons vu le pouvoir repoussé par le mépris de l'Assemblée décréter la guerre du peuple contre le peuple... Libres demain, ou demain dans les fers!... Les vainqueurs de la royauté déchue, ceux qui naguère vous ont forcés de proclamer la République, sauront vous contraindre encore à mettre ces théories à exécution... Pas d'aumônes, pas de charité à vos maîtres! Souvenez-vous que vous n'êtes que les commis du peuple, et, du moment que vous l'oublierez, il saura faire comme il a fait à vos prédécesseurs, il vous chassera... Réfléchissez! n'attendez pas qu'il soit chassé de son grabat et, qu'errant dans la rue, il vienne vous demander asile dans votre sanctuaire. Réfléchissez! » Jamais guerre civile ne fut plus hardiment annoncée.

A l'heure où l'on affichait l'arrêté de la commission, un certain Pujol, membre du club Blanqui et signataire de l'adresse sur les *massacres* de Rouen, se présenta au Luxembourg avec quelques délégués. Introduit devant Marie, il rappela à l'ancien ministre des travaux publics, au fondateur des ateliers nationaux, les promesses du Gouvernement provisoire, les illusions des ouvriers si cruellement trompées; il signala avec hauteur et amertume la dureté des mesures que prenait subitement la Commission exécutive. Marie supporta impatiemment ces remontrances, et aux menaces de résistance il répliqua : « Les ouvriers qui ne voudront pas se soumettre au décret seront renvoyés de Paris par la force. » Quelques instants après, la Commission donna l'ordre, vainement sollicité par Carlier depuis trois semaines, d'arrêter avec Pujol cinquante-six délégués des ateliers nationaux du XIIe arrondissement. L'ordre arrivait trop tard : la préfecture de police n'avait pas les adresses; malgré le recensement, l'administration des ateliers nationaux ne les avait pas davantage. A quoi d'ailleurs eussent servi ces arrestations? L'irritation était au comble et une rigueur de plus n'aurait pas changé les résolutions. Le 22 au soir, quatre mille ouvriers se rassemblèrent à la Bastille et parcoururent la ville avec des torches; après quelques discours prononcés sur la place du Panthéon, ils s'y donnèrent rendez-vous pour le lendemain 23 juin, à six heures du matin.

Avant d'aborder le récit de cette lutte sanglante, essayons d'indiquer les dispositions prises dans les deux camps, les ressources des uns et des autres, ou, pour mieux dire, leur situation militaire respective.

II. — La *Société des Droits de l'homme* formait l'état-major de l'insurrection ; les ateliers nationaux en composaient l'armée ; les montagnards dissous, l'ex-garde républicaine, les officiers de la garde nationale étaient les chefs de quartier. Dès avant le 15 mai, au Palais-Royal, dans le local occupé par le *Club des clubs*, on voyait une carte de Paris indiquant les endroits favorables aux barricades, signalant les maisons de coin dont il fallait louer les fenêtres, à moins qu'on ne s'en saisît par la force, les lignes à établir et à défendre : vieille étude des sociétés secrètes, dont la révolution de Février avait renouvelé l'à-propos. Les ateliers nationaux, embrigadés pour un travail dérisoire, se trouvaient l'être naturellement pour le combat ; le dernier recensement ordonné par le ministre, s'étant opéré par quartier, avait aidé encore au rapprochement des ouvriers entre eux : ils connaissaient leur entourage, savaient où se trouver, sur qui s'appuyer, et les relations de l'atelier étaient resserrées par celles de voisinage. Au point de vue militaire, cette organisation par quartier offrait l'avantage de faire combattre les ouvriers là où les rues, les voies d'attaque et de retraite leur étaient familières, au milieu de leurs femmes et de leurs enfants, utiles auxiliaires acquis nécessairement à la cause.

La garde républicaine de Caussidière et les Montagnards dissous après le 15 mai, presque tous anciens affiliés de la *Société des Droits de l'homme*, imprimaient à la défense une allure militaire ; dans certains quartiers, la garde nationale, enrôlée presque tout entière, fournissait des cadres et des armes. Qui ne sait d'ailleurs que, aux jours d'émeute, à l'entraînement du voisinage se joint le plus souvent la contrainte, et que, dans un quartier insurgé, c'est risque de passer pour traître que d'être incertain ou de prétendre demeurer neutre? Quant aux officiers qui, comme au Panthéon, aux faubourgs Saint-Marcel, Saint-Antoine et du Temple, se trouvaient à la tête de leurs compagnies, ouvriers pour la plupart, élus à ce titre par leurs camarades, vus aussi avec faveur par le Gouvernement provisoire qui croyait pouvoir compter sur eux bien plus que sur une garde bourgeoise, ils ne savaient résister ni aux injonctions de leurs électeurs devenus leurs soldats, ni au souvenir des promesses qu'ils avaient faites. « Que feriez-vous si l'Assemblée était réactionnaire? » Ils avaient répondu, il avait fallu qu'ils répondissent : « Nous marcherions contre elle », et ils marchaient [1].

A ces éléments parisiens se joignaient des recrues de province. Comment les voyages des délégués, les affiliations des clubs, la doctrine de l'insurrection prêchée sur tous les tons, n'auraient-ils pas produit quelque fruit? Le mot d'ordre avait été donné pour la Saint-Jean (24 juin); bien que le banquet fût ajourné, la date du 24 restait toujours fixée. A Lyon, à Marseille, à Cahors, à Agen, à Toulouse, à Saint-Étienne, à Miribel, à Cusset, à Toul, à Bar-le-Duc, à Port-Vendres, l'insurrection de Paris avait ses confidents avertis à l'avance. Quant à des auxiliaires, on en signalait à Beauvais, à Château-Thierry, à Compiègne, munis d'or et de fusils; à Péronne, du 25 mai au 23 juin, il était passé deux cents individus venant de Lille et ayant droit au secours de route; Français pour la plupart, qui se faisaient passer pour Polonais en ajoutant à leur nom une terminaison polonaise. Dans le Cher, cinq cents ouvriers, destinés à des travaux de terrassement ouverts à Brisson, repartirent immédiatement pour Paris à la nouvelle de l'insurrection et se joignirent à d'autres ouvriers de la Motte-Beuvron [2]. Mais ces auxiliaires n'étaient

[1] Procès Chaudesaigues, Lécuyer, Bréa, etc.
[2] *Commission d'enquête*, rapports des préfets et des Cours d'appel.

pas nombreux, et la plupart des insurgés furent, ou des Parisiens, ou des ouvriers qu'avaient appelés à Paris et qu'y retenaient les salaires faciles quoique médiocres des ateliers nationaux.

Voyons maintenant les forces que le Gouvernement opposait à l'insurrection.

Depuis le 17 mai, jour de son arrivée à Paris et de son installation au ministère de la guerre, le général Cavaignac s'était préoccupé, sur l'ordre de la Commission exécutive, de réunir à Paris ou dans la banlieue environ cinquante mille hommes de troupes. Les casernes étaient insuffisantes, la plupart occupées d'ailleurs par seize mille hommes de garde nationale mobile et par quelques armes spéciales. Il restait à peine vingt mille places pour loger trente mille hommes de ligne et de cavalerie, et la Commission ne voulait pas, sans une nécessité absolue, faire bivouaquer les troupes dans les rues et sur les places. Le ministre renvoya les bataillons de dépôt, les ateliers de confection, toutes les non-valeurs, pour ne conserver, à Paris ou dans les garnisons voisines (Orléans, Laon, Melun, Fontainebleau, Soissons et Versailles), que des bataillons et des escadrons de guerre. Enfin, un bataillon ne partait que le lendemain du jour où il était remplacé. Par ces soins minutieux et de chaque jour, le ministre de la guerre réussit à caserner vingt-neuf mille cinq cents hommes de ligne et de cavalerie, qui, avec seize mille hommes de garde mobile et deux mille cinq cents de garde républicaine, composaient un effectif de combat de quarante-huit mille hommes, auxquels pouvaient s'ajouter huit mille hommes détachés de l'armée des Alpes et placés en tête du chemin de fer de Bourges pour accourir au premier signal [1].

En outre de ces préparatifs matériels, le général Cavai-

---

[1] Assemblée nationale; séance du 25 novembre 1848.

gnac, dans quelques conférences avec les généraux Bedeau et Lamoricière, avait concerté un plan de défense. Les souvenirs de juillet 1830, ceux plus récents et plus frappants encore de février, démontraient le danger de disperser les troupes ou de les laisser isolées dans leurs casernes. Sans relations régulières avec le quartier général, en présence de l'émeute qui les enferme, les démoralise et les désarme, les soldats perdent le bénéfice du nombre et de l'expérience militaire. On sentait bien d'ailleurs que l'organisation des ateliers nationaux et la gravité des questions en jeu donneraient à la lutte qui se préparait des proportions tout autres que celles des émeutes antérieures. C'était une insurrection, s'étendant à tout Paris, qu'il s'agirait de combattre, et par les moyens ordinaires à la guerre, avec une prudence qui retarderait le succès, mais qui devait l'assurer. Les trois généraux tombèrent d'accord qu'il y avait deux points à couvrir : l'Assemblée d'abord, pour y protéger la représentation légale du pays et se ménager un vaste champ de concentration pour les troupes; l'hôtel de ville ensuite, non-seulement pour ne pas laisser aux insurgés le prestige attaché à la possession d'un édifice qu'on regarde, à tort ou à raison, comme le palladium de la cité et le quartier général du pouvoir, mais aussi et surtout pour conserver au centre même de Paris une citadelle importante. Lamartine et M. Ledru-Rollin n'admettaient pas sans contestation le plan des généraux; ils voulaient prévenir l'émeute par un grand déploiement de forces, et, en portant des troupes partout à la fois, la disperser à son début. Nous verrons si, avec un chiffre de troupes aussi limité et un champ de bataille aussi vaste, le plan des généraux n'était pas moins périlleux et plus sûr.

III. — Le vendredi, 23 juin, fidèles au rendez-vous fixé, plusieurs milliers d'ouvriers se trouvèrent, à six heures du matin, réunis sur la place du Panthéon. Le commissaire de police tenta de dissiper le rassemblement; mais il fut enveloppé et ne dut la vie qu'à une cantinière qu'il n'avait pas retenue la veille. Immédiatement, les barricades commencèrent sur la place du Panthéon, à l'entrée de la rue Soufflot, dans la rue Saint-Étienne-du Mont, entre le Panthéon et les bâtiments en construction de la bibliothèque Sainte-Geneviève et dans la rue Saint-Jacques; les insurgés se dispersèrent pour répandre dans toutes les directions le signal du combat.

M. Theil, commandant du 2ᵉ bataillon de la 11ᵉ légion, se rendit aussitôt au Luxembourg; M. Recurt, qu'il y rencontra, le conduisit auprès d'Arago, qui était encore couché et qui lisait les journaux. Il lui demanda l'autorisation de faire battre le rappel et la générale; M. Arago y consentit, mais sans vouloir donner d'autorisation écrite. Le rappel battu, il ne vint que fort peu de gardes nationaux : le chef de bataillon en second, Renault, se trouva dans la rue Saint-Jacques avec quarante hommes; les insurgés les enveloppèrent et voulaient les fusiller. Il s'offrit en otage pour sauver la vie à ses hommes et se rendit auprès de M. Garnier-Pagès. Celui-ci lui demanda s'il était bien sûr de ce qu'il disait et lui tourna le dos; mais, comme il insistait et parlait des barricades qui s'élevaient de toutes parts : « Mais, Messieurs, des barricades, répliquait avec sans façon M. Garnier-Pagès, nous savons ce que c'est : des barricades existent, nous les ferons abattre. C'est la chose la plus facile [1]. » Du reste, la Commission était, dans tous ses membres, décidée à agir vigoureusement. « Oui, disait Lamartine aux commandants de gardes nationales présents, il faut en finir; je ne demande pas

---

[1] *Commission d'enquête*, t. I, p. 341. Déposition de M. Renault.

autre chose, et aujourd'hui j'irai, soyez-en sûrs, combattre, et, s'il le faut, mourir à vos côtés [1]. »

Les hostilités étaient commencées. Avant dix heures, la moitié de Paris était couverte de barricades; on en voyait s'élever au Panthéon, à la Pitié, au quartier Ménilmontant, faubourg Saint-Martin, rue Planché-Mibray, près de la tour Saint-Jacques, à Popincourt, à la porte Saint-Denis, au faubourg Poissonnière et à la Villette. Cette simultanéité sur tous les points démontre à la fois, et l'entente qui régnait partout entre les insurgés, et la sagesse du plan de concentration qu'avait adopté Cavaignac. Il divisa ses troupes en trois corps; l'un, sous le commandement de Lamoricière, devait opérer à la porte Saint-Denis et sur les boulevards, rejeter les insurgés sur les faubourgs, les y poursuivre d'étape en étape et atteindre la Bastille; le second, sous les ordres du général Bedeau, avait son quartier général à l'hôtel de ville. Un troisième, sous la direction du général Damesme, commandant de la garde mobile, agissait sur les hauteurs de la rive gauche. Le quartier général était à l'Assemblée, où les quais, les Champs-Élysées, la place de la Concorde, l'École militaire et l'hôtel des Invalides formaient un camp et le centre de la défense.

Chaque régiment, chaque bataillon avait l'ordre de quitter ses casernes au premier coup de tambour et de se rendre à son poste, faisant ainsi l'office de patrouilles et prouvant qu'ils ne restaient pas neutres. L'hôtel de ville devait être occupé par six bataillons de ligne et quatre de garde mobile; Cavaignac associait ainsi la garde mobile à la ligne pour soutenir l'une par l'autre, mais en laissant à la ligne l'avantage du nombre. Dès dix heures et demie du matin, quatre bataillons de ligne sur six étaient parvenus

---

[1] *Seize mois de commandement dans la garde nationale*, par THEIL, commandant du 2ᵉ bataillon de la 11ᵉ légion.

à l'hôtel de ville, après avoir traversé un grand nombre de barricades ; pour les franchir plus vite, les officiers supérieurs avaient même abandonné leurs chevaux ; la garde mobile arriva presque en même temps. Des deux autres bataillons de ligne, l'un, venant d'Ivry, fut arrêté au pont d'Austerlitz par de nombreuses barricades ; M. Edmond Adam, assisté d'un bataillon de gardes mobiles, le dégagea et le ramena à l'hôtel de ville [1]. Il en était de même pour la plupart des bataillons que le système de concentration appelait soit à l'Assemblée, soit aux postes qui leur avaient été fixés ; quelques-uns même furent faits prisonniers par l'insurrection : tel fut le sort d'un bataillon de mobiles, caserné dans la rue Mouffetard.

Cependant le rappel, battu à neuf heures pour la garde nationale, avait été à onze heures suivi de la générale. Les quartiers populaires ne fournirent pas de gardes nationaux ; les uns étaient de gré ou de force dans l'insurrection ; les autres, s'ils tentaient de se réunir, étaient menacés de mort. Ailleurs, ils feignaient de se mettre au service de l'ordre, mais à la première occasion ils passaient à l'insurrection, y portant leurs munitions et leurs armes. La 12ᵉ légion (Panthéon), partie de la 11ᵉ (Luxembourg), la 8ᵉ (faubourg Saint-Antoine), partie de la 9ᵉ (Hôtel de ville, Cité, île Saint-Louis, rue Saint-Antoine), étaient, chefs et soldats, avec les insurgés. Dans les autres quartiers, il en fut autrement : si le premier coup de tambour rencontra quelque hésitation, quelque lenteur, c'est que, fatigués d'alertes quotidiennes, les gardes nationaux répondaient par moins d'exactitude à des convocations aussi réitérées qu'inutiles. Mais l'on peut dire que le courage se rencontra dans la garde nationale au même degré que chez ses ennemis, et c'est elle qui la première, avant la troupe de ligne et avant la garde mobile, essuya le feu des insurgés et donna le signal de la résistance.

[1] Assemblée nationale, 25 novembre 1848.

Les insurgés s'étaient portés d'abord en foule à la porte Saint-Denis, puis se dispersant par bandes dans toutes les rues avoisinantes, ils avaient ramené des voitures, des charrettes, soulevé des pavés et dressé une énorme barricade qui, de la rue Mazagran à la rue de Cléry, coupait la circulation du boulevard. Un détachement de la 5ᵉ légion, débouchant par la rue Saint-Martin, tenta vainement d'enlever la barricade; la 2ᵉ légion fut plus heureuse. Les insurgés, maîtres des fenêtres, tirèrent sur les gardes nationaux; ceux-ci répondirent. Parmi les insurgés, une jeune fille, tête nue et un drapeau à la main, franchit la barricade et s'avança par la rue de Cléry; elle tomba frappée à mort; une autre qui lui succéda eut le même sort. Dans les rangs de la garde nationale (3ᵉ légion), un commerçant, nommé Leclerc, vit l'un de ses fils percé d'une balle à ses côtés; il alla chercher son second fils, l'amena en face de la barricade et continua à combattre [1]. Lamoricière arriva vers onze heures avec un bataillon de ligne et de l'artillerie, mais la barricade était prise.

A la même heure, un bataillon de la 1ʳᵉ légion se portait à l'attaque d'une barricade élevée faubourg Poissonnière, à la hauteur de la caserne de la Nouvelle-France. Dans ses rangs on voyait marcher comme simples soldats des officiers généraux que la République avait, par le décret du 16 avril, rayés du service actif : MM. Moline de Saint-Yon, Gourgaud, Rulhières, Adrien d'Astorg, de Castellane, de Bar, Rapatel, etc. Les insurgés, profitant de l'avantage des lieux, balayaient la rue de décharges rapides. Les gardes nationaux s'arrêtent, s'abritent à droite et à gauche dans l'angle des portes. Un seul d'entre eux restait au milieu de la chaussée, en habit noir, un fusil de

---

[1] Aux élections d'avril 1850, le parti de l'ordre opposa M. Leclerc comme candidat à Eugène Süe; il réunit 106,000 voix; mais Eugène Süe fut élu. Georges Leclerc fut inhumé, le 7 août 1848, au cimetière Montmartre, dans un monument élevé par souscription.

chasse passé en bandoulière. C'était le général Moline de Saint-Yon; il allait de long en large, s'adressant tantôt à droite, tantôt à gauche, et disant avec bonhomie : « Nous ne sommes pas loin du but; je crois que nous ferions bien de nous mettre en marche. » La barricade ne fut prise qu'après des pertes sensibles; le général Lafontaine y fut tué; MM. Maxime Ducamp, Paul de Rémusat, Desmarest y furent blessés, et, la barricade emportée, il s'en trouvait une autre adossée à la grille de la barrière. Ces deux coups de main, dus à la garde nationale, prouvaient que dans certains quartiers on pouvait compter sur elle.

A l'autre extrémité de la ligne, au Panthéon, Cavaignac envoya M. Buchère, adjoint au maire du XI*, avec trois pelotons de la 11* légion, trois pelotons de ligne et un escadron de dragons. Il était onze heures. M. Buchère enlève sans difficulté la barricade construite devant la mairie et se présente à celle de la rue des Sept-Voies. Il y rencontre un ancien chef de bataillon, Dupont, professeur au lycée Corneille, qui invite les troupes à se retirer. Le maire lui-même, le docteur Pinel-Granchamp, qui, entré en fonctions le 16 mai, avait donné des gages sérieux à l'ordre en expulsant de sa mairie les employés nommés par Barbès et en supprimant de sa propre autorité le club de la *Société des Droits de l'homme* qui tenait ses séances à la chapelle Saint-Jean de Beauvais, le maire crie aux troupes : « Retirez-vous; aujourd'hui vous pouvez avoir la victoire si vous employez la violence, mais demain le gouvernement peut être renversé. » A ce singulier langage, les gardes nationaux et la troupe se retirent. Arago est informé du fait, il envoie un commissaire de police avec trois cents gardes nationaux et le colonel Laugier, son neveu. Aux sommations légales, Pinel monte sur la barricade, et, s'emparant du drapeau qu'on vient d'y planter : « Il faut, dit-il à haute voix, conserver la barricade comme un signal de protestation; les frères ne tireront pas sur les frères. » Le commissaire de police proteste contre ces paroles; Pinel lui répond qu'il est maire et qu'il a le droit dans son arrondissement de donner des ordres. Et se tournant vers les insurgés : « Conservez vos barricades pour soutenir vos droits, mais n'en faites pas d'autres », et il leur distribue des poignées de main.

La colonne conduite par Buchère étant retournée au Luxembourg, Arago se mit à sa tête, aux acclamations de la foule. Pinel, revêtu de son écharpe, le conjura de s'arrêter et d'aller parler aux insurgés. Mais que dire à des gens qui réclament la mise en liberté de Barbès et de Blanqui, et la dissolution de l'Assemblée? Le maire persistait à demander le maintien des barricades et la retraite des troupes; avec les insurgés, il parlementait sans plus de succès. Arago revint en tête de la colonne, fit faire les sommations et battre la charge. La barricade fut franchie sans coup férir. Un enfant dirigea contre Arago le canon d'une carabine qu'une main vigilante réussit à détourner. De là, il descendit la rue Saint-Jacques jusqu'à la rue des Mathurins, où une barricade arrêtait les troupes. « Je l'ai entendu, raconte un témoin oculaire, la voix pleine d'émotion et les yeux baignés de larmes, ordonner le feu en recommandant au nom du Ciel de tirer au pied de la barricade. Il était admirable de sang-froid, de patience, de fermeté, de compassion et de désespoir [1]. »

Tandis que les pentes de la rue Saint-Jacques devenaient accessibles à l'armée, toute la partie inférieure du quartier entre le petit pont Notre-Dame et le pont Saint-Michel appartenait à l'insurrection. Il s'agissait pour le général Bedeau de remonter la rue Saint-Jacques et d'opérer de manière à rejoindre le Panthéon. Dans ce quartier, les barricades pullulaient : rue Saint-Jacques, tous les dix pas,

---

[1] Procès de Pinel-Grandchamp. Il fut condamné à un an de prison (septembre 1848). — THEIL, *Op. cit.*

à chaque débouché des rues latérales, à l'entrée de la rue de la Harpe (rue de la Vieille-Bouclerie), sur la place Saint-André des Arcs; dans toutes les ruelles depuis le pont Saint-Michel jusqu'à la hauteur de la rue Racine.

L'une des plus fortes barricades s'élevait devant le Petit-Pont, à l'entrée de la rue Saint-Jacques. L'ex-garde républicaine, licenciée après le 15 mai, y comptait cent cinquante hommes commandés par un nommé Dietrich, leur ancien capitaine, qui avait fait les campagnes d'Afrique sous les ordres de Cavaignac, de Lamoricière, de Bedeau, de Damesme, les mêmes qu'il combattait aujourd'hui. Lorsque la troupe s'avança, Dietrich, sortant de la barricade en parlementaire, invita l'officier à faire retirer ses soldats : sinon, qu'on tirerait. — « Et au nom de qui vous présentez-vous pour parlementer? — Au nom de la garde républicaine, répliqua Dietrich; nous sommes ici par les ordres de notre colonel; nous avons pour consigne de ne laisser approcher personne de la barricade. — Eh bien! répliqua l'officier, qui commandait précisément une compagnie de la garde républicaine réorganisée, si vous êtes de la garde républicaine, nous allons marcher avec vous. — Ne venez pas, dit Dietrich, on tirerait sur vous [1]. C'est ce qui eut lieu; la défense de la barricade fut acharnée; Bedeau fit pointer le canon contre les maisons de coin et particulièrement contre le magasin des Deux-Pierrots, d'où les insurgés, postés aux fenêtres et sur les toits, faisaient un feu meurtrier. Dietrich fut pris avec cent cinquante gardes républicains et cinq cents insurgés, qui furent conduits à la préfecture de police. Le général Bedeau, blessé pendant l'attaque, dut se retirer. Le représentant Bixio, en accompagnant les troupes qui remontaient la rue Saint-Jacques, fut blessé quelques instants après,

---

[1] Procès de Dietrich, 20 septembre 1848. Condamné à cinq ans de détention. Déposition de M. Pagnier, capitaine au 21e de ligne.

au coin de la rue des Noyers. La rue Saint-Jacques était libre depuis la rue Soufflot jusqu'au quai.

Il n'en était pas encore de même dans le massif compris entre la rue Saint-Jacques et la rue de la Harpe. La 11ᵉ légion hésitait à engager le feu; un imprimeur lithographe nommé Conda, capitaine en second, fut envoyé en parlementaire; les insurgés l'arrêtèrent et le firent mettre à genoux pour le fusiller. Néanmoins une femme intervint et il réussit à se sauver le lendemain [1]. Cependant le chef de bataillon, Francis Masson, s'avance vers la barricade de la rue de la Vieille-Bouclerie; les gardes nationaux avaient l'arme au bras. « Que voulez-vous? dit Masson; le suffrage universel? vous l'avez! — Vous voulez tirer sur nous? répond l'un des insurgés. — Non, la garde nationale ne tirera pas la première, répondirent à la fois tous les gardes nationaux. » Ils retournent au marché de la Vallée pour prendre du renfort; une compagnie d'infanterie de ligne venant du Petit-Pont se joignit aux gardes nationaux. Masson précéda encore ses hommes : « Voulez-vous de l'or, de l'argent pour donner du pain à vos femmes, à vos enfants? Tenez, en voilà. » Alors une voix, partant de la barricade, lui dit impérativement : « Retirez-vous! — Ne tirez pas, mes amis, je vous en prie, s'écriait Masson; ne commencez pas la guerre civile! » Mais l'un des insurgés croisa la baïonnette, une fusillade s'ensuivit, et le commandant tomba, frappé à mort. « O le brigand, disait Boulland, l'un des insurgés, il l'a bien mérité »; et plus tard à l'audience, il disputait à ses coaccusés l'honneur d'avoir commis cet assassinat. La barricade fut prise à trois heures. Elle était commandée par Jacquot et Leroy, l'un chef d'escouade, l'autre brigadier aux ateliers nationaux [2]. (Affaire Masson, 30 septembre 1848.)

[1] Conda, cité par erreur devant un conseil de guerre, fut acquitté.
[2] Masson était avoué : la Chambre des avoués lui a érigé un buste dans la salle de ses séances.

Lamoricière, chargé d'opérer dans les faubourgs du nord et dans les quartiers du centre, n'avait réussi qu'à occuper les boulevards jusqu'au Château-d'Eau; les colonnes légères qu'il lançait dans les faubourgs emportaient les barricades, mais ne pouvaient pas les défendre contre les retours de l'insurrection. Il envoyait aide de camp sur aide de camp pour demander des renforts. Vers cinq heures, le général Cavaignac partit de l'Assemblée avec sept bataillons; en tête des troupes et avec Cavaignac, se trouvaient MM. de Lamartine, Duclerc, de Tréveneuc et le prince Pierre Bonaparte. Ceux-ci prirent les devants et gagnèrent le faubourg du Temple. Lamartine franchissait les barricades, interpellait les insurgés, essayait sur eux l'effet de cette éloquence qui en d'autres jours avait remporté tant de victoires. Vains efforts! l'esprit de révolte était plus fort que l'esprit de conciliation et de paix. Lamartine revint sur ses pas, les balles pleuvaient autour de lui : la politique d'éloquence échouait devant les barricades.

Cavaignac arriva bientôt devant une barricade formidable qui s'élevait à la rencontre du faubourg du Temple et de la rue Saint-Maur. Là, comme au Petit-Pont, se trouvaient des soldats de la garde républicaine licenciée; le club dit *des Montagnards*, qui se tenait à Belleville, fournissait environ quatorze cents hommes, officiers ou soldats de la garde nationale du quartier. Enfin, parmi les combattants, il y avait un groupe de femmes, reconnaissant pour chef une certaine veuve Henry, furieuse mégère de soixante-seize ans [1]. Un détachement de la garde républicaine,

---

[1] Procès de Lécuyer, veuve Henry, etc., 26 octobre 1848. « A la tête d'une bande d'insurgés, elle s'était précipitée dans la mairie de Belleville, réclamant des armes, des cartouches; elle se jeta sur un sieur Lhomme, épicier, et le saisit à la gorge en disant qu'il fallait l'étrangler. » — « La veuve Henry était à la tête d'un certain nombre de femmes insurgées; elle criait en nous montrant, nous qui avions démoli les barricades : « Les voilà, ces brigands qui ont défait la barricade : « tuez-les! Si j'avais mon couteau, je leur f..... dans le ventre. » (Déposition de Lecomte, boucher.)

commandant Lebris, s'était déjà présenté devant la barricade avec plusieurs compagnies de la 1re légion ; mais on n'avait pas de munitions et la mairie du Ve arrondissement en refusa. Vers six heures, les généraux Foucher et François arrivèrent avec un nombreux renfort d'infanterie, des munitions furent distribuées et l'attaque commença. Battue par le canon, attaquée à la baïonnette, la barricade résistait toujours. Cavaignac lança tour à tour plusieurs compagnies, que les insurgés décimaient presque à bout portant; il tenta vainement de tourner la position. Seul, à cheval, au milieu de la chaussée, il voyait toutes les tentatives échouer contre l'incroyable acharnement des insurgés. Il fit redemander au général Lamoricière les bataillons qu'il lui avait amenés, et, devant ce surcroît de forces, la résistance fut vaincue. Mais ce n'était qu'une barricade prise, et le faubourg était en armes.

Cavaignac quitta le champ de bataille vers neuf heures, étonné et, comme Lamoricière, irrité d'une résistance si énergique, inquiet aussi moins sur le résultat définitif que sur le prix auquel il faudrait l'acheter. Dans cette journée (où l'on prétendit plus tard que le combat n'avait pas été sérieusement engagé), l'armée seule comptait cent quatre-vingt quinze morts. Clément Thomas, Bedeau, Bixio, Dornès [1], étaient blessés. L'insurrection avait à peine reculé de quelques pas. La rue Saint-Jacques avait été dégagée vers cinq heures ; mais comme le nombre des troupes ne suffisait pas pour garder les barricades, elles se relevaient dans l'ombre. L'hôtel de ville, libre sur la façade principale, voyait sur celle de l'est les insurgés se rapprocher ; les faubourgs n'avaient que commencé la défense et n'étaient pas entamés.

Sur tous les points, dans ce premier jour, des tentatives de conciliation avaient précédé le combat. Au

---

[1] Dornès mourut le 20 juillet suivant.

Panthéon, Arago; rue de la Harpe, Francis Masson; au Petit-Pont, le colonel de Vernon, commandant la garde républicaine; rue Planche-Mibray, le commandant Baillemont; rue Culture-Sainte-Catherine, Clément Thomas; Lamartine au faubourg du Temple; Dornès dans le faubourg Saint-Martin; et tant d'autres qui, au péril de leur vie, voulaient arrêter cette lutte fratricide! La bataille ne s'engageait qu'après ces préliminaires; partout, les insurgés restèrent inflexibles. L'un d'eux vint en parlementaire auprès du général Bedeau; il demandait la dissolution de l'Assemblée et du pouvoir exécutif, et le rétablissement des ateliers nationaux. Et cette demande, il la faisait avec confiance et sur le ton d'un homme qui se croyait en mesure de l'imposer.

Cependant, en dépit des symptômes sinistres, la situation était, le 23 juin au soir, moralement plus rassurante que le matin. Les troupes n'étaient pas plus nombreuses, mais elles avaient combattu; la désertion ne les avait pas énervées; elles avaient affronté l'ennemi, sans se laisser prendre aux piéges vulgaires des insurrections précédentes. La garde nationale, lente d'abord à se réunir, s'était peu à peu accrue en nombre; mais, dès le début de la journée, elle avait donné avec élan, seule et sans le concours de l'armée. La garde républicaine, qui inspirait tant de craintes, n'avait hésité nulle part; la garde mobile ne comptait qu'un chiffre insignifiant de déserteurs; elle s'était battue partout avec une décision et une fougue qui préludaient aux scènes héroïques des jours suivants. N'était-ce donc rien que la certitude, désormais acquise, qu'on pouvait compter sur toutes les troupes; que l'armée, si mince en nombre, serait appuyée presque partout par la garde nationale, et qu'aucun exemple d'infidélité au drapeau ne viendrait amener dans les cœurs le découragement, la trahison et la fuite?

Le combat cessa avec la nuit : Cavaignac voulait non-seulement éviter l'horreur, l'incertitude et l'inefficacité des combats de nuit, mais ménager ses troupes dans la perspective d'une lutte prolongée. Il les faisait donc reposer et manger. De plus, les munitions étaient sur le point de manquer; un approvisionnement de trois cent mille cartouches avait été presque épuisé dans la journée. A neuf heures du soir, il fit partir le colonel de Martimprey pour Vincennes avec plusieurs bataillons; le convoi devait suivre non pas le chemin direct, obstrué par les barricades et occupé par l'insurrection, mais s'acheminer par Clichy, Saint-Ouen, Pantin, Montreuil, se tenir le plus possible hors de vue, éviter tout combat et revenir par la même route et avec les mêmes précautions. Cette expédition prit la nuit tout entière, et le convoi ne revint que le 24, à dix heures du matin.

Quant au général Cavaignac, il passa la nuit en visites aux différents quartiers. A peine rentré à la présidence (vers neuf heures), il ne prit que le temps d'expédier quelques ordres et repartit aussitôt pour l'hôtel de ville. Il y trouva le général Bedeau blessé et qui ne pouvait continuer de commander. Le général Duvivier, ancien commandant de la garde mobile, fut désigné pour remplacer Bedeau. Cavaignac rentra une fois encore à la présidence, puis repartit vers minuit avec un faible état-major; il se rendait à l'École de médecine pour y voir le général Damesme. Celui-ci était assis sur un banc au coin de l'École: Cavaignac s'assit auprès de lui et recueillit le récit de la journée; les engagements de la rue des Mathurins, de la rue du Four, de la rue des Noyers; Damesme était surtout préoccupé du Panthéon, des barricades de la rue des Sept-Voies, de la place Saint-Étienne du Mont et de tout ce pâté de rues entre Saint-Étienne du Mont, la place Maubert, la place Cambrai et la rue Saint-Jacques : « Mon cher enfant, lui dit Cavaignac avec une touchante familiarité de camarade, au petit jour je vous enverrai des forces et de l'artillerie. Nous délogerons à tout prix ces gaillards-là, dussions-nous faire sauter avec des pétards et la bibliothèque et l'église. Peut-être viendrai-je moi-même, cela dépendra de l'état des autres quartiers [1]...... »

Sur ces paroles, Cavaignac reprit le chemin de la présidence, où il resta jusqu'à cinq heures du matin. C'est ainsi qu'il passa cette nuit, qu'on l'accusait plus tard d'avoir consacrée au sommeil.

IV. — Au milieu de ces événements purement militaires, l'Assemblée nationale et la Commission exécutive ne pouvaient jouer qu'un rôle secondaire et effacé.

L'Assemblée s'était réunie à une heure, sous le poids d'une angoisse qu'augmentaient l'éloignement du champ de bataille et l'absence de nouvelles. Caussidière, Baune demandaient : « Où est la Commission ? que fait-elle ? » et voulaient que les représentants allassent aux barricades pour tenter la conciliation ; le général Le Breton faisait la même motion, afin qu'il fût constant aux yeux de la garde nationale et de l'armée que l'Assemblée entendait partager leurs périls et défendre la même cause. Flocon, seul ministre présent, imputait solennellement l'insurrection à « l'or des prétendants et de l'étranger, qui aspiraient à renverser la République et à rétablir le despotisme ». A la même heure, Armand Marrast, dans une lettre aux maires : « Les ennemis de la République prennent tous les masques ; ils exploitent tous les malheurs, toutes les difficultés produites par les événements. Des agents étrangers se joignent à eux, les excitent et les payent. Ce n'est pas seulement la guerre civile qu'ils voudraient allumer parmi nous, c'est le pillage, la désorganisation sociale, c'est la ruine de la France qu'ils préparent ; et l'on devine

---

[1] THEIL, Op. cit.

dans quel but. » L'or de l'étranger et des prétendants, quelle dérision ! C'était la solde des ateliers nationaux qui payait l'insurrection.

L'Assemblée avait arrêté en principe la dissolution des ateliers nationaux; il restait à en déterminer les conditions. La commission chargée de ce soin[1] avait continué paisiblement ses délibérations au milieu des troubles précurseurs de la bataille; la bataille engagée, fallait-il s'arrêter et en attendre l'issue? La majorité de la commission ne le pensa pas. Le 23 juin, à deux heures et demie, l'insurrection occupait une moitié de Paris et tenait l'autre en échec; n'y avait-il pas dignité et courage à lui déclarer à cette heure que tous les pouvoirs publics étaient d'accord à prononcer la dissolution des ateliers nationaux, et que l'incertitude du résultat n'affaiblirait point la fermeté des décisions? Si le projet n'était rapporté qu'après la défaite, la dissolution ne devenait plus que le prix de la victoire, qu'un châtiment brutal, au lieu d'emprunter sa force morale à des motifs supérieurs d'ordre politique et d'économie industrielle. On ne risquait pas d'ailleurs d'ajouter à l'irritation des insurgés par une mesure inattendue et rigoureuse : cette mesure, la Commission exécutive l'avait prise spontanément dès le 21 juin, les insurgés la connaissaient, et celle que pouvait prendre l'Assemblée, ils ne la connaîtraient qu'après le combat !

Encouragé par les uns, combattu par les autres, M. de Falloux se lève : « *La majorité de la commission des ateliers nationaux,* dit-il, *m'a chargé expressément de vous présenter à cette heure la décision que vous attendez d'elle.* » Le rapport concluait à la dissolution des ateliers nationaux dans les trois jours de la promulgation du décret; à une

---

[1] Cette commission était ainsi composée : Goudchaux, président; M. de Falloux, rapporteur; MM. Pougeard, de Montreuil, Corne, Delisle, Dupont (de Bussac), Dezeimeris, Buffet, Hervieu, Germonnière, Luneau, Ch. Dupin, Gloxin et Aylies.

allocation de trois millions pour indemnité et secours à domicile; à la continuation pendant trois mois de l'allocation accordée aux brigadiers et employés de tous grades qui n'auraient pas reçu d'autre emploi; à un prêt de cinq millions au sous-comptoir des entrepreneurs pour favoriser la reprise des travaux; il annonçait enfin qu'un crédit de trois millions serait affecté à l'encouragement des associations ouvrières. Ce projet avait un caractère de modération qui manquait absolument à l'arrêté de la Commission exécutive, et c'est à ces conclusions, comme on le verra plus loin, que devait, après l'insurrection, se rallier le général Cavaignac.

La Commission exécutive avait partagé les rôles : Arago restait au Luxembourg, mais non pas inactif, nous l'avons vu; MM. Garnier-Pagès et Marie se rendaient dans les mairies et à l'état-major de la garde nationale pour y presser la convocation des gardes nationaux et leur montrer que la Commission exécutive était décidée à en finir avec l'émeute. Lamartine allait aux barricades. Quant à M. Ledru-Rollin, ses antécédents, ses relations avec le Luxembourg, les souvenirs du 16 avril, les défiances qu'il avait excitées au 15 mai, l'obligeaient, sous peine de se rendre suspect, à se tenir éloigné des quartiers insurgés : il resta à l'hôtel de la présidence.

La Commission supposait encore que l'insurrection se terminerait avec la journée : au désir que manifestaient certains représentants, et, entre autres, M. Bonjean, de se rendre aux barricades, Lamartine répondait en priant l'Assemblée « de rester à son poste et de se réserver pour le lendemain s'il était nécessaire. » M. Garnier-Pagès attestait que la Commission était prête à faire son devoir, tout son devoir. « On me demande, ajoutait-il, quelles mesures nous allons prendre. Nous allons marcher là où l'on fait les barricades, *pour les détruire nous-mêmes à l'instant.* » Dans la soirée, il remonte à la tribune, il proteste que le lendemain tout sera fini, et, comme on lui demandait encore quelles étaient ces mesures souveraines qui devaient mettre une fin si prompte à l'insurrection : « Ces mesures, dit-il, c'est le canon. »

Malgré ce zèle, malgré ces discours pleins de promesses et bien que, en réalité, les actes des membres de la Commission répondissent à leur langage, leur pouvoir semblait s'évanouir. Leur incurie passée ne donnait pour le présent que de faibles gages de sécurité ; les injustes soupçons des gardes nationaux les poursuivaient jusqu'au sein d'une activité et d'une loyauté incontestables. La présidence était assiégée par des maires, des adjoints, des aides de camp volontaires, des importants venant solliciter des secours. Obstinément attaché au système de concentration qu'il avait fait adopter en conseil, Cavaignac restait sourd à toutes ces demandes ; il avait d'ailleurs peu de troupes ; la garde nationale, la garde républicaine et la garde mobile n'avaient pas encore fait leurs preuves d'initiative et de fermeté au feu ; et comment, sans imprudence, dégarnir les abords de l'Assemblée et la laisser exposée à un coup de main ? Mais à ces interpellations de quartiers en détresse, qui est-ce qui répondait? Le plus souvent c'était, en l'absence de Cavaignac, M. Ledru-Rollin. Il se voyait des bataillons sous la main et il lui était interdit d'en disposer! Les solliciteurs de secours n'hésitaient pas à l'accuser de trahison ainsi que les autres membres de la Commission, et, à cette heure même, c'était lui pourtant qui prenait l'initiative d'expédier aux préfets l'ordre de diriger immédiatement sur Paris les gardes nationales : pouvait-on désavouer plus expressément l'insurrection?

Néanmoins, ces accusations banales, colportées par les badauds, recueillies avec soin par des ennemis attentifs, étaient transformées en un cri public de défiance. « Que faisait la Commission exécutive? Que pouvait-elle faire désormais? L'œuvre était toute militaire ; il appartenait à un soldat de l'embrasser tout entière. Était-il possible que, dans le péril public, ses conceptions fussent discutées, ses plans entravés, sa liberté d'action contestée? C'était peu de rassembler dans ses mains tous les pouvoirs militaires, ainsi que l'avait voulu spontanément la Commission exécutive, si la Commission ne profitait de ce dessaisissement partiel pour donner une démission trop attendue. » On aurait pu répondre que la Commission n'entravait rien; qu'elle laissait à son subordonné toute son initiative; que dans une mesure nécessairement modeste elle se dévouait au salut public; que la chute de la Commission ne donnerait à Cavaignac ni un pouvoir de plus ni une autorité plus grande. Mais l'opinion publique semblait avoir prononcé déjà par la bouche de ses empressés interprètes, et telle avait été l'impopularité de la Commission dans sa courte période d'action, que le jour où elle commençait à bien mériter de la France était celui-là même où la France la laissait tomber et périr.

Le choix de son successeur n'était pas douteux. La concentration de l'autorité militaire entre les mains du général Cavaignac lui conférait en réalité tous les pouvoirs. Le moment était venu de couronner les ambitions du *National*. M. Ém. de Girardin, avec la clairvoyance de la haine, avait aperçu et signalé la manœuvre; il écrivait dans la *Presse* le 22 juin : « *Court dialogue*. Il faut que cela aille plus mal encore. — Pourquoi donc? — Parce que nous n'avons plus qu'un moyen de garder le pouvoir qui nous échappe. — Quel moyen? — C'est de rendre nécessaire la dictature du général Cavaignac. — Mais c'est un caractère indécis, un esprit faible. — Qu'importe? On ne le sait pas, et cette faiblesse a pour correctif soixante mille hommes de troupes à Paris ou dans les environs. Nous n'attendons plus que la circonstance : elle ne se fera pas attendre. »

La réunion républicaine du Palais-Royal prit, comme d'ordinaire, l'initiative. Dans la nuit du 23 au 24 juin, elle dépêcha M. Martin (de Strasbourg) à la Commission exécutive et M. Landrin au général Cavaignac; le premier pressait les membres de la Commission de donner spontanément leur démission; le second venait offrir au général de prendre leur place. La Commission refusa de se retirer; c'était l'heure du péril : l'honneur exigeait qu'elle demeurât au pouvoir, sauf à le résigner après le combat. Le général déclarait qu'il ne recevrait pas de propositions dont la Commission n'eût pas été d'abord informée. Pour vaincre les refus de la Commission et les scrupules du général, on résolut de s'adresser directement à l'Assemblée. C'était d'ailleurs la seule voie régulière de procéder.

L'Assemblée rentra en séance, le 24, à huit heures et demie du matin. M. Senard retraça dans un langage confus la situation militaire; tantôt il montrait la lutte s'étendant et menaçant d'être plus terrible; tantôt, animé de confiance, il indiquait qu'elle était près d'être réprimée. Il proposa un décret d'adoption, au nom de la République, des enfants et des veuves des citoyens qui avaient déjà succombé ou qui succomberaient « pour la défense de l'ordre, de la liberté et des institutions républicaines ». L'Assemblée applaudit et vota le décret à l'unanimité. La séance fut suspendue à neuf heures.

C'est à ce moment qu'arriva la nouvelle que la Commission exécutive, réunie à sept heures du matin, avait résolu de donner sa démission et n'attendait plus pour le faire qu'un vote de l'Assemblée qui la déliât officiellement de ses fonctions. La séance est reprise à neuf heures et demie. Un des confidents du Palais-Royal, M. Raynal, demande que l'Assemblée se forme en comité secret; ce goût de mystère et de complot trahissait les mêmes hommes qui avaient organisé la tentative de poursuites contre M. Louis Blanc. M. Senard se hâte de prononcer le comité secret; mais M. Dupin fait observer que le président usurpe un droit qui n'appartient qu'à l'Assemblée; le président se rétracte; le comité secret est mis aux voix et repoussé. Alors M. Pascal Duprat, montant à la tribune, propose la mise en état de siége de Paris et la remise de tous les pouvoirs au général Cavaignac. M. Dupin proteste encore contre la dictature; sur ses observations, l'Assemblée ne délègue que le pouvoir exécutif. Quant à l'état de siége, M. Larabit, M. Nachet rappellent 1832; les républicains n'ont-ils pas protesté alors, et, sur la plaidoirie de M. Odilon Barrot, la Cour de cassation n'a-t-elle pas déclaré illégale l'ordonnance royale? Cependant, les républicains se taisent. Un seul se lève, M. Bastide, ministre des affaires étrangères, rédacteur du *National*, ami d'Armand Marrast et de Cavaignac : « Citoyens, s'écrie-t-il, au nom de la patrie, je vous supplie de mettre un terme à vos délibérations et de voter le plus tôt possible. Dans une heure peut-être, l'hôtel de ville sera surpris. » Cette nouvelle, quoique destinée à peser sur le vote, n'était pas dénuée de fondement, nous le verrons tout à l'heure; mais il est permis de se demander comment le général Cavaignac, déjà investi de tous les pouvoirs militaires, avait besoin du reste pour s'opposer à la prise de l'hôtel de ville. M. Tréveneuc : « La garde nationale demande de tous côtés l'état de siége. » — M. Langlais : « C'est le vœu de la population tout entière. » M. Senard se hâte de mettre la proposition aux voix; tandis que M. Larabit proteste encore, la clôture est prononcée et le décret voté. Quelques instants après, le président lisait une lettre dans laquelle la Commission exécutive déclarait se retirer devant le vote de l'Assemblée.

Cependant personne dans l'Assemblée n'avait dit mot de la Commission; elle disparaissait de la scène dans le silence et le dédain, lorsque M. Jules Favre proposa qu'on ajoutât au décret un article ainsi conçu : « La Commission exécutive cesse immédiatement ses fonctions. » Mais l'Assemblée s'y refusa. La Commission exécutive tombait comme elle avait vécu, enveloppée dans des événements où son impuissance n'avait eu d'égale que son imprévoyance. Elle n'avait pas su garder l'Assemblée au 15 mai; elle n'avait pas su se garder elle-même, et ses premiers ennemis, elle les avait rencontrés dans son propre sein, parmi ses ministres ou ses agents; elle ne sut pas garder davantage la société et l'ordre public; elle vit venir la guerre civile sans essayer d'en prévenir ou d'en détourner les fureurs. Elle ne vivait plus qu'au jour le jour, heurtant à tous les écueils, essuyant avarie sur avarie. Elle naufragea; le naufrage la sauvait de la difficulté de vivre. — Mais revenons au champ de bataille.

V. — Par ces nuits d'été, la trêve était courte : dès trois heures du matin, sur les quais, près de l'hôtel de ville, au Panthéon, au faubourg du Temple, le feu recommence. A la faveur des ténèbres, les insurgés avaient relevé ou fortifié plus d'une barricade, repris des positions qu'ils avaient dû abandonner, et propagé de quartier en quartier l'encouragement à la résistance. Les combats de la veille les avaient, sur quelques points, rejetés dans les faubourgs, mais sans modifier sensiblement leur situation défensive. Au sud, le Panthéon, au nord, le clos Saint-Lazare, formaient les points extrêmes de leurs lignes, tandis que, au centre, leurs efforts combinés se portaient contre l'hôtel de ville. L'espace compris entre la rue Saint-Jacques, les quais de la rive gauche jusqu'au pont d'Austerlitz, les boulevards extérieurs, depuis celui de l'Hôpital jusqu'à celui du Mont-Parnasse, dessinait un vaste trapèze dont la totalité appartenait à l'insurrection; elle descendait librement vers la Seine, barricadait les quais, les ponts, les rues qui y débouchent, et, maîtresse des quartiers des Gobelins, du jardin des Plantes et de la Gare, elle se reliait par le pont d'Austerlitz avec le faubourg

Saint-Antoine, par les ponts Marie et de l'Archevêché avec l'île Saint-Louis et les quartiers voisins de l'hôtel de ville. L'île Saint-Louis devait servir de citadelle, assurant les communications entre les deux rives.

Un grave événement signala les premières heures de la journée. Entre six et sept heures du matin, deux mille insurgés se portèrent sur la caserne des Minimes, située rue des Tournelles, et sur diverses issues de la place Royale. Malgré une défense vigoureuse, les troupes se voyaient cernées et attaquées de toutes parts; les cartouches manquaient, les issues étaient fermées, même le cul-de-sac de Guéménée; on apportait de la paille pour brûler les portes au fond du passage. La caserne des Minimes, qui commande l'une des portes de la place, était occupée par cinquante hommes de garde républicaine; le sous-lieutenant Lebas, après quelques instants de conférence avec ses camarades, sans tirer un coup de feu, sans en avoir reçu, fait ouvrir les portes aux insurgés; ceux-ci se précipitent par la rue des Tournelles dans la place Royale; les gardes nationaux surpris se jettent sous les galeries, la mairie est évacuée et cinq compagnies du 18ᵉ léger, commandant Tombeur, rendent les armes. La colonne d'insurgés victorieuse avance jusqu'aux environs de l'hôtel de ville; la fusillade et le canon redoublent; le bruit se répand que Caussidière s'est mis avec du canon à la tête de l'insurrection. Il était huit heures et demie [1].

[1] Procès du lieutenant Lebas, 9 septembre 1848; carnet du commandant Constantin, lu au cours de son procès. — Par un ordre à l'armée du 9 juillet 1848, le ministre de la guerre (Lamoricière) mit en non-activité, par retrait d'emploi, le commandant, deux des capitaines, deux des lieutenants du 2ᵉ bataillon du 18ᵉ léger, licencia les cinq compagnies et cassa celle des voltigeurs. « Son chef, y lit-on, a oublié que le premier devoir d'un commandant de troupes, aussi bien dans les troubles civils que dans la guerre étrangère, n'est pas tant d'épargner le sang des soldats de la France que de garder pur l'honneur du drapeau, et de mourir quand il le faut pour le salut de la République. » (*Moniteur* du 12 juillet 1848.)

C'est à cet événement que Bastide faisait allusion lorsqu'il suppliait l'Assemblée de déclarer l'état de siége. Cavaignac, en prenant possession des pouvoirs, fit proclamer partout une heure de trêve et sommer les insurgés de mettre bas les armes. En même temps, il rédigeait et publiait trois proclamations brèves, éloquentes, et dont quelques traits méritent d'être conservés à l'histoire. Aux gardes nationaux : « Votre sang n'aura pas été versé en vain ; redoublez d'efforts, répondez à mon appel, et l'ordre, grâce à vous, grâce au concours de vos frères de l'armée, sera rétabli..... Rien ne se fonde, rien ne s'établit sans douleurs et sans sacrifices : soldats volontaires de la nation intelligente, vous avez dû le comprendre. Ayez confiance dans le chef qui vous commande, comptez sur lui comme il peut compter sur vous..... Ce que vous voulez, ce que nous voulons tous, c'est un gouvernement ferme, sage, honnête, assurant tous les droits, garantissant toutes les libertés, assez fort pour refouler toutes les ambitions personnelles, assez calme pour déjouer toutes les intrigues des ennemis de la France..... »

Il disait à l'armée : « Soldats, le salut de la patrie vous réclame ! C'est une terrible, une cruelle guerre que celle que vous faites aujourd'hui. Rassurez-vous, vous n'êtes point agresseurs ; cette fois au moins, vous n'aurez pas été de tristes instruments de despotisme et de trahison. Courage, soldats ! Imitez l'exemple intelligent et dévoué de vos concitoyens ; soyez fidèles aux lois de l'honneur, de l'humanité ; soyez fidèles à la République ; à vous, à moi, un jour ou l'autre, peut-être aujourd'hui, il nous sera donné de mourir pour elle : que ce soit à l'instant même, si nous devions survivre à la République ! » Enfin, il s'adressait aux insurgés eux-mêmes : « Citoyens, vous croyez vous battre dans l'intérêt des ouvriers ; c'est contre eux que vous combattez, c'est sur eux seuls que retombera tant de sang versé... Au nom de la patrie ensanglantée, au nom de la République que vous allez perdre, au nom du travail que vous demandez et qu'on ne vous a jamais refusé, trompez les espérances de nos ennemis communs, mettez bas vos armes fratricides et comptez que le gouvernement, s'il n'ignore pas que dans vos rangs il y a des instigateurs criminels, sait aussi qu'il s'y trouve des frères qui ne sont qu'égarés et qu'il rappelle dans les bras de la patrie! » Soixante représentants (quatre par bureau) partirent aux quartiers généraux de Lamoricière, de Duvivier et de Damesme, porteurs des proclamations du général Cavaignac et de celles que M. Senard s'empressa d'y ajouter, au nom de l'Assemblée nationale.

Cependant, la trêve n'avait pas amené la paix, et à onze heures le combat recommença de tous côtés. L'arrivée du convoi de munitions que le colonel Martinprey ramenait de Vincennes permettait aux troupes de poursuivre leur œuvre avec plus d'énergie et de succès.

VI. — Nous avons laissé l'insurrection aux portes de l'hôtel de ville. Le palais municipal n'était pas alors, comme aujourd'hui, dégagé sur ses flancs par une vaste place et de grandes voies ni appuyé de casernes. Des ruelles étroites l'enfermaient sur trois de ses côtés; les rues, maintenant supprimées, de la Tannerie, de la Vannerie, de l'Épine, de la Coutellerie, débouchant à l'ouest sur la place, formaient, avec celles qui partaient du Châtelet et qui environnaient la tour Saint-Jacques la Boucherie, un premier massif fortifié; au nord, la rue de la Tixeranderie; derrière, celle de la Verrerie, la rue Sainte-Avoie, fortement barricadées, n'étaient que les postes avancés des quartiers ordinaires des insurrections parisiennes, rue Transnonain, rue Beaubourg, rue Aumaire, et de toutes les rues transversales qui joignent la rue Saint-Martin à la rue du Temple. A l'est, enfin, la rue Saint-

Antoine amenait jusqu'au pied de la place Saint-Jean un nombreux et énergique contingent, qui, maître des quais comme de toutes les rues qui les séparent de la rue Saint-Antoine, en possession de la place Baudoyer et de l'église Saint-Gervais, multipliait les barricades, et, à quelques mètres seulement de l'hôtel de ville, opposait à ses défenseurs une muraille infranchissable.

C'est dans ce cercle étroit que le général Duvivier avait à combattre. Il avait quatorze bataillons et huit pièces de canon. Sur le quai et du côté de l'est, il se borna à la défensive, mais au prix d'une canonnade continue depuis le matin jusqu'au soir et de fusillades à bout portant. A l'ouest et au nord, ses efforts furent plus heureux. Vers trois heures, la barricade Saint-Merry fut enlevée ainsi que celle de la rue Sainte-Avoie, et les deux colonnes, remontant les rues Saint-Martin et du Temple et détruisant les barricades sur leur passage, parvinrent vers le soir à rejoindre le général Lamoricière sur la place du Château-d'Eau. Ces succès, conquis pas à pas, assuraient stratégiquement la marche des opérations; le centre, si gravement menacé, ne l'était plus que de front, et, par des mouvements tournants, l'un du général Lamoricière, par les boulevards du Temple et Beaumarchais, l'autre du général Duvivier, par les quais de la rive droite et le canal, on pouvait espérer d'avoir raison de la résistance qui se concentrait aux abords de l'hôtel de ville et l'obliger de se replier sur le faubourg Saint-Antoine.

Le haut du faubourg Poissonnière était le théâtre d'une lutte ardente, mais stérile encore.

A l'endroit où la rue Lafayette, traversée par la rue du Faubourg-Poissonnière, s'élargit et forme place, les insurgés avaient construit une barricade, précédée d'un fossé palissadé, et dont les assises de pavés s'accumulaient en montagne contre la grille de la barrière. Ils occupaient les bâtiments de l'octroi et quelques maisons voisines;

plus loin, leurs tirailleurs s'abritaient derrière les pierres du clos Saint-Lazare, où commençait à s'élever l'hôpital de la République, ci-devant Louis-Philippe, depuis de la Riboisière. Cette position était défendue de tous côtés par des barricades, rue Bellefond, rue des Petits-Hôtels, rue d'Hauteville, et se reliait avec la barrière Rochechouart et les barricades du faubourg Saint-Denis. Après bien des attaques, le 2⁰ bataillon de la 1ʳᵉ légion, capitaine Vieyra, commandant par intérim, fut rallié à trois heures par le général Lebreton, accompagné d'un parc d'artillerie. Au signal de trois coups de canon, le bataillon s'élance, Vieyra en tête; mais, la barricade emportée, restait le clos Saint-Lazare, dont le siége devait absorber presque toute la journée du lendemain. Cependant, les barricades voisines tombaient tour à tour devant les efforts des gardes nationaux, secondés par les gardes nationales de Rouen, d'Amiens et de Pontoise; la garde nationale de Montmartre, loin de se mêler à l'insurrection, l'empêchait de s'étendre sur le territoire de la commune; la position des insurgés était surveillée.

C'est sur la rive gauche que furent obtenus les résultats les plus décisifs.

Les barricades de la rue Saint-Jacques, prises la veille, reconstruites dans la nuit, furent reprises le 24 au matin. Maître de cette voie étroite et sinueuse, dont chaque fenêtre faisait pleuvoir sur les troupes une grêle de balles, le général Damesme, libre sur sa droite, du côté de Saint-Severin et de la rue de la Harpe, se heurtait au contraire sur sa gauche contre les barricades qui, soit par les rues du Plâtre, Galande et des Noyers, le long de la rue Saint-Jacques, soit le long du quai de la Tournelle, par les rues de la Bûcherie, de Bièvre, Maître-Albert, des Bernardins, de Pontoise, de Poissy, enfermaient la place Maubert derrière un réseau puissamment fortifié. Ainsi défendue à son pied, la montagne Sainte-Geneviève élevait, au-dessus de la place Maubert, un nouveau massif plus redoutable encore, et qui, même aujourd'hui, malgré les démolitions, les nivellements et le percement de la rue Monge et de la rue des Écoles, a conservé l'escarpement rapide de ses pentes et son échiquier de ruelles misérables, obscures et étouffées. C'était d'abord la rue de la Montagne-Sainte-Geneviève, puis les rues plus courtes des Sept-Voies et des Carmes, montant toutes trois vers le Panthéon en se couvrant de barricades à chaque pas, tandis que les rues Chartière, de Reims, de l'École-Polytechnique, du Clos-Bruneau, des Amandiers-Sainte-Geneviève en protégeaient chaque issue latérale. Les bâtiments, alors inachevés, de la bibliothèque Sainte-Geneviève formaient, avec une barricade énorme qui traversait la rue Saint-Étienne du Mont, comme un bastion d'où la fusillade des insurgés balayait la place.

Le Panthéon, sommet de la montagne, était occupé par les insurgés. Le faubourg Saint-Jacques et toutes les rues qui y aboutissent à droite et à gauche jusqu'aux boulevards extérieurs; le mur d'octroi, percé de brèches et de meurtrières ; la rue Mouffetard, qui du Panthéon descend à la barrière d'Italie, grande voie de communication entre le quartier général et les extrémités, coupée de quatorze barricades et flanquée sur tout son parcours de rues nombreuses, également barricadées, qui pouvaient protéger la retraite; enfin, les rues de l'Estrapade, de Fourcy, Descartes, Clovis, Copeau, formaient comme une ceinture de fortifications : le Panthéon, forteresse centrale, en était la clef. Les combattants se recrutaient, pour la totalité, dans la garde nationale de l'arrondissement, et leurs chefs parmi les officiers.

Ce n'était que par des combats de détail que le général Damesme pouvait triompher d'obstacles aussi multipliés dans des rues aussi défavorables à l'attaque ; il commença par les abords de la place Maubert. Le 18º de ligne, le

18º bataillon de garde mobile [1], la garde républicaine, des compagnies de garde nationale, se dévouèrent à cette œuvre au prix de pertes nombreuses; sur cent quarante gardes républicains, quarante furent frappés à mort. A midi, la place Maubert était prise, les insurgés refoulés vers la rue Saint-Victor et l'entrepôt; les quais étaient libres depuis le Petit-Pont jusqu'au pont des Tournelles; et la garde républicaine attaquait la première barricade, qui obstruait l'accès de la rue de la Montagne-Sainte-Geneviève. L'attaque du Panthéon commença aussitôt. Là encore, nous retrouvons la garde mobile, puis la garde républicaine à cheval, commandant Baclé, cavaliers sans chevaux, troupe aussitôt dissoute qu'organisée, mais qui avait instamment sollicité de M. Senard et du général Cavaignac l'honneur de prendre part au combat; enfin, dans les rangs de la garde nationale, Horace Vernet, M. Valette et M. Boulay (de la Meurthe), représentants du peuple, des élèves de l'École normale, etc.

Après bien des assauts inutiles, une batterie d'artillerie fut amenée et dressée au pied de l'arbre de la liberté, en face des portes de bronze que cachaient alors des châssis de toile peinte. Au premier coup à boulet, les portes s'ouvrent avec fracas; le second coup jette dans l'intérieur une volée de mitraille; quelques coups se succèdent, la mitraille après le boulet; les portes s'ouvraient chaque fois et se refermaient ensuite, repoussées, soit par le mur contre lequel elles frappaient, soit par la main vigilante des insurgés. Pendant le tir, un jeune clairon de la garde mobile à cheval avait réussi à franchir la grille et s'était posté à gauche des portes, à l'abri du côté des insurgés, mais exposé au feu de la troupe. Il resta seul quelques instants, appelant ses camarades : personne ne venait.

[1] C'est un soldat de ce bataillon, Oudart, qui enleva un drapeau des insurgés portant : 13º *Escouade des Ateliers nationaux, école centrale;* et, sur la zone blanche, un bonnet rouge.

Enfin, on s'y jeta à sa suite : le Panthéon était pris. Les insurgés, renonçant à la résistance, l'avaient abandonné[1], et s'étaient réfugiés soit dans les jardins du collége Henri IV, où les gardes mobiles les poursuivaient d'arbre en arbre, soit derrière les barricades des rues avoisinantes. Il était midi et demi. Quelques instants après, l'Assemblée recevait la nouvelle de ce double succès du général Damesme.

La prise du Panthéon décidait du sort du quartier. Les barricades de la rue Saint-Étienne-du-Mont et de la rue des Sept-Voies n'avaient plus d'appui; les mobiles pénétrèrent par le collége Sainte-Barbe dans la bibliothèque Sainte-Geneviève et surprirent les insurgés par la rue de Reims. La rue de la Montagne-Sainte-Geneviève se trouva bientôt débarrassée; les ruelles des Carmes, Chartière, de l'École-Polytechnique, etc., ne formaient plus qu'une souricière où s'accumulèrent les prisonniers. Le général Damesme alla de sa personne à l'attaque des barricades de la rue de l'Estrapade, près la rue de Fourcy, qui commandait la rue Neuve-Sainte-Geneviève et l'entrée de la rue Mouffetard. Il était, là comme partout, à la tête des troupes, auxquelles il donnait l'exemple de l'intrépidité. Une balle l'atteignit à la cuisse : il tomba. On le transporta dans une maison voisine. M. Valette s'approcha de lui et lui serra la main, au nom, dit-il, de l'Assemblée nationale. — « Je vous prie, lui dit le général, de faire connaître à l'Assemblée la manière dont j'ai fait mon devoir. » Le général Damesme fut porté ensuite au Val-de-Grâce, où il mourut de ses blessures le 29 juillet.

C'est au général de Bréa, quoique officier général en retraite et d'opinion légitimiste, que Cavaignac confia la mission de remplacer le général Damesme. Avant la fin de la journée, le colonel Thomas, du 11ᵉ léger, avait

---

[1] On a reconnu depuis longtemps qu'aucun massacre n'avait été commis par les troupes dans le Panthéon : l'édifice et les caveaux étaient abandonnés.

réussi à dégager les approches du Panthéon et le faubourg Saint-Marcel. La garde nationale du quartier s'offrit même à remplir cette besogne; mais, sous ce prétexte, les compagnies insurgées prenaient, au passage des troupes, l'attitude de gens partisans de l'ordre et travaillant à l'assurer, tandis que, après leur passage, elles reconstruisaient ou maintenaient les barricades qu'elles s'étaient chargées de détruire. Le général de Bréa dut prendre des mesures plus sévères, et, le soir même, il pouvait annoncer au chef du pouvoir exécutif qu'il avait emporté les barricades de la rue Mouffetard et poussé ses reconnaissances jusqu'au Jardin des plantes.

Cette journée du 24 porta un coup sensible à l'insurrection. Les faubourgs du nord dégagés jusqu'aux barrières; les quartiers compris entre les boulevards et l'hôtel de ville soumis par les efforts combinés des troupes de Lamoricière et de Duvivier; la place Maubert, le quartier du Panthéon et toutes les pentes barricadées qui en défendaient l'accès presque entièrement conquises : tels étaient les résultats obtenus.

VII. — L'insurrection était encore loin d'être vaincue; mais, grâce à l'énergie du gouvernement, à l'élan de la garde nationale, au courage de l'armée régulière, à l'extraordinaire dévouement des gardes mobiles qui, contre toutes les craintes, s'étaient maintenus fidèles au drapeau et qui se battaient avec la rage d'insurgés, si formidable qu'elle fût, elle semblait destinée à une défaite assurée. Un fait nouveau, l'arrivée des gardes nationales des départements, ôtait d'ailleurs à la lutte son caractère pour ainsi dire parisien; c'était la nation entière soulevée contre les ennemis de la République et de la société. La province avait bien envoyé quelques combattants dans les rangs de l'émeute; mais qu'était-ce en comparaison de cette nuée de gardes nationaux qu'une simple dépêche du gouvernement évoquait de tous les points du territoire? L'insurrection pouvait tenir plusieurs jours; mais, quels que fussent ses progrès, ils seraient éphémères, l'effort seul du nombre la localisait dans Paris et devait l'y étouffer.

Ces milices départementales, les insurgés les attendaient; en possession des faubourgs où se trouvent les gares des chemins de fer, ils avaient coupé celui de Lyon à Charenton; celui du Nord, à la Chapelle; celui d'Orléans, près des fortifications. La garde nationale d'Amiens, partie avec une compagnie du 57ᵉ de ligne, le 24, à huit heures du matin, et recrutant sur la route des volontaires et des gardes nationales, n'arriva, par suite des lenteurs calculées des mécaniciens, qu'à trois heures de l'après-midi à Saint-Denis; il fallut débarquer dans la plaine; Clermont et Beauvais rejoignirent bientôt, et, ces gardes nationales réunies, formant un bataillon de huit cents hommes, gagnèrent sous la pluie la barrière de Clichy et la place de la Concorde.

La garde nationale d'Orléans rencontra encore plus d'obstacles. Aux premières nouvelles officielles, reçues le 23, entre quatre et cinq heures du soir, le préfet du Loiret, M. Pereira, fit partir dans la nuit deux bataillons du 21ᵉ avec des munitions. La nuit s'écoula à faire fabriquer des cartouches par les armuriers de la ville et de la ligne, tandis qu'on en demandait à la fabrique de Bourges. Le 24, à neuf heures du matin, partit un premier détachement de deux cent quatre-vingt-deux gardes nationaux, commandés par le colonel Amy. La troupe de ligne descendit de wagon trois cents pas après les fortifications, et, sans entrer en gare, gagna la barrière d'Enfer. On avait appris que les insurgés, postés dans la gare, repoussaient les convois à coups de fusil; que le bataillon d'Étampes avait été forcé de se replier sur le fort d'Ivry et qu'une barricade était dressée sous l'un des ponts que devait tra-

verser la colonne. Muni de ces renseignements, le colonel
Amy fait arrêter le train à Choisy-le-Roy, et, avec un bataillon du 4ᵉ de ligne qu'il ramenait de Saint-Michel, les
armes chargées, la baïonnette au bout du fusil, il dirige
sa colonne vers les fortifications. Une centaine d'insurgés
armés s'élancent, entourent le colonel et lui reprochent de
venir « égorger des frères »; mais il poursuit sa route. A
la Maison-Blanche, une nouvelle troupe veut l'arrêter; la
ferme contenance de la colonne force encore le passage.
Cependant, des groupes circulaient sur ses flancs, criant
que tout était à feu et à sang dans Paris, que les militaires
et les gardes nationaux qui y pénétreraient n'en sortiraient
pas. A Gentilly, on barre le passage; enfin, entre la rue
de la Tombe-Issoire et la route d'Orléans, trois élèves de
l'École polytechnique, envoyés par le général Cavaignac
à la rencontre des Orléanais, les dirigent par la chaussée
du Maine sur les Invalides et la place de la Concorde, où
ils arrivent à huit heures et demie du soir, harassés d'une
marche de cinq heures et demie par la chaleur et la pluie
et en alerte continuelle.

Les gares de Rouen et de Versailles étant libres, les
gardes nationales des localités situées sur le parcours de
ces lignes ne rencontrèrent pas de difficultés pour entrer
dans Paris. Elles arrivèrent les premières au nombre de
dix mille hommes, les unes dans la nuit du 23 au 24, les
autres dans la matinée du 24[1]; vers cinq heures du soir,
la garde nationale de Rouen (neuf cents hommes); celles
d'Évreux, des Andelys, de Gaillon, Mantes, Meulan, etc.
De la gare, elles se rendaient à la place de la Concorde;
du péristyle de l'Assemblée, le président les recevait et
leur souhaitait la bienvenue; l'état-major leur indiquait
ensuite les postes à occuper. Les unes étaient maintenues
aux environs de l'Assemblée, pour y remplacer les troupes

[1] Seine-et-Oise fournit en réalité 25,983 hommes, sur lesquels il y
eut 7 morts et 58 blessés.

qui formaient le corps de réserve; les autres, comme celles de Pontoise, de Rouen et d'Amiens, étaient dirigées vers les quartiers insurgés.

Le mouvement des milices de province vers Paris, une fois commencé, ne s'arrêta plus. Il en arrivait à chaque heure pendant la lutte, et, quand elle fut terminée, il en arrivait encore. La France n'était pas alors, comme aujourd'hui, sillonnée de voies ferrées pouvant amener rapidement dans la capitale les gardes nationales les plus éloignées : la ligne du Nord était seule achevée de Paris à la frontière, celle de l'Ouest n'avait qu'une seule ligne, celle du Havre; celle d'Orléans s'arrêtait à Orléans; celle de Lyon à Montereau, celle de l'Est à Meaux. Les gardes nationales habitant au delà de ces divers points ne pouvaient s'acheminer que lentement et se résigner à arriver trop tard. L'Indre, le Cher, le Loir-et-Cher, le Loiret, l'Aube, l'Yonne, le Nord, le Pas-de-Calais, l'Aisne et les Ardennes, la Marne, la Seine-Inférieure, en outre des départements avoisinant Paris, desservis presque tous, soit immédiatement, soit à peu de distance, par les chemins de fer, se trouvèrent à temps au rendez-vous. Puis il en vint, mais plus tard, de la Côte-d'Or, du Doubs, jusque du Finistère, de la Loire-Inférieure, de la Vendée et de la Gironde. Ce concours immense, généreux, spontané, témoignait suffisamment que l'opinion de la France, affirmée par les élections du 23 avril en faveur de la République d'ordre, et qui s'était prononcée de même après le 15 mai par une sorte de fédération morale des gardes nationales, ne s'était pas modifiée. A quelque point du territoire qu'on frappât, la province se levait, désavouant l'insurrection. Enfin, malgré l'interruption de certaines voies ferrées, les dépêches, grâce à quelques précautions, étaient arrivées ou parties comme d'habitude. L'isolement matériel de Paris n'était donc pas effectué, et, là encore, le plan de l'insurrection avait échoué.

LIVRE DIXIÈME.

L'INSURRECTION DE JUIN.

(Suite et fin.)

Sommaire. — 25 *juin.* — MM. Cavaignac et Senard. — Crédit de trois millions pour les indigents de Paris. — Proclamation de Cavaignac aux insurgés. — Fermeture de clubs; saisie de onze journaux. — Arrestation et mise au secret de M. Émile de Girardin. — Désarmement de la garde nationale dans certains quartiers. — Lamoricière donne l'assaut au clos Saint-Lazare. — A l'hôtel de ville, Duvivier se fait jour par la rue Saint-Antoine et par les quais. — La place de la Bastille et le faubourg Saint-Antoine. — Le général Négrier arrive à la Bastille par les quais et le boulevard Bourdon. — Il est blessé à mort à huit heures du soir. — L'heure de la conciliation. — Deux camps parmi les insurgés, l'un pour la soumission, l'autre pour la lutte à outrance. — Situation de la rive gauche, presque pacifiée, sauf à la barrière Fontainebleau. — Le général de Bréa et le commandant Gobert. — Il franchit la barrière; cris de mort, on l'entraîne au Grand-Salon, puis au grand poste. — MM. Gobert et Desmarets. — Deux heures d'agonie. — Le général de Bréa et Mangin sont assassinés; Gobert et Desmarets s'échappent. — Prise de la barricade par le 11e léger : six heures du soir. — Démarche de l'archevêque de Paris auprès du général Cavaignac. — Il parcourt les ambulances et arrive à la Bastille. — Trêve. — Reprise subite du combat. — L'archevêque est blessé. — Retour à l'Assemblée; projet d'un décret de déportation. — 26 *juin.* — Les insurgés entrent en pourparlers; prétentions du faubourg Saint-Antoine révélant le programme de l'insurrection. — Trois délégués accompagnent M. Larabit. — Armistice jusqu'à dix heures du matin. — Attaque et prise du faubourg par les généraux Perrot et Lamoricière. — Éloquente proclamation de Cavaignac. — La dernière barricade à la Villette. — Sanglant épilogue dans la cour des Tuileries et au Carrousel. — Morts, blessés, prisonniers. — L'Assemblée; décret ordonnant la transportation des insurgés (27 juin). — Insurrection de Marseille ; 22 et 23 juin. — Le 28 juin, le général Cavaignac dépose ses pouvoirs ; sur la proposition de M. Martin (de Strasbourg), il est nommé président du conseil des ministres. — Troisième évolution de la République.

I. — Le général Cavaignac et M. Senard résumaient dans leurs personnes tous les pouvoirs et toutes les attributions : le premier, vaquant à ses devoirs spéciaux de chef d'armée, distribuant les troupes, expédiant des dépêches aux villes de garnison ou aux arsenaux pour se procurer des combattants, des munitions et des vivres, et si absorbé dans ses préoccupations militaires, que, depuis le 23 au soir, il ne se montre plus à la tribune ou dans l'Assemblée ; le second, se faisant comme le conseiller intime et le secrétaire général du chef du pouvoir exécutif, et son intermédiaire avec l'Assemblée. Les événements rapprochaient ainsi deux hommes en parfait contraste d'habitudes, de profession et de caractère ; l'un, sobre de langage, sans apparat, modeste ; l'autre, verbeux, empressé, affairé, jaloux d'entrer en scène et d'agrandir par tous les moyens le rôle que les circonstances lui donnaient. Cavaignac pouvait dire avec raison : « Je suis le pouvoir exécutif », et, jouissant de la réalité du pouvoir, il n'en recherchait pas les dehors ; M. Senard disait volontiers : « Je suis l'Assemblée », vanité innocente que l'Assemblée lui pardonnait en faveur de la fermeté de son attitude et de son énergie déjà éprouvée.

A l'ouverture de la séance du 25 juin, après un résumé de la situation générale, M. Senard proposa à l'Assemblée de voter d'urgence un crédit de trois millions pour secours extraordinaires à répartir soit en argent, soit en nature, dans les quatorze arrondissements. L'Assemblée le vota sans discussion et à l'unanimité. Ce décret, immédiatement imprimé et affiché, fut distribué aussi aux représentants qui se chargeaient, comme délégués de l'Assemblée, d'en propager la publication dans les quartiers insurgés.

Cette preuve matérielle de bon vouloir fut suivie d'une autre non moins opportune. Les meneurs de cette sanglante bataille, voyant que la victoire leur échappait, se plaisaient à répandre le bruit que les ouvriers ne trouveraient ni grâce ni justice, que l'ordre du jour était : Malheur aux vaincus! et que, prisonniers, ils seraient immédiatement massacrés. M. de La Rochejaquelein signalait à l'Assemblée ces bruits calomnieux; il demandait qu'une proclamation collective y répondît pour les démentir. Mais M. Senard, jaloux de son initiative, voulait prononcer la clôture et fermer la bouche à M. de La Rochejaquelein; il y réussit, car l'Assemblée ne décida rien. Une heure après, il donnait lecture d'une proclamation de Cavaignac, « rédigée et distribuée, dit-il, depuis plusieurs heures », et au bas de laquelle il avait apposé sa signature comme président de l'Assemblée nationale. « Ouvriers, disait Cavaignac, et vous tous qui tenez encore les armes levées contre la République, une dernière fois, au nom de tout ce qu'il y a de plus respectable, de saint, de sacré pour les hommes, déposez vos armes! L'Assemblée nationale, la nation tout entière vous le demandent. On vous dit que de cruelles vengeances vous attendent. Ce sont vos ennemis, les nôtres, qui parlent ainsi. On vous dit que vous serez sacrifiés de sang-froid! Venez à nous, venez comme des frères repentants et soumis à la loi, et les bras de la République sont tout prêts à vous recevoir. » L'Assemblée accueillit cette lecture par des acclamations; M. Louis Blanc s'écria : « Ah! très-bien, c'est excellent. »

Le général et le président de l'Assemblée prenaient de concert et sous leur responsabilité de graves mesures. Le 23 au soir, un rédacteur du *National*, M. Degousée, avait demandé à la tribune la saisie des journaux anarchiques, l'arrestation en masse de quinze ou dix-huit cents fauteurs d'anarchie, et la déportation immédiate, sur simple constatation d'identité, de tous ceux qui avaient participé au 15 mai et aux événements de juin. La Commission exécutive, au déclin de son pouvoir, avait fermé l'oreille à ces conseils. L'état de siége et le danger public firent taire les scrupules. Le 25 au matin, un arrêté ordonna la fermeture des clubs reconnus dangereux, la saisie de onze journaux et la mise de leurs presses sous les scellés. Feuilles niaises ou d'une férocité stupide : le *Pilori,* le *Père Duchêne,* l'*Organisation du travail,* le *Journal de la Canaille,* dont depuis quelques jours chaque numéro était une excitation formelle et publique à l'insurrection ; feuilles radicales : la *Révolution de 1848* et la *Vraie République,* cette dernière devenue le Moniteur des ateliers nationaux en révolte ; feuilles bonapartistes ou fortement soupçonnées de l'être : le *Napoléon républicain* et la *Liberté,* dont l'opposition était très-vive ; enfin, feuilles royalistes : le *Lampion,* l'*Assemblée nationale* et la *Presse,* ces deux dernières qui signalaient sans ménagement et les fautes de la République et l'avenir sanglant qui allait les suivre, sans craindre même de montrer le désordre des ateliers nationaux comme toléré ou voulu par le pouvoir, et la guerre civile provoquée par lui comme un dénoûment profitable à son ambition.

Le 25 au matin, on lisait dans la *Presse :* « Nous voilà donc retombés sous le *despotisme du sabre,* et, pour comble d'abaissement, réduits à considérer ce despotisme comme un *bienfait !* Toutes les libertés sont suspendues, liberté individuelle et liberté de la presse ! Un mot suffit, mal interprété ou mal imprimé, pour vous exposer à être fusillé. Paris est en état de siége ! On se souvient à quelles attaques le gouvernement de Juillet fut en butte de la part du *National,* pour avoir mis Paris en état de siége ! Eh bien ! c'est à peine si le *National* règne et gouverne depuis quatre mois, voilà à quelle extrémité nous en sommes venus. »

Un gouvernement quel qu'il soit, dans une ville non-seulement soumise à l'état de siége, mais en proie à l'insurrection; à une heure où toute excitation des esprits se traduit immédiatement par des barricades et des coups de fusil, peut-il tolérer qu'un journaliste répande au milieu de la population des récriminations hostiles? Prononcées dans la rue, à pareille heure, elles seraient immédiatement réprimées; suffirait-il, pour les rendre innocentes, qu'elles fussent distribuées par la voie de la presse et par milliers d'exemplaires? Ainsi avait fait, en 1832, le gouvernement de Juillet, obéissant aux mêmes exigences; ainsi faisaient, en juin 1848, les républicains chargés de la responsabilité du pouvoir. Leur tort ne consistait pas à contredire par leurs actes les protestations qu'ils avaient élevées en 1832 contre l'état de siége, la suppression de la liberté de la presse et l'arrestation des journalistes; il remontait à 1832, alors que, en insurrection contre le gouvernement établi, ils ne voulaient pas admettre que le gouvernement défendît, par des moyens de salut public, et le pouvoir et la société qui lui étaient confiés. Le salut public et leur propre conservation leur arrachaient les mêmes mesures : expiation des erreurs ou des sophismes d'autrefois!

Cependant Cavaignac et Senard ne se bornèrent pas à supprimer onze journaux; le même jour, vers trois heures, le rédacteur en chef de la *Presse*, M. Émile de Girardin, fut arrêté dans les bureaux du journal, écroué à la Conciergerie, mis au secret; par suite de l'état de siége, il tombait sous la juridiction militaire. Pourquoi cette arrestation? pourquoi ces rigueurs exorbitantes et inutiles? Était-ce pour punir, fût-ce par un acte arbitraire, d'imprudentes publications? pour venger de vieux griefs, la mort d'Armand Carrel, une opposition énergique à la République, au général Cavaignac lui-même? « A la hauteur où ces scènes cruelles m'ont placé, répondait le général, où je ne désirais pas m'élever, où je ne désire pas rester, les passions ne peuvent atteindre[1]. » Nous ne croyons pas, en effet, que le général Cavaignac ait obéi à des rancunes personnelles; mais il n'en était pas de même de son entourage. Ce qu'on voulut surtout, ce fut ôter la parole à un adversaire incommode, téméraire, et que rien n'arrêtait. On mit en avant de prétendues intelligences avec les princes d'Orléans : ses papiers furent visités, ses lettres décachetées; il resta dix jours en prison : aucun document ne vint justifier les soupçons. Cette arrestation ne fut qu'une violence de dictature, digne de celle du 29 mars, lorsque, voyant ses bureaux envahis par la populace et sa personne menacée, M. Émile de Girardin s'engagea à garder le silence sur la politique jusqu'au 4 mai; digne de l'arrestation d'Émile Thomas, prononcée avec aussi peu de fondement et par les hommes de la même coterie[2].

Signalons une dernière mesure d'un caractère purement militaire. La garde nationale, fort empressée dans les 1re, 2e, 3e, 4e et 11e légions, n'avait pas répondu au rappel ou avait même fait presque complétement défaut dans plusieurs autres. La 12e (quartiers Saint-Jacques et Saint-Marcel) s'était laissé entraîner presque tout entière, officiers et soldats, dans les rangs de l'insurrection; la 8e et la 9e (Cité, quartiers Saint-Paul, Saint-Antoine et de la place Royale) n'avaient fourni que très-peu de gardes na-

---

[1] Réponse du général à M. Émile de Girardin, le 25 juin. *Journal d'un journaliste au secret*, par M. ÉMILE DE GIRARDIN. Juillet 1848.

[2] M. Émile de Girardin fut relâché comme il avait été arrêté, sans explication, le 5 juillet. La *Presse* resta sous le scellé jusqu'au 25 août. Interpellé le 27 juillet par la commission d'enquête sur cette arrestation, M. Senard répondit : « Si M. Émile de Girardin a été relâché, c'est que les charges qui pesaient sur lui n'ont pas été prouvées. Je crois, *sans pouvoir affirmer le fait,* que les doctrines de son journal sont une des causes de son arrestation, qui a été ordonnée d'accord entre le général Cavaignac et moi qui présidais l'Assemblée nationale. » *Sans pouvoir affirmer le fait!* En effet, il y avait d'autres raisons qu'on ne voulait pas avouer.

tionaux; dans les 5°, 6° et 7° (hôtel de ville, quartiers Saint-Martin et du Temple); sur soixante mille hommes, quatre mille environ étaient venus. Cavaignac ordonna le licenciement des légions insurgées et le désarmement de tous les gardes nationaux qui ne s'étaient pas rendus à l'appel; dépouillés de leurs armes, ils ne pourraient ni s'en servir contre l'armée ni les laisser enlever par les insurgés. Il rentra ainsi dans les arsenaux près de cent mille fusils. L'administration du XII° arrondissement, abandonnée par le maire, le docteur Pinel-Grandchamp, fut confiée à une commission de trois représentants du peuple : MM. de Vaulabelle, de Ludre et Froussard. — Revenons aux opérations militaires.

II. — Lamoricière, comme on l'a vu, avait réservé pour le 25 au matin l'assaut du clos Saint-Lazare. Maître, en effet, des positions qui l'avoisinent, il n'avait plus de combat à livrer, mais un simple mouvement de troupes à prononcer pour envelopper les insurgés. Cette forteresse emportée, il poursuivit, entre les boulevards extérieurs et les boulevards dits du Château-d'Eau et du Temple, sur les pentes qui conduisent à la Villette, à Belleville et à Ménilmontant, la suite de ses opérations. Les succès de l'armée, le 24 au soir, n'avaient mené les troupes que jusqu'au canal; là commençaient des difficultés plus grandes encore. On connaît cette rue de Paris, si rapide et si escarpée, la rue Saint-Maur qui la coupe, et dont chaque maison recèle des allées, des passages et comme une petite ville obscure et grouillante d'habitants, ces nombreux ateliers qui devenaient, en ces jours de luttes, autant de pépinières de soldats que d'arsenaux; et parmi ces insurgés, combien y en avait-il qui avaient conquis l'expérience militaire au service de la patrie contre laquelle ils se levaient aujourd'hui!

Pour combattre sur cet échiquier étendu, Lamoricière n'avait sous ses ordres que cinq à six mille hommes; mais à force d'adresse, il en multipliait le nombre. Il suivait deux lignes parallèles, l'une par les hauteurs, l'autre par le bas, le long du canal; mais dans ces rues hérissées de barricades, où le soldat était arrêté à chaque pas, y avait-il des manœuvres possibles ou d'une exécution suffisamment rapide pour être efficaces? Après avoir gagné le faubourg du Temple, il se rabattit sur le boulevard des Filles-du-Calvaire; là et dans les rues voisines, rue d'Angoulême, rue de Malte, rue de Ménilmontant, mêmes luttes acharnées, même succès chèrement acheté. Des deux côtés, les combattants étaient ivres de poudre, de colère, de désespoir; les uns, sentant que la fin de la lutte n'amenait pour eux que le début de pires misères; les autres, irrités qu'elle durât encore après de si sanglants sacrifices.

Le général Duvivier n'avait pas à soutenir une lutte moins terrible; mais le terrain en était plus resserré et les difficultés plus grandes encore. Deux jours durant, les insurgés avaient fortifié les abords de l'hôtel de ville et pressaient à la fois par les quais et par la rue Saint-Antoine les troupes qui le défendaient. Non-seulement de savantes barricades coupaient les rues, mais des chemins couverts avaient été pratiqués de maison en maison; les fenêtres donnant sur le passage des troupes étaient matelassées; chaque maison devenait une forteresse qu'il fallait prendre une à une. C'était peu de marcher presque librement par les quais : les rues qui les séparaient de la rue Saint-Antoine étaient assez fortes, et par elles-mêmes et par les travaux dont elles avaient été l'objet, pour que la tentative de les tourner ou de les attaquer de flanc fût aussi périlleuse pour l'agresseur que s'il s'y portait de face. Ces rues, elles existent encore en partie : rue de l'Hôtel-de-Ville, parallèle au quai, longue et étroite; derrière Saint-Gervais, la rue des Barres, qui joint par un boyau la rue Geoffroy-Lasnier; là était la mairie du IX⁰ arrondissement, bâtiment sans importance militaire, et qui ne marquait qu'un pas de plus fait par les troupes dans une voie difficile à l'heure où elle fut conquise.

La route du quai, plus large, fut plus vite enlevée à l'insurrection; vers quatre heures, les troupes atteignaient le pont de Damiette, aujourd'hui détruit, qui unissait la pointe nord de l'île Saint-Louis au quai des Célestins : la caserne des Célestins allait être prise; celle de l'Ave-Maria (elle n'existe plus) était occupée par une compagnie de mobiles, qui subirent tous les assauts sans se rendre; le passage des troupes les délivra. Par la rue Saint-Antoine, le chemin fut frayé non moins péniblement : barricades, place Baudoyer, puis au coin de chaque rue qui débouche dans l'artère principale, rue de Jouy, rue Pavée, rue Culture-Sainte-Catherine, rue Saint-Paul, rue Beautreillis, rue Castex, rue Lesdiguières. Dans cette conquête, lente et pénible, le général Duvivier fut blessé (il mourut quelques jours plus tard); le colonel Regnault, du 48⁰, reçut au pied d'une barricade sa nomination de général, pour tomber presque aussitôt, frappé à mort de la main d'un prisonnier à qui il venait de sauver la vie. Il était environ midi lorsque la troupe approcha de la Bastille et des abords du faubourg Saint-Antoine.

Le faubourg Saint-Antoine n'avait pas pris part aux débuts de l'insurrection, soit répugnance à s'y mêler, soit plutôt que, les combattants s'étant groupés par quartier, il ait attendu en s'y préparant que les progrès de l'armée eussent sonné pour lui l'heure de la défense. Néanmoins, dès le 23, de nombreuses barricades s'y étaient élevées, soit dans la rue du Faubourg, qui en comptait vingt-huit, de la place de la Bastille à la barrière du Trône, soit dans les rues latérales (de Charonne, Saint-Bernard, de Montreuil, Saint-Denis-Saint-Antoine), qui aboutissent à Ménilmontant, soit dans celles qui se dirigent vers la Seine (Charenton, Lacuée, Bercy, Cotte, Trouvée, Lenoir, d'Aligre, Traversière, Saint-Nicolas). Le 24, vers une heure, un inconnu lut une proclamation qui appelait aux armes et poussait à attaquer la caserne de Reuilly ; elle n'était défendue que par un détachement de deux cents hommes du 48ᵉ de ligne. Une première attaque, dirigée par un sieur Tezsier, cordonnier [1], avait eu lieu sans succès à neuf heures du matin ; à deux heures, elle recommença, et les assaillants tentèrent de mettre le feu à la caserne. Le général Mauduit, commandant du fort de Vincennes, averti de la situation difficile dans laquelle se trouvait le détachement qui occupait la caserne, ordonna au chef de bataillon de Saint-Romain de se porter rapidement sur les lieux avec son bataillon et une section du 6ᵉ régiment d'artillerie ; des gardes nationaux de Vincennes et de Saint-Mandé se joignirent à l'expédition. Elle dura trois heures et demie : après l'enlèvement de cinq barricades dans le haut du faubourg, la colonne libératrice parvint à la caserne et recueillit ses défenseurs qu'elle ramena à Vincennes avec le drapeau. Les assaillants, un instant repoussés, entrèrent dans la caserne et y pillèrent des souliers neufs. Ainsi avaient fait le même jour, au fort de Montreuil, les insurgés qui avaient réussi à s'en emparer : aussi, lorsqu'un détachement de Vincennes reprit possession du fort, le commandant fit examiner les chaussures des insurgés, et il fut facile de reconnaître ceux qui avaient forcé l'entrée du fort et qui s'y étaient livrés au pillage.

   Une barricade formidable fermait la place de la Bastille du côté qui fait face à la rue Saint-Antoine. Elle partait à droite de la rue de l'Orme et du quai Bourdon, qui borde le canal et le Grenier d'abondance, traversait la rue Saint-Antoine, masquant le socle de la colonne par un

---

[1] Ce Tezsier était un de ceux qui, en février, avaient contribué à l'attaque et à la prise de cette même caserne.

talus évasé, atteignait les rues des Tournelles et Jean-Beausire et se reliait à celles du boulevard Beaumarchais ; de l'autre côté, le quai Valmy, les rues de la Roquette, Saint-Antoine, de Charenton, de la Planchette, boulevard Contrescarpe, achevaient d'enfermer la place dans un cercle de barricades. Les insurgés ou ceux qui les guidaient n'avaient pas méconnu l'importance de la position, commandant à la fois les boulevards et le canal, et protégeant le faubourg contre toute attaque de face. Mais, si forte qu'elle fût, c'était la dernière ; la lutte pouvait être sanglante encore : le résultat n'était plus douteux.

Il était midi lorsque les troupes qui avaient emporté les barricades de la rue Saint-Antoine se trouvèrent en face de la Bastille et des défenses qui la précédaient. Huit heures durant, le canon tonna, soit contre la barricade, soit contre les maisons qui bordent circulairement la place à l'entrée du faubourg. Pendant que le canon accomplissait l'œuvre de démolition, des tirailleurs, embusqués dans les maisons, dirigeaient des feux plongeants, soit sur la place, soit sur les fenêtres d'où ripostaient des tirailleurs insurgés. Le général Négrier, que Cavaignac avait désigné pour remplacer le général Duvivier, avait suivi les quais, fait enlever par des colonnes mobiles les barricades de la rue de la Cerisaie, du Petit-Musc et de toutes celles qui avoisinent l'Arsenal, et, défilant par le boulevard Bourdon, il était arrivé jusqu'à la place de la Bastille. C'est là, sur cette place, au milieu des balles qui pleuvaient de toutes parts, qu'il s'affaissa soudain, blessé à mort, entre les bras de M. de Falloux qui l'avait accompagné. Auprès de lui tombait aussi le colonel Charbonnel, représentant du peuple.

A huit heures, le feu cessa des deux parts, comme par un accord tacite. Il semblait que l'heure de la réconciliation avait sonné, tant c'était alors un sentiment général et le but de tous les efforts. Le matin, le décret des trois millions; vers midi, la proclamation de Cavaignac, fournissaient comme une autorisation officielle dont les représentants s'emparaient avec ardeur. Le 24, les insurgés n'écoutaient personne; mais, le 25, battus sur tous les points, ne conservant plus que quelques positions menacées, sentant se rétrécir à toute heure le champ de bataille, ils commençaient à prêter l'oreille aux bruits, vagues d'abord, bientôt plus précis, de transaction et de paix qui parvenaient jusqu'à eux. Il y avait à ce moment dans leurs rangs deux camps bien tranchés; les uns, las de se battre, ne voyaient devant eux que la défaite et n'espéraient plus rien d'une victoire reconnue impossible; les autres, que la défaite exaspère, pour la plupart réclusionnaires libérés, forçats en rupture de ban, gens étrangers aux quartiers qu'ils traversent et que les habitants désavouent, trouvaient dans la continuation de la lutte la satisfaction d'instincts de pillage et de meurtre [1]. Isoler ceux-ci de ceux-là, ramener les égarés, faire pénétrer au delà des barricades les sentiments de clémence qui animaient tant de cœurs, prévenir enfin ces dernières ardeurs de la lutte où les combattants ne distinguent plus entre la férocité et la guerre : telle était l'œuvre que tentaient d'accomplir quelques courageux citoyens.

III. — Transportons-nous sur la rive gauche, où, le premier dans l'ordre des heures, le général de Bréa, quoique militaire, chef de corps et presque absolument maître du terrain, avait tenté le rôle de pacificateur.

Dès le 24 au soir, le combat proprement dit avait cessé

---

[1] Nous n'établissons pas cette distinction sur des conjectures : il est acquis que 1,400 forçats ont pris part à l'insurrection; les uns qu'on avait tolérés à Paris, les autres qui y accoururent de Rouen, du Havre, d'Orléans, de toutes les villes fixées pour leur résidence. (*Commission d'enquête*, déposition de M. Trouvé-Chauvel.)

dans les quartiers du Panthéon et Mouffetard; quelques coups de feu, partant de loin en loin sur le passage d'une patrouille, rappelaient la lutte de la veille sans réussir à la renouveler. La rive gauche aurait pu passer pour complétement reconquise, ainsi que l'assurait le matin M. Senard à l'Assemblée nationale, si la barrière Fontainebleau et les extrémités du faubourg Saint-Marcel n'avaient offert un asile et comme un dernier boulevard aux débris de l'insurrection. En effet, dans la nuit du 24 au 25, l'arrondissement avait été envahi par une foule d'hommes étrangers au quartier, restes des bandes chassées du Panthéon; on ne se battait là ni pour la République ni pour le socialisme, mais pour le meurtre et le pillage [1]. C'est dans ces quartiers extrêmes que le général de Bréa voulut porter des paroles de paix.

Vers dix heures du matin, il massa ses forces en garde mobile, garde nationale et infanterie de ligne, forma une colonne d'environ deux mille hommes, et, accompagné de M. de Ludre, représentant du peuple, nommé administrateur du XII° arrondissement, il se mit en marche par la rue du Faubourg-Saint-Jacques. A la barrière Saint-Jacques, Gobert, chef de bataillon dans la 12° légion, s'offrit au général pour porter les premières paroles de paix aux insurgés : son uniforme de garde national devait leur inspirer confiance. Il s'avance, parlemente : la barricade s'ouvre. Le général lit à haute voix le décret rendu le matin par l'Assemblée qui accordait trois millions pour secours; les troupes et les insurgés fraternisent. A la barrière d'Enfer, même démarche du chef de bataillon et du général : même succès, qui se renouvelle encore à la barrière de la Glacière. Le général de Bréa, âme généreuse et haute, était heureux; il apportait la paix, il y trouvait des

---

[1] Procès des assassins du général de Bréa. Déclaration de l'accusé Choppart.

cœurs dociles, et il lui semblait que sa marche ne serait plus traversée par de sanglants épisodes.

La colonne, poursuivant sa route, arriva aux abords de la barrière Fontainebleau. La place d'Italie formait alors un rond-point traversé par les grilles de la barrière qui s'appuyaient à droite et à gauche aux bâtiments d'octroi. Le rond-point était désert et barricadé; les grilles étaient bouchées par des pavés; une petite porte, s'ouvrant en dedans, donnait seule accès au delà de la grille. Comme il avait fait ailleurs, Gobert s'avança le premier, mais il rencontra là de tout autres dispositions. Menacé et couché en joue, il revint auprès du général, lui déclara qu'il aurait affaire à des forcenés, et que le seul parti à prendre était de faire avancer le canon. La batterie fut dressée, les troupes prirent position; mais, avant de commencer le feu, le général de Bréa voulut essayer par lui-même de la conciliation qui lui avait réussi jusque-là. Il entre dans le rond-point; à ses côtés se trouvaient, avec MM. de Ludre et Gobert, le colonel Thomas, du 11° léger, le lieutenant-colonel Desmarets, du 24° léger, M. Mangin, aide de camp du général, et le lieutenant Singeot. — « Entrez, disaient les insurgés au général, il ne vous sera rien fait. » Le général mit pied à terre et franchit la petite porte de la grille avec le lieutenant Singeot à sa droite. Le représentant de Ludre et le colonel Thomas refusèrent d'entrer; les autres officiers hésitaient. M. Desmarets s'avance vers MM. Gobert et Mangin : « Comment! nous laissons aller un général seul! Cela est tout à fait contraire aux règles militaires. » Sur cette observation, MM. Gobert et Mangin se joignirent à M. Desmarets et se mirent aux côtés du général.

A peine avaient-ils franchi la grille, on les enveloppe. Au silence funèbre qui régnait quelques instants auparavant succèdent des cris furieux : « *A mort! à mort Cavaignac! le voilà, le bourreau de nos frères! à mort!* »

soit qu'ils crussent en effet que Cavaignac fût tombé lui-même entre leurs mains, soit qu'ils le feignissent pour irriter davantage la foule. On bat la générale : les hommes couchés sur le pavé se lèvent, les cabarets se vident; femmes et enfants accourent : une tourbe déguenillée, sinistre, hurlante, encombre le rond-point. « Allons chez le maire », disent quelques bons citoyens. Dordelin, adjoint de Gentilly depuis douze ans, maire depuis le 13 mars 1848, était propriétaire d'un restaurant situé près de la barrière, sous l'enseigne du *Grand-Salon* [1]; on espérait faire évader par le jardin le général et ses compagnons. Ils arrivent : on ferme les portes, on entre au jardin ; le lieutenant Singeot enjambe le mur et s'enfuit. Le général était déjà à moitié passé, lorsqu'un sieur Paris l'arrache du mur et lui dit : « Je réponds de vous. » En ce moment, la foule, qui devine que sa proie lui échappe, force les portes, elle se rue dans le jardin et ramène le général dans le corps de logis au deuxième étage. On lui avait enlevé son épée et au capitaine Mangin son sabre : le commandant de la barricade, Bussières, tenait l'un et l'autre à la main, les brandissait par la fenêtre et criait : « Nous les tenons, n'ayez pas peur, ils n'échapperont pas. »

Cependant on pressait le général d'ordonner aux troupes de se retirer. Il s'assit près d'une table et écrivit : « Nous soussignés, Bréa et de Ludre, déclarons être venus aux barrières pour annoncer au bon peuple de Paris et de la banlieue que l'Assemblée nationale a décrété qu'elle accordait trois millions en faveur de la classe nécessiteuse et qu'elle a crié : Vive la République démocratique et sociale ! ». Nouvelle invasion de la foule : le général s'arrête. C'est Gobert, qui, séparé de lui depuis quelques instants,

---

[1] N° 18, route de Fontainebleau. Cet établissement existe encore sous la même enseigne.

rentrait dépouillé de ses armes. Le général reprit : « Je suis entouré, à la barrière Fontainebleau, de braves gens, républicains, socialistes et démocrates..... » Il éludait l'ordre de retraite : les insurgés l'exigeaient; quelques citoyens, qu'animaient des intentions favorables au malheureux général, le pressaient dans le même sens. « Mais, général, lui disaient-ils, faites donc quelque chose pour nous aider. Tant que la troupe sera là, nous ne viendrons à bout de rien. » Il se décida à écrire, certain que ses ordres, qu'on devinerait extorqués par la force, ne seraient pas exécutés : « J'ordonne à la troupe de se *retir.* (sic); qu'elle retourne par la même route. » Dordelin partit, porteur de l'écrit, tandis que les gens qui veillaient sur le général, redoutant les accès de fureur de cette foule, proposèrent de le conduire à quelques pas plus loin, au grand poste [1].

Le général, Mangin et Gobert, s'acheminèrent donc vers le grand poste, surveillés et serrés de près par ceux-là mêmes qui seront tout à l'heure les assassins : Nourry, Lahr et Choppart. Sur le seuil, un garde national dit à Gobert : « Commandant, n'entrez pas, vous allez être fusillé. — Je suis venu avec le général, répondit Gobert, et je ne l'abandonnerai pas. » Desmarets s'y trouvait déjà, la tunique en lambeaux, sans shako ni épaulettes, dépouillé de son sabre; les mêmes cris de mort l'avaient accompagné dans le trajet de la barrière au grand poste [2].

[1] Route de Fontainebleau, entre le n° 74 et le n° 76.
[2] Voici une partie de la déposition du lieutenant-colonel Desmarets au procès. « On me dit : « Entrez, que demandez-vous? — Je ne viens « pas en parlementaire, mais il y a là un représentant qui est porteur « d'un décret. » Alors le nommé Gautron me toisa des pieds à la tête et me dit : « Tu es de la mobile? — Non », lui dis-je. Et aussitôt il s'écria : « A mort! à mort! c'est un traître. » Ce cri de mort vola de bouche en bouche et aurait reçu son accomplissement sans l'intervention de MM. Dumont et Gérard. Je fus dégradé en un clin d'œil, ma tunique en lambeaux, mon shako enlevé, mon sabre de même. On me fit entrer dans l'arrière-boutique de la maison Peloille, 3, route de Fon-

Les vociférations, les menaces durèrent deux heures. Le général se promenait, regardait et soupirait. «Général, lui dit Daix, surnommé le pauvre de Bicêtre parce qu'il vivait des charités de l'hospice, vous êtes préoccupé; ayez courage! — Hélas! répondit-il, c'est aujourd'hui le jour de ma fête. » Le capitaine Mangin disait à Nuens, l'un des vociférateurs : « Enfin, que veut-on faire de nous? Qu'on le dise! Si l'on veut nous fusiller, que ce soit tout de suite. » Cependant Daix, qui, malgré son hypocrite sympathie, paraissait être le chef de la bande, faisait sortir du poste tous les hommes sans armes, c'est-à-dire ceux qui auraient pu être favorables. Gobert remarque cette précaution. « Général, dit-il, le moment fatal approche. » En même temps Desmarets, assis près de la fenêtre, entend ces mots sans savoir d'où ils partent : « Citoyen, prends garde à la fenêtre. » Il s'en éloigne, et aussitôt : « Voilà la mobile! c'est la troupe! » Une femme entre dans le poste : « Il faut en finir : à mort! » Immédiatement la salle est évacuée et les prisonniers restent seuls.

Le général de Bréa et le capitaine Mangin se tenaient debout au milieu, près d'une table; le commandant Gobert

tainebleau, et on me donna un verre d'eau. Je pensai à ma femme, à mes enfants, et quelques larmes mouillèrent mes yeux. Alors M. Dumont me dit : « Courage, nous allons essayer de vous sauver; il faut « aller au grand poste. » Nuens me saisit par le bras, se plaça à ma droite avec son fusil. On criait *A mort! à mort!* Gautron voulait m'assommer avec un pavé. Il y avait un petit vieillard au teint rosé, aux pommettes saillantes, qui voulait me faire fusiller dans une ruelle. Une femme, ma blanchisseuse, se jeta à genoux et dit à ceux qui me tenaient : « Grâce! c'est un père de famille, ne lui faites pas de mal. — Nous « aussi, disaient ces furieux, nous sommes pères de famille. A mort! à « mort! » Grâce à M. Dumont, j'arrivai vivant au poste, où la garde nationale me protégea. « C'est un brave officier qui vient ici avec des « paroles de paix, dit le capitaine Renault, il faut le respecter. » On criait : *Pas d'assassinat! pas de mort!* Mais le poste fut envahi. Je reçus des coups de crosse dans les reins. Nuens arriva, et frappant la table de sa crosse : « Il faut en finir : à mort! » Les cris redoublèrent, et le général arriva..... »

se glisse rapidement sous le lit de camp; M. Desmarets monte dessus et se range derrière le volet de la fenêtre. Il se fit un grand silence; puis de la porte entr'ouverte et de la fenêtre partirent sept ou huit coups de feu. Le général tombe, frappé à mort; Mangin, atteint à la joue, roule à terre et se relève la tête dans ses mains; à la seconde décharge, il retombe en poussant un cri épouvantable.

Desmarets, immobile, attendait son tour. Deux ou trois insurgés entrèrent et percèrent les cadavres à coups de baïonnette; l'un d'eux, le plus jeune (c'était Nourry), enleva l'épée du général et la lui enfonça dans le ventre; ils dirent : « C'est fini, ils sont morts. » Et ils s'en allaient, lorsque l'un d'eux : « Il y en a un sous le lit. — Fusillons-le! » crièrent les autres. Mais la foule faisant irruption dans le poste, Desmarets se jette à bas du lit et tombe entre les bras de MM. Dumont et Viel, qui le protégent de leurs corps. « Laissez-le, dit quelqu'un, il en a assez, celui-là. — C'est vrai, » dit un autre; et moitié par un reste d'humanité, moitié dans la crainte de tuer l'un des leurs, ils le laissèrent s'échapper. Le poste fut évacué, la porte et la fenêtre fermées. Gobert y restait seul en présence des deux cadavres, attendant à tout instant qu'on vînt le prendre pour le fusiller. Soudain, un carreau tombe et une voix lui dit de sortir. Voix de sauveur? voix d'assassin? Il hésite; mais après tant de souffrances, tant d'anxiétés, qu'était la mort? Il s'élance hors du poste; un ouvrier le pousse dans une allée de maison, lui donne sa blouse et sa casquette et lui fait franchir un mur : il était sauvé. Le général était arrivé à la barrière à deux heures et demie; il reçut le coup mortel à cinq heures et demie, après trois heures d'outrages, d'angoisses et d'agonie.

Un quart d'heure après, la barricade fut enlevée sans combat. Le colonel Thomas courut au grand poste; il n'y trouva que deux cadavres : celui de Mangin, défiguré par les balles, méconnaissable; le général, dépouillé de ses épaulettes, de son épée, de tous ses insignes, y compris sa croix de commandeur.

Ce sauvage attentat acheva, sur la rive gauche, la défaite de l'insurrection : elle expirait dans la honte. Le soir même, quelques-uns des assassins furent arrêtés; enivrés de leur forfait, ils s'en vantaient, ils se faisaient gloire des dépouilles, ils s'accusaient eux-mêmes ou se dénonçaient les uns les autres [1].

IV. — A l'heure où le général de Bréa succombait victime de la plus odieuse des trahisons, Mgr Affre, archevêque de Paris, se rendait du palais archiépiscopal à la présidence, et communiquait au général en chef son intention de se présenter aux avant-postes. Lui, l'homme modeste, le prêtre exclusivement attaché à son ministère, malgré la timidité de son caractère et sa répugnance bien

---

[1] *Déposition de Mallet, distillateur :* Lebelleguy a dit à Nourry : « Tu sais, Jean, que nous vendrons l'épée et les épaulettes, et nous partagerons l'argent. » J'étais à dîner, ils ont demandé deux canons. Nourry s'est approché. Je lui ai dit : « On dit qu'il y a eu un général de tué. » Il m'a répondu : « Nous l'avons si bien tué que nous avons là son épée et ses épaulettes. — Malheureux! » lui ai-je dit. Ça lui a fait une émotion. Sa mère est arrivée. En voyant son fils, elle lui a dit : « Jean, tu as quelque chose. — Non, maman, seulement Lebelleguy et moi nous avons l'épée et les épaulettes d'un général. » La mère lui a dit : « Alors, viens-nous-en; allons les ranger. » — Lebelleguy avait dix-sept ans, Nourry dix-huit. Nourry, condamné aux travaux forcés, est encore à Cayenne. La Commune de 1871, ne pouvant libérer Nourry, s'empressa du moins de le réhabiliter; sa mère fut préposée à la direction d'un ouvroir installé dans l'établissement des Pères jésuites, rue Lhomond, ci-devant rue des Postes. Il était naturel que les assassins des généraux Clément Thomas et Lecomte revendiquassent pour ancêtres les assassins du général de Bréa et du capitaine Mangin. Sur l'emplacement du grand poste, on a construit depuis une chapelle sous le vocable de saint Marcel, patron du quartier. Elle est connue aussi sous le nom de chapelle Bréa. La Commune de 1871 en avait décrété la démolition. C'est dans la petite chapelle à droite en entrant, là où sont les fonts baptismaux, que le général de Bréa fut assassiné.

connue pour l'ostentation, il aspirait à jeter entre les combattants des paroles de paix évangélique; ce n'était pas assez, il voulait se mêler de sa personne aux insurgés, les exhorter à poser les armes et à vivre en frères avec leurs frères. Quel serait l'effet d'une pareille démarche? Cavaignac, sans prétendre l'en détourner, lui en signalait les périls; mais telle était la résolution de l'archevêque, que ses amis ne reconnaissaient pas sa réserve habituelle, et que le général Cavaignac ne put que s'incliner devant cette grande âme. Il quitta le palais de la présidence, cheminant à pied; la foule se pressait sur ses pas, fléchissant le genou sous la bénédiction du pasteur, s'emparant de ses mains pour les baiser. Il entrait dans les ambulances, bénissant les blessés, absolvant ceux que la mort allait prendre. Sa figure, naturellement douce, se transfigurait dans le dévouement.

Il arriva ainsi jusqu'à la place de la Bastille. Sur sa demande, le général Perrot fit suspendre le feu. L'archevêque, accompagné de deux grands vicaires, MM. Jacquemet et Ravinet, de son domestique et de deux représentants du peuple, MM. Larabit et Druet-Desvaux, se dirigea vers la barricade qui fermait l'entrée du faubourg : un garde mobile, agitant une branche d'arbre en signe de paix, le précédait. Arrivé au pied de la barricade, les insurgés l'aidèrent eux-mêmes à la franchir, et il commença à converser avec eux.

En ce moment même, et à quelques pas de là, se trouvait aussi un représentant du peuple, propriétaire d'usines dans le quartier Popincourt, connu pour ses tentatives d'association industrielle entre ouvriers et patrons, et qui, à ce double titre, espérait être écouté avec faveur : M. Charles Beslay; il apportait aux insurgés la proclamation de Cavaignac. Non loin de lui, M. Galy-Cazalat, lui aussi représentant, lisait à haute voix le décret de l'Assemblée. Les insurgés ignoraient et la chute de la Commission exécutive et la nomination de Cavaignac; quant à la proclamation de celui-ci, il leur semblait peut-être difficile de concilier la guerre acharnée qu'il leur faisait avec les sentiments d'indulgence dont elle était pleine, et ils s'inquiétaient de son authenticité. Quelques-uns, qu'une terminaison subite de l'insurrection déconcertait sans doute, élevaient des objections, réclamaient l'impossible : ils voulaient l'original de la proclamation. M. Beslay leur répondait qu'il était disposé à rester derrière les barricades jusqu'à ce que la proclamation, signée du général, fût arrivée; et, pour se faire mieux entendre et obtenir le silence, il commanda un roulement de tambour. Ce roulement est pris pour un appel aux armes : les fusils s'abaissent des deux côtés, le combat reprend, et l'archevêque de Paris, qui s'était avancé dans le faubourg, reçoit une balle dans les reins [1]. Il tombe : on s'empresse autour de lui, on le porte chez le curé de Saint-Antoine des Quinze-Vingts, rue de Charenton, tandis que les représentants du peuple étaient menacés de mort par quelques fanatiques et retenus prisonniers.

D'où partit la balle qui atteignit l'archevêque et dont il devait mourir? Se trouva-t-il dans les rangs de l'insurrection quelque forcené qui profita du désordre pour commettre sans péril un odieux assassinat? Nul n'a le droit de le dire et de transformer en un crime ce qui, jusqu'à présent, n'a pu être imputé qu'au hasard. Le prélat écrivait, le 6 août 1840, dans son mandement de prise de possession : « La paix soit avec vous..... Nous ne venons ni gouverner ni troubler la cité, mais offrir une victime..... *Pacificus ad immolandum Domino veni.....* » Ce texte prophétique, il l'accomplit à la lettre : Dieu, auquel il s'offrait, accepta son sacrifice. Le moment où l'arche-

---

[1] Récit de M. Charles Beslay à l'Assemblée nationale; séance du 26 juin 1848.

véque fut blessé marque celui où commencèrent les négociations entre les insurgés et le gouvernement; le combat cesse, et l'insurrection peut être considérée comme terminée.

V. — L'Assemblée reprit séance à neuf heures du soir. Dans le tableau sommaire des résultats et des événements de la journée, M. Senard commit, à dessein ou non, de singulières omissions. L'archevêque ayant été blessé vers huit heures un quart, le président de l'Assemblée pouvait l'ignorer à neuf heures; mais ne savait-il pas au moins la démarche faite par le prélat auprès de Cavaignac, et, dans ces tristes et sombres heures de la guerre civile, ce dévouement ne valait-il pas d'être signalé? On s'explique moins encore le silence gardé par M. Senard sur l'attentat de la barrière Fontainebleau. « Et le général de Bréa? » dit une voix. — « J'ai entendu la question, répond M. Senard. Je ne peux pas vous donner de réponse positive. Des estafettes, envoyées à deux ou trois reprises pour avoir des détails exacts, sont revenues jusqu'alors sans pouvoir nous en apporter. » Comment! il est neuf heures, l'assassinat a eu lieu à cinq heures et demie, la barricade a été enlevée par le colonel Thomas à cinq heures trois quarts, et une ou plusieurs estafettes n'avaient pas, trois heures après l'événement, averti le général en chef? C'est invraisemblable et impossible. M. Senard s'est tu parce qu'il a voulu se taire.

On s'explique mieux sa discrétion sur la fermeture de certains clubs, sur la saisie de onze journaux, sur l'arrestation et la mise au secret de M. Émile de Girardin. Il n'en parla que le lendemain, très-incidemment, et même sans nommer le rédacteur en chef de la *Presse*. Il craignait sans doute quelques réclamations libérales et des protestations de survivants de 1832, plus énergiques peut-être que celles qui avaient accueilli l'état de siége. Il est juste d'ajouter que ces mesures rentraient dans la compétence exclusive du chef du pouvoir exécutif, telle que la constituait l'état de siége.

Il n'en pouvait être de même d'un projet de décret prononçant la déportation outre-mer sans jugement préalable, et par voie administrative, de tout individu pris les armes à la main; mesure générale et exorbitante du droit commun qui tombait dans le domaine législatif de l'Assemblée. M. Degousée avait, on s'en souvient, proposé quelque chose d'analogue; la peine qu'il réservait aux quinze cents clubistes, aux principaux fauteurs de désordre, Cavaignac et Senard l'étendaient à tous les insurgés.

« De toutes parts, disait M. Senard, on nous demande ce qui adviendra. On nous dit de toutes parts que l'Assemblée réunie ici ne peut pas laisser cette incertitude qui étonne ceux-là mêmes qui font les prisonniers. Je viens vous soumettre une résolution en harmonie, ce me semble, avec le nombre de ces prisonniers, avec la guerre acharnée qui nous est faite, avec les pensées d'humanité qui doivent encore dominer ici. » Mais il ne demandait pas un vote d'urgence; il l'ajournait au lendemain.

Si l'on rapproche la proposition de déportation faite le soir de l'indulgente et généreuse proclamation du matin, il est facile de saisir entre ces deux actes une flagrante contradiction. « Venez à nous, venez comme des frères repentants et soumis à la loi, et les bras de la République sont tout prêts à vous recevoir. » Ainsi parlaient, le matin, MM. Cavaignac et Senard. Les combats acharnés de la rue Saint-Antoine et du faubourg du Temple, les scènes de la barrière Fontainebleau leur ont répondu. L'armée, la garde nationale, la garde mobile, décimées par les balles, payant de leur sang la conquête de chaque barricade, ne voyaient pas sans irritation ces promesses d'oubli qui désarmaient la justice et qui replaçaient au même rang les artisans de guerre civile et les défenseurs de la République. Ces « frères repentants » ne se repentaient qu'après la défaite; ces « frères soumis à la loi » n'en reconnaissaient l'empire que par impuissance à la renverser. Le châtiment légal devait être la conséquence et le prix de la victoire : Cavaignac le comprit; et, sans se croire lié par des engagements que l'insurrection avait déchirés, il s'interdit les représailles sanglantes, mais en laissant carrière à la répression.

VI. — La nuit du 25 au 26 juin se passa en négociations. Un sieur Barthélemy, condamné le 20 décembre 1839 aux travaux forcés à perpétuité, pour tentative de meurtre dans l'équipée du 12 mai, gracié le 19 mars 1848 par le Gouvernement provisoire, avait, aux premiers bruits d'émeute, quitté Rouen, qui lui avait été fixé pour résidence : il commandait la barricade de la rue Grange-aux-Belles, dans le faubourg du Temple. Les munitions des insurgés s'épuisaient; la fin de la lutte était proche. Il se présenta devant Lamoricière et lui demanda, pour le cas où le faubourg consentirait à capituler, quelles conditions lui seraient faites. « Vous serez traités comme la garde nationale du XIIe, répondit Lamoricière, c'est-à-dire désarmés d'abord; on avisera ensuite. » A la Bastille, le général Perrot posait des conditions analogues : destruction des barricades, entrée des troupes, remise des armes. Au lieu de continuer les pourparlers avec les généraux, le faubourg Saint-Antoine préféra s'adresser directement au chef du pouvoir exécutif.

MM. Larabit, Galy-Cazalat et Druet-Desvaux s'offrirent d'abord pour intermédiaires; mais, aux premières prétentions du faubourg, ils opposèrent un énergique refus. On ne demandait rien moins que la dissolution de l'Assemblée, l'éloignement de l'armée à quarante lieues de Paris, la mise en liberté des prisonniers de Vincennes et le soin laissé au peuple de faire lui-même sa constitution. Tel était sans doute le programme de l'insurrection; victorieuse, elle aurait pu tenter de le réaliser, mais vaincue ou tout près de l'être, cernée dans ses derniers retranchements, lorsque quelques heures à peine la séparaient de la déroute, de pareilles prétentions n'étaient que ridicules. Était-ce bien, du reste, du faubourg lui-même qu'émanaient ces propositions, ou plutôt de ces chevaliers nomades de l'insurrection, qui fomentaient de quartier en quartier la résistance à outrance, instigateurs d'une lutte dont ils voyaient avec terreur approcher la fin, conseillers d'incendie ou d'assassinat, les mêmes qui menaçaient les représentants et parlaient sans cesse de les fusiller?

Quoi qu'il en soit, le parti de la modération l'emporta. Une demande fut adressée au chef du pouvoir exécutif, ainsi conçue : « Nous ne désirons pas l'effusion du sang de nos frères; nous avons toujours combattu pour la République démocratique. Si nous adhérons à ne pas poursuivre les progrès de la sanglante révolution qui s'opère, nous désirons aussi conserver notre titre de citoyens, en conservant tous nos droits et tous nos devoirs de citoyens français..... » Les trois représentants n'hésitèrent pas à signer cette demande, et M. Larabit reçut mission, avec quatre délégués du faubourg, de la communiquer à l'Assemblée et au général Cavaignac. MM. Galy-Cazalat et Druet-Desvaux restèrent comme otages.

M. Larabit et ses compagnons arrivèrent au Palais-Bourbon vers deux heures et demie du matin, et furent introduits auprès de M. Senard. M. Larabit insistait pour rendre compte de sa mission à l'Assemblée elle-même; mais comment la réunir à cette heure avancée de la nuit? Le président de l'Assemblée remit aux délégués une réponse, écrite où il déclarait n'admettre d'autres conditions que la destruction des barricades et la cessation de toute résistance. Cependant il fut verbalement convenu que les armes ne seraient pas enlevées par les troupes, mais déposées à la mairie, et qu'on se bornerait à arrêter ceux que la justice devait atteindre comme coupables d'excitation à la révolte. Une proclamation du pouvoir exécutif devait publier immédiatement les résultats des négociations. Enfin, comme, pendant la durée des pourparlers, Lamoricière avait terminé le mouvement qui achevait de le rendre maître du faubourg du Temple, et que tout était prêt pour l'attaque simultanée du faubourg Saint-Antoine, tant par le côté de la Bastille que par le quartier Popincourt, le canal et les boulevards extérieurs, le général Cavaignac consentit qu'un armistice fût proclamé et maintenu jusqu'à dix heures du matin; à cette heure, si la résistance n'avait pas désarmé, les hostilités seraient reprises.

A six heures du matin, les délégués repartirent pour le faubourg avec M. Larabit, qui se reconstitua prisonnier. D'autres députations se rendirent auprès de Cavaignac; l'une d'elles osait mettre à la reddition la condition d'une amnistie pleine et entière. Cavaignac ne répondit plus qu'un seul mot : soumission absolue. Cependant, les heures s'écoulaient et le faubourg ne se rendait pas. Dans l'intérieur, MM. Galy-Cazalat et Druet-Desvaux, restés comme otages, avaient passé une nuit d'anxiété et de périls; vers cinq heures, ils furent conduits au corps de garde situé entre la rue de Montreuil et la rue du Faubourg; on y fabriquait de la poudre qui était immédiatement convertie en cartouches. Vainement les représentants signalaient-ils aux insurgés qui les entouraient l'investissement imminent du faubourg; à l'agitation de la rue ils devinaient que leur propre sort se discutait en ce moment, mais que les insurgés ne songeaient pas encore à se rendre. Tout à coup un ouvrier, Eugène Portier, se précipite dans le corps de garde : avant de donner l'attaque, le général Perrot sommait les insurgés de profiter du délai qui leur restait. Portier monte sur une table, et malgré les plus violents murmures, il fait un énergique appel aux sentiments patriotiques de ses auditeurs. M. Druet-Desvaux prend à son tour la parole, et sur ses chaleureuses exhortations, on fait sortir les représentants pour traiter de la reddition du quartier.

Cinq minutes s'étaient à peine écoulées, un coup de canon retentit dans la direction de la Bastille : « Maintenant, il est trop tard, s'écrie M. Galy-Cazalat; vous n'avez plus aucune demande à faire; il n'y a qu'un seul moyen de vous sauver. Voulez-vous que nous allions, mes collègues et moi, intercéder pour vous sur la première barricade? » La majorité accepte la proposition, et les deux représentants, accompagnés de quatre ouvriers, remontèrent le faubourg. Treize barricades les séparaient de l'entrée; à chacune ils criaient : « Ne tirez pas, nous allons parlementer pour vous! » Mais, tel était le mélange impur que l'insurrection portait encore dans ses rangs, que des bandits voulaient, par derrière, tuer les représentants qui se dévouaient pour eux. Vers la cinquième barricade, les balles des assaillants commençaient à pleuvoir autour d'eux; aucun ne fut blessé. A la troisième, ils se trouvèrent en face d'une trentaine de tirailleurs qui avaient déjà forcé l'entrée, et l'un d'eux reconnut M. Galy-Cazalat pour l'avoir accompagné la veille de la rue Vieille-du-Temple à la Bastille.

A ce moment, la fusillade cessa, et trois bataillons entrèrent sans résistance, tandis que des patrouilles se répandaient dans les rues latérales. MM. Galy-Cazalat et Druet-Desvaux descendirent le faubourg avec leur nouvelle escorte; et, après avoir franchi maint obstacle, ils parvinrent à la place du Trône, où une barricade formidable, appuyée aux grilles, défendait l'accès du côté de l'avenue de Vincennes. Ceux qui l'occupaient ne voulaient pas la détruire; ils cédèrent enfin aux témoignages nombreux qui leur confirmaient l'entrée des troupes du général Perrot et la prise de toutes les barricades. A un kilomètre de là, s'avançait dans l'avenue un corps de troupes; sur la prière des représentants, il s'abstint de tirer et prit à deux heures possession de la barrière du Trône [1].

Sur les bords du canal, le général Lamoricière avait eu à soutenir une lutte énergique; les combattants du faubourg s'étaient, comme il l'avait craint, reportés dans le quartier Popincourt et lui disputaient le terrain. Le général ne voyait pas sans colère l'intervention officieuse des représentants, dont l'effet, heureux sur un point, augmentait sur d'autres les difficultés. Après des pertes fort graves (rue Saint-Sébastien), il eut raison des derniers efforts de l'insurrection. Il était une heure et demie.

A la même heure, le général Cavaignac annonçait à la population et à l'armée la fin de la lutte dans une éloquente proclamation : « Citoyens, soldats! La cause sacrée de la République a triomphé. Votre dévouement, votre courage inébranlable, ont déjoué de coupables projets, fait justice de funestes erreurs. Au nom de la patrie, au nom de l'humanité, soyez remerciés de vos efforts, soyez bénis pour ce triomphe nécessaire. Ce matin encore, l'émotion de la lutte était légitime, inévitable; maintenant, soyez aussi grands dans le calme que vous l'avez été dans le combat. Dans Paris, je vois des vainqueurs et des vaincus; que mon nom reste maudit, si je consentais à y voir des victimes. La justice aura son cours. Qu'elle agisse : c'est votre pensée, c'est la mienne. Prêt à rentrer au rang de simple citoyen, je reporterai au milieu de vous ce souvenir civique de n'avoir, dans ces grandes épreuves,

---

[1] *Commission d'enquête*, t. II, p. 224 et suivantes. Rapport de M. Galy-Cazalat. — Séance de l'Assemblée du 26 juin.

repris à la liberté que ce que le salut de la République lui demandait lui-même; et de léguer un exemple à quiconque pourra être, à son tour, appelé à remplir d'aussi grands devoirs. »

Cependant une colonne d'environ quinze cents hommes, composée d'un détachement de la 3° légion et de gardes nationaux d'Amiens et de Doullens, s'acheminait, sous les ordres du général Lebreton, vers les quartiers de Montmartre, de la Chapelle et de la Villette. A la hauteur de la barrière Rochechouart, elle suivit les boulevards extérieurs, sans rencontrer d'obstacles; mais, à la barrière de la Villette, elle dut s'arrêter. Une énorme barricade était adossée aux grilles, deux autres coupaient le chemin de ronde à l'extérieur, et une quatrième, s'élevant à quatre cents mètres de là, traversait la grande rue de la Villette. Cet ensemble de barricades formait comme un camp retranché qu'occupaient des ouvriers vidangeurs, des déchargeurs des ports, et les débris des bandes chassées des bords du canal et du faubourg Saint-Antoine. Néanmoins, la résistance fut courte. La barricade de la grande rue de la Villette fut enlevée au pas de course; on y fit quatre-vingt-un prisonniers, dont deux officiers de la garde nationale. La colonne rentra dans Paris à huit heures.

Quelques heures après, vers minuit, des détonations nombreuses et réitérées éclataient aux environs du palais des Tuileries. Les habitants du quartier s'effrayaient; l'alerte était donnée aux troupes qui bivouaquaient dans le voisinage; un escadron de cuirassiers, campé sur la place de la Concorde, s'ébranlait pour aller reconnaître la cause de ces explosions inattendues. Voici ce qui était arrivé. Vers dix heures et demie, des détachements des gardes nationales d'Orléans, Meung, Beaugency, Roubaix, Andelys, Pithiviers et Lille, reçurent l'ordre d'extraire des prisonniers insurgés du souterrain de la terrasse du bord de l'eau et de les escorter à la prison des

Madelonnettes, située rue Fontaine, dans le quartier du Temple.

La nuit était très-obscure; à peine si les plus rapprochés pouvaient se reconnaître. Les prisonniers, au nombre de deux cent dix, marchaient trois par trois, se tenant par le bras et sans être liés; l'escorte, formée en carré sur trois hommes de profondeur, était de cinq cent quarante gardes nationaux. Ils avaient l'ordre, en cas de résistance, de ne pas tirer et de ne se servir que de la baïonnette. La colonne était parvenue sur la place du Carrousel, à la hauteur de l'hôtel de Nantes, quand partent deux coups de feu, l'un des étages supérieurs de l'hôtel, l'autre de la rue du Doyenné. Aussitôt, comme s'ils obéissaient à un signal d'évasion, les insurgés des derniers rangs poussent les gardes nationaux de Roubaix et des Andelys. Ceux-ci, un peu effarés, tirent à bout portant et atteignent des hommes de l'escorte. Cependant, les autres prisonniers se jettent à terre, saisissent par les jambes les gardes nationaux, les font tomber : quelques-uns réussissent à s'emparer des fusils et tirent. Une lutte corps à corps s'engage. Mais, au bruit de cette lutte et des détonations, l'alarme se répand; il y avait sur la place du Carrousel et dans la cour des Tuileries trois mille gardes nationaux bivouaquant; tous tirent au hasard; une patrouille de garde marine qui passe fait de même; les officiers se précipitent au milieu des balles, criant : *Ne tirez pas!* Le colonel Amy, qui commande le bataillon d'Orléans, fait faire le roulement d'arrêter le feu, on échange le mot d'ordre, on se reconnaît. Cette cruelle méprise coûte, tant en insurgés qu'en gardes nationaux, cent trois morts et soixante-deux blessés. On saisit huit fusils encore chauds dans la rue du Doyenné, d'où était parti le signal de cette horrible boucherie.

VII. — Ainsi se termina dans un massacre nocturne cette lutte de quatre jours. Qui en comptera les victimes? A peine sait-on quelques chiffres : dans la garde mobile, cent morts et cinq cent quatre-vingt-douze blessés ; dans l'armée, huit cents morts et quinze cents blessés. Mais, dans les rangs de la garde nationale et dans ceux de l'insurrection, comment reconstituer les listes funèbres? Le plus souvent, les blessures entraînèrent la mort : dans ces combats à bout portant, toute balle devenait meurtrière et causait dans l'organisme des ravages qui étonnaient la science et déroutaient ses pronostics. Les hôpitaux regorgeaient : au Val-de-Grâce, les cadavres étaient empilés les uns sur les autres, comme le bois dans un chantier. On crut d'abord que les insurgés s'étaient servis de balles empoisonnées; mais bientôt on acquit la preuve que l'abus des alcools, ajouté à l'ardeur d'une lutte prolongée, avait seul répandu dans les blessures l'inflammation et la mort. Les médecins, dans ces tristes jours, restèrent fidèles à leurs traditions de dévouement; dans les insurgés qu'on leur amenait, ils ne voulurent voir que des blessés à soigner, et ils maintinrent partout à l'hôpital le caractère d'un lieu d'asile inviolable.

Les prisonniers augmentaient en nombre d'heure en heure. Après ceux qu'on avait faits dans la rue, derrière les barricades, les mains encore noires de poudre, il y eut ceux que ramenèrent en foule les dénonciations, les perquisitions à domicile, les patrouilles dans les campagnes voisines de la banlieue. On en compta, au bout de quelques jours, jusqu'à douze mille. Les caves de l'hôtel de ville, le souterrain des Tuileries, la caserne de la rue de Tournon, le jardin du Luxembourg, les édifices publics, ne les gardèrent que le temps nécessaire pour permettre l'évacuation sur les forts d'Ivry, de Nogent, de Rosny, etc. A la suite d'une instruction sommaire, six mille trois cent soixante-quatorze furent presque immédiatement relâchés.

Que faire des autres? Fallait-il suivre les lenteurs de la justice ordinaire, s'exposer au scandale d'un procès monstrueux par le nombre des accusés, renouveler, au lendemain d'une insurrection, les excitations qui l'avaient produite, offrir un piédestal aux vaincus, enfin recommencer, sur des proportions plus vastes encore, les procédures qu'on avait vu se dérouler pendant toute l'année 1835 à la suite des émeutes de 1834? On ne le voulut pas, ou on ne l'osa pas.

Le 25 au soir, M. Senard avait laissé pressentir à l'Assemblée, le 26 il lui soumit officiellement, un projet de décret qui ordonnait la déportation outre-mer, par voie administrative, dans des colonies autres que l'Algérie, de tous les insurgés pris les armes à la main. Jamais, sans doute, insurrection aussi longue, aussi générale et aussi sanglante, même au nom de la République, n'avait éclaté sous la Restauration ou sous la dynastie de Juillet; mais jamais non plus ces deux gouvernements ne s'étaient permis de proposer un mode de répression aussi extra-légal. Le Directoire déportait ses ennemis; le gouvernement du 24 juin proposa la même mesure, comme si l'ostracisme devait être, sous toute République, le châtiment traditionnel des conspirateurs. M. Méaulle, avocat distingué du barreau de Rennes et fils d'un membre de la Convention, fut élu rapporteur. Deux modifications considérables furent apportées à la rédaction originaire; le nouveau projet distingua entre les insurgés vulgaires et leurs chefs, instigateurs ou fauteurs; ceux-ci furent renvoyés devant des conseils de guerre. Pour les autres, au mot déportation, le général Cavaignac avait fait substituer celui de *transportation*, qui n'entraînait ni la mort civile ni les conséquences pénales ordinaires. La discussion s'ouvrit le 27, à huit heures et demie du soir; l'Assemblée ne se sépara qu'à minuit, après avoir voté le décret à une forte majorité.

VIII. — Si l'insurrection parisienne avait triomphé, il n'est pas douteux que l'étincelle révolutionnaire n'eût couru de nouveau les départements et provoqué çà et là des éclats de guerre civile. La sanglante victoire du gouvernement étouffa l'incendie dans son foyer et conjura toute explosion provinciale. Rouen, Limoges, Lyon attendaient sous les armes; M. Hippolyte Dussard, à Rouen, demandait l'autorisation de proclamer, en cas d'alerte, l'état de siége; M. Duclerc, ministre des finances, expédiait à Limoges de fortes sommes d'argent pour payer les ateliers nationaux; à Lyon, M. Martin-Bernard, comprenant que son passé insurrectionel lui ôtait toute autorité, demandait instamment à être relevé de ses fonctions. Néanmoins, soit que les meneurs ne voulussent pas engager l'action avant de connaître l'issue des événements de Paris, soit que la surveillance militaire les tînt en respect et décourageât toute tentative, il ne régna dans ces trois villes qu'une agitation sourde et sans résultat. Seule, Marseille devança Paris, et nous offre le spectacle d'une lutte analogue à celle que nous venons de raconter.

C'est de Paris que vinrent, avec le mot d'ordre, les émeutiers qui devaient mettre la ville en branle. Entre le 12 et le 15 juin, une centaine d'individus débarquèrent par petits détachements, munis de passe-ports d'indigents. Les clubs leur firent accueil; l'autorité municipale leur fournit la nourriture et le logement; on fit des quêtes en leur faveur; quelques membres des clubs les admettaient même à leur table. En échange de l'hospitalité, les Parisiens (c'est le nom qu'on leur donnait) se répandaient dans les clubs et y faisaient publiquement l'éloge de Barbès et le récit du 15 mai. Le 18 juin, à la suite de libations copieuses, ils se mirent à la tête d'une manifestation composée de mille à douze cents personnes et se présentèrent, vers neuf heures du soir, à la préfecture, sous prétexte de demander des secours. Le préfet, M. Émile Ollivier, leur répondit avec fermeté ; et, le lendemain, il leur fit délivrer des passe-ports avec ordre de quitter la ville le 21. Mais le club de la Montagne les engagea à ne pas partir, et, le 21, il se tint, rue d'Aubagne, dans la salle des cours communaux, une séance secrète où la police ne put pénétrer et dans laquelle une manifestation fut résolue pour le lendemain 22. Le même jour, arrivait un nouveau renfort : c'étaient des individus de la légion Italienne, qui avaient descendu le Rhône de Lyon à Avignon, et qui disaient ouvertement qu'ils n'avaient pas été heureux à Chambéry, mais qu'ils réussiraient mieux à Marseille.

Le terrain y était d'ailleurs préparé depuis longtemps. Outre les clubs et les ateliers nationaux, double et permanent foyer d'agitation, il y avait, dans le sein même de la garde nationale, une organisation à demi mystérieuse qui s'était instituée, avec la complicité de l'administration municipale et sous la tolérance du préfet, qui n'en avait pas deviné l'objet. C'avait été d'abord une compagnie dite *des travailleurs*, se recrutant parmi les ouvriers étrangers et nomades qui traversent Marseille : la municipalité soldait les journées de garde, envoyait des fusils bien au delà des besoins de la compagnie : « Prenez toujours, disait-elle au capitaine ; vous trouverez plus tard des hommes à armer. » Mais, à peine enrôlés, les hommes disparaissaient de la compagnie, et, pour suppléer à leur absence, les jours de garde, le capitaine, un certain Ricard, fabricant de malles, recueillait des mendiants sur la voie publique. Bientôt, le club des Montagnards fournit des recrues plus régulières qu'un délégué municipal s'avisa de répartir dans les compagnies, malgré les capitaines qui repoussaient ces intrus. Enfin, on imagina de former, en dehors de la garde nationale, une légion de tirailleurs démocrates ; ostensiblement, ces hommes demeuraient dans leurs compagnies de quartier, mais ils avaient des chefs secrets, des places d'armes désignées d'avance, des cadres tout formés. L'enrôlement, du reste, était public. Le maire approuva; le préfet reçut la visite de la commission de ce corps : « Ah! lui dit-il, les tirailleurs! Je suis enchanté que vous m'en parliez; depuis longtemps, on me fait un monstre de tout cela; qu'est-ce que c'est donc que tout cela? » Et il leur promit de les convoquer pour les autoriser à exister légalement. Aux yeux du commissaire central, beaucoup plus perspicace que le préfet, les compagnies de tirailleurs n'étaient que des sections de la *Société des Droits de l'homme*. Elles comptaient deux mille deux cents hommes [1].

Malgré les menaces que recélait la journée du 22, le préfet ne demanda, pour son hôtel, qu'un poste de deux cent vingt hommes, et ne s'opposa pas à ce que le général Parchappe allât passer en revue, au Pharo, à une lieue de la ville, le seul régiment de ligne qui occupât Marseille. Trois mille ouvriers se présentèrent à la préfecture, sous prétexte d'obtenir que la journée de travail fût réduite à dix heures au lieu de onze; M. Ollivier avait, depuis huit jours déjà, adhéré à cette demande; il y adhère encore. Cette concession allait désarmer leur troupe; aussi les meneurs la passent sous silence, et, par un effronté mensonge, ils répandent le bruit que le préfet est inflexible. Le préfet répond par une proclamation où il rétablit la vérité; pendant ce temps-là, les barricades s'élevaient au centre de la ville, dans les rues Saint-Ferréol, de la Palud, de Rome, de la Deuxième-Calade, autour de la préfecture; on bat le rappel et la générale. Nouvelle proclamation du préfet à dix heures du matin; il *supplie* les insurgés de cesser toute résistance : « *Frères*, dit-il, pas de violences. Je donnerais ma vie entière pour éviter l'effusion d'une goutte de sang; mais je dois protéger la tranquillité pu-

---

[1] *Commission d'enquête*. Rapport de M. Marquézy, conseiller à la Cour d'Aix.

blique, et si vous ne voulez pas écouter les conseils que je vous donne, quelque pénible que soit mon devoir, sachez que je l'accomplirai, le désespoir au cœur, mais d'une main ferme ! »

A ce moment même, les compagnies de tirailleurs étaient réunies sur la Cannebière, près le cours Saint-Louis. Le général Ménard-Saint-Martin, commandant de la garde nationale, se présente avec confiance au milieu d'elles ; un coup de fusil part qui le blesse au visage, puis une fusillade qui blesse le colonel Barthélemy, tue le capitaine Robuste, et blesse plusieurs gardes nationaux. Voilà ces hommes, dont on faisait un *monstre* au préfet : il pouvait les juger à l'œuvre. Ce n'est pas tout : deux de ces compagnies en révolte se jettent sur la compagnie Salles, qui se réunissait au café Puget ; ils la désarment, après lui avoir blessé vingt hommes dont le capitaine. Cependant l'état-major était sans ordres ; le préfet, espérant toujours dans les moyens de conciliation, refusait d'en donner, et la garde nationale n'avait pas de cartouches.

Les insurgés s'étaient partagés en deux bandes ; les uns, se retirant sur la place Castellane, l'avaient entourée dans un cercle de barricades qui fermait toutes les rues y ayant accès ; les autres avaient gagné la vieille ville, et là, sur une petite place, la place Jauguin, au milieu d'un dédale de ruelles étroites et montantes, ils avaient construit cinq barricades. A deux heures, quelques cartouches ayant été distribuées, deux compagnies d'artillerie de la garde nationale et plusieurs compagnies de ligne s'avancèrent vers la place Jauguin. A leur tête marchait le commissaire de police, Bourillon ; arrivé rue Réquis-Novis, il fit les sommations légales ; les insurgés l'accueillirent par un coup de feu qui l'atteignit au bras et en nécessita l'amputation. Les assaillants n'avaient plus de ménagements à garder ; les uns attaquèrent par le côté du palais épiscopal ; les autres, arrivant du côté du Cours, abordèrent la barricade opposée ; les insurgés, débusqués de leurs positions, gagnèrent les toits, d'où ils lançaient des tuiles et du plomb ; la défense ne fut pas longue ; les marins pénétrèrent dans les maisons et capturèrent les insurgés, qui furent conduits au fort Saint-Jean. Ils comptaient neuf morts et quinze blessés.

Vers six heures, le 20° de ligne se porta à l'attaque de la place Castellane. Plusieurs fois dans la journée, l'ordre d'attaquer avait été donné ; mais, dès que la force armée se mettait en mouvement, le secrétaire particulier du préfet, et M. Gent, représentant du peuple, son ami, paraissaient sur les barricades en parlementaires et arrêtaient le mouvement. Cette fois, les insurgés renoncent à se défendre et capitulent ; la troupe entre dans l'enceinte et y reçoit les honneurs militaires. Elle y resta une heure, puis reçut l'ordre d'évacuer la position, sans avoir au préalable détruit les barricades qui en faisaient la force. Aux hésitations du préfet se joignait, pour prolonger la lutte, la négligence du général Parchappe.

La journée du 22 juin se termina par une troisième proclamation du préfet (cinq heures et demie du soir) ; une quatrième proclamation commença celle du 23. Les barricades de la place Castellane, que le général Parchappe avait laissées debout, avaient doublé en nombre ; de trois, elles s'élevaient à sept. Mais il était arrivé dans la nuit des troupes des garnisons voisines, et le 23, à onze heures, les barricades furent enlevées et l'ordre rétabli. Ces divers engagements coûtèrent, à la garde nationale et à l'armée, onze morts et quarante blessés. Une dernière proclamation du préfet, en annonçant la fin de la lutte, rendit hommage au courage de la garde nationale. Celle-ci ne professait pas les mêmes sentiments pour le préfet ; ses perpétuelles tentatives de conciliation toujours repoussées ; ses adjurations suppliantes à des hommes qui tiraient sur un général sans défense et sur un commissaire de police faisant fonctions de parlementaire, son obstination à appeler *frères* cette légion d'émeutiers exotiques, avaient jeté dans les rangs de la garde nationale l'irritation et la défiance. Le 22, à la place Jauguin, au plus fort de la lutte, M. Émile Ollivier envoya Agenon pour faire cesser la lutte; les gardes nationaux n'hésitèrent pas à mettre en arrestation le parrain du préfet, qui, au bout de vingt jours, fut placé sous mandat de dépôt. Ces idées inopportunes de concession dans un moment de guerre ouverte, firent oublier les services réels que M. Émile Ollivier avait rendus au département, et, dans le courant de juillet, il quitta Marseille pour la préfecture de la Haute-Marne [1]. C'était une disgrâce.

IX. — A peine le décret de transportation avait-il été voté, que Cavaignac, montant à la tribune, informa l'Assemblée que le lendemain, à l'ouverture de la séance, il remettrait entre ses mains les pouvoirs qu'il en avait reçus. « Nous vous les rendrons, général. », crièrent plusieurs voix. — « Citoyens représentants, continua-t-il, mon opinion est qu'il faut qu'une république soit jalouse de son pouvoir, et il est sage que chacun témoigne ici d'une manière bien nette et bien précise qu'il n'est pas jaloux de le retenir. » Le lendemain, conformément au programme, mais avec une simplicité touchante qui le faisait oublier, Cavaignac déposa ses pouvoirs. L'Assemblée lui vota d'acclamation des remerciments accompagnés de la déclaration traditionnelle qu' « il avait bien mérité de la patrie ». Mais Cavaignac ne voulut pas re-

[1] Les insurgés de Marseille comparurent devant la Cour d'assises de la Drôme. Les débats durèrent du 26 juin au 12 août 1849. Sur cent trente-sept accusés, quatre-vingts furent acquittés, cinquante-sept furent condamnés, dont trois à la déportation; trois (dont Ricard) à quinze ans de détention; les autres à la réclusion. M. Émile Ollivier, appelé comme témoin, s'y montra cassant et hautain.

cueillir à lui seul ce glorieux témoignage, et il demanda que ce décret comprît, d'une façon inséparable, le président de l'Assemblée, M. Senard, l'archevêque de Paris, la garde nationale, l'armée, la garde mobile, et « ces officiers généraux; disait-il, mes amis, mes collègues, il y a peu de jours mes chefs, dont les noms sont dans toutes les bouches. » Recueillons au passage, sur cette figure austère, ces rapides lueurs d'émotion : Cavaignac était simple, il était droit; et, en ne s'inspirant que de lui-même, il rencontrait naturellement la grandeur.

M. Martin (de Strasbourg) lut aussitôt la proposition suivante : « L'Assemblée nationale confie le pouvoir exécutif au général Cavaignac, qui prendra le titre de président du conseil des ministres et nommera le ministère. »

Ce décret, voté à l'unanimité, marquait une nouvelle évolution de la République de février.

Aux premiers jours, républicains, jacobins, socialistes, communistes même, elle avait admis toutes les nuances dans la composition du prisme républicain. Le peuple de la rue avait fait la République; il la gouvernait. Le 11 mai, l'Assemblée y mit ordre, et, par le scrutin qui désigna les membres de la Commission exécutive, elle écarta le socialisme et le communisme dans la personne de MM. Albert et Louis Blanc; M. Ledru-Rollin ne s'introduisit que par grâce, sur la recommandation de Lamartine. Les chefs de clubs tentèrent de recommencer contre l'Assemblée les scènes du 17 mars et du 16 avril, et, pour ne les avoir pas assez énergiquement désavoués, la Commission exécutive vit tomber chaque jour son influence. Comment les hommes politiques qui n'avaient vécu que de concessions, auraient-ils eu la force nécessaire pour comprimer l'émeute? Ils le voulurent : on ne le leur permit pas. Un soldat, inconnu la veille, recueillit leur héritage; dans ses mains, l'autorité réapparut armée; l'émeute, habituée à vaincre sans combat, fléchit, se replia sur elle-même, succomba enfin, domptée et poursuivie par un républicain avec plus de rigueur qu'elle ne le fut jamais sous la monarchie.

A partir de ce jour, la République, maîtresse d'elle-même et non plus à la merci des clubistes, entrait dans la famille des gouvernements réguliers, ceux qui ont l'autorité et qui savent la faire respecter. Débarrassée de son cortége d'amis bruyants, représentée par un homme que recommandaient la dignité de sa vie, sa hauteur de caractère, son abnégation, la grandeur des services rendus, il semblait qu'elle n'eût plus qu'un pas à faire pour s'établir à jamais. Élever le général Cavaignac au poste de chef du pouvoir exécutif, c'était anticiper sur la constitution et la réaliser à l'avance dans sa disposition principale. Qu'allait-il advenir de la République? Cavaignac n'en serait-il que le président provisoire et intérimaire? Ou bien, comme beaucoup d'esprits se plaisaient à le dire, en serait-il le Washington?

LIVRE ONZIÈME

LE GÉNÉRAL CAVAIGNAC.

Sommaire. — La tâche de Cavaignac et de la République. — Composition du ministère; démission de M. Carnot, sur un vote de l'Assemblée. — Décrets divers; dissolution des ateliers nationaux; crédits aux associations ouvrières; retrait du décret qui limitait les heures de travail. — Rétablissement du cautionnement; décrets sur la presse et les clubs. — Goudchaux : exposé financier; l'impôt sur les créances hypothécaires; retrait du projet. — Les partis dans l'Assemblée; la commission d'enquête. — Concert entre elle et le pouvoir exécutif; insistance de M. Trouvé-Chauvel contre Caussidière. — Rapport de M. Quentin Bauchart. — Cavaignac abandonne les monarchistes; M. Laurent (de l'Ardèche); misérable échec d'une tentative de contre-enquête; M. Ducoux; suppression de la *Gazette de France*. — Séance du 25 août; MM. Ledru-Rollin, Louis Blanc et Caussidière; le procureur général demande une autorisation de poursuites contre les deux derniers; Cavaignac insiste pour l'urgence; l'Assemblée accorde la double autorisation; MM. Louis Blanc et Caussidière sortent de France sans que le gouvernement y mette obstacle. — Déclaration solennelle de Cavaignac contre les monarchistes; l'état de siége est maintenu contre eux et voté par eux; scission entre la droite et le général Cavaignac; les représentants commissaires. — Banquets démocratiques, vus sans défaveur par le gouvernement. — Banquet du Châlet; opinion de M. Ledru-Rollin sur la révolution de Février; ses théories financières; protestation de Goudchaux. — Banquet de Toulouse; interpellations de M. Denjoy; faiblesse de M. Senard; fermeté de Lamoricière. — Scrutin du 17 septembre; quintuple élection de Louis-Napoléon Bonaparte.

I. — A peine remis des émotions et des fatigues de la guerre civile, le général Cavaignac se trouvait jeté en proie aux préoccupations multiples d'un chef de gouvernement.

Tant que le combat avait duré, si pénible que fût l'œuvre, c'était son métier : il avait un ennemi en face, son armée derrière ; le devoir était tout tracé. Mais, pour le soldat d'Afrique surpris par le pouvoir, non pas dans l'ignorance, mais dans l'inexpérience des choses et des hommes politiques, la situation était tout autre et embarrassée de difficultés. Professer une opinion sur les questions variées que chaque jour soulève ; sentir que la pensée du chef de l'État est le miroir dans lequel les incertains vont chercher la leur ; lui, l'obligé des membres du Gouvernement provisoire, ne pas se dissimuler que ses anciens patrons sont devenus ses adversaires ; apercevoir ou deviner, à travers les adhésions généreuses de la première heure, les oppositions que trahit leur passé, et qui, le péril éloigné, vont se ranimer et agir ; comprendre, enfin, que l'avenir de la République repose sur sa tête : en face de tant de problèmes, on s'explique les scrupules, les perplexités, les irrésolutions de Cavaignac. Il avait d'ailleurs dans l'esprit la même droiture que dans la conscience, le goût des idées saines, une aversion naturelle pour l'utopie ; l'habitude du sacrifice élevait son âme au-dessus des misères de son parti, et, s'il y revenait parfois, c'était par une loi qu'il s'imposait de discipline et d'honneur.

La tâche dévolue au général Cavaignac n'avait, il faut le reconnaître, rien de brillant. Jetée dans les aventures, la France y avait perdu temps, fortune, crédit, sécurité ; elle demandait à son gouvernement de rétracter et de désavouer les témérités de la première heure ; de rassurer les esprits ; de remettre le travail en honneur ; de châtier les coupables ; de prévenir de nouveaux troubles. Quant aux promesses de bonheur sans fin que la République avait faites, on l'en tenait quitte ; elle avait trop prouvé que ses idées de rénovation universelle et de progrès se réduisaient à des rêveries sans valeur ou à des anachronismes surannés. Le problème capital qu'elle avait à résoudre, c'était de ramener la tranquillité, l'ordre et le crédit, ces trois nécessités vulgaires de la vie quotidienne qu'avait bannies son avénement. A ce prix, elle mériterait le pouvoir, après l'avoir usurpé, et le suffrage universel, ce tyran capricieux et mobile qu'elle s'était donné, ce suffrage populaire avec lequel elle serait réduite à compter un jour, la récompenserait en durée des sacrifices qu'elle aurait faits à une réaction nécessaire.

Le premier soin de Cavaignac fut de constituer un ministère. Deux hommes étaient naturellement désignés pour en faire partie : M. Senard, le collaborateur civil du général en chef pendant les quatre jours d'insurrection ; Lamoricière, dont la valeur brillante et la ténacité avaient préparé et assuré la victoire. L'un reçut le ministère de l'intérieur, l'autre le ministère de la guerre. Goudchaux accepta le ministère des finances ; son initiative hardie sur la question des ateliers nationaux l'avait mis en relief dans l'Assemblée ; sa réputation financière le recommandait. Les autres ministères furent distribués à l'ancien personnel du Gouvernement provisoire et de la Commission exécutive. La droite de l'Assemblée tenta vainement d'y faire entrer MM. Dufaure et Vivien ; si le général Cavaignac connaissait à peine de nom les hommes politiques, il avait auprès de lui cette éternelle *coterie du National*, qui prétendait n'admettre que des républicains éprouvés et de sa nuance. Du premier jour jusqu'au dernier, Cavaignac tournera dans ce cercle étroit, s'imaginant que le *National* seul représente la République, et que, hors de là, il n'y a qu'ennemis ou monarchistes déguisés. Bastide fut maintenu dans le ministère des affaires étrangères, Bethmont dans celui de la justice, M. Carnot dans celui de l'instruction publique et des cultes ; Recurt passa du ministère de l'intérieur à celui des travaux publics. Un seul nom nouveau, M. Tourret, représentant de l'Allier, recueillit le portefeuille de l'agriculture et du commerce. L'amiral Leblanc fut désigné pour la marine ; sur son refus, Bastide remplit l'intérim, dont le contre-amiral Verninhac le releva bientôt.

Quel crédit dans l'Assemblée, quelle influence au dehors pouvait espérer un ministère ainsi composé? Quel prestige en retirerait le pouvoir? Il se cantonnait dans un groupe, alors qu'au lendemain d'événements si graves, et dans lesquels tous les partis avaient fourni leur contingent de dévouement et de courage, il fallait confier la République à tous ceux qui l'avaient défendue, les engager, les compromettre peut-être à son service ! Cette occasion sans lendemain, Cavaignac la laissa échapper. Ce fut sa première faute. Parmi ces personnages indifférents, il en était un qu'une réunion de représentants qu'on appelait de la rue de Poitiers, parce qu'elle tenait ses séances dans une salle du Conseil d'État, avait vu, non sans déplaisir, désigner pour le ministère de l'instruction publique et des cultes : M. Hippolyte Carnot. Des observations avaient été faites au général à ce sujet : mais Cavaignac avait mis de l'amour-propre à conserver près de sa personne M. Carnot, fils comme lui de conventionnel et de souche républicaine ; peut-être ne se rendait-il pas bien compte des divers motifs qui, dans son passé ministériel, avaient aliéné à M. Carnot les sympathies d'une partie nombreuse de l'Assemblée. Il ne tarda pas à les connaître.

Le 5 juillet, à propos d'une demande de crédit en faveur des instituteurs primaires, M. Bonjean interpella le ministre de l'instruction publique sur la direction générale qu'il imprimait à l'instruction primaire, et plus particulièrement sur un *Manuel républicain de l'homme et du citoyen,* publié sous les auspices et avec la souscription du ministre ; l'auteur, M. Charles Renouvier, ancien élève de l'École polytechnique, y avait introduit des théories qui rappelaient explicitement celles de Proudhon sur la propriété et de M. Louis Blanc sur l'organisation du travail. M. Carnot avouait l'ouvrage sans en approuver toutes les doctrines ; c'en fut assez pour provoquer, de la part de l'Assemblée, un vote de désapprobation (trois cent quatorze voix contre trois cent trois). M. Carnot donna sa démission au sortir de la séance. Mais Cavaignac n'accepta pas la leçon, et désigna, pour le remplacer, M. Achille de Vaulabelle, représentant de l'Yonne, ancien rédacteur du *Messager* et du *National*, et l'un des présidents de la réunion parlementaire du Palais-Royal. M. de Vaulabelle n'avait pas encore atteint la notoriété que lui a value depuis la publication de son *Histoire des deux Restaurations*, dont deux volumes avaient seulement paru ; mais, si son talent littéraire pouvait expliquer son élévation, on devait s'étonner, et personne ne s'en étonnait plus que lui-même, que le ministère des cultes échût à un voltairien.

II. — En dépit de ce léger différend, qui accusait moins un esprit d'hostilité qu'un sentiment d'indépendance, Cavaignac et l'Assemblée sentaient le besoin de la concorde et d'une sympathie réciproque. Sur toutes les mesures de réorganisation, de répression, d'ordre, ils marchaient d'accord. On reprit les allures d'un gouvernement régulier ; un décret convoqua les électeurs pour élire les conseils municipaux, les conseils généraux et d'arrondissement, supprimés après février ; un autre nomma, pour le département de la Seine, une commission municipale provisoire ; des crédits furent votés pour les théâtres, les arts et les lettres, les entrepreneurs de bâtiments, les hospices, les instituteurs primaires. La question des ateliers nationaux avait été tranchée par la guerre civile : Cavaignac annonça (3 juillet) qu'ils étaient dissous dans toute l'étendue de la République, mais que, pendant quelque temps, des secours seraient distribués à domicile dans chaque arrondissement par les soins des officiers municipaux. Par cette mesure, dont il avait tenu à honneur de se réserver l'initiative, Cavaignac accomplissait, après la victoire, le vœu qu'avait exprimé la commission de l'Assemblée dans la séance du 23 juin, et avec les ménagements qu'indiquait le rapport de M. de Falloux. Le général ajouta que, par ses ordres et sous sa responsabilité, il avait, durant le combat, fait continuer la paye, dans la pensée qu'il arrêterait ainsi nombre d'ouvriers que le défaut de ressources pouvait jeter dans l'insurrection ; mais cette distribution s'était faite dans les mairies et non plus par l'intermédiaire des brigadiers ; le crédit de trois millions voté par l'Assemblée le 25 avait servi à cet objet. La majorité des ouvriers s'était présentée ; il ne manqua, a dit plus tard M. Lalanne, qu'un vingtième des ouvriers inscrits, soit cinq ou six mille, engagés sans retour dans la révolte. Il est difficile d'accepter cette appréciation ; beaucoup d'ouvriers recevaient la paye et rentraient ensuite dans les rangs des insurgés, ainsi que le prouve le grand nombre de prisonniers sur lesquels ont été saisies des sommes exactement semblables, et qui correspondaient au chiffre de la paye journalière des ateliers nationaux.

Un autre projet, présenté par M. Corbon avec l'assentiment du gouvernement (4 juillet), accordait un crédit de trois millions en faveur des associations soit entre ouvriers, soit entre ouvriers et patrons ; M. Corbon l'avait déjà signalé à l'Assemblée le 23 juin, après le rapport de M. de Falloux ; mais la commission n'avait pas encore statué d'une façon définitive. Dans son rapport, M. Corbon, rédacteur de l'*Atelier,* accentuait la scission entre les nouvelles tendances et celles qu'avait sinon suivies, du moins tolérées le gouvernement provisoire. En se déclarant l'énergique partisan de l'association, le rapporteur exprimait le désir que cette œuvre fût celle du temps et des efforts personnels des travailleurs, non pas celle de l'État.

« C'est là, disait-il, une résolution qui satisfera médiocrement certaine portion de la classe ouvrière à laquelle on a fait croire au contraire que l'État ferait tout et qu'elle n'aurait qu'à se laisser faire. » On lisait plus loin : « Nous n'aurions rempli notre devoir qu'à moitié si nous n'ajoutions pas que nos associations volontaires doivent de toute nécessité se soumettre aux conditions de la concurrence, qui sont les conditions de la liberté même du travail... Le temps est heureusement venu où ces graves questions vont être portées à la tribune nationale, d'où l'on pourra prémunir avec autorité les travailleurs contre les idées avec lesquelles on n'a obscurci que trop d'intelligences. La discussion fera voir ce que valent certaines doctrines qui, sous des formes austères et en affectant le langage du dévouement et de l'amour, ne font appel en définitive qu'à l'égoïsme, et déterminent contre la société des haines d'autant plus profondes qu'elles surexcitent tous les appétits chez les individus qui manquent du nécessaire. » Le crédit fut voté d'urgence par l'Assemblée : « Cette première et grande expérience, s'écria M. Charles Dupin, nous souhaitons tous qu'elle obtienne un heureux résultat [1]. »

L'Assemblée fit un pas de plus. Par un nouveau décret en date du 15 juillet, elle autorisa le ministre des travaux publics à concéder aux associations d'ouvriers les travaux publics qui en seraient susceptibles. Un règlement d'administration publique du 18 août, s'inspirant des vœux qui s'étaient révélés au cours de la discussion, autorisa un maximum de rabais pour les associations ouvrières; les dispensa du cautionnement, remplacé par une retenue du

---

[1] Lire sur les conséquences de ce décret le rapport de M. Lefebvre-Duruflé, du 4 février 1850, et les articles de M. André Cochut, dans le *National*, rassemblés depuis en brochure sous le titre : *Les associations ouvrières*. Les associations qui n'avaient compté que sur elles-mêmes prospérèrent; celles qui eurent recours aux subventions de l'État végétèrent et disparurent.

dixième jusqu'à la réception des travaux; décida que, à égalité de rabais entre associations et entrepreneurs, l'association serait préférée; ordonna enfin que les payements auraient lieu, non pas par mois, mais par quinzaine. Ainsi, sans méconnaître le double principe de la liberté du travail et de la concurrence, l'Assemblée concédait aux associations des priviléges importants. Deux jours après, M. Pascal Duprat lisait un rapport concluant à l'abrogation du décret du 2 mars qui limitait les heures de travail, comme « nuisible aux intérêts de l'industrie et contraire à la liberté du travail. »

La crise de juin avait suspendu la licence des journaux, et l'état de siége leur imposait la discipline. Il en était de même pour les clubs. Mais l'état de siége, qui déplace l'autorité, n'augmente pas ses attributions et ne la met pas au-dessus des lois. Si Cavaignac avait, durant le combat, fait arrêter M. Émile de Girardin et mis sous le scellé onze journaux, il avait usé, sous sa responsabilité, d'une mesure de dictature qui, en temps normal, n'aurait pu se justifier légalement. Depuis le 25 juin, la *Presse* non plus que les autres journaux supprimés n'avaient été autorisés à reparaître, comme si l'état de siége autorisait les mêmes rigueurs que l'état de guerre. Interpellé, le gouvernement ne répondit, par l'organe de M. Marie, devenu ministre de la justice, qu'en invoquant les circonstances exceptionnelles qui avaient dicté ces mesures et en réclamant le vote de lois qui protégeassent la société et l'État. M. Victor Hugo : « Si le pouvoir désire être investi d'une autorité dictatoriale, qu'il le dise et que l'Assemblée décide. » — « Ne craignez rien, Monsieur, répondit Cavaignac; je n'ai pas besoin de tant de pouvoir, j'en ai assez; j'en ai trop; calmez vos craintes. » Sur le fond de l'interpellation, il refusa de se défendre : « Je serai accusé, dit-il, ou défendu par le vote même de l'Assemblée. » L'Assemblée passa à l'ordre du jour (1ᵉʳ août).

C'était pour rentrer dans la légalité que le gouvernement pressait l'Assemblée de voter trois projets de loi, qu'il considérait comme nécessaires à la défense sociale : l'un qui rétablissait le cautionnement pour les journaux et les écrits périodiques, l'autre relatif aux crimes et délits commis par la voie de la presse, le troisième pour les clubs.

Il semblait dur à quelques républicains, doués de mémoire et de logique, de concilier avec cette exhumation des législations monarchiques leurs protestations d'autrefois. M. Senard faisait remarquer que si le cautionnement était rétabli, le chiffre en était considérablement réduit; de cent mille francs il tombait à vingt-quatre mille francs; d'autre part, en ce qui concerne les crimes et délits commis par la voie de la presse, le projet de loi se bornait à modifier les lois de 1819 et de 1822 à un point de vue tout grammatical et de vocabulaire. « La République a remplacé la monarchie; le vocabulaire monarchique doit s'effacer et faire place dans les lois au vocabulaire républicain. » Enfin, ces lois ne devaient avoir qu'un caractère transitoire, jusqu'à la promulgation de la loi organique sur la presse, et la limite en était même fixée au 1er mai 1849. MM. Pascal Duprat, Grévy, Berryer et quelques autres membres de la commission, tentèrent, soit dans le sein de la commission, soit dans la discussion publique, de substituer au cautionnement l'obligation pour les journalistes de signer leurs articles; mais cette disposition ne fut pas admise. Ces deux lois furent votées les 9 et 11 août. Le 7, Cavaignac avait levé l'interdiction qui pesait sur les onze journaux frappés par l'arrêté du 25 juin.

La loi sur les clubs était d'une urgence plus grande encore que les précédentes. Préparée et accomplie au nom de la liberté de réunion, la révolution du 24 février l'avait consacrée par son succès même. Nous avons vu Paris et la France se couvrir de clubs, leur organisation puissante, leurs manifestations au 17 mars, au 16 avril, au 15 mai. Le jour même où ils avaient failli triompher, l'opinion les condamna; les clubs Blanqui et Sobrier furent fermés, et le ministre de l'intérieur proposa d'interdire toute réunion et toute association armée (17 mai). Cependant, lorsque, le lendemain, M. Isambert présenta dans ce sens un projet de décret, il ne trouva pas cinq membres pour l'appuyer, et l'Assemblée protesta de toutes parts. Les derniers événements rendirent l'Assemblée moins rebelle. Du reste, comme pour aller au-devant des objections, le ministère reconnaissait à tous les citoyens le droit d'ouvrir des clubs, mais sous les conditions suivantes : déclaration préalable, publicité du club, exclusion des femmes et des mineurs, interdiction de toute réunion armée et de communications de club à club, présence d'un commissaire de police, etc.

Cependant, l'article 13 du projet, qui exigeait pour les réunions non publiques, ayant un but politique *ou autre*, l'autorisation municipale, semblait excessif à quelques bons esprits. M. Roux-Lavergne y pressentait une atteinte à la liberté des réunions religieuses; M. Dufaure y trouvait une aggravation considérable de l'article 291 du Code pénal et de la loi de 1834. Dans le camp opposé, M. Senard soutenait que, la liberté de réunion *publique* étant proclamée par la loi, il n'y avait plus lieu de favoriser les réunions *non publiques*; M. Dupin, avec certaines arrière-pensées gallicanes, abondait dans ces idées. « Si vous ôtez les mots *ou autre*, disait-il, vous n'y laissez rien... Si vous laissez une fissure quelconque dans la loi, il ne s'agira plus que de mentir, et les sociétés secrètes ne s'en feront pas faute. » Des sociétés secrètes! Flocon n'en voulait plus. Il les avait pratiquées toute sa vie, mais alors elles étaient légitimes : « Aujourd'hui, vous avez le gouvernement de la souveraineté du peuple, et il n'y a que de mauvais citoyens qui puissent conspirer et combattre contre lui. » L'article sortit modifié de la discussion : les sociétés secrètes furent interdites, et, quant aux réunions non publiques, elles ne furent astreintes qu'à la déclaration devant le maire et non plus à l'autorisation municipale. Les réunions religieuses étaient nommément dispensées d'autorisation ou de déclaration préalable.

La loi sur les clubs réunit 629 voix sur 729 votants. Grâce aux amendements qu'avait subis l'article 13 du projet, la loi n'atteignait plus aucun droit sérieux, et, quoi qu'en pensassent quelques républicains inflexibles, même sous la loi nouvelle, les banquets politiques restaient possibles : on en verra plus loin la preuve. « Non, s'écriait avec justice M. Senard, ce n'est pas sérieusement qu'on a pu dire que, cinq mois après la Révolution de février, le droit d'association, le droit de libre discussion politique aura été contesté à cette tribune. (Très-bien). Et permettez-moi de vous dire que le plus grand honneur que réclame en ce moment le gouvernement auquel j'appartiens, c'est précisément, dans les circonstances difficiles où nous sommes, après les événements graves que nous venons de traverser, d'être venu apporter à cette tribune ce qu'aucun gouvernement n'avait fait en France, la consécration du droit de clubs, la consécration du droit de libre et publique discussion des affaires. » (*Approbation*.)

III. — En même temps que ces lois d'intérêt social, le gouvernement présentait, par l'organe de Goudchaux, un exposé et un programme financiers. Sur plusieurs points, il se séparait nettement de ses prédécesseurs. — Le Gouvernement provisoire avait aboli les droits de circulation sur les boissons et l'exercice, et, à partir du 1ᵉʳ janvier 1849, le droit sur le sel; Goudchaux se déclarait partisan de ces impôts et décidé à les maintenir ou à les rétablir. — MM. Garnier-Pagès et Duclerc avaient présenté un projet de rachat des chemins de fer par l'État et de remise entre ses mains des

29

assurances contre l'incendie. Goudchaux retirait ce double projet. — Le Gouvernement provisoire prétendait ne rembourser les livrets de Caisse d'épargne et les bons du Trésor antérieurs à 1848 qu'avec des rentes au pair, faisant subir aux détenteurs, pauvres comme riches, la perte de l'écart énorme entre le pair et le cours de la Bourse ; Goudchaux en offrait le remboursement avec des rentes au cours du jour. — Sur d'autres points il se ralliait aux systèmes de finances soi-disant républicains : ainsi l'impôt progressif qu'il appliquait aux successions et aux donations entre-vifs ; un impôt sur les créances hypothécaires et un impôt sur le revenu.

On se souvient que, par décret des 19 et 26 avril, le Gouvernement provisoire avait établi sur le *capital* des créances hypothécaires un impôt d'un pour cent. Ce décret, précipitamment rendu, sans même que les administrations de l'enregistrement et des hypothèques eussent été consultées, fut l'objet de nombreuses protestations : tel qu'il était d'ailleurs, il fut, par ses auteurs mêmes, jugé impraticable. Goudchaux l'avait repris, mais en déclarant que la perception en serait limitée à l'année 1848 et que l'impôt porterait sur le *revenu* et non sur le capital des créances. Le comité des finances, auquel le projet avait été renvoyé (car l'urgence fut refusée), conclut au rejet et proposa l'abrogation pure et simple des décrets du Gouvernement provisoire, tout en rendant expressément justice aux intentions et aux efforts du ministre des finances. (Rapport de M. de Corcelle). Quant aux objections que soulevait cet impôt, elles sont de tous les temps. On vise le créancier, l'homme riche ou prétendu tel ; mais c'est le débiteur qu'on atteint ; il ne trouvera que des prêteurs plus difficiles, plus exigeants ; le taux de l'argent s'élèvera du montant de l'impôt, et les ressources certaines et considérables que retire l'État des créances hypothécaires par le timbre et l'enregistrement iront en s'affaiblissant, sans que le revenu de l'impôt spécial compense les déficits qui ressortiront d'ailleurs.

Sur cette question, l'Assemblée se partagea : d'un côté les monarchistes, adversaires du projet; de l'autre les républicains avec le ministre des finances. Celui-ci voyait dans le projet d'impôt sur les créances hypothécaires l'inauguration, modeste encore, d'un système d'impôts sur le revenu qu'il entendait présenter l'année suivante; il y voyait même la pratique de théories financières républicaines. Goudchaux avait été accueilli par le comité des finances avec honneur et sympathie : il le reconnaissait, mais l'opposition qu'il avait rencontrée sur cet unique projet lui ôtait la mémoire des adhésions complètes qu'il avait obtenues sur d'autres. Il se plaignait, il tenait à déchirer les voiles, à se montrer tel qu'il était, comme s'il ne voulait pas usurper plus longtemps des sympathies qu'il se préparait à ne plus mériter. M. Thiers et M. Berryer, membres tous deux du comité des finances, relevèrent l'attaque, l'un avec amertume et sur le ton d'une susceptibilité blessée, l'autre avec cet accent d'affectueux abandon qui allait si bien à cette généreuse nature. Cependant, malgré leurs efforts, l'Assemblée décida qu'elle passerait à la discussion des articles, et, par 378 voix contre 339, elle adopta l'article 1er. La gauche l'emportait; mais, à la séance du 4 août, sur un amendement qui proposait de réduire au huitième du revenu l'impôt du cinquième sollicité par le projet, la droite prit sa revanche, et, par 329 voix contre 313, adopta l'amendement. Goudchaux s'était adouci et calmé à la suite des paroles de Berryer; il avait déclaré, avant le premier vote, qu'il ne faisait de la question une question ni de portefeuille ni de cabinet. Après le second scrutin, il retira le projet de loi. Mais il s'engageait à présenter sous peu de jours le projet du nouvel impôt sur le revenu mobilier, et cela, disait-il, pour convaincre la majorité républicaine dont il avait éprouvé l'appui qu'il n'abandonnait pas ses projets.

Ainsi se reconstituait la société par les efforts communs de tous les partis. Les républicains avaient présenté et voté les lois de répression; ils avaient rétracté les erreurs économiques commises sous le Gouvernement provisoire; ils s'acheminaient dans une voie modeste et sûre. Les monarchistes, quoique écartés du pouvoir et tenus en défiance, ne marchandaient pas leur concours; il ne pouvait d'ailleurs leur déplaire de voir ceux des républicains qui se disaient modérés et pratiques, contraints par la nécessité des choses, reprendre les errements qu'ils avaient critiqués sous la monarchie, reconnaître les mêmes conditions de sécurité sociale, et, sous peine de succomber à la tâche, désavouer leurs prédécesseurs et leurs amis.

L'Assemblée, presque unanime sur quelques questions où l'intérêt de la société était seul en jeu, se partageait à peu près par moitié sur d'autres : on l'a vu à propos de M. Carnot et des créances hypothécaires. Il y avait donc en présence deux minorités égales en nombre plutôt qu'une majorité compacte et constante; mais la minorité républicaine renfermait dans son sein une minorité radicale qui faisait souvent bande à part, tandis que, dans la minorité dite monarchique, aucun des éléments qui la composaient ne se dispersait aux jours de combat. En se rapprochant de la portion monarchique de l'Assemblée à laquelle se serait jointe la fraction républicaine modérée, Cavaignac aurait été maître d'une majorité considérable qui lui eût assuré un crédit immense dans le pays et un gouvernement facile. Mais, plus la droite multipliait les avances, plus Cavaignac en prenait d'ombrages. Ce n'était déjà pas sans embarras qu'il sentait sa politique dériver forcément vers des pratiques qui ne sont à vrai dire ni monarchiques ni républicaines, mais que l'opinion attribue plus volontiers aux gouvernements conservateurs; il avait hâte de se faire pardonner, et il rentrait dans les rangs de son parti, pour en reprendre la discipline et la consigne.

Les hommes qui l'entouraient, ceux de son intimité, affichaient en public certain langage libéral destiné à rallier tous les éléments conservateurs ; le *National* (17 juillet) publia même un article dans ce sens. Mais ce n'était là qu'un jeu sans sincérité : on voulait s'assurer des votes sans donner des gages ; on voulait surtout imposer aux monarchistes la responsabilité de mesures nécessaires alors, mais qu'on appellerait plus tard réactionnaires, tandis que les partisans de la République garderaient sans atteinte leur réputation de libéralisme et de générosité. Le parti monarchique ne se laissa pas prendre à ce piége ; il se tint à l'écart et abandonna l'initiative aux républicains : le rôle que les événements lui avaient donné était assez important pour lui assurer soit dans l'Assemblée, soit auprès du Gouvernement lui-même, une influence prépondérante et décisive. — Nous voulons parler de la commission d'enquête.

IV. — Le 26 juin, sur l'initiative de Cavaignac et de M. Senard, une commission de quinze membres avait été nommée pour rechercher les causes de l'insurrection de juin et de l'attentat du 15 mai. Le but de cette enquête n'était pas mystérieux. Il s'agissait de reprendre contre MM. Caussidière et Louis Blanc les tentatives d'accusation qui avaient une première fois avorté. Mais à côté de ces victimes désignées par l'inimitié persévérante de MM. Marrast et Senard, il en était d'autres dont on voulait achever la ruine dans l'opinion : républicains de la première heure qui avaient trouvé sur une barricade le premier échelon de leur fortune; politiques d'aventure, sectateurs de la *Réforme*, héros d'émeute, il fallait jeter par-dessus bord tous ces amis dangereux; c'était l'holocauste que s'offrait à lui-même le *National* triomphant. Cette commission, nommée le jour même dans les bureaux, était composée pour un tiers de républicains, pour les deux tiers de monarchistes [1] : M. Odilon Barrot en fut élu président. Elle entra en fonctions le jour même.

Mais, dès son début, il était aisé de prévoir qu'elle deviendrait bientôt un embarras pour ceux mêmes qui l'avaient constituée, tant elle frôlait de près les priviléges du gouvernement et s'immisçait profondément dans toutes les affaires. Au nom du pouvoir souverain dont elle était investie, elle adressait des lettres aux préfets et aux procureurs généraux, et leur demandait des renseignements particuliers sur les faits qui intéressaient le département ou le ressort de la cour. Si le préfet était suspect, à raison soit d'opinions trop tranchées, soit d'imprudences de conduite, elle envoyait une commission rogatoire à un conseiller de la cour ou à un président de tribunal, qu'elle chargeait d'informer même contre le préfet [2]. Elle se renfermait dans un rôle purement politique, et prétendait ne pas empiéter sur le domaine judiciaire. Mais elle s'était adjoint deux juges d'instruction ; elle entretenait des communications régulières avec M. Haton, chargé de l'instruction du 15 mai, et avec le colonel Bertrand, qui centralisait les opérations d'instruction des conseils de guerre. Elle invitait le procureur général à se rendre auprès d'elle ; elle signalait au chef du pouvoir exécutif certaines mesures à prendre ou des poursuites à exercer. De même qu'elle avait

---

[1] Étaient membres de cette commission : MM. Odilon Barrot, Woirhaye, Pougeard, Delespaul, Waldeck-Rousseau, de Larcy, Landrin, Beaumont (de la Somme), Goudchaux, Flandin, Quentin Bauchart, de Mornay, Dahirel, Lanjuinais, Latrade. — Goudchaux, nommé ministre, donna sa démission le 30 juin ; Landrin se retira aussi. Le bureau de l'Assemblée faisait de droit partie de la commission.

[2] C'est ce qui eut lieu pour le département de l'Aisne contre M. Mennesson, pour l'Allier contre M. Gazard, pour le Morbihan contre M. Guépin, pour les Bouches-du-Rhône contre M. Émile Ollivier, etc.

cité devant elle les membres et les ministres du Gouvernement provisoire et de la Commission exécutive, elle désira entendre le général Cavaignac, qui, après quelques précautions, consentit à déposer. Elle prenait même des mesures de police, ayant à sa disposition un commissaire spécial, M. Yon, qui, d'après ses ordres, faisait des perquisitions, prenait des renseignements, et dont quelques mauvais plaisants exploitaient la crédulité.

Le 13 juillet, le président invita M. Corne, procureur général, à se rendre dans le sein de la commission ; il lui exposa que des témoignages déjà recueillis compromettaient gravement plusieurs membres de l'Assemblée nationale, notamment MM. Caussidière et Louis Blanc, et lui demanda quelles résolutions il serait disposé à prendre à leur égard. Le même jour, le préfet de police, M. Trouvé-Chauvel, avait insisté auprès de la commission pour obtenir l'arrestation de Caussidière. Le procureur général répondit que, « dans la situation qui lui était faite et par l'état de siége et par la constitution de la commission d'enquête, il croyait devoir attendre que son action fût directement provoquée par la commission. » Après une discussion sur ses attributions, elle décida qu'il serait présenté très-prochainement un rapport dans lequel seraient exposés les faits relatifs aux personnes qu'ils incriminaient, sans cependant conclure à leur mise en accusation ; sur le vu de ce rapport, le procureur général dresserait un réquisitoire et demanderait les autorisations nécessaires pour poursuivre. Si la commission ne provoquait pas officiellement l'action judiciaire, elle remplissait tout au moins le rôle de juge d'instruction.

Le même jour, à huit heures et demie du soir, la commission se fit lire le rapport relatif à Caussidière, mais elle ne voulut pas prendre de résolution avant de l'avoir entendu en personne. M. Trouvé-Chauvel, préfet de police, chaque fois qu'il comparaissait devant la commission, insistait avec la plus grande énergie pour obtenir l'arrestation de son prédécesseur [1]. M. Degousée, questeur de l'Assemblée, réclamait le rapport. Enfin, le 18 juillet, après avoir entendu Caussidière et divers témoins qui déclaraient l'avoir vu aux barricades du faubourg Saint-Antoine, puis le préfet de police, qui attestait la moralité de ses agents, lesquels « ne se sont résignés à déclarer tout ce qu'ils avaient vu qu'avec une grande réserve et tous les signes d'une véritable frayeur et non pas spontanément », la commission considéra comme suffisants, en ce qui concernait Caussidière et Louis Blanc, les indices recueillis contre eux. La séance fut levée à sept heures; le président se transporta immédiatement, avec le bureau et MM. Latrade et Delespaul, auprès du général Cavaignac, et lui demanda s'il trouverait quelque inconvénient à des poursuites contre les deux représentants incriminés, pour le cas où les faits du 15 mai et du 23 juin les accuseraient. Le général répondit qu'il fallait s'abstenir de procès de tendance; mais que, si une accusation directe et sérieuse était portée contre eux, il n'y avait aucun motif pour que la justice n'eût pas son cours. La séance fut reprise à huit heures et demie. Le procureur général introduit reçut communication des charges qui s'élevaient

[1] *Commission d'enquête*, t. I, p. 363 et 364, dépositions de M. Trouvé-Chauvel : 12 juillet : « Il dit que l'on s'étonne que M. Caussidière ne soit pas encore arrêté, et que, s'il n'était pas représentant, l'arrestation aurait déjà été faite par lui. Il s'étonne que la commission d'enquête hésite à prendre une détermination *d'où dépend le salut de la patrie.* »
— 18 juillet : « Il déclare que, plus que jamais, il croit M. Caussidière coupable; que, plus que jamais, s'il n'était pas représentant, il n'hésiterait pas à le faire arrêter; aujourd'hui plus qu'hier, demain plus qu'aujourd'hui peut-être. — Il ajoute que la responsabilité de la commission d'enquête est immense en ce moment, relativement à M. Caussidière. »
— 19 juillet : « Il dit que, dans son opinion, M. Caussidière est chef de conspiration depuis le 26 février; c'est par un moyen, c'est par un autre qu'il a conspiré, mais il a conspiré. » — On voit que si la commission d'enquête était en majorité composée de monarchistes, elle était énergiquement excitée aux mesures rigoureuses par les républicains.

contre MM. Caussidière et Louis Blanc ; il demanda trois
jours pour examiner et aviser [1].

Cependant, aucune mesure préventive ne fut prise, soit
par la commission, soit par le ministère public, contre
MM. Caussidière et Louis Blanc. M. Quentin Bauchart,
représentant de l'Aisne, choisi pour rapporteur le 19 juillet, donna le 29 lecture de son travail à la commission ; il fut examiné, corrigé, rectifié à plusieurs reprises ;
et, le 2 août, dans la soirée, communiqué au ministre de
la justice et au procureur général. Le concert ainsi organisé entre le gouvernement et la commission d'enquête,
M. Quentin Bauchart lut le rapport en séance publique à
l'Assemblée nationale le 3 août. Un mois avait suffi pour
mener à fin cette laborieuse enquête où tant de témoins
avaient été entendus, tant de pièces recueillies.

Ce document, insuffisant ou exagéré, si on le juge au
point de vue de l'histoire, avait, pour les contemporains,
plus d'une cause d'intérêt. C'était d'abord chose nouvelle
qu'une commission parlementaire agissant en dehors et à
côté du pouvoir établi, contrôlant librement les actes
non-seulement des gouvernements déchus, mais du gouvernement même qui les a remplacés, scrutant les archives publiques, interrogeant les plus hauts fonctionnaires, et ne connaissant de limites ni à sa curiosité ni à
son indiscrétion. Les événements et les hommes passent
sous nos yeux, confus et enveloppés d'un nuage : le nuage
tombera un jour, mais pour une postérité lointaine qui ne
les a pas connus. Grâce à la lumière anormale et prématurée que l'enquête jetait sur la révolution de février, tous
les personnages qui l'avaient servie descendaient du piédestal où les maintenait la légende ; les divisions secrètes
du Gouvernement provisoire, les misères de sa factice
unité, les dissentiments et les jalousies apparaissaient ; les

[1] Procès-verbaux de la commission d'enquête.

preuves venaient à l'appui des soupçons; les réclamations compromettantes justifiaient tout à coup les prétendues calomnies de la veille.

V. — Le public et l'Assemblée elle-même ne savaient pas encore à quel point le gouvernement s'était engagé avec la commission d'enquête, que le gouvernement s'effraya du chemin qu'il avait fait. Il y eut, dès ce moment, un refroidissement et une retraite. Après la lecture du rapport, M. Ledru-Rollin protesta vivement; il n'avait été appelé qu'une fois devant la commission, il n'avait pas été mis en présence de ses accusateurs, le rapport accusait sans fournir de pièces. Puis, abordant le fond, il rappelait qu'au 16 avril il avait fait battre le rappel, tout en déclarant qu'une révolution nouvelle, complotée avant la réunion de l'Assemblée, n'eût été qu'un fait se substituant à un autre fait et qui ne pourrait fournir matière à une accusation. Ces paroles, ardentes, souvent justes, soulevèrent des applaudissements dans quelques parties de l'Assemblée, et, par un mouvement qui dut étonner tout le monde et celui même qui en était l'objet, lorsque M. Ledru-Rollin descendit de la tribune, Cavaignac alla au-devant de lui et lui serra la main. Comment expliquer cette démarche de la part de cet homme froid et réfléchi? Était-ce pour se séparer de la commission d'enquête? pour demander à M. Ledru-Rollin un silence dont il avait besoin? le remercier de l'avoir gardé? Voilà ce qu'on disait; mais c'était bien plutôt pour rentrer solennellement dans le parti républicain en saluant son ancien chef en face de son ancien antagoniste, M. Odilon Barrot.

Quelques jours après, M. Ducoux, qui avait succédé à M. Trouvé-Chauvel à la préfecture de police, dans un de ces comptes rendus hebdomadaires où il entretenait le public des améliorations qu'il prétendait introduire dans son administration, signalait à plaisir des menées monarchiques. Était-ce le mot d'ordre? Voulait-on venger le parti républicain? M. Laurent (de l'Ardèche) déposa sur le bureau de l'Assemblée (23 août) une proposition tendant à la nomination d'une autre commission de quinze membres, pour procéder à une enquête supplémentaire qui embrasserait tous les faits et intrigues monarchiques signalés par les pièces de l'enquête et notamment par les rapports officiels de la police. Et voilà donc où en venaient les républicains pour trouver des accusations contre leurs adversaires : les rapports *officiels* de la police! Le comité de l'intérieur ne leur refusa pas la satisfaction qu'ils cherchaient et nomma une commission de cinq membres pour lui présenter un rapport : c'étaient MM. Fleury, James Demontry, Babaud-Laribière, Chavoix et Victor Hugo. Si les républicains avaient été représentés dans l'autre commission, les monarchistes ne l'étaient guère dans celle-ci, bien qu'ostensiblement dirigée contre eux. Disons tout de suite que cette proposition fut l'objet d'un rapport (30 octobre) deux mois après, rapport qui concluait expressément contre la prise en considération [1]. Ainsi échouait misérablement cette tentative de représailles.

Enfin, Cavaignac s'associa personnellement à cette campagne en supprimant (22 et 24 août) la *Gazette de France* en même temps que le *Représentant du Peuple,* la *Vraie République,* le *Lampion* et le *Père Duchêne.* C'est au milieu de ces preuves d'impartialité entre ce que l'on appelait les partis extrêmes, que l'Assemblée aborda solennellement la discussion du rapport de la commission d'enquête (25 août).

A vrai dire, il n'y eut pas de discussion ; le rapport fut contredit sans être défendu. Après quelques rectifications

[1] Rapport de M. Fayolle.

de détail, MM. Ledru-Rollin, Louis Blanc et Caussidière prirent à leur compte toute la cause, comme si l'enquête se réduisait à un procès contre eux.

M. Ledru-Rollin n'était plus menacé : la main du gouvernement s'était étendue sur lui. Il fut avéré dans cette séance même, par des déclarations d'Arago, qu'avant le 16 avril il s'était tenu, au ministère de l'intérieur, des conciliabules où s'agitait la question d'une révolution nouvelle ; mais l'Assemblée n'était pas chargée de venger les injures du Gouvernement provisoire. Quant au 15 mai et aux journées de juin, la défense était facile : M. Ledru-Rollin avait des amis engagés dans la fortune de ces deux tentatives avortées, mais il n'y avait ni confidents ni complices. N'est-ce pas lui qui, le 23 juin, avait expédié l'ordre aux préfets de diriger sur Paris les troupes disponibles et les gardes nationales ? Aussi, négligeant la question personnelle, il interpellait ses adversaires comme adversaires de la République elle-même ; ils la combattaient, disait-il, comme ils avaient combattu naguère la dynastie d'Orléans, n'ayant jamais su que détruire et aussi impuissants dans l'opposition qu'ils l'avaient été au pouvoir.

Il levait le drapeau du socialisme ; sa popularité politique ayant baissé depuis le 16 avril et s'étant considérablement affaiblie pendant la durée de la Commission exécutive, il sentait le besoin de la retremper dans le courant d'idées auquel semblait dériver la République ; mais il en donnait une définition qui n'en faisait qu'une doctrine de sympathie et de pitié pour les classes malheureuses et lui ôtait tout caractère subversif : « Le pays souffre, ajoutait-il, et vous n'en dites pas un mot. D'une question sociale, vous êtes, dans votre rapport, tombés à une question de personne et le peuple attend. Il ne s'agit pas de parler sans cesse de concorde et d'amour, il faut en avoir les sentiments et les avoir profondément gravés au fond du cœur..... Dites-vous surtout qu'en commençant les proscriptions, tous les partis peuvent y passer les uns après les autres..... Ne dites pas : Ce sont deux hommes qu'on envoie pour être jugés. Non! non! c'est plus que cela! c'est la représentation nationale qu'il s'agit de sauver ; car, une fois la fissure ouverte, on ne sait quelles mains violentes peuvent l'entr'ouvrir, la déchirer pour y jeter l'Assemblée tout entière ! ».

Ce discours, écouté au milieu des bravos de la gauche, des rumeurs de la droite et de l'agitation générale, ne fut suivi d'aucune réponse.

M. Louis Blanc succéda à M. Ledru-Rollin. Il voulut défendre à la fois ses doctrines et ses actes : tâche longue et fastidieuse pour l'Assemblée, à qui les actes étaient connus et les doctrines antipathiques. A cinq heures trois quarts, la fatigue l'empêchant de poursuivre, l'Assemblée s'ajourna à sept heures et demie. La première partie de son discours avait été consacrée à la défense et à l'exposition de ses doctrines ; dans la seconde, il aborda l'examen des faits. Il soutenait qu'au 17 mars, au 16 avril, il s'était toujours tenu *en public* dans une étroite union avec les autres membres du Gouvernement provisoire, se considérant personnellement comme « responsable de l'ordre », tandis que M. de Lamartine était, à ses yeux, « responsable du progrès ». Il était vrai : *en public*, le 17 mars, M. Louis Blanc s'était rallié au gouvernement, non sans étonner ceux qu'il avait poussés la veille à la manifestation : *en public*, le 16 avril, il s'était tenu à l'hôtel de ville, auprès de ses collègues, mais irrité qu'on eût battu le rappel, déconcerté par sa défaite et sous le coup d'une arrestation imminente. Il rappelait, avec plus de raison, que les ateliers nationaux n'avaient pas été créés par lui, mais contre lui ; qu'ils l'avaient été par Marie et que les délégués du Luxembourg n'y avaient pas entrée. Mais l'histoire doit ajouter que cette hostilité réciproque entre les ateliers nationaux et le Luxembourg tomba bientôt, après l'illégale arrestation d'Émile Thomas, et que la fusion, déjà commencée, s'était achevée sur les barricades de juin. Sa participation à la journée du 15 mai fut, nous le savons, indirecte et toute morale ; il ne la fit pas, mais il l'approuva publiquement. De même pour les journées de juin ; il lui était facile de se défendre d'y avoir concouru ; d'ailleurs le rapport ne l'en accusait pas formellement ; il restait alors à la charge de M. Louis Blanc, il y reste encore aujourd'hui, d'en avoir toujours plutôt amnistié que condamné les auteurs.

Immédiatement après lui, Caussidière prit la parole ; car, non plus que M. Ledru-Rollin, M. Louis Blanc ne rencontra d'adversaires à la tribune. Caussidière lut un plaidoyer que lui avait composé, sur ses notes, un sieur Lingay, ancien rédacteur au service de M. Guizot. Bientôt, embarrassé dans ce style, qui ne répondait ni à son caractère ni à l'impatience de l'Assemblée, il laissa là le manuscrit pour essayer encore l'effet d'une de ces improvisations qui lui avaient réussi naguère. Mais sa faveur était tombée ; il sentit qu'il parlait devant des juges. On connaît son rôle au 15 mai ; nous n'y reviendrons pas. Accusé d'avoir été vu le 24 juin derrière les barricades, en face de l'église Saint-Paul et au faubourg Saint-Antoine, il avait recours aux témoignages de plusieurs représentants et du général Cavaignac lui-même pour établir sa présence à l'Assemblée pendant toute la durée de l'insurrection ; il ne s'élevait d'ailleurs contre lui que des rapports d'agents de police.

Il était minuit, lorsque Caussidière descendit de la tribune. La séance durait depuis douze heures. Quelle que fût sa fatigue, l'Assemblée avait une fois déjà refusé de s'ajourner au lendemain. Cependant, aucun membre de la commission d'enquête ne se levait pour défendre le rapport ou pour répondre aux discours qui venaient d'être prononcés, lorsqu'une lettre de M. Corne, représentant du peuple et procureur général, demandant à l'Assemblée l'autorisation de poursuivre les citoyens Louis Blanc et Caussidière, l'un à raison du 15 mai, l'autre à raison du 15 mai et des journées de juin, vint fournir à la discussion un dénoûment subit et pour beaucoup inattendu. L'étude des procès-verbaux de la commission d'enquête démontre que l'éventualité des poursuites avait été prévue dès ses premières séances; que, spécialement pour Caussidière, M. Trouvé-Chauvel avait mainte fois, et avec la plus vive insistance, sollicité son arrestation comme une mesure de salut public; que le concert entre le gouvernement et la commission avait été constant, aussi bien sur le fait des poursuites que sur le mode d'y procéder. Dans cette demande, faite à l'Assemblée à la suite d'un long débat, il n'y avait pas de coup de théâtre, Cavaignac avait raison de s'en défendre; il n'y avait, la décision une fois prise, que le désir fort légitime d'épargner à l'Assemblée et au pays les émotions d'un second débat, d'où ne pouvait sortir aucune lumière nouvelle. Il demandait en conséquence un vote immédiat. M. Dupin, parlant en jurisconsulte, soutenait que l'autorisation ne préjugeait rien, ce qui était vrai; mais elle mettait les deux représentants sous la main de la justice. M. Grévy, à ceux qui réclamaient l'urgence, opposait l'impossibilité pour l'Assemblée de statuer à l'impromptu sur des questions qu'elle n'avait pu prévoir; à M. Dupin, il répondait qu'il était impossible de refuser à la décision de l'Assemblée toute influence sur l'accusation.

Cependant, l'urgence fut votée par quatre cent quatre-vingt-treize voix contre deux cent quatre-vingt-douze; rarement l'Assemblée avait été plus nombreuse. Théodore Bac se leva aussitôt, et, dans une improvisation chaleureuse, concise et brillante, il reprit, à la décharge de M. Louis Blanc, les arguments déjà présentés par ce dernier. Au scrutin, cinq cent quatre voix accordèrent l'autorisation de poursuivre; deux cent cinquante-deux la refusèrent. Flocon remplit, pour Caussidière, le rôle que Théodore Bac venait de remplir pour M. Louis Blanc; il réussit à écarter l'accusation de complicité dans l'insurrection en établissant l'alibi de Caussidière; il échoua pour le 15 mai. Par quatre cent cinquante-huit voix contre deux cent quatre vingt-une, l'Assemblée refusa l'autorisation sur le premier chef; elle l'accorda sur le second par quatre cent soixante-dix-sept voix contre deux cent soixante-dix-huit. C'était la même majorité sur un point et sur l'autre. Ces votes obtenus, le gouvernement n'alla pas plus loin; il ne tenta pas d'arrêter les deux accusés, et ceux-ci, sans attendre une justice tardive, se hâtèrent de quitter la France et de se réfugier en Angleterre [1].

Ainsi disparurent de la scène, sacrifiés par leur propre parti, deux hommes, d'ailleurs en parfait contraste, mais dont la chute symbolisait celle des groupes, des idées et des procédés révolutionnaires qu'ils représentaient. Tous deux empruntaient leur force à l'élément populaire; l'un par les sociétés secrètes, et, comme on dirait aujourd'hui, par le parti d'action; l'autre par l'empire des idées économiques qu'il tentait de semer parmi les ouvriers. Il fallait à Caussidière les bouleversements politiques, les brusques secousses d'opinion, l'agitation continue, pour que ce commis-voyageur improvisé homme d'État pût continuer son rôle pittoresque, devenir préfet de police et législateur, et espérer même d'un coup de main, tant la confusion était grande, la présidence de la République. Il fallait à M. Louis Blanc le désordre industriel qui suit une révolution, pour que ses rêves d'organisation ne se heurtassent pas trop tôt à des réalités rebelles. L'ordre reprenant le dessus, la société rentrant dans son lit, l'im-

[1] La carrière politique de Caussidière se termina le 26 août 1848. M. Louis Blanc n'est rentré en France qu'après la révolution du 4 septembre 1870.

portance des rôles excentriques tombait tout de suite. Depuis le 15 mai, M. Louis Blanc ne comptait plus que dans les haines de ses ennemis ; Caussidière avait survécu quelques jours à cette date pour surprendre au caprice des électeurs un triomphe éphémère. L'insurrection de juin supprima leur public ; en se dérobant aux conséquences du vote du 25 août, ils échappaient à de nouveaux échecs, aux retours d'une popularité menteuse, et, bien plus encore, à cet autre péril, si redoutable aux ambitieux, de l'inertie, de l'obscurité et de l'oubli.

VI. — Après quatre mois de session traversés par tant d'orages, l'Assemblée nationale se trouvait en présence de cette constitution, dont l'élaboration aurait dû être sa première œuvre, et que les troubles politiques avaient sans cesse ajournée. Le terrain semblait libre, les esprits apaisés, les dangers comprimés. Depuis le 5 août, les insurgés désignés pour la transportation étaient dirigés sur le Havre, d'où ils devaient s'embarquer pour Cherbourg, Brest et Lorient ; les conseils de guerre venaient d'entrer en fonctions (25 août) pour juger les chefs de barricades et les fauteurs principaux de l'insurrection. En s'exilant eux-mêmes, ceux qu'on regardait, à tort ou à raison, sinon comme les chefs, au moins comme les héritiers présomptifs de la rébellion, renonçaient à une lutte immédiate. Cavaignac et ses amis, rassurés du côté du parti républicain, réservaient, comme nous l'avons déjà dit, leurs craintes et leurs rigueurs pour les partis monarchiques. C'était de là, à leur sens, que soufflait le danger. Aussi, à la veille de livrer à la discussion l'avenir constitutionnel de la France, le gouvernement voulut mettre à l'abri le principe républicain. En supprimant la *Gazette de France*, il avait témoigné sa ferme intention de ne pas plus tolérer les audaces monarchiques que l'anarchie révolutionnaire ;

il voulut mieux encore, et sollicita de l'Assemblée un décret par lequel tout journal poursuivi pouvait être cité dans les quarante-huit heures et supprimé par un jugement, soit contradictoire, soit par défaut. Enfin, il demanda le maintien de l'état de siége.

C'étaient là de tristes auspices pour une constitution républicaine. M. Ledru-Rollin faisait remarquer avec raison (2 septembre) que le retrait de l'état de siége n'enlevait ni la faculté d'avoir une armée nombreuse à Paris, ni celle d'évoquer les attentats politiques devant la juridiction militaire. Cavaignac répliqua que l'Assemblée, qui avait décrété l'état de siége, était libre de le retirer ; que sa liberté de discussion, à elle, était entière, et que la seule chose que le pouvoir exécutif voulût préserver, c'était le principe républicain. La prétention était légitime ; mais le général ajoutait la phrase suivante : « Quiconque ne voudra pas de la République est notre ennemi, notre ennemi sans retour. » Il ajoutait : « On a cité un exemple beaucoup plus près de nous : c'est l'exemple des constitutions républicaines du pays, votées en dehors de l'état de siége. A cela, il y a une réponse facile, et, avant de la faire, je rappelle à l'Assemblée que mon père siégeait à la Convention, et que je suis heureux et fier d'être le fils d'un tel homme [1]. Il

---

[1] Le père du général Cavaignac, député du Lot à la Convention, vota la mort du Roi sans sursis et sans appel au peuple. (*Réimpression du Moniteur*, t. XV, p. 162, 191, 252.) Voici les paroles dont il accompagna son vote :

« Un décret de la Convention m'a constitué juge de Louis ; je dois m'y soumettre et agir en cette qualité. Hier, Louis a été déclaré à l'unanimité convaincu de conspiration et d'attentat contre la liberté et la sûreté de l'État. En votant pour ce décret, je n'ai dû écouter et je n'ai écouté réellement que le cri de ma conscience. Dans ce moment où il s'agit de déterminer la peine à infliger à Louis, je ne dois consulter que la loi, je ne suis que son organe, et ce serait un crime à moi de substituer à sa volonté suprême ma volonté particulière. En conséquence, je déclare qu'en conformité de la loi, qui porte la peine de mort pour les crimes dont Louis est déclaré convaincu, Louis doit subir la mort. Le vœu terrible que je viens d'énoncer ne laisse dans mon âme d'autre

n'y avait pas d'état de siége ! Et la Terreur, qu'était-ce donc ? Et, je le répète, que l'on me comprenne bien, ce n'est pas un blâme que je veux porter, c'est une comparaison qui, grâce à Dieu, est tout à l'avantage du moment présent. »

En dépit de ce langage blessant, l'Assemblée passa outre et vota, par cinq cent vingt-neuf voix contre cent quarante, le maintien de l'état de siége. Mais si la majorité se ralliait encore autour du général Cavaignac, ses anciens sentiments d'affection et de confiance venaient de recevoir un rude échec. Pourquoi rapprocher d'un état de siége bénin et vulgaire le système de la Terreur, et se défendre de le blâmer ? Pourquoi cet inutile souvenir de piété filiale, qui réveillait chez tant de représentants la mémoire d'événements que la conscience publique n'a jamais amnistiés ? Pourquoi, enfin, ce cri de guerre contre tous ceux qui se permettent de regarder la République comme « mauvaise ou insuffisante ? » Hélas ! cette opinion, qu'exprimaient, trop vivement peut-être, les feuilles légiti-

amertume que celle qu'éprouve toujours l'homme sensible lorsque son devoir lui impose la cruelle obligation de prononcer la mort de son semblable. Un décret m'assure que demain la Convention s'occupera du sort du reste des Bourbons : je n'ai donc d'autre vœu à former à cet égard que celui de voir bientôt ma patrie débarrassée de tout ce qui peut faire ombrage à sa liberté. »

Dans une lettre écrite le 6 germinal an II à la Convention, au cours de sa mission à l'armée des Pyrénées-Occidentales, il signale une conspiration royaliste dans les Landes, qu'il représente comme « une nouvelle Vendée », et il ajoute : « La commission extraordinaire que nous avons créée à Bayonne nous avait suivis de près ; une guillotine avait été préparée et dressée sur la place de Saint-Sever ; déjà huit des chefs ont payé de leur tête. Le zèle et le patriotisme de ce tribunal redoutable aux méchants nous assurent que successivement celles de tous les coupables tomberont sous le glaive national. » (*Réimpression du Moniteur*, t. XX, p. 118.) Voir aussi *la Justice révolutionnaire*, par M. BERRIAT-SAINT-PRIX. — J. B. Cavaignac concourut avec le général Bonaparte à la répression de l'émeute royaliste du 13 vendémiaire. Il servit l'Empire, soit en France, soit dans le royaume de Naples sous Murat. A la rentrée des Bourbons, il s'exila, et mourut à Bruxelles en 1829.

30.

mistes, elle faisait son tour de France! La République ne rencontrait plus cet enthousiasme un peu étourdi qui l'avait accueillie à sa naissance ; l'impopularité atteignait le principe aussi bien que les hommes qui l'avaient servi ; la foi était tombée. Qui ne le reconnaissait, même parmi les républicains? Lamartine n'hésitait pas à le déclarer du haut de la tribune, et Cavaignac le sentait si bien, que, d'accord avec quelques conseillers intimes, il songeait à expédier dans les provinces des représentants du peuple, avec mission de combattre la réaction monarchique et d'exercer sur leur passage la propagande républicaine. Mais ce projet ayant transpiré, MM. Baze et de Falloux interpellèrent le ministère, qui, devant une énergique désapprobation, n'osa pousser plus loin la tentative (17 septembre).

VII. — Ce que le gouvernement ne se crut pas permis, M. Ledru-Rollin, d'accord avec la majorité républicaine de l'Assemblée, n'hésita pas à le faire. Et le gouvernement ne désavoua ni ne combattit ces manifestations d'une manière assez décidée pour qu'il ne soit pas loisible de croire qu'il les considérait lui-même comme un moyen de ranimer l'esprit républicain.

C'était le 22 septembre, cinquante-sixième anniversaire de la proclamation de la République. Date funèbre dans notre histoire; car elle rappelle la victoire de la populace, non-seulement sur la royauté, mais sur l'Assemblée, les infâmes massacres de septembre, les élections dérisoires de Paris, la longue et sanglante domination de la Terreur! La Révolution de février aspirait-elle donc à revendiquer pour ancêtres les députés de Paris et les membres de la commune de 1792? Si la prétention était imprudente dans les premiers temps de la nouvelle République, après l'insurrection de juin elle devenait insensée. N'étaient-ce pas les vrais descendants de l'autre siècle qui s'étaient levés, qui avaient failli triompher, et qui, à ne lire que les proclamations de MM. Marrast et Senard, ne respiraient que sang, incendie et pillage? Cependant, on écarta ces souvenirs importuns; on ne vit dans cette date qu'un anniversaire dont on effaçait les pages sinistres, et, sur plusieurs points du territoire, notamment à Paris, à Toulouse, à Lyon, à Bourges, etc., le parti républicain organisa des banquets démocratiques.

Celui de Paris se tint au Chalet, sous la présidence de M. Ledru-Rollin; il rassemblait toutes les nuances du parti, de M. Greppo à M. Victor Lefranc, de M. Jules Favre à M. Joigneaux, de M. Edgar Quinet à M. Arnaud (de l'Ariége). Il ne manquait à la manifestation que les ministres de Cavaignac et peut-être Cavaignac lui-même.

Libre désormais des soucis et de la responsabilité du pouvoir, M. Ledru-Rollin rentrait triomphalement dans les déclamations d'avant février, dans l'opposition à outrance, dans le système des promesses et des perspectives pour l'avenir, sans être forcé de se mettre à l'œuvre pour y satisfaire. La Révolution de février elle-même n'échappait pas à ses blasphèmes. « Qu'a-t-on fait pour le peuple, depuis le 24 février? » Il osait le demander, lui, l'ancien membre du Gouvernement provisoire, l'ancien ministre de l'intérieur! « On avait jeté quelques millions à la misère du peuple : qu'est-ce que cela, en comparaison des grandes institutions de crédit, d'association, de secours mutuels, d'instruments de travail qu'on aurait dû fonder? Non, non, rien de large, rien de fécond, rien de véritablement républicain! Toujours et toujours la vieille ornière. » Tous les républicains applaudissaient à ce brevet d'impuissance officiellement infligé à la République par le premier de ses fonctionnaires. Et quel programme financier! « Et que répond-on? continuait l'orateur; l'État est pauvre, l'argent manque. *J'avoue que je n'ai jamais com-*

pris cette objection. L'argent se retire et se cache, l'argent ne manque pas, *il ne peut pas manquer.* Soyez persuadés que c'est bien plutôt un homme entreprenant, résolu, qui manque au moyen de trouver de l'argent. *Nos pères, il est vrai, vivaient d'expédients, mais c'est ainsi que vivent les révolutions, et, après tout, pourvu qu'elles vivent et sauvent l'humanité, qu'importe?* » Et, passant à l'éloge de Cambon, ministre des finances sous la Convention, M. Ledru-Rollin s'écriait : « Ne trouverons-nous pas un autre Cambon? » Or, Cambon, s'il n'avait pas inventé l'assignat et le papier-monnaie, l'avait généreusement pratiqué. Le papier-monnaie, l'assignat, c'était donc l'expédient financier que cette politique à courtes vues offrait à la nouvelle République! On comprend la hâte avec laquelle, quelques jours après ce discours, M. Goudchaux réclamait de l'Assemblée une prompte discussion sur le papier-monnaie, et repoussait solennellement l'impôt progressif, afin de renier toute solidarité possible entre le gouvernement et ces maladroits auxiliaires.

A Bourges, à Lyon, les orateurs dressaient comme de coutume une barrière entre le peuple et la bourgeoisie : déclamation banale sur laquelle il serait inutile d'insister, si les fonctionnaires républicains (procureurs généraux, recteurs, ingénieurs de l'État, maires, etc.) n'avaient autorisé de leur présence ces discours malencontreux. A Toulouse, les organisateurs du banquet (19 septembre) en publièrent à l'avance le programme : c'était une manifestation de la République démocratique, « de celle qui accepte les traditions de 1792 », une protestation des travailleurs contre l'Assemblée qui avait refusé de sanctionner le droit au travail, un défi à « la Vendée toulousaine ». Le général Ballon, commandant la division, avait demandé par dépêche au ministre de la guerre s'il devait assister au banquet : ne voyant pas venir de réponse, il prit sur lui de refuser l'invitation. Le préfet, le recteur, le maire, les adjoints, les conseillers municipaux, se rendirent au banquet. Le velours rouge formait la couleur dominante et unique de la décoration. Le préfet porta un toast à l'Assemblée ; les convives, fidèles au programme, crièrent : A bas l'Assemblée ! Un citoyen proposa un toast au général Cavaignac ; on y répondit par des huées et des sifflets. Cependant le préfet, le recteur, le maire, ne se retirèrent point. A la suite du banquet, une longue procession se déroula dans tous les quartiers de la ville, poussant les cris : Vive Barbès ! Vive la Montagne ! Vive Robespierre ! Vive Marat ! Mort aux riches ! Mort aux prêtres ! A bas Cavaignac ! A bas l'Assemblée nationale !

M. Denjoy, représentant de la Gironde, porta ces faits scandaleux (30 septembre) à la tribune de l'Assemblée ; la gauche l'accueillit par le tumulte le plus effroyable. M. Corbon, qui présidait, se couvrit et suspendit la séance. On remarqua l'absence de M. Marrast, qui ne voulait pas se compromettre dans une discussion où se trouvaient engagés quelques-uns des siens. Le ministre de l'intérieur, M. Senard, prétendit que les faits étaient inexacts, qu'il y avait lieu à enquête, que du reste, « si les faits rapportés étaient vrais, la destitution de tous les fonctionnaires qui avaient assisté au banquet serait une peine trop douce. » Le général Lamoricière n'hésita pas ; il reconnut les faits et les désapprouva. Il déclara qu'à la réception de la dépêche du général Ballon, il avait averti le chef du pouvoir exécutif, et que, de l'aveu de celui-ci, il avait expédié l'ordre au général de ne pas assister au banquet. On se demande alors par quelle négligence ou quel laisser-faire Cavaignac avait omis d'avertir les autres ministres pour qu'ils agissent chacun dans leur département dans le même sens que le ministre de la guerre. Les explications embarrassées de M. Senard, l'absence calculée de M. Marrast, la tolérance du gouvernement pour les banquets, expliquent l'attitude incertaine du chef du pouvoir exécutif ; il craignait de froisser les républicains, et s'il conseilla ou ne contredit pas la mesure qu'avait prise Lamoricière, c'est que le sentiment de la discipline militaire prévalait chez lui sur les affections politiques [1].

VIII. — Il serait prématuré de signaler immédiatement les conséquences de l'attitude indécise que garda dans cette occasion le gouvernement, et du contraste qu'elle offrit avec la sortie impétueuse de Lamoricière. D'autres causes, et, dans le nombre, la discussion de la constitution dont nous ajournons l'exposé pour le donner dans son ensemble, devaient avertir le général Cavaignac que, dans la voie où il s'engageait, il dissipait lui-même sinon sa popularité, il n'en eut jamais, mais la légitime autorité que lui valaient ses services, et qu'il aboutirait à l'isolement. Une société ne vit pas seulement de reconnaissance; si, à certains jours, elle a besoin d'être défendue, dans le cours quotidien des choses, elle ne demande qu'à être gouvernée. Besogne plus difficile et moins glorieuse, où il faut moins de coups d'éclat, mais la suite dans les efforts et un but visible et précis. Ce but, sous le gouvernement du général Cavaignac, on l'avait aperçu au commencement; mais depuis quelque temps on cessait de le distinguer. Il semblait qu'au lieu de tourner ses préoccupations vers la reconstitution sociale, cette administration réparatrice visât surtout à se perpétuer elle-même. Certes, la confiance dans le général Cavaignac était aussi grande que méritée; mais la payait-il de retour? Ne se donnait-il pas de plus en plus non-seulement aux républicains, mais à ces hommes du

---

[1] Le gouvernement fit procéder à une enquête administrative et à une enquête judiciaire; cent trente et un témoins furent entendus dans l'une, cinquante-sept dans l'autre. Le préfet fut changé. Le résultat de cette double enquête, publié dans le *Moniteur* du 1er novembre 1848, confirmait les allégations portées à la tribune par M. Denjoy.

National, médiocres et insuffisants, pour lesquels la Révolution était prodigue d'honneurs et de dignités, sans que des aptitudes éprouvées vinssent justifier ces préférences? L'opinion s'exprimait timidement par les journaux, soumis au régime de l'état de siége et d'une législation draconienne; mais la liberté qui lui était refusée de ce côté, des élections partielles, reculées depuis longtemps, allaient la lui rendre, et réveiller le gouvernement des complaisantes espérances où il paraissait s'endormir.

Les électeurs de treize départements [1] étaient convoqués pour le 17 septembre afin d'élire quinze représentants du peuple; les électeurs de la Seine avaient à remplacer le général Duvivier, mort à la suite des journées de juin, M. Thiers, qui avait opté pour la Seine-Inférieure, et le prince Louis-Napoléon Bonaparte, qui, comme on s'en souvient, avait donné sa démission. Cette fois, le prince se portait candidat. « Aujourd'hui qu'il a été démontré sans réplique, écrivait-il dès le 29 août au général Piat, colonel de la 4ᵉ légion de la banlieue, que mon élection dans quatre départements n'a pas été le résultat d'une intrigue et que j'étais resté étranger à toute manifestation, à toute manœuvre politique, je croirais manquer à mon devoir si je ne répondais pas à l'appel de mes concitoyens. » Le *Comité central démocratique*, que dirigeaient Bixio et David (d'Angers), élevait le drapeau de la conciliation et recommandait aux suffrages des électeurs le nom d'un républicain éprouvé, M. Edmond Adam, entre deux noms monarchistes : MM. Roger (du Nord) et Achille Fould. Le général Bugeaud, le général Castellane, MM. Cousin et Gervais (de Caen), l'abbé Deguerry, l'abbé de Genoude, M. Horace Say, divisaient les esprits dans un moment où la discipline était le plus nécessaire. La *Réforme* soutenait

---

[1] Charente-Inférieure, Corse, Finistère, Gironde, Haute-Loire, Mayenne, Moselle, Nord, Orne, Rhône, Seine, Vaucluse, Yonne.

Dupoty, connu pour ses procès de presse sous Louis-Philippe, M. Schœlcher, l'apôtre de l'abolition de l'esclavage, et M. le comte d'Alton-Shée, ancien pair de France, révolutionnaire et athée. Le *Comité électoral des associations démocratiques et des corporations ouvrières* avait porté son choix sur Cabet, le colonisateur de l'Icarie, et qui tardait beaucoup à rallier son troupeau ; sur Raspail, détenu à raison de son rôle au 15 mai; enfin sur Thoré. Ces trois noms représentaient une triple protestation au nom du communisme, au nom du 15 mai, au nom de l'insurrection de juin.

Il n'est guère de scrutin qui ne soit fertile en surprises; celui du 17 septembre en fournit de plusieurs sortes. D'abord le petit nombre des votants. Le suffrage universel s'exerçait pour la troisième fois dans l'espace de quelques mois, et ce droit, dont le peuple était, disait-on, si jaloux, déjà il en dédaignait l'usage! Dans le Rhône, le Nord, la Gironde, etc., le premier candidat élu ne réunissait que le huitième des voix qu'avait obtenues au 23 avril le candidat qui ouvrait la liste; dans le département de la Seine, l'indifférence avait été moins générale; mais tandis que Lamartine avait eu deux cent cinquante-neuf mille voix au 23 avril, le 17 septembre le premier candidat élu n'en obtenait que cent dix mille! Il y eut même des localités (à Hondschoote, par exemple) où le nombre des votants fut inférieur à celui des électeurs censitaires.

Sur les résultats du scrutin, il y avait lieu d'observer que le parti de la république modérée n'avait obtenu aucune élection; que la république radicale n'en obtenait que deux sur quinze, et qu'enfin les treize autres appartenaient aux conservateurs monarchistes. MM. Rivet, Chambolle, Ach. Fould, de Rulhière, Leflô, de Vaudoré, faisaient escorte à M. Molé, l'ancien et illustre défenseur de la prérogative monarchique contre la coalition de 1839. Seuls, MM. Alphonse Gent et Raspail, l'un en Vaucluse, l'autre à Paris, représentaient la république radicale. Raspail avait échoué à Lyon; à Paris, il était élu le troisième par soixante-six mille neuf cent soixante-trois voix; Cabet et Thoré, non élus, avaient réuni, à peu de chose près, le même chiffre, ce qui attestait avec quelle discipline avaient voté les adhérents du *Comité des associations démocratiques*. En dépit de l'insurrection et des transportations, les votes radicaux n'avaient pas baissé en nombre, et l'on retrouvait au 17 septembre les mêmes chiffres qu'au 23 avril et au 4 juin.

C'était peu que le triomphe des conservateurs et la défaite des républicains modérés : le scrutin du 17 septembre jetait dans l'arène, porté par trois cent mille suffrages, le nom d'un homme qui, indifférent quelques mois auparavant, assez populaire en juin pour avoir été adopté comme un drapeau d'émeute, était devenu et apparaissait maintenant, grâce aux indécisions du pouvoir et aux défiances que nourrissaient ses incertitudes, comme le candidat de l'ordre et le paladin de l'autorité, tel que nous l'avons vu se peindre lui-même dans une lettre du 2 juillet 1838 [1]. Quatre départements (la Seine, l'Yonne, la Charente-Inférieure, la Corse) l'avaient, aux 4 et 18 juin, subitement élu représentant; le mandat qu'il avait résigné lui était renouvelé par les mêmes départements, auxquels venait s'ajouter celui de la Moselle, où, par un contraste piquant que les esprits sagaces auraient pu interpréter comme un présage, il remplaçait Dornès, républicain et rédacteur du *National*, blessé à mort dans les journées de juin. MM. Lamartine et Thiers, élus naguère le premier par dix, le second par cinq départements, pouvaient légitimement imputer à leur notoriété et à leur mérite per-

---

[1] « Mais si un jour les partis renversaient le pouvoir actuel...; et si, habitués qu'ils sont depuis vingt-trois ans à mépriser l'autorité, ils sapaient toutes les bases de l'édifice social, alors peut-être le nom de Napoléon serait-il une ancre de salut pour tout ce qu'il y a de généreux et de vraiment patriote en France. » *Suprà*, livre Ier, p. 22.

sonnel leur multiple succès électoral ; le prince Louis Bonaparte ne devait reconnaître dans le sien qu'un hommage à son nom et peut-être à son titre. Cette nécessité de modestie ne diminuait pas son succès ; la fortune met un homme en lumière : mais il n'appartient qu'à l'homme de montrer ensuite s'il méritait ses faveurs.

Le 26 septembre, après que l'Assemblée eut validé son élection, Louis Bonaparte demanda la parole : « Citoyens représentants, dit-il, il ne m'est plus permis de garder le silence après les calomnies dont j'ai été l'objet. J'ai besoin d'exprimer hautement, et dès le premier jour où il m'est permis de siéger dans cette enceinte, les vrais sentiments qui m'animent, qui m'ont toujours animé. Après trente-trois ans de proscription et d'exil, je retrouve enfin ma patrie et mes droits de citoyen. La République m'a fait ce bonheur ; qu'elle reçoive mon serment de reconnaissance et de dévouement, et que les généreux compatriotes qui m'ont porté dans cette enceinte soient bien certains qu'ils me verront toujours dévoué à cette noble tâche, qui est la nôtre à tous : assurer l'ordre et la tranquillité, premier besoin du pays, développer les institutions démocratiques que le peuple a le droit de réclamer. Longtemps, Messieurs, je n'ai pu consacrer à mon pays que les méditations de l'exil et de la captivité. Aujourd'hui la carrière où vous marchez m'est ouverte. Recevez-moi dans vos rangs, chers collègues, avec le sentiment d'affectueuse sympathie qui m'anime moi-même. Ma conduite, vous ne devez pas en douter, sera toujours inspirée par un dévouement respectueux à la loi ; elle prouvera à tous ceux qui ont tenté de me noircir que nul plus que moi n'est dévoué à la défense de l'ordre et à l'affermissement de la République. »

Quelques jours après (11 octobre), l'Assemblée votait sans discussion l'abrogation de l'article 6 de la loi du 10 avril 1832 qui prononçait le bannissement de la famille Bonaparte.

LIVRE DOUZIÈME

LA CONSTITUTION.

Sommaire. — La constitution; mot de Lamartine; proposition de M. Senard. — Commission de dix-huit membres. — Offres des États-Unis promptement rétractées. — Lecture du projet le 19 juin. — Projet définitif (30 août). — Exposé. — Discussion du préambule (5 septembre); droit au travail: peine de mort, liberté d'enseignement, impôt proportionnel. — Y aura-t-il deux Chambres ou une seule? — Le Président sera-t-il élu par l'Assemblée ou par le suffrage universel? Amendements Grévy et Leblond; Lamartine. — Les princes des monarchies déchues. — Échecs de Cavaignac et du ministère; chute du parti du *National*; chassé-croisé de fonctionnaires. — Remaniements ministériels; vote de confiance aux nouveaux ministres (16 octobre). — Fixation de la date de l'élection présidentielle; vote de la Constitution; fête solennelle. — La période électorale est commencée. — Deux candidats : Cavaignac, Louis Bonaparte; embarras du premier, liberté du second. — Circulaire de M. Dufaure aux préfets; sa lettre à M. Odier. — Proclamation de Cavaignac. — Le clergé; Mgr Sibour, archevêque de Paris. — Les journaux, les démentis du *Moniteur*. — Un « fragment d'histoire. » — Interpellation de M. Jules Favre; réponse de M. Dufaure. — MM. Garnier-Pagès et Barthélemy Saint-Hilaire. — Cavaignac présente sa défense (25 novembre); il proclame sa séparation d'avec M. Ledru-Rollin. — L'Assemblée renouvelle la déclaration qu' « il a bien mérité de la patrie ». — Assassinat de Rossi à Rome. — Politique de Cavaignac en Italie; la médiation entre le Piémont et l'Autriche. — Rome; scène du 15 novembre; émeute du 16; fuite du Pape, qui se retire à Gaëte. — La question romaine devient une question électorale. — Intérêt qu'avait Cavaignac à se maintenir en bonnes relations avec l'Assemblée. — Nouvelle attaque : les récompenses nationales. — Vigilance du ministère. — Scrutin du 10 décembre; le 20, proclamation du résultat. — Cavaignac dépose ses pouvoirs; Louis Bonaparte, élu Président de la République, prête serment à la République et à la Constitution. — Jugement sur Cavaignac et sur la Révolution de 1848.

I. — Le soir du 4 mai, un grand nombre de représentants du peuple, réunis dans le salon de Lamartine, cherchaient à lire dans la pensée du grand homme les secrets du lendemain. On ne doutait pas que les formes du gouvernement ne fussent déjà instituées et que l'Assemblée n'eût presque immédiatement à délibérer sur un projet de constitution. Cependant il n'en était rien. Interrogé à ce sujet par M. de Falloux, Lamartine répondit : « Une constitution ! C'est la moindre des choses ; demandez un projet à Lamennais et à Béranger, et ce sera l'affaire de deux ou trois jours [1]. »

Le 11 mai, M. Senard proposa d'organiser sans délai le pouvoir exécutif dans un titre spécial qui serait détaché de la constitution à venir. C'était un moyen pratique de sortir du provisoire ; l'Assemblée préféra le continuer en nommant une commission exécutive. Après de longs débats, il fut décidé qu'une commission de dix-huit membres serait nommée par l'Assemblée à la majorité absolue pour préparer un projet de constitution. Entre ce vote (12 mai) et ceux (17 et 18 mai) par lesquels l'Assemblée désigna au scrutin les membres de la commission, l'émeute s'interposa et faillit jeter dehors l'Assemblée, la commission exécutive et la constitution avec le reste.

A peine remise de cette alerte, l'Assemblée nomma péniblement, en plusieurs scrutins, les dix-huit membres de la commission de constitution. MM. de Cormenin, Armand Marrast, Lamennais, Martin (de Strasbourg), Woirhaye, Corbon, Tourret, Coquerel, de Vaulabelle, Considérant, y représentaient les diverses nuances du parti républicain ; MM. Vivien, de Tocqueville, Dufaure, Gustave de Beaumont, Pagès (de l'Ariége), Odilon Barrot et Dupin, y introduisaient l'ancienne opposition dynastique, fidèle à la monarchie, mais favorable aux réformes. Le parti républicain était, comme on le voit, en majorité ! Le

---

[1] *Revue des Deux-Mondes* du 15 février 1851 : *Les républicains et les monarchistes*, par M. DE FALLOUX.

caractère commun des uns et des autres, c'est qu'aucun d'eux n'avait subi l'épreuve du pouvoir. Ils avaient vécu jusque-là dans l'opposition; ils n'avaient jamais vu fonctionner la République dans le passé, ni songé sérieusement à en dresser pour l'avenir le programme constitutionnel. Réduits à de vagues aspirations, désireux néanmoins de faire du nouveau, ils tentaient de combiner les souvenirs de la Convention et de la monarchie parlementaire avec les traditions mal connues de la République américaine.

Les États-Unis, qui s'étaient montrés fort empressés à reconnaître la République française, dès qu'il fut question de constitution, proposèrent d'envoyer à Paris leurs hommes politiques les plus éminents, qui apporteraient dans l'élaboration du statut l'expérience d'une pratique demi-séculaire. C'était à une assemblée spéciale, nullement engagée dans la politique quotidienne, qu'ils avaient confié naguère le soin de préparer leur propre constitution : le travail avait duré trois mois et demi. Puis, au lieu d'être promulgué comme loi souveraine et inattaquable, ce projet avait été soumis à l'acceptation des législatures de chaque État, qui y avaient librement proposé des amendements. C'est à peu près dans cette forme que le chancelier d'Aguesseau soumettait aux observations des parlements du royaume ces ordonnances de droit civil qui ont passé presque tout entières dans le Code Napoléon. Que cette méthode lente, réfléchie, respectueuse de l'opinion publique, ressemblait peu à la nôtre ! Une Assemblée, à la fois constituante et souveraine, mêlant dans ses attributions les soins du gouvernement et la méditation d'un pacte politique; neuf cents représentants, soumis au choc des événements, à la précipitation des esprits, à la confusion de leur nombre; l'urgence, douteuse aujourd'hui, demain impérieuse; le peuple enfin, ce peuple souverain, abandonnant à ses délégués toute autorité et tout pouvoir sur ses destinées, sans se réserver le contrôle et l'adhésion définitive : telles étaient les conditions étranges au milieu desquelles allait s'accomplir cette œuvre qu'on estimait si solennelle et si sainte! Les hommes d'État américains reconnurent qu'ils s'étaient mépris, et ne quittèrent pas l'Amérique.

Le 19 juin, Armand Marrast, secrétaire de la commission, lut à l'Assemblée un projet en cent trente-neuf articles, sans exposé de motifs. Ce projet fut renvoyé aux bureaux, qui nommèrent pour l'examiner des délégués, parmi lesquels on voit les noms de MM. Berryer, Thiers, de Parieu, Boulatignier, Duvergier de Hauranne et Crémieux. Deux mois et demi se passent, et, le 30 août, Armand Marrast communiqua à l'Assemblée le nouveau projet, précédé d'un rapport. A l'exception du préambule, il ne différait pas sensiblement du premier, et, comme l'Assemblée, après une discussion de deux mois, l'adopta tout entier, à quelques retouches près de rédaction, nous pouvons dès maintenant en indiquer l'économie et les principaux traits.

Laissons de côté le préambule, où se trouvaient définis les devoirs réciproques de la République et des citoyens, et l'énumération des droits : ces droits abstraits rencontrent nécessairement dans les lois tant de démentis ou de correctifs, qu'on s'étonne de voir reprendre sans cesse ces déclarations platoniques auxquelles personne ne croit plus. Voici comment s'organisaient et se formaient les pouvoirs dans la nouvelle constitution.

Tous les pouvoirs émanent du peuple, qui les délègue à trois mandataires : une Assemblée législative, un président, et la magistrature. L'Assemblée, composée de sept cent cinquante membres, élus pour trois ans au scrutin direct et universel, est permanente; le président n'a le droit ni de la dissoudre ni de la proroger. Le président est élu de la même façon, mais pour quatre ans; il a toutes les attributions de la royauté, sauf l'hérédité; à la fin de son mandat, il n'est rééligible qu'après un intervalle de quatre années. La magistrature est nommée par le président de la République et inamovible. Un Conseil d'État, composé de quarante membres, élus pour six ans par l'Assemblée, prépare les projets de loi qui lui sont renvoyés soit par l'Assemblée, soit par le gouvernement. Bien que la constitution déclare (art. 4) qu'il ne pourra être créé de commissions et de tribunaux extraordinaires, à quelque titre et sous quelque dénomination que ce soit, une haute cour, composée de cinq juges choisis dans le sein de la Cour de cassation et de trente-six jurés pris parmi les membres des conseils généraux, juge, sans appel ni recours en cassation, les accusations portées par l'Assemblée soit contre ses propres membres, soit contre le président ou les ministres et toutes personnes prévenues de crimes, attentats ou complots contre la sûreté intérieure ou extérieure de l'État. Enfin, un tribunal des conflits, composé de conseillers à la Cour de cassation et de conseillers d'État, juge les conflits de juridiction. La révision de la constitution était prévue, mais entourée de difficultés; le vœu exprimé par l'Assemblée dans la dernière année de sa législature ne pourra être converti en résolution définitive qu'après trois délibérations successives, prises chacune à un mois d'intervalle et aux trois quarts des suffrages exprimés (art. 110). La révision sera confiée à une Assemblée spéciale qui ne sera nommée que pour trois mois, et ne devra s'occuper que de la révision pour laquelle elle aura été convoquée.

Tels sont les rouages de l'organisation constitutionnelle sur laquelle l'Assemblée était appelée à délibérer.

On le voit : dans la crainte que les pouvoirs ne se heurtassent, les constituants les faisaient jouer chacun à part dans une sphère indépendante et isolée ; ils étaient en face l'un de l'autre, sans se toucher, souverains tous deux. Identité d'origine : le suffrage direct et universel. Mais, tandis que chaque représentant, bien que l'étant de toute la

France, n'était en réalité l'élu que d'un département, le président réunissait à lui seul dans sa personne les votes de toute la France : quel Roi avait jamais eu plus de racines dans le pays? Les votes d'une majorité pouvaient le gêner, mais ne le liaient pas ; il nommait et révoquait les ministres à sa guise, sans avoir même à s'inquiéter des votes de l'Assemblée ; si celle-ci s'avisait de porter des lois qui entravassent le gouvernement, il fallait, ou que le pouvoir exécutif s'inclinât, ou qu'une lutte s'ouvrît entre les deux pouvoirs. Où serait l'arbitre pour prononcer sur leurs débats? Le Roi avait au moins le droit de dissoudre les Chambres : ce privilége, le président ne l'avait pas. Il est vrai que les fonctionnaires et l'armée étaient à ses ordres ; l'Assemblée, au contraire, s'était dépouillée de toute action, et c'était très-heureux ; car la lutte d'opinions pouvait, à la première occasion, dégénérer en guerre civile.

Ce redoutable problème des rapports entre le président et l'Assemblée, au lieu de le résoudre, la constitution le posait. En pouvait-il être autrement? Quelle abnégation n'eût-il pas fallu à l'Assemblée, pour que, souveraine, elle se résignât à ne pas retenir, soit pour elle, soit pour l'Assemblée qui lui succéderait, la plus grande part possible de souveraineté! Elle recommençait l'œuvre de la première Assemblée constituante, qui, s'étant maintenue d'abord à l'encontre du Roi, avait circonscrit dans d'étroites limites le pouvoir royal, qu'elle dominait en réalité ; elle s'instituait en Convention avec un président qui serait son subordonné. Les constitutions ne sont jamais que les images de l'organisation dans laquelle elles naissent, et il faut reconnaître que Cavaignac, magistrat docile à l'Assemblée, pouvait fournir l'idée d'un président qui ne serait pas plus rebelle et qui voudrait conserver intact l'accord entre les deux pouvoirs. On oubliait que Cavaignac n'était qu'un président intérimaire, sans pouvoir propre, sans durée fixe, sans attributions délimitées : élu du suffrage universel, qui sait s'il n'aurait pas usé de son indépendance, et si l'isolement même auquel la constitution le condamnerait n'aurait pas conduit plus ou moins directement à la dictature?

II. — Nous avons vu que l'état de siége n'avait pas été levé. C'est sous sa protection que s'ouvrit la discussion de la constitution (5 septembre).

Les premières séances furent consacrées à l'examen du préambule et de la garantie des droits. L'Assemblée, sur la foi du secrétaire de la commission de constitution, Armand Marrast, se plut à déclarer, « en présence de Dieu », que « la République était la forme définitive », qu'elle « réduirait les charges », qu'elle « augmenterait la moralité, la lumière, le bien-être », et qu'à son ombre, la France « marcherait plus librement dans la voie du progrès et de la civilisation. » La République « démocratique, une et indivisible, ayant pour principes la liberté, l'égalité, la fraternité; pour bases la famille, le travail, la propriété, l'ordre public », durait depuis six mois; elle avait si peu répondu à l'idéal que promettaient ses adeptes, qu'il eût été au moins prudent de ne pas lui imposer des engagements dont l'accomplissement restait encore si incertain. Était-ce une protestation contre les sectaires qu'elle renfermait dans son sein? contre les utopistes qui faisaient aussi bon marché de la propriété que de la famille? contre ceux qui se souciaient de l'ordre public autant que du travail? Ces principes, ces bases, ces prétendus dogmes républicains, on n'avait connu jusqu'ici que leurs contraires : augmentation des charges et des dépenses, confusion des esprits, démoralisation des masses, hostilité des classes attisée par tous les instruments de publicité, guerre ouverte, tranquillité due à l'état de siége, et quelle liberté de la presse!

Mais oublions le présent et ne pensons qu'à l'avenir. La constitution, dont ses auteurs voudraient faire un Évangile, édicte un Décalogue de vertus *dites* républicaines, telles que l'amour de la patrie, le travail, la prévoyance, le payement des impôts, l'observation des lois morales et des lois écrites. En revanche, la République doit protection au citoyen. Ici se plaçait ce fameux *droit au travail*, reconnu dans une heure de trouble par le Gouvernement provisoire, et qui avait coûté tant de sang. Cependant, le rapport et le projet ne le repoussaient pas; il revenait sous un nom déguisé, soit que, dans la majorité républicaine de la commission, l'incertitude des idées se traduisît par l'indécision dans les formules, soit plutôt qu'elle hésitât à rompre avec l'école socialiste dont elle voulait ménager l'influence et l'appui.

L'Assemblée ne pouvait ni subir ces compromis, ni introduire dans la constitution ce ferment de nouveaux périls. Déjà, dans la séance du 30 juillet, à la suite d'un rapport de M. Thiers sur les théories financières de Proudhon, elle avait exprimé, à l'égard de ce dernier, la désapprobation la plus unanime; le 13 septembre, c'est aux idées économiques de MM. Considérant, Pierre Leroux et Louis Blanc, appuyées encore du concours de Proudhon, qu'elle déclara la guerre. MM. Ledru-Rollin et Crémieux avaient, au nom d'une philanthropie idéale, tenté de sauver le droit au travail; Lamartine l'enveloppait dans de sonores périodes; M. Billault voulait l'inscrire dans la constitution comme un vœu de fraternité que l'avenir se chargerait d'accomplir; MM. de Tocqueville, Dufaure, Duvergier de Hauranne l'attaquèrent résolûment; mais c'est à M. Thiers que revint l'honneur de sa défaite. Le 16 septembre, M. Dufaure, membre de la minorité de la commission qui avait repoussé le droit au travail, proposa d'y substituer le droit à l'assistance, et cet amendement réunit cinq cent quatre-vingt-seize voix contre cent quatre-vingt-sept.

M. Thiers, dans cette nouvelle entreprise contre les folies de l'école radicale, souleva les cris, les trépignements et les fureurs de l'extrême gauche, témoignage éclatant, non pas seulement de sa victoire sur une question spéciale, mais de l'immense progrès que, depuis le 5 juin, il avait fait dans l'Assemblée, de l'accroissement de son crédit, et, pour tout dire, du rétablissement de son ancienne autorité parlementaire. La réunion de la rue de Poitiers l'avait accepté pour chef, et, sous sa conduite, elle conquérait chaque jour plus de poids dans les affaires. Il s'écartait du pouvoir, il affectait l'abnégation et le désintéressement, il ne reniait ni son passé ni ses préférences monarchiques ; son unique et apparente ambition semblait être de relever les autels détruits du bon sens et de la tradition ; s'attaquant hier à Proudhon, aujourd'hui aux théoriciens du droit au travail ; dans d'autres moments, abordant la critique même du gouvernement, non pas au point de vue politique, mais seulement des finances ; attaquant au passage l'impôt progressif, une autre fois l'impôt sur les créances hypothécaires ; jouant partout le rôle d'un contradicteur incommode et gênant.

L'Assemblée vota rapidement les dix-sept premiers articles, relatifs à la garantie des droits ; la peine de mort ne fut abolie qu'en matière politique, conformément au décret du Gouvernement provisoire, qui n'a jamais protégé que les républicains ; la liberté d'enseignement fut reconnue, sous réserve de la surveillance de l'État ; M. de Montalembert retrouva, sur cette thèse qui lui était chère, la même opposition brutale que M. Thiers et sur les mêmes bancs. Enfin, l'impôt progressif fut écarté, sur les instances de Goudchaux lui-même, qui s'était ravisé.

L'Assemblée en était arrivée à l'organisation des pouvoirs (25 septembre). Une grande question dominait le débat: y aurait-il deux Assemblées? n'y en aurait-il qu'une seule, comme le voulait le projet?

MM. Duvergier de Hauranne et Odilon Barrot s'appuyaient des exemples non-seulement de la monarchie constitutionnelle soit en Angleterre; soit en France, mais de ceux des États-Unis et de la constitution de fructidor : partout le système d'une double Assemblée avait prévalu pour empêcher la prépondérance et le despotisme d'une Assemblée unique. Cette thèse avait pour premier tort, aux yeux des républicains, d'être soutenue par des monarchistes, bien que les arguments dont ils usaient fussent empruntés à des républiques; on jugeait la théorie moins en elle-même qu'à l'étiquette de ses prôneurs. Elle avait un tort plus réel : c'est qu'en proposant deux Assemblées, MM. Duvergier de Hauranne et Odilon Barrot n'indiquaient pas et ne paraissaient pas du reste concevoir les moyens pratiques de donner à chacune d'elles une origine différente. Toutes deux seraient issues du suffrage universel; ayant la même source, pourquoi les séparer? Il eût fallu que le sénat ou la Chambre haute, impossible à recruter dans une aristocratie, le fût du moins par un suffrage à deux degrés, dans certaines professions, parmi certaines classes de fonctionnaires, offrant des garanties de sagesse, d'expérience, de maturité qui pourraient se rencontrer chez les membres de la Chambre basse, mais dans d'autres conditions.

MM. Dupin et Lamartine soutinrent le système d'une Chambre unique. Ni l'un ni l'autre n'étaient conduits à cette solution par une conviction impérieuse, mais par le sentiment d'une nécessité toute passagère. C'était un expédient. Il leur semblait que la constitution, applicable sans doute à l'avenir, devait néanmoins se préoccuper du présent; qu'après les luttes sanglantes et la situation toujours instable des six derniers mois, il était prouvé qu'une Assemblée unique s'adaptait mieux à la lutte contre le désordre, aux efforts immédiats, aux décisions impromptues; qu'en face du président, élu de la nation, l'Assemblée serait plus forte, plus compacte, moins perméable aux tentatives de désunion qu'une politique de bascule ne manquerait pas d'essayer sur deux Assemblées. Lamartine, plus éloquent et plus applaudi que jamais, sans cacher les incertitudes qui l'avaient suivi jusqu'au seuil de la tribune, réclamait une Assemblée unique, sinon à jamais, au moins pour les premières années de la République. Pour répondre à cette pensée, M. Barthélemy Saint-Hilaire proposa de ne déléguer le pouvoir législatif à une Assemblée unique que *provisoirement*. Mais, devant l'opposition d'un grand nombre de ses collègues, il retira l'amendement, et le système de l'Assemblée unique fut adopté par cinq cent vingt voix contre deux cent quatre-vingt neuf.

IV. — Restait une question non moins grave. Par qui sera élu le président de la République? par le suffrage universel ou par l'Assemblée? C'est au premier système que s'était attaché le projet de constitution, système assez conforme au respect que les républicains devaient porter au peuple, d'où émane d'après eux toute souveraineté. Mais cette première ardeur était tombée depuis que le suffrage universel, épris derechef du prince Louis-Napoléon Bonaparte, l'avait renvoyé à l'Assemblée par une quintuple élection. Les républicains ne se trompaient pas sur le sens de cette manifestation: dans le prince, ils entrevoyaient un prétendant, et, provisoirement, le prochain président de la République. Or, qu'on suppose l'élection livrée à l'aveugle destinée du suffrage universel, il y avait déjà chance, sans que nous ayons encore à en exposer les raisons, pour que le prince Louis devînt un concurrent dangereux. Au contraire, en réservant à l'Assemblée cette haute fonction, les républicains s'imaginaient qu'en dépit de divisions passagères, le général Cavaignac obtiendrait sur ce point comme sur tant d'autres un vote de confiance, ou tout au moins, en tenant compte de blessures récentes, la majorité nécessaire. Il résultait de ces calculs de parti qu'une opinion qui avait rallié quatorze bureaux sur quinze et la presque unanimité de la commission, était abandonnée par ceux mêmes qui l'avaient toujours préconisée et défendue.

Le respect du suffrage universel semblait avoir passé des républicains aux monarchistes. Ces derniers tenaient pour l'élection du président par le peuple, non qu'ils se réservassent d'en user pour ramener sur le trône un candidat à la royauté, mais pour tirer parti d'un instrument d'opposition qui les débarrasserait peut-être d'un candidat républicain. La sagacité de l'intérêt personnel éclairait les uns et les autres, ceux-là dans leurs défiances du scrutin, ceux-ci dans leur foi subite et d'instinct. Elle s'autorisait d'ailleurs des manifestations significatives du 23 avril et du 17 septembre; timide encore dans les grandes villes, la désaffection pour la République s'enhardissait dans les campagnes; il y avait là une foule de petits propriétaires auxquels la première République avait fourni leurs titres, et la seconde menaçait de les leur ôter! Et, dans le conflit qui se préparait, c'étaient les descendants des anciens propriétaires spoliés qui défendaient les droits des nouveaux propriétaires! N'était-il pas naturel que les paysans se ralliassent aux conservateurs et fissent cause commune avec eux?

Trois systèmes partageaient les esprits. Suivant le premier, il n'y aurait qu'un président du conseil des ministres, nommé par l'Assemblée, révocable par elle, sans durée fixe dans le pouvoir; c'était le système qui fonctionnait sous les yeux de l'Assemblée depuis le 28 juin: M. Grévy proposait de le consacrer en l'insérant dans la constitution. Dans la deuxième combinaison, le président était nommé par l'Assemblée, mais irrévocablement et pour un temps fixe; MM. de Parieu, Leblond, Flocon, Martin (de Strasbourg), la *Réforme* et le *National*, s'unissaient dans la défense de ce système. Le troisième était celui de la commission, la nomination du président par le peuple au suffrage direct et universel; c'est à Lamartine que revient l'honneur ou la responsabilité de l'avoir fait triompher.

M. Grévy, dans un discours qu'on peut citer comme un modèle de concision, commençait par établir que l'Assemblée avait un droit absolu sur toutes les parties de la constitution, sur l'organisation du pouvoir exécutif, comme sur le reste. Il signalait ensuite l'immense prépondérance que devait donner au président le suffrage universel; son pouvoir presque sans limites à l'intérieur, sauf pour la confection des lois; la concentration dans ses mains de toute la force matérielle jointe à la force morale qu'il puiserait dans son élection. « Et vous dites que vous voulez fonder une république démocratique! Que feriez-vous de plus, si vous vouliez, sous un nom différent, restaurer la Monarchie?... Êtes-vous bien sûrs que dans cette série de personnages qui se succéderont tous les quatre ans au trône de la présidence, il n'y aura que de purs républicains empressés d'en descendre? Êtes-vous sûrs qu'il ne se trouvera jamais un ambitieux tenté de s'y perpétuer? Et si cet ambitieux est un homme qui a su se rendre populaire; si c'est un général victorieux, entouré de ce prestige militaire auquel les Français ne savent pas résister; si c'est le rejeton d'une des familles qui ont régné sur la France et s'il n'a jamais renoncé expressément à ce qu'il appelle ses droits; si le commerce languit, si le peuple souffre, s'il est dans un de ces moments de crise et de misère où la misère et la déception le livrent à ceux qui cachent sous des promesses des projets contre sa liberté, répondez-vous que cet ambitieux ne parviendra pas à renverser la République? Jusqu'ici toutes les républiques sont allées se perdre dans le despotisme : c'est de ce côté qu'est le danger, c'est donc contre le despotisme qu'il faut les fortifier. Législateurs de la démocratie, qu'avez-vous fait pour cela? Quelles précautions avez-vous prises contre l'ennemi capital? Aucune. Que dis-je? vous lui préparez les voies! Vous élevez dans la République une forteresse pour le recevoir! »

L'orateur voulait un gouvernement fort : « Vous ne l'aurez, disait-il, qu'à la condition qu'il s'appuiera constamment sur l'Assemblée, qu'il réunira à sa propre force la force de l'Assemblée, et qu'il agira ainsi avec toutes les forces réunies du pays. Juin et les jours qui ont suivi l'ont assez montré. Quel est le gouvernement qui aurait pu faire ce que le gouvernement actuel a accompli? Quel est le gouvernement qui eût pu voiler si longtemps tous les principes de toutes les lois? Quel est le gouvernement qui eût pu changer le cours de la justice ordinaire, suspendre les journaux, maintenir l'état de siége pendant trois mois, l'état de siége que le gouvernement de Louis-Philippe n'a pas pu maintenir pendant trois jours? »

L'organisation recommandée par M. Grévy fonctionnait alors avec le général Cavaignac; nous l'avons vue fonctionner depuis entre les mains de M. Thiers et du maréchal de Mac-Mahon. Elle porte avec elle sa propre critique et le signalement de ses défauts. C'est d'abord ou un gouvernement de crise ou un gouvernement transitoire. Les partis ont abdiqué, les ambitions se taisent, les questions qui divisent sont réservées : l'union se fait par des sacrifices réciproques plutôt que par la lutte normale et légitime des opinions. Mais, dans cette fusion des deux pouvoirs, où est l'indépendance de chacun d'eux? Contraints de rester unis, où est le mérite de l'union, sinon dans la nécessité seule qui l'impose? Que le joug de cette nécessité s'allége, ou que l'un des deux pouvoirs ait un mouvement d'indépendance, l'union devient précaire, tolérée, bientôt intolérable; il faut que l'un des deux pouvoirs se retire ou qu'il consente une transaction sans honneur. M. Jules de Lasteyrie, répondant à M. Grévy, démêlait avec sagacité le vice du système : « Au moindre geste de l'Assemblée, votre président donnera sa démission. Il ne lui sera pas permis de différer d'opinion avec l'Assemblée qui l'a nommé. D'une part, l'Assemblée ne le souffrirait pas, et, d'une autre part, le chef du pouvoir exécutif, qui n'aurait pas la confiance de l'Assemblée, aurait trop de fierté pour continuer à remplir son mandat dans une pareille situation. »

Quel serait le caractère des deux pouvoirs dans ce tête-à-tête? La faiblesse. M. Jules de Lasteyrie démontrait par l'exemple même des relations qui existaient entre le général Cavaignac et l'Assemblée, que, le pouvoir exécutif étant faiblement constitué, le pouvoir législatif était obligé d'être faible à son tour, pour ne pas briser son fragile rival. De là ces votes de confiance venant à la suite de votes désapprobateurs; de là cette modération dans la critique, dans la crainte d'ébranler un pouvoir chancelant; modération louable dans les temps de crise, mais qui ne pouvait rester la loi de tous les temps, la loi constitutionnelle du pays.

Enfin, nous le savons aujourd'hui, la nomination d'un président révocable par l'Assemblée n'est qu'un expédient de circonstance qui ne donne ni la stabilité au pouvoir, ni la confiance aux intérêts, ni à l'avenir d'une nation le vaste horizon qui lui est nécessaire. C'est une constitution à court terme, une tente d'un jour; que le chef du pouvoir porte impatiemment cette situation précaire ou qu'il l'accepte avec noblesse comme la rançon de la nécessité, il ne s'ensuit pas qu'une nation n'ait le droit de chercher dans d'autres institutions des conditions moins provisoires de sécurité.

L'amendement Grévy fut repoussé par six cent quarante-trois voix contre cent cinquante-huit.

La question se simplifiait : le vote qui attribuerait à l'Assemblée l'élection du président, repousserait par là même le scrutin populaire et réciproquement. Cette alternative fut discutée principalement par M. de Parieu et par Lamartine.

M. de Parieu n'avait pas varié dans ses convictions : délégué des bureaux, il avait dès le début conclu à la nomination du président par l'Assemblée. Il ne faut donc pas le confondre avec les républicains du *National* et de la *Réforme*, dont les opinions s'étaient réglées sur des intérêts de parti. Dans un discours dont ses auditeurs ne regrettèrent pas l'étendue, M. de Parieu se fit pour ainsi dire le rapporteur de la question : compétence de l'Assemblée, constitutions républicaines des États-Unis, de Suisse et de Hollande, constitutions françaises de fructidor et même de 1793, dont aucune n'a laissé au peuple l'élection directe du pouvoir exécutif; dangers de la puissance qui lui est conférée non-seulement par la constitution, mais par la centralisation, par les armées permanentes, par l'esprit général du pays, dangers tels que sa non-rééligibilité semble à l'orateur une interdiction qui sera vaine; nécessité de le subordonner au parlement. « Sachez vouloir! dit en terminant M. de Parieu; ne vous laissez pas aller à une sorte de scepticisme en disant : Le pays fera ce qu'il voudra... N'amoindrissez pas trop votre mandat; car si, comme homme, comme individu, il peut y avoir quelque chose d'honorable dans ce système d'abnégation, je vous dirai : Oui; abnégation pour des intérêts personnels partout et toujours; mais, pour une Assemblée politique, abnégation de ses idées, de ses principes, de la mission qu'elle doit accomplir, jamais! »

Était-ce seulement par conviction intime et par esprit de logique que Lamartine resta fidèle au suffrage universel? En face du *National* qui rétractait ses principes, en face de Cavaignac et du ministère qui marchaient avec le *Na-*

tional, n'avisait-il pas l'occasion bonne pour regagner le terrain perdu, et pour faire sa cour à la fois aux républicains que l'intérêt personnel n'aveuglait pas, aux conservateurs qui prenaient le rôle délaissé par les républicains, aux électeurs enfin dont il défendait la prérogative?

Son discours échappe à l'analyse : il ne raisonne pas, mais il touche, il persuade, il entraîne ; il a résolu la question avant de l'avoir traitée. Les effets oratoires suppléent aux arguments. S'agit-il des conditions du pouvoir? « Le pouvoir, dit-il, dans les républiques, est dans la popularité, ou il n'est nulle part. » Ne fait-on pas naturellement retour vers l'orateur, vers l'homme qui a été le plus populaire de France pendant trois mois, et qui aspire à le redevenir? — Oppose-t-on le danger d'une résurrection monarchique? Aux légitimistes, il répond qu'un Bourbon ne viendrait pas briguer quelques voix pour un pouvoir précaire, ni remonter au trône par de tels degrés. Aux orléanistes : « Ce pouvoir, qui s'est dérobé à la France, tenterait, six mois après, de rentrer caché dans l'urne d'un scrutin! Quelle pitié! C'est impossible! Ce qui est ridicule n'est pas possible en France! » — On insiste : Et les Bonaparte? A ces craintes actuelles de l'Assemblée, Lamartine rappelle adroitement que, membre de la Commission exécutive, sentinelle avancée de la République, il avait cru devoir proposer une mesure de précaution ; mais l'Assemblée ne l'avait pas ratifiée. On craint un 18 brumaire : « Pour arriver à un 18 brumaire dans le temps où nous sommes, il faut deux choses : de longues années de terreur en arrière, et des Marengo, des victoires en avant! » — On redoute enfin l'excès de force dans le pouvoir exécutif : « Quelle ironie sanglante de l'instabilité des choses humaines! Nous parlons de l'excès de force du pouvoir exécutif sur les ruines et dans la poussière d'un trône et d'un gouvernement à peine écroulés sous nos pas! »

Dans ce long discours, si brillant, si applaudi, il n'y a

qu'un seul argument, celui que peut donner un politique d'aventure, un pilote sans boussole qui se fie aux flots : le hasard. « Je sais bien, dit-il en terminant, qu'il y a des dangers graves dans les deux systèmes, qu'il y a des moments d'aberration dans les multitudes ; qu'il y a des noms qui entraînent les foules comme le mirage entraîne les troupeaux, comme le lambeau de pourpre attire les animaux privés de raison. Je le sais, je le redoute plus que personne ; car aucun citoyen n'a mis peut-être plus de son âme, de sa vie, de sa sueur, de sa responsabilité et de sa mémoire dans le succès de la République ! Si elle se fonde, j'ai gagné ma partie humaine contre la destinée ! Si elle échoue, ou dans l'anarchie ou dans une réminiscence de despotisme, mon nom, ma responsabilité, ma mémoire échouent avec elle et sont à jamais répudiés par mes contemporains. Eh bien ! malgré cette redoutable responsabilité personnelle dans les dangers que peuvent courir nos institutions problématiques ; bien que les dangers de la République soient mes dangers, et leur perte mon ostracisme et mon deuil éternel, si j'y survivais, je n'hésite pas à me prononcer en faveur de ce qui vous semble le plus dangereux, l'élection du président par le peuple ! Oui, quand même le peuple choisirait celui que ma prévoyance, mal éclairée peut-être, redouterait de lui voir choisir, n'importe, *alea jacta est !* que Dieu et le peuple prononcent ! Il faut laisser quelque chose à la Providence ; elle est la lumière de ceux qui, comme nous, ne peuvent pas lire dans les ténèbres de l'avenir !... Si le peuple s'abandonne lui-même ; s'il venait à se jouer avec le fruit de son propre sang, répandu si généreusement pour la République en février et en juin ; s'il disait ce mot fatal ; s'il voulait déserter la cause gagnée de la liberté et des progrès de l'esprit humain, pour courir après je ne sais quel météore qui brûlerait ses mains !... qu'il le dise ! Mais nous, citoyens, ne le disons pas nous-mêmes pour lui ! Si ce malheur arrive, disons-nous, au contraire, ce mot des vaincus de Pharsale : *Victrix causa Diis placuit sed victa Catoni,* et que cette protestation contre la faiblesse ou contre l'erreur de ce peuple, soit son accusation devant lui-même, et soit notre absolution à nous devant la postérité. »

Telles furent les dernières paroles que prononça Lamartine dans l'Assemblée constituante, avant que le candidat qu'il pressentait eût ouvert à la République de 1848 des destinées toutes nouvelles. Qu'on les rapproche de celles par lesquelles, le 24 février, dans un bureau de la Chambre des députés, Lamartine se jetait les yeux fermés dans la République : on y trouvera le même scepticisme, le même amour de vaine gloire, la même légèreté de conscience !

« Sachez vouloir ! » disait M. de Parieu. Voilà la parole d'un politique digne de ce nom. Le jour du drapeau rouge, Lamartine avait voulu. Rappelons ce souvenir avant de nous séparer d'un homme qui eût tant mérité de gloire, s'il en avait moins convoité.

Malgré les efforts de MM. Leblond, Flocon et Martin (de Strasbourg), l'Assemblée repoussa, par six cent deux voix contre deux cent onze, l'élection du président par l'Assemblée (7 octobre), et vota au contraire, par six cent vingt-sept voix contre cent trente, l'élection par le suffrage universel (9 octobre). Un amendement présenté par MM. de Lasteyrie et de Lafayette demandait que l'élection eût lieu à deux degrés comme aux États-Unis ; il fut repoussé. Enfin, le même sort atteignit deux amendements, l'un de M. Deville, qui excluait de la candidature les officiers généraux de terre et de mer ; l'autre, de MM. Anthony Thouret et de Ludre, qui prétendaient aussi frapper d'exclusion les membres des familles princières ayant régné sur la France.

V. — Bien que Cavaignac et ses ministres ne se fussent pas directement mêlés aux débats constitutionnels qu'agitait l'Assemblée, la question de la présidence avait pour le chef actuel du pouvoir exécutif un intérêt tellement personnel, qu'il n'hésita pas à manifester ses opinions et ses préférences. Elles allaient d'abord au système de l'élection par le suffrage universel; mais quand le parti du *National*, en considération des avantages qu'il en espérait, se fut rangé à la solution contraire, Cavaignac et le ministère tout entier, après une délibération en conseil, résolurent de l'appuyer. Cette décision offrait, avant tout autre, le grave inconvénient de trahir des préoccupations personnelles et des variations d'idées trop peu dissimulées; n'eût-il pas été plus digne pour le candidat du lendemain de rester spectateur des discussions de la veille, de s'abstenir de toute intervention, et d'attendre en silence le vote de l'Assemblée? Cavaignac, auquel l'abstention séyait si bien dans cette circonstance, vota avec la minorité pour l'élection du président par l'Assemblée; tous les ministres votèrent avec lui dans le même sens; Marrast les suivit. Il résultait de cette conduite imprudente que, dans une question où Cavaignac n'aurait dû être ni vainqueur ni vaincu, il s'infligea à lui-même et volontairement un échec.

Il en arriva vite un autre. M. Xavier Durrieu interpella le ministère sur la suspension des journaux par voie administrative; M. Senard invoqua l'état de siége, les votes précédents de l'Assemblée, et demanda la question préalable. Elle fut votée (11 octobre) par trois cent quarante-cinq voix contre trois cent trente-six; maigre victoire, si, dans cette majorité de neuf voix, on compte celles des ministres, mais victoire qui se transformait en défaite lorsque le lendemain, après vérification du scrutin, il fut reconnu que trois cent trente-neuf voix seulement contre trois cent trente-quatre avaient voté la question préalable, et que les ministres, tout en votant dans leur propre cause, n'avaient obtenu qu'une majorité de deux voix! Les échecs de M. Senard à l'occasion des missions de représentants et du banquet de Toulouse; la maladresse des conseils qui avaient enchaîné le pouvoir exécutif à une minorité sans crédit dans la question de la présidence; toutes ces circonstances, où la coterie du *National* était enveloppée dans les échecs du gouvernement, démontraient que ce groupe politique était arrivé à la fin de son règne.

Qu'avait à faire le général Cavaignac? Devait-il lutter péniblement contre l'Assemblée en compagnie d'un ministère déconsidéré, assumer sur lui-même l'impopularité croissante de ses amis, et s'enfoncer sans retour dans l'impasse où leur présomption l'avait engagé? C'était la troisième fois depuis l'avénement de la République que Cavaignac se trouvait en demeure de répudier son parti ou de le suivre à tous risques. Le Gouvernement provisoire l'avait nommé général de division et gouverneur de l'Algérie : il accepta. Bientôt, on lui avait offert le portefeuille de la guerre : plutôt que de se mettre à la tête d'une armée qui fût à la merci des insultes de la populace et des faiblesses du gouvernement, il refusa. La Commission exécutive l'avait pris pour ministre : sans intrigue personnelle, sans initiative d'aucune sorte, rien qu'en se laissant faire, il se trouva un jour séparé de ceux qui l'avaient élevé au ministère, et, le lendemain, leur successeur. L'heure semblait venue pour Cavaignac d'accomplir une troisième évolution : ces hommes qui lui avaient aplani la route du pouvoir suprême, et dont il avait trop épousé les querelles et les haines, le discrédit les atteignait à leur tour. Est-ce que la République, dans la personne de Cavaignac, allait désavouer successivement tous ses enfants? Est-ce que, pour la gouverner, il faudrait, comme l'avait écrit Béranger en 1839, recruter tous ses serviteurs en dehors du parti républicain?

Cavaignac dut hésiter : il lui coûtait de rompre ses liens

de parti. Ses amis, d'ailleurs, ne manquaient pas de lui
représenter que la République, privée de leur concours,
marcherait à sa ruine; qu'il perdrait son point d'appui;
que les monarchistes l'attiraient dans un piége en le sépa-
rant de son entourage. Il voyait cependant dans les commissions, dans les bureaux, dans l'Assemblée, que l'esprit
et les pratiques de gouvernement se rencontraient bien
plus chez les conservateurs, républicains du lendemain,
que chez les républicains de la veille; que ceux-ci, dans
les grandes discussions constitutionnelles, votaient bien
plus qu'ils ne parlaient; que, sans s'aventurer jusqu'à
ce noyau monarchique où siégeaient MM. Molé, Thiers,
de Falloux, Berryer, il y avait un grand nombre de représentants, sincèrement ralliés à la République, qui en
avaient résolûment élaboré et défendu la constitution.
Après tout, ne vivait-il pas sous un régime parlementaire, où la majorité des assemblées fait et défait les ministères? Enfin, cette majorité de l'Assemblée, ne serait-ce
pas, en abrégé, la majorité du pays, celle dont il n'était
plus indifférent de s'assurer ou de s'aliéner les suffrages,
depuis que la constitution lui avait confié la mission
d'élire le président de la République? Dans l'intérêt même
de la République, menacée d'une candidature princière,
le succès électoral qu'il obtiendrait tournerait à l'affermissement du gouvernement républicain.

La crise ministérielle dura trois jours : le résultat se
ressentit de l'indécision personnelle de Cavaignac et de
l'incertitude de sa politique. Le 13 octobre, il monta à la
tribune et invita l'Assemblée à nommer une commission
pour s'entendre avec le gouvernement sur la levée de
l'état de siége. Poser cette question après le vote du
11 octobre, c'était en laisser pressentir la solution : le ministère ancien ne voulait pas expirer, le ministère nouveau
ne voulait pas naître avec le stigmate de l'état de siége.
Déclaré la veille indispensable, comment, le lendemain,

pouvait-on le croire inutile? Pour sauver la contradiction, Cavaignac rappelait à l'Assemblée qu'elle avait ordonné l'état de siége, et que le pouvoir exécutif ne pouvait pas le lever sans elle. Une commission fut nommée; et, sur le rapport de M. Aylies, l'état de siége fut levé quelques jours après (19 octobre) sans discussion.

Quant au ministère, il ne fut pas changé, mais légèrement remanié. M. Senard, qui, comme le personnage le plus en vue, avait été le plus attaqué, donna sa démission et fut remplacé par M. Dufaure. MM. Recurt et de Vaulabelle se retirèrent aussi, sans qu'ils eussent, l'un ou l'autre, éprouvé d'échec parlementaire : le premier n'était jamais sorti de son obscurité; le second n'avait eu à prendre aucune mesure importante. Il est vrai qu'ils appartenaient tous deux au *National :* cependant Bastide, qui en relevait aussi, ne quitta pas le ministère des affaires étrangères. M. Vivien fut nommé au ministère des travaux publics, M. Freslon à celui de l'instruction publique et des cultes. Républicains du lendemain, MM. Dufaure et Vivien avaient pris tous deux une part égale en zèle, sinon en éclat, à la discussion de la constitution : ils se détachaient des monarchistes par un attachement récent il est vrai, mais non moins sincère, à la République. Ancien saint-simonien du groupe d'Angers, ancien procureur général de la République dans cette ville, Freslon, nature honnête, lourde et sans relief, s'appuyait de l'amitié de MM. de Tocqueville et Dufaure. Les nouveaux ministres avaient tous trois pour caractère commun d'être sympathiques aux conservateurs, sans que les républicains pussent les tenir pour suspects.

Néanmoins, à peine le *Moniteur* du 14 octobre avait-il parlé, que M. Portalis, l'ancien procureur général, demanda à interpeller le ministère. M. Dufaure alla au-devant en annonçant pour le 16 octobre une demande de crédit, à propos de laquelle, suivant les usages parlementaires, l'Assemblée aurait à se prononcer pour ou contre la nouvelle administration. Le jour venu, M. Dufaure lut un programme que son prédécesseur aurait pu signer, et qu'en effet il ne désavoua pas. MM. Portalis, Dupont (de Bussac), Ledru-Rollin, Ducoux, cherchèrent à aigrir la discussion : ils scrutaient les motifs de démission, ils montraient comment, s'il n'y avait eu d'autres motifs de retraite que les motifs ostensibles, le ministère aurait dû se retirer tout entier. Après de longs débats, où MM. Senard, Cavaignac et Dufaure s'expliquèrent avec une loyauté complète, l'Assemblée vota le crédit par cinq cent cinquante voix contre cent cinquante-cinq ; la réunion de l'Institut, composée d'anciens membres et d'anciens clients de la Commission exécutive (MM. Garnier-Pagès, Duclerc, Pagnerre), s'était abstenue de voter, ne voulant, disait M. Duclerc, ni renverser le gouvernement, ni lui accorder un vote de confiance.

Cavaignac craignit sans doute de s'être avancé trop loin; il saisit bientôt l'occasion de revenir en arrière. Le 23 octobre, dans une discussion relative aux comptes du Gouvernement provisoire, l'Assemblée demandait qu'un compte spécial fût établi, commençant au 24 février et finissant au 11 mai. Soit qu'il y reconnût réellement des difficultés pratiques de comptabilité, soit plutôt qu'il crût rendre un bon office à ses prédécesseurs, Goudchaux refusa nettement de livrer le compte spécial qu'on lui demandait. L'Assemblée ayant passé outre, il donna sa démission le lendemain. Cavaignac tenta aussitôt de rentrer en grâce auprès de son parti ; et, au lieu de prendre des hommes nouveaux dans la veine de républicains où il avait choisi ses derniers ministres, il eut recours aux anciens, toujours les mêmes. M. Ducoux avait, par une lettre aussi malséante que ses discours dans l'Assemblée, résigné ses fonctions de préfet de police; il fut remplacé par un médecin, ancien conspirateur de 1834, M. Gervais (de

Caen). M. Trouvé-Chauvel, tour à tour préfet de police, successeur de Caussidière, et préfet de la Seine, successeur d'Armand Marrast, passait au ministère des finances, qu'abandonnait Goudchaux. Enfin, l'une des victimes du 14 octobre, Recurt, rentrait en scène : désigné le 25 février au poste de préfet de police, adjoint au maire de Paris sous le Gouvernement provisoire, ministre de l'intérieur sous la Commission exécutive, ministre des travaux publics sous Cavaignac, il avait traversé les principales fonctions du gouvernement, ne manifestant partout que son inertie et son insignifiance : Cavaignac le nomma préfet de la Seine. Il était difficile de montrer moins de suite dans sa politique, et l'on comprend que les alliés nouveaux qu'il avait tenté de s'assurer dans le camp des conservateurs ne se livrassent à lui qu'avec réserve, en le voyant s'obstiner dans un système qu'avait condamné la majorité, et auquel il semblait lui-même avoir définitivement renoncé.

Le premier acte du ministère avait été la levée de l'état de siége; le second fut encore une mesure de clémence. Le 25, Lamoricière présenta un décret relatif aux insurgés de juin. De même que Cavaignac avait laissé poursuivre MM. Louis Blanc et Caussidière, tout en négligeant de les faire arrêter, de même, à l'égard des insurgés de juin, il avait demandé la transportation, avec l'intention d'en tempérer la rigueur. Sur onze mille cinquante-sept insurgés arrêtés en juin et après, six mille six cents avaient été promptement mis en liberté; quatre mille trois cent quarante-huit avaient été conduits dans les ports militaires, à Cherbourg, à Brest, à Lorient. Aux commissions militaires il en avait succédé d'autres, composées de magistrats, qui avaient jugé dignes de clémence neuf cent quatre-vingt onze individus. Il restait trois mille trois cent cinquante-sept prisonniers, dont une moitié arrêtés avant le 27 juin et l'autre moitié après la bataille et depuis. Or, pour les transporter dans nos colonies d'outre-mer, il y avait une difficulté; c'est qu'il n'existait pas de lieu préparé. Le Directoire et le Consulat avaient eu Sinnamary et Cayenne; mais, malgré les attaques à main armée dont elle avait été l'objet, la monarchie, dans ses trente-quatre ans de durée, n'avait pas eu besoin de chercher aux îles Marquises ou ailleurs une prison politique; pour quelques douzaines d'hommes politiques condamnés par la justice, les forteresses continentales avaient suffi. Lamoricière proposait donc que, contrairement au décret du 27 juin, l'Algérie fût désignée pour lieu de transportation. Une commission fut nommée; mais la discussion, deux fois ajournée, n'eut lieu que dans les derniers temps de l'Assemblée constituante, et ne devait aboutir que sous l'Assemblée législative [1].

VI. — Cependant la discussion de la constitution suivait son cours, et le terme en était tellement proche, qu'il parut temps de fixer l'époque de l'élection du président. Le général Cavaignac se montrait las de cet état provisoire, dans lequel sa liberté était gênée, son horizon restreint, ses combinaisons politiques suspendues ou arrêtées par l'incertitude du lendemain. La veille du jour où l'Assemblée devait discuter la question de l'élection du président par le peuple ou par elle-même, Cavaignac aurait désiré que l'Assemblée fixât immédiatement l'époque de cette élection; il en ajourna néanmoins la demande. Mais son vote dans la question ayant semblé trahir certaine défiance du suffrage populaire, il avait hâte de solliciter ce jugement, qu'on lui faisait la réputation de craindre, persuadé d'ailleurs qu'une prompte convocation des électeurs lui serait plus favorable.

[1] Sur deux cent cinquante-cinq individus traduits devant les conseils de guerre, cent trente seulement avaient été jugés entre le 25 août et le 13 novembre.

M. Molé souhaitait le contraire ; il voulait, disait-il, du définitif, mais du véritable, et l'Assemblée, retenant le pouvoir constituant et ne laissant pendant toute sa durée au pouvoir exécutif que des attributions mutilées, ne faisait que varier les formes du provisoire, semer d'embûches les relations des deux pouvoirs, et donner au président la tentation ou d'envahir ou de se retirer. Les républicains demandaient l'ajournement de l'élection par d'autres raisons : à leurs yeux, la constitution, même terminée, n'était qu'une machine inerte ; pour fonctionner, elle avait besoin des lois dites organiques, que l'Assemblée, par décision du 4 septembre, s'était réservé de discuter et de voter avant de se dissoudre. M. Dupin, au nom de la commission, montrait que ces lois organiques, non limitées en nombre, prolongeraient outre mesure l'existence de l'Assemblée ; que s'étant dessaisie du droit d'élire le président et l'ayant remis au peuple, elle ne pouvait en ajourner indéfiniment l'exercice et se perpétuer arbitrairement dans le pouvoir souverain. Enfin, Cavaignac, sans poser la question de cabinet, demandait à être relevé d'une responsabilité dont il n'apercevait ni la mesure ni le terme. L'Assemblée se rendit à ce désir et repoussa l'ajournement (cinq cent quatre-vingt-sept voix contre deux cent trente-deux). L'élection fut fixée au 10 décembre.

La constitution fut votée le 4 novembre par sept cent trente-neuf voix contre trente. Deux fois, au début et à la fin de la discussion, il fut demandé, non pas par des républicains, que l'œuvre de l'Assemblée fût soumise à la ratification du peuple : deux fois la question préalable fit justice de cette prétention. C'est sans doute une formalité dérisoire que de présenter une constitution en bloc à l'appréciation de la foule électorale ; mais si le bon sens interdisait cette manifestation théâtrale et vaine, n'aurait-il pas été digne de ceux qui avaient proclamé le suffrage universel, d'en organiser le fonctionnement et de l'adapter à cette nécessité solennelle? On n'y songea même pas; le suffrage universel était devenu d'ailleurs la terreur des républicains; ils le redoutaient pour la constitution comme ils l'avaient redouté pour l'élection présidentielle.

On imagina autre chose. Aussitôt après le vote, M. Dufaure invita l'Assemblée à nommer une commission pour s'entendre avec le gouvernement sur l'institution d'une fête nationale destinée à célébrer la promulgation de la constitution. Cette fête eut lieu le 12 novembre. La place de la Concorde (l'Assemblée avait refusé de lui laisser le nom de *place de la Révolution*) était ornée de quatre-vingt-huit mâts avec des flammes tricolores, représentant les quatre-vingt-six départements, l'Algérie et les colonies; des trépieds laissaient échapper une fumée odorante qui ressemblait à celle de l'encens; deux estrades, adossées aux terrasses du jardin des Tuileries, portaient les représentants du peuple et les corps constitués; au pied de l'obélisque s'élevait une statue symbolique de la Constitution; devant la grille, un peu en saillie, on voyait un autel, haut de vingt mètres, entouré d'immenses tentures en velours cramoisi, doublé de drap d'or. Sur le front du baldaquin on avait inscrit le précepte évangélique : *Aimez-vous les uns les autres*. A neuf heures et demie du matin, Armand Marrast, président de l'Assemblée, ayant à sa droite le général Cavaignac, à sa gauche Marie, garde des sceaux, la tête découverte malgré la neige et le froid, donna lecture de la constitution; puis, l'archevêque de Paris, assisté des évêques d'Orléans, de Langres, de Quimper et de Madagascar, célébra la messe, que suivit un *Te Deum*. Le *Moniteur* du lendemain ne manqua pas d'admirer « cette idée simple et grande de promulguer la loi nouvelle en plein air, à la face du ciel et en présence des délégués de la France entière ». Dirait-on autrement s'il s'agissait du Décalogue et de Moïse sur le Sinaï?

VII. — Ces pompes républicaines, ces fêtes dites nationales, dissimulaient mal les dangers que couraient déjà et la République et cette constitution si solennellement proclamée. Les secousses de l'émeute avaient agité son berceau, et à peine elle était née qu'on signalait celui qui pourrait la renverser. Comme ces palais qu'un ministre ou qu'un roi se font construire dans l'espoir d'une longue domination, et qui n'abritent le plus souvent que leurs successeurs, la constitution allait échapper à ceux qui l'avaient faite, et tous les priviléges qu'elle accumulait sur le président de la République, le suffrage universel menaçait de les attribuer légalement à un homme regardé d'avance comme son mortel ennemi.

Cavaignac avait été quelque temps le seul candidat à la présidence. Non pas que d'autres hommes plus illustres et plus expérimentés n'y pussent légitimement prétendre; mais il avait le fait pour lui, il était en possession du pouvoir, il jouissait de la confiance de l'Assemblée, de celle du pays, et, dût-il en attendant commettre quelques imprudences ou même quelques fautes, la reconnaissance de la bourgeoisie assurait son succès. La quintuple élection de Louis-Napoléon Bonaparte, le 17 septembre, bouleversa les chances. Le conspirateur de Strasbourg et de Boulogne passa tout à coup pour un défenseur de l'ordre; l'écrivain médiocre, le rêveur de Ham bénéficia de la popularité d'un nom qu'il avait jusque-là méritée si peu; l'homme inconnu fut réputé l'homme nécessaire. Cet entraînement général, l'Assemblée elle-même n'y échappait pas; elle le reconnaissait par l'affectation de son indifférence ou de ses dédains. Aucune disposition de la constitution ne fut modifiée à cause de lui, et c'est une injustice de prétendre, comme il l'a fait plus tard, qu'elle ait été rédigée contre lui; le texte, arrêté le 30 août, fut voté tel quel en septembre et en octobre. Mais il est juste de reconnaître que, dans les discussions qui s'élevèrent sur l'institution de deux Assemblées ou d'une seule, et sur le mode d'élection du président, son nom resta toujours présent aux esprits : le discours de Lamartine et celui de M. Grévy en témoignent assez.

Sa vie retirée, son silence même le servaient : assidu à l'Assemblée, quelle influence y aurait-il conquise ? L'éloquence lui avait été refusée; il n'avait aucun champ d'action. Clément Thomas, qui appartenait à cette coterie du *National* que menaçaient davantage les destinées du prince Louis, tenta, même par l'impertinence, de l'arracher à sa réserve; il se permit de lui demander compte de son absence presque continue, de ses prétentions, de ses titres. Le lendemain (26 octobre), le prince répondit à la tribune : « Citoyens représentants, dit-il, l'incident regrettable qui s'est élevé hier à mon sujet ne me permet pas de me taire... De quoi m'accuse-t-on? D'accepter du sentiment populaire une candidature que je n'ai pas recherchée. Eh bien! oui, je l'accepte, cette candidature qui m'honore. Je l'accepte parce que des élections successives et le décret unanime de l'Assemblée contre la proscription de ma famille m'autorisent à croire que la France regarde mon nom comme pouvant servir à la consolidation de la société...

« On voudrait que j'eusse montré de grands talents et occupé brillamment cette tribune. Mais il n'est donné qu'à peu de personnes d'apporter une parole éloquente au service d'idées justes et saines. N'y a-t-il qu'un seul moyen de servir le pays? Ce qu'il lui faut surtout, c'est un gouvernement stable, intelligent, ferme, sage, qui pense plus à guérir les maux de la société qu'à les venger. Quelquefois on triomphe mieux, par une conduite habile et prudente que par les baïonnettes, de théories non fondées sur l'expépérience et sur la raison.

« Citoyens représentants, on veut, je le sais, semer mon chemin d'écueils et d'embûches. Je n'y tomberai pas; je suivrai la voie que je me suis tracée, sans m'inquiéter, sans m'irriter. Je saurai montrer toujours le calme d'un homme résolu à faire son devoir. Je ne veux que mériter l'estime de l'Assemblée nationale et de tous les hommes de bien, la confiance de ce peuple magnifique qu'on a si légèrement traité hier. (*Mouvements divers.*)

« Je déclare donc à ceux qui voudraient organiser contre moi un système de provocation, que, dorénavant, je ne répondrai à aucune interpellation, à aucune espèce d'attaque. Je ne répondrai pas à ceux qui voudraient me faire parler alors que je veux me taire. Je resterai inébranlable contre toutes les attaques, impassible contre toutes les calomnies. »

Dès ce jour, la candidature de Louis Bonaparte était publiquement, solennellement posée. Dès ce jour aussi il n'y eut plus que deux noms en présence : Louis-Napoléon Bonaparte et le général Cavaignac. M. Molé et M. Thiers voulaient rester spectateurs. Le maréchal Bugeaud, dont le nom avait été prononcé, s'était formellement désisté. Lamartine, sans se porter candidat, se bornait à déclarer qu'il accepterait le vœu du peuple. Restaient MM. Ledru-Rollin et Raspail, ce dernier à Vincennes, et dont le nom résumait les rancunes du 15 mai et du 23 juin, l'élément turbulent et socialiste, la protestation révolutionnaire contre la majorité, contre Cavaignac, contre Ledru-Rollin, contre tout le monde. Quant à M. Ledru-Rollin, si minces que fussent ses chances, il affectait des airs de prudence et s'abstenait de paraître dans les banquets.

Le général Cavaignac se trouvait dans la fausse situation que la constitution avait voulu prévenir en interdisant la réélection d'un président en exercice. Autant le prince Louis Bonaparte, affranchi des soins et des responsabilités du gouvernement, paraissait libre dans ses allures, dans ses moyens d'action, dans ses agents, dans ses promesses, autant le chef du pouvoir exécutif se croyait tenu à la réserve. Il fallait solliciter les suffrages : sa dignité personnelle comme celle de son rang lui conseillaient de les attendre. Maître des fonctionnaires autant que pouvait l'être le chef d'un pouvoir temporaire et incertain, en ferait-il des courtiers électoraux? D'autres n'auraient pas hésité; mais Cavaignac était plus fier encore qu'il n'était ambitieux. Par les mêmes raisons, il était gêné vis-à-vis de son rival, ne pouvant ni le combattre par les fonctionnaires, seuls agents dont il disposât, ni réprimer ses manœuvres sans se laisser soupçonner de partialité. A cette inertie naturelle et presque obligatoire se joignaient les tracas du pouvoir, l'amertume de sentir les sympathies qui s'éloignent moins de l'homme que de son parti, la tentation de changer de camp et le sentiment qu'il est trop tard, la lutte contre un rival insaisissable, dont la valeur ne semblait encore qu'un prestige du passé, la prévision d'un échec et la nécessité de le subir acceptée comme une consigne : on devine les angoisses de ce cœur noble, que tant de sympathies avaient salué naguère, et qui voyait ses services, son désintéressement, sa loyauté, sa foi républicaine sacrifiés sans façon à un homme qui n'avait que son nom et dont le nom seul était la négation de la République.

VIII. — C'est sur M. Dufaure, ministre de l'intérieur, que reposaient les soins de l'élection. Le 2 novembre, par une circulaire aux préfets, il signala l'importance toute spéciale qu'elle empruntait aux circonstances. Il déclarait vouloir « assurer la liberté et la sincérité de l'élection...... dans une parfaite indépendance » de chaque citoyen, mais sans répudier ses sympathies. Un préfet n'est pas seulement préfet, il est citoyen, et son ministre ne lui interdit pas des rapports volontaires avec ses administrés. « Je désire, au contraire, que ces rapports soient fréquents, que vous entreteniez chacun des *vrais intérêts de la République*. On comprendra sans peine que son avenir dépend en partie du citoyen qui le premier présidera à ses destinées ; que la nation doit, dans le choix qu'elle fera, *se confier à un passé sans reproche, à un patriotisme incontestable, à une résolution mâle, énergique, déjà éprouvée au service de la République,* plutôt qu'à de vaines et trompeuses promesses. » Il était difficile de signaler plus clairement et de mieux caractériser chacun des deux concurrents. Il ajoutait : « Gardez-vous d'appeler au secours de votre opinion l'intérêt des électeurs, leur ambition, leur frayeur, toutes les mauvaises passions qui peuvent les égarer ; ne flattez pas les prétentions locales, *ne parlez pas de faveurs sans bornes, de dégrèvements d'impôts, de satisfactions qu'aucun gouvernement ne pourrait leur procurer.* » Le ministre appliqua bientôt, pour son propre compte, les instructions qu'il avait données en écrivant à M. Odier[1], banquier et juge au tribunal de commerce de la Seine, une lettre où il appuyait nettement la candidature du général.

Huit jours après, le général entra personnellement dans la lice. C'était le 10 novembre, deux jours avant la fête de la Constitution. Sous couleur d'un commentaire politique de la constitution, la circulaire du général était un manifeste, où il séparait sa cause et des fauteurs de désordre et des républicains exclusifs, qu'ils vinssent de la *Réforme* ou du *National*. « Vous ne perdrez pas de vue, écrivait-il, que la révolution de février n'est pas la victoire d'un parti sur un autre ; la révolution de février, c'est la nation tout entière assistant sans colère au suicide de la monarchie qui restait seule avec elle-même. Vous ne perdrez pas de vue que la République, *objet*

---

[1] On sait que le général Cavaignac épousa plus tard la fille de M. Odier. (1852).

des espérances et du culte ancien d'un petit nombre de citoyens, proclamée un jour où tout gouvernement, toute autorité manquait au pays, a été acceptée, légitimée par l'acclamation de la nation tout entière. Dans ce qui s'est passé, je ne vois pas une conspiration qui triomphe et se maintient par la violence, par l'exclusion... La nation n'a pas subi la République ; *elle n'entend point subir une minorité, quelle qu'elle puisse être.* » Que n'avait-il écrit plus tôt ces lignes, ou mieux, pourquoi ne les avait-il pas mises en pratique? Il terminait par une déclaration très-explicite en faveur du maintien de la paix et de l'accord entre le clergé et l'État, entre l'Évangile et la Révolution qui en a inscrit les lois dans son code. Cette circulaire avait le tort de s'adresser, par son titre comme par sa nature et par son style, aux fonctionnaires et non au peuple, à une élite et non à la foule. Non-seulement le général ne disait pas : Nommez-moi, mais il ne disait pas même : Je suis candidat. Le ministre de l'intérieur avait caractérisé son candidat sans le désigner par son nom, et le candidat, avec plus de fierté encore, s'était oublié.

Les ministres agissaient modérément auprès de leurs administrés, mais ils agissaient. M. Vivien rappelait aux ingénieurs la circulaire de son collègue de l'intérieur ; M. Freslon, en annonçant aux instituteurs la répartition très-prochaine du fonds de onze cent mille francs qui leur avait été alloué par l'Assemblée, les invitait discrètement à la reconnaissance pour la République. Enfin, l'Assemblée elle-même, comme pour frayer un chemin au général dans le cœur des populations souffrantes, ouvrait les caisses des départements et des villes à des emprunts destinés au soulagement des indigents et des plus pressantes misères. De son côté, Cavaignac se renfermait moins. Il passait la revue de la garde mobile ; il dînait à l'archevêché avec le clergé, à l'hôtel de ville avec les fonctionnaires ; il visitait les ateliers de l'Imprimerie nationale, et sur la demande des ouvriers, graciait cinq de leurs camarades, insurgés de juin ; il graciait encore cent quarante-neuf insurgés et faisait inscrire leurs noms au *Moniteur;* il assistait au départ du onzième convoi des colons algériens (16 novembre), et leur adressait de chaleureuses paroles. Déjà M. Trélat l'avait recommandé (5 novembre) aux colons : « Dieu du peuple, s'écriait-il dans une ardente péroraison, Dieu de la justice, Dieu qui protégez la France, entendez cette grande voix populaire dont les accents montent jusqu'à vous. Éclairez nos esprits et faites que, dans l'imposant travail qui se prépare, en Algérie comme en France, nous ne nous trompions pas. Vous tenez nos destinées dans vos mains. Accordez-nous à tous de porter nos suffrages sur le citoyen le plus digne, sur celui dont le bras est suffisamment ferme, et *surtout le cœur sans autre ambition que celle de tout sacrifier au bien de son pays !* Faites qu'aucune erreur, aucun prestige ne nous égare, et que notre choix soit *vertueusement républicain !* »

Manœuvres anodines et innocentes en face de celles qu'organisaient ses adversaires ! Les partisans du prince Louis ont réclamé contre les caricatures semi-officielles répandues sur leur candidat, comme si, dès le mois de juin, l'esprit français ne s'était pas amusé des résurrections burlesques que le neveu de l'Empereur traînait derrière lui. Mais qu'était cela auprès des calomnies quotidiennes que les journaux prodiguaient au candidat républicain ! La *Presse,* servant les rancunes de M. Émile de Girardin ; le *Constitutionnel,* enrôlé avec M. Thiers, son inspirateur d'alors, sous les drapeaux de Louis-Napoléon ; l'*Assemblée nationale,* coalisant les anciens partis contre la République ; la *Gazette de France,* qui, avec les légitimistes, ne pouvait souffrir un président qui n'aurait pas les complaisances d'un Monk ; l'*Événement,* que M. Victor Hugo, jaloux d'un portefeuille, mettait aux pieds d'un Bonaparte ; des

feuilles républicaines, qui se souvenaient de la bataille de
juin, et qui avaient d'ailleurs leur candidat, M. Ledru-Rollin
ou M. Raspail; des feuilles modérées et honorables, mais
qui, comme tous les gens de tiers parti, ne veulent pas
attaquer, mais ne savent pas défendre : tel était l'ensemble
des hostilités ouvertes ou dissimulées que voyait réunies
contre lui le général Cavaignac.

Le *Moniteur* publiait bien quelques démentis; mais qui
les lisait? Tantôt on accusait Cavaignac de se rapprocher
de MM. Ledru-Rollin et Flocon et de leur avoir offert, au
14 octobre, des portefeuilles qu'ils auraient refusés; tantôt on lui prêtait, ou à ses ministres, des conversations
séditieuses. Il avait fallu, en octobre, démentir le bruit
d'un 18 fructidor qui courait la province; plus tard, des
distributions de plomb et de balles à des ouvriers. Un
jour, c'était une lettre de félicitations qu'aurait écrite le
général au prince Windischgraetz, le vainqueur de
Vienne; un autre, des excuses au cabinet de Londres
pour avoir envoyé des troupes à Rome sans l'avoir préa-
lablement consulté. Puis, des calomnies sur son passé, sur
sa famille; quelques tristes et trop justes souvenirs sur son
père, régicide et organisateur de tribunaux révolutionnaires dans les départements; enfin, des attaques contre
ceux qui l'entouraient et qu'il honorait de sa confiance.
Cavaignac avait écrit le 10 novembre aux fonctionnaires :
« Contre la calomnie ne vous pressez pas de vous défendre; sachez que, celle-là détruite, une autre est toute
prête; consacrez votre temps plus au pays qu'à vous-
mêmes. » Il avait déjà fait alors une cruelle expérience
des amertumes de la vie publique.

IX. — Ces attaques, prélude de toute élection, circulaient dans les clubs en toute licence, dans les journaux
et par tous moyens dans le pays. Cependant, lorsque du

dehors elles se glissèrent dans l'Assemblée; lorsque, au lieu de journalistes sans responsabilité, Cavaignac crut avoir devant lui des collègues pour adversaires, la lutte lui sembla bonne à accepter et même à provoquer. C'étaient quatre membres ou ministres de la Commission exécutive, les plus effacés, à vrai dire, MM. Garnier-Pagès, Barthélemy Saint-Hilaire, Duclerc et Pagnerre, qui, dans un « *Fragment d'histoire* » rédigé par M. Barthélemy Saint-Hilaire, accusaient le général Cavaignac d'avoir, le 23 juin, volontairement retardé et affaibli la défense dans le dessein de se rendre nécessaire et de se faire décerner la dictature. Ces récriminations tardives et stériles témoignaient surtout de rancunes profondes contre l'homme qui, échappant au discrédit de la Commission, avait réussi à la supplanter! En acceptant franchement le débat auquel les conviait leur adversaire, M. Garnier-Pagès et ses amis firent preuve de plus de sincérité que de clairvoyance; ils s'imaginaient battre en brèche le candidat; mais, dans le désarroi de ses espérances, le général allait trouver, à confondre ses détracteurs, l'occasion d'un dernier triomphe!

M. Jules Favre y aida à sa manière. Le collaborateur des circulaires électorales de M. Ledru-Rollin se sentit pris de scrupules pour la sincérité de l'élection. Son dossier regorgeait, à l'entendre, d'incriminations contre l'administration qui protégeait la candidature du général. Mais s'agissait-il des abus auxquels donnait certainement lieu la candidature de son concurrent : « Quels sont-ils? » se demandait naïvement l'orateur; et il n'en disait mot. Comme au 13 juin, il se portait l'avocat officieux de Louis Bonaparte, moins peut-être pour appuyer celui-ci que pour se donner le plaisir de combattre son rival. Les articles de la *Presse* et quelques lettres sans authenticité lui avaient fourni ses arguments. L'Assemblée accueillit par des murmures ou des interruptions cette tentative de scandale;

M. Dufaure, dont l'administration était en cause, ne s'en crut pas moins tenu à répondre. Portant d'abord l'attaque dans le camp ennemi, il déclare que les manœuvres qui se produisent dans l'intérêt d'autres candidats inspirent trop de dégoût au gouvernement pour qu'il soit tenté de les imiter. — Des maires, des conseillers généraux ont usé, dit-on, de leur influence en faveur du général Cavaignac. Mais ne sont-ce pas des magistrats élus et qui ne dépendent pas de l'administration? — Une affiche a, au nom du général, prodigué toutes les promesses de dégrèvement d'impôt que l'on prête à son concurrent. Cette affiche a été saisie. — Une brochure émanée d'un fonctionnaire, et intitulée *Les Prétendants devant le peuple*, sacrifie au général tous ses rivaux; l'auteur a été révoqué de ses fonctions. — On attaquait la lettre à M. Odier : « J'affirme, dit-il, qu'en répondant à une question qui m'était nettement et convenablement posée, j'ai agi en citoyen libre d'un pays libre (*Bravo*)... Comment! je saurai, moi, personnellement, je connaîtrai, je comprendrai, je ressentirai vivement les calomnies répandues à l'égard d'un caractère que j'ai pu apprécier, on me demandera mon opinion, et je garderai lâchement le silence! Non, si l'Assemblée voulait m'imposer cette loi de lâcheté, je la prierais mille fois de me retirer un pouvoir que je ne saurais garder à ce prix. » (*Applaudissements prolongés.*) Ce discours, où l'orateur avait su confondre habilement l'éloge de son candidat, le désaveu des manœuvres qu'on lui prêtait et la dénonciation de celles que le bruit public prêtait à Louis Bonaparte, affermit les convictions de l'Assemblée, qui passa à l'ordre du jour (24 novembre).

Le lendemain s'ouvrit la mémorable séance où devaient s'échanger les explications solennelles du général Cavaignac avec la Commission exécutive. La discussion de la veille avait déblayé le terrain des calomnies ou des commérages que les journaux avaient semés sur le chemin du candidat; il allait rappeler aux oublieux ses titres à la candidature, et retremper sa popularité dans le récit des événements qui l'avaient naguère établie. S'il y eut là manœuvre électorale, la responsabilité en remonte à ceux qui provoquèrent le débat. Cavaignac n'eut que l'esprit de vaincre sur un champ de bataille qu'il n'avait pas choisi. Homme du 24 juin, il était destiné à triompher deux fois par cette date : comme soldat et comme orateur.

Cavaignac se sentait sur son terrain : dès le début de sa défense, il était aisé de le pressentir à l'autorité avec laquelle il interpella ses adversaires; plus loin, à la netteté et à l'abondance de ses explications; enfin, à certain accent de supériorité indulgente. Le *Fragment d'histoire* établissait le débat entre le général et la Commission exécutive : où étaient donc ces membres de la Commission exécutive qui accusaient le général? Lamartine, Arago et Marie s'étaient abstenus; au cours de la discussion, Arago et Marie, malgré les sommations de M. Garnier-Pagès, se refusèrent à y prendre part; Lamartine, deux fois interpellé par M. Ledru-Rollin, ne répondit pas. M. Garnier-Pagès avait-il la prétention de représenter à lui seul la Commission exécutive? car MM. Duclerc, Barthélemy Saint-Hilaire, Pagnerre, n'en étaient pas membres, et n'y avaient figuré que comme surbordonnés. Le général, loin d'accepter un débat avec la Commission, déclarait s'être borné à exécuter fidèlement ses ordres, et n'aspirait qu'à la défendre en se défendant lui-même. A l'égard de la Commission, il n'avait donc pas à se justifier : il ne répondait qu'à l'erreur et à la calomnie.

Le *Fragment d'histoire* lui reprochait de n'avoir pas réuni à Paris l'effectif de troupes qu'avait demandé la Commission : Cavaignac démontrait que, non-seulement par ses ordres, mais par ses soins personnels, il avait réussi à obtenir et à caserner le chiffre de soldats convenu entre la

Commission et lui [1]. — Dans la nuit du 22 au 23 juin, M. Barthélemy Saint-Hilaire l'avait invité *officieusement* à envoyer des troupes au Panthéon : il ne l'avait pas fait, mais c'est que M. Marie lui avait donné l'*ordre* de les envoyer au Luxembourg, et il avait obéi à M. Marie. — On critiquait son plan de défense ; mais il n'en était pas seul responsable ; il ne l'avait arrêté qu'après avoir consulté Lamoricière et Bedeau ; il l'avait soumis ensuite à la Commission, bien avant l'événement ; encore qu'elle fût d'un avis contraire, elle avait maintenu le général, son subordonné, au ministère de la guerre et à la direction suprême des opérations. — Son élévation au pouvoir s'était faite sans mystère ni complot ; il avait, il est vrai, au sein de la Commission, refusé de lier sans retour sa destinée à celle de ses collègues ; mais il les avait avertis des démarches dont il était l'objet. — A-t-il, le 23 juin, tardé, comme on l'en accuse, à envoyer des troupes ? Il a mis à l'abri d'un coup de main l'Assemblée et l'hôtel de ville ; sur 708 soldats tués ou blessés pendant les quatre jours, 195 l'ont été le 23, preuve que l'armée s'est battue ce jour-là. — Mais le soir du 23 et une partie de la nuit, il a disparu de l'Assemblée et du ministère sans laisser d'ordres et après avoir interdit à qui que ce soit d'en donner ? On connaît la réponse que pouvait faire le général : il avait voulu se rendre compte par ses yeux ; il avait conduit des troupes de renfort au général de Lamoricière ; il avait enlevé une barricade au faubourg du Temple. Plus tard, il s'était rendu à l'hôtel de ville et à l'École de médecine, pour conférer avec les généraux Bedeau et Damesme ; à deux heures du matin, il rentrait au ministère. — D'après le récit de M. Barthélemy Saint-Hilaire, il semblait que la bataille n'avait réellement commencé que le 24, à midi, à l'heure même où Cavaignac venait

---

[1] *Suprà*, livre X : L'Insurrection de juin.

d'être investi du pouvoir, et n'est-ce pas à ce moment, par une coïncidence au moins singulière, qu'arrivait de Vincennes avec un convoi de munitions le colonel Martinprey, parti la veille au soir de la place de la Concorde? Cavaignac expliquait que, pour aller à Vincennes, comme pour en revenir, le colonel avait dû décrire un énorme arc de cercle afin d'échapper à la vue des insurgés et de ramener sans combat ces précieuses munitions.

Ainsi, à toutes les incriminations, Cavaignac avait sa réponse prête, la donnant nettement, simplement, de bonne humeur, parfois sur un ton de légère ironie. Par la seule puissance d'une conscience honnête et d'une loyauté sans reproche le général portait la lumière dans les faits comme la conviction dans les esprits. « Je plaide », répétait-il souvent. Mais à la fin, il changea de ton : « En terminant, j'ai à demander à mes adversaires s'ils comptent monter encore à la tribune pour répondre à ce que je viens de dire. Assurément, je pourrais encore m'étendre sur les matières que je traite : j'aurais surtout à bien m'éclairer sur l'attitude que j'ai ici en présence de mes adversaires. J'aurais à éclaircir cette question : Suis-je pour eux un ministre inintelligent, désobéissant, malhabile? Suis-je un traître? C'est ce qu'il faut ici éclaircir entre nous. (*Oui, oui! c'est cela!*)... Eh bien! croyez-vous qu'on combat cela avec un plaidoyer dans les colonnes du *Moniteur?* Non, on combat cela à la tribune, on combat cela en présence de l'Assemblée et du pays qui écoute. (*Très-bien! très-bien!*) Je n'ai pas voulu hâter ce débat : c'est là un débat solennel. Il ne s'agit plus de discuter des faits matériels faciles à constater. Je n'ai pas passé ma vie à discuter des faits, mais vous voyez que quand la vérité est là, on éprouve une très-grande facilité à la rétablir. (*Oui, oui! Très-bien, très-bien!*)... Si vous avez d'autres faits à discuter, venez ici, j'y répondrai; je plaiderai encore ce soir, toute cette nuit, demain même. (*Vive approbation.*) Mais nous arriverons au terme de la discussion sur les faits; il faudra savoir quelle signification vous leur donnez; il faudra savoir pourquoi ce ministre a manqué à son devoir, pourquoi cet ambitieux a fait tout ce qu'il a fait, et alors, ainsi que je le disais, alors, ce n'est plus l'avocat qui viendra parler ici, c'est le soldat, et vous l'entendrez!» (*Très-bien, très-bien! — Longs applaudissements.*)

La séance fut suspendue pendant deux heures. A la reprise, M. Barthélemy Saint-Hilaire repoussa l'imputation d'avoir voulu porter atteinte à l'honneur du général, et protesta qu'il n'avait songé qu'à défendre la Commission, injustement attaquée. Cette demi-rétractation, le général ne daigne pas l'accepter. M. Garnier-Pagès vient au secours de M. Barthélemy Saint-Hilaire; il déclame, frappe sa poitrine, invoque le souvenir du drapeau rouge, rappelle l'amitié de son frère avec Godefroy Cavaignac. Enfin le mot de la situation lui échappe : « Vous, dit-il, que nous avions nommé général de division, gouverneur de l'Algérie, ministre de la guerre... » Cavaignac répond avec hauteur : « Dans le courant de son discours, M. Garnier-Pagès a bien prononcé le mot d'*ingratitude;* je laisse au pays à apprécier ce que je puis devoir à M. Garnier-Pagès. »

Cette discussion avait fourni au général l'occasion de se séparer publiquement de la Commission exécutive : M. Ledru-Rollin lui en offrit une autre, celle de proclamer hautement sa séparation d'avec lui. Il faut conserver à l'histoire le texte même de ces solennelles paroles: Aux interrupteurs qui mettaient en doute son zèle pour la République : « Vous croyez servir la République, je crois la servir aussi; nous verrons qui des deux l'aura le mieux servie. (*Vive approbation. — Bravos prolongés.*) Quant à moi, je vous le déclare, adressez-moi des injures si vous voulez; adressez-moi des injures, et, croyez-le bien, si j'étais homme à tirer parti de ce que vous dites, soyez bien convaincus que je préférerais vos injures à vos éloges. (*Applaudissements prolongés dans toutes les parties de la salle.*) M. Ledru-Rollin a dit qu'à la suite d'un double soupçon il s'était retiré de moi. Je ne désire pas entrer dans des explications bien longues sur la valeur de ce mot; mais, dans l'état actuel des choses, je ne sais véritablement lequel des deux s'est retiré de l'autre. (*Très-bien!*) Assurément oui, cette séparation existe, et je déclare que, quant à moi, je ne prévois guère qu'elle puisse jamais cesser. » (*Marques générales et très-vives d'approbation.*)

La discussion était close. Dupont (de l'Eure) proposa l'ordre du jour motivé suivant :

« L'Assemblée nationale, persévérant dans le décret du 28 juin 1848, ainsi conçu : Le général Cavaignac, chef du pouvoir exécutif, a bien mérité de la patrie, passe à l'ordre du jour. »

Cet ordre du jour fut voté à la presque unanimité (cinq cent trois sur cinq cent trente-sept votants) [1].

Le succès du général était considérable et éclatant; ses amis eux-mêmes pouvaient ne pas l'espérer aussi complet. La garde nationale se porta en députations nombreuses à l'hôtel de la rue de Varennes pour protester contre les murmures que lui avait prêtés le *Fragment d'histoire*.

Toutefois, ces débats d'où la renommée du général Cavaignac sortait plus haute; ces luttes d'influences, qui semblaient partager les représentants et pouvaient porter leurs voix soit à l'un, soit à l'autre de ces candidats, n'avaient pas dans la nation, dans la masse des électeurs, un contre-coup efficace et des effets analogues. Les popula-

[1] Parmi les opposants, on remarque les noms de Théodore Bac, Greppo, Proudhon, Pierre Leroux, Deville et Victor Hugo. MM. Léon Faucher, Odilon Barrot, Léon de Malleville, membres déjà désignés du premier ministère de Louis Bonaparte, s'étaient abstenus, ainsi que les chefs des partis royalistes, MM. Molé, Thiers, Berryer, de Montalembert, qui considéraient la querelle comme n'intéressant que les républicains.

tions voteront, mais ne jugeront pas; les succès oratoires ou politiques du chef du pouvoir ne déplaceront que quelques suffrages, et, pour dire encore plus vrai, confirmeront plutôt ses partisans dans leurs sympathies qu'ils ne lui en conquerront de nouveaux. Il y avait pour Cavaignac, dans ce brillant épisode de sa carrière parlementaire, des satisfactions d'honneur, des jouissances d'amour-propre, des garanties contre les préventions ou les injustices de l'histoire. Sa candidature n'en retirait que peu d'avantage, si ce n'est dans l'hypothèse prévue par la loi organique, où, l'un des deux candidats n'obtenant pas les deux tiers des voix, le droit d'élection serait dévolu à l'Assemblée nationale. Ainsi, dans les limites constitutionnelles, malgré les menaces du scrutin populaire, le général Cavaignac pouvait garder des chances auprès de l'Assemblée, et il avait intérêt à se la conserver favorable.

X. — Devant le triomphe oratoire qui rappelait sur le général Cavaignac une partie du prestige que les journées de juin lui avaient donné, le prince Louis dut croire que le temps était venu de sortir de son silence. Depuis quelques jours, il préparait un manifeste qu'il avait soumis aux hommes d'État dont il recevait les visites, entre autres à MM. Molé et Thiers. Ceux-ci répondirent en gens qu'on consulte, tandis que le prince n'entendait leur faire qu'une communication officieuse. Il écouta leurs critiques sans les accueillir, préludant, par cette fermeté, à l'indépendance qu'il montra toujours à l'égard de ses plus intimes conseillers. Le 29 novembre, parut le manifeste : *Louis-Napoléon Bonaparte à ses concitoyens.*

« Pour me rappeler de l'exil, écrivait-il, vous m'avez nommé représentant du peuple. A la veille d'élire le premier magistrat de la République, mon nom se présente à vous comme symbole d'ordre et de sécurité. Ces témoignages d'une confiance si honorable s'adressent, je le sais, bien plus à ce nom qu'à moi-même, qui n'ai rien fait encore pour mon pays ; mais, plus la mémoire de l'Empereur me protége et inspire vos suffrages, plus je me sens obligé de vous faire connaître mes sentiments et mes principes. Il ne faut pas qu'il y ait de l'équivoque entre vous et moi. Je ne suis pas un ambitieux qui rêve tantôt l'empire et la guerre, tantôt l'application de théories subversives. Élevé dans les pays libres à l'école du malheur, je resterai toujours fidèle aux devoirs que m'imposeront vos suffrages et les volontés de l'Assemblée. Si j'étais nommé président, je ne reculerais devant aucun danger, devant aucun sacrifice pour défendre la société si audacieusement attaquée ; je me dévouerais tout entier, sans arrière-pensée, à l'affermissement d'une République sage par ses lois, honnête par ses intentions, grande et forte par ses actes. Je mettrais mon honneur à laisser, au bout de quatre ans, à mon successeur, le pouvoir affermi, la liberté intacte, un progrès réel accompli. Quel que soit le résultat de l'élection, je m'inclinerai devant la volonté du peuple..... » Ainsi, dans ce début habile et modeste, le prince Louis s'engageait à être le soldat dévoué de l'ordre, l'exécuteur docile des volontés de l'Assemblée, le respectueux serviteur de la loi et de la constitution !

Venaient ensuite les promesses. Il promettait beaucoup. Il avait déjà le secret de paraître précis et de rester vague, et de flatter une opinion sans rebuter la contraire. Il aspirait « à diminuer les impôts les plus onéreux au peuple sans désorganiser les services publics » ; à répudier la guerre, « sans renoncer à une politique loyale et résolue » ; à « alléger le fardeau de la conscription, tout en maintenant les lois fondamentales qui sont la force de notre organisation militaire. » Aux catholiques, il promet la liberté de l'enseignement, sur laquelle Cavaignac refusait de s'engager; aux condamnés politiques et même aux bannis (ô générosité d'un candidat!), l'amnistie et la fin de la proscription; des institutions de prévoyance pour les travailleurs, « une existence assurée pour les sous-officiers et soldats qui ont servi longtemps sous les drapeaux »; à tous, la réconciliation des partis, « la renaissance du crédit, la résurrection du travail, la protection de la religion, de la famille et de la propriété », triple symbole du parti de l'ordre. On voit comment ces promesses, multiples et s'adressant à tous, s'assouplissaient sans trop d'efforts aux interprétations libérales des courtiers d'avant-garde, et, sans les autoriser, ne semblaient toutefois ni les désavouer ni les contredire. « La tâche est difficile, disait-il en terminant; elle est immense, je le sais! Mais je ne désespérerais pas de l'accomplir en conviant à l'œuvre, sans distinction de parti, les hommes que recommandent à l'opinion publique leur haute intelligence et leur probité. D'ailleurs, quand on a l'honneur d'être à la tête du peuple français, il y a un moyen infaillible de faire le bien, c'est de le vouloir [1]. »

Tel était le langage, plein de séduisantes perspectives, que tenait aux électeurs le prince Louis Bonaparte. De même qu'il courtisait tous les intérêts, il recherchait tous les membres influents de l'Assemblée. M. de Montalembert se faisait auprès de lui le chaleureux avocat de la liberté d'enseignement; M. Berryer, en réservant ses sympathies bien connues, ne refusait pas son concours sur le terrain de la République; MM. Thiers et Bugeaud adhéraient à la cause du prince [2]; Lamartine ne repoussait pas

---

[1] On retrouve presque identiquement cette phrase dans la proclamation au peuple français, lors de l'affaire de Boulogne : « Lorsqu'on a l'honneur d'être à la tête d'un peuple comme le peuple français, il y a un moyen infaillible *de faire de grandes choses* : c'est de le vouloir. »

[2] M. Thiers écrivait, le 3 décembre, à M. Frédéric Boutet, de l'*Écho rochelais* : « Le motif qui nous a fait repousser le général Cavaignac, ce sont ses liaisons connues avec la coterie dite coterie du *National*, mi-

ses avances; MM. Jules Favre et Victor Hugo figuraient dans ses salons comme des candidats au futur ministère; Léon Faucher jouait déjà le rôle de ministre en titre; M. de Falloux luttait, se refusait, puis, à l'étonnement de beaucoup de ses amis légitimistes et surtout, dit-on, du comte de Chambord, se laissait entraîner. M. Odilon Barrot s'était donné.

Louis Bonaparte ne dédaignait pas le patronage de ces illustres vétérans de la politique; mais sa force était ailleurs. Elle était dans son nom, ce nom de Napoléon, auquel les arts, la poésie et l'histoire avaient créé une popularité légendaire; elle était dans ce sentiment général qui, sans qu'il eût rien fait encore, attribuait au prince le pouvoir de rassurer les esprits et de rétablir les affaires; elle était enfin dans cette aversion pour les républicains que les républicains avaient eux-mêmes développée par leurs faiblesses, par leurs imprudentes théories, par l'indécision de leur plus ferme représentant. Comment quelques hommes eussent-ils donné le branle à un pareil mouvement? Ils n'avaient d'autre mérite que de le suivre, dans l'espoir de diriger plus tard, ou tout au moins de contenir celui qui en recueillerait le prix.

norité incapable, désorganisatrice, antipathique à la France. M. Louis Bonaparte aura au moins l'avantage de nous affranchir du joug de cette minorité... Je le crois, comme individu, égal au moins au général Cavaignac... M. Molé juge M. Louis Bonaparte comme je le juge moi-même. Le prince est le seul auteur de son manifeste, tenez ceci pour certain. Maintenant, tout ce que je puis vous dire, c'est que, sans affirmer que cette nomination soit le bien, elle nous paraît à tous, hommes modérés, un moindre mal, et je vous engage à y concourir de toutes vos forces. » Le maréchal Bugeaud n'était pas moins affirmatif : « Je conviens, écrivait-il le 6 décembre, qu'il y avait de quoi hésiter un peu devant Napoléon, il nous était si inconnu! Mais y avait-il à hésiter devant le fils du conventionnel Cavaignac, lequel fils s'honore de la vie politique de son père et de son frère, Godefroy *de* Cavaignac? (*sic.*) J'aime mieux le descendant de Napoléon peu connu, que le représentant du *National* représenté par Cavaignac. »

XI. — A l'heure même où Louis Bonaparte manifestait ses intentions et ses promesses, un événement sinistre, dont le télégraphe n'apportait encore que la nouvelle, mettait la France, l'Assemblée et les candidats à la présidence en demeure de se prononcer immédiatement sur une question de politique étrangère d'un caractère complexe et tout spécial, et qui, née en novembre 1848, sous les auspices du général Cavaignac, s'est trouvée depuis comme enchaînée à toutes les destinées de la France, et n'a pas, aujourd'hui même, malgré vingt-cinq ans passés et en dépit de ses fortunes diverses, reçu sa solution définitive. Nous voulons parler de la question italienne et de celle de la souveraineté temporelle du Pape, qui, en réalité, n'en forment qu'une seule sous un double aspect.

De la part de l'Italie, la République française n'avait jusque-là rencontré, aussi bien chez les populations que chez les princes, qu'une défiance injurieuse ; les princes redoutaient la République, les populations redoutaient une nouvelle conquête sous prétexte d'intervention. Lamartine avait offert au Roi Charles-Albert le concours d'une armée française ; le gouvernement piémontais, non-seulement l'avait refusé, mais il avait menacé de repousser par la force tout détachement français qui franchirait les Alpes. L'Assemblée nationale avait compris dans son programme de politique extérieure l'affranchissement de l'Italie (séance du 24 mai) ; mais la démocratie italienne, Montanelli à Florence, comme Mazzini en Lombardie, rejetait tout secours de la France, et Manin, le seul qui l'eût sollicité, était accusé de vertige. Les premières défaites qu'essuyèrent les Italiens ne changèrent pas leurs dispositions à notre égard, et lorsque Charles-Albert, ramené sur Milan par les forces réunies de Radetzki et de Nugent, eut livré honteusement la ville qui l'avait acclamé comme libérateur, il fit demander à la France, non pas son libre concours, mais un général et une troupe de condottieri.

Ainsi tenue en suspicion par l'Italie, la République française était surveillée de près par l'Allemagne démocratique. N'est-ce pas un phénomène instructif que ces démocraties arborant les couleurs de la fraternité, qui, à peine maîtresses du pouvoir, ne craignent rien tant que l'ambition les unes des autres et ne songent qu'à se combattre? Les Hongrois semblaient les alliés naturels des Italiens, et leur grand démocrate, Kossuth, fait voter l'envoi de douze mille Hongrois en Lombardie pour combattre les révoltés. L'Allemagne, réunie à Francfort, ne rêve que conquêtes : elle revendique déjà le Sleswig contre le Danemark, le Limbourg contre la Hollande, l'Alsace et une partie de la Lorraine contre la France! Sur la question italienne, elle déclare que le royaume Lombardo-Vénitien dépend de la Confédération germanique; elle promet son concours à l'Autriche, elle avoue Radetzki comme son général! Devant cette attitude menaçante, l'intervention française en Italie pouvait devenir le signal d'une conflagration européenne.

Au lendemain des luttes sociales qui avaient ensanglanté Paris ; n'ayant sous la main qu'une armée insuffisante, et dont une partie considérable serait retenue à l'intérieur par des nécessités d'ordre public ; enfin, titulaire incertain d'un pouvoir qu'il suffisait d'un vote pour renverser, Cavaignac ne se crut pas le droit d'engager la France dans une aventure chevaleresque où l'ingratitude italienne était d'ailleurs assurée d'avance. Lui, soldat, il souhaitait la paix : l'attitude des Italiens le confirmait dans ce sentiment. Il s'en expliqua le 22 août devant l'Assemblée :

« Dans un pays aussi susceptible, aussi facile à inquiéter sur toutes les questions qui touchent à son honneur, il faut souvent plus de courage pour plaider en faveur de la paix que pour conseiller la guerre..... Si la ligne de conduite que je suis bien fermement décidé à suivre, aussi longtemps que l'Assemblée le permettra, doit assurer au pays une paix honorable, une paix digne de la République, je ne demanderai pas d'avoir rendu au pays un plus grand service, je me croirai assez digne de son estime. Si, au contraire, Messieurs, j'avais un jour à conseiller au pays d'entrer dans les voies de la guerre, — eh! mon Dieu, j'ai fait la guerre, — il me sera bien facile de reprendre les habitudes, d'obéir aux instincts de toute ma vie de soldat; ce me sera, je ne veux pas dire bien doux, mais au moins plus facile que toute autre chose. Si une pareille nécessité venait à se produire, si j'avais à ressaisir mon épée, eh bien, alors, j'aurai fait tout ce que mon devoir envers la République m'impose, et cette épée, je ne l'aurai pas mise au service de passions dangereuses ou d'intérêts personnels, mais au service des intérêts sérieux, des intérêts d'honneur de ma patrie. »

Tout projet d'intervention armée étant mis de côté, au moins provisoirement, Cavaignac se borna à concerter avec l'Angleterre une tentative de médiation entre l'Autriche et le Piémont. Mais l'Angleterre, si ardente à précipiter la révolution en Italie, l'Angleterre, si prodigue en 1847 de promesses de concours, laissait refroidir son zèle, abandonnait Venise, et protestait contre la présence de quelques vaisseaux français dans l'Adriatique. L'Autriche, qui, au début des négociations, avait renoncé à la Lombardie, se retranchait dans des propositions dilatoires, et attendait visiblement la fin du pouvoir intérimaire qui régissait la France. Bruxelles fut désignée pour le lieu du congrès, les plénipotentiaires furent désignés ; mais, lors de l'élection présidentielle, le congrès ne s'était pas réuni encore.

Le gouvernement pontifical n'avait pas montré dans la République plus de confiance que les autres gouvernements de la Péninsule. Les graves difficultés intérieures auxquelles il était en proie, lui provenaient d'hommes qu'il pouvait supposer en relations de sympathie avec les républicains français ; le rôle qu'avaient joué naguère à Rome les agents du Directoire n'était pas de nature à encourager sa confiance. Il tarda beaucoup à reconnaître la République et à recevoir son ambassadeur, le duc d'Harcourt. Malgré les représentations de celui-ci et le mécontentement franchement exprimé du gouvernement français, le Pape choisit pour premier ministre le comte Rossi, ancien pair de France et dernier ambassadeur du roi Louis-Philippe auprès de la cour de Rome. Dès la première heure de son pontificat, lorsque, le 17 juin 1846, il s'était montré au balcon du Quirinal pour bénir le peuple, le cardinal Mastaï, qui venait de prendre le nom de Pie IX, avait reconnu l'ambassadeur de France, et, l'appelant auprès de lui, lui avait témoigné la plus affectueuse bienveillance. Depuis, il s'était éclairé des conseils du savant économiste, il goûtait ses idées de modération et de réforme ; par son intermédiaire, il s'assurait de l'appui de la France pour lutter contre ses ennemis du dedans et contre l'envahissement de l'Autriche. « Ne laissez au Pape aucun doute, écrivait M. Guizot à M. Rossi, le 27 septembre 1847, que, dans le cas d'une intervention étrangère, nous le soutiendrons efficacement, lui, son gouvernement et sa souveraineté, son indépendance et sa dignité. » Pour parer à toute éventualité, le cabinet avait ordonné la réunion de cinq mille hommes, deux mille cinq cents à Toulon et deux mille cinq cents à Port-Vendres, tout prêts à s'embarquer : le général Aupick, qui devait les commander, avait reçu des instructions secrètes. « Nos troupes sont disponibles, écrivait encore M. Guizot, le 27 janvier 1848, à l'ambassadeur de France ; au premier signal, elles s'embarqueront pour Civita-Vecchia. »

Ce signal, l'Autriche semblait l'avoir donné par l'envahissement des Légations ; aussi, le 25 août, par une lettre autographe adressée au général Cavaignac, le Pape lui demandait l'envoi de quatre mille hommes. Pour un gouvernement désireux d'intervenir dans les affaires italiennes, et dont la bonne volonté avait été partout rebutée, c'était là une occasion de se créer un point d'appui et d'avoir, au cœur même de l'Italie, une station militaire ; pour Cavaignac personnellement et pour le gouvernement qu'il présidait, c'était une marque de confiance que, jusque-là, ses prédécesseurs n'avaient pas obtenue. Cavaignac considéra moins l'honneur qu'il recevait que les préjugés de ceux qui l'entouraient : il refusa le secours demandé, alléguant d'une part, que ce serait rompre la médiation qu'il avait acceptée et la transformer en médiation armée ; de l'autre, que les soldats français auraient à remplir une mission de police qui ne serait conforme ni à la dignité de la France ni au principe républicain de non-intervention. Sous ce second motif se cachait la détermination de ne rien faire pour appuyer la souveraineté temporelle du Pape. Quant au premier, c'était un prétexte sans fondement ; les États pontificaux n'étant pas en guerre avec l'Autriche, le gouvernement français n'avait pas de médiation à exercer, et l'injustifiable occupation de Ferrare par les Autrichiens offrait à la France un motif plausible d'appuyer par la force armée ses protestations diplomatiques.

Cependant, par sa fermeté, son énergie, son initiative, Rossi avait amplement justifié le choix que le Pape avait fait de lui. Il réunit entre ses mains les trois ministères des finances, de l'intérieur et de la police ; il s'appliqua à rétablir les finances, à réorganiser l'administration ; il appela de Suisse et nomma ministre des armes le général Zucchi ; il pressa l'établissement de deux lignes télégraphiques, l'une à Civita-Vecchia, l'autre à Ferrare, par Ancône et Bologne. En même temps, il confirmait le statut octroyé par le Pape. C'était là sa pierre d'achoppement. On pouvait se demander si l'ancien libéral de 1831 et le partisan des doctrines constitutionnelles tiendrait un compte suffisant des nécessités spéciales au double caractère du gou-

vernement papal. Du moins, il ne les méconnaissait pas.
« Pie IX, écrivait-il le 4 novembre, ne demande et ne
désire que le bonheur de l'Italie et le développement régulier des institutions qu'il a données à ses peuples, mais
il n'oubliera jamais ce qu'il doit à la dignité du Saint-Siége
et à la gloire de Rome. Toute proposition qui ne serait pas
compatible avec ses devoirs sacrés n'obtiendrait aucun crédit auprès du souverain de Rome et du chef de l'Église. »

Avant toute reprise d'hostilités contre l'Autriche, Rossi
voulait unir dans une ligue politique tous les États italiens;
mais, tandis que Gioberti à Turin et Montanelli à Florence
visaient au même but, l'un en ébranlant quelques gouvernements, l'autre en les renversant tous, le projet de Rossi
respectait et sauvegardait les droits existants et se bornait
à transporter dans l'ordre politique l'union douanière que
Pie IX avait déjà établie avec la Toscane et les Deux-Siciles. Ces réformes, qui pouvaient dispenser les Romains
d'une révolution; ces projets de ligue, qui ne promenaient
pas la mine sous les divers États de la Péninsule, coalisèrent contre Rossi les hostilités et les haines révolutionnaires de Turin et de Florence. Son esprit d'organisation,
sa puissante éloquence, l'empire qu'il avait déjà pris à Rome
sur les Chambres, semblaient promettre à ses idées un
succès que ses ennemis résolurent de prévenir à tout prix.

Ce n'est pas ici le lieu d'exposer les insultes, les calomnies, les menaces qui assaillirent le ministre de Pie IX; la
conjuration des journaux, des clubs, des sociétés secrètes;
certains personnages, engagés si avant dans la familiarité
des conjurés qu'ils sont devenus, aux yeux de l'histoire,
suspects de complicité; un premier complot, échouant le
22 octobre, grâce à la vigilance de Rossi; la fidélité des
carabiniers et des dragons entamée; les éléments de défense disparaissant; les précautions devenant vaines; enfin,
les avertissements les plus précis se heurtant sans succès
contre l'audace et le courage de la victime.

C'était le 15 novembre le premier jour de la session parlementaire. Suivant l'usage, Rossi devait prononcer le discours d'ouverture. Vers midi, il prit congé de sa femme et de ses fils, et se rendit au Quirinal. Le Pape lui donna sa main à baiser, et, le bénissant : « Monsieur le comte, lui dit-il, prenez garde! vos ennemis sont nombreux, acharnés, et capables du plus grand crime. » — « Sainteté, répondit Rossi, ils sont trop lâches, je ne les crains pas. » Il sortit : des amis, des inconnus même, se pressèrent autour de lui et le conjurèrent de ne pas aller à la Chambre ; Mgr Morini lui affirma tenir de source sûre que les conjurés ne l'y laisseraient pas arriver vivant. Rossi lui répondit : « Je défends la cause du Pape, et la cause du Pape est la cause de Dieu. Je dois aller, et je le veux. » Il monta en voiture avec le chevalier Pietro Righetti, sous-secrétaire d'État aux finances ; malgré son air ferme, il était pâle et agité. L'arrivée de la voiture sur la place de la Chancellerie fut accueillie par des huées et des sifflets ; lorsqu'elle s'arrêta sous le vestibule du palais, on entendit : Chut! chut! Le silence se fit : le chevalier Righetti descendit le premier, puis Rossi. Aussitôt qu'il paraît, les sifflets reprennent, et les cris : *Tuez-le! tuez-le! à bas Rossi! mort à Rossi!* éclatent comme une tempête. Cependant, Rossi, l'œil fier et la démarche hautaine, s'avançait vers l'escalier. Les conjurés l'entourent, le séparent de son compagnon, l'enferment ; l'un d'eux le heurte légèrement au côté droit. Tandis que Rossi tourne promptement la tête avec un geste de mépris, un homme passe vivement en avant et lui enfonce un poignard au côté gauche du cou. Il fit quelques pas et tomba ; Righetti et le valet de pied le relevèrent : puis, soutenu par eux, il monta huit ou dix degrés ; mais, ses forces défaillant, on dut le porter dans les appartements du cardinal Gozzoli. Les médecins reconnurent que la blessure était mortelle. Le curé de Saint-Laurent, appelé en hâte, accourut par un escalier secret.

Rossi était à l'extrémité ; il n'eut que le temps de recevoir l'absolution et expira.

Ce qui suivit le crime fut plus horrible que le crime même.

La garde civique resta impassible ; les carabiniers s'enfermèrent dans leur caserne. A la Chambre des députés, le président, Sturbinetti, ne souffla mot de l'événement ; on lut le procès-verbal, on fit l'appel des députés ; mais, la salle étant déserte, la séance fut levée. Le prince de Canino disait d'un ton méprisant : « Que nous importe ? est-ce donc le roi de Rome qui est mort ? » L'assassin était fêté de toutes parts : on le serrait dans les bras, on l'embrassait : c'était le libérateur de la patrie ! c'était le nouveau Brutus ! Dans la soirée, on organisa une marche triomphale avec des drapeaux tricolores, des torches et des tambours ; on recruta en route des carabiniers et des dragons ; l'assassin était porté sur les bras de ses complices qui criaient : *Vivent les carabiniers ! Mort aux prêtres ! Bénie soit cette main qui a poignardé Rossi* [1] ! Le cortége s'arrêta devant le palais Doria, où demeurait avec ses enfants la comtesse Rossi, et cette populace de cannibales ne craignit pas d'infliger à la veuve les cris, les huées et les plus infâmes apostrophes ! Les journaux firent écho à ces impudentes ovations : ils exaltèrent « l'attitude digne » de la multitude, « le noble calme » de la Chambre des députés ; quant à l'assassin, c'était un « ange du ciel », c'était « l'ange de l'Assassinat [2] ! »

C'est le 25 novembre, en descendant de la tribune, que Cavaignac reçut la nouvelle de la mort de Rossi. Il n'hésita pas, et, abordant M. de Corcelle, qu'il avait connu en Afrique, et dont il savait les sentiments de religieux respect pour la papauté : « Il faut aller au secours du

---

[1] *Benedetta quella mano che il Rossi pugnalò!*
[2] *I processi degli assassinii di Pellegrino Rossi.* Roma, 1854. — *Storia dell' assassinio di Pellegrino Rossi, tratta dai Processi.* Roma, 1854.

Pape », lui dit-il. Le lendemain, il télégraphia à la flotte de Toulon de rallier Marseille et d'embarquer trois mille cinq cents hommes de la brigade Mollière, préparée depuis quelque temps en vue d'une intervention à Venise. Le 27, M. de Corcelle partit en qualité d'envoyé extraordinaire pour offrir au Pape l'hospitalité de la France; le ministre des cultes, M. Freslon, se rendit à Marseille pour le recevoir au nom de la République.

L'assassinat du ministre du Pape n'avait été, en effet, que le prélude d'attaques à main armée dirigées contre le Pape lui-même. Le 16 novembre, assiégé dans son palais, dépouillé de ses droits; séparé des Suisses, que les démagogues chassèrent du Quirinal; n'ayant plus pour le protéger que cette garde civique, la veille si indifférente, il avait pris à témoin les membres du corps diplomatique, accourus à sa défense, de la violence qui lui était faite, et, confidentiellement, exprimé au duc d'Harcourt son désir de se rendre en France. Cette résolution, qui avait besoin d'être tenue secrète, les républicains de France s'avisèrent de la trouver si avantageuse à leur candidat, qu'ils s'empressèrent de la divulguer, si bien que la généreuse initiative de Cavaignac prit aussitôt la couleur d'une manœuvre électorale.

Cependant, dès le 28 novembre, en réponse à une question de M. Bixio, Cavaignac donna lecture à l'Assemblée des instructions qu'avait emportées M. de Corcelle; et l'Assemblée, présentement satisfaite, ajourna au 30 novembre les interpellations, comme pour laisser aux faits le temps de s'accomplir. Le 30, MM. Ledru-Rollin, Jules Favre, Montalembert prirent la parole, unis dans cette idée que la démarche de la France avait fatalement et en dehors de toute intention contraire une importance considérable, que le secours donné au Pontife profiterait au prince, et que cette mission, soutenue par un corps d'armée, était ou deviendrait, qu'on le voulût ou non, une intervention. M. de Montalembert le souhaitait et ne s'en cachait pas ; MM. Jules Favre et Ledru-Rollin, au contraire, en repoussaient l'idée comme opposée à la constitution et comme portant atteinte à l'indépendance des peuples dans leur politique intérieure. Après quelques explications de M. Dufaure et du général Cavaignac, l'Assemblée, allant plus loin, ce semble, que le pouvoir exécutif lui-même ne le lui demandait, vota l'ordre du jour suivant : « L'Assemblée, approuvant les mesures de précaution prises par le gouvernement pour assurer la liberté du Saint-Père, et se réservant de prendre une décision sur des faits ultérieurs et encore imprévus, passe à l'ordre du jour [1]. »

Le Pape quitta Rome dans la soirée du 24 novembre ; mais, au lieu de se rendre en France, il se réfugia à Gaëte, dans les États du roi de Naples, soit qu'il désirât, tout en se mettant en sûreté, s'éloigner de Rome le moins possible, soit qu'un séjour en France, au sein d'une république à peine constituée, lui inspirât, ainsi qu'à ses conseillers, de légitimes appréhensions. La mission armée de M. de Corcelle n'avait plus d'objet : les troupes de la brigade Mollière, à peine embarquées, rentrèrent au camp ; l'escadre garda le mouillage de Pomègue, près de Marseille, en attendant de nouvelles instructions. Quant à M. de Corcelle, il n'en partit pas moins pour Gaëte, où il arriva le 5 décembre. Le Pape le reçut le soir même, et lui déclara qu'il ne renonçait pas à venir en France (et M. de Corcelle le priait d'exécuter ce projet, quel que fût le résultat de l'élection présidentielle), mais il voulait attendre la réponse des gouvernements à l'exposé de situation qu'il leur avait adressé, quelques nouveaux éclaircis-

---

[1] Quatre cent quatre-vingts voix votèrent cet ordre du jour contre soixante-trois. Parmi ceux qui l'ont voté, nous remarquons le prince Jérôme-Napoléon Bonaparte. Votèrent contre : MM. Jules Favre, Arnaud (de l'Ariége), Lamartine, Lamennais, Quinet, Félix Pyat.

sements sur la situation de ses États et la réunion du Sacré-Collége. Deux lettres de Sa Sainteté au général Cavaignac témoignèrent de ses sentiments personnels pour le général et pour la France, et déclarèrent que c'était « sans la moindre préméditation ni le moindre concert » qu'il s'était rendu à Gaëte. Ainsi tombaient les bruits que le Pape s'était défié de la France; mais ce voyage, dont on attendait pour la République de l'honneur et, pour le candidat, certain profit, se trouva par les circonstances indéfiniment ajourné.

Lorsqu'un fils de conventionnel prenait dans une question catholique une attitude en apparence aussi décidée, il était difficile à son concurrent de se taire sans que son silence tournât contre lui. Le prince Louis, absent, n'avait pas pris part au vote du 30 novembre. Son abstention ayant été remarquée, pour en réparer l'effet il déclara, par une lettre insérée dans la *Presse* et le *Constitutionnel*, qu'il fallait protéger le Pape, mais en se gardant bien de dire comment et dans quelle mesure. Représentant d'une dynastie militaire, il feignait de critiquer ceux qui ne craignaient pas d'alarmer les cabinets par une démonstration armée, et, pour avoir un pied dans le camp révolutionnaire comme dans le camp conservateur, il protestait de ses sympathies pour « la liberté et l'autorité du Pape », tout en condamnant la France à l'inaction. Le clergé devait se méprendre d'autant moins sur ce langage à double entente, que, parmi les ennemis les plus violents du Pape, à Rome, parmi les chefs de la révolution romaine, se trouvait un cousin du candidat à la présidence, le prince de Canino, fils de Lucien Bonaparte. L'œuvre qu'avait tentée en 1831 le prince Louis dans les Romagnes, Canino la réalisait. La solidarité d'idées et d'actes, à dix-sept années d'intervalle, semblait complète entre les deux cousins. Le candidat en sentit bien vite le danger, et, par une nouvelle lettre, celle-ci adressée au nonce comme pour lu

imprimer à l'avance une valeur diplomatique, il désavoua toute « complicité » entre le prince de Canino et lui.
« Je déplore de toute mon âme, écrivait-il, qu'il n'ait point senti que le *maintien de la souveraineté temporelle* du Chef vénérable de l'Église était intimement lié à l'éclat du catholicisme comme à la liberté et à l'indépendance de l'Italie. » Par cette profession en faveur de *la souveraineté temporelle*, il espérait regagner auprès du clergé le terrain qu'il était en danger de perdre [1].

Ainsi, voilà deux hommes que leurs traditions de famille et de parti ont depuis longtemps constitués adversaires de la souveraineté temporelle du Pape. Mais ils sont candidats : l'un, après des déclarations ambiguës, se voit forcé, en vue du succès, de saluer en termes exprès cette souveraineté qu'il a combattue naguère en personne ; l'autre envoie des troupes à Rome et laisse incertain s'il protége seulement la personne du Pontife ou s'il ne défend pas en même temps le pouvoir du souverain. Ces contradictions et ces palinodies témoignent sans doute d'une souplesse de convictions dont le spectacle n'est que trop ordinaire dans les luttes électorales ; mais il y faut voir aussi la nécessité morale qui les imposait, et comment la question romaine, dès son début, apparaissait tout à coup aux yeux les plus prévenus comme une question vraiment nationale, et qui touchait au cœur de la France [2].

[1] L'*Univers*, par l'organe de M. Louis Veuillot, indiquait avec précision l'attitude des catholiques dans les lignes suivantes, publiées, le 11 décembre suivant : « Nous n'avons voulu qu'une chose : c'est qu'il (le prince Louis) sût d'avance que les catholiques n'étaient le bagage d'aucun homme et d'aucun parti, et qu'il les aurait pour ou contre lui, dans les limites où leur devoir les retient toujours, non en vertu de son nom, de ses chances et de sa force, mais en vertu de ses principes et de ses œuvres. »

[2] M. Bastide, ancien ministre des affaires étrangères sous Cavaignac, dans un ouvrage publié à Bruxelles en 1858 (*La République française et l'Italie en 1848*), déclare que le gouvernement français, en offrant l'hospitalité au Pape, saisissait « le moment favorable d'aider à l'œuvre de

XII. — Un incident d'un caractère tout différent vint jeter une défaveur momentanée sur le gouvernement.

Le 6 décembre, c'est-à-dire quatre jours avant le scrutin, à une heure où, dans les départements un peu éloignés du centre, les bruits les plus erronés portent coup et ne sont exposés qu'à une réfutation tardive, des journaux de Paris, la *Presse*, la *Patrie*, le *Constitutionnel*, l'*Assemblée nationale*, l'*Événement*, inséraient de prétendues listes de récompenses nationales où figuraient des noms de voleurs et d'assassins. L'indignation des journalistes éclatait hautement : l'*Assemblée nationale* signalait ces récompenses « décernées au régicide, à l'assassinat, à l'insurrection »; la *Presse* dénonçait les « pensionnaires de M. le général Cavaignac »; l'*Événement* écrivait : « La lecture de chaque nom doit enlever vingt mille voix au général Cavaignac. » Et comment douter de l'exactitude de ces listes, communiquées, disait la *Presse*, par un membre de la commission de l'Assemblée?

Voici ce qui s'était passé. Par décret du 5 mars, le Gouvernement provisoire avait nommé une commission sous la présidence d'Albert pour décerner des pensions, des indemnités ou des distinctions honorifiques aux blessés de Février et à tous ceux qui, sous la Restauration ou sous le gouvernement de Juillet, avaient souffert pour la cause républicaine. Le 4 mai, Albert donna sa démission de président, et fut remplacé par Armand Marrast, maire de

---

la séparation définitive des pouvoirs spirituel et temporel. » — « Nous pensions surtout, dit-il, que le Pape en France, la Péninsule tout entière recouvrerait sa pleine liberté d'action..... Les opinions religieuses de M. de Corcelle étaient de nature à inspirer toute confiance au Pape, dont il était déjà connu. » En un mot, cette hospitalité offerte par la France n'aurait été qu'un guet-apens! — Nous doutons que le général Cavaignac ait connu ou goûté ce calcul machiavélique, et si M. Bastide le lui a réellement conseillé, c'est une nouvelle preuve de l'influence déplorable que pouvait exercer cette *coterie* du *National*, et de la nécessité où se trouvait le général Cavaignac de s'en affranchir plus complétement qu'il n'avait fait jusque-là.

Paris. Le 19 septembre, M. Senard, alors ministre de l'intérieur, présenta à l'Assemblée un projet de décret fixant approximativement le chiffre des pensions ou des indemnités à inscrire au budget, tout en réservant au ministre de l'intérieur le soin d'examiner les titres de chaque demande. Où étaient alors les dossiers? Au sein de la commission des récompenses. Le ministre n'en avait pas pris communication; mais, bien que provisoires, ses chiffres concordaient avec ceux que renfermaient ces feuilles, ignorées de lui. La commission de l'Assemblée, peu favorable au projet, traînait en longueur et laissait le temps couler. Les futurs bénéficiaires récriminent, écrivent au président, le pressent d'en finir. La commission se remet au travail, mais elle veut voir clair dans les éléments qui ont formé les chiffres dont on ne fournit que les totaux. Demande des dossiers; la commission des récompenses les arrête le 25 octobre, mais ne les livre *visés et scellés* que le 24 novembre, au ministre de l'intérieur, qui les fait remettre dans le même état à la commission parlementaire. On les ouvre, et, dans les colonnes placées sous la rubrique : *Titres à la récompense,* que lit-on? « Condamnation pour vol, dix ans de travaux forcés, assassinat, héritier de Fieschi, héritier de Pépin, sœur de Lecomte! » Ces héros de cours d'assises avaient bien, parfois, un casier politique, mais que déshonorait l'autre. M. Dufaure est appelé au sein de la commission : le jour même, il monte à la tribune et retire le projet. Il était trop tard. Grâce à la confusion qu'avait amenée dans les bureaux la curiosité de tous, les listes avaient été copiées et livrées, et, le soir même, on les lisait dans les journaux, on les criait dans les rues, on les répandait sous toutes les formes à Paris et dans les départements.

Il n'était besoin, sans doute, ni des lucides explications de M. Senard, qui n'était coupable que de légèreté, ni de celles de M. Baroche, qui disculpait le gouvernement au nom de la Commission, ni de l'indignation du général Cavaignac, que partageait toute l'Assemblée, pour convaincre la France que son gouvernement n'avait voulu rémunérer ni des voleurs ni des assassins, fussent-ils des héros de la République! La calomnie était vaincue, mais non pas la manœuvre électorale. Pour combien d'électeurs ne restait-il pas acquis que le gouvernement du général Cavaignac avait, au 19 septembre comme au 6 décembre, sollicité des récompenses pour des repris de justice, républicains comme lui! Pour combien d'autres le nom de la République ne se trouvait-il pas souillé de cette fange des casiers où les condamnations judiciaires se confondent avec les condamnations politiques! Tristes ancêtres pour la République que ces coryphées du bagne marchant de compagnie avec les fils de conventionnels et avec les combattants de la rue Transnonain et du cloître Saint-Merry!

L'Assemblée passa à l'ordre du jour. Il était cinq heures trois quarts. « Pour que le contre-poison arrivât en même temps que le poison », le gouvernement retarda de deux heures le départ des malles-poste. L'Assemblée, saisie de ce fait le lendemain, approuva encore; mais on ne saurait méconnaître que cette fois, quelque sympathie que méritât le général, de quelque indignation que fussent dignes les manœuvres dirigées contre lui, on le traitait en candidat privilégié. « On ne ferait pas cela pour M. Ledru-Rollin; pourquoi le fait-on pour un autre? » M. Boulay (de la Meurthe), qui pensait moins sans doute à M. Ledru-Rollin qu'à..... un autre, prononçait le mot de la situation.

Depuis ce jour jusqu'au 20 décembre, le général Cavaignac cessa de paraître à l'Assemblée. Le temps de la compétition était fini : les longues pensées et les plans d'ensemble n'avaient plus d'opportunité; son seul devoir était de maintenir l'ordre. Il n'y manqua pas, et ses ministres se dévouèrent avec lui à cette œuvre. Ils voulaient, « si l'autorité devait passer en d'autres mains, la déposer pleine, entière, sans être énervée, sans être compromise. » A la suite d'une période de pouvoir incertain et au jour le jour, au début d'une nouvelle période, dont la défiance exagérait les périls, sa responsabilité plus grande devait s'armer de plus de vigilance et d'autorité. D'ailleurs, la licence des journaux, les attroupements de la place publique, les déclamations de clubs déguisés en réunions électorales, avaient donné l'éveil. On craignait un coup de main, soit de la Montagne, soit d'ailleurs, comme si les uns dussent volontiers protester contre le choix du peuple, ou d'autres s'en autoriser pour brusquer une dictature. Quoi qu'il en fût, au ministère de la guerre comme au ministère de l'intérieur, on s'était tenu prêt : on tolérait les tumultueux rassemblements de la place Vendôme et de la rue Saint-Honoré; on laissait crier *A bas Cavaignac!* la police n'intervenait pas dans les clubs, mais les soldats étaient en nombre et fournis de munitions; les chefs de corps étaient avertis : le pouvoir veillait.

Dans une proclamation, affichée la veille du scrutin, le 9 décembre : « On vous a dit, écrivait Cavaignac, comme on nous l'a dit à nous-mêmes, que des insensés parlaient de juger le choix du peuple, pour marchander ensuite leur obéissance. Rassurez-vous, le gouvernement connaît ses devoirs, et jamais il n'a été plus énergiquement résolu à les remplir. Les bons citoyens sont ceux qui, après avoir émis librement, consciencieusement leur vote, savent qu'ils n'auront ensuite qu'à s'incliner avec respect devant le choix de la nation, quel que soit le nom qu'elle aura prononcé. Quant à ceux qui nourriraient d'autres projets, qui se prépareraient à des entreprises funestes; quant à ceux-là, s'il en existe, aujourd'hui comme gouvernement, demain comme simples citoyens, nous ne pourrions voir en eux que des ennemis publics, que la loi ne voudrait ni ne pourrait couvrir. »

Toutes ces craintes furent vaines. Le scrutin solennel du 10 décembre s'ouvrit à la fois sur tous les points de la République, enthousiaste dans les campagnes, plus calme dans les villes, avec ordre partout. Il faudrait remonter au 23 avril pour rencontrer autour des urnes une aussi grande affluence. Deux jours durant, la volonté du peuple se manifesta en liberté. Puis, neuf jours s'écoulèrent avant que fût proclamé le résultat. On le devinait, on connaissait le vote de Paris, si favorable au prince Louis; on savait avec quel ensemble avaient voté les paysans; mais pouvait-on prévoir le total écrasant que le recensement général allait révéler? Cependant le chef du pouvoir exécutif avait, comme ses ministres, suspendu ses réceptions; toutes les affaires, soit dans le commerce et à la Bourse, soit dans l'Assemblée, semblaient subir un moment d'immobilité et d'attente. On ne votait plus que pour ajourner les discussions; celles qui s'engageaient ne touchaient que des questions éloignées de l'intérêt présent, et où s'escrimaient des hommes spéciaux, s'isolant des préoccupations générales. Lorsque certains projets de loi, rapprochés par l'ajournement des précédents, prenaient place à l'ordre du jour, les orateurs inscrits n'étaient pas prêts, les ministres se sentaient dessaisis; ils croyaient de leur devoir de ne pas engager un gouvernement dont la dernière heure allait sonner. Après avoir voté à la hâte la loi qui fixait à onze les lois organiques dont elle se réservait l'élaboration avant de se dissoudre (11 décembre), la loi sur le mode de proclamation du président, une autre qui rétablissait la contrainte par corps, l'Assemblée se borna à entendre des rapports de pétitions.

Cependant, une commission de trente membres, divisée en plusieurs sous-commissions, dépouillait les procès-verbaux. A partir du 13 décembre, le président informait chaque jour l'Assemblée des progrès du dépouillement. Le 19, il déclarait ne savoir encore quel jour fixer pour la proclamation du président de la République, soit réelle incertitude, soit pour ne pas donner un rendez-vous à des manifestations qu'on redoutait. Le 20, les abords de l'Assemblée se couvrent de troupes; les représentants sont presque au complet, plus distraits encore que de coutume. A peine s'ils veulent discuter, ils votent moins encore. Une heure se passe : on attend. A quatre heures, le président interrompt une discussion languissante pour donner la parole à M. Waldeck-Rousseau, rapporteur de la commission de vérification. Le silence s'établit, et le rapporteur proclame les résultats suivants, dignes d'être conservés à l'histoire :

Suffrages exprimés [1]. 7,327,345
Le citoyen Napoléon Bonaparte en
   a obtenu................ 5,434,226
Le citoyen Cavaignac.......... 1,448,107
Le citoyen Ledru-Rollin......... 370,119
Le citoyen Raspail............ 36,920
Le citoyen Lamartine.......... 17,910
Le citoyen Changarnier......... 4,790
Voix perdues............... 12,600

Ainsi se terminait la lutte électorale. Le prince Louis obtenait une majorité de trois millions et demi de voix (3,542,780) sur tous ses concurrents réunis, de près de quatre millions (3,986,119) sur le principal d'entre eux. Candidats d'une démocratie aventureuse, MM. Ledru-Rollin et Raspail n'avaient recueilli que quatre cent mille voix, minorité sans conséquence à côté des sept millions de suffrages (6,905,033) acquis au prince Louis, à Cavaignac, Lamartine et Changarnier tous ensemble, candidats d'opinion modérée et conservatrice. Il était in-

[1] Ces chiffres devaient être l'objet d'une vérification ultérieure qui n'eut jamais lieu. Le rapporteur omettait de dire que dans ce total de suffrages n'étaient pas compris ceux de l'Algérie et de la Corse.

contestable que le président de la République était l'élu de la France [1].

Immédiatement après la lecture du rapport, le général Cavaignac monta à la tribune, déposa ses pouvoirs et la démission du cabinet entre les mains de l'Assemblée, puis, simplement et brièvement, il la remercia « de sa confiance et de ses bontés » pour lui. Les conclusions de la commission furent mises aux voix et adoptées.

Le président de l'Assemblée se leva, proclama Louis-Napoléon Bonaparte président de la République, depuis le présent jour jusqu'au deuxième dimanche de mai 1852, et l'invita à monter à la tribune pour y prêter serment de fidélité à la constitution. Le prince Louis est introduit, portant l'habit noir, et, sur la poitrine, la plaque et le grand cordon de la Légion d'honneur. Il monte rapidement les degrés de la tribune au milieu d'une rumeur générale : le général Cavaignac, les bras croisés, assistait de son banc à cette installation. Le président lit la formule du serment : le prince lève la main et dit : Je le jure. Puis, restant à la tribune, il prononce, au milieu d'une attention toujours plus grande, les paroles suivantes : « Les suffrages de la nation et le serment que je viens de prêter commandent ma conduite future. Mon devoir est tracé : je le remplirai en homme d'honneur. Je verrai des ennemis de la patrie dans tous ceux qui tenteraient de changer, par des voies illégales, ce que la France entière a établi. » Et en terminant, après avoir rendu hommage à la loyauté du général Cavaignac : « Nous avons, dit-il, citoyens re-

[1] Le général Cavaignac n'obtint la majorité que dans quatre départements : Morbihan, Finistère, Var, Bouches-du-Rhône. Le Lot, d'où il était originaire, ne lui donna que 18,652 voix contre 45,393 à Louis Bonaparte; dans le Rhône, il n'eut que 21,657 voix contre 84,513; dans la Seine; 95,567 contre 198,484; dans le Nord, le département où il fut le plus appuyé, 88,938 contre 105,475. Dans certains départements montagneux du centre, du sud-est et du midi, il ne réunit que quelques milliers de voix. C'est dans le Var, les Bouches-du-Rhône, le Nord et la Seine que M. Ledru-Rollin réunit le plus de voix.

présentants, une grande mission à remplir, c'est de fonder une *République dans l'intérêt de tous*, et un gouvernement juste, ferme, qui soit animé d'un sincère amour du progrès, sans être réactionnaire ou utopiste. Soyons les hommes du pays et non les hommes d'un parti, et, Dieu aidant, nous ferons du moins le bien, si nous ne pouvons faire de grandes choses. » L'Assemblée entière se lève et fait entendre à plusieurs reprises le cri de : *Vive la République!*

Quelques instants après, le Président de la République informait par un message le président de l'Assemblée qu'il avait chargé M. Odilon Barrot de composer un ministère.

Cavaignac descendait du pouvoir, mais il pouvait se rendre le témoignage qu'il l'avait conquis sans intrigue et exercé avec abnégation. Il s'y était montré laborieux, pénétrant, sensé, capable d'élans généreux. Les hautes fonctions écrasent les esprits médiocres : le sien s'y développa. Son inexpérience et sa modestie l'avaient livré d'abord à des conseils dont les circonstances et ses appréciations personnelles contribuaient peu à peu à le dégager. Sa parole, pénible et lente à ses débuts, gagna, dans l'exercice répété de la tribune, en abondance et en facilité ; son style, terne d'ordinaire, eut ses moments d'éclat : le discours du 25 novembre fut un triomphe. Pour donner sa pleine mesure, le temps lui manqua, non moins que la liberté de l'initiative. Mais le noble dépôt que lui avait confié l'Assemblée, il le garda avec désintéressement, il le rendit avec fidélité : c'est un grand exemple dans notre pays, où l'histoire politique n'offre guère ce spectacle d'une âme supérieure à l'ambition.

Cavaignac entraîna dans sa chute les derniers débris du parti républicain. Les uns et les autres étaient successivement tombés pour faire place à un Bonaparte. La Révolution remontait vers sa source, et le dernier ministre de la monarchie de 1830, M. Odilon Barrot, allait présider le premier ministère d'une restauration monarchique. Vanité des constitutions écrites! C'est du jour où le provisoire, qui avait régné neuf mois, semble faire place à une organisation constitutionnelle, que le suffrage universel interprète la constitution au rebours de ses auteurs. Ceux-ci, en dépit de l'opinion, qu'ils se sont gardés de consulter, considèrent la République comme fondée à jamais, comme le seul gouvernement légal du pays; n'a-t-elle pas son titre, inséré au *Moniteur*, proclamé sur la place de la Concorde, scellé du grand sceau? Le suffrage universel, en dépit de ses parchemins, la déclara plus provisoire et plus instable que jamais.

Cette constitution sans lendemain est la fidèle image de la République de 1848. A travers ses évolutions successives, elle garde invariablement l'allure d'un gouvernement de transition. Ses plus chauds partisans estiment qu'elle existe à peine; les autres la considèrent chaque jour comme étant à la veille d'avoir vécu. De la première heure jusqu'à la dernière, entre le coup de main du 24 février qui l'inaugure et le coup d'État du 2 décembre 1851 qui la renverse, la République ne présente à aucune époque le caractère d'un gouvernement défini, reconnu, national, et ce n'est qu'un mot de convention pour désigner QUATRE ANS D'INTERRÈGNE.

TABLE DES MATIÈRES.

LIVRE PREMIER.
RÉPUBLIQUE ET EMPIRE.

Sommaire. — Coup d'œil historique sur les antécédents de la République et de l'Empire. — 10 août 1792; 18 brumaire; caractères communs aux deux régimes. — Les républicains sous l'Empire. — Restauration. — Alliance des bonapartistes et des républicains. — La légende napoléonienne. — Le bonapartisme n'est qu'un rêve, la République n'est qu'un mot. — Esprit européen de conspiration : Carbonari français. — Le général Foy et Grandménil. — Dynastie de Juillet. — Le duc d'Orléans, représentant de la Révolution, élu quoique Bourbon. — Il a aussitôt pour ennemis les républicains et les bonapartistes. — Républicains : insurrections, celle de 1839 est la dernière. — Incertitude et rétrospectivité des systèmes politiques. — Babeuf. — « Le parti républicain doit se recruter dans le camp de ses adversaires. » — La République, champ neutre de toutes les utopies sociales; au fond de toutes, la Révolution. — Bonapartisme. Pas de parti, un homme : Louis-Napoléon Bonaparte. — Strasbourg. — Lettre à M. Laity. — Boulogne. — L'Empereur humanitaire et socialiste. — Après 1840, l'opposition dynastique se substitue aux républicains. — Déclarations monarchiques de François Arago et de M. Carnot. — M. Thiers, chef de l'opposition. — Les banquets de 1830 recommencent en 1847. — Aveuglement et présomption des dynastiques. — Intervention de M. Ledru-Rollin. — Lille, Dijon, Châlon-sur-Saône. — Le *National* et la *Réforme*. — Dernières heures de la Monarchie . . . 1

LIVRE DEUXIÈME.
LE GOUVERNEMENT PROVISOIRE.
24 février—5 mars.

Sommaire. — 24 février, une heure et demie. — M. Odilon Barrot au ministère de l'intérieur. — M. Garnier-Pagès à l'hôtel de ville. — Le mot d'ordre : un gouvernement provisoire. — Séance au *National.* — Lamartine : portrait politique. — La duchesse d'Orléans à la Chambre des députés : MM. Dupin, Odilon Barrot, Marie, Ledru-Rollin. — Proclamation des noms des membres du gouvernement. — Séance à la *Réforme.* — A l'hôtel de ville : le gouvernement en proie à la foule. — Distribution des ministères. — MM. Louis Blanc, Marrast, Flocon et Albert. — Luttes du gouvernement contre la souveraineté populaire. — 25 février. — Coup d'œil sur Paris ; la préfecture de police ; les délégués d'arrondissement. — La garde mobile et la garde nationale. — Le droit au travail. — Le drapeau rouge : Lamartine. « Le peuple victorieux n'amènera pas son pavillon. » — Séance du club Blanqui. — 26 février. — La rosette rouge. — Abolition de la peine de mort en matière politique. — Proclamation de la République. — Création des ateliers nationaux. — 27 février-5 mars. — Le ministère du travail : M. Louis Blanc. — La commission de gouvernement pour les travailleurs ; abolition du marchandage ; réduction des heures de travail. — Goudchaux, ministre des finances, fait ses conditions ; abolition de l'impôt du timbre sur les écrits périodiques ; anticipation du payement du semestre ; démission de Goudchaux. — Ordre d'inhumer nuitamment les victimes ; les délégués du peuple ; funérailles solennelles. — Établissement du suffrage universel. — Caractère des premiers décrets du Gouvernement provisoire : n'obéissait-il pas sans le savoir à un programme de 1839? 43

LIVRE TROISIÈME.

LE DIX-SEPT MARS.

Sommaire. — Adhésions à la République (24 février-3 mars) ; le clergé, la magistrature, l'armée ; l'opposition dynastique ; les légitimistes. — Raisons de ne pas repousser la République. — Deux hommes la représentent diversement : MM. de Lamartine et Ledru-Rollin. — Lamartine : manifeste à l'Europe. — Ambiguïté de principes. — M. Ledru-Rollin : nomination de commissaires, tous républicains. — M. Jules Favre. — Circulaires des 8, 9 et 12 mars. — Circulaire de M. Carnot. — M. Louis Blanc. — Le gouvernement se divise en deux camps. — Le camp de M. Ledru-Rollin : Caussidière, Sobrier, Imbert, Villain. — La commission des travailleurs et la commission des récompenses nationales au Luxembourg. — Pétition des clubs pour l'éloignement des troupes et l'ajournement des élections, insérée dans le *Bulletin de la République.* — Ajournement au 25 mars des élections de la garde nationale ; suppression des compagnies d'élite. — Réveil de l'opposition dynastique : « Ni émigrés, ni girondins ». — Fondation de l'*Assemblée nationale* et du Club républicain pour la liberté des élections.

— Députation à Lamartine; sa réponse. — Manifestation des gardes nationaux (16 mars). — Convocation des ouvriers pour le lendemain. — Manifestation du 17 mars. — MM. Ledru-Rollin et Louis Blanc répondent aux pétitionnaires; Lamartine s'efface. — Remerciments du Gouvernement provisoire; visite aux délégués du Luxembourg. — Le général Courtais. — Conséquences du 17 mars : centralisation des clubs; organisation des délégués; un gouvernement de rechange. 83

LIVRE QUATRIÈME.

LES COMMISSAIRES.

24 février—20 avril.

SOMMAIRE. — Les départements accueillent sans hésitation la République; politique violente à leur égard. — *Rouen* : M. Deschamps, commissaire général; tarif officiel de salaires, clubs, chantiers nationaux. — Organisation de la garde nationale; M. Ledru-Rollin consent à donner des armes. — *Limoges* : le comité provisoire, les chantiers nationaux, la Société populaire. — MM. Maurat-Ballange et Chamiot. — Un délégué du Club des clubs : Genty et sa correspondance. — Le délégué demande la destitution du commissaire, et le commissaire celle du délégué : pas de réponse. — Symptômes de troubles. — *Lyon* : proclamation de la République, comité municipal, comité préfectoral, drapeau rouge, Voraces; incendies, dévastations d'usines et de maisons religieuses. — M. Emmanuel Arago, commissaire extraordinaire. — Ses arrêtés reproduisent ceux du Gouvernement provisoire. — Docile aux violents, hardi contre les faibles, impopulaire auprès de tous. — Centralisation des clubs (24 mars); le club à la caserne. — Le général Le Pays de Bourjolly; le sous-officier Gigoux. — Solennité publique pour l'anniversaire d'avril 1832. — Candidature de M. Emmanuel Arago; il s'adjoint M. Martin-Bernard, puis se retire. — *Épisodes divers*. Commissaires de 1792 et de 1848. — MM. Fanjat, Anselme Petetin, Latrade, Léclanché, Bergeron, Napoléon Chancel, Joly, Sauriac, Place, Crevat, Lefèvre, Étienne Arago. — Les commissaires modérés : M. Émile Ollivier. — Confession de M. Trélat, commissaire général repentant. — *La Révolution cosmopolite*. — Attitudes contraires de Lamartine et de M. Ledru-Rollin. — Un dix-sept mars polonais contre Lamartine. — Projets révolutionnaires contre la Belgique : MM. Caussidière, Ledru-Rollin, Delescluze, patrons de l'entreprise. — Les deux bandes. — Tentatives d'émeute à Gand et à Bruxelles. — Les bandes sont armées par les soins de Delescluze. — Risquons-Tout. — Delescluze n'est ni désavoué ni destitué. — Sa conduite vis-à-vis du tribunal de Lille. — Les Savoisiens : expédition de Chambéry (30 mars); triomphe et chute rapide. — Conclusion. 121

LIVRE CINQUIÈME.

LE SEIZE AVRIL.

SOMMAIRE. — Identité des moyens révolutionnaires à Paris et en province. — Impuissance et stérilité des doctrines : la presse et les clubs; pas de liberté sans autorité. — Ateliers nationaux. — La voie publique encombrée ou troublée; avis et menaces du gouvernement. — La population vit dans la rue : députations à l'hôtel de ville, arbres de la liberté, banquet des *Incorruptibles*, manifestation des Écoles. — Crise financière : le Trésor et la Banque de France; impôt des quarante-cinq centimes. — Projets de dictature révolutionnaire : MM. Louis Blanc, Caussidière, Ledru-Rollin; rôle du Comité central; activité de Blanqui; les révélations de la *Revue rétrospective*. — Situation du gouvernement, cerné, divisé, trahi; Lamartine et Marrast se partagent le soin de la défense commune. — Pressentiments de Lamartine sur le rôle des départements; démarches auprès du général Négrier; entrevues avec les chefs de clubs. — Marrast forme une police; la garde mobile et la garde nationale. — Menées autour de M. Ledru-Rollin; ses feintes devant le conseil. — Le *Bulletin* n° 16; Paris mandataire de la France. — Réserve de M. Ledru-Rollin. — Nuit du 15 au 16 avril. — Visite de M. Ledru-Rollin à Lamartine. — Préparatifs à l'hôtel de ville; le général Changarnier. — La manifestation du 16 avril; affluence subite de garde nationale et de garde mobile; Barbès. — Désarroi de la manifestation. — Tous ses auteurs la désavouent : hypocrisie officielle; hommages du gouvernement à « l'impulsion féconde » des clubs; mesures contre la magistrature et la bourgeoisie; l'armée rentre dans Paris; fête de la *Fraternité*. — Caractère et conséquences immédiates du 16 avril. 173

LIVRE SIXIÈME.

LE SUFFRAGE UNIVERSEL.

SOMMAIRE. — La question électorale est au fond de tous les événements qui précèdent : résumé rapide. — Circulaire du 7 avril. — La République de droit divin. — « Que feriez-vous si l'Assemblée nationale ne proclamait pas la République? » — Les listes du *National*. — Le club de l'Assemblée nationale. — Comment les républicains du lendemain entendaient la République. — Circulaire de M. Thiers. — Les faits de pression électorale établis par les comptes de finances. —

L'élection à Paris; deux influences : MM. Marie et Louis Blanc. — La liste du Luxembourg, celle de la Mairie. — Revue projetée et contremandée des ateliers nationaux. — L'embrigadement des votes : réunion au Champ de Mars, protestation de Lamennais. — Les élections du 23 avril ont été républicaines à Paris et dans les départements; mais en donnant ses voix à la République, la France a distingué. — Succès éclatant de Lamartine. — Infériorité relative de MM. Ledru-Rollin et Louis Blanc. — Échec de la liste du Luxembourg et des Jacobins. — Protestations du *National*, de la *Réforme* et de la *Vraie République* : menaces à l'Assemblée. — Troubles de Limoges et de Rouen. — *Limoges*. — Le 26, réunion de la *Société populaire*; complot pour le lendemain. — Invasion de la salle du scrutin, lacération et dispersion des bulletins. — Rétablissement du comité provisoire de Février. — La garde nationale est désarmée. — Les membres du comité combattent le désordre et pacifient la ville. — Rôle de M. Trélat. — Le délégué des clubs. — *Rouen*. — Échec de la liste radicale. — Rassemblements sur la place de l'Hôtel-de-Ville. — Tentatives pour désarmer les gardes nationaux. — Démission du commissaire, M. Deschamps. — Les barricades sont enlevées sur les deux rives. — Menaces des clubs et de la *Société des Droits de l'homme*. — Prédictions sinistres. — Incertitudes et délabrement du pouvoir. . . . . 219.

LIVRE SEPTIÈME.

LE QUINZE MAI.

SOMMAIRE. — Réunion de l'Assemblée nationale. — Le Gouvernement provisoire dépose ses pouvoirs. — La République dix-sept fois acclamée. — L'Assemblée comparait devant le peuple. — Vérification des pouvoirs, nomination du bureau. — Comptes rendus du Gouvernement provisoire; il a bien mérité de la patrie. — Commission exécutive de cinq membres; Lamartine et Ledru-Rollin. — Composition du ministère. — Projets contre l'Assemblée : MM. Raspail et Louis Blanc; la Pologne et le ministère du progrès. — Intervention des clubs. — Décret de l'Assemblée nationale sur les pétitions; droit de réquisition directe pour le président. — Précautions de la Commission exécutive; le général Courtais et Caussidière. — La colonne se met en marche; les délégués forcent la grille; Lamartine. — Louis Blanc, Raspail, Barbès. — Discours de Blanqui. — MM. Taschereau, Senard, Froussard, Lacordaire; le dossier de la Corse. — Impuissance de la manifestation. — Motions de Barbès. — Le rappel. — Ovation à M. Louis Blanc. — Huber prononce la dissolution de l'Assemblée nationale; listes de gouvernement. — La garde mobile fait évacuer l'enceinte; les factieux s'acheminent vers l'hôtel de ville; Courtais et Lamartine. — Dispositions d'Armand Marrast; Albert et Barbès sont arrêtés. — Ce qui arriva des meneurs : Sobrier, Quentin, Chancel, Huber, Raspail, Blanqui, Louis Blanc. — Zèle des gardes nationaux; la maison Sobrier. — Mesures prises par la commission exécutive; défiance réciproque entre ses membres; la garde républicaine et les Montagnards. — Caussidière à l'Assemblée; il donne sa démission de préfet de police et de représentant du peuple. — Jugement sur la journée du 15 mai. 259

LIVRE HUITIÈME.

LA COMMISSION EXÉCUTIVE.

SOMMAIRE. — Réprobation universelle contre le 15 mai. — Les gardes nationales, la *Société des Droits de l'homme*, le banquet à vingt-cinq centimes. — Les grèves encombrent les ateliers nationaux. — Mesure rigoureuse et exorbitante de la Commission exécutive à leur égard, réserves de M. Émile Thomas; son arrestation. — Explications ambiguës de M. Trélat. — M. Léon Lalanne, beau-frère de M. Trélat, est nommé directeur. — Irritation des ouvriers. — Interpellation de M. Taschereau; l'Assemblée passe à l'ordre du jour. — Élections complémentaires. — Révolutionnaires et Conservateurs. — Candidatures de Caussidière, du prince de Joinville et de Louis-Napoléon Bonaparte. — Décret de proscription contre la famille d'Orléans. — Proposition d'abrogation des lois de proscription contre la famille Bonaparte : M. Crémieux. — Le prince Louis pose sa candidature. — Situation particulière d'Armand Marrast. — Ses intrigues contre MM. de Lamartine et Ledru-Rollin; demande en autorisation de poursuites contre M. Louis Blanc; M. Jules Favre, rapporteur. — M. Louis Blanc était-il à l'hôtel de ville le 15 mai? Armand Marrast sommé de répondre. — Divisions de la Commission exécutive. — Élections du 5 juin : ordre à outrance, socialisme à outrance; soixante-dix mille voix pour l'émeute. — M. Thiers élu par cinq départements. — Le prince Louis Bonaparte. — Persistance des rassemblements et des cris séditieux sur le boulevard. — Affinités du parti bonapartiste et des agences révolutionnaires; apparition simultanée de feuilles impérialistes et radicales. — La Commission demande, sous forme de crédit, un vote de confiance, et propose d'urgence l'arrestation de Louis Bonaparte. — Le crédit est accordé. — Le prince Louis est admis sur les conclusions conformes de M. Jules Favre, rapporteur. — Vains efforts de M. Ledru-Rollin. — Lettres du prince; sa prudence. — Tumulte dans l'Assemblée. — Les ateliers nationaux; rien n'est changé : M. Trélat monte au Capitole. — Ses artifices pour éluder la discussion; M. de Falloux l'y ramène; M. Trélat « plus médecin que ministre ». — Déclarations énergiques et spontanées de Goudchaux à propos des ateliers : « Vous m'entendez bien, il faut qu'ils disparaissent! » Il est élu président de la commission des ateliers nationaux. — Rapport de M. de Falloux. — La charité de M. Trélat. — MM. Victor Hugo et Caussidière. — Il faut dissoudre les ateliers nationaux! 313

LIVRE NEUVIÈME.

L'INSURRECTION DE JUIN.

SOMMAIRE. — L'insurrection est née du *droit au travail*. — Arrêté rigoureux de la Commission exécutive; protestations des ateliers nationaux, de *l'Organisation du travail*; Pujol au Luxembourg. — Situation militaire dans les deux camps. — 23 *juin*. — Construction simultanée de barricades dans tous les quartiers; difficultés pour concentrer les troupes. — La garde nationale à la porte Saint-Denis et au faubourg Poissonnière. — Au Panthéon, M. Pinel-Grandchamp et Arago. — Barricades du Petit-Pont et de la rue Saint-Severin : le commandant Francis Masson. — Partout les tentatives de conciliation sont repoussées. — Lamoricière au Château-d'Eau; Cavaignac lui amène du renfort. — Barricade du faubourg du Temple. — Les symptômes sinistres et les symptômes rassurants. — La nuit du général Cavaignac. — L'Assemblée nationale; M. de Falloux. — Rôle actif et effacé de la Commission exécutive; les accusations de trahison. — La réunion républicaine du Palais-Royal complote une fois de plus la chute de la Commission. — 24 *juin*. — Séance de l'Assemblée; le pouvoir exécutif confié au général Cavaignac; proclamation de l'état de siége; démission de la Commission exécutive. — Les combats de la matinée : la caserne des Minimes et la place des Vosges. — Deux heures de trêve; proclamations de Cavaignac. — Reprise des hostilités. — L'hôtel de ville. — Barricades du faubourg Poissonnière et du clos Saint-Lazare. — Sur la rive gauche, la place Maubert, la montagne Sainte-Geneviève; prise du Panthéon. — Le général Damesme. — Arrivée des gardes nationales des départements. 359

LIVRE DIXIÈME.

L'INSURRECTION DE JUIN.

(Suite et fin).

SOMMAIRE. — 25 *juin*. — MM. Cavaignac et Senard. — Crédit de trois millions pour les indigents de Paris. — Proclamation de Cavaignac aux insurgés. — Fermeture de clubs; saisie de onze journaux. — Arrestation et mise au secret de M. Émile de Girardin. — Désarmement de la garde nationale dans certains quartiers. — Lamoricière donne l'assaut au clos Saint-Lazare. — A l'hôtel de ville, Duvivier se fait jour par la rue Saint-Antoine et par les quais. — La place de la Bastille et le faubourg Saint-Antoine. — Le général Négrier arrive à la Bastille par les quais et le boulevard Bourdon. — Il est blessé à mort à huit heures du soir. — L'heure de la conciliation. — Deux camps parmi les insurgés, l'un pour la soumission, l'autre pour la lutte à outrance. — Situation de la rive gauche, presque pacifiée, sauf à la barrière Fontainebleau. — Le général de Bréa et le commandant Gobert. — Il franchit la barrière; cris de mort, on l'entraîne au Grand-Salon, puis au grand poste. — MM. Gobert et Desmarets. — Deux heures d'agonie. — Le général de Bréa et Mangin sont assassinés; Gobert et Desmarets s'échappent. — Prise de la barricade par le 11ᵉ léger : six heures du soir. — Démarche de l'archevêque de Paris auprès du général Cavaignac. — Il parcourt les ambulances et arrive à la Bastille. — Trêve. — Reprise subite du combat. — L'archevêque est blessé. — Retour à l'Assemblée; projet d'un décret de déportation. — 26 *juin*. — Les insurgés entrent en pourparlers; prétentions du faubourg Saint-Antoine révélant le programme de l'insurrection. — Trois délégués accompagnent M. Larabit. — Armistice jusqu'à dix heures du matin. — Attaque et prise du faubourg par les généraux Perrot et Lamoricière. — Éloquente proclamation de Cavaignac. — La dernière barricade à la Villette. — Sanglant épilogue dans la cour des Tuileries et au Carrousel. — Morts, blessés, prisonniers. — L'Assemblée; décret ordonnant la transportation des insurgés (27 juin). — Insurrection de Marseille; 22 et 23 juin. — Le 28 juin, le général Cavaignac dépose ses pouvoirs; sur la proposition de M. Martin (de Strasbourg), il est nommé président du conseil des ministres. — Troisième évolution de la République. 399

LIVRE ONZIÈME.

LE GÉNÉRAL CAVAIGNAC.

SOMMAIRE. — La tâche de Cavaignac et de la République. — Composition du ministère; démission de M. Carnot, sur un vote de l'Assemblée. — Décrets divers; dissolution des ateliers nationaux; crédits aux associations ouvrières; retrait du décret qui limitait les heures de travail. — Rétablissement du cautionnement; décrets sur la presse et les clubs. — Goudchaux : exposé financier; l'impôt sur les créances hypothécaires; retrait du projet. — Les partis dans l'Assemblée; la commission d'enquête. — Concert entre elle et le pouvoir exécutif; insistance de M. Trouvé-Chauvel contre Caussidière. — Rapport de M. Quentin Bauchart. — Cavaignac abandonne les monarchistes; M. Laurent (de l'Ardèche); misérable échec d'une tentative de contre-enquête; M. Ducoux; suppression de la *Gazette de France*. — Séance du 25 août; MM. Ledru-Rollin, Louis Blanc et Caussidière; le procureur général demande une autorisation de poursuites contre les deux derniers; Cavaignac insiste pour l'urgence; l'Assemblée accorde la double autorisation; MM. Louis Blanc et Caussidière sortent de France sans que le gouvernement y mette obstacle. — Déclaration solennelle de Cavaignac contre les monarchistes; l'état de siége est maintenu contre eux et voté par eux; scission entre la droite et le général Cavaignac; les représentants commissaires. — Banquets démocratiques, vus sans défaveur par le gouvernement. — Banquet du Châlet; opinion de M. Ledru-Rollin sur la révolution de Février; ses théories financières; protestation de Goudchaux. — Banquet de Toulouse; interpellations de M. Denjoy; faiblesse de M. Senard; fermeté de Lamoricière. — Scrutin du 17 septembre; quintuple élection de Louis-Napoléon Bonaparte. 439

LIVRE DOUZIÈME.

LA CONSTITUTION.

SOMMAIRE. — La Constitution; mot de Lamartine; proposition de M. Senard. — Commission de dix-huit membres. — Offres des États-Unis promptement rétractées. — Lecture du projet le 19 juin. — Projet définitif (30 août). — Exposé. — Discussion du préambule (5 septembre); droit au travail; peine de mort, liberté d'enseignement, impôt proportionnel. — Y aura-t-il deux Chambres ou une seule? —

Le Président sera-t-il élu par l'Assemblée ou par le suffrage universel? Amendements Grévy et Leblond; Lamartine. — Les princes des monarchies déchues. — Échecs de Cavaignac et du ministère; chute du parti du *National;* chassé-croisé de fonctionnaires. — Remaniements ministériels; vote de confiance aux nouveaux ministres (16 octobre). — Levée de l'état de siége; transportation en Algérie. — Fixation de la date de l'élection présidentielle; vote de la constitution; fête solennelle. — La période électorale est commencée. — Deux candidats : Cavaignac, Louis Bonaparte; embarras du premier, liberté du second. — Circulaire de M. Dufaure aux préfets; sa lettre à M. Odier. — Proclamation de Cavaignac. — Les journaux, les démentis du *Moniteur.* — Un « *Fragment d'histoire* ». — Interpellation de M. Jules Favre; réponse de M. Dufaure. — MM. Garnier-Pagès et Barthélemy Saint-Hilaire. — Cavaignac présente sa défense (25 novembre); il proclame sa séparation d'avec M. Ledru-Rollin. — L'Assemblée renouvelle la déclaration qu'« il a bien mérité de la patrie ». — Manifeste électoral du prince Louis Bonaparte. — Assassinat de Rossi à Rome. — Politique de la République et de Cavaignac en Italie; défiance de tous les gouvernements de la Péninsule; médiation stérile de la France et de l'Angleterre entre le Piémont et l'Autriche. — Rome : ministère de Rossi; scène du 15 novembre; émeute du 16; fuite du Pape, qui se retire à Gaëte; mission de M. de Corcelle; vote de l'Assemblée nationale. — La question romaine devient une question électorale. — Les récompenses nationales. — Vigilance du ministère. — Scrutin du 10 décembre; le 20, proclamation du résultat. — Cavaignac dépose ses pouvoirs; Louis-Napoléon Bonaparte, élu Président de la République, prête serment à la République et à la constitution. — L'échec de Cavaignac achève celui du parti républicain; la République n'a été et ne sera qu'un INTERRÈGNE... 477

1873

EXTRAIT
DU
CATALOGUE GÉNÉRAL
DE LA LIBRAIRIE
DE
HENRI PLON
ÉDITEUR
IMPRIMEUR ET FONDEUR

Rue Garancière, 10, à Paris.

HISTOIRE, LITTÉRATURE
ET MÉDECINE

> Chaque ouvrage porté sur ce Catalogue sera expédié FRANCO par
> a poste à toute personne qui en enverra FRANCO le prix en
> timbres-poste, ou en mandats sur la poste.

Paris.

HISTOIRE ET LITTÉRATURE.

HISTOIRE CONTEMPORAINE

RÉCENTES PUBLICATIONS,

MA MISSION EN PRUSSE

PAR

LE COMTE BENEDETTI

Troisième édition. — Un beau volume in-8° cavalier vélin glacé.
Prix : 8 francs.

UN

MINISTÈRE DE LA GUERRE

DE VINGT-QUATRE JOURS

DU 10 AOUT AU 4 SEPTEMBRE 1870

Par LE GÉNÉRAL COUSIN DE MONTAUBAN

Cᵀᴱ DE PALIKAO

Un volume in-8°, enrichi d'une grande Carte stratégique imprimée en cinq couleurs.
Deuxième édition. — Prix : 6 francs.

L'ARMÉE DU RHIN

Depuis le 12 août jusqu'au 29 octobre 1870

PAR LE MARÉCHAL BAZAINE

Un beau volume in-8° cavalier, enrichi de 11 cartes et plans indiquant le mouvement des armées envahissantes et l'investissement de Metz. — Prix : 8 fr.

E. PLON & Cⁱᵉ, éditeurs.

Campagne de 1870-1871
LA PREMIÈRE ARMÉE DE LA LOIRE
PAR
LE GÉNÉRAL D'AURELLE DE PALADINES

Troisième Édition

Un superbe volume in-8° cavalier, enrichi de quatre cartes stratégiques coloriées et du *fac-simile* d'un ordre du gouvernement de Tours. — Prix : 8 fr.

Campagne de 1870-1871
LA DEUXIÈME ARMÉE DE LA LOIRE
PAR
LE GÉNÉRAL CHANZY

Un superbe volume in-8° cavalier de 660 pages, accompagné d'un bel Atlas de cinq très-grandes cartes imprimées en couleurs, et donnant les positions stratégiques des armées française et allemande pendant les différentes batailles et au moment de l'armistice. — *Quatrième édition*. — Prix : 10 francs.

Le même, *Cinquième édition*. Un volume in-18, sans Atlas. — Prix : 4 francs.

Campagne de 1870-1871
ORLÉANS
PAR
LE GÉNÉRAL MARTIN DES PALLIÈRES
Commandant en chef le 15° corps d'armée, Député à l'Assemblée nationale

Un beau volume in-8° cavalier, enrichi de trois grandes cartes stratégiques et de *fac-simile* d'autographes. — Prix : 8 francs.

LA CAMPAGNE DES ZOUAVES PONTIFICAUX
EN·FRANCE
SOUS LES ORDRES DU GÉNÉRAL BARON DE CHARETTE
PAR M. S. JACQUEMONT, CAPITAINE AUX ZOUAVES PONTIFICAUX

Deuxième édition. Un joli volume in-18, renfermant une gravure et trois cartes. Prix : 2 francs 50 centimes.

LA MARINE AU SIÉGE DE PARIS

PAR LE VICE-AMIRAL
BARON DE LA RONCIÈRE-LE NOURY
d'après les documents officiels

Un superbe volume in-8º cavalier de plus de 600 pages, accompagné d'un bel Atlas imprimé en couleurs et contenant dix grandes Cartes et Plans des travaux français et allemands, relevés à l'échelle par l'état-major de la marine. *Deuxième édition.* — Prix : 10 francs.

Campagne de 1870-1871
SIÉGE DE PARIS
OPÉRATIONS DU 13ᵉ CORPS ET DE LA TROISIÈME ARMÉE
PAR LE GÉNÉRAL VINOY

Un beau volume in-8º cavalier, accompagné d'un Atlas de quinze cartes stratégiques imprimées en couleurs. *Deuxième édition.* — Prix : 10 francs.

Campagne de 1870-1871
L'ARMISTICE ET LA COMMUNE
Opérations de l'armée de Paris et de l'armée de réserve
PAR LE GÉNÉRAL VINOY

Un beau volume in-8º, avec Atlas de cartes stratégiques. — Prix : 10 francs.

LES PRUSSIENS A PARIS ET LE 18 MARS
AVEC LA SÉRIE DES DÉPÊCHES OFFICIELLES DEPUIS LE 24 FÉVRIER JUSQU'AU 19 MARS

Les Manifestations de la Bastille — Les Prussiens à Paris
Les Préliminaires de la Commune — Le 18 mars — Traités et Conventions
Documents officiels

Par **Ch. YRIARTE**, attaché à l'état-major du général en chef

Un volume in-8º. — Prix : 6 francs.

CAMPAGNE DE FRANCE (1870-1871)
LA RETRAITE DE MÉZIÈRES
Effectuée par le 13ᵉ corps d'armée, aux ordres du général VINOY
Par CHARLES YRIARTE

1 volume in-18. — Prix : 1 franc.

GOUVERNEMENT
DE LA
DÉFENSE NATIONALE
Par M. JULES FAVRE
DE L'ACADÉMIE FRANÇAISE

Première Partie, du 30 juin au 31 octobre 1870

JOURNÉE DU 4 SEPTEMBRE — M. THIERS ET M. DE BISMARCK
ENTREVUE DE FERRIÈRES — ORGANISATION DE LA DÉFENSE — DÉLÉGATION DE TOURS
JOURNÉE DU 31 OCTOBRE

Un beau volume in-8° cavalier. — Prix : 8 fr.

Deuxième Partie, du 31 octobre 1870 au 28 janvier 1871

BATAILLES DE CHAMPIGNY — BATAILLE DU BOURGET
CONFÉRENCE DE LONDRES — BATAILLE DE BUZENVAL — INSURRECTION DU 22 JANVIER 1871
ARMISTICE

Un beau volume in-8° cavalier. — Prix : 8 fr.

SOUS PRESSE : **Troisième Partie.**

ROME
ET LA
RÉPUBLIQUE FRANÇAISE
Par M. JULES FAVRE
DE L'ACADÉMIE FRANÇAISE

Un beau volume in-8° cavalier. — Prix : 8 francs.

L'AMIRAL
BOUËT-WILLAUMEZ
ET
L'EXPÉDITION DANS LA BALTIQUE
PAR FÉLIX JULIEN

Un volume in-18 jésus. — Prix : 2 francs.

HISTOIRE
DE LA
GUERRE DE 1870-1871

Par le Général Baron AMBERT
ANCIEN CONSEILLER D'ÉTAT

Un volume in-8° cavalier de 600 pages avec un Atlas. — Prix : 10 fr.

CAMPAGNE DE 1870
BELFORT
REIMS, SEDAN
LE 7ᵉ CORPS DE L'ARMÉE DU RHIN
PAR LE PRINCE GEORGES BIBESCO

Un volume in-8° cavalier, accompagné de cartes stratégiques. — Prix : 6 francs.

LES PRINCES D'ORLÉANS
Par **CHARLES YRIARTE**
Préface par Édouard HERVÉ

Ouvrage enrichi de 16 portraits dessinés par L. BRETON, gravés par ROBERT.

Un superbe volume petit in-8° anglais. — Prix : 5 fr.

Il a été tiré 200 exemplaires *numérotés* sur papier de Hollande. Prix : 50 francs.
— 4 exemplaires sur papier de Chine (chacun). . . — 100 —
— 2 exemplaires sur *peau de vélin* (chacun). . . . — 1,000 —

Le même. *Édition populaire.* Un joli volume in-18. — Prix : 1 fr.

EN PRÉPARATION
OPÉRATIONS DU 18ᵉ CORPS D'ARMÉE
SUR LA LOIRE ET DANS L'EST
PAR LE GÉNÉRAL BILLOT, COMMANDANT EN CHEF LE 18ᵉ CORPS D'ARMÉE

Un volume in-8°, avec cartes stratégiques.

LES MARCHÉS DE LA GUERRE
A LYON & A L'ARMÉE DE GARIBALDI

Par le comte Louis de SÉGUR

DÉPUTÉ A L'ASSEMBLÉE NATIONALE, RAPPORTEUR DE LA COMMISSION DES MARCHÉS

ET DISCOURS PRONONCÉ LE 1ᵉʳ FÉVRIER 1873

Par M. le duc D'AUDIFFRET-PASQUIER

Un vol. in-8°. — Prix : 6 francs.

LA MARINE FRANÇAISE
ET LA
MARINE ALLEMANDE
PENDANT LA GUERRE DE 1870-1871

CONSIDÉRATIONS SUR LE RÔLE ACTUEL DES FLOTTES DANS UNE GUERRE CONTINENTALE

Par Édouard CHEVALIER, capitaine de frégate

Un volume grand in-18 jésus. — Prix : 3 francs 50 cent.

L'ARMÉE DE BRETAGNE
22 OCTOBRE - 27 NOVEMBRE 1870

Par Aimé JAŸ

ANCIEN ÉLÈVE DE L'ÉCOLE POLYTECHNIQUE
ANCIEN OFFICIER D'ÉTAT-MAJOR A L'ARMÉE DE BRETAGNE

Un volume in-18. — Prix : 4 francs.

CAMPAGNE DE 1870-1871
LES VOLONTAIRES DU GÉNIE DANS L'EST

Par JULES GARNIER

CHEF DE BATAILLON DU GÉNIE AUXILIAIRE, CHEVALIER DE LA LÉGION D'HONNEUR

Ouvrage enrichi d'une grande carte spéciale

Un joli volume in-18. — Prix : 4 francs.

Publication de la Réunion des Officiers.

BORDJ-BOU-ARRÉRIDJ
PENDANT L'INSURRECTION DE 1871 EN ALGÉRIE
JOURNAL D'UN OFFICIER

Par le Commandant DU CHEYRON, du 8ᵉ hussards

Un joli volume in-18. — Prix : 4 fr.

LE
FOND DE LA SOCIÉTÉ
SOUS LA COMMUNE

Décrit d'après les Documents qui constituent les Archives de la justice militaire

AVEC DES CONSIDÉRATIONS CRITIQUES SUR LES MOEURS DU TEMPS
ET SUR LES ÉVÉNEMENTS QUI ONT PRÉCÉDÉ LA COMMUNE

Par C. A. DAUBAN

Un volume in-8°, enrichi d'une gravure et de *fac-simile* d'autographes.

Prix : 8 francs.

VOYAGE AUX PAYS ROUGES
PAR UN CONSERVATEUR

Rédacteur du *Français*.

Un volume in-18 jésus. — Prix : 2 francs 50 centimes.

LA FRANCE
L'ÉTRANGER ET LES PARTIS

Par M. G. A. HEINRICH

DOYEN DE LA FACULTÉ DES LETTRES DE LYON

Un volume in-18. — Prix : 4 francs.

HISTOIRE
DE LA
RÉVOLUTION DE 1848

GOUVERNEMENT PROVISOIRE — COMMISSION EXÉCUTIVE — CAVAIGNAC

24 Février — 20 Décembre 1848

PAR

M. VICTOR PIERRE

Un volume in-8°. — Prix : 8 francs.

PARIS BRULÉ
PAR LA COMMUNE
Par M. LOUIS ÉNAULT

Un volume in-18 jésus, illustré de 12 gravures-photographies représentant les édifices et les quartiers incendiés. — *Deuxième édition*. — Prix : 4 francs.

LA TYRANNIE PRUSSIENNE
PAR
UN ALLEMAND
In-8°. — Prix : 3 fr.

LES
DEUX BOMBARDEMENTS DE MONTMÉDY
SOUVENIRS D'UN TÉMOIN OCULAIRE

Montmédy — Sedan
Premier bombardement — Reconnaissances — Investissement
Deuxième bombardement — Avis du conseil d'enquête relatif à la capitulation
Plan de la ville et des environs

Par NICLAUS SIMON, LICENCIÉ EN DROIT

In-8°. — Prix : 2 fr. 50

MES NOTES D'INFIRMIER
PAR
GUSTAVE NADAUD

Joli volume in-18 jésus. — Prix : 2 francs.

JOURNAL D'UNE INFIRMIÈRE
PENDANT LA GUERRE DE 1870-1871
PAR
Madame la baronne de CROMBBRUGGHE

Un volume in-18 jésus. — 4ᵉ édition. — Prix : 3 francs.

L'ARMÉE FRANÇAISE
EN 1873
Par le général VINOY

Étude sur les ressources de la France et les moyens de s'en servir.

Un volume in-8°. — Prix : 6 francs.

DE L'ÉTAT-MAJOR
ET
DES DIFFÉRENTES ARMES
Par le général DUCROT

Grand in-8°. — Prix : 2 francs 50 cent.

PROJET MOTIVÉ
DE
RÉORGANISATION DE L'ÉTAT MILITAIRE
DE LA FRANCE
PAR LE GÉNÉRAL V. CHARETON
DÉPUTÉ DE LA DRÔME A L'ASSEMBLÉE NATIONALE

Un beau volume in-18 de 492 pages. — Prix : 4 francs.

REMARQUES SUR LES CHEVAUX DE GUERRE
PAR UN ANCIEN SOLDAT
(ALEXANDRE GAUME)

Un volume in-18. — Prix : 3 francs.

ANNUAIRE DE LA RÉUNION DES OFFICIERS
Pour 1873

Un volume in-12. — Prix : 3 francs.

MANUEL DU SOLDAT D'INFANTERIE
En usage dans la division d'Alger

Guide indispensable du Volontaire d'un an

Publication de la Réunion des Officiers. Un vol. in-18. — Prix : 50 cent.

BIBLIOTHÈQUE DES VOYAGES
RÉCENTES PUBLICATIONS

AUSTRALIE
VOYAGE AUTOUR DU MONDE
Par le Comte DE BEAUVOIR

Couronné par l'Académie française (Prix Monthyon)

Ouvrage enrichi de deux grandes cartes et de douze gravures-photographies

Huitième édition. — Un joli volume in-18. — Prix : 4 francs.

JAVA, SIAM, CANTON
VOYAGE AUTOUR DU MONDE
Par le comte DE BEAUVOIR

Couronné par l'Académie française (Prix Monthyon)

Ouvrage enrichi d'une grande carte spéciale et de quatorze gravures-photographies

Huitième édition. — Un joli volume in-18. — Prix : 4 francs.

PÉKIN, YEDDO, SAN-FRANCISCO
VOYAGE AUTOUR DU MONDE
Par le comte DE BEAUVOIR

Couronné par l'Académie française (Prix Monthyon)

Ouvrage enrichi de quatre cartes spéciales et de quinze gravures-photographies

Sixième édition. — Un joli volume in-18. — Prix : 4 francs.

VOYAGE
DE LA CORVETTE *LA BAYONNAISE*
DANS LES MERS DE CHINE
PAR LE VICE-AMIRAL JURIEN DE LA GRAVIÈRE

TROISIÈME ÉDITION

enrichie de deux grandes cartes

ET DE DIX DESSINS DE GAUTIER SAINT-ELME GRAVÉS PAR MÉAULLE

Deux jolis volumes in-18. — Prix : 8 francs.

MAGNIFIQUE ÉDITION ILLUSTRÉE
DU
VOYAGE
AUTOUR DU MONDE
Par le comte de Beauvoir

RENFERMANT :

AUSTRALIE
JAVA, SIAM, CANTON
PÉKIN, YEDDO, SAN FRANCISCO

Ouvrage couronné par l'Académie française (Prix Monthyon)

Un superbe volume grand in-8° colombier

illustré de 116 gravures, cartes, plans et fac-simile

Prix : 16 francs.

Demi-reliure chagrin, tranches dorées, plats toile, 22 fr.

VOYAGE AUTOUR DU MONDE
LA NOUVELLE-CALÉDONIE
(CÔTE ORIENTALE)
Par JULES GARNIER

Ingénieur chargé par le ministre de la marine d'une mission d'exploration en Océanie
Secrétaire de la Société de géographie de Paris, etc.

OUVRAGE ILLUSTRÉ DE GRAVURES-PHOTOGRAPHIES ET D'UNE CARTE SPÉCIALE

Troisième édition. — Joli volume in-18. — Prix : 4 francs.

VOYAGE AUTOUR DU MONDE
OCÉANIE
LES ILES DES PINS, LOYALTY ET TAHITI
Par JULES GARNIER

OUVRAGE ENRICHI DE GRAVURES-PHOTOGRAPHIES ET D'UNE CARTE SPÉCIALE

Joli volume in-18. — Prix : 4 francs.

SAHARA ET LAPONIE
I. Un mois au sud de l'Atlas — II. Un voyage au cap Nord
PAR LE COMTE E. GOBLET D'ALVIELLA

Un joli volume in-18, enrichi de dix-huit gravures. — Prix : 4 francs.

ITALIE, SICILE, BOHÊME
NOTES DE VOYAGE
Par M. A. LAUGEL

Un joli volume in-18 elzevirien. — Prix : 4 francs.

NOTRE CAPITALE
ROME
Par Mlle ZÉNAÏDE FLEURIOT

OUVRAGE ENRICHI DE QUATRE-VINGT-QUINZE GRAVURES

Un très-beau volume in-18. — Prix : 4 francs.

SOUVENIRS DE VOYAGE
CÉPHALONIE, NAXIE & TERRE-NEUVE
PAR LE COMTE DE GOBINEAU

Le Mouchoir rouge — Akrivie Phrangopoulo — La Chasse au caribou

Un volume in-18. — Prix : 2 fr. 50

LE FAYOUM
LE SINAÏ ET PÉTRA
EXPÉDITION
DANS LA MOYENNE ÉGYPTE ET L'ARABIE PÉTRÉE

Sous la direction de J. L. GÉROME

Par PAUL LENOIR

Ouvrage enrichi de quatorze gravures

D'APRÈS DES ÉTUDES DE GÉROME ET D'APRÈS DES PHOTOGRAPHIES

Un joli volume in-18. — Prix : 4 francs.

SOUS PRESSE
DE JÉRUSALEM A DAMAS
Par PAUL LENOIR

Un joli volume in-18, illustré de quatorze gravures. — Prix : 4 fr.

GAVARNI
L'HOMME & L'ŒUVRE

PAR

EDMOND ET JULES DE GONCOURT

Un beau volume in-8°, enrichi du portrait de Gavarni, gravé à l'eau-forte par FLAMENG, d'après un dessin de l'artiste, et d'un *fac-simile* d'autographe.

Prix : 8 francs.

LA VÉRITÉ
SUR
LE MASQUE DE FER
(LES EMPOISONNEURS)

D'après les Documents inédits des Archives de la guerre & autres Dépôts publics

(1664-1703)

Par Th. IUNG

Ouvrage accompagné de cinq gravures et plans inédits du temps.
Un beau volume in-8°. — Prix : 8 francs.

Sous presse
LA COMÉDIE DE NOTRE TEMPS

LA POLITESSE — LA CIVILITÉ — LE TON — LES HABITUDES — LES MŒURS
LES COUTUMES ET LES MANIÈRES DE NOTRE ÉPOQUE

AVEC DESSINS EXPLICATIFS

Types, Costumes, Figures, Physionomies, Caractères du temps

PAR BERTALL

Un beau volume grand in-8° jésus, enrichi d'un très-grand nombre de dessins.
Prix : 20 francs.

SOUS PRESSE
L'ÉCORCE TERRESTRE
DESCRIPTION DES MINÉRAUX
ET
LEUR USAGE DANS LES ARTS ET MÉTIERS

Par ÉMILE WITH, ingénieur civil.

Un beau volume grand in-8°, enrichi de 130 gravures. — Prix : 12 francs.

HISTOIRE GÉNÉRALE

C. DARESTE

(Grand Prix Gobert 1867 et 1868)

HISTOIRE DE FRANCE

DEPUIS

LES ORIGINES JUSQU'A NOS JOURS

PAR M. C. DARESTE

ANCIEN DOYEN DE LA FACULTÉ DES LETTRES DE LYON, RECTEUR DE L'ACADÉMIE DE NANCY
CORRESPONDANT DE L'INSTITUT

L'ouvrage forme huit forts volumes in-8°. — Prix : 9 francs le volume.

On a fait déjà bien des histoires de France, et cependant il nous a paru qu'il était à propos d'en publier une nouvelle. Il n'y a pas une seule des histoires écrites avant ce siècle-ci qui se lise encore; nous n'excepterons même pas celle de Sismondi, qui a cinquante ans à peine. La raison en est simple. Quoique le fond de l'histoire soit toujours le même, la manière d'envisager le passé change avec le temps.

En outre, le zèle avec lequel on a recherché de nos jours les documents ignorés de nos devanciers a permis de faire des découvertes importantes, et, sur beaucoup de points, de renouveler nos connaissances ou de modifier nos appréciations.

Enfin il ne suffit plus aujourd'hui de raconter les faits et de les lier entre eux. Une histoire ne mérite ce nom qu'à la condition de reproduire la physionomie et la vie de chaque siècle, de mettre en lumière l'intérêt de chacun d'eux, de montrer comment ils ont concouru à former successivement la France actuelle. C'est à cela que l'auteur s'est particulièrement attaché. « En racontant, dit-il dans sa Préface, ce que nous avons été, je n'ai pas cessé d'avoir en vue ce que nous sommes. »

Nouvelle réimpression illustrée de

L'ANCIEN MONITEUR

SEULE HISTOIRE AUTHENTIQUE ET INALTÉRÉE

DE LA

RÉVOLUTION FRANÇAISE

Cette nouvelle édition illustrée forme 32 volumes grand in-8°, ornés de 626 grandes gravures hors texte, imitation des illustrations du temps et puisées dans les dépôts publics et dans les précieuses collections de MM. Hennin et Laterrade.

Les 32 volumes brochés. Prix. . . . . 250 fr.
— reliés. Prix. . . . . 300 fr.

Magnifique Album de 20 AQUARELLES D'APRÈS YUNG, représentant 20 grandes batailles de la Révolution et de l'Empire, depuis le siége de Toulon jusqu'à la bataille de Waterloo, accompagné d'un texte explicatif. Le prix de cet Album pour les non-souscripteurs au *Moniteur* est de. . . . 120 fr.

Il reste encore quelques exemplaires de l'édition précédente illustrée. Ces exemplaires seront envoyés également *franco* avec l'*ALBUM des 20 grandes batailles* aux personnes qui enverront 250 fr. comme suit : 100 fr. comptant et 2 billets de 75 fr. chacun, payables à 4 et 8 mois de date. — Si on préférait recevoir l'ouvrage en belle et solide demi-reliure, il faudrait ajouter 50 fr. à la somme à payer comptant.

CHARLOTTE DE CORDAY

ET LES GIRONDINS

PIÈCES CLASSÉES ET ANNOTÉES

Par M. CHARLES VATEL, Avocat à la Cour d'appel de Paris

Trois volumes grand in-8°, accompagnés d'un Album contenant treize portraits gravés d'après les originaux authentiques, des vues et plans explicatifs des lieux et des *fac-simile* d'autographes. Prix (volumes et Album) : 24 fr.

M. THIERS

HISTOIRE DU CONSULAT ET DE L'EMPIRE, par M. A. Thiers. 21 vol. in-8°, y compris le volume de Table.

Prix de chaque volume broché. 5 fr. — Demi-reliure chagrin.   6 fr. 75 c.

Le même ouvrage, orné de 75 belles gravures sur acier. Prix du volume broché. 5 fr. 50 c. — Demi-reliure chagrin, tr. jaspée. . . .   7 fr. 75 c.

Chaque volume se vend séparément.

ATLAS de l'Histoire du Consulat et de l'Empire, dressé sous la direction de M. Thiers, dessiné par MM. A. Dufour et Duvotenay, gravé sur acier par Dyonnet, 66 cartes sur quart de jésus.

Le prix de l'Atlas complet, cartonné ou en feuilles, est de 30 fr. — Belle demi-reliure. . . . .   37 fr.

ALBUM pour l'Histoire du Consulat et de l'Empire de M. Thiers, 75 planches sur acier, dessinées par MM. Karl Girardet, A. Sandoz, Eugène Charpentier, Massard; gravées par MM. Beyer, Geoffroy, Paul Girardet, Goutière, Hopwood, Outhwaite, Pannier, Tavernier, Vallot, etc.

L'Album en demi-reliure, 26 fr. — *Le même,* papier de Chine, 42 fr.

Éditions populaires illustrées. — HISTOIRE DU CONSULAT, par M. A. Thiers. Nouvelle édition, illustrée de 70 dessins, par MM. Karl Girardet, Philippoteaux, etc., gravés par les plus habiles artistes.

Un vol. gr. format. Pr., br., 8 fr. — Belle demi-rel. chagrin, tr. dor. 13 fr.

HISTOIRE DE L'EMPIRE, par M. A. Thiers. Nouvelle édition illustrée de 280 dessins. 4 volumes grand format.   32 fr.

ATLAS de l'Histoire du Consulat et de l'Empire, dressé et dessiné sous la direction de M. Thiers, par MM. Dufour et Duvotenay. 66 cartes ou plans sur quart de jésus.

Élégamment cartonné, 14 fr. — Relié en demi-chagrin. . . . .   16 fr.

A. JAL

DICTIONNAIRE CRITIQUE DE BIOGRAPHIE ET D'HISTOIRE, Errata et supplément pour tous les Dictionnaires historiques, d'après les documents authentiques inédits recueillis par A. JAL, historiographe et archiviste de la marine. *2ᵉ édition, corrigée et augmentée d'articles nouveaux*, et renfermant 218 *fac-simile* d'autographes. Un vol. gr. in-8° de 1357 pages à 2 colonnes. . . . . . . 20 fr.

ABRAHAM DU QUESNE et la Marine de son temps, par A. JAL. Deux forts volumes in-8°, illustrés de deux gravures et de nombreux *fac-simile* d'autographes. . . 16 fr.

(Ouvrage couronné par l'Académie française. — Grand Prix Gobert, 1873.)

FAITS MÉMORABLES DE L'HISTOIRE DE FRANCE, par MICHELANT, accompagnés d'une Introduction par M. DE SÉGUR. Nouvelle édition, revue et augmentée. (*L'ouvrage a été continué jusqu'à nos jours.*) Un beau volume grand in-8° *illustré* de 143 très-belles vignettes de V. Adam, David et Beaucé. Prix, broché. . . . . 12 fr.

Relié en demi-chagrin, tranches jaspées, 15 fr.; — tranches dorées. 16 fr.

LES DEUX PROCÈS DE CONDAMNATION, les Enquêtes et la Sentence de réhabilitation de **JEANNE D'ARC,** mis pour la première fois intégralement en français, d'après les textes latins originaux officiels, avec Notes, Notices, Éclaircissements, Documents divers et Introduction, par M. E. O'REILLY, conseiller à la cour d'appel de Rouen. Deux volumes in-8° cavalier vélin glacé, enrichis de gravures et de *fac-simile*. Prix. . . . . 16 fr.

LETTRES DE MADAME DE VILLARS à Madame de Coulanges (1679-1681). Nouvelle édition, avec Introduction et Notes, par Alfred DE COURTOIS. Un volume in-8° cavalier vélin glacé, enrichi de *fac-simile* d'autographes. 8 fr.

— Quelques exemplaires sur papier de Hollande. Prix. . . . . 20 fr.

Armand Baschet

Les Archives de Venise. — CHANCELLERIE SECRÈTE de la République Sérénissime, Papiers d'État du Sénat, du Cabinet des ministres, du Conseil des Dix et des Inquisiteurs, d'après des recherches faites aux sources originales, pour servir à l'étude de l'Histoire, de la Politique et de la Diplomatie, par Armand Baschet. Un magnifique volume in-8° cavalier de plus de 700 pages. Prix . . . . 8 fr.

La Diplomatie Vénitienne. — LES PRINCES DE L'EUROPE AU XVI° SIÈCLE : François Ier, — Philippe II, — Catherine de Médicis, — les Papes, — les Sultans, etc., d'après les Rapports des Ambassadeurs Vénitiens, par Armand Baschet. Cet ouvrage est enrichi de nombreux *fac-simile* d'autographes, parmi lesquels il faut citer un document diplomatique annoté en marge par Philippe II. Un magnifique vol. in-8° cavalier vélin glacé, de plus de 600 pages.   8 fr.

JOURNAL DU CONCILE DE TRENTE, rédigé par un Secrétaire Vénitien présent aux sessions de 1562 à 1563, et publié par Armand Baschet, avec d'autres documents diplomatiques relatifs à la mission des Ambassadeurs de France au Concile. Un volume petit in-8° anglais. Prix . . . . . . 6 fr.

LE ROI CHEZ LA REINE, ou Histoire secrète du mariage de Louis XIII et d'Anne d'Autriche, d'après le Journal de la vie privée du Roi, les Dépêches du Nonce et des Ambassadeurs, et autres Pièces d'État, par Armand Baschet. 2° édition, considérablement augmentée. Un fort volume petit in-8° anglais. Prix . . . . 8 fr.

Cette édition est imprimée à petit nombre, et il a été tiré quelques exemplaires numérotés, imprimés avec le plus grand luxe sur magnifique vélin teinté. Prix . . . . 15 fr.

Il ne se rencontre plus aujourd'hui d'exemplaires de la première édition de ce livre original, qui a excité une si vive curiosité lors de son apparition. Des exemplaires de la première édition ont été poussés aux enchères jusqu'à 100 francs dans quelques ventes où l'on a pu les trouver.

LA JEUNESSE DE CATHERINE DE MÉDICIS,
par M. A. DE REUMONT, ancien ministre du Roi de Prusse près la Cour de Toscane. Ouvrage traduit, annoté et augmenté par Armand BASCHET, d'après des recherches nouvelles dans les diverses Archives du royaume d'Italie, orné du portrait de Catherine de Médicis jeune fille. Un vol. petit in-8° anglais. 6 fr.

Cet ouvrage est imprimé à petit nombre, et il a été tiré quelques exemplaires numérotés sur magnifique vélin teinté. Prix. . . . . . 12 fr.

THÉOPHILE LAVALLÉE

La Famille d'Aubigné et L'ENFANCE DE MADAME DE MAINTENON, par Théophile LAVALLÉE, suivi des Mémoires inédits de Languet de Gergy, archevêque de Sens, sur Madame de Maintenon et la cour de Louis XIV. Un volume in-8° cavalier vélin glacé. Prix. . . . . 8 fr.

MADAME DE MAINTENON et la Maison royale de Saint-Cyr (1686-1793), par Théophile LAVALLÉE. *Ouvrage couronné par l'Académie française.* 2° édition, revue et augmentée, ornée du portrait de Madame de Maintenon, gravé par Adrien Nargeot d'après l'émail du Louvre, de trois autres gravures en taille-douce et de trois lettres *fac-simile* de Louis XIV, de Madame de Maintenon et de Napoléon Bonaparte. Un beau volume in-8° cavalier vélin glacé. Prix. . . . . . 8 fr.

CURIOSITÉS HISTORIQUES sur les Cours de Louis XIII, Louis XIV et Louis XV, sur Madame de Maintenon, Madame de Pompadour, Madame du Barry, etc., par J. A. LE ROI, conservateur de la Bibliothèque de la ville de Versailles, correspondant du ministère de l'Instruction publique pour les travaux historiques, avec une Préface par Théophile LAVALLÉE. Un volume in-8° cavalier vélin glacé. Prix. . . 6 fr.

LES AMOURS DU CARDINAL DE RICHELIEU, roman inédit de l'hôtel de Rambouillet, publié sur le manuscrit original, par H. FORNERON. Un joli petit volume elzevirien, édition de bibliophile. Prix. . . . . 3 fr.

— Quelques exemplaires numérotés sur papier de Hollande. Prix. . 10 fr.

E. BOUTARIC

INSTITUTIONS MILITAIRES DE LA FRANCE avant les armées permanentes, suivies d'un Aperçu des principaux changements survenus jusqu'à nos jours dans la formation de l'armée, par M. Edgard Boutaric, sous-chef de section aux Archives nationales, membre de la Société des Antiquaires de France. *Ouvrage couronné par l'Institut* (Académie des sciences morales et politiques). Un beau volume grand in-8°. Prix. 8 fr.

LA FRANCE SOUS PHILIPPE LE BEL, Recherches sur les Institutions politiques et administratives du moyen âge, par M. Edgard Boutaric, sous-chef de section aux Archives nationales. Ouvrage composé en grande partie sur des documents inédits et *couronné par l'Institut* (Académie des inscriptions et belles-lettres). Un vol. in-8°. 8 fr.

Grand prix Gobert 1871.

SAINT LOUIS ET ALFONSE DE POITIERS, Étude sur les origines de la centralisation administrative, d'après des documents entièrement inédits, par M. Edgard Boutaric, sous-chef de section aux Archives nationales, professeur à l'École nationale des chartes. *Ouvrage couronné par l'Institut* (Académie des inscriptions et belles-lettres). Un volume in-8° cavalier. Prix. . . . . 8 fr.

MÉMOIRES DE FRÉDÉRIC II, roi de Prusse, écrits en français par lui-même, pour la première fois publiés en France et entièrement conformes aux manuscrits autographes, avec Notes et Tables analytiques, par MM. E. Boutaric et E. Campardon, des Archives nationales. Deux forts vol. gr. in-8°. 16 fr.

Correspondance secrète inédite de **LOUIS XV** sur la politique étrangère, avec le comte de Broglie, Tercier, etc., suivie de divers documents relatifs au ministère secret, publiée d'après les originaux conservés aux Archives nationales et précédée d'une Étude sur le caractère et la politique personnelle de Louis XV, par M. E. Boutaric, sous-chef de section aux Archives nationales. Deux beaux vol. in-8°. 16 fr.

CAMPARDON

JOURNAL DE LA RÉGENCE (1715-1723), par Jean Buvat, écrivain de la Bibliothèque du Roy, publié pour la première fois et d'après les manuscrits de la Bibliothèque nationale, avec une Introduction, des Notes et un Index alphabétique, par Émile Campardon, archiviste aux Archives nationales. Ouvrage publié avec l'autorisation de S. E. le Ministre de l'instruction publique. Deux volumes grand in-8°. Prix. . . . . 16 fr.

Madame de Pompadour et LA COUR DE LOUIS XV au milieu du XVIII° siècle, Ouvrage suivi du Catalogue des tableaux originaux, des dessins et miniatures vendus après la mort de madame de Pompadour, du Catalogue des objets d'art et de curiosité du marquis de Marigny; et de documents entièrement inédits sur le théâtre des Petits Cabinets, avec un portrait gravé d'après le pastel de La Tour et le *fac-simile* d'une lettre, par Émile Campardon, archiviste aux Archives nationales. Magnifique volume in-8° cavalier glacé. Prix. . . . . 8 fr.

MARIE-ANTOINETTE et le Procès du collier, d'après la procédure instruite devant le Parlement de Paris, par M. Émile Campardon, archiviste aux Archives nationales. Ouvrage orné de la gravure en taille-douce du Collier, et enrichi de divers autographes inédits du Roi, de la Reine, du comte et de la comtesse de Lamotte. Un beau volume grand in-8°. Prix. . . . . 8 fr.

LE TRIBUNAL RÉVOLUTIONNAIRE DE PARIS, Ouvrage composé d'après les documents originaux conservés aux Archives nationales, suivi de la Liste complète des personnes qui ont comparu devant le tribunal, et enrichi d'une gravure et de *fac-simile*, par Émile Campardon, archiviste aux Archives nationales. Deux forts volumes in-8° cavalier. Prix. . . . . 16 fr.

M. DE LESCURE

Correspondance complète de MADAME LA MARQUISE DU DEFFAND avec sa famille et ses amis (1739-1780), le président Hénault, — Montesquieu, — d'Alembert, — Voltaire, — H. Walpole. Publiée *pour la première fois sans suppressions,* accompagnée de ses OEuvres et de diverses pièces inédites, avec une Introduction et des Notes, par M. DE LESCURE. Ouvrage orné d'autographes et des *portraits en taille-douce* de Mme du Deffand et de Walpole. Deux beaux vol in-8° (de 700 à 800 pages chacun). Prix. . 16 fr.

LA VRAIE MARIE-ANTOINETTE, étude historique, politique et morale, suivie d'un recueil de lettres de la Reine, dont plusieurs inédites, et de divers documents, par M. DE LESCURE. 3e édition, augmentée d'une Préface de l'auteur. Un volume in-8°. Prix. . . . . 5 fr.

LA PRINCESSE DE LAMBALLE, sa vie, sa mort (1749-1792), d'après des documents inédits ou peu connus, par M. DE LESCURE. Ouvrage renfermant un portrait gravé sous la direction de M. Henriquel-Dupont, une eau-forte représentant la place où la princesse de Lamballe a été égorgée, et plusieurs *fac-simile* d'autographes. Un vol. in-8°. Prix. 8 fr.

Correspondance secrète inédite sur LOUIS XVI, MARIE-ANTOINETTE, la Cour et la ville (de 1777 à 1792), publiée par M. DE LESCURE, sur le manuscrit de la Bibliothèque impériale de Saint-Pétersbourg. Deux forts volumes grand in-8°. Prix. . . . . 16 fr.

J. CRÉTINEAU-JOLY

HISTOIRE DE LA VENDÉE MILITAIRE, par J. CRÉTINEAU-JOLY. 5e édition, considérablement augmentée et ornée d'une carte du théâtre de la guerre. Quatre volumes grand in-18 jésus. Prix. 16 fr.

SIMPLES RÉCITS DE NOTRE TEMPS, par J. CRÉTINEAU-JOLY. Un beau volume in-8°. Prix. . . . . 6 fr.

FEUILLET DE CONCHES

LOUIS XVI, MARIE-ANTOINETTE ET MADAME ÉLISABETH, Lettres et documents inédits publiés par F. Feuillet de Conches. Six volumes grand in-8°, ornés de portraits et d'autographes. Prix. . . . . 48 fr.

Le sixième et dernier volume vient de paraître ; il est enrichi de nombreux fac-simile d'autographes, et d'un portrait de Marie-Antoinette, gravé par Morse, sous la direction d'Henriquel-Dupont, d'après le portrait peint d'après nature, sur l'ordre de Gustave III de Suède, par son premier peintre Werthmüller.

CORRESPONDANCE DE MADAME ÉLISABETH DE FRANCE, sœur de Louis XVI, publiée par F. Feuillet de Conches, sur les originaux autographes, et *précédée d'une Lettre de Mgr Darboy, archevêque de Paris*. Un beau volume in-8° cavalier, enrichi d'un portrait de Madame Élisabeth gravé par Morse sous la direction d'Henriquel-Dupont, et de *fac-simile* d'autographes. Prix. . . . . 8 fr.

LETTRES DE LA REINE MARIE-ANTOINETTE à la landgravine Louise de Hesse-Darmstadt. Brochure in-8°. Prix. . . . . 2 fr.

CAUSERIES D'UN CURIEUX. Variétés d'histoire et d'art tirées d'un cabinet d'autographes et de dessins, par F. Feuillet de Conches. Ouvrage enrichi de nombreux *fac-simile* d'autographes. Quatre magnifiques vol. in-8° cavalier vélin glacé. Prix. . . . . 32 fr.

LETTRES INÉDITES DE MICHEL DE MONTAIGNE et de quelques autres personnages pour servir à l'histoire du seizième siècle, publiées par F. Feuillet de Conches. Un magnifique volume grand in-8°, *tiré à 240 exemplaires numérotés*. Prix. . . . . 20 fr.

COMTE DE BEAUCHESNE

LOUIS XVII, sa vie, son agonie, sa mort. Captivité de la famille royale au Temple, par M. A. DE BEAUCHESNE. *Ouvrage couronné par l'Académie française,* enrichi de nombreux autographes du Roi, de la Reine, du Dauphin, de la Dauphine et de Madame Élisabeth, de dessins sur bois intercalés dans le texte, orné des portraits en taille-douce de Louis XVI, Marie-Antoinette, Louis XVII, Marie-Thérèse-Charlotte, Madame Élisabeth, la princesse de Lamballe, gravés sous la direction de M. Henriquel-Dupont, et *précédé d'une Lettre de Mgr Dupanloup, évêque d'Orléans.* Deux magnifiques volumes grand in-8° jésus. Prix. . . . . 30 fr.

— LE MÊME OUVRAGE, 2 beaux volumes in-8° cavalier. Prix. . 16 fr.

— LE MÊME OUVRAGE (8ᵉ *édition*), 2 volumes in-18. Prix. . . 10 fr.

GALERIE DE PORTRAITS pour servir à l'histoire de Louis XVII. Magnifique Album comprenant les portraits de Louis XVI, — Marie-Antoinette, — Louis XVII, — Marie-Thérèse-Charlotte, — Madame Élisabeth, — la princesse de Lamballe, gravés sous la direction de M. HENRIQUEL-DUPONT. Grand in-folio tiré à 100 exemplaires numérotés, sur chine et avant la lettre. Il ne reste que quelques exemplaires. . 80 fr.

LA VIE DE MADAME ÉLISABETH, sœur de Louis XVI, par M. A. DE BEAUCHESNE. Ouvrage enrichi de deux portraits gravés en taille-douce, sous la direction de M. Henriquel-Dupont, par Morse et Émile Rousseau, de *fac-simile* d'autographes et de plans, et *précédé d'une Lettre de Mgr Dupanloup, évêque d'Orléans.* Deux beaux vol. grand in-8° cavalier vélin glacé. Prix. . . . . 16 fr.

— LE MÊME OUVRAGE (2ᵉ *édition*), 2 jolis volumes in-18, enrichis de deux portraits de Madame Élisabeth, représentant cette princesse, le premier avant la Révolution, le second pendant sa captivité. Prix. . . . 10 fr.

La Vie et la Légende de MADAME SAINTE NOTBURG, Établissement de la foi chrétienne dans la vallée du Neckar. Ouvrage divisé en trois livres et trente-neuf chapitres, par M. A. DE BEAUCHESNE, et orné de 84 gravures d'après les dessins de M. S. Langlois. 2ᵉ édition. Un magnifique volume très-grand in-8° sur papier bristol glacé. Prix. . . . . 25 fr.

Avec jolie reliure, plaque dorée et dorure sur tranche. . . . . 30 fr.

La première édition de cet ouvrage a été imprimée pour les amateurs en caractères gothiques ; la deuxième édition, qui vient de paraître, est imprimée dans le caractère elzevirien, *si agréable et si facile à la lecture.*

LE LIVRE DES JEUNES MÈRES, par M. A. DE BEAUCHESNE. *Ouvrage couronné par l'Académie française.* Un volume in-8°, imprimé sur vélin et tiré à 305 exemplaires *numérotés* (épuisé). Prix. . . . . 8 fr.

— LE MÊME, 2ᵉ édition, un volume in-18 jésus, orné d'une jolie vignette en taille-douce. Prix. 4 fr.

Il est tiré quelques exemplaires sur papier extra. Prix. . . . . 6 fr.

DERNIÈRES ANNÉES DU RÈGNE ET DE LA VIE DE LOUIS XVI, par François HUE, l'un des officiers de la chambre du Roi, appelé par ce prince, après la journée du 10 août, à l'honneur de rester auprès de lui et de la famille royale. 3ᵉ édition, revue sur les papiers laissés par l'auteur, précédée d'une Notice sur M. Hue, par M. René DU MESNIL DE MARICOURT, *son petit-gendre,* et d'un Avant-propos, par M. Henri DE L'ÉPINOIS. Un beau volume in-8°. . . . . . 6 fr.

MÉMOIRES SECRETS DE J. M. AUGEARD, secrétaire des commandements de la Reine Marie-Antoinette (1760-1800). Documents inédits sur les événements accomplis en France pendant les dernières années du règne de Louis XV, le règne de Louis XVI et la Révolution, jusqu'au 18 brumaire, précédés d'une Introduction par M. Évariste BAVOUX. Un volume in-8° cavalier. Prix. . . . . 6 fr.

C. A. DAUBAN

LA DÉMAGOGIE EN 1793 A PARIS, ou Histoire jour par jour de l'année 1793, accompagnée de documents contemporains rares ou inédits, recueillis, mis en ordre et commentés par C. A. DAUBAN. Ouvrage enrichi de seize gravures de Valton et autres artistes, d'après des dessins inédits et des gravures du temps. Un fort volume in-8° cavalier. 8 fr.

PARIS EN 1794 ET EN 1795. Histoire de la rue, du club, de la famine, composée d'après des documents inédits, particulièrement les rapports de police et les registres du Comité de salut public, avec une Introduction par C. A. DAUBAN. Ouvrage enrichi de neuf gravures du temps et d'un *fac-simile*. Un magnifique volume in-8° cavalier vélin glacé. 8 fr.

LES PRISONS DE PARIS sous la Révolution, d'après les relations des contemporains, avec des Notes et une Introduction par C. A. DAUBAN. Ouvrage enrichi de onze gravures, vues intérieures et extérieures des prisons du temps. Un beau volume in-8° cavalier. Prix . . . . 8 fr.

MÉMOIRES INÉDITS DE PÉTION et Mémoires de Buzot et de Barbaroux, accompagnés des notes inédites de Buzot et de nombreux documents inédits sur Barbaroux, Buzot, Brissot, etc., précédés d'une Introduction par C. A. DAUBAN, avec le *fac-simile* d'un autographe de Barbaroux et les portraits de Pétion, Buzot, Brissot et Barbaroux, gravés par Adrien Nargeot. Un volume in-8°. Prix . . . . 8 fr.

MÉMOIRES DE MADAME ROLAND. Seule édition entièrement conforme au manuscrit autographe *transmis en 1858, par un legs, à la Bibliothèque nationale,* publiée, avec des Notes, par C. A. DAUBAN. Ouvrage orné du portrait de Madame Roland, gravé par A. Nargeot, et de plusieurs *fac-simile*. Un beau volume in-8° cavalier vélin glacé . . . . 8 fr.

ÉTUDE SUR MADAME ROLAND ET SON TEMPS, suivie des lettres de Madame Roland à Buzot et d'autres documents inédits, par C. A. Dauban. Ouvrage orné du portrait inédit de Buzot, gravé par Adrien Nargeot d'après une miniature du temps, et enrichi du *fac-simile* de la Notice écrite par Madame Roland sur Buzot. Un vol. in-8°. Prix. . . 8 fr.

LETTRES en grande partie inédites de **MADAME ROLAND** (Mlle Phlipon) aux **DEMOISELLES CANNET**, suivies des Lettres de Madame Roland à Bosc, Servan, Lanthenas, Robespierre, etc., et de documents inédits; avec une Introduction et des Notes, par C. A. Dauban. Deux volumes in-8°, ornés d'un portrait de Madame Roland photographié d'après le tableau de Heinsius, d'une gravure et d'un plan. Prix. . . . . 16 fr.

LETTRE AU DUC D'AUMALE, par C. A. Dauban. Grand in-8°. Prix : sur Chine, 10 fr.; Hollande, 3 fr.; vélin. . 1 fr.

LE FOND DE LA SOCIÉTÉ SOUS LA COMMUNE, décrit d'après les Documents qui constituent les Archives de la justice militaire, avec des Considérations critiques sur les mœurs du temps et sur les événements qui ont précédé la Commune, par C. A. Dauban. Un volume in-8°, enrichi d'une gravure et de *fac-simile* d'autographes. Prix. . . . . . 8 fr.

A. GRANIER DE CASSAGNAC

HISTOIRE DES CAUSES DE LA RÉVOLUTION FRANÇAISE, par A. Granier de Cassagnac. 2e édition. Quatre volumes in-8°. Prix. . . . . 24 fr.

HISTOIRE DE LA CHUTE DU ROI LOUIS-PHILIPPE et de la République de 1848 jusqu'au rétablissement de l'Empire (1847-1856), par A. Granier de Cassagnac. Deux volumes in-8°. Prix. . . . . . 12 fr.

NAPOLÉON Ier

CORRESPONDANCE DE NAPOLÉON Ier, publiée par ordre de l'empereur Napoléon III, suivie des OEuvres de Napoléon Ier à Sainte-Hélène. Trente-deux forts volumes in-8°. Prix. . . . . 192 fr.

    Tous les volumes se vendent séparément. Prix. . . . . 6 fr.

HISTOIRE DE NAPOLÉON Ier, par P. M. Laurent (de l'Ardèche), illustrée par Horace Vernet. Types et costumes militaires, par Hippolyte Bellangé. Un fort volume grand in-8° jésus enrichi de 475 gravures. Prix. . . . . 12 fr.

WATERLOO. Étude de la campagne de 1815, par le lieutenant-colonel prince Édouard DE LA TOUR D'AUVERGNE. Un beau volume in-8°, avec cartes et plans. Prix. . . . 8 fr.

Des Événements qui ont amené la FIN DU RÈGNE DE NAPOLÉON Ier, par M. Charles DE SAINT-NEXANT, docteur en droit, chevalier de la Légion d'honneur. Un volume in-8°. Prix. . . . . 6 fr.

NAPOLÉON et ses Contemporains. Traits d'héroïsme, de clémence, de générosité, de popularité, par Auguste de Chambure. — Cet ouvrage renferme 44 grandes gravures sur acier, imprimées sur papier de Chine. Un beau volume in-4°, papier vélin. Il reste très-peu d'exemplaires. Prix. . . 30 fr.

SAINTE-HÉLÈNE, par E. Masselin, capitaine du génie. Ouvrage illustré de 16 grands dessins de Staal, d'après les croquis de l'auteur. Un volume in-8°. Prix. . . . . 6 fr.

NAPOLÉON III

HISTOIRE DE JULES CÉSAR, édition de grand luxe avec cartes en couleurs, format in-4°, imprimée à l'Imprimerie nationale.

Tome premier. Prix. 50 fr. — Tome deuxième. Prix. . . . . . 50 fr.

Le même ouvrage, édition de luxe grand in-8° jésus. Tome premier. Prix. . . . . 10 fr.

Ce volume est accompagné d'un Atlas de cartes, imprimées en couleurs avec le plus grand soin. Prix. . . . . 5 fr.

Tome deuxième. Prix. . . . . 10 fr.

Ce vol. est accompagné d'un Atlas de 32 cartes, tirage en noir. 5 fr.

Le même ouvrage, édition in-8° cavalier. Tome premier. Prix. . . 8 fr.

Ce volume est accompagné d'un Atlas de cartes. Prix. . . . 2 fr.

Tome deuxième. Prix. . . . . 8 fr.

Ce volume est accompagné d'un Atlas de cartes. Prix. . . . . 4 fr.

Édition espagnole in-8° cavalier. **HISTORIA DE JULIO CÉSAR**, traducida del francés, por don Eugenio de Ochoa, de la Real Academia Española.

Tomo primero. Prix. . . . . 8 fr.

Ce volume est accompagné d'un Atlas de cartes. Prix. . . . . 5 fr.

Tomo segundo. Prix. . . . . 8 fr.

Ce volume est accompagné d'un Atlas de cartes. Prix. . . . . 5 fr.

ŒUVRES DE L'EMPEREUR NAPOLÉON III. L'ouvrage forme cinq volumes grand in-8° imprimés sur papier vélin. Prix. . . . . 50 fr.

Le tome V est orné du portrait de l'Empereur, gravé par Morse d'après le portrait de Flandrin. Il a été tiré sur chine, avant la lettre et à grandes marges, quelques exemplaires d'artiste du portrait de l'Empereur. Prix. . . . . 40 fr.

DES IDÉES NAPOLÉONIENNES, par le prince Napoléon-Louis Bonaparte. Un beau volume in-18 jésus, orné du portrait de l'auteur. Prix. . . . . 3 fr. 50 c.

ŒUVRES DE NAPOLÉON III (Mélanges), contenant : Idées napoléoniennes. — Les Stuarts et Guillaume III. — Du Passé et de l'Avenir de l'Artillerie. — Le Canal de Nicaragua. — L'Idéal. — Aux Mânes de l'Empereur. — Discours et Messages. Un volume in-12. Prix. . . . . 1 fr. 50 c.

LETTRE sur la politique de la France en Algérie, adressée par l'Empereur au maréchal de Mac Mahon, duc de Magenta, gouverneur de l'Algérie. Un volume grand in-8°. 2 fr.

LES TITRES de la Dynastie napoléonienne. *Vox populi, vox Dei.* Un volume grand in-8°. Prix. . . . . 1 fr.

LA FRANCE SOUS NAPOLÉON III. L'Empire et le régime parlementaire, par M. Évariste Bavoux. Deux volumes in-8°. Prix. 15 fr.

DICTIONNAIRE-NAPOLÉON ou Recueil alphabétique des opinions et jugements de Napoléon Ier, avec une Introduction et des Notes, par M. Damas-Hinard. 2e édition. Un volume grand in-8°. Prix. . . . . 10 fr.

LES INVALIDES, Grandes éphémérides de l'Hôtel impérial des Invalides, depuis sa fondation jusqu'à nos jours, description du monument et du tombeau de Napoléon Ier, par le colonel Gérard, ex-secrétaire général, archiviste, trésorier, bibliothécaire, conservateur des trophées militaires à l'Hôtel, commandeur de l'Ordre national de la Légion d'honneur. Un fort volume in-8°, orné de gravures. Prix. . . 8 fr.

HISTOIRE DE LA RÉVOLUTION DE 1848, par
M. Victor Pierre. Un volume in-8°. Prix. . . . . 8 fr.

ÉTUDES ET PORTRAITS POLITIQUES CONTEMPORAINS, par le vicomte A. de la Guéronnière, Envoyé extraordinaire et Ministre plénipotentiaire à Bruxelles. Ces Études comprennent les Portraits de : l'Empereur Napoléon III, — l'Empereur Nicolas Ier, — le roi Léopold, — le comte de Chambord, — le prince de Joinville, — M. Thiers, — le duc de Morny, — le général Cavaignac. Un magnifique volume grand in-8°, papier vélin. Prix. . . . . 8 fr.

M. BILLAULT, sa Vie et ses Œuvres, Notice par M. Albert Huet. 2e édition. Brochure in-8°. Prix. . . . . 1 fr.

MA MISSION EN PRUSSE, par le comte Benedetti. 3e édition. Un beau volume in-8° cavalier vélin glacé. . 8 fr.

UN MINISTÈRE DE LA GUERRE DE VINGT-QUATRE JOURS, du 10 août au 4 septembre 1870, par le général Cousin de Montauban, comte de Palikao. Un volume in-8°, enrichi d'une grande carte stratégique imprimée en cinq couleurs. 2e édition. Prix . . . . 6 fr.

L'ARMÉE DU RHIN, depuis le 12 août jusqu'au 29 octobre 1870, par le maréchal Bazaine. Un beau volume in-8° cavalier, enrichi de 11 cartes et plans. Prix. . . . 8 fr.

Campagne de 1870-1871. LA PREMIÈRE ARMÉE DE LA LOIRE, par le général d'Aurelle de Paladines. 3e édition. Un superbe volume in-8° cavalier, enrichi de quatre cartes stratégiques coloriées et du *fac-simile* d'un ordre du gouvernement de Tours. Prix. . . . . 8 fr.

Campagne de 1870-1871. LA DEUXIÈME ARMÉE DE LA LOIRE, par le général Chanzy. Superbe vol. in-8° cavalier de 660 pages, accompagné d'un bel Atlas de cinq grandes cartes, imprimées en couleurs, et donnant les positions stratégiques des armées française et allemande pendant les différentes batailles et au moment de l'armistice. 4° édition.   10 fr.

— LE MÊME OUVRAGE, 5° édition. Un volume in-18, sans Atlas. Prix.   4 fr.

Campagne de 1870-1871. ORLÉANS, par le général Martin des Pallières, commandant en chef le 15° corps d'armée, député à l'Assemblée nationale. Un beau volume in-8° cavalier, enrichi de trois grandes cartes stratégiques et de *fac-simile* d'autographes. Prix . . . . 8 fr.

LA CAMPAGNE DES ZOUAVES PONTIFICAUX EN FRANCE, sous les ordres du général baron de Charette, par M. S. Jacquemont, capitaine aux zouaves pontificaux. 2° édit. Un joli vol. in-18, renfermant une gravure et trois cartes. 2 fr. 50

LA MARINE AU SIÉGE DE PARIS, par le vice-amiral baron de la Roncière-le Noury, d'après les documents officiels. Un superbe volume in-8° cavalier de plus de 600 pages, accompagné d'un bel Atlas imprimé en couleurs, et contenant dix grandes cartes et plans des travaux français et allemands. 2° édition. Prix. . . . . 10 fr.

LA MARINE FRANÇAISE & LA MARINE ALLEMANDE pendant la guerre de 1871, considérations sur le rôle actuel des flottes dans une guerre continentale, par Édouard Chevalier. Un volume grand in-18 jésus. . . . . 3 fr. 50

L'AMIRAL BOUET-WILLAUMEZ et l'Expédition dans la Baltique, par Félix Julien. Un vol. in-18 jésus.   2 fr.

Campagne de 1870-1871. SIÉGE DE PARIS. Opérations du 13ᵉ corps et de la troisième armée, par le général Vinoy. Un beau volume in-8° cavalier, accompagné d'un Atlas de quinze cartes stratégiques imprimées en couleurs. 2ᵉ édition. Prix. . . . . 10 fr.

Campagne de 1870-1871. L'ARMISTICE ET LA COMMUNE. Opérations de l'armée de Paris et de l'armée de réserve, par le général Vinoy. Un beau volume in-8°, avec Atlas de cartes stratégiques. Prix. . 10 fr.

LES PRUSSIENS A PARIS ET LE 18 MARS, avec la série des dépêches officielles depuis le 24 février jusqu'au 19 mars ; — les Manifestations de la Bastille ; les Prussiens à Paris ; les Préliminaires de la Commune ; le 18 mars ; Traités et Conventions ; Documents officiels ; — par Charles YRIARTE, attaché à l'état-major du général en chef. Un vol. in-8°. 6 fr.

Campagne de France (1870-1871). LA RETRAITE DE MÉZIÈRES, effectuée par le 13ᵉ corps d'armée, aux ordres du général Vinoy, par Charles YRIARTE. Un volume in-18. Prix. . . . . 1 fr.

LES MARCHÉS DE LA GUERRE à Lyon et à l'armée de Garibaldi, par le comte Louis DE SÉGUR, député à l'Assemblée nationale, rapporteur de la Commission des marchés, et **Discours prononcé, le 1ᵉʳ février 1873,** par M. le duc D'AUDIFFRET-PASQUIER. Un volume in-8°. Prix. . 6 fr.

Campagne de 1870-1871. LES VOLONTAIRES DU GÉNIE DANS L'EST, par Jules GARNIER, chef de bataillon du génie auxiliaire, chevalier de la Légion d'honneur. Ouvrage enrichi d'une grande carte spéciale. Un joli volume in-18. Prix. 4 fr.

L'ARMÉE DE BRETAGNE (22 octobre-27 novembre 1870), par Aimé JAŸ, ancien élève de l'École polytechnique, ancien officier d'état-major à l'armée de Bretagne. Un volume in-18. Prix. . . . . 4 fr.

PARIS BRULÉ PAR LA COMMUNE, par M. Louis ÉNAULT. Un volume in-18 jésus, illustré de 12 gravures-photographies représentant les édifices et les quartiers incendiés. Deuxième édition. Prix. . . . . 4 fr.

LES PRINCES D'ORLÉANS, par Charles YRIARTE; Préface par Édouard HERVÉ. Ouvrage enrichi de seize portraits dessinés par L. Breton, gravés par Robert. Un superbe volume petit in-8° anglais. Prix. . . . . 5 fr.

Il a été tiré 200 exemplaires *numérotés* sur papier de Hollande. 50 fr.
— 4 exemplaires sur papier de Chine (chacun). . . 100 —
— 3 exemplaires sur *peau de vélin* (chacun). . . . 1,000 —
— LE MÊME OUVRAGE. *Édition populaire*. Un joli volume in-18. Prix. 1 fr.

HISTOIRE DE LA GUERRE DE 1870-1871, par le général baron AMBERT, ancien conseiller d'État. Un fort volume in-8°, avec Atlas. Prix. . . . . 10 fr.

OPÉRATIONS DU 18ᵉ CORPS D'ARMÉE SUR LA LOIRE ET DANS L'EST, par le général BILLOT, commandant en chef le 18ᵉ corps d'armée. Un volume in-8°, avec cartes stratégiques. (*En préparation*.)

Campagne de 1870. BELFORT, REIMS, SEDAN, le 7ᵉ corps de l'armée du Rhin, par le prince Georges BIBESCO. Un volume in-8°, accompagné de trois cartes. Prix. . . 6 fr.

LE CORPS LORENCEZ DEVANT PUEBLA (5 mai 1862); Retraite des cinq mille; par le prince Georges BIBESCO. In-8°, contenant un plan de Puebla et de ses environs. Prix. . . . . 1 fr. 50

**LES DEUX BOMBARDEMENTS DE MONT-
MÉDY.** — Montmédy; Sedan; Premier bombardement; Reconnaissances; Investissement; Deuxième bombardement; Avis du conseil d'enquête; Plan de la ville et des environs; — par Niclaus Simon, licencié en droit. In-8°. Prix. . . . . 2 fr. 50

MES NOTES D'INFIRMIER, par Gustave Nadaud. Joli volume in-18 jésus. Prix. . . . . 2 fr.

JOURNAL D'UNE INFIRMIÈRE pendant la guerre de 1870-1871, par madame la baronne de Crombrugghe. Un volume in-18 jésus. 4° *édition*. Prix. . . . . 3 fr.

Jules FAVRE

GOUVERNEMENT DE LA DÉFENSE NATIONALE, par M. Jules Favre, de l'Académie française.

Première Partie : *Du 30 juin au 31 octobre 1870.* — Journée du 4 septembre; M. Thiers et M. de Bismarck; Entrevue de Ferrières; Organisation de la défense; Délégation de Tours; Journée du 31 octobre. — Un beau vol. in-8° cavalier. 8 fr.

Deuxième Partie : *Du 31 octobre 1870 au 28 janvier 1871.* — Batailles de Champigny; Bataille du Bourget; Conférence de Londres; Bataille de Buzenval; Insurrection du 22 janvier 1871; Armistice. — Un beau volume in-8° cavalier. Prix. . . 8 fr.

Troisième partie : *Sous presse.*

ROME ET LA RÉPUBLIQUE FRANÇAISE, par M. Jules Favre, de l'Académie française. Un beau volume in-8° cavalier. Prix. . . . . 8 fr.

VOYAGE AUX PAYS ROUGES, par un Conservateur, rédacteur du *Français*. Un volume in-12. Prix. . . . 2 fr. 50

LA FRANCE, L'ÉTRANGER & LES PARTIS, par M. Heinrich, doyen de la Faculté des lettres de Lyon. Un volume in-18. Prix. . . . . 4 fr.

LA TYRANNIE PRUSSIENNE, par un ALLEMAND. In-8° cavalier. Prix.. 3 fr.

GUERRES MARITIMES DE LA FRANCE. Port de Toulon, — ses armements, — son administration, depuis son origine jusqu'à nos jours, par V. BRUN (de Toulon), commissaire général de la marine. Deux forts volumes in-8°. Prix..................................... 15 fr.

HISTOIRE DES DÉBATS POLITIQUES DU PARLEMENT ANGLAIS, depuis la révolution de 1688, par H. FORNERON. Un vol. in-8°........ 5 fr.

HISTOIRE DES PERSES, d'après les auteurs orientaux, grecs et latins, et particulièrement d'après les manuscrits orientaux inédits, les monuments figurés, les médailles, les pierres gravées, etc., par le comte DE GOBINEAU. Deux beaux volumes in-8° cavalier vélin glacé, de plus de 600 pages chacun. Prix..................................... 16 fr.

LES ÉTATS AMÉRICAINS, leurs produits, leur commerce, par L. TENRÉ, consul de la république du Paraguay, commissaire délégué à l'Exposition universelle. Un volume in-8°. Prix..................................... 6 fr.

ÉTUDES SUR LE MECKLEMBOURG et sur la Question allemande, par M. BORCHARD, docteur en médecine des Facultés de Halle et de Paris, etc. Un vol. in-8°. 4 fr.

L'EUROPE DEVANT LA CHINE, par M. Charles GAY. Un volume in-8°. Prix..................................... 3 fr.

SOUVENIRS D'UN PRISONNIER D'ABD-EL-KADER, par Hippolyte LANGLOIS. Ouvrage illustré de 12 dessins hors texte. Un vol. petit in-8° anglais. Prix..... 3 fr.

HUILLARD-BRÉHOLLES

Étude sur la vie, la correspondance et le rôle politique de PIERRE DE LA VIGNE, par M. Huillard-Bréholles, membre de l'Institut, chef de section aux Archives nationales. Un volume in-8° vélin glacé. . . . . 6 fr.

TITRES DE LA MAISON DUCALE DE BOURBON, concernant le Bourbonnais, le Beaujolais, le Forez, l'Auvergne, la Marche, le comté de Clermont, la Dombes, etc., par M. Huillard-Bréholles, membre de l'Institut, etc. Deux vol. in-4° à deux colonnes. (*Publication des Archives nationales.*) Le deuxième vol. est sous presse. Prix de chaque vol. 36 fr.
— Quelques exemplaires sur papier de Hollande. Prix. . . . . . . 60 fr.

NOTICE SUR M. LE DUC DE LUYNES, membre de l'Institut, représentant du peuple aux Assemblées constituante et législative de 1848 à 1851, ancien membre du conseil de surveillance de l'assistance publique à Paris et du conseil général de Seine-et-Oise, chevalier de l'Ordre du Mérite de Prusse, membre honoraire de l'Académie des sciences de Berlin, associé de l'Institut archéologique de Rome, membre du conseil de la Société de l'histoire de France, etc., etc.; par J. L. A. Huillard-Bréholles, membre de l'Institut, etc. Un volume in-8°, orné du portrait photographié de M. le duc de Luynes. 5 fr.

M. DE BÉRULLE et les Carmélites de France (1575-1611), par M. l'abbé M. Houssaye, prêtre du clergé de Paris. Un beau volume in-8° cavalier glacé, enrichi de deux gravures en taille-douce. Prix. . . . . 6 fr.

VIE DU R. P. BARRELLE, de la Compagnie de Jésus, par le P. Léon de Chazournes, de la même Compagnie. Deux beaux vol. in-8° cavalier vélin glacé, enrichis d'un portrait gravé par Morse et de deux *fac-simile* d'autographes. 16 fr.
— LE MÊME, deuxième édition, 2 vol. grand in-18 jésus vélin glacé. 8 fr.

LE BIENHEUREUX PIERRE FOURIER, par Madame la vicomtesse de Flavigny, ouvrage précédé d'une Lettre de Mgr l'évêque d'Orléans. Un beau volume in-8°, enrichi d'un portrait. Prix. . . . . 7 fr.

DUC DE LUYNES

DIE PROKLAMATION DES AMASIS AN DIE CYPRIER, bei der Besitznahme Cyperns durch die Ægypter um die Mitte des sechsten Jahrhunderts vor Christi Geburt. Entzifferung der Erztafel von Idalion in des Herrn Herzogs von Luynes *Numismatique et inscriptions cypriotes*; von Doctor E. M. Röth, ordentlichen öffentlichen Professor der Philosophie und des Sanskrit an der Univ. zu Heidelberg. Un vol. in-4°. 20 fr.

CARTULAIRE DE L'ABBAYE DE N.-D. DES VAUX DE CERNAY, de l'ordre de Cîteaux, au diocèse de Paris, composé d'après les Chartes originales conservées aux Archives de Seine-et-Oise, enrichi de Notes, d'Index et d'un Dictionnaire géographique, par MM. Luc Merlet et Auguste Moutié, membres de la Société archéologique de Rambouillet, sous les auspices et aux dépens de M. H. d'Albert, duc de Luynes, membre de l'Institut. Trois vol. in-4° et Atlas in-folio. Prix. 80 fr.

CARTULAIRE MUNICIPAL DE SAINT-MAXIMIN, suivi de documents puisés dans les archives de cette ville; publié par M. L. Rostan, correspondant du Ministère de l'instruction publique pour les travaux historiques, sous les auspices et aux dépens de M. H. d'Albert, duc de Luynes, membre de l'Institut. Un volume in-4°. Prix. 10 fr.

CARTULAIRE DE L'ABBAYE DE N.-D. DE LA ROCHE, de l'ordre de Saint-Augustin, au diocèse de Paris, d'après le manuscrit original de la Bibliothèque nationale, enrichi de Notes, d'Index et d'un Dictionnaire géographique; suivi d'un Précis historique et de la description de l'ancienne abbaye, d'une Notice sur la paroisse et la seigneurie de Lévis, et de Notes historiques et généalogiques sur les seigneurs de Lévis, par Auguste Moutié, membre de la Société archéologique de Rambouillet. Sous les auspices et aux dépens de M. H. d'Albert, duc de Luynes, membre de l'Institut. Un volume in-4° de texte. Prix. 16 fr.

Atlas dudit ouvrage, contenant 40 planches dessinées par M. Nicolle, architecte, administrateur adjoint de la Manufacture nationale de porcelaine de Sèvres. In-folio cartonné. Prix. 50 fr.

ARCHIVES NATIONALES

MUSÉE DES ARCHIVES NATIONALES : Documents originaux de l'histoire de France exposés dans l'hôtel Soubise. Ouvrage enrichi de 1,200 *fac-simile* des autographes les plus importants, depuis l'époque mérovingienne jusqu'à la Révolution française, publié par la Direction générale des Archives nationales. Un volume in-4° de 102 feuilles.   40 fr.

PARLEMENT DE PARIS : Recueil complet des actes émanés de la Cour du Roi depuis l'année 1254, conservés aux Archives nationales, analysés en français, avec les traductions de noms de personnes et de lieux, classés par ordre chronologique, et accompagnés de Tables des noms et des matières de droit. Publication officielle faite par ordre de l'Empereur, sous la direction de M. le marquis DE LABORDE, directeur général des Archives, membre de l'Institut, par E. BOUTARIC, sous-chef de section aux Archives.

Dans ce Recueil, du format du *Trésor des Chartes*, tous les actes politiques, administratifs et judiciaires de la Cour du Roi sont analysés en français. Le premier volume, outre 5,000 analyses d'arrêts, de l'an 1254 à l'an 1315, renferme une Introduction sur les Archives du Parlement, par M. A. GRÜN, chef de la section judiciaire, et un Essai de restitution, d'après les manuscrits de la Bibliothèque nationale, d'un registre perdu, par M. Léopold DELISLE, membre de l'Institut.

Deux volumes in-4°. Prix de chaque volume. . . . . . 36 fr.

Il est tiré 25 exemplaires *numérotés* sur papier de Hollande. Prix de chaque volume. . . . . 60 fr.

INVENTAIRE DES SCEAUX (première partie). Description des sceaux du Musée sigillographique dont les originaux sont conservés aux Archives nationales, par M. DOUET D'ARCQ, sous-chef de la section historique aux Archives. Trois volumes in-4° de 850 pages. Prix de chaque volume. . 36 fr.

TITRES DE LA MAISON DUCALE DE BOURBON, par M. HUILLARD-BRÉHOLLES. (*Voir* page 37.)

LE TRÉSOR DES CHARTES DE FRANCE,

Recueil complet des documents originaux renfermés autrefois dans les layettes du Trésor et conservés aujourd'hui aux Archives nationales, reproduits textuellement ou par des analyses, classés par ordre chronologique et par règne, annotés et accompagnés de tous les Index propres à faciliter les recherches. Publication officielle faite par ordre de l'Empereur, sous la direction de M. le marquis DE LABORDE, directeur général des Archives, membre de l'Institut, par A. TEULET et Alfred DE LABORDE, archivistes aux Archives.

Tous les travaux préparatoires de cette grande publication, qui intéresse au plus haut degré notre histoire nationale, sont terminés. Les deux premiers volumes comprennent les pièces antérieures au douzième siècle et les pièces relatives aux règnes de Louis VI, Louis VII et Philippe Auguste, de 755 à 1223 ; Louis VIII et Louis IX, de 1223 à 1246. Ils se composent chacun de 800 pages in-4°, imprimées à deux colonnes, dans le format adopté pour la collection des Inventaires publiés par la Direction générale des Archives nationales.

Prix de chaque volume. . . . . 36 fr.

Les deux premiers volumes sont en vente.

Il est tiré 50 exemplaires *numérotés* sur papier de Hollande. Prix de chaque volume. . . . . 60 fr.

Le troisième volume paraîtra en janvier 1873.

INVENTAIRE DES MONUMENTS HISTORIQUES (Cartons des Rois),

par M. TARDIF, archiviste à la section historique. Un volume in-4° de 800 pages, avec un Atlas in-folio de 15 planches. Prix. . . . . 50 fr.

Traités de paix et de commerce et documents divers concernant les **RELATIONS DES CHRÉTIENS AVEC LES ARABES** de l'Afrique septentrionale au moyen âge, recueillis par ordre de l'Empereur et publiés avec une Introduction historique, par M. L. DE MAS LATRIE, chef de section aux Archives, sous-directeur des études à l'École des Chartes. Un volume grand in-4°. . . . . 36 fr.

PUBLICATIONS MILITAIRES

L'ARMÉE FRANÇAISE en 1873, par le général Vinoy. Étude sur les ressources de la France et les moyens de s'en servir. Un volume in-8°. Prix. . . . . 6 fr.

DE L'ÉTAT-MAJOR et des différentes armes, par le général Ducrot. Grand in-8°. Prix. . . . . 2 fr. 50

Projet motivé de RÉORGANISATION DE L'ÉTAT MILITAIRE DE LA FRANCE, par le général V. Chareton, député de la Drôme à l'Assemblée nationale. Un beau volume in-18 de 492 pages. Prix. . . . . 4 fr.

REMARQUES SUR LES CHEVAUX DE GUERRE, par un ancien soldat (Alexandre Gaume). Un volume in-18. Prix. . . . . 3 fr.

ANNUAIRE DE LA RÉUNION DES OFFICIERS pour 1873. Un volume in-18. Prix. . . . 3 fr.

MANUEL DU SOLDAT D'INFANTERIE en usage dans la division d'Alger, Guide indispensable du Volontaire d'un an. *Publication de la Réunion des Officiers.* Un vol. in-18. Prix. . . . . 50 cent.

Exposé succinct de la Loi sur le RECRUTEMENT DE L'ARMÉE. Brochure in-8°. Prix. . . . . . 20 cent.

RÉPONSE d'un officier inférieur à l'officier général, auteur de *l'Armée française en* 1867. 4ᵉ édition. Un beau volume in-8°. Prix. . . . . 4 fr.

L'ADMINISTRATION DE L'ARMÉE FRANÇAISE, par le même. Un volume in-8°. Prix. . . . . 4 fr.

ÉCONOMIE POLITIQUE ET PHILOSOPHIE

HISTOIRE DE L'ÉCONOMIE POLITIQUE des anciens peuples de l'Inde, de l'Égypte, de la Judée et de la Grèce, par M. Du Mesnil-Marigny. Deux magnifiques volumes grand in-8°. Prix. . . . . 16 fr.

LIBERTÉS DE L'ÉGLISE GALLICANE, Manuel du droit public ecclésiastique français, par M. Dupin, docteur en droit, procureur général près la Cour de cassation, sénateur, etc. Un volume petit in-8° anglais. Prix. . . . 5 fr.

LES LIMITES DU SUFFRAGE UNIVERSEL, par Antonin Rondelet. In-18. Prix. . . . . 1 fr.

LA LOI dans ses rapports avec la famille. Lectures populaires sur la loi civile, par MM. G. Dabancour, docteur en droit, juge au tribunal civil de Mâcon, et A. Putois, juge de paix, auteur des *Petites Lectures sur la loi pénale*, membres de l'Académie de Mâcon, publiées sous le patronage de l'Académie. Un joli volume in-18 de 252 pages. Prix. . . . . . . 1 fr. 50

PENSIONS CIVILES. Caisses de retraite et d'assurances sur la vie, par Adolphe Tardif, conseiller d'État. In-8°. Prix. . . . . 2 fr.

LE MINISTÈRE DES AFFAIRES ÉTRANGÈRES. In-8°. Prix. . . . . 2 fr.

Général NOIZET

MÉLANGES DE PHILOSOPHIE CRITIQUE, par le général Noizet. Un volume in-8°. Prix. . . . . . . 6 fr.

ÉTUDES PHILOSOPHIQUES, psychologie, métaphysique, et application de la philosophie à la direction de la vie humaine, par le général Noizet. Deux beaux vol. in-8° (imprimés à très-petit nombre). 16 fr.

LE DUALISME, ou la métaphysique déduite de l'observation, par le général Noizet. Un vol. in-18. 2 fr.

LES THÉORICIENS AU POUVOIR, par D. Delorme (du Cap Haïti). Un volume in-8° cavalier. Prix. . 8 fr.

ASMODÉE A NEW-YORK, Revue critique des institutions politiques et civiles de l'Amérique, coutumes, anecdotes romanesques, etc., vie publique et privée, mœurs. Un beau volume in-8° cavalier. Prix. . . . . 8 fr.

LAURENTIE

L'ATHÉISME SOCIAL ET L'ÉGLISE, Schisme du Monde nouveau, par M. Laurentie. Un volume in-8° de 152 pages. Prix. . . . . 3 fr.

LES CRIMES DE L'ÉDUCATION FRANÇAISE, par M. Laurentie. 2ᵉ édit. In-8°. Prix. . . . . 2 fr.

ÉMILE DE GIRARDIN

DU DROIT DE PUNIR, par Émile de Girardin. Un beau volume in-8°. Prix. . . . . 6 fr.

Ce livre fait suite à celui de Beccaria : *Des délits et des peines.*

PAIX ET LIBERTÉ, par Émile de Girardin. Un volume in-8° de 725 pages. (*Épuisé.*) Prix. . . . . 3 fr.

FORCE OU RICHESSE. Questions de l'année 1864, par Émile de Girardin. Un volume in-8°. Prix. . . . . . 6 fr.

LE SPECTRE NOIR, par Émile de Girardin. In-8°. 1 fr.

LE DROIT DE LA PENSÉE. Questions de presse, par Émile de Girardin. Un vol. in-8° de 700 pages. 6 fr.

LA POLOGNE ET LA DIPLOMATIE, par Émile de Girardin. Un volume in-8°. Prix. . . . . 3 fr.

MENIER

L'IMPOT SUR LE CAPITAL. Son application, ses avantages, ses conséquences, par Menier, manufacturier, membre de la Société d'économie politique, conseiller général du département de Seine-et-Marne. 3ᵉ édition. Un volume in-8°. Prix. . . . . 1 fr.

RÉPONSE aux objections faites contre l'Impôt sur le capital, à la séance de la Société d'économie politique du 5 juillet 1872, par Menier, manufacturier. In-8°. . 50 cent.

BIBLIOTHÈQUE DES VOYAGES

COMTE DE BEAUVOIR

AUSTRALIE, Voyage autour du monde, par le comte de Beauvoir. Ouvrage enrichi de 2 grandes cartes et de 12 gravures-photographies. 8ᵉ édition. Un joli vol. in-18 jésus.   4 fr.

JAVA, SIAM, CANTON, Voyage autour du monde, par le comte de Beauvoir. Ouvrage enrichi d'une grande carte spéciale et de 14 gravures-photographies par Deschamps. 8ᵉ édition. Un joli volume in-18. Prix. . . . .   4 fr.

PÉKIN, YEDDO, SAN FRANCISCO, Voyage autour du monde, par le comte de Beauvoir. Ouvrage enrichi de quatre cartes spéciales et de quinze gravures-photographies. 6ᵉ édition. Un joli volume in-18. Prix. . . . .   4 fr.

Magnifique édition illustrée

VOYAGE AUTOUR DU MONDE, par le Comte de Beauvoir, renfermant : Australie. — Java, Siam, Canton. — Pékin, Yeddo, San Francisco. Un superbe volume grand in-8° colombier, illustré de 100 gravures et de 7 cartes imprimées en couleurs. Prix : 16 fr.; relié. . . . . .   22 fr.

(*Ouvrage couronné par l'Académie française — Prix Monthyon.*)

JULES GARNIER.

Voyage autour du monde, **NOUVELLE-CALÉDONIE**, par M. Jules Garnier. Ouvrage enrichi de 4 gravures et d'une carte spéciale. 3ᵉ édition. Un joli volume in-18.   4 fr.

Voyage autour du monde, **OCÉANIE, îles des Pins, Loyalty et Tahiti**, par M. Jules Garnier. Ouvrage enrichi de gravures-photographies et d'une carte spéciale. Un joli vol. in-18. Prix. . . . .   4 fr.

SAHARA & LAPONIE, par le comte E. Goblet d'Alviella : — I. Un mois au sud de l'Atlas; — II. Un voyage au cap Nord. Un joli volume in-18, enrichi de dix-huit gravures. Prix.   4 fr.

VOYAGE de la corvette la Bayonnaise DANS LES MERS DE CHINE, par le vice-amiral Jurien de la Gravière. 3ᵉ édition, enrichie de deux grandes cartes et de dix dessins de Gautier Saint-Elme gravés par Méaulle. Deux jolis volumes in-18. Prix. . . . . 8 fr.

LE FAYOUM, LE SINAÏ ET PÉTRA, expédition dans la moyenne Égypte et l'Arabie Pétrée, sous la direction de J. L. Gérome, par Paul Lenoir. Ouvrage enrichi de 14 gravures dessinées sur bois, d'après des études de Gérome et d'après des photographies, par Gautier Saint-Elme, et gravées par Méaulle. Un joli volume in-18 jésus. Prix... . 4 fr.

Notre capitale ROME, par Mademoiselle Zénaïde Fleuriot. Un très-joli volume in-18 jésus, enrichi de 95 gravures. 4 fr.

ITALIE, SICILE, BOHÊME. Notes de voyage, par M. A. Laugel. Un joli volume in-18 elzevirien. Prix. 4 fr.

Souvenirs de voyage : CÉPHALONIE, NAXIE ET TERRE-NEUVE, par le comte de Gobineau ; — le Mouchoir rouge ; Akrivie Phrangópoulo ; la Chasse au caribou. — Un volume in-18. Prix. . . . . 2 fr. 50

Félix JULIEN

HARMONIES DE LA MER. Courants et révolutions, par M. Félix Julien, lieutenant de vaisseau, ancien élève de l'École polytechnique. 1 vol. in-18 jésus. Prix. . . 2 fr. 50

LES COMMENTAIRES D'UN MARIN, par M. Félix Julien. Un volume in-8°. Prix. . . . . 5 fr.
— LE MÊME, édition in-18. Prix. . . . . 3 fr.

L'Archipel des îles normandes : JERSEY, GUERNESEY, AUREGNY, SARK et dépendances ; Institutions communales, judiciaires, féodales de ces îles, avec une Carte pour servir à la partie géographique et hydrographique, par Théodore Le Cerf, de la Société des Antiquaires de Normandie. Un volume in-8°. Prix. . . . . 5 fr.

ATHÈNES, d'après le colonel Leake. Ouvrage mis au courant des découvertes les plus récentes, par M. Phocion Roque, chargé d'affaires de Grèce à Paris, précédé d'une Introduction par C. Wescher. Un joli volume grand in-18, orné de 8 gravures hors texte et d'un plan d'Athènes et des environs. Prix. . . . 4 fr.

VOYAGE ARCHÉOLOGIQUE DANS LA RÉGENCE DE TUNIS, exécuté (en 1860) et publié sous les auspices et aux frais de M. H. d'Albert, duc de Luynes, membre de l'Institut, par V. Guérin, ancien membre de l'École française d'Athènes, membre de la Société de géographie de Paris, agrégé et docteur ès lettres, chargé d'une mission scientifique. Ouvrage accompagné d'une grande carte de la Régence et d'une planche reproduisant la célèbre inscription bilingue de Thugga. Deux magnifiques volumes grand in-8°. Prix. . . . . 20 fr.

Description géographique, historique et archéologique de LA PALESTINE, par M. Victor Guérin. JUDÉE, Trois volumes grand in-8°, imprimés à l'Imprimerie nationale, avec carte de la Judée ancienne et moderne. 30 fr.

L'ÉGYPTE MODERNE, Tableaux de mœurs arabes, peintes et décrites par Henry de Montaut, ancien professeur d'architecture et de topographie à l'École militaire de la citadelle du Caire, membre de l'Institut égyptien, chevalier de la Légion d'honneur, officier de l'ordre du Medjidieh de Turquie, chevalier de l'ordre de Charles III, du Saint-Sépulcre, membre de la Société de géographie, etc. Ouvrage dédié à S. A. le khédive d'Égypte et de Nubie, prince et seigneur du Soudan, du Kordofan, d'Éthiopie, etc. Grand Album magnifiquement illustré de 10 chromo-lithographies et de nombreuses gravures dans le texte. Prix. . . . . 120 fr.

HISTOIRE DE L'ILE BOURBON, par M. Georges Azéma, greffier de la justice de paix de Saint-Denis, conseiller municipal de cette commune et membre de la Chambre consultative de l'île de la Réunion. Un beau volume in-8°. 5 fr.

BEAUX-ARTS

Vicomte Henri Delaborde

INGRES, sa Vie, ses Travaux, sa Doctrine, d'après les notes manuscrites et les lettres du maître, par le vicomte Henri Delaborde, membre de l'Institut, conservateur au département des estampes à la Bibliothèque nationale. Ouvrage orné d'un portrait gravé par Morse. Un beau volume in-8° cavalier. Prix. . . . . 8 fr.

LETTRES ET PENSÉES D'HIPPOLYTE FLANDRIN, accompagnées de Notes, précédées d'une Notice biographique et d'un Catalogue des œuvres du maître, par le vicomte Henri Delaborde, membre de l'Institut, conservateur au département des estampes à la Bibliothèque nationale. Ouvrage orné du portrait de Flandrin, gravé par Deveaux, d'après un portrait du maître, et enrichi de plusieurs *fac-simile* de lettres. Un beau volume in-8°. Prix. . . . . 8 fr.

HIPPOLYTE FLANDRIN. — Les Frises de Saint-Vincent de Paul, conférences populaires, par M. Henri Jouin. Prix. . . . . 1 fr. 50

Charles Yriarte

GOYA, par Charles Yriarte. Sa Biographie, les Fresques, les Toiles, les Tapisseries, les Eaux-Fortes et le Catalogue de l'œuvre, avec 50 planches inédites, d'après les copies de Tabar, Bocourt et Ch. Yriarte. Un magnifique volume in-4°, papier bristol. Prix. . . . . 30 fr.

Il a été imprimé 100 exemplaires *numérotés* sur papier bristol extrafort. Prix. . . . . 50 fr.

Edmond et Jules de Goncourt

GAVARNI, l'Homme et l'Œuvre, par Edmond et Jules de Goncourt. Un beau volume in-8°, enrichi du portrait de Gavarni, gravé à l'eau-forte par Flameng, d'après un dessin de l'artiste, et d'un *fac-simile* d'autographe. Prix. . . . . 8 fr.

Eugène PLON

THORVALDSEN, sa Vie et son Œuvre, par Eugène Plon, membre de l'Académie royale des beaux-arts de Copenhague. Ouvrage enrichi de deux gravures au burin par F. Gaillard, ancien pensionnaire de l'Académie de France à Rome, et de 35 compositions du maître gravées sur bois par Carbonneau, d'après les dessins de F. Gaillard. Un magnifique volume grand in-8°. Prix. . . . . 15 fr.

Exemplaires d'artistes, avec gravures sur chine avant la lettre, 200 exemplaires *numérotés*. Prix. . . . . 30 fr.

Il a été imprimé sur papier de Chine à grandes marges quelques exemplaires avant la lettre des deux planches sur acier, *Vénus* et *Mercure*. Prix. . . . . 100 fr. les deux.

Portrait de Thorvaldsen, par Horace Vernet, d'après le tableau original qui se trouve au Musée Thorvaldsen, à Copenhague. Belle photographie à grandes marges. Prix. 5 fr.; sous verre. . . . . 8 fr.

LE SCULPTEUR DANOIS V. BISSEN, par Eugène Plon, membre de l'Académie royale des beaux-arts de Copenhague. Un joli volume in-18, orné de quatre dessins de F. Gaillard, gravés sur bois par Carbonneau. *Deuxième édition.* Prix. . . . . 3 fr.

LE GÉNIE DES PEUPLES DANS LES ARTS, par M. le duc de Valmy. Un beau volume in-8° cavalier vélin glacé. Prix. . . . . 8 fr.

GALERIE FLAMANDE ET HOLLANDAISE, comprenant 100 planches gravées sur cuivre d'après les chefs-d'œuvre de Rubens, Rembrandt, Van Dyck, Teniers, Ostade, Ruysdaël, etc., etc.; texte par Arsène Houssaye. Un volume grand in-folio. Prix. . . . . 125 fr.

Demi-reliure chagrin, tranche dorée en tête. . . . . 150 fr.

LITTÉRATURE

THÉOPHILE GAUTIER, par E. Feydeau. Un vol. in-18. Prix. . . . . 3 fr. 50 c.

LE LIVRE, par Jules Janin, de l'Académie française. Un beau volume grand in-8° vélin glacé. Prix. . . . . . . 8 fr.
— 100 exemplaires *numérotés* sur papier de Hollande. Prix. . . . . 40 fr.

LA FRANCIADE, poëme en dix chants, par M. Viennet, de l'Académie française, précédé d'une Introduction par Jules Janin. Un joli volume grand in-18, papier vélin glacé. 3 fr. 50 c.

POÉSIES COMPLÈTES, par Antoine de Latour. Un beau et fort volume in-18. Prix. . . . . 4 fr.

FABLES DE KRILOF (le la Fontaine russe), traduites en vers français par Charles Parfait. Un volume grand in-18 jésus. Prix. . . . . 3 fr. 50 c.

ENFANTINES, moralités, par Elzéar Ortolan. Joli volume in-18 jésus, orné d'une gravure de Stop. Prix. . . . . . 3 fr.

LES PÉNALITÉS DE L'ENFER DE DANTE, suivies d'une étude sur **Brunetto Latini** apprécié comme le maître de Dante, par M. Elzéar Ortolan, professeur de législation pénale comparée à la Faculté de droit de Paris. Un joli volume in-18. Prix. . . . . 2 fr. 50

FABLES DE LA FONTAINE, édition illustrée par J. David, Tony Johannot, Grenier et Schaal, précédée d'une Notice historique par le baron Walckenaer, membre de l'Institut. Un volume grand in-8° (1860). Prix, broché. . . . . 10 fr.

ÉTUDES SUR LA LITTÉRATURE, depuis Homère jusqu'à l'école romantique, par M. Artaud, recteur de l'Académie de Paris, inspecteur général de l'Université; recueillies et publiées par le fils de l'auteur. Un volume in-8°. Prix. 6 fr.

COLLECTION DES CLASSIQUES FRANÇAIS DU PRINCE IMPÉRIAL, collationnés sur les meilleurs textes.

EN VENTE :

Œuvres complètes de Molière. Huit volumes in-32 jésus, papier vélin. Prix. . . . . 32 fr.

— LE MÊME, papier de Hollande, 200 exemplaires *numérotés*. Il n'en reste plus que quelques exemplaires, dont le prix a été porté à. . . . 120 fr.

Fables de la Fontaine. Deux vol. in-32 jésus, papier vélin. Prix. 8 fr.

— LE MÊME, papier de Hollande, 200 exemplaires *numérotés*. Il n'en reste plus que quelques exemplaires, dont le prix a été porté à. . . 30 fr.

Œuvres de Racine. Quatre vol. in-32 jésus, papier vélin. Prix . . . . 16 fr.

— LE MÊME, papier de Hollande, 200 exemplaires *numérotés*. Il n'en reste plus que quelques exemplaires, dont le prix a été porté à. . . 32 fr.

Œuvres diverses de Racine. Quatre vol. in-32 jésus, papier vélin. Prix. . . . . 16 fr.

— LE MÊME, papier de Hollande, 200 exemplaires *numérotés*. Prix. 24 fr.

Œuvres de Corneille. Douze vol. in-32 jésus, papier vélin. Prix . . . . 48 fr.

— LE MÊME, papier de Hollande, 200 exemplaires *numérotés*. Prix. 72 fr.

Œuvres complètes de Boileau. Cinq vol. in-32 jésus, papier vélin. Prix. . . . . 20 fr.

— LE MÊME, papier de Hollande, 200 exemplaires *numérotés*. Prix. 30 fr.

L'Avent, Petit Carême et Grand Carême de Massillon. Quatre volumes in-32 jésus, papier vélin. Prix. 16 fr.

— LE MÊME, papier de Hollande, 200 exemplaires *numérotés*. Prix. 24 fr.

Œuvres de la Rochefoucauld. Un vol. in-32 id. 4 fr.

— LE MÊME, papier de Hollande, 200 exemplaires *numérotés*. Prix. 6 fr.

Œuvres complètes de la Bruyère. Trois volumes in-32
jésus, papier vélin. Prix. . . . . 12 fr.
— LE MÊME, papier de Hollande, 200 exemplaires *numérotés*. Prix. 18 fr.

Pensées, Opuscules et Lettres de Blaise Pascal.
Deux volumes in-32. . . . . 8 fr.
— LE MÊME, papier de Hollande, 200 exemplaires *numérotés*. Prix. 12 fr.

Sous presse : **Vauvenargues.**

Cette collection, tirée à un petit nombre d'exemplaires, revue et imprimée avec le plus grand soin, s'adresse aux amateurs de livres. Elle est ornée du portrait de chacun des auteurs, finement gravé sur acier.

Il est tiré de chaque ouvrage quelques exemplaires numérotés, sur papier de Hollande, destinés aux bibliothèques d'élite.

LE BANQUET DE PLATON, traduit du grec par J. RACINE, madame DE ROCHECHOUART et Victor COUSIN. Un vol. in-32, tiré à 100 exemplaires *numérotés*, sur papier de Hollande. Prix. . . . . 5 fr.

PLUTARQUE. Les Vies des hommes illustres, traduites en français et précédées de la Vie de Plutarque, par RICARD. Édition ornée de douze gravures en taille-douce dessinées d'après l'antique par Perry, gravées par Darodes, Oleszczynski, Gelée, Salmon, Prévost et Lecomte. 4 vol. in-8°. 20 fr.

Documents inédits sur J. B. POQUELIN MOLIÈRE, découverts et publiés avec des Notes, un Index alphabétique et des fac-simile, par Émile CAMPARDON, archiviste aux Archives nationales. Un joli petit volume elzevirien, édition de bibliophile. Prix. . . . . 3 fr.
— LE MÊME, sur papier de Hollande (numéroté). Prix. . . . . . 10 fr.

ÉTUDE SUR LES ESSAIS DE MONTAIGNE, par M. Alphonse LEVEAUX. Un volume petit in-8° anglais, orné du portrait de Montaigne. Prix. . . . . 6 fr.

DE LA POÉSIE DANS LES FABLES DE LA FONTAINE, par Alphonse LEVEAUX. Un vol. in-18. 1 fr.

LE COMTE DE BOURSOUFLE, ou Mademoiselle de la Cochonnière, comédie-bouffe en trois actes et en prose, par Voltaire, représentée sur le théâtre de l'Odéon le 28 janvier 1862; précédée du *Comte de Boursoufle*, conte, par Voltaire. Un volume in-12. Prix. . . . . 1 fr. 25 c.

Samuel SMILES

« **SELF-HELP** » ou **Caractère, conduite et persévérance**, illustrés à l'aide de biographies, par Samuel Smiles, auteur de la *Vie des ingénieurs*, traduit de l'anglais par Alfred Talandier, sur le texte revu et corrigé par l'auteur. Un fort volume in-18. 4ᵉ édition. Prix. . . . . 4 fr.

VIE DES STEPHENSON, comprenant l'histoire des chemins de fer et de la locomotive, par Samuel Smiles, traduit de l'anglais par F. Landolphe. Un volume grand in-18 jésus illustré de nombreuses gravures. . . . . . . 4 fr.

UNE PARISIENNE SOUS LA FOUDRE, par mademoiselle Zénaïde Fleuriot. Un vol. gr. in-18 jésus. 2 fr. 50

CE QUE DISENT LES CHAMPS, par madame la baronne de Mackau. Ouvrage précédé d'une lettre de Mgr l'évêque de Séez. Un joli volume in-18. Prix. . . . . 1 fr. 25 c.

LES ÉTOILES DU CHANT, par Guy de Charnacé. Chaque livraison contient la Notice, le Portrait en taille-douce et un Autographe de l'artiste. Portraits gravés par Morse, illustrations de Catenacci. Prix de la livraison. . . 2 fr. 50 c.

Première Livraison : Adelina Patti.
Deuxième Livraison : Christina Nilsson.
Troisième Livraison : Gabrielle Krauss.

CHANTS GUERRIERS, par MM. Aug. Barbier, Pierre Dupont, Fernand Desnoyers, Gustave Mathieu, Charles Vincent. Musique et accompagnement de piano par MM. Darcier, Pierre Dupont, Hector Salomon, et Madame Mélanie Dentu. Dessins de MM. Bertall, Faivre, Fath, Maurice Sand, Valentin. . . 1 fr.

LES CHANTS ET CHANSONS POPULAIRES DE LA FRANCE.

En offrant au public les *Chants et chansons populaires de la France,* nous avons voulu sauver de l'oubli, dans ce siècle soucieux et affairé, un genre de littérature dans lequel les Français ont toujours excellé, et dont l'étranger nous envie les inimitables modèles.

Nous voulons rappeler ces simples et joyeuses mélodies, souvenir de notre berceau, ces poésies si diverses qui bien souvent nous ont déridés ou exaltés. Notre but est de mettre à la portée du plus grand nombre ces pièces si originales, dont le suffrage populaire a constaté le mérite dans quelque genre que ce soit, héroïque ou gracieux, tendre ou grivois, burlesque ou naïf. N'eût-il pas été dommage de perdre ces monuments de la gaieté de nos aïeux, ces piquants et joyeux refrains qui autrefois venaient animer et terminer nos repas du soir et les réunions de famille?

Ce recueil est l'objet de tous nos soins; nous avons voulu qu'il fût, malgré son bon marché, une édition de luxe. Aux vieilles facéties de *Malbrough, Dagobert,* etc., aux rondes favorites de l'enfance, le *Chevalier du Guet, Giroflé, girofla, la Tour, prends garde,* etc., etc., nous avons joint les charmantes romances de Chateaubriand, Fabre d'Églantine, Florian, de Leyre, marquise de Travanet, princesse de Salm, la Harpe, Favart, Amédée de Beauplan, et les touchantes Complaintes de *Geneviève de Brabant,* du *Juif errant,* etc., etc.

Parmi les auteurs des chants divers qui composent ce Recueil, nous citerons encore Rouget de l'Isle, Debraux, Vadé, Béranger, Gouffé, J. Chénier, Scribe, Poirson, Désaugiers, Lantara, Maître Adam, Alex. Duval, Despréaux, Ségur, Sedaine, Ducray-Duminil, Panard, Beaumarchais, Lamotte-Houdard, Dufresny, Monvel, Hoffmann, Gentil-Bernard, Riboutté.

Musique de Méhul, Dalayrac, Boïeldieu, Monsigny, Pergolèse, J. J. Rousseau, Gossec, Gaveaux, Grétry, Solié, Fasquel, Despinois, Della Maria, Amédée de Beauplan, Devienne, Garaudé, Doche père, Pradher père, etc., notée avec des accompagnements simples et faciles arrangés spécialement pour notre Collection. Deux vol. grand in-8° jésus. . . . . . 12 fr.

PIERRE DUPONT

CHANTS ET CHANSONS (poésie et musique) de

Pierre Dupont, ornés de gravures sur acier d'après les dessins de Tony Johannot, Andrieux, Gavarni, C. Nanteuil, Staal, Fath, Beaucé, Veyrassat, etc., etc. Quatre volumes in-12 comprenant 162 livraisons. Prix. . . . . 20 fr.

Chaque livraison se compose d'une chanson avec musique et gravure. 15 c.

Un cinquième volume inédit est sous presse.

Ferdinand de Lesseps

PERCEMENT DE L'ISTHME DE SUEZ. Exposé et Documents officiels, par M. Ferdinand de Lesseps, ministre plénipotentiaire.

- Première série. — 1 vol. in-8° orné de 2 cartes. Prix. . . . 3 francs.
- Deuxième série. — 1 vol. in-8°. Prix. . . . . 3 francs.
- Troisième série. — 1 vol. in-8°. Prix. . . . . 3 francs.
- Quatrième série. — 1 vol. in-8°. Prix . . . . 3 francs.
- Cinquième série. — 1 fort volume in-8°. Prix. . . . . 6 francs.

QUESTION DU CANAL DE SUEZ, par M. Ferdinand de Lesseps. Une brochure in-8°. Prix. . . . . 1 fr.

ATLAS des Cartes, Plans, Sondages, Profils et Forages, à l'appui du projet de la Commission internationale. 3e série des Documents publiés par M. Ferdinand de Lesseps. Un volume in-4°, demi-reliure. Prix. . . . . 25 fr.

GRANDE VUE PANORAMIQUE COLORIÉE DE L'ISTHME DE SUEZ, qui indique du premier coup d'œil la situation topographique du pays et l'immensité des travaux. Sur grand aigle. Prix. . . . . 6 fr.

— LA MÊME, sur quart de colombier. . . . . 2 fr.
— LA MÊME, noire, sur grand jésus. . . . . 3 fr.

Vaste Carte stratégique du QUADRILATÈRE : *Mantoue, Peschiera, Vérone, Legnago,* par le capitaine Vandevelde, officier d'ordonnance du roi des Belges. Une feuille colombier, coloriée avec soin. Prix. . . . . 2 fr.

DIVERS. 55

	fr. cent.

Administration sous le régime républicain, par M. A. ROMIEU, ancien préfet. 1 vol. in-12. — 1 50

Académie des Dames, album des arts faciles, livre des beaux-arts que l'on peut apprendre sans maître, renfermant 40 dessins variés. — 6 »

Album de dessins, renfermant des modèles et exercices pour le dessin : la tête, le paysage, les animaux, etc. — 4 »

Aventures et espiègleries de Lazarille de Tormès, traduites de l'espagnol par HORACE PELLETIER, avocat à la cour imp. de Paris. 1 vol. in-18. — 1 »

Chants au Prince impérial, depuis son Baptême jusqu'à sa Première Communion, par l'abbé PEYROU, du clergé de Paris. 1 beau vol. in-8°. — 5 »

Chassomanie (la), par DEYEUX. Ouvrage orné de 16 grands dessins à deux teintes, compositions d'Alfred de Dreux, Beaume, Forest, Foussereau, Provost, Valerio. 1 vol. grand in-8°. — 12 »

Chroniques du château de Gironville, extraites de la chronique latine de Turpin, de la chronique arabe de Ben-Thamar, et d'un poëme norvégien du neuvième siècle. 25 illustrations de V. A. Beaucé. Gravures de Pisan. 1 magnifique vol. grand in-8°, avec encadrements en couleur. Cartonné. — 40 »

Colonisation de la Guyane française, publication de la Société d'études fondée par Jules LECHEVALIER; extraits des auteurs et voyageurs qui ont écrit sur la Guyane, suivis du catalogue bibliographique de la Guyane, par Victor de NOUVION. 1 vol. in-8°. — 5 »

La Décentralisation, par FUMERON d'ARDEUIL, anc. conseiller d'État. In-8°. — 1 50

Ducs (les) de Bourgogne. Études sur les lettres, les arts et l'industrie pendant le 15ᵉ siècle, et plus particulièrement dans les Pays-Bas et le duché de Bourgogne; par le marquis de LABORDE, membre de l'Institut. Les trois premiers volumes sont en vente. — Prix de chaque volume. — 7 50

Les Entretiens de Sainte-Hélène, par l'abbé RIVOIRE. 1 volume in-8°. — 5 »

Essai sur le caractère et les tendances de l'Empereur Napoléon III d'après ses écrits et ses actes; par M. C. Sosthène BERTHELLOT, avocat. 1 volume in-8°, imprimé sur beau papier glacé. — 5 »

Essai sur une langue universelle, par Félix JULIEN, officier de marine, ancien élève de l'École polytechnique. Brochure in-8°. — 1 »

Études sur Montaigne. Analyse de sa philosophie, par E. CATALAN. 1 vol. grand in-18 jésus. — 3 »

Fables, par M. NIBELLE, ancien avocat général. 1 vol. in-18 jésus. — 3 50

Faux Pierre III (le), par Alexandre POUCHKIN. Traduit du russe par le prince Augustin GALITZIN. 1 vol. in-12. — 2 »

La Guerre, étudiée d'après le caractère national et les ressources matérielles des deux peuples en présence, par LAURE, colonel du 2ᵉ tirailleurs algériens. 1 vol. in-8°. — 5 »

Histoire de Joseph II, empereur d'Allemagne, par M. Camille PAGANEL, ancien député et conseiller d'État. 2ᵉ édition. 1 vol. in-8°. — 6 »

Histoire des Francs, par le comte de PEYRONNET, ancien ministre de la justice et ancien ministre de l'intérieur. 4 vol. in-8°. — 16 »

Itinéraire de l'empereur Napoléon pendant la campagne de 1812, par le baron DENNIÉE, ancien inspecteur aux revues de la grande armée et intendant en chef de l'expédition d'Afrique. 1 volume in-12. — 3 50

L'Instituteur, l'Autorité et la Liberté, suivi d'un supplément : Tendance persistante du czarisme; la Physionomie physique, historique, morale de la Corse; Napoléon, 15 mai 1865; la Noblesse de cœur; Visite aux malades cholériques de Paris; Au dévouement, la couronne d'azur de l'immortalité; par P. A. AMBROGI. 1 vol. in-12. — 3 »

DIVERS.

	fr. cent.
Maximes et Pensées de H. de BALZAC. 1 joli volume in-18.	2 »
Mémoires d'un Enfant russe, par CRISTIAN. 1 vol. in-8°.	4 »
Mémoire sur les institutions de crédit, par J. LECHEVALIER SAINT-ANDRÉ. Brochure in-8°.	2 »
Napoléon Ier, poëme national, par M. Pierre MOÏANA. 1 volume in-12.	3 50
Napoléoniennes (les), poésies lyriques, par M. Louis HUBERT. 1 vol. in-8°.	3 »
Napoléon III en Allemagne, traduit de l'allemand. Brochure in-8°.	» 75
Observations sur le gouvernement représentatif, suivies d'un aperçu succinct sur l'origine et le principe de la souveraineté. Seconde édition, corrigée et augmentée. Brochure in-8°.	2 50
La Paix en Amérique, par Stephen S. REMAK, membre du barreau de Philadelphie (Pensylvanie), et ci-devant consul des États-Unis à Trieste. 1 v. in-8°.	3 »
Palais du Luxembourg. Origine et description de cet édifice (1615-1845), par M. Alph. DE GISORS, architecte du Luxembourg et de l'Université. 1 vol. grand in-8°, élégamment cartonné et orné de 17 magnifiques planches en taille-douce.	5 »
Parallèle entre César, Charlemagne et Napoléon; l'Empire et la Démocratie, philosophie de la légende impériale; par H. CASTILLE. 1 vol. in-8°.	5 »
Phrénologie (la). Le geste et la physionomie mis en scène et expliqués par 120 sujets, compositions et portraits *gravés sur acier;* dispositions innées, études sur le langage naturel ou l'expression; application du système phrénologique à l'observation des caractères, aux relations sociales, à la législation et à l'éducation. Texte et dessins par Hippolyte BRUYÈRES, peintre, beau-fils du Dr Spurzheim; gravures par les artistes les plus distingués. 1 magnifique vol. in-8° colombier.	20 »
Principe d'autorité depuis 1789, suivi de nouvelles considérations sur le même sujet. 1 vol. in-8°.	» 30
Question monétaire. Description et usage du mode de payement par « chèques », universellement adopté en Angleterre dans les transactions civiles, domestiques et commerciales; par Jules LECHEVALIER SAINT-ANDRÉ. Brochure in-8°.	1 50
Roi des Albums (le), grand magasin d'images. Cet ouvrage est un tour de force de bon marché; il contient 797 gravures, d'après les premiers artistes. Texte par Tonin CASTELLAN. Élégamment cartonné.	8 »

De tous les auteurs qui ont fait des livres pour l'enfance et la jeunesse, M. T. Castellan est celui dont la plume a toujours été acceptée par Mgr l'Archevêque de Paris. Jamais il n'est échappé à cet auteur des chapitres, des phrases, des mots, qui n'auraient pas dû être mis sous les yeux de jeunes lecteurs, aussi le succès du *Roi des Albums* est-il un des plus grands de toute la librairie.

Révision (la) de la Constitution, brochure in-8°.	» 25
Tableau chronologique de l'histoire de France, comprenant les portraits de tous les rois de France, depuis Pharamond jusqu'à Louis-Philippe, la date de leur élévation au trône et celle de leur mort, avec les principaux faits de leur règne. Une grande carte montée sur toile avec gorge et rouleau de 1 m. 75 c. de longueur sur 2 m. 30 c. de largeur.	20 »
— Le même, réduit pour les enfants, collé sur toile.	1 »
Traité de l'Art de broder, comprenant toutes les broderies à la main et au métier, et orné de deux planches, par mademoiselle ***.	1 25

TABLE GÉNÉRALE
DES
OUVRAGES D'HISTOIRE ET DE LITTÉRATURE.

HISTOIRE
TEMPS ANCIENS

PLUTARQUE. — LES VIES DES HOMMES ILLUSTRES, traduites en français par Ricard. Page 54

HISTOIRE DE JULES CÉSAR. P. 29

HISTORIA DE JULIO CÉSAR, traducida del francés, por don Eugenio de Ochoa, de la Real Academia Española. P. 29

HISTOIRE DES PERSES, d'après les auteurs orientaux, grecs et latins, par le comte de Gobineau. P. 36

MOYEN AGE & TEMPS MODERNES

HISTOIRE DE FRANCE depuis les origines jusqu'à nos jours, par M. C. Dareste, recteur de l'Académie de Nancy, correspondant de l'Institut. Page 14

FAITS MÉMORABLES DE L'HISTOIRE DE FRANCE, par Michelant. P. 17

DICTIONNAIRE CRITIQUE DE BIOGRAPHIE ET D'HISTOIRE. Errata et supplément pour tous les dictionnaires historiques, d'après les documents authentiques inédits recueillis par A. Jal, historiographe et archiviste de la marine. Page 17

ABRAHAM DU QUESNE ET LA MARINE DE SON TEMPS, par A. Jal. P. 17

TABLEAU CHRONOLOGIQUE DE L'HISTOIRE DE FRANCE. P. 56

HISTOIRE DES FRANCS, par le comte de Peyronnet, ancien ministre de la justice et ancien ministre de l'intérieur. P. 55

LA VIE ET LA LÉGENDE DE MADAME SAINTE NOTBURG, établissement de la foi chrétienne dans la vallée du Neckar, par M. de Beauchesne. P. 25

LA FRANCE SOUS PHILIPPE LE BEL. Recherches sur les Institutions politiques et administratives du moyen âge, par Edgard Boutaric, archiviste aux Archives nationales. P. 20

INSTITUTIONS MILITAIRES DE LA FRANCE avant les armées permanentes, par Edgard Boutaric, archiviste aux Archives nationales. P. 20

SAINT LOUIS ET ALFONSE DE POITIERS, étude sur la centralisation administrative, par E. Boutaric. P. 20

LES DEUX PROCÈS DE CONDAMNATION et la sentence de réhabilitation de JEANNE D'ARC, avec Notes et Introduction, par M. E. O'Reilly. P. 17

ÉTUDE SUR LA VIE, LA CORRESPONDANCE ET LE ROLE POLITIQUE DE PIERRE DE LA VIGNE, par M. Huillard-Bréholles. P. 37

TRAITÉS DE PAIX ET DE COMMERCE et Documents divers concernant les relations des Chrétiens avec les Arabes de l'Afrique septentrionale au moyen âge, recueillis par ordre de l'Empereur et publiés avec une Introduction historique; par M. L. DE MAS LATRIE, chef de section aux Archives nationales.   P. 40

LES DUCS DE BOURGOGNE, par le comte DE LABORDE, membre de l'Institut. P. 55

CHRONIQUES DU CHATEAU DE GIRONVILLE.   P. 55

JOURNAL DU CONCILE DE TRENTE, rédigé par un secrétaire vénitien, publié par Armand BASCHET.   P. 18

M. DE BÉRULLE ET LES CARMÉLITES DE FRANCE (1575-1611), par M. l'abbé M. HOUSSAYE.   P. 37

LE BIENHEUREUX PIERRE FOURIER, par Mme la vicomtesse DE FLAVIGNY. P. 37

LA DIPLOMATIE VÉNITIENNE. — LES PRINCES DE L'EUROPE AU SEIZIÈME SIÈCLE. François Ier, Philippe II, Catherine de Médicis, les Papes, les Sultans, etc., d'après les rapports des Ambassadeurs vénitiens, par M. Armand BASCHET. P. 18

ARCHIVES DE VENISE, Chancellerie secrète, Conseil des Dix, Inquisiteurs d'État, par M. Armand BASCHET.   P. 18

LE ROI CHEZ LA REINE, ou Histoire secrète du mariage de Louis XIII et d'Anne d'Autriche, d'après le Journal de la vie privée du Roi, les dépêches du Nonce et des Ambassadeurs et autres pièces d'État, par M. Armand BASCHET. P. 18

LA JEUNESSE DE CATHERINE DE MÉDICIS, par M. A. DE REUMONT, ancien ministre de S. M. le Roi de Prusse près la cour de Toscane. Ouvrage traduit, annoté et augmenté par M. Armand BASCHET, d'après des recherches nouvelles dans les diverses Archives du royaume d'Italie.   P. 19

HISTOIRE DES DÉBATS POLITIQUES DU PARLEMENT ANGLAIS DEPUIS LA RÉVOLUTION DE 1688, par H. FORNERON.   P. 36

CURIOSITÉS HISTORIQUES sur les cours de Louis XIII, Louis XIV, Louis XV, sur madame de Maintenon, madame de Pompadour, madame du Barry, etc., etc.; par J. A. LE ROI, conservateur de la Bibliothèque de la ville de Versailles. P. 19

LA FAMILLE D'AUBIGNÉ ET L'ENFANCE DE MADAME DE MAINTENON, par Théophile LAVALLÉE; suivi des Mémoires inédits de Languet de Gergy, archevêque de Sens, sur Madame de Maintenon et la cour de Louis XIV. P. 19

MADAME DE MAINTENON ET LA MAISON ROYALE DE SAINT-CYR (1686-1793), par Théophile LAVALLÉE. Ouvrage couronné par l'Académie française. P. 19

LETTRES DE MADAME DE VILLARS A MADAME DE COULANGES, nouvelle édition avec Introduction et Notes, par Alfred DE COURTOIS.   P. 17

LA VÉRITÉ SUR LE MASQUE DE FER, par M. Th. IUNG.   P. 13

JOURNAL DE LA RÉGENCE (1715-1723), par Jean BUVAT, écrivain de la Bibliothèque du Roy, publié par Émile CAMPARDON, archiviste aux Archives nationales. P. 21

CORRESPONDANCE COMPLÈTE DE MADAME LA MARQUISE DU DEFFAND avec sa famille et ses amis (1739-1780): le président Hénault, Montesquieu, d'Alembert, Voltaire, H. Walpole; publiée pour la première fois sans suppressions, accompagnée de ses Œuvres et de diverses pièces inédites, par M. DE LESCURE. P. 22

MADAME DE POMPADOUR ET LA COUR DE LOUIS XV, par M. E. CAMPARDON. P. 24

CORRESPONDANCE SECRÈTE INÉDITE DE LOUIS XV sur la politique étrangère, avec le comte de Broglie, Tercier, etc., suivie de divers documents relatifs au ministère secret; publiée d'après les originaux conservés aux Archives nationales, et précédée d'une Étude sur le caractère et la politique personnelle de Louis XV, par M. E. BOUTARIC, archiviste aux Archives nationales. P. 20

LE FAUX PIERRE III, par Alexandre POUCHKIN. P. 55

HISTOIRE DE JOSEPH II, empereur d'Allemagne, par M. Camille PAGANEL, ancien député et conseiller d'État. P. 55

MÉMOIRES DE FRÉDÉRIC II, roi de Prusse, écrits en français par lui-même, pour la première fois publiés en France et entièrement conformes aux manuscrits autographes, par MM. E. BOUTARIC et E. CAMPARDON, des Archives nationales. P. 20

HISTOIRE DE L'ILE BOURBON, par M. Georges AZÉMA. P. 46

GUERRES MARITIMES DE LA FRANCE, par V. BRUN (de Toulon), commissaire général de la marine. P. 36

RÉVOLUTION FRANÇAISE

MARIE-ANTOINETTE ET LE PROCÈS DU COLLIER, d'après la procédure instruite devant le parlement de Paris, par M. Émile CAMPARDON, archiviste aux Archives nationales. Page 24

HISTOIRE DES CAUSES DE LA RÉVOLUTION FRANÇAISE, par A. GRANIER DE CASSAGNAC. P. 27

LOUIS XVI, MARIE-ANTOINETTE ET MADAME ÉLISABETH, lettres et documents inédits publiés par M. F. FEUILLET DE CONCHES. P. 23

LETTRES DE LA REINE MARIE-ANTOINETTE à la landgravine Louise de Hesse-Darmstadt. P. 23

LA VIE DE MADAME ÉLISABETH, sœur de Louis XVI, par M. DE BEAUCHESNE. P. 24

CORRESPONDANCE DE MADAME ÉLISABETH, publiée par M. FEUILLET DE CONCHES, et précédée d'une Lettre de Mgr DARBOY, archevêque de Paris. P. 23

CORRESPONDANCE SECRÈTE INÉDITE SUR LOUIS XVI, MARIE-ANTOINETTE, LA COUR ET LA VILLE (de 1777 à 1792), publiée par M. DE LESCURE sur le manuscrit de la Bibliothèque impériale de Saint-Pétersbourg. P. 22

LOUIS XVII, sa vie, son agonie, sa mort, captivité de la famille royale au Temple, par M. A. DE BEAUCHESNE; ouvrage précédé d'une Lettre de Mgr Dupanloup, évêque d'Orléans. P. 24

GALERIE DE PORTRAITS pour servir à l'histoire de *Louis XVII*. P. 24

LA VRAIE MARIE-ANTOINETTE, étude historique, politique et morale, suivie d'un recueil de lettres de la Reine, par M. DE LESCURE. P. 22

LA PRINCESSE DE LAMBALLE, sa vie, sa mort (1749-1792), par M. DE LESCURE. P. 22

MÉMOIRES SECRETS DE J. M. AUGEARD, secrétaire des commandements de la reine Marie-Antoinette, avec une Introduction, par M. Évariste BAVOUX. P. 25

DERNIÈRES ANNÉES DU RÈGNE ET DE LA VIE DE LOUIS XVI, par François HUE, l'un des officiers de la Chambre du Roi, appelé par ce prince, après la journée du 10 août, à l'honneur de rester auprès de lui et de la famille royale. P. 25

LA DÉMAGOGIE EN 1793 A PARIS, ou histoire jour par jour de l'année 1793, accompagnée de documents contemporains rares ou inédits, recueillis, mis en ordre et commentés par C. A. DAUBAN. P. 26

PARIS EN 1794 ET EN 1795, histoire de la rue, du club, de la famine, composée d'après des documents inédits, avec une Introduction, par C. A. DAUBAN. P. 26

LES PRISONS DE PARIS SOUS LA RÉVOLUTION, d'après les relations des contemporains, avec des Notes et une Introduction, par C. A. DAUBAN. P. 26

NOUVELLE RÉIMPRESSION ILLUSTRÉE DE L'ANCIEN MONITEUR. Seule histoire authentique et inaltérée de la Révolution française. P. 15

LE TRIBUNAL RÉVOLUTIONNAIRE DE PARIS. Ouvrage composé d'après les documents originaux conservés aux Archives nationales, suivi de la liste complète des personnes qui ont comparu devant le Tribunal, et enrichi d'une gravure et de fac-simile, par Émile CAMPARDON, archiviste aux Archives nationales. P. 21

CHARLOTTE DE CORDAY ET LES GIRONDINS, manuscrits de Saint-Émilion, documents inédits, par M. Charles VATEL. P. 15

CORRESPONDANCE en grande partie inédite DE MADEMOISELLE PHLIPON (Madame Roland) avec les demoiselles Cannet, publiée et annotée par C. A. DAUBAN. P. 27

MÉMOIRES DE MADAME ROLAND. Seule édition entièrement conforme au manuscrit autographe transmis en 1858, par un legs, à la Bibliothèque nationale, publiée avec des notes, par C. A. DAUBAN. P. 26

ÉTUDE SUR MADAME ROLAND et son temps, suivie des Lettres de madame Roland à Buzot et d'autres documents inédits, par C. A. DAUBAN. P. 27

MÉMOIRES INÉDITS DE PÉTION et MÉMOIRES en partie inédits DE BUZOT ET DE BARBAROUX, précédés d'une Introduction, par C. A. DAUBAN. P. 26

HISTOIRE DE LA VENDÉE MILITAIRE, par J. CRÉTINEAU-JOLY. P. 22

EMPIRE

HISTOIRE DU CONSULAT ET DE L'EMPIRE, par M. THIERS. Page 16

ATLAS DU CONSULAT ET DE L'EMPIRE. P. 16

ALBUM pour l'*Histoire du Consulat et de l'Empire*. P. 16

CORRESPONDANCE DE NAPOLÉON Ier, publiée par ordre de l'empereur Napoléon III. P. 28

HISTOIRE DE NAPOLÉON Ier, par M. Laurent (de l'Ardèche), illustrée par Horace Vernet. P. 28

ITINÉRAIRE DE L'EMPEREUR NAPOLÉON pendant la campagne de 1812, par le baron Denniée, ancien inspecteur aux revues de la grande armée et intendant en chef de l'expédition d'Afrique. P. 55

NAPOLÉON ET SES CONTEMPORAINS. Traits d'héroïsme, de clémence, de générosité, de popularité, par Auguste de Chambure. P. 28

DES ÉVÉNEMENTS QUI ONT AMENÉ LA FIN DU RÈGNE DE NAPOLÉON Ier, par M. Charles de Saint-Nexant. P. 28

SAINTE-HÉLÈNE, par E. Masselin, capitaine du génie. P. 28

DICTIONNAIRE-NAPOLÉON, ou Recueil alphabétique des opinions et jugements de Napoléon Ier, avec une Introduction et des notes, par M. Damas-Hinard. P. 30

PARALLÈLE ENTRE CÉSAR, CHARLEMAGNE ET NAPOLÉON, par M. Hippolyte Castille. P. 56

WATERLOO, étude de la campagne de 1815, par le prince Édouard de la Tour d'Auvergne. P. 28

LES INVALIDES. Grandes éphémérides de l'hôtel impérial des Invalides, depuis sa fondation jusqu'à nos jours ; description du monument et du tombeau de Napoléon Ier, par le colonel Gérard. P. 30

HISTOIRE CONTEMPORAINE

OBSERVATIONS SUR LE GOUVERNEMENT REPRÉSENTATIF. Page 56

SOUVENIRS D'UN PRISONNIER D'ABD-EL-KADER, par Hippolyte Langlois. P. 36

HISTOIRE DE LA CHUTE DU ROI LOUIS-PHILIPPE et de la république de 1848 jusqu'au rétablissement de l'Empire (1847-1856), par A. Granier de Cassagnac. P. 27

HISTOIRE DE LA RÉVOLUTION DE 1848, par M. Victor Pierre. P. 7

ADMINISTRATION SOUS LE RÉGIME RÉPUBLICAIN, par M. A. Romieu, ancien préfet. P. 55

LA RÉVISION DE LA CONSTITUTION. P. 56

DES IDÉES NAPOLÉONIENNES, par le prince Napoléon-Louis Bonaparte. P. 29

NAPOLÉON III EN ALLEMAGNE. P. 56

ESSAI SUR LE CARACTÈRE ET LES TENDANCES DE L'EMPEREUR NAPOLÉON III, d'après ses écrits et ses actes, par M. C. Sosthène Berthellot. P. 55

LA FRANCE SOUS NAPOLÉON III, par Évariste Bavoux. P. 30

ÉTUDES ET PORTRAITS POLITIQUES CONTEMPORAINS, par le vicomte A. de la Guéronnière. P. 31

LE CORPS LORENCEZ DEVANT PUEBLA, par le prince Georges Bibesco. P. 34

M. BILLAULT ; SA VIE ET SES ŒUVRES, notice par M. Albert Huet. P. 34

LETTRE SUR LA POLITIQUE DE LA FRANCE EN ALGÉRIE, adressée par l'Empereur au maréchal de Mac Mahon, duc de Magenta, gouverneur de l'Algérie. P. 30

LA PAIX EN AMÉRIQUE, par Stephen S. REMAK, membre du barreau de Philadelphie (Pensylvanie) et ci-devant consul des États-Unis d'Amérique à Trieste. P. 56

LES PRINCES D'ORLÉANS, par Charles YRIARTE. P. 5

LETTRE AU DUC D'AUMALE, par C. A. DAUBAN. P. 27

VOYAGE AUX PAYS ROUGES, par un CONSERVATEUR. P. 7

LA FRANCE, L'ÉTRANGER ET LES PARTIS, par M. HEINRICH. P. 7

CAMPAGNE DE FRANCE, ÉVÉNEMENTS DE 1870-1871.

MA MISSION EN PRUSSE, par le comte BENEDETTI. Page 1

UN MINISTÈRE DE LA GUERRE DE VINGT-QUATRE JOURS, du 10 août au 4 septembre 1870, par le général COUSIN DE MONTAUBAN, comte de PALIKAO. P. 1

L'ARMÉE DU RHIN, par le maréchal BAZAINE. P. 1

LA PREMIÈRE ARMÉE DE LA LOIRE, par le général D'AURELLE DE PALADINES. P. 2

LA DEUXIÈME ARMÉE DE LA LOIRE, par le général CHANZY. P. 2

ORLÉANS, par le général MARTIN DES PALLIÈRES. P. 2

LA CAMPAGNE DES ZOUAVES PONTIFICAUX EN FRANCE, sous les ordres du général baron de Charette, par M. S. JACQUEMONT. P. 2

LA MARINE AU SIÉGE DE PARIS, par l'amiral baron DE LA RONCIÈRE-LE NOURY. P. 3

SIÉGE DE PARIS. Opérations du 13e corps et de la troisième armée, par le général VINOY. P. 3

L'ARMISTICE ET LA COMMUNE. Opérations de l'armée de Paris et de l'armée de réserve, par le général VINOY. P. 3

LA RETRAITE DE MÉZIÈRES EFFECTUÉE PAR LE 13e CORPS D'ARMÉE aux ordres du général Vinoy, par CH. YRIARTE. P. 3

LES PRUSSIENS A PARIS ET LE 18 MARS, par M. Ch. YRIARTE. P. 3

GOUVERNEMENT DE LA DÉFENSE NATIONALE, par M. Jules FAVRE. — Première et deuxième partie. P. 4

ROME ET LA RÉPUBLIQUE FRANÇAISE, par M. Jules FAVRE. P. 4

L'AMIRAL BOUET-WILLAUMEZ ET L'EXPÉDITION DANS LA BALTIQUE, par Félix JULIEN. P. 4

HISTOIRE DE LA GUERRE DE 1870-1871, par le général baron AMBERT. P. 5

OPÉRATIONS DU 18ᵉ CORPS D'ARMÉE SUR LA LOIRE ET DANS L'EST, par le général BILLOT. — *En préparation.* P. 5

BELFORT, REIMS, SEDAN, le 7ᵉ corps de l'armée du Rhin, par le prince Georges BIBESCO. P. 5

LES VOLONTAIRES DU GÉNIE DANS L'EST, par M. Jules GARNIER. P. 6

L'ARMÉE DE BRETAGNE (22 octobre-27 novembre 1870), par M. Aimé JAY. P. 6

BORDJ-BOU-ARRÉRIDJ PENDANT L'INSURRECTION DE 1871 EN ALGÉRIE, par le commandant DU CHEYRON, du 8ᵉ hussards. P. 6

LES DEUX BOMBARDEMENTS DE MONTMÉDY, par Niclaus SIMON. P. 8

LA TYRANNIE PRUSSIENNE, par un Allemand. P. 8

MES NOTES D'INFIRMIER, par Gustave NADAUD. P. 8

JOURNAL D'UNE INFIRMIÈRE pendant la guerre de 1870-1871, par Madame la baronne DE CROMBBRUGGHE. P. 8

PARIS BRULÉ PAR LA COMMUNE, par M. Louis ÉNAULT. P. 8

LES MARCHÉS DE LA GUERRE A LYON ET A L'ARMÉE DE GARIBALDI, par le comte L. DE SÉGUR. P. 6

LE FOND DE LA SOCIÉTÉ SOUS LA COMMUNE, par C. A. DAUBAN. P. 7

PUBLICATIONS MILITAIRES

L'ARMÉE FRANÇAISE EN 1873, par le général VINOY. Page 9

DE L'ÉTAT-MAJOR ET DES DIFFÉRENTES ARMES, par le général DUCROT. P. 9

PROJET MOTIVÉ DE RÉORGANISATION DE L'ÉTAT MILITAIRE DE LA FRANCE, par le général V. CHARETON. P. 9

REMARQUES SUR LES CHEVAUX DE GUERRE, par un ancien soldat. P. 9

ANNUAIRE DE LA RÉUNION DES OFFICIERS. P. 9

MANUEL DU SOLDAT D'INFANTERIE en usage dans la division d'Alger. P. 9

EXPOSÉ SUCCINCT DE LA LOI SUR LE RECRUTEMENT DE L'ARMÉE. P. 41

RÉPONSE D'UN OFFICIER INFÉRIEUR A L'OFFICIER GÉNÉRAL auteur de *l'Armée française en 1867*. P. 41

L'ADMINISTRATION DE L'ARMÉE FRANÇAISE, par le même. P. 41

LA GUERRE, étudiée d'après le caractère national et les ressources matérielles des deux peuples en présence, par LAURE, colonel du 2ᵉ artilleurs algériens. P. 55

PUBLICATIONS DE DOCUMENTS HISTORIQUES

ARCHÉOLOGIE, DIPLOMATIQUE, INSTITUTIONS

ATHÈNES, d'après le colonel LEAKE. Ouvrage mis au courant des découvertes les plus récentes, par M. Phocion ROQUES, chargé d'affaires de Grèce à Paris, précédé d'une Introduction, par C. WESCHER. Page 46

TITRES DE LA MAISON DUCALE DE BOURBON, concernant le Bourbonnais, le Beaujolais, le Forez, l'Auvergne, la Marche, le comté de Clermont, la Dombes, etc., par M. HUILLARD-BRÉHOLLES. P. 37

LE TRÉSOR DES CHARTES DE FRANCE. Recueil complet des documents originaux renfermés autrefois dans les Layettes du Trésor et conservés aujourd'hui aux Archives nationales. Publication officielle faite par ordre de l'Empereur, sous la direction de M. le marquis DE LABORDE, directeur général des Archives, membre de l'Institut, par A. TEULET et A. DE LABORDE, archivistes aux Archives. P. 40

PARLEMENT DE PARIS. Recueil complet des actes émanés de la Cour du Roi depuis l'année 1254, conservés aux Archives nationales. Publication officielle faite par ordre de l'Empereur sous la direction de M. le marquis DE LABORDE, directeur général des Archives, membre de l'Institut, par E. BOUTARIC, archiviste aux Archives. P. 39

INVENTAIRE DES SCEAUX. Première partie : Description des sceaux du musée sigillographique dont les originaux sont conservés aux Archives nationales, par M. DOUËT D'ARCQ, sous-chef de la section historique aux Archives. P. 39

MUSÉE DES ARCHIVES NATIONALES, documents originaux de l'histoire de France exposés dans l'hôtel Soubise, publiés par la direction générale des Archives nationales. P. 39

INVENTAIRE DES MONUMENTS HISTORIQUES (cartons des rois), par M. TARDIF, archiviste à la section historique. P. 40

DIE PROKLAMATION DES AMASIS AN DIE CYPRIER, par E. M. RÖTH. P. 38

CARTULAIRE DE L'ABBAYE DE N.-D. DES VAUX DE CERNAY, de l'ordre de Citeaux, au diocèse de Paris, par MM. Luc MERLET et Auguste MOUTIÉ. P. 38

CARTULAIRE DE L'ABBAYE DE N.-D. DE LA ROCHE, de l'ordre de Saint-Augustin, au diocèse de Paris, par Auguste MOUTIÉ. P. 38

CARTULAIRE MUNICIPAL DE SAINT-MAXIMIN, publié par M. L. ROSTAN. P. 38

NOTICE SUR M. LE DUC DE LUYNES, membre de l'Institut, par J. L. A. HUILLARD-BRÉHOLLES. P. 37

L'ARCHIPEL DES ILES NORMANDES : Jersey, Guernesey, Auregny, Sark et dépendances. Institutions communales, judiciaires, féodales de ces îles; par Théodore LE CERF. P. 45

ÉCONOMIE POLITIQUE & SOCIALE

HISTOIRE DE L'ÉCONOMIE POLITIQUE des anciens peuples de l'Inde, de l'Égypte, de la Judée et de la Grèce, par M. du Mesnil-Marigny. Page 42

ŒUVRES DE L'EMPEREUR NAPOLÉON III. P. 29

LES TITRES DE LA DYNASTIE NAPOLÉONIENNE. P. 30

ŒUVRES DE NAPOLÉON III (Mélanges), contenant : Idées napoléoniennes, — les Stuarts et Guillaume III, — du Passé et de l'Avenir de l'Artillerie, — le Canal de Nicaragua, — l'Idéal, — Aux Mânes de l'Empereur, — Discours et Messages. P. 30

L'ATHÉISME SOCIAL ET L'ÉGLISE, par M. Laurentie. P. 43

LES CRIMES DE L'ÉDUCATION FRANÇAISE, par M. Laurentie. P. 43

LA LOI DANS SES RAPPORTS AVEC LA FAMILLE, par MM. G. Dabancour et A. Putois. P. 42

LES LIMITES DU SUFFRAGE UNIVERSEL, par M. Antonin Rondelet. P. 42

LES THÉORICIENS AU POUVOIR, causeries historiques, par D. Delorme. P. 43

ASMODÉE A NEW-YORK. Revue critique des institutions politiques et civiles de l'Amérique, Coutumes, Anecdotes romanesques, etc. P. 43

LA DÉCENTRALISATION, par Fumeron d'Ardeuil, ancien préfet, ancien conseiller d'État. P. 55

LIBERTÉS DE L'ÉGLISE GALLICANE, Manuel de droit public ecclésiastique français, par M. Dupin, procureur général près la cour de cassation. P. 42

L'IMPOT SUR LE CAPITAL, par M. Menier. P. 43

RÉPONSE AUX OBJECTIONS faites contre l'Impôt sur le capital, par M. Menier. P. 43

DU DROIT DE PUNIR, par Émile de Girardin. P. 43

FORCE OU RICHESSE, par Émile de Girardin. P. 43

LE SPECTRE NOIR, par Émile de Girardin. P. 43

LE DROIT DE LA PENSÉE, Questions de presse, par Émile de Girardin. P. 43

LA POLOGNE ET LA DIPLOMATIE, par Émile de Girardin. P. 43

COLONISATION DE LA GUYANE FRANÇAISE, par Jules Lechevalier. P. 55

MÉMOIRES SUR LES INSTITUTIONS DE CRÉDIT, par Lechevalier. P. 56

PENSIONS CIVILES, Caisses de retraite, par Adolphe Tardif. P. 42

LE MINISTÈRE DES AFFAIRES ÉTRANGÈRES. P. 42

PRINCIPE D'AUTORITÉ DEPUIS 1789. P. 56

QUESTION MONÉTAIRE, par Jules Lechevalier Saint-André. P. 56

LES ÉTATS AMÉRICAINS, leurs produits, leur commerce, par L. Tenré, consul de la république du Paraguay. P. 36

ÉTUDES SUR LE MECKLEMBOURG et sur la question allemande, par M. Borchard, docteur en médecine des Facultés de Halle et de Paris. P. 36

L'INSTITUTEUR, L'AUTORITÉ ET LA LIBERTÉ, par P. A. Ambrogi. P. 55

PHILOSOPHIE

LES PÉNALITÉS DE L'ENFER DE DANTE, suivies d'une Étude sur Brunetto Latini, par M. E. Ortolan. Page 13

ÉTUDE SUR LES ESSAIS DE MONTAIGNE, par Alphonse Leveaux. P. 49

ÉTUDES PHILOSOPHIQUES, psychologie, métaphysique, et application de la philosophie à la direction de la vie humaine, par le général Noizet. P. 42

LE DUALISME, OU LA MÉTAPHYSIQUE DÉDUITE DE L'OBSERVATION, par le général Noizet. P. 42

MÉLANGES DE PHILOSOPHIE CRITIQUE, par le général Noizet. P. 42

LITTÉRATURE

ŒUVRES COMPLÈTES DE MOLIÈRE. Page 50

FABLES DE LA FONTAINE. P. 50

ŒUVRES DE RACINE. P. 50

ŒUVRES DIVERSES DE RACINE. P. 50

ŒUVRES DE CORNEILLE. P. 50

ŒUVRES COMPLÈTES DE BOILEAU. P. 50

ŒUVRES COMPLÈTES DE LA BRUYÈRE. P. 51

ŒUVRES DE LA ROCHEFOUCAULD. P. 51

VAUVENARGUES. — *Sous presse.* P. 51

MASSILLON. P. 50

PENSÉES, OPUSCULES ET LETTRES DE PASCAL. P. 51

LE BANQUET DE PLATON, traduit du grec par J. Racine, madame de Rochechouart et Victor Cousin. P. 51

DOCUMENTS INÉDITS SUR J. B. POQUELIN MOLIÈRE, publiés par M. Émile Campardon. P. 51

LES AMOURS DU CARDINAL DE RICHELIEU, roman inédit de l'hôtel de Rambouillet, publié par M. H. Forneron. P. 49

LE COMTE DE BOURSOUFLE, ou Mademoiselle de la Cochonnière, comédie-bouffe en trois actes et en prose, par Voltaire. P. 52

MAXIMES ET PENSÉES de H. de Balzac. P. 56

ÉTUDES SUR MONTAIGNE. Analyse de sa philosophie, par E. Catalan. P. 55

LETTRES INÉDITES DE MICHEL DE MONTAIGNE et de quelques autres personnages, pour servir à l'histoire du seizième siècle, publiées par F. Feuillet de Conches. P. 23

DE LA POÉSIE DANS LES FABLES DE LA FONTAINE, par M. Leveaux. P. 51
ÉTUDES SUR LA LITTÉRATURE, par M. Artaud. P. 49
CAUSERIES D'UN CURIEUX, variétés d'histoire et d'art, tirées d'un cabinet d'autographes et de dessins, par F. Feuillet de Conches. P. 23
LE LIVRE, par J. Janin, de l'Académie française. P. 49
LES ÉTOILES DU CHANT, par Guy de Charnacé. 1re livr. : *Adelina Patti.* 2e livr. : *Christina Nilsson.* 3e livr. : *Gabrielle Krauss.* P. 52
SIMPLES RÉCITS DE NOTRE TEMPS, par M. J. Crétineau-Joly. P. 22
CE QUE DISENT LES CHAMPS, par madame la baronne de Mackau. P. 52
AVENTURES ET ESPIÈGLERIES DE LAZARILLE DE TORMÈS, traduites de l'espagnol par Horace Pelletier. P. 55
« SELF-HELP », ou caractère, conduite et persévérance, illustrés à l'aide de biographies, par Samuel Smiles. P. 52
VIE DES STEPHENSON, comprenant l'Histoire des chemins de fer et de la locomotive, par Samuel Smiles. P. 52
UNE PARISIENNE SOUS LA FOUDRE, par Mlle Zénaïde Fleuriot. P. 52
MÉMOIRES D'UN ENFANT RUSSE, par Cristian. P. 56
LA COMÉDIE DE NOTRE TEMPS, par Bertall. P. 13
THÉOPHILE GAUTIER, par E. Feydeau. P. 49

POÉSIE

POÉSIES COMPLÈTES, par Antoine de Latour. Page 49
LA FRANCIADE, poëme en dix chants, par M. Viennet, de l'Académie française. P. 49
LE LIVRE DES JEUNES MÈRES, par M. A. de Beauchesne. P. 25
ENFANTINES, moralités, par M. Elzéar Ortolan. P. 49
LES CHANTS ET CHANSONS POPULAIRES DE LA FRANCE. P. 53
CHANTS GUERRIERS. P. 52
CHANTS ET CHANSONS de Pierre Dupont. P. 53
LES ENTRETIENS DE SAINTE-HÉLÈNE, par l'abbé Rivoire. P. 55
NAPOLÉON Ier, poëme national, par M. Pierre Moïana. P. 56
LES NAPOLÉONIENNES, poésies lyriques, par L. Hubert. P. 56
FABLES, par M. Nibelle. P. 55
FABLES DE KRILOF, traduites en vers français par Ch. Parfait. P. 49
CHANTS AU PRINCE IMPÉRIAL, depuis son Baptême jusqu'à sa Première Communion, par l'abbé Peyrou, du clergé de Paris. P. 55

BEAUX-ARTS

INGRES, SA VIE, SES TRAVAUX; SA DOCTRINE, par le vicomte Henri Delaborde, membre de l'Institut. Page 47

LETTRES ET PENSÉES D'HIPPOLYTE FLANDRIN, accompagnées de notes, précédées d'une Notice biographique et d'un Catalogue des œuvres du maître, par le vicomte Henri Delaborde, conservateur du département des estampes à la Bibliothèque nationale, membre de l'Institut. P. 47

HIPPOLYTE FLANDRIN. LES FRISES DE SAINT-VINCENT DE PAUL, par M. H. Jouin. P. 47

THORVALDSEN, sa vie et son œuvre, par Eugène Plon, membre de l'Académie royale des beaux-arts de Copenhague. P. 48

LE SCULPTEUR DANOIS V. BISSEN, par Eugène Plon, membre de l'Académie royale des beaux-arts de Copenhague. P. 48

GOYA, sa biographie, les fresques, les toiles, les tapisseries, les eaux-fortes, par Charles Yriarte. P. 47

GAVARNI, L'HOMME ET L'ŒUVRE, par Edmond et Jules de Goncourt. P. 13

LE GÉNIE DES PEUPLES DANS LES ARTS, par M. le duc de Valmy. P. 48

CAUSERIES D'UN CURIEUX, variétés d'histoire et d'art tirées d'un cabinet d'autographes et de dessins, par F. Feuillet de Conches. P. 23

GALERIE FLAMANDE ET HOLLANDAISE, par Arsène Houssaye. P. 48

ALBUM DE DESSINS, renfermant des modèles et exercices pour le dessin : la tête, le paysage, les animaux. P. 55

PALAIS DU LUXEMBOURG, par M. A. de Gisors, architecte du Luxembourg. P. 56.

VOYAGES, MARINE, GÉOGRAPHIE

AUSTRALIE. Voyage autour du monde, par le comte de Beauvoir. Pages 10-11

JAVA, SIAM, CANTON. Voyage autour du monde, par le comte de Beauvoir. P. 10

PÉKIN, YEDDO, SAN FRANCISCO. Voyage autour du monde, par le comte de Beauvoir. P. 10

NOUVELLE-CALÉDONIE. Voyage autour du monde, par M. Jules Garnier. P. 11

OCÉANIE. Iles des Pins, Loyalty, Tahiti. Voyage autour du monde, par M. Jules Garnier. P. 11

VOYAGE DE LA CORVETTE *LA BAYONNAISE* DANS LES MERS DE CHINE, par le vice-amiral Jurien de la Gravière. P. 10

SAHARA ET LAPONIE, par le comte Goblet d'Alviella. P. 11

LE FAYOUM, LE SINAI ET PÉTRA, expédition dans la moyenne Égypte et l'Arabie Pétrée, par M. Paul Lenoir. P. 12

DE JÉRUSALEM A DAMAS, par M. Paul LENOIR. — *Sous presse.* P. 42
ITALIE, SICILE, BOHÊME, Notes de voyage, par M. LAUGEL. P. 42
NOTRE CAPITALE ROME, par Mademoiselle Zénaïde FLEURIOT. P. 42
SOUVENIRS DE VOYAGE : CÉPHALONIE, NAXIE ET TERRE-NEUVE, par le comte DE GOBINEAU. P. 42
VOYAGE ARCHÉOLOGIQUE DANS LA RÉGENCE DE TUNIS, exécuté (en 1860) et publié sous les auspices et aux frais de M. H. d'Albert, duc de Luynes, membre de l'Institut, par V. GUÉRIN. P. 46
DESCRIPTION GÉOGRAPHIQUE, HISTORIQUE ET ARCHÉOLOGIQUE DE LA PALESTINE, par M. Victor GUÉRIN. JUDÉE. P. 46
L'ÉGYPTE MODERNE, tableaux de mœurs arabes, par H. DE MONTAUT. P. 46
HARMONIES DE LA MER, courants et révolutions, par M. Félix JULIEN, lieutenant de vaisseau. P. 45
LES COMMENTAIRES D'UN MARIN, par Félix JULIEN. P. 45
PERCEMENT DE L'ISTHME DE SUEZ, exposé et documents officiels, par M. Ferdinand DE LESSEPS. P. 54
QUESTION DU CANAL DE SUEZ, par M. Ferdinand DE LESSEPS. P. 54
ATLAS des cartes, plans, sondages, profils et forages, 3e série de documents publiés par M. Ferdinand DE LESSEPS. P. 54
GRANDE VUE PANORAMIQUE COLORIÉE DE L'ISTHME DE SUEZ. P. 54
CARTE DU QUADRILATÈRE : *Mantoue, Peschiera, Vérone, Legnago,* par le capitaine VANDEVELDE, officier d'ordonnance du roi des Belges. P. 54

DIVERS

VIE DU R. P. BARRELLE, de la Compagnie de Jésus, par le P. Léon DE CHAZOURNES, de la même compagnie. P. 37
ESSAI SUR UNE LANGUE UNIVERSELLE, par F. JULIEN, officier de marine. P. 55
L'EUROPE DEVANT LA CHINE, par M. Charles GAY. P. 36
LA CHASSOMANIE, par DEYEUX. P. 55
LA PHRÉNOLOGIE, par Hippolyte BRUYÈRES. P. 56
LE ROI DES ALBUMS, grand magasin d'images, par M. Tonin CASTELLAN. P. 56
TRAITÉ DE L'ART DE BRODER. P. 56
ACADÉMIE DES DAMES, album des arts faciles. P. 55
HISTOIRE ET CULTURE DES ORANGERS, par A. RISSO et A. BOITEAU, revue par M. A. DU BREUIL. P. 74
L'ÉCORCE TERRESTRE, Description des Minéraux, par Émile WITH. P. 43

MÉDECINE ET SCIENCES.

LE DÉLIRE DES PERSÉCUTIONS, par le docteur Legrand du Saulle, lauréat de l'Institut de France, médecin des aliénés de l'hospice de Bicêtre, médecin au dépôt municipal des aliénés, etc. (*Ouvrage couronné par la Faculté de médecine de Paris* (Prix Châteauvillard). Un beau volume in-8°. Prix. . . . . 6 fr.

Traité pratique des MALADIES DE LA PEAU ET DE LA SYPHILIS, par le docteur Gibert, de l'Académie de médecine, médecin de l'hôpital Saint-Louis, etc. 3ᵉ édition, entièrement refondue, considérablement augmentée, et représentant l'état actuel de la science. Deux forts volumes in-8°. Prix : 12 fr. — Chaque volume se vend séparément. . 7 fr.

Études sur les Maladies de la peau. TRAITEMENT DES DARTRES par la méthode expulsive du docteur Félix Rochard, médecin des prisons de la Seine, chevalier de la Légion d'honneur. (Mémoires communiqués à l'Académie des sciences.) Un volume in-18. Prix. . . . . : 2 fr.

DU CLIMAT DE L'ESPAGNE sous le rapport médical, par Édouard Cazenave, docteur de la Faculté de Paris, etc., etc., médecin consultant aux Eaux-Bonnes. Un volume in-8°. Prix. 5 fr.

LA VÉRITÉ aux médecins et aux gens du monde, sur le diagnostic et la thérapeutique des maladies éclairés par le somnambulisme naturel lucide. Observations de facultés surnaturelles de clairvoyance, d'intuition et d'extase dévolues à quelques individus dans l'état de santé et de maladie; opinion raisonnée sur le magnétisme animal et ses effets, par le docteur Comet, chevalier de la Légion d'honneur, fondateur de *l'Abeille médicale*, rédacteur de ce journal jusqu'en 1856. Un volume in-8°. Prix. . . . . 6 fr.

LA MÉDECINE CHEZ LES CHINOIS, par M. P. Dabry de Thiersant, consul de France en Chine, chevalier de la Légion d'honneur, membre de la Société Asiatique de Paris. Ouvrage corrigé et imprimé avec le concours de M. J. Léon Soubeiran, docteur en médecine, docteur ès sciences, professeur agrégé à l'École de pharmacie. Un volume in-8°, orné de planches anatomiques. Prix. . . . . 10 fr.

ŒUVRES COMPLÈTES DE BUFFON, précédées d'une Étude historique et d'une Introduction sur les progrès des sciences naturelles depuis le commencement du dix-neuvième siècle, par M. Ernest Faivre, docteur ès sciences et docteur en médecine, professeur d'histoire naturelle, suivies des classifications de Linné et de Cuvier, et de celles plus récentes d'Is. Geoffroy Saint-Hilaire, du prince Ch. Bonaparte, etc. Nouvelle édition, illustrée de 80 planches coloriées représentant plus de 700 sujets d'animaux. Onze volumes grand in-8° jésus. Prix de chaque volume. . . . . 8 fr.

Guérison de la **PHTHISIE PULMONAIRE TUBERCULEUSE par la gymnastique pulmonaire**, application à la cure de l'asthme, des névroses dépendant d'une hématose incomplète, de la méthode respiratoire du docteur S. Guirette, médecin de la Faculté de Paris, chevalier de la Légion d'honneur. Un volume in-8°. Prix. . . . . 3 fr.

HISTOIRE ET CULTURE DES ORANGERS, par A. Risso et A. Boiteau. Nouvelle édition, entièrement revue et augmentée d'un chapitre nouveau sur la culture dans le midi de l'Europe et en Algérie, par M. A. Du Breuil, professeur d'arboriculture de la ville de Paris, chargé des cours départementaux près le ministère de l'intérieur. Ouvrage orné de 110 planches en couleur et de 30 figures dans le texte. Un beau volume in-4°. Prix. . . . . 130 fr.

L'ÉCORCE TERRESTRE, Description des minéraux, et leur usage dans les Arts et Métiers, par Émile Wɪᴛʜ, ingénieur civil. Un beau volume grand in-8°, enrichi de 130 gravures. (*Sous presse.*) Prix. . . . . . . 12 fr.

SCIENCE SANS PRÉJUGÉS. Exposé critique des faits et questions scientifiques du temps, par André Sᴀᴍsᴏɴ. — *Première série.* Un volume in-18. Prix. 3 fr. 50 c.

DE L'EMPLOI DES LUNETTES pour la conservation de la vue, par N. P. Lᴇʀᴇ́ʙᴏᴜʀs, ancien opticien de l'Empereur, de l'Observatoire, de la Marine, etc., membre adjoint du Bureau des longitudes. Un volume grand in-8°, enrichi de nombreuses gravures sur bois. Prix. . . . . 3 fr.

MANUEL DE MÉDECINE, d'Hygiène, de Chirurgie et de Pharmacie domestiques, par Dᴇʜᴀᴜᴛ, docteur en médecine de la Faculté de Paris, pharmacien de première classe. Ouvrage à la portée de tout le monde et indispensable dans toutes les familles; enseignant ce qu'il faut éviter pour conserver la santé, ce qu'il faut faire pour guérir les maladies chroniques; les moyens de remédier aux accidents les plus communs; la composition et les propriétés des remèdes usuels les plus efficaces. Onzième édition. Un volume in-18. Prix. . . . . 1 fr. 25 c.

RECHERCHES SUR LES MÉTÉORES et sur les lois qui les régissent, par M. Cᴏᴜʟᴠɪᴇʀ-Gʀᴀᴠɪᴇʀ, directeur de l'Observatoire météorique du palais du Luxembourg. Un fort volume in-8°, avec figures et planches. Prix. . . . 10 fr.

PRÉCIS DES RECHERCHES SUR LES MÉTÉORES et sur les lois qui les régissent, par M. Cᴏᴜʟᴠɪᴇʀ-Gʀᴀᴠɪᴇʀ. Un volume in-12. Prix. . . . . 3 fr.

LETTRES SUR LES ÉTOILES FILANTES, par M. Cᴏᴜʟᴠɪᴇʀ-Gʀᴀᴠɪᴇʀ. Un volume in-12. Prix. . . . . . 2 fr.

BIBLIOTHÈQUE DES ALMANACHS.

PRÉDICTION DU TEMPS POUR L'ANNÉE 1874.

LE DOUBLE ALMANACH MATHIEU (de la Drôme), indispensable aux cultivateurs et aux marins. 11e année. Un volume in-32 de 128 pages, avec de nombreuses vignettes. Prix . . . . 30 c.

LE TRIPLE ALMANACH MATHIEU (de la Drôme), indispensable à tout le monde. 11e année. Un volume in-32 de 192 pages, avec de très-nombreuses vignettes. 50 c.

ANNUAIRE MATHIEU (de la Drôme). 11e année. Un volume in-18, orné de vignettes. Prix . . . . . . 1 fr.

Les deux *Almanachs* et l'*Annuaire* de M. Mathieu (de la Drôme), *les seuls qui contiennent les prédictions de l'illustre météorologue*, sont rédigés par les sommités scientifiques et littéraires, et illustrés par les premiers artistes.

PETIT ALMANACH NATIONAL, illustré de vignettes par Horace Vernet, J. A. Beaucé, Henry de Montaut, Breton, etc. 27e année (1874). Un volume in-32 de 192 pages, renfermant le texte complet et annoté de la loi sur le recrutement de l'armée. Prix . . . . 50 c.

ALMANACH PROPHÉTIQUE, pittoresque et utile, publié par un neveu de Nostradamus, rédigé par les notabilités scientifiques et littéraires, et illustré par Gavarni, Daumier, Trimollet, Ch. Vernier, Staal, Geoffroy, Bertall, Breton, etc. 34e année (1874). Un joli volume in-32 de 192 pages . . . . 50 c.

LE PARFAIT VIGNERON, Almanach du Moniteur vinicole pour 1874. 13e année. Un joli volume in-32 de 192 pages, illustré de vignettes. Prix . . . 50 c.

ALMANACH DU CLERGÉ (France ecclésiastique). Un volume in-18 de près de 800 pages, renfermant des renseignements indispensables à tous les ecclésiastiques. 4 fr.

ALPHABETS AMUSANTS
IMPRIMÉS AVEC SOIN SUR PAPIER FORT ET EN COULEURS

Les 16 Alphabets suivants sont en vente :

1. Alphabet de Costumes pittoresques, par BELIN.
2. Alphabet du petit Marquis et de la petite Marquise, par A. CORDIER.
3. Alphabet-récréation des petits Garçons, par A. CORDIER.
4. Alphabet des Animaux, par RANDON.
5. Alphabet militaire, par G. RANDON.
6. Alph. du petit Monde, pr A. GRÉVIN.
7. Alphabet mythologique, pr le même.
8. Alphabet de la fantasmagorie, par HADOL et A. CORDIER.
9. Alphabet de l'histoire de Polichinel, par HADOL et A. CORDIER.
10. Alphabet-récréation des petites Filles, par HADOL et A. CORDIER.
11. Alphabet de sujets religieux enfantins, par HADOL et A. CORDIER.
12. Alphabet des petits métiers de grand-papa, par les mêmes.
13. Alphabet du Jardin d'acclimatation, par HADOL et A. CORDIER.
14. Alphabet-Mascarade des enfants, par HADOL et A. CORDIER.
15. Le Train de plaisir (Alphabet du Chemin de fer), par les mêmes.
16. Alphabet des Petits volontaires par HADOL et A. CORDIER.

Plusieurs autres Alphabets sont en préparation.
Prix de chaque Alphabet cartonné : 1 fr. 50 cent.

PETITS LIVRES INSTRUCTIFS & AMUSANTS
FORMAT IN-8, IMPRIMÉS SUR PAPIER FORT ET EN COULEURS, JOLI CARTONNAGE. — PRIX : 2 FRANCS.

1. **Contes vrais**, par Julius ALTKIND, Histoires drôlatiques à l'usage des enfants de trois à sept ans.
2. **Histoire de Célestin la Tête d'âne**, par A. GRÉVIN.

PETITES HISTOIRES INSTRUCTIVES ET AMUSANTES
sur papier fort et en couleurs, in-18 oblong, joli cartonnage. — PRIX : 2 FRANCS.

1. **Petite Histoire de France**, texte en regard, illustré par HADOL et CORDIER.
2. **Petite Histoire sainte**, texte en regard, illustré par les mêmes.

ALBUMS POUR LES ENFANTS
IMPRIMÉS SUR PAPIER TRÈS-FORT COLLÉ

Images instructives avec texte, in-16.
Cartonné avec couverture or, gravures noires, 50 cent.; — gravures coloriées, 1 fr. 25 c.

Récréations illustrées avec texte, in-12.
Cartonné avec couverture or, gravures noires, 75 cent.; — gravures coloriées, 2 francs.

Souvenirs de gloire et de vertu avec texte, in-8.
Cartonné avec couverture or, gravures noires, 1 fr. 20 c.; — gravures coloriées, 3 fr.

LE ROI DES ALBUMS
GRAND MAGASIN D'IMAGES

Cet ouvrage est un tour de force de bon marché. — Il contient 797 gravures, d'après les premiers artistes. — Texte par TONIN CASTELLAN. — Prix : élégamment cartonné, 8 francs.

TAILLE-DOUCE, AQUARELLES, LITHOGRAPHIE, IMAGERIE.

COLLECTION DE PORTRAITS HISTORIQUES

GALERIE DE PORTRAITS pour servir à l'histoire de Louis XVII. Magnifique Album comprenant les portraits de Louis XVI — Marie-Antoinette — Louis XVII — Marie-Thérèse-Charlotte — Madame Élisabeth — la Princesse de Lamballe, gravés sous la direction de M. Henriquel-Dupont. Grand in-folio tiré à 100 exemplaires numérotés, sur chine et avant la lettre. Prix. . . . . 80 fr.

MADAME ÉLISABETH jeune fille, gravée par Morse, d'après la miniature de Sicardi (*avant la lettre*). Prix. 15 fr.

MADAME ÉLISABETH, sœur de Louis XVI, par Morse, d'après le portrait de Mme Deville (*avant la lettre*). 15 fr.

MADAME ÉLISABETH au Temple, gravée par E. Rousseau, d'après Cardon; belle épreuve à grande marge. 10 fr.

MADAME LA PRINCESSE DE LAMBALLE, gravée par Fleischmann, d'après le portrait peint par Hickel, peintre de la cour de Vienne; belle épreuve à grande marge. 10 fr.

MADAME DE MONTESPAN, gravée par Flameng, d'après Petitot; belle épreuve à grande marge. Prix. . 10 fr.

MADAME DE POMPADOUR, gravée par Nargeot, d'après le pastel de la Tour (*avant la lettre*). Prix. . . . . 10 fr.

MADAME ROLAND, gravée par A. Nargeot. Prix. 10 fr.

MADAME DE GIRARDIN, gravée par Flameng, d'après Chasseriau. Belle épreuve à grande marge, avant la lettre. 15 fr.

LE R. P. BARRELLE, de la Compagnie de Jésus, gravé par Morse. Belle épreuve à grande marge, avant la lettre. 10 fr.

THORVALDSEN, par Horace Vernet, d'après le tableau original qui se trouve au Musée Thorvaldsen à Copenhague. Belle photographie à grandes marges. Prix. . . . . . 5 fr.
 Sous verre. Prix. . . . . 8 fr.

INGRES, portrait gravé par Morse. Superbe épreuve à grande marge, avant la lettre. Prix. . . . . 15 fr.

FLANDRIN, peint par lui-même, dessiné et gravé par Deveaux. Très-belle épreuve à grande marge, avant la lettre. 15 fr.

JULES CÉSAR, gravé par A. Salmon, d'après Ingres. Épreuve à grande marge, avant la lettre. Prix. . . . . 20 fr.

NAPOLÉON III, gravé par Morse, d'après H. Flandrin. Magnifique épreuve à grande marge, avant la lettre. Prix. 20 fr.

S. M. L'IMPÉRATRICE ET S. A. I. LE PRINCE IMPÉRIAL, dessinés par H. de Montaut, gravés au burin par A. Nargeot. Prix. . . . . 15 fr.

DÉFILÉ DES POPULATIONS LORRAINES, composition de Meissonier, gravée à l'eau-forte par Jacquemart. Superbe épreuve à grande marge, avant la lettre (*Il ne reste que deux exemplaires*). Prix. . . . . 80 fr.

LE DUC DE PERSIGNY, dessiné et gravé par A. Nargeot. Épreuve à grande marge. Prix. . . . . 10 fr.

Mlle PATTI, par Morse. Grande marge, avant la lettre. 15 fr.

Mlle NILSSON, par Morse. Grande marge, avant la lettre. 15 fr.

Mlle KRAUSS, par Morse. Grande marge, avant la lettre. 15 fr.

BEAUX-ARTS

VÉNUS, gravure sur acier par F. Gaillard, d'après Thorvaldsen. Superbe épreuve (grande marge, avant la lettre). Prix. 50 fr.

MERCURE, gravure sur acier par F. Gaillard, d'après Thorvaldsen. Superbe épreuve (grande marge, avant la lettre). 50 fr.

AQUARELLES TYPOGRAPHIQUES.

L'ASSOMPTION DE LA VIERGE, d'après le magnifique tableau de Murillo, par Isnard Desjardins. Grande et belle peinture typographique sur toile. Hauteur, 1 mètre. Largeur, 75 centimètres. Prix. 12 francs. Avec cadre doré. . . . 20 fr.

Caisse et emballage : 6 fr. en plus des prix ci-dessus. — Les personnes qui se réuniront pour faire venir en même temps CINQ tableaux encadrés ne payeront ni caisse ni emballage ; elles n'auront que 100 fr. à envoyer.

LA VIERGE DE RAPHAEL (Belle Jardinière).
Une feuille demi-jésus. Prix. 4 fr. — Sous verre. .... 5 fr.

L'EMPEREUR NAPOLÉON III, en uniforme et à cheval,
Une feuille demi-raisin. Prix. 3 fr. — Sous verre. Prix. 4 fr.

PORTRAIT DE MADAME DU BARRY, grandeur
naturelle, d'après un pastel de FANTIN-LATOUR. Sous verre, avec cadre imitation de chêne sculpté. 25 fr. — Sur toile. 10 fr.

PORTRAITS GRAVÉS EN TAILLE-DOUCE

L'EMPEREUR NAPOLÉON III. Demi-colombier. 12 fr.
L'IMPÉRATRICE EUGÉNIE. Demi-colombier. 12 fr.

GRAVURES MANIÈRE NOIRE PAR JAZET

		FORMATS.	fr.	c
FORMANT PENDANTS.	Le Cavalcatore, par Horace Vernet,	grand-aig.	25	»
	Mazeppa, id.	id.	25	»
PENDANTS.	Le Départ pour la ville, par Destouches,	id.	25	»
	L'Orpheline, id.	id.	25	»
PENDANTS.	Victoire de Navarin, par Garnerey,	id.	15	»
	Lendemain de Navarin, id.	id.	15	»
PENDANTS.	Combat de Muley Ismaël, par H. Vernet,	id.	15	»
	Prise de la Redoute, id.	id.	15	»
	Soldat de Waterloo, id.	colombier.	12	»
	Soldat laboureur, id.	id.	12	»
	Soldat de Waterloo, id.	réd. demi-gr.-aig.	8	»
FORMANT PENDANTS.	Cheval arrivant de la chasse, par C. Vernet,	g.-aig.	10	»
	Cheval allant au manége, id.	id.	10	»
	Cheval échappé, id.	id.	10	»
	Cheval au vert, id.	id.	10	»
FORMANT PENDANTS.	Mameluk au repos, id.	gr.-col.	6	»
	Mameluk au combat, id.	id.	6	»
	Mameluk au galop, id.	id.	6	»
	Chef de mameluks, id.	id.	6	»
	6 sujets Paul et Virginie, par Schall,	ch., demi-c.	2	50
	6 id. Don Quichotte, id.	id. id.	2	50
	Masque de Napoléon, par H. Vernet,	demi-col.	3	»
FORMANT PENDANTS.	Miss Anna,	id.	3	»
	Fidelity,	id.	3	»
	Master Lambton,	id.	3	»

TABLE ALPHABÉTIQUE.

Pages.		Prix.
55	ACADÉMIE DES DAMES. 1 in-4.	6 »
44	ADMINISTRATION DE L'ARMÉE FRANÇAISE. 1 in-8.	4 »
55	ALBUM DE DESSINS. 1 in-4.	4 »
73	ALMANACH du Clergé. 1 in-18.	4 »
73	— national. 1 in-32.	» 50
73	— prophétique. 1 in-32.	» 50
74	ALPHABETS. Collection en couleurs.	1 50
5	AMBERT (général). Guerre de 1870-1871. 1 in-8.	10 »
55	AMBROGI. L'Instituteur. 1 in-12.	3 »
9	ANNUAIRE DE LA RÉUNION DES OFFICIERS pour 1873. 1 in-18.	3 »
55	ARDEUIL (d'). Décentralisation. 1 in-8.	1 50
49	ARTAUD. Etudes sur la littérature. 1 in-8.	6 »
56	ART DE BRODER. Traité.	1 25
43	ASMODÉE A NEW-YORK. 1 in-8.	8 »
25	AUGEARD. Mémoires. 1 in-8.	6 »
2	AURELLE DE PALADINES (général). Première armée de la Loire. 1 in-8.	8 »
46	AZÉMA. Ile Bourbon. 1 in-8.	3 »
56	BALZAC. Maximes et pensées. 1 in-18.	2 »
48	BASCHET. Diplomatie vénitienne. 1 in-8.	8 »
48	— Le Roi chez la Reine. 1 in-8 angl.	8 »
48	— Archives de Venise. 1 in-8.	8 »
48	— Journal du Concile de Trente. 1 in-8.	6 »
49	— Cath. de Médicis. 1 in-8 anglais.	6 »
30	BAVOUX (Evariste). La France sous Napoléon III. 2 in-8.	45 »
4	BAZAINE (maréchal). L'Armée du Rhin. 1 in-8.	8 »
24	BEAUCHESNE (de). Louis XVII. 2 gr. in-8.	30 »
24	— Le même. 2 in-8 cav.	16 »
24	— Le même. 2 in-18.	10 »
24	— La Vie de Mme Élisabeth. 2 in-8.	16 »
24	— Le même. 2 in-18.	10 »
25	— Le Livre des jeunes Mères. 1 in-8.	8 »
25	— Le même. 1 in-18 jésus.	4 »
25	— Sainte Notburg. 1 in-8.	25 »
10-11	BEAUVOIR (Cte de). Australie. 1 in-18.	4 »
10-11	— Java, Siam, Canton. 1 in-18.	4 »
10-11	— Pékin, Yeddo, San-Francisco. 1 p-18.	4 »
1	BENEDETTI (comte). Ma mission en Prusse. 1 in-8.	8 »
13	BERTALL. La Comédie de notre temps. 1 in-8.	20 «
5	BIBESCO (prince). Le corps Lorencez devant Puebla. 1 in-8.	1 50
5	— Belfort, Reims, Sedan. 1 in-8.	6 »
5	BILLOT (général). Opérat. du 18e corps d'armée. 1 in-8.	»
50	BOILEAU. 5 in-32.	20 »
36	BORCHARD. Mecklembourg. 1 in-8.	4 »
20	BOUTARIC. Philippe le Bel. 1 in-8.	8 »
20	— Institutions militaires. 1 in-8.	8 »
39	— Parlement de Paris. Chaque vol.	36 »
20	— St Louis et Alfonse de Poitiers. In-8.	8 »
20	— Corresp. de Louis XV. 2 in-8.	16 »
20	BOUTARIC ET CAMPARDON. Mémoires de Frédéric II. 2 in-8.	16 »
36	BRUN. Guerres maritimes. 2 in-8.	15 »
56	BRUYÈRES. Phrénologie. 1 in-8.	20 »
71	BUFFON (Œuvres compl. de). 44 in-8.	88 »
24	CAMPARDON. Marie-Antoinette. 1 in-8.	8 »
24	— Journal de la Régence. 2 in-8.	16 »
24	— Tribunal révolutionnaire. 2 in-8.	16 »
24	— Mme de Pompadour. 4 in-8.	8 »
51	— Documents sur Molière. 1 elzevir.	3 »

Pages.		Prix.
74	CASTELLAN. Roi des Albums.	8 »
56	CASTILLE (H.). Parallèle. 1 in-8.	5 »
53	CATALAN. Etude sur Montaigne. 1 in-18.	3 »
70	CAZENAVE. Climat de l'Espagne. 1 in-8.	5 »
28	CHAMBURE. Napoléon et ses contemp.	30 »
53	CHANTS ET CHANSONS pop. de France.	42 »
52	CHANTS GUERRIERS.	4 »
2	CHANZY (général). Deuxième armée de la Loire. 1 in-18.	10 »
2	— Le même. 1 in-18.	4 »
9	CHARETON (général). Réorganisation militaire. 1 in-18.	4 »
52	CHARNACÉ (Guy de). Adelina Patti. In-8.	2 50
52	— Christina Nilsson. In-8.	2 50
52	— Gabrielle Krauss. In-8.	2 50
37	CHAZOURNES (R. P. de). Vie du R. P. Barrelle. 2 in-8.	16 »
37	— Le même. 2 in-18.	8 »
6	CHEVALIER (Ed.). Marine française et Marine allemande. 1 in-18.	3 50
55	CHRONIQUES de Gironville. 1 in-8.	40 »
50	CLASSIQUES FRANÇAIS du Prince Impérial.	
70	COMET. Vérité aux médecins. 1 in-8.	6 »
50	CORNEILLE. 12 in-32.	48 »
72	COULVIER-GRAVIER. Météores. 1 in-8.	10 »
72	— Précis des Météores. 1 in-12.	3 »
72	— Etoiles filantes. 1 in-12.	2 »
17	COURTOIS (A. de). Mad. de Villars. 1 in-8.	8 »
22	CRÉTINEAU-JOLY. La Vendée militaire. 4 in-18.	16 »
22	— Simples récits. 1 in-8.	6 »
56	CRISTIAN. Un Enfant russe. 1 in-18.	4 »
8	CROMBRUGGHE (baronne de). Journal d'une infirmière. 1 in-18.	3 »
42	DABANCOUR et PUTOIS. La Loi dans ses rapports avec la famille. 1 in-18.	1 50
71	DABRY. La Médecine chez les Chinois. 1 in-8.	40 »
30	DAMAS-HINARD. Dict. Napoléon. 1 in-8.	10 »
14	DARESTE. Histoire de France. 8 in-8.	72 »
7	DAUBAN. Le Fond de la société sous la Commune. 1 in-8.	8 »
26	— Mém. de Mme Roland. 1 in-8.	8 »
27	— Etude sur Mme Roland. 1 in-8.	8 »
26	— Mémoires de Pétion. 1 in-8.	8 »
27	— Corresp. de Mlle Phlipon. 2 in-8.	16 »
26	— La Démagogie à Paris. 1 in-8.	8 »
26	— Paris en 1794 et en 1795. 1 in-8.	8 »
26	— Les Prisons de Paris. 1 in-8.	8 »
27	— Lettre au duc d'Aumale. 1 in-8.	1 »
72	DEHAUT. Manuel de médecine. 1 in-18.	1 25
47	DELABORDE (Vte). Hip. Flandrin. 1 in-8.	8 »
47	— Ingres. 1 in-8.	8 »
43	DELORME. Les Théoriciens au pouvoir. 1 in-8.	8 »
55	DENNIÉE. Itinéraire de l'Empereur.	3 50
55	DEYEUX. Chassomanie. 1 in-8.	12 »
39	DOUËT D'ARCQ. Sceaux. 2 vol. in-4.	72 »
71	DU BREUIL. Culture des orangers. In-4.	130
6	DU CHEYRON. Bordj-bou-Arréridj. 1 vol.	» »
9	DUCROT (général). Etudes sur les différentes armes. 1 in-8.	2 50
42	DU MESNIL-MARIGNY. Economie politique des anciens peuples. 2 in-8.	16 »
42	DUPIN. Libertés de l'Eglise. 1 in-8 angl.	5 »
53	DUPONT (Pierre). Chansons. 4 in-12.	20 »

TABLE ALPHABÉTIQUE. 79

Pages.		Prix.
8	ÉNAULT (Louis). Paris brûlé par la Commune. 1 in-18.	4 »
4	FAVRE (Jules). Gouvern. de la défense nationale. 2 in-8.	16 »
4	— Rome et la République française. 1 in-8.	8 »
23	FEUILLET DE CONCHES. Causeries. 4 in-8.	32 »
23	— Lettres de Montaigne. 1 in-8.	20 »
23	— Louis XVI, Marie-Antoinette et Mme Élisabeth. 6 in-8.	48 »
23	— Lettres de Mme Élisabeth. 1 in-8.	8 »
23	— Lettres de Marie-Antoinette à la landgravine Louise. 1 in-8.	2 »
49	FEYDEAU (E.). Théophile Gautier. 1 in-18.	3 50
37	FLAVIGNY (Vtesse de). Le Bienheureux Pierre Fourier. 1 in-8.	7 »
52	FLEURIOT (Mlle). Parisienne sous la foudre. 1 in-18.	2 50
42	— Rome notre capitale. 1 in-18.	4 50
36	FORNERON (H.). Parlement anglais. In-8.	5 »
49	— Amours de Richelieu. 1 in-16.	10 »
11	GARNIER. Nouvelle-Calédonie. 1 in-18.	4 »
11	— Océanie, etc. 1 in-18.	4 »
6	— Volontaires du génie dans l'Est. 1 in-18.	4 »
36	GAY. L'Europe devant la Chine. 1 in-8.	3 »
30	GÉRARD. Les Invalides. 1 in-8.	8 »
70	GIBERT. Maladies de la peau. 2 in-8.	12 »
43	GIRARDIN (E. de). Paix et Liberté. In-8. Épuisé.	3 »
43	— Force ou Richesse. 1 in-8.	6 »
43	— Le Spectre noir. 1 in-8.	4 »
43	— Droit de la pensée. 1 in-8.	6 »
43	— Droit de punir. 1 in-8.	4 »
43	— Pologne et Diplomatie. In-8.	3 »
56	GISORS (de). Palais du Luxembourg.	5 »
36	GOBINEAU (comte de). Persés. 2 in-8.	16 »
12	— Céphalonie, Naxie et Terre-Neuve. 1 in-18.	2 50
11	GOBLET D'ALVIELLA (Cte). Sahara et Laponie. 1 in-18.	4 »
43	GONCOURT (E. et J. de). Gavarni, l'Homme et l'Œuvre. 1 in-8.	8 »
27	GRANIER DE CASSAGNAC. Chute du roi Louis-Philippe. 2 in-8.	12 »
27	— Causes de la révolution franç. 4 in-8.	24 »
46	GUÉRIN. Régence de Tunis. 2 vol. in-8.	20 »
46	— Judée. 3 in-8.	30 »
31	GUÉRONNIÈRE (de la). Portraits pol. 1 8°.	8 »
71	GUIRETTÉ. Phthisie pulmonaire. 1 in-8.	3 »
7	HEINRICH. La France, l'Étranger, les Partis. 1 in-18.	4 »
37	HOUSSAYE (l'abbé). M. de Bérulle. 1 in-8.	6 »
48	HOUSSAYE (Arsène). Galerie flamande. 1 in-fol.	125 »
56	HUBERT. Napoléoniennes. 1 in-8.	3 »
25	HUE. Louis XVI. 1 in-8.	6 »
31	HUET. M. Billault. 1 in-8.	1 »
37	HUILLARD-BRÉHOLLES. Pierre de la Vigne. 1 in-8.	6 »
37	— Maison ducale de Bourbon. 2 in-4. Chaque volume.	36 »
37	— Notice sur le duc de Luynes. 1 in-8.	5 »
74	IMAGES instructives. In-16.	» 50
13	IUNG (Th.) Le Masque de fer. 1 in-8.	8 »
2	JACQUEMONT. Campagne des zouaves pontificaux en France. 1 in-18.	2 50
17	JAL. Dictionnaire critique. 1 in-8.	20 »
17	— Abraham du Quesne. 2 in-8.	16 »
6	JAY (Aimé). Armée de Bretagne. 1 in-18.	4 »

Pages.		Prix.
47	JOUIN (H.) Hippolyte Flandrin. Fresques de Saint-Vincent de Paul.	1 50
4	JULIEN (Félix). L'amiral Bouët-Willaumez. 1 in-18.	2 »
45	— Harmonies de la mer. 1 in-18.	2 50
45	— Commentaires d'un marin. 1 in-18.	3 »
55	— Langue universelle. 1 in-8.	1 »
49	JULES JANIN. Le Livre. 1 in-8.	8 »
10	JURIEN DE LA GRAVIÈRE. Voyage dans les mers de Chine. 2 in-18.	8 »
55	LABORDE (marquis de). Ducs de Bourgogne. 6 in-8.	45 »
50	LA BRUYÈRE. Caractères. In-32.	12 »
50	LA FONTAINE. Fables. 2 in-32.	8 »
49	— Fables. 1 in-8o.	10 »
36	LANGLOIS. Abd-el-Kader. 1 in-8 angl.	3 »
51	LA ROCHEFOUCAULD. In-32.	4 »
3	LA RONCIÈRE-LE NOURY. La Marine au siége de Paris. 1 in-8.	10 »
49	LATOUR (A. de). Poésies complètes. In-18.	4 »
28	LA TOUR D'AUVERGNE (prince de). Waterloo. 1 in-8.	8 »
12	LAUGEL. Italie, Sicile. Bohême. 1 in-18.	4 »
55	LAURE. La Guerre. 1 in-8.	5 »
28	LAURENT (de l'Ardèche). Histoire de Napoléon Ier. 1 in-8.	12 »
43	LAURENTIE. L'Athéisme social et l'Église. 1 in-8.	3 »
43	— Les Crimes de l'éducation française. 1 in-8.	2 »
19	LAVALLÉE. Mme de Maintenon. 1 in-8.	8 »
19	— Famille d'Aubigné. 1 in-8.	8 »
45	LE CERF. Îles Normandes. 1 in-8.	5 »
56	LECHEVALIER SAINT-ANDRÉ (J.). Question monétaire. 1 in-8.	1 50
56	— Institutions de crédit. 1 in-8.	2 »
70	LEGRAND DU SAULLE. Délire des persécutions. 1 in-8.	6 »
12	LENOIR (Paul). Le Fayoum, etc. 1 in-18.	4 »
12	— De Jérusalem à Damas. 1 in-8.	4 »
72	LEREBOURS. Lunettes. 1 in-8.	3 »
19	LE ROI. Curiosités historiques. 1 in-8.	6 »
22	LESCURE (de). Mme du Deffand. 1 in-8.	16 »
22	— Princesse de Lamballe. 1 in-8.	8 »
22	— Vraie Marie-Antoinette. 1 in-8.	5 »
22	— Corresp. sur Louis XVI. 2 in-8.	16 »
54	LESSEPS (de). Isthme de Suez.	» »
54	— Question du canal. 1 in-8.	1 »
54	— Atlas, cartes, etc. 1 in-4.	25 »
54	— Vues panoramiques. 2, 3 et 6	» »
51	LEVEAUX. Etude sur Montaigne. 1 in-8.	6 »
51	— Poésie des fables de la Fontaine. 1 in-18.	1 »
41	LOI SUR LE RECRUT. DE L'ARMÉE. In-8.	» 20
52	MACKAU (Bnne de). Ce que disent les champs. 1 in-18.	1 25
7	MANUEL DU SOLDAT D'INFANTERIE. In-18.	» 50
40	MAS LATRIE (de). Traités de paix. 1 in-8.	36 »
28	MASSELIN. Sainte-Hélène. 1 in-8.	6 »
50	MASSILLON. 4 in-32.	16 »
73	MATHIEU (de la Drôme). Double alman.	» 30
73	— — Triple almanach.	» 50
73	— — Annuaire.	1 »
43	MENIER. L'Impôt sur le capital. 1 in-8.	1 »
43	— Réponse aux objections. 1 in-8.	» 50
39	MERLET et MOUTIÉ. Abbaye de N.D. des Vaux de Cernay. 3 in-4 et Atlas.	80 »
17	MICHELANT. Faits mémorables. 1 in-8.	12 »
42	MINISTÈRE DES AFFAIRES ÉTRANGÈRES. 1 in-8.	2 »
56	MOÏANA. Napoléon Ier. 1 in-12.	3 50

TABLE ALPHABÉTIQUE

Pages		Prix		Pages		Prix	
50	MOLIÈRE. OEuvres. 8 in-32.	32	»	9	REMARQUES SUR LES CHEVAUX DE GUERRE. 1 in-18.	3	»
46	MONTAUT (de). L'Egypte moderne. In-8.	120	»	41	RÉPONSE D'UN OFFICIER. 1 in-8.	4	»
38	MOUTIÉ. N. D. de la Roche. 1 in-4.	16	»	56	RÉVISION DE LA CONSTITUTION. 1 in-8.	25	»
38	— Atlas du Cartulaire. In-fol.	50	»	55	RIVOIRE. Entretiens de Ste-Hél. 1 in-8.	5	»
39	MUSÉE DES ARCHIVES. 1 in-4.	40	»	56	ROI DES ALBUMS (le). 1 in-4.	8	»
8	NADAUD. Mes notes d'infirmier. 1 in-18.	2	»	70	ROCHARD. Traitement des dartres. In-18.	2	»
28	NAPOLÉON Ier (Correspondce). 32 in-8.	192	»	55	ROMIEU. Administration. 1 in-12.	1 50	
29	NAPOLÉON III. Jules César. 2 in-4.	100	»	12	RONDELET. Limites du suffrage universel. 1 in-18.	1	»
29	— — 2 in-8 jésus.	20	»				
29	— Jules César. 2 in-8 cav.	16	»	38	ROSTAN. Cartul. de St-Maximin. 1 in-4.	10	»
29	— Jules César. espag. 2 in-8.	16	»	46	ROQUE. Athènes. 1 in-18.	4	»
30	— Lettre sur l'Algérie. 1 in-8.	2	»	38	ROTH. Proklamation des Amasis. In-4.	20	»
29	— OEuvres. 5 in-8.	50	»	28	SAINT-NEXANT. Napoléon Ier. 1 in-8.	6	»
29	— Idées napoléoniennes. 1 in-18.	3 50		72	SAMSON. Science sans préjugés. 1 in-18.	3 50	
30	— OEuvres. Mélanges. 1 in-12.	1 50		6	SÉGUR (Cte de). Marchés de la guerre. 1 in-8.	6	»
56	NAPOLÉON III EN ALLEMAGNE. 1 in-8.	» 75					
55	NIBELLE. Fables. 1 in-18.	3 50		52	SMILES. Self-Help. 1 in-18.	4	»
8	NICLAUS (Simon). Bombardements de Montmédy. 1 in-8.	2 50		52	— Vie des Stephenson. 1 in-18.	4	»
42	NOIZET. Etudes philosophiques. 2 in-8.	16	»	53	SOSTHÈNE-BERTHELOT. Caractère et tendances de Napoléon III. 1 in-8.	5	»
42	— Le Dualisme. 1 in-18.	2	»	74	SOUVENIRS DE GLOIRE. In-8.	1 20	
42	— Mélanges de philosophie critique. 1 in-8.	6	»	56	TABLEAU CHRON. DE L'HIST. DE FRANCE.	20	»
55	NOUVION. Guyane française. 1 in-8.	5	»	56	LE MÊME.	1	»
56	OBSERVATIONS sur le gouvernement représentatif. 1 in-8.	2 50		40	TARDIF. Monuments historiques. In-4.	50	»
17	O'REILLY. Jeanne d'Arc. 2 in-8.	16	»	42	TARDIF (A.). Pensions civiles. 1 in-8.	2	»
49	ORTOLAN. Enfantines. 1 in-18 jésus.	3	»	36	TENRÉ. États américains. 1 in-8.		»
49	— Pénalités de l'Enfer de Dante. in-18.	2 50		40	TEULET. Trésor des Chartes. In-4. 2 v.	72	»
55	PAGANEL. Histoire de Joseph II. 1 in-8.	6	»	16	THIERS. Hist. du Consulat et de l'Empire. 21 in-8.	105	»
1	PALIKAO (comte de). Un ministère de 24 jours. 1 in-8.	6	»	30	TITRES (LES) DE LA DYNASTIE NAPOLÉONIENNE. 1 in-8.	1	»
2	PALLIÈRES (Martin des). Orléans. 1 in-8.	8	»	8	TYRANNIE PRUSSIENNE. 1 in-8.	3	»
49	PARFAIT. Fables de Krilof. 1 in-18.	3 50		48	VALMY (duc de). Génie des peuples. 1 in-8.	8	»
73	PARFAIT VIGNERON. Almanach in-18.	» 50					
51	PASCAL. Pensées, Opuscules, Lettres. 2 in-32.	5	»	54	VANDEVELDE. Quadrilatère.	2	»
55	PELLETIER. Lazarille. 1 in-18.	1	»	15	VATEL. Charlotte Corday. 3 in-8.	24	»
74	PETITES HISTOIRES INSTRUCTIVES. In-18.	2	»	51	VAUVENARGUES. Sous presse.		
74	PETITS LIVRES INSTRUCTIFS. In-8.	2	»	7	VICTOR PIERRE. Histoire de la Révolution de 1848. 1 in-8.	8	»
55	PEYRONNET. Hist. des Francs. 4 in-8.	16	»	49	VIENNET. La Franciade. 1 in-18.	3 50	
55	PEYROU. Chants au Prince imp. 1 in-8.	5	»	3	VINOY (général). Siège de Paris. 1 in-8.	10	»
48	PLON (Eugène). Thorvaldsen. 1 in-8.	15	»	3	— L'Armistice et la Commune. 1 in-8.	10	»
48	— Le sculpteur danois V. Bissen. in-18.	2	»	9	— L'Armée française en 1873. 1 in-8.	6	»
51	PLUTARQUE. Grands Hommes. 1 in-8.	20	»	52	VOLTAIRE. Cte de Boursoufle. 1 in-12.	1 25	
55	POUCHKIN. Le Faux Pierre III. 1 in-12.	2	»	7	VOYAGE AUX PAYS ROUGES, par un Conservateur. 1 in-18.	2 50	
56	PRINCIPE D'AUTORITÉ. 1 in-18.	» 30		5	VRIARTE. Princes d'Orléans. 1 in-8 angl.	5	»
50	RACINE. OEuvres poétiques. 4 vol. in-32.	16	»	5	— Le même. 1 in-18.	1	»
50	— OEuvres diverses. 4 in-32.	16	»	47	— Goya. 1 in-4.	30	»
51	— Banquet de Platon. 1 in-32.	5	»	3	— Prussiens à Paris. 1 in-8.	6	»
74	RÉCRÉATIONS illustrées. 1 in-12.	» 75		3	— Retraite de Mézières. 1 in-18.	1	»
15	RÉIMPRESSION DE L'ANCIEN MONITEUR. 32 vol. grand in-8.	250	»	13	WITH (E.). L'Écorce terrestre. Minéraux. 1 gr. in-8°.	12	»
56	REMAK. Paix en Amérique. 1 in-8.	3	»				

PARIS. TYPOGRAPHIE DE E. PLON ET Cie, RUE GARANCIÈRE, 8.

CATALOGUE RELIGIEUX.

HISTOIRE
DE NOTRE-SEIGNEUR
JÉSUS-CHRIST
PAR
M.GR DUPANLOUP
ÉVÊQUE D'ORLÉANS, MEMBRE DE L'ACADÉMIE FRANÇAISE

Impatiemment attendu depuis plusieurs années dans le monde catholique, ce beau livre, pieux monument élevé par un illustre prélat à la gloire du Sauveur, présente en une série de saisissants tableaux tous les sublimes enseignements de l'Évangile, et montre dans toute sa lumière la pensée d'amour et de paix qui a fait descendre Dieu sur la terre.

Un tel ouvrage est devenu bientôt le livre par excellence de toutes les familles chrétiennes. C'est par cette lecture que les pieuses mères de famille instruisent leurs enfants des grandes vérités de la foi, et qu'elles développent tous les bons sentiments des jeunes cœurs par les sublimes enseignements de charité d'une religion toute d'amour.

« En lisant ces pages si lumineuses et si élevées, dit le journal *le Correspondant*, on ne sait ce qu'on doit le plus admirer, de leur éclat magnifique ou de leur pénétrante douceur, et il faut remonter à Bossuet, qui trouvait aussi dans l'Évangile plutôt des miracles de la bonté que de la puissance ; il faut relire les *Méditations* du grand évêque, pour rencontrer une œuvre aussi achevée.

» L'éditeur n'a rien négligé pour rendre l'exécution matérielle digne de la haute pensée du livre. Ce qui était une œuvre de foi est devenu en même temps une remarquable œuvre d'art, et un très-grand nombre de gravures sur bois, complétées par d'admirables planches d'Overbeck, donnent à ce bel ouvrage une splendeur qui lui assure une place à part dans toutes les bibliothèques chrétiennes. »

L'ouvrage forme un superbe volume grand in-8° colombier vélin glacé
ENRICHI DE 12 PLANCHES EN TAILLE-DOUCE
ET DE 48 GRAVURES SUR BOIS
Prix, broché : 20 francs.
Relié en demi-chagr., plats toile, avec ou sans écusson, tranche dorée : 25 fr.
En chagrin plein : 36 francs.
Il est tiré sur grand papier de Hollande 100 exemplaires *numérotés*. Prix : 100 fr.

Deuxième édition, 1 volume in-8° grand raisin, orné de 6 magnifiques gravures en taille-douce. — Prix : 10 fr. ; demi-reliure, 15 fr.

Troisième édition, enrichie de 4 gravures en taille-douce.
Un fort volume in-18. — Prix : 5 fr. ; demi-reliure, 7 fr.

E. PLON & C.ie, éditeurs.

M. DE BÉRULLE
ET
LES CARMÉLITES DE FRANCE
(1575-1611)

Par M. l'abbé HOUSSAYE, PRÊTRE DU CLERGÉ DE PARIS

Un beau volume in-8° cavalier glacé, enrichi de deux gravures en taille-douce.
Prix : 6 francs.

LE
BIENHEUREUX PIERRE FOURIER

Par Mme la Vtesse DE FLAVIGNY

OUVRAGE PRÉCÉDÉ D'UNE

LETTRE DE Mgr L'ÉVÊQUE D'ORLÉANS

Un beau volume in-8° cavalier, enrichi d'un portrait gravé sur acier. — Prix : 7 fr.

VIE
DU R. P. JOSEPH BARRELLE
DE LA COMPAGNIE DE JÉSUS

PAR LE P. LÉON DE CHAZOURNES
DE LA MÊME COMPAGNIE

2 beaux volumes in-8° cavalier vélin glacé, enrichis d'un portrait gravé par Morse et de deux *fac-simile* d'autographes. — Prix : 16 francs.

LE MÊME. *Deuxième édition.* — 2 volumes grand in-18 jésus vélin glacé.
Prix : 8 francs.

ALLOCUTION
DE
MONSEIGNEUR MERMILLOD
Évêque d'Hébron

AU SERVICE SOLENNEL CÉLÉBRÉ POUR LE REPOS DE L'AME

de M. DEGUERRY, curé de la Madeleine
EN L'ÉGLISE DE LA MADELEINE

In-8°. — Prix : 1 franc.

PRIÈRES
RECUEILLIES & MISES EN ORDRE
PAR
Mgr ISOARD
Auditeur de rote pour la France

Un beau volume in-18. — Prix : broché, 3 fr.; relié, 3 fr. 75 c.

AVE, MARIS STELLA
MÉDITÉ
NOUVEAU MOIS DE MARIE
Traduit de l'italien du chanoine Agostino Berteu

PUBLIÉ PAR LES SOINS
De M. l'abbé LE REBOURS
CURÉ DE LA MADELEINE

Un joli volume in-18 elzevirien, imprimé avec encadrement en rouge sur papier vélin.
Prix : 2 francs.

SŒUR EUGÉNIE
OU
LA VIE ET LES LETTRES D'UNE SŒUR DE CHARITÉ
TRADUIT DE L'ANGLAIS
Par M. ABEL GAVEAU, prêtre
Ouvrage précédé d'une lettre de Mgr l'Évêque de Blois

Un joli volume petit in-8° anglais, imprimé en caractère elzevirien sur beau papier vélin.
Prix : broché, 3 francs; relié demi-chagrin, 5 francs.

Il a été imprimé 30 exemplaires numérotés sur papier de Hollande. — Prix : 10 fr.

CE QUE DISENT LES CHAMPS
PAR
Madame la Baronne de MACKAU.
Ouvrage précédé d'une lettre de Mgr l'évêque de Séez.

Un volume in-18. — Prix : 1 fr. 25.

NOUVELLE ET BELLE ÉDITION PORTATIVE DE
BIBLIA SACRA
VULGATÆ EDITIONIS
SIXTI V PONTIFICIS MAXIMI JUSSU RECOGNITA
ET CLEMENTIS VIII AUCTORITATE EDITA.

Nova editio accuratissime emendata.

PRIX : BROCHÉ, 5 FRANCS.

Basane gaufrée, tranche marbrée............	6 fr.
Demi-chagrin, plats toile, tranches dorées.....	7 fr.
Chagrin premier choix...............	9 fr.

Cette édition de la sainte Bible se distingue non-seulement par la netteté du caractère, la beauté du papier et les soins donnés pendant plus de trois ans à l'impression et à la correction du texte, mais aussi par l'addition de notes chronologiques placées dans le texte même, sans se confondre avec lui, de tables chronologiques séparées de l'Ancien et du Nouveau Testament; de tables géographiques également séparées, comprenant les lieux les plus mémorables cités dans la Bible; la série des juges d'Israël, des rois de Juda et d'Israël; enfin, l'interprétation des noms hébreux, chaldéens, syriaques et grecs, plus étendue que celle qui se trouve dans toutes les précédentes éditions, etc., etc.

Le format in-18 rend ce volume très-portatif, en même temps qu'il est très-lisible, grâce à un caractère spécial fondu expressément pour cet ouvrage, et à la fabrication d'un papier qui n'est nullement transparent.

LA MÊME, en trois parties. — 2 vol. in-48..........	6 fr.
ON VEND SÉPARÉMENT : *Vetus Testamentum*. 2 vol. in-18...	4 fr.
— — *Novum Testamentum*. 1 vol. in-18...	2 fr.

LE DIAMANT DU CHRÉTIEN, CONTENANT
LE NOUVEAU TESTAMENT (TRADUCTION DE SACY)
LES PRIÈRES DU MATIN ET DU SOIR,
L'ORDINAIRE DE LA MESSE, LES VÊPRES ET COMPLIES, ETC.

Un délicieux volume in-32 orné de 4 jolies gravures en taille-douce.

Ouvrage approuvé par Mgr l'Archevêque de Paris.

PRIX : BROCHÉ, 2 FR.; RELIÉ, 3 FR. 50 C. A 4 FR.

Ce joli livre, fait avec le plus grand soin dans un format de poche, est appelé à juste titre *le Diamant du Chrétien*; il est devenu indispensable aux personnes pieuses qui aiment à porter avec elles un livre de dévotion.

CATÉCHISME DU DIOCÈSE DE PARIS

IMPRIMÉ PAR ORDRE DE Mgr L'ARCHEVÊQUE

A l'usage des institutions où l'on apprend les langues anciennes, et des écoles de filles où l'on donne l'instruction du premier degré; à l'usage des Catéchismes de persévérance.

1 volume in-18 (360 pages). Cartonné, 1 franc.

LA VRAIE ET LA FAUSSE
INFAILLIBILITÉ DES PAPES

RÉPONSE A M. LE DOCTEUR SCHULTE

PAR

Mgr Joseph FESSLER

ÉVÊQUE DE SAINT-HIPPOLYTE (AUTRICHE), SECRÉTAIRE GÉNÉRAL DU CONCILE DU VATICAN

TRADUIT DE L'ALLEMAND

et précédé d'une Introduction

Par C. N.

Un volume in-18. (*Sous presse.*)

LE PAPE DE ROME
ET
LES PAPES DE L'ÉGLISE ORTHODOXE D'ORIENT

ESSAI DE LA MONARCHIE DANS L'ÉGLISE

D'après les Documents originaux russes et grecs

Par le Révérend Père TONDINI

SUPÉRIEUR DES BARNABITES

Un volume in-18. (*Sous presse.*)

JOURNAL DU CONCILE DE TRENTE

Rédigé par un secrétaire vénitien

Présent aux sessions de 1562 à 1563

Et publié par ARMAND BASCHET

Avec d'autres Documents diplomatiques relatifs à la mission des Ambassadeurs de France au Concile.

1 volume petit in-8° anglais. — Prix : 6 fr.

NOTRE CAPITALE
ROME

Par Mlle **ZÉNAIDE FLEURIOT**

OUVRAGE ENRICHI DE QUATRE-VINGT-QUINZE GRAVURES

Un très-beau volume in-18. — Prix : 4 fr.

NOTRE-DAME DE FRANCE

ou

HISTOIRE DU CULTE DE LA SAINTE VIERGE EN FRANCE

depuis l'origine du Christianisme jusqu'à nos jours

PAR M. LE CURÉ DE SAINT-SULPICE, A PARIS

Chaque volume se vend séparément.

I. — **PROVINCE ECCLÉSIASTIQUE DE PARIS**
Un beau volume in-8° avec gravures. — Prix : 6 fr.

II. — **PROVINCES ECCLÉSIASTIQUES DE BOURGES & DE CAMBRAI**
Un beau volume in-8° avec gravures. — Prix : 6 fr.

III. — **PROVINCES ECCLÉSIASTIQUES D'ALBI, TOULOUSE & AUCH**
Un beau volume in-8° avec gravures. — Prix : 6 fr.

IV. — **PROV. ECCLÉSIASTIQUES DE BORDEAUX, TOURS & RENNES**
Un beau volume in-8° de 600 pages. — Prix : 6 fr.

V. — **PROVINCES ECCLÉSIASTIQUES DE ROUEN, REIMS & SENS**
Un beau volume in-8°. — Prix : 6 fr.

VI. — **PROVINCES ECCLÉSIASTIQUES DE BESANÇON & DE LYON**
Un beau volume in-8°. — Prix : 6 fr.

VII. — **PROV. ECCLÉSIASTIQUES D'AVIGNON, AIX & CHAMBÉRY**
Un beau volume in-8°. — Prix : 6 fr.

LA VIE ET LA LÉGENDE

DE

MADAME SAINTE NOTBURG

ÉTABLISSEMENT DE LA FOI CHRÉTIENNE DANS LA VALLÉE DU NECKAR

OUVRAGE DIVISÉ EN TROIS LIVRES ET TRENTE-NEUF CHAPITRES

Par M. A. DE BEAUCHESNE

Et orné de quatre-vingt-quatre Gravures d'après les dessins de M. S. LANGLOIS.

1 magnifique vol. très-grand in-8° sur papier bristol glacé. — Prix : broché : 25 fr.
Avec jolie reliure, plaque dorée et dorure sur tranche, 30 francs.

NOTA. — La première édition de cet ouvrage a été imprimée, pour les amateurs, en caractères gothiques; la deuxième édition, qui vient de paraître, est imprimée dans le caractère elzévirien, *si agréable et si facile à la lecture*. — Le prix des deux éditions est le même.

LOUIS XVII

SA VIE, — SON AGONIE, — SA MORT.

CAPTIVITÉ
DE LA FAMILLE ROYALE AU TEMPLE;
PAR M. A. DE BEAUCHESNE.

Ouvrage couronné par l'Académie française en 1854,

ENRICHI DE NOMBREUX AUTOGRAPHES
DU ROI, DE LA REINE, DU DAUPHIN, DE LA DAUPHINE ET DE MADAME ÉLISABETH
DE DESSINS SUR BOIS INTERCALÉS DANS LE TEXTE
ORNÉ DES PORTRAITS EN TAILLE-DOUCE DE LOUIS XVI, MARIE-ANTOINETTE
LOUIS XVII, MARIE-THÉRÈSE-CHARLOTTE, MADAME ÉLISABETH, LA PRINCESSE DE LAMBALLE
GRAVÉS SOUS LA DIRECTION DE M. HENRIQUEL-DUPONT

et précédé d'une
LETTRE DE MGR DUPANLOUP
ÉVÊQUE D'ORLÉANS.

2 magnifiques volumes grand in-8° jésus. — Prix : 30 fr.
LE MÊME OUVRAGE, 2 beaux volumes in-8° cavalier. — Prix : 16 fr.
LE MÊME OUVRAGE, 2 vol. in-18. — Prix : 10 fr.

LA VIE DE MADAME ÉLISABETH
SŒUR DE LOUIS XVI
PAR M. A. DE BEAUCHESNE.

OUVRAGE ENRICHI DE DEUX PORTRAITS GRAVÉS EN TAILLE-DOUCE
SOUS LA DIRECTION DE M. HENRIQUEL-DUPONT, PAR MORSE ET ÉMILE ROUSSEAU
DE FAC-SIMILE D'AUTOGRAPHES ET DE PLANS

ET PRÉCÉDÉ D'UNE LETTRE DE MONSEIGNEUR DUPANLOUP
ÉVÊQUE D'ORLÉANS.

2 beaux volumes grand in-8° cavalier vélin glacé. — Prix : 16 fr.
LE MÊME OUVRAGE, 2 volumes in-18. — Prix : 10 fr.

LE LIVRE DES JEUNES MÈRES
Par M. A. DE BEAUCHESNE.
Ouvrage couronné par l'Académie française.

1 vol. in-8°, imprimé sur vélin et tiré à 305 exemplaires *numérotés*. Prix : 8 fr.
Le même, 2° édition, 1 vol. in-18 jésus, orné d'une délicieuse vignette en taille-douce.
Prix : 4 fr.
Il est tiré quelques exemplaires sur papier extra. — Prix : 6 francs.

OUVRAGES RELIGIEUX

<table>
<tr><td>

LIVRE
D'HEURES
CONTENANT
LES PRIÈRES DU MATIN ET DU SOIR
L'OFFICE DES PRINCIPALES FÊTES DE L'ANNÉE
La Messe du Mariage
La Bénédiction et la Messe des Relevailles
la Messe de Communion
L'ORDRE DU BAPTÊME DES ENFANTS.

ENCADREMENTS VARIÉS
Vignettes et Lettres ornées, imprimés en différentes couleurs
d'après les Manuscrits du Moyen Age
Quatre Gravures spéciales sur acier
ILLUSTRATIONS
DE MM.
T. JOHANNOT, A. FÉART, REVEL, GOUTIÈRE, etc.

</td><td>

LIVRE
DE MARIAGE
CONTENANT
LA CÉRÉMONIE DES FIANÇAILLES
l'Ordre de la Célébration du Mariage
LA MESSE DU MARIAGE
La Bénédiction et la Messe des Relevailles
L'Ordre du Baptême des Enfants
ET L'OFFICE DES PRINCIPALES FÊTES DE L'ANNÉE.

ENCADREMENTS VARIÉS
Vignettes et Lettres ornées, imprimés en différentes couleurs
d'après les Manuscrits du Moyen Age
Quatre Gravures spéciales sur acier
ILLUSTRATIONS
DE MM.
T. JOHANNOT, A. FÉART, REVEL, GOUTIÈRE, etc.

</td></tr>
</table>

CES OUVRAGES, IMPRIMÉS AVEC LE PLUS GRAND LUXE,
ont obtenu la MÉDAILLE d'HONNEUR à l'Exposition universelle de 1855.

Prix : 15 francs. — Reliures de 25 francs et au-dessus.

PENSÉES SUR LA RELIGION
PAR JEAN THOMASSY
Conseiller honoraire à la Cour d'appel de Paris, chevalier de la Légion d'honneur
SUIVIES DE L'OPUSCULE INTITULÉ : *JÉSUS-CHRIST*
Deuxième Édition, revue, corrigée et considérablement augmentée
Un volume in-8°. — Prix : 6 fr.

LA SOEUR DE CHARITÉ

Par M. A. DE PISTOYE, chef de division au ministère des travaux publics, membre de la Société de l'histoire de France, chevalier de la Légion d'honneur, Épître suivie d'une analyse des Conférences spirituelles tenues pour les Filles de la Charité par saint Vincent de Paul sur leurs règles communes, Conférences pour la première fois publiées et mises à la disposition des fidèles. 1 volume in-18 jésus.
— Prix : 3 fr. 50 c.

MARIE ET SON CULTE
DEVANT LA RAISON DU CHRÉTIEN
Par M. l'abbé **CASTAING**, chanoine du chapitre de Saint-Denis.
Un volume in-18. — Prix : 3 fr. 50 cent.

LA CAMPAGNE DES ZOUAVES PONTIFICAUX
EN FRANCE
SOUS LES ORDRES DU GÉNÉRAL BARON DE CHARETTE
Par M. S. JACQUEMONT
CAPITAINE AUX ZOUAVES PONTIFICAUX

Un joli volume in-18, orné d'une gravure et de trois cartes.
Deuxième édition. — Prix : 2 fr. 50 c.

HISTOIRE
DE
LA VENDÉE MILITAIRE
Par J. CRÉTINEAU-JOLY

5ᵉ édition, considérablement augmentée et ornée d'une carte du théâtre de la guerre
4 volumes grand in-18 jésus. — Prix : 16 francs.

L'ATHÉISME SOCIAL ET L'ÉGLISE
SCHISME DU MONDE NOUVEAU
Par M. LAURENTIE.

1 volume in-8º de 152 pages. — Prix : 3 francs.

LES CRIMES
DE
L'ÉDUCATION FRANÇAISE
Par M. LAURENTIE

In-8º. — Prix : 3 fr.

ÉTUDES SUR L'ÉVANGILE
OU
ESSAI SUR L'UNITÉ, L'HARMONIE ET LE SYMBOLISME DE L'ÉVANGILE
Par A. LAVIGNE
VICAIRE GÉNÉRAL DE NICE POUR LA COLONIE ÉTRANGÈRE

ÉVANGILE SELON SAINT-JEAN

Un beau volume in-8º cavalier. — Prix : 6 francs.

RELIGIEUX.

PROGRAMMES DE PHILOSOPHIE

A L'USAGE DES ÉLÈVES QUI FONT LEURS CLASSES

CONFORMES AU DERNIER PROGRAMME OFFICIEL

Par M. ANTONIN RONDELET

PROFESSEUR DE PHILOSOPHIE A LA FACULTÉ DES LETTRES DE CLERMONT-FERRAND.

1 volume in-18. — Prix : 1 fr. 50 c.

LA RELIGION DANS LE MONDE

Conseils à ma Filleule, par Mme MARIE-ÉLISABETH CAVÉ. Illustré de huit dessins de l'auteur, gravés par Collignon. — 1 beau volume in-12. — Prix : 2 fr.

LA FEMME AUJOURD'HUI, LA FEMME AUTREFOIS

Par Mme MARIE-ÉLISABETH CAVÉ. — Portrait d'après M. Ingres. — 1 volume in-8°. Prix : 4 francs.

ABRÉGÉ DE LA MÉTHODE CAVÉ

Pour apprendre à dessiner juste et de mémoire, précédé des Rapports de l'Inspecteur général des Beaux-Arts, de M. Delacroix, rapporteur de la Commission nommée par S. Exc. le Ministre de l'Instruction publique. — Ouvrage approuvé par MM. Ingres, Delacroix, Horace Vernet, etc., etc. — 1 vol. in-8°. — Prix : 50 c.

LE DESSIN SANS MAITRE

Méthode Cavé, pour apprendre à dessiner de mémoire, par Mme Marie-Élisabeth Cavé. — Ouvrage approuvé par MM. Ingres, Delacroix, Horace Vernet, etc.

Quatrième édition, revue, corrigée et augmentée par l'auteur. — 1 vol. in-8°. 3 fr.

LA COULEUR

Par Mme MARIE-ÉLISABETH CAVÉ, membre de l'Académie des Beaux-Arts d'Amsterdam. — Ouvrage approuvé par M. Eugène Delacroix, pour apprendre la peinture à l'huile et à l'aquarelle. — 3e édition. — 1 vol. in-8°. — Prix : 3 fr.

L'ABBÉ CARRON

Simples pages pour l'histoire de sa vie, par ARSÈNE HOUSSAYE.

Une jolie brochure in-8°. — Prix : 1 fr. 50 c.

LES LOGES DE RAPHAEL

COLLECTION COMPLÈTE
DES
CINQUANTE-DEUX TABLEAUX
PEINTS A FRESQUE
qui ornent les voûtes du Vatican et représentent des sujets de la Bible
DESSINÉS PAR
JOSEPH-CHARLES DE MEULEMEESTER
Ancien Pensionnaire de France à Rome, etc.
ET GRAVÉS SOUS LA DIRECTION DE M. L. CALAMATTA.

Table des 52 planches.

1. Dieu fait la lumière.
2. Création de la terre.
3. Création du soleil, de la lune et des étoiles.
4. Création des animaux.
5. Dieu présente Ève à Adam.
6. Adam et Ève désobéissent à Dieu.
7. Adam et Ève chassés du paradis terrestre.
8. Adam et Ève hors du paradis.
9. Noé construit l'arche.
10. Le Déluge.
11. Sortie de l'arche.
12. Sacrifice de Noé.
13. Abraham et Melchisédech.
14. Promesses de Dieu à Abraham.
15. Apparition des trois anges à Abraham.
16. Loth se retire à Sodome.
17. Dieu apparaît à Isaac.
18. Isaac et Rebecca.
19. Isaac bénit Jacob.
20. Ésaü réclame la bénédiction de son père.
21. L'Échelle de Jacob.
22. Rencontre de Jacob et de Rachel.
23. Jacob demande Rachel à son père.
24. Retour de Jacob en Chanaan.
25. Les Songes de Joseph.
26. Joseph vendu par ses frères.
27. Chasteté de Joseph.
28. Joseph explique les songes de Pharaon.
29. Moïse sauvé des eaux.
30. Le Buisson ardent.
31. Passage de la mer Rouge.
32. Moïse fait jaillir l'eau du rocher.
33. Premières tables de la loi.
34. Adoration du veau d'or.
35. La Colonne de nuée.
36. Secondes tables de la loi.
37. Passage du Jourdain.
38. Prise de Jéricho.
39. Josué arrête le soleil.
40. Partage de la terre de Chanaan.
41. Sacre de David.
42. David tue Goliath.
43. Triomphe de David.
44. David et Bethsabée.
45. Sacre de Salomon.
46. Jugement de Salomon.
47. Construction du temple de Jérusalem.
48. La Reine de Saba à la cour de Salomon.
49. La Naissance de Notre-Seigneur.
50. L'Adoration des Mages.
51. Baptême de Notre-Seigneur.
52. La Cène.

Prix de la collection en noir . . 300 francs.
Id. sur chine . . 420 francs.

La collection se vend également en 26 livraisons. Il en paraît une le 5 de chaque mois. Chaque livraison est composée de 2 planches et d'une feuille de texte. Le tout dans une couverture imprimée.

Prix de la Livraison : 12 francs.

Toute personne qui procure deux souscriptions a droit au troisième exemplaire gratis.

COURS COMPLET D'HISTOIRE, LIVRES-ATLAS
Par MM. DELALLEAU ET SANIS.

EN VENTE:

COURS NORMAL D'HISTOIRE SAINTE

Livre-Atlas renfermant : 1° un traité d'Histoire sainte d'après la Bible, depuis l'origine du monde jusqu'à l'avénement de Jésus-Christ, par M. DELALLEAU DE BAILLIENCOURT, agrégé des études historiques et géographiques, inspecteur de l'Académie de Paris, officier de la Légion d'honneur; et 2° sept cartes coloriées, avec texte en regard, par J. L. SANIS, ingénieur-géographe et professeur spécial de géographie à Paris.

Cet ouvrage a reçu l'approbation de S. Em. le cardinal archevêque de Paris, et celle de NN. SS. les évêques d'Arras, de Nancy, de Strasbourg, de Valence et de Marseille.

Un vol. in-4° oblong. — Prix : 4 fr. 75 c.

On vend séparément :

COURS NORMAL D'HISTOIRE SAINTE
Un volume in-18. — Prix : 80 cent.

ATLAS SPÉCIAL DE GÉOGRAPHIE HISTORIQUE SACRÉE
Composé de sept cartes coloriées, avec texte en regard.

Un volume in-4° oblong. — Prix, cartonné : 1 fr.

L'introduction de cet ouvrage dans les Écoles publiques a été autorisée par décision de S. Exc. le ministre de l'Instruction publique.

COURS NORMAL D'HISTOIRE ANCIENNE

Livre-Atlas renfermant : 1° un Traité de l'Histoire des plus anciens peuples, depuis les temps les plus reculés jusqu'à l'origine des guerres médiques; 2° un Atlas spécial, composé de sept cartes coloriées, avec texte en regard.

Un volume in-4° oblong. — Prix : 3 fr.

On vend séparément :

COURS NORMAL D'HISTOIRE ANCIENNE
Un volume in-18. — Prix : 1 fr. 50 c.

ATLAS SPÉCIAL D'HISTOIRE ANCIENNE
Composé de sept cartes coloriées, avec texte en regard.

Un volume in-4° oblong. — Prix : 1 fr. 50 c.

COURS NORMAL D'HISTOIRE GRECQUE

Livre-Atlas renfermant un Traité complet de l'Histoire grecque, depuis son origine jusqu'à la réduction de la Grèce en province romaine, et un Atlas composé de dix cartes coloriées, avec texte ou légendes en regard, par MM. DELALLEAU DE BAILLIENCOURT et J. L. SANIS.

Un volume in-4° oblong. — Prix : 5 fr.

On vend séparément :

COURS NORMAL D'HISTOIRE GRECQUE
Un volume in-18. — Prix : 3 fr.

ATLAS SPÉCIAL DE L'HISTOIRE GRECQUE
Composé de 7 cartes coloriées. — Un vol. in-4° oblong. — Prix : 2 fr.

COURS NORMAL D'HISTOIRE DE FRANCE

A L'USAGE DES INSTITUTIONS DE TOUS LES DEGRÉS

Première partie. — **Livre-Atlas**, comprenant l'Histoire de France depuis les temps primitifs jusqu'à la Révolution française (1789), et un Atlas spécial de 11 cartes, appropriées aux transformations successives de notre territoire national.

Un volume in-4° oblong. — Prix : 4 francs.

Deuxième partie. — **Livre-Atlas**, comprenant l'Histoire de la Révolution française jusqu'à nos jours, et un Atlas spécial de 19 cartes pour l'étude des campagnes de la République et de l'Empire.

Un volume in-4° oblong. — Prix : 5 francs.

L'introduction de cet ouvrage dans les Écoles publiques a été autorisée par décision de S. Exc. le ministre de l'Instruction publique.

ABRÉGÉ D'HISTOIRE DE FRANCE

depuis le commencement de la monarchie jusqu'à la révolution de 1789.

Un volume in-18. — Prix : 1 franc. — *La 2ᵉ partie est sous presse.*

COURS NORMAL DE GÉOGRAPHIE

Livre-Atlas renfermant un traité de Géographie générale, une description de la France et de ses colonies, un Atlas de 14 cartes coloriées avec légendes en regard, par J. L. SANIS, professeur spécial de géographie à Paris.

Un volume in-4° oblong. — *Prix :* 1 fr. 75 c.

CARTE DE LA TURQUIE D'ASIE, DE L'ARABIE

ET DE L'EXPÉDITION FRANÇAISE EN SYRIE

Dressée par M. SANIS, d'après les documents fournis par les RR. PP. de la Comp. de Jésus, Missionnaires en Syrie. Une feuille, 4 fr. — sur toile, 5 fr. — avec étui, 6 fr.

Les ouvrages suivants, des mêmes auteurs, sont en préparation et paraîtront successivement.

COURS NORMAL D'HISTOIRE ROMAINE

Depuis les temps les plus reculés jusqu'à la chute de l'empire romain d'Occident (476 ans après J. C.)

COURS NORMAL D'HISTOIRE DU MOYEN AGE

De 476 après J. C. à 1453, ou prise de Constantinople par les Turcs (c'est le point de départ de l'histoire moderne).

Il est inutile d'ajouter que chacune de ces histoires sera accompagnée d'une série de cartes qui réalise le plan général des *Livres-Atlas*, méthode qui repose sur un principe aussi simple que fécond, l'*unité*, sans laquelle le succès est impossible.

                                                                                                fr. cent.

Almanach des Enfants, ou les Corps célestes, les Météores et les Plantes, à la portée du jeune âge; avec des instructions pour de petits jardins d'enfants; l'éducation des vers à soie; l'établissement des volières; la formation des herbiers et les chasses aux oiseaux, aux chenilles, aux insectes et aux papillons; par Timothée DEHAY; orné de 70 dessins par E. Forest et Ch. Vernier. 1 vol. in-18 cartonné.   2 »

Bibliothèque d'encouragement. Chaque volume est approuvé par l'autorité ecclésiastique. 50 volumes in-32. Les 50 volumes.   6 »

Cartulaire de l'Abbaye de Notre-Dame des Vaux de Cernay, de l'Ordre de Cîteaux, au diocèse de Paris, composé d'après les Chartes originales conservées aux archives de Seine-et-Oise, enrichi de Notes, d'Index et d'un Dictionnaire géographique, par MM. Luc. MERLET et AUGUSTE MOUTIÉ, membres de la Société archéologique de Rambouillet, sous les auspices et aux dépens de M. H. D'ALBERT, duc DE LUYNES, membre de l'Institut. 3 vol. in-4° et atlas in-folio.   80 »

Cartulaire de l'Abbaye de Notre-Dame de la Roche, de l'Ordre de Saint-Augustin, au diocèse de Paris, d'après le manuscrit original de la Bibliothèque impériale, enrichi de Notes, d'Index, et d'un Dictionnaire géographique; suivi d'un précis historique et de la description de l'ancienne abbaye, d'une Notice sur la paroisse et la seigneurie de Lévis, et de notes historiques et généalogiques sur les seigneurs de Lévis, par AUGUSTE MOUTIÉ, membre de la Société archéologique de Rambouillet, sous les auspices et aux dépens de M. H. D'ALBERT, duc DE LUYNES, membre de l'Institut. 1 vol. in-4° de texte.   16 »

Atlas dudit ouvrage, contenant 40 planches dessinées par M. NICOLLE, architecte, administrateur-adjoint de la manufacture impériale de porcelaine de Sèvres. In-folio, cartonné.   50 »

Chapelle de Notre-Dame du Morvan, sur la montagne du Banquet, inaugurée par Mgr Dufêtre, évêque de Nevers, le 21 sept. 1858. 1 vol. in-32.   » 50

Clergé et de l'Université (du), Considérations sur leur situation réciproque, par un CATHOLIQUE membre de l'Université. 1 vol. in-8.   3 »

Cloches de la charité (les), par madame Jane TAMPIER, née Mathieu (de la Drôme). — 1 beau volume in-18.   2 »

De Immaculata Beatæ Virginis Mariæ Conceptione in Genesi prædicta, in Evangelio edicta breve argumentum utinam grave, auctore C. J. 1 v. in-8.   » 60

Éléments de lecture (Nouveaux), d'après la méthode analytique, synthétique et analogique, avec de nouvelles et belles gravures, par M. LAURENS, membre du Comité d'instruction primaire de Lus-la-Croix-Haute (Drôme). 3ᵉ édition. In-8.   1 50

Études sur les Sermons de Bossuet d'après les manuscrits. Thèse présentée à la Faculté des lettres de Paris, par l'abbé VAILLANT, licencié ès lettres, ancien élève de l'École des Carmes. 1 vol. in-8.   4 »

Exercices pour le Chemin de la Croix et pour les **Stations du Calvaire**, avec les pratiques de cette dévotion. 1 v. in-18, orné de 52 vignettes. — Cartonné en toile.   » 75

Exposé succinct des dogmes et des préceptes de la religion chrétienne, ou Abrégé de ce qu'un chrétien doit croire et pratiquer. 1 piqûre in-32.   » 5

	fr.	cent.

France ecclésiastique (la), **Almanach du Clergé** pour l'année **1873**, contenant les archevêques et évêques de France; leurs vicaires généraux, leurs officiaux; les dignitaires et chanoines des églises cathédrales; les supérieurs des séminaires; les curés; les cures, succursales et vicariats; les congrégations religieuses; suivi de la législation des cultes jusqu'à décembre 1872, et ce qui est relatif à la grande Aumônerie et au Chapitre de Saint-Denis. Un joli volume in-18 de 740 pages. — 4 »

> Ce livre paraît au mois de janvier de chaque année. Tous les ans, il est soigneusement revu et corrigé par MM. les secrétaires généraux de tous les archevêchés et évêchés de France, qui veulent bien donner leur concours à cette utile publication. Il reste quelques exemplaires des années 1851, 1852, 1853, 1854, 1855, 1856, 1857, 1858, 1859, 1860, 1861, 1862, 1863, 1864, 1865, 1866, 1867, 1868, 1869, 1870 et 1871-1872.

Histoire de l'Ancien et du Nouveau Testament, depuis la création du monde jusqu'à la ruine de Jérusalem et du temple. Ouvrage orné de 100 vignettes. 2 volumes grand in-8. — 8 »

Il reste quelques exemplaires sur grand papier vélin. — 25 »

Histoire de l'Ancien Testament (abrégé de l'), offert aux familles, aux institutions primaires et autres maisons d'éducation, rédigé sur un plan nouveau, propre, par ses développements, à rendre sa lecture utile, instructive, agréable, à toutes sortes de lecteurs. Méthode nouvelle de lecture classique primaire, basée sur l'accord et le mélange fréquents des chiffres et des lettres, par M. MAIGNÉ. Un volume in-8. — 5 »

Histoire naturelle, Philosophie et Religion, conséquences des **Lois de réparation des Œuvres**, ou Application des sciences à la religion. 1856. Une brochure grand in-8. — 5 »

Intervention de la Société pour prévenir et soulager la misère, par Armand DE MELUN, président de la Société d'économie charitable. 1 v. in-8. — » 50

Le Mois de l'Enfant Jésus. Lectures, Méditations, Prières pour tous les jours de janvier, recueillies par le frère J. NILINSE. 1 joli vol. in-18. — 1 »

Le Mois de saint Joseph, Lectures, Méditations et Prières pour tous les jours de mars, recueillies par le frère J. NILINSE. 1 joli vol. in-18. — 1 »

Lettres de piété et de direction, par BOSSUET. 1 vol. in-12. — 3 »

Livre des jeunes personnes. Enseignements et Élévations, ou Entretiens familiers sur les principaux dogmes de l'Eglise et sur les offices et les vertus qui semblent plus particulièrement réclamer le cœur et l'esprit des jeunes personnes, précédé des Prières du matin et du soir, de l'Ordinaire de la Messe, des Vêpres, des Complies; par F. Z. COLLOMBET. Ouvrage approuvé par Mgr M. D. Auguste Sibour, et par Mgr Louis Rossat, évêque de Gap. 1 vol. grand in-32. — 1 50

Mort d'un pèlerin à Jérusalem en 1852. Notice sur les derniers moments du comte Charles du Coetlosquet, par Émile GENTIL, chevalier du Saint-Sépulcre, publié au profit de l'hôpital des Sœurs de Saint-Joseph à Jérusalem et de l'hospice de Nazareth. Grand in-8 avec vign. — 1 »

Panégyriques et Oraisons funèbres, par BOSSUET. 1 vol. in-12. — 3 »
Le même. 1 vol. in-8. — 4 »

Paroles d'un chrétien à son siècle, par l'abbé Constant SIMON. — 1 »

OUVRAGES RELIGIEUX

fr. cent.

Petit Manuel d'Administration pour les affaires du culte catholique, contenant sur chaque nature d'affaires traitées au ministère des cultes, concernant les fabriques et les communes, l'indication : 1° des principes généraux suivis par l'administration des cultes; 2° des pièces exigées pour l'instruction des demandes adressées au ministère, par M. HIPPOLYTE BLANC, sous-chef au cabinet de M. le ministre de l'instruction publique et des cultes. Ouvrage spécialement destiné aux curés, aux desservants et aux maires des communes rurales. 2e éd., rev. et corr. » 40

Prières quotidiennes (en français), mises en musique d'après les tonalités du plain-chant, par mademoiselle Juliette DILLON, organiste de la cathédrale de Meaux. (Dédié aux confréries de France.) 16 pages grand in-8, avec couverture imprimée. 1 »

Règles de Droit et de Morale tirées de l'Écriture sainte, mises en ordre et annotées, par M. DUPIN, docteur en droit, ancien magistrat. 1 volume in-18. 5 »

Rêveries maternelles, par madame ***. — 1 volume in-12. 2 »

Les Rayons, Poésies, par Eugène BAZIN. — 1 beau volume in-8°. 5 »

Sang du Christ, par Henri DELAAGE. 1 vol. in-18. » 50

Sermons, par BOSSUET. 4 vol. in-8. 16 »

Textes choisis, contenant les principaux fondements de la religion chrétienne extraits des saintes Écritures et classés pour son usage personnel et celui de ses amis dans la foi, par A. M. J. J. D***. 1 vol. in-32. » 80

Traité de l'oraison, du révérend père Alphonse Rodriguez, de la compagnie de Jésus. 1 volume in-8. Prix. 1 »

Traité de la science de Dieu, ou Découverte des causes premières. Ouvrage révélant le grand mystère de l'électricité et du magnétisme, celui de la pile omnipuissante et intarissable, et les lois éternelles de la physiologie générale, et constituant la galvanoplastique daguerrienne universelle. Par Pierre ROUX. 1 vol. in-12. 4 »

Trésor des religieux, ou Pratique d'humilité pour conduire à la perfection religieuse, par le P. Hilarion TISSOT. 1 vol. in-18, avec grav. » 75

Trésor des religieuses, ou Pratique d'humilité pour conduire à la perfection religieuse, par le P. Hilarion TISSOT. 1 vol. in-18, avec grav. » 75

Trésor du riche et de l'indigent, suivi de la Consolation du pauvre. Nouvelle éd., par le P. Hilarion TISSOT. 1 vol. in-18, avec gr. » 75

L'ASSOMPTION
DE LA TRÈS-SAINTE VIERGE

D'après le magnifique tableau de MURILLO
Par ISNARD DESJARDINS.

Grande et belle peinture typographique sur toile. — Hauteur, 1 mètre; largeur, 75 cent.

PRIX : 12 FRANCS. — AVEC CADRE DORÉ, 20 FRANCS.

Caisse et emballage : 6 fr. en plus des prix ci-dessus.

Les personnes qui se réuniront pour faire venir en même temps CINQ tableaux encadrés ne payeront ni caisse ni emballage ; elles n'auront que 100 francs à envoyer.

TABLEAUX PEINTS ET ENCADRÉS
DU
CHEMIN DE LA CROIX

D'APRÈS LES GRANDS MAITRES

RAPHAEL, RUBENS, TITIEN, POUSSIN, CARRACHE, VAN DYCK, ANDRÉ DEL SARTE, LEBRUN, LESUEUR, MIGNARD

Approuvé par Monseigneur l'Archevêque de Paris.

Chaque tableau a 1 mètre 50 cent. de hauteur et 1 mètre 15 cent. de largeur.

Toutes les églises, même les moins riches, ont un *Chemin de la Croix* ; mais il en est peu où les sujets soient traités convenablement, c'est-à-dire de manière à plaire aux yeux, et là même à toucher le cœur et justifier les élans d'une fervente dévotion. Un grand nombre de nos paroisses de campagne ne possèdent que d'informes images ; il en est même où les stations du *Chemin de la Croix* ne sont indiquées que par des inscriptions sur les piliers de l'église. M. Henri Plon, de Paris, qui depuis longtemps s'occupe d'ouvrages religieux, a trouvé le moyen de décorer toutes nos églises, à très-peu de frais, d'un *Chemin de la Croix* tout à la fois digne de la dévotion à laquelle il sert de guide et de la majesté sainte des temples qu'il sert à orner. Cette collection, composée de quatorze tableaux de 1 mètre 50 centimètres de hauteur sur 1 mètre 15 centimètres de largeur, est la reproduction, faite par nos plus habiles artistes, des tableaux des grands maîtres. Ces artistes ont voulu non-seulement rendre le dessin, mais le coloris des originaux et la fidélité des costumes. La collection, encadrée, prête à être posée, coûte 200 francs. — Il a été fait des croix en bois doré de 30 centimètres de hauteur ; ces 14 croix se vendent 25 francs. — Monseigneur l'Archevêque de Paris a bien voulu prendre connaissance de cette entreprise dès son origine, et a daigné l'honorer de son approbation.

Approbation de Monseigneur l'Archevêque de Paris.

Monsieur, j'ai vu avec plaisir les résultats de vos travaux pour reproduire en peinture, à l'aide de procédés mécaniques, les tableaux les plus estimés représentant les principales scènes de la Passion de Jésus-Christ. Les églises les plus pauvres pourront par ce moyen se procurer pour le Chemin de la Croix des tableaux qui, s'ils n'ont pas le fini de l'exécution qu'on ne peut espérer pour le prix si modéré auquel vous les donnez, sont au moins d'un bon effet et pourront exciter la piété des fidèles.

Recevez, etc.

† DENIS,
Archevêque de Paris.

Paris, le 25 novembre 1847.

Titres des quatorze tableaux.

1. *Jésus est condamné à mort* (d'après Poussin).
2. *Jésus est chargé de sa croix* (d'après Aug. Carrache).

3. *Jésus tombe sous le poids de sa croix* (d'après Pierre Mignard).
4. *Jésus rencontre sa très-sainte mère* (d'après Lebrun).
5. *Simon le Cyrénéen aide Jésus à porter sa croix* (d'après Pierre Mignard).
6. *Une pieuse femme essuie la face de Jésus-Christ* (d'après Raphaël).
7. *Jésus tombe à terre pour la seconde fois* (d'après Antoine van Dyck).
8. *Jésus console les filles d'Israël qui le suivent* (d'après Nicolas Mignard).
9. *Jésus tombe pour la troisième fois* (d'après André del Sarte).
10. *Jésus est dépouillé de ses vêtements* (d'après Poussin).
11. *Jésus est attaché à la croix* (d'après Lesueur).
12. *Jésus meurt sur la croix* (d'après Rubens).
13. *Jésus est détaché de la croix et remis à sa mère* (d'après Rubens).
14. *Jésus est mis dans le sépulcre* (d'après Titien).

PRIX DE LA COLLECTION.

QUATORZE TABLEAUX, avec cadres peints (hauteur 1 mètre 50 centimètres, largeur 1 mètre 15 centimètres), caisse et emballage compris. . . . . 200 fr.
— Avec les 14 croix en acajou plaqué : 212 fr. — Avec les 14 croix en bois doré. . . 225 fr.
LES MÊMES, avec cadres dorés de 10 centimètres de largeur, ou cadres noirs avec ornements en relief renaissance (hauteur 1 mètre 50 centimètres, largeur 1 mètre 15 centimètres), y compris les 14 croix en bois doré, les caisses et emballage. . . . . 400 fr.
LES MÊMES, avec cadres dorés de 7 centimètres de largeur, ou cadres noirs avec ornements renaissance (hauteur 1 mètre 30 centimètres, largeur 1 mètre), y compris les 14 croix en bois doré, les caisses et emballage. . . . . 300 fr.
LES MÊMES, **OBLONGS**, avec cadres dorés ou cadres noirs de 7 centimètres de largeur (hauteur 90 centimètres, largeur 1 mètre 7 centimètres), y compris les 14 croix en bois doré, les caisses et emballage. . . . . 250 fr.

L'éditeur, voulant offrir aux fidèles tous les tableaux de la *Passion* de Notre-Seigneur, a fait précéder son *Chemin de la Croix* des cinq tableaux indiqués ci-après, et l'a fait terminer par la belle toile de *la Résurrection* d'après Sébastien Bourdon.

Ces six tableaux sont semblables à ceux du *Chemin de la Croix* quant à l'exécution; ils ont aussi les mêmes dimensions.

Les personnes qui désireraient joindre ces six tableaux à ceux du *Chemin de la Croix* peuvent en faire la demande de suite.

Titres des six tableaux.

A. *Jésus au Jardin des Oliviers* (d'après Poussin).
B. *Jésus trahi par Judas* (d'après Poussin).
C. *Jésus devant Caïphe* (d'après Poussin).
D. *Jésus couronné d'épines* (d'après Titien).
E. *Ecce Homo* (d'après Titien).
F. *Résurrection de Jésus-Christ* (d'après Sébastien Bourdon).

LE PRIX DES SIX TABLEAUX avec encadrements peints, hauteur 1 mètre 50 centimètres, largeur 1 mètre 15 centimètres, caisse et emballage compris. . . . . 90 fr.
LES MÊMES avec cadres dorés de 10 centimètres de largeur, caisse et emballage compris. . 170 fr.
LES MÊMES tableaux avec cadres dorés de 7 centimètres de largeur (hauteur 1 mètre 30 centimètres, largeur 1 mètre), caisse et emballage compris. . . . . 130 fr.

Un joli petit volume intitulé *Exercices pour le Chemin de la Croix et pour la Passion de Notre-Seigneur*, contenant 120 pages, et orné de 40 vignettes, est expédié avec les caisses; et pour les personnes qui le prennent séparément il se vend 50 cent.

Les demandes doivent être faites directement à M. E. Plon et Cie, éditeurs, rue Garancière, 10, à Paris.

TABLE ALPHABÉTIQUE DU CATALOGUE RELIGIEUX.

Pages.		Prix.
5	BASCHET (A.). Journ. du Concile de Trente.	6 »
16	BAZIN. Les Rayons. In-8.	5 »
7	BEAUCHESNE (de). Louis XVII. 2 gr. in-8.	30 »
7	— Le même. 2 in-8, cav.	16 »
7	— Le même. 2 in-18.	10 »
7	— La Vie de Mme Élisabeth. 2 in-8.	16 »
7	— Le même. 2 in-18.	10 »
6	— Sainte Notburg. 1 in-8.	25 »
7	— Le Livre des jeunes mères. 1 in-8.	8 »
7	— Le même. 1 in-18.	4 »
4	BIBLIA SACRA. 1 in-18.	5 »
14	BIBLIOTH. D'ENCOURAGEMENT. 30 in-32.	6 »
16	BLANC. Manuel d'administration.	» 40
15	BOSSUET. Panégyriques et Oraisons funèbres. 1 in-8.	4 »
15	— Panégyriques et Oraisons funèbres. 1 in-12.	3 »
16	— Sermons. 4 in-8.	16 »
8	CASTAING. Marie et son culte. 1 in-18.	3 50
4	CATÉCHISME de persévérance. In-18.	1 »
10	CAVÉ (Mme). Relig. dans le monde. In-12.	2 »
10	— Femme aujourd'hui. 1 in-8.	4 »
10	— Abrégé de la méthode de dessin.	» 50
10	— Le Dessin sans maître. 1 in-8.	3 »
10	— La Couleur. 1 in-8.	3 »
14	CLERGÉ (du) et de l'Université. 1 in-8.	3 »
2	CHAZOURNES (de). Vie du R. P. J. Barrelle. 2 in-8°.	16 »
2	— Le même. 2 in-18.	8 »
15	COLLOMBET. Liv. des jeunes Personnes.	1 50
9	CRÉTINEAU-JOLY. La Vendée militaire. 1 in-18.	16 »
14	DEHAY. Almanach des enfants. 1 in-18.	2 »
14	DE IMMACULATA BEATÆ MARIÆ VIRGINIS CONCEPTIONE. 1 in-8.	» 60
16	DELAAGE. Sang du Christ. 1 in-18.	» 50
12	DELALLEAU et SANIS. Cours d'histoire.	» »
4	DIAMANT du Chrétien. 1 in-32.	2 »
16	DILLON. Prières quotidiennes. 1 in-8.	1 »
1	DUPANLOUP. Hist. de N.-S. Jésus-Christ.	20 »
1	— Le même. 1 in-8 raisin.	10 »
1	— Le même. 1 in-18.	5 »
16	DUPIN. Règles de Droit et de Morale.	5 »
14	— Notre-Dame du Morvan. In-32.	» 50
16	— Textes choisis. 1 in-32.	» 80

Pages.		Prix.
14	EXERCICES pour le chemin de la croix.	» 50
14	EXPOSÉ DES DOGMES. 1 in-32.	» 20
5	FESSLER (Mgr). Infaillibilité des Papes. 1 in-18.	» »
2	FLAVIGNY (V^{tesse} de). Pierre Fourier. In-8.	7 »
5	FLEURIOT (Mlle). Notre capitale Rome. 1 in-18.	4 »
15	FRANCE ecclésiastique (1873). 1 in-18.	4 »
3	GAVEAU. Sœur Eugénie. 1 in-18.	3 »
15	GENTIL. Mort d'un pèlerin. 1 in-8.	1 »
14	HISTOIRE DE L'ANCIEN ET DU NOUVEAU TESTAMENT. 2 in-8.	8 »
15	HISTOIRE NATURELLE, Philosophie et Religion. 1 in-8.	5 »
2	HOUSSAYE. M. de Bérulle. 1 in-8.	6 »
10	HOUSSAYE (Ars.). L'abbé Carron. 1 in-8.	1 50
3	ISOARD (Mgr). Prières. 1 in-18.	3 »
9	JACQUEMONT. Campagne des zouaves pontificaux en France. 1 in-18.	2 50
14	LAURENS. Éléments de lecture. 1 in-8.	1 50
9	LAURENTIE. L'athéisme social et l'Eglise. 1 in-8.	3 »
9	— Les Crimes de l'éducation. 1 in-8.	3 »
3	LE REBOURS. Mois de Marie. 1 in-18 elzevirien.	2 »
8	LIVRE DE MARIAGE. 1 in-18.	15 »
8	LIVRE D'HEURES. 1 in-18.	15 »
11	LOGES DE RAPHAEL. 52 gravures.	300 »
3	MACKAU (B^{nne} de). Ce que disent les champs. 1 in-18.	1 25
15	MAIGNÉ. Ancien Testament. 1 in-8.	5 »
15	MELUN. Intervent. de la Société. 1 in-8.	» 50
14	MERLET ET MOUTIÉ. Cartulaire de l'abbaye de N.-D. des Vaux de Cernay. 3 in-4 et atlas.	80 »
2	MERMILLOD (Mgr). Allocution. In-8.	1 »
14	MOUTIÉ. Cartulaire de l'abbaye de N.-D. de la Roche. 1 in-4.	16 »
14	— Atlas du même.	50 »
15	NILINSE. Mois de saint Joseph. In-18.	1 »
15	— Mois de l'Enfant Jésus. In-18	1 »

Pages.		Prix	Pages.		Prix
6	NOTRE-DAME DE FRANCE. Province ecclésiastique de Paris. 1 in-8.	6 »	15	SIMON (Constant). Paroles d'un chrétien. 1 in-12.	1 »
6	— Bourges et Cambrai, 1 in-8.	6 »	9	TABLE PARLANTE. 1 in-8.	6 »
6	— Albi, Toulouse et Auch. 1 in-8.	6 »	14	TAMPIER (Mme). Cloches de la charité. 1 in-18.	2 »
6	— Bordeaux, Tours et Rennes. In-8.	6 »	8	THOMASSY. Pensées sur la relig. 1 in-8.	6 »
6	— Rouen, Reims et Sens. 1 in-8.	6 »	16	TISSOT. (P. Hilarion). Trésor des religieux. 1 in-18.	» 75
6	— Besançon, Lyon. 1 in-8.	6 »	16	— Trésor des religieuses. 1 in-18.	» 75
6	— Avignon, Aix et Chambéry. In-8.	6 »	16	— Trésor du riche et de l'indigent. 1 in-18.	» 75
8	PISTOYE (de). La Sœur de charité. 1 in-18.	3 50	5	TONDINI (R. P.). Le Pape de Rome. 1 in-18.	» »
16	RÊVERIES MATERNELLES. 1 in-12.	2 et 3 »			
16	RODRIGUEZ. Traité de l'oraison. 1 in-8.	1 »			
10	RONDELET. Programme de Philosophie. 1 in-18.	1 50			
16	ROUX. Science de Dieu. 1 in-12.	1 »			
3	SANIS. Cours de géographie.	1 75	14	VAILLANT. Études sur les sermons de Bossuet. 1 in-8.	1 »
3	— Carte de Turquie d'Asie.	1 »			

Paris. — Typographie de E. Plon et Cie, rue Garancière, 8.

JURISPRUDENCE.

LE DROIT CIVIL EXPLIQUÉ
Par M. TROPLONG,

Premier président de la Cour de cassation, membre de l'Institut, etc.

Suivant l'ordre des articles du Code, continué depuis et y compris le titre de la Vente.

21 volumes in-8. — Prix : 189 fr.

1ʳᵉ Série. — Commentaires publiés.

DE LA VENTE. 2 volumes in-8. Nouvelle édition, mise en rapport avec la loi du 23 mars 1855 sur la transcription. 18 fr.

DE LA PRESCRIPTION. 2 vol. in-8. Nouvelle édition, mise au courant de la jurisprudence. 18 fr.

DE L'ÉCHANGE ET DU LOUAGE. 2 vol. in-8, édition de 1852. 18 fr.

DU PRÊT, DU DÉPÔT ET DU SÉQUESTRE, DE LA RENTE VIAGÈRE (tomes XIV et XV). 2 vol. in-8. 18 fr.

DU MANDAT, DU CAUTIONNEMENT, DES TRANSACTIONS (t. XVI et XVII). 2 v. in-8. 18 fr.

DE LA CONTRAINTE PAR CORPS, DU NANTISSEMENT (t. XVIII et XIX). 2 vol. in-8. 18 fr.

Ces deux vol., tomes XVIII et XIX, terminent la partie du Code que n'avait pas traitée M. Toullier.

2ᵉ Série. — Commentaires publiés.

DU CONTRAT DE MARIAGE. 4 vol. in-8. 36 fr.

DES DONATIONS ENTRE-VIFS ET DES TESTAMENTS. 4 vol. in-8. 3ᵉ édition, publiée en février 1872. 36 fr.

DE LA TRANSCRIPTION. 1 vol. in-8. 2ᵉ édition (novembre 1864). 9 fr.

TOULLIER.
LE DROIT CIVIL FRANÇAIS

14 volumes in-8. — Prix : 70 francs.

Sixième Édition,

revue par J. B. DUVERGIER, bâtonnier de l'ordre des avocats.

Les personnes qui n'ont pu compléter *Toullier* sont prévenues que je puis leur fournir les 14 parties séparées, sauf la 3ᵉ, *qui est épuisée*, au prix de 5 francs chacune.

TOULLIER ET TROPLONG RÉUNIS

35 volumes in-8. — Prix : 200 francs, au lieu de 259 francs.

E. PLON & Cⁱᵉ, éditeurs.

TRAITÉ
DE L'INSTRUCTION CRIMINELLE
OU
THÉORIE DU CODE D'INSTRUCTION CRIMINELLE
Par M. Faustin HÉLIE,
Membre de l'Institut, président à la cour de cassation.

DEUXIÈME ÉDITION, ENTIÈREMENT REVUE ET CONSIDÉRABLEMENT AUGMENTÉE.

8 volumes in-8°. — Prix : 80 francs.

TRAITÉ COMPLET
THÉORIQUE ET PRATIQUE
DE DROIT COMMERCIAL
NOUVELLE ÉDITION
Comprenant dans un ordre nouveau l'ouvrage publié sous le titre du CONTRAT DE COMMISSION,

Par MM. DELAMARRE et LE POITEVIN (de Rennes).

6 volumes in-8. — Prix : 48 francs.

TRAITÉ THÉORIQUE ET PRATIQUE
DES PREUVES
EN DROIT CIVIL ET EN DROIT CRIMINEL
Par M. E. BONNIER
PROFESSEUR A LA FACULTÉ DE DROIT DE PARIS

Quatrième Édition

REVUE ET MISE AU COURANT DE LA LÉGISLATION ET DE LA JURISPRUDENCE

Deux volumes in-8°. — Prix : 16 francs.

LA
JURIDICTION CONSULAIRE DE PARIS
(1563-1792)
Sa création, ses luttes, son administration intérieure, ses usages et ses mœurs

Par M. G. DENIÈRE

ANCIEN PRÉSIDENT DU TRIBUNAL DE COMMERCE DE LA SEINE
PRÉSIDENT DE LA CHAMBRE DE COMMERCE DE PARIS

Un superbe volume grand in-8°. — Prix : 10 francs.

COURS ANALYTIQUE DE CODE NAPOLÉON

PAR M. A. DEMANTE

AVOCAT A LA COUR D'APPEL, PROFESSEUR A LA FACULTÉ DE DROIT DE PARIS, ANCIEN MEMBRE DES ASSEMBLÉES NATIONALES

CONTINUÉ DEPUIS L'ARTICLE 980
PAR E. COLMET DE SANTERRE
Avocat à la Cour d'appel, professeur de Code civil à la Faculté de droit de Paris.

L'ouvrage formera 9 volumes in-8°.

EN VENTE

Les tomes I et II, renfermant les articles 1 à 710; se vendent 15 fr. »»
Le tome III renferme les articles 711 à 892. *Traité des successions*. 1 vol. 7 fr. 50
Le tome IV, continué par M. COLMET DE SANTERRE, renferme le titre des donations entre-vifs et des testaments. 1 volume. 7 fr. 50
Le tome V renferme le titre des contrats et des obligations conventionnelles en général, articles 1101 à 1386. 1 volume. 7 fr. 50
Le tome VI renferme le *Traité du Contrat de mariage*, art. 1387-1581. 1 vol. 7 fr. 50
Le tome VII, qui est sous presse, renferme la *vente*, l'*échange* et le *louage*.

Le *Cours analytique* a l'avantage d'être un travail d'ensemble sur le Code civil et en même temps une suite de traités distincts sur les principales matières du droit. (Tomes I et II : *Traités des personnes et des choses*. — Tome III : *Des Successions*. — Tome IV : *Des Donations*. — Tome V : *Des Obligations*. — Tome VI : *Du Contrat de mariage*.) Ces divers traités comprennent presque toutes les grandes matières du droit civil.

Le *Cours analytique* aura encore deux volumes, qui paraîtront sans interruption, M. Colmet de Santerre s'étant engagé à travailler activement et assidûment à l'œuvre qu'il a entreprise de terminer.

PAILLIET — ROGRON
TOUS LES CODES OFFICIELS FRANÇAIS
Y COMPRIS LES CODES MILITAIRE & MARITIME
COLLATIONNÉS SUR LE BULLETIN DES LOIS
PRÉCÉDÉS DES CONSTITUTIONS DE L'EMPIRE

ET MIS AU COURANT DE LA LÉGISLATION ACTUELLE PAR L'INSERTION DANS LEURS TEXTES DES NOMBREUSES LOIS MODIFICATIVES SUCCESSIVEMENT ÉDICTÉES JUSQU'A CE JOUR

Avec : 1° Un exposé **des faits et actes** qui ont amené la **Présidence** et l'**Empire**; — 2° Une concordance **des articles** des Codes entre eux; — 3° D'**importantes annotations** sur l'ancien et le nouveau droit; — 4° Des **extraits de l'exposé des motifs** sous les articles des Codes **militaire** et **maritime**.

Terminés par une table générale des matières et par une table alphabétique.

Un fort volume grand in-8° de plus de 900 pages. — Prix : 42 fr. 50 c.
Demi-reliure chagrin. — Prix : 45 fr.

DU DROIT NOBILIAIRE FRANÇAIS
AU DIX-NEUVIÈME SIÈCLE
Par ALFRED LEVESQUE
AVOCAT A LA COUR D'APPEL DE PARIS

Un volume in-8°. — Prix : 6 francs.

JURISPRUDENCE.

EXPLICATION HISTORIQUE
DES
INSTITUTS DE L'EMPEREUR JUSTINIEN

AVEC LE TEXTE, LA TRADUCTION EN REGARD, ET LES EXPLICATIONS SOUS CHAQUE PARAGRAPHE,

Précédée de l'HISTOIRE DE LA LÉGISLATION ROMAINE,

DEPUIS SON ORIGINE JUSQU'A LA LÉGISLATION MODERNE,

ET D'UNE GÉNÉRALISATION DU DROIT ROMAIN,

D'APRÈS LES TEXTES ANCIENNEMENT CONNUS OU PLUS RÉCEMMENT DÉCOUVERTS.

Par M. ORTOLAN, professeur à la Faculté de Droit de Paris.

8ᵉ édition, revue et considérablement augmentée. — 3 forts volumes in-8°. Prix : 22 fr. 50.

LES PÉNALITÉS DE L'ENFER DE DANTE

SUIVIES D'UNE ÉTUDE SUR

BRUNETTO LATINI

APPRÉCIÉ COMME LE MAITRE DE DANTE

Par Elzéar ORTOLAN

PROFESSEUR DE LÉGISLATION PÉNALE COMPARÉE A LA FACULTÉ DE DROIT DE PARIS

Un volume in-18. — Prix : 2 francs 50 cent.

OEUVRES DE POTHIER

ANNOTÉES ET MISES EN CORRÉLATION

AVEC LE CODE CIVIL & LA LÉGISLATION ACTUELLE

Par M. BUGNET,

Professeur de Code civil à la Faculté de droit de Paris, chevalier de la Légion d'honneur.

Deuxième édition. — 11 volumes in-8°, y compris le volume de tables.

Prix : 65 francs.

Le volume de Tables seul. — Prix : 5 fr. 50 c.

RÉSUMÉ
DES ÉLÉMENTS DE DROIT PÉNAL

PÉNALITÉ — JURIDICTION — PROCÉDURE

SUIVANT LA SCIENCE RATIONNELLE, LA LÉGISLATION POSITIVE ET LA JURISPRUDENCE

AVEC LES DONNÉES DE NOS STATISTIQUES CRIMINELLES

Par M. ORTOLAN, professeur à la Faculté de Droit de Paris.

1 fort volume in-8°. — Prix : 10 francs.

ÉLÉMENTS DE PROCÉDURE CIVILE

Par M. BONNIER, professeur à la Faculté de Droit de Paris.

1 fort volume in-8. — Prix : 9 francs.

RÉQUISITOIRES
PLAIDOYERS ET DISCOURS DE RENTRÉE
PRONONCÉS PAR M. DUPIN
PROCUREUR GÉNÉRAL A LA COUR DE CASSATION

AVEC LE TEXTE DES ARRÊTS

Depuis le mois de novembre 1857 jusqu'à son décès (10 novembre 1865)

Publiés par M. le baron Charles Dupin

AVEC LE CONCOURS DE M. L. MÉNARD

Secrétaire en chef du parquet de la Cour de cassation
et de M. GAUTROT, ancien secrétaire du même parquet

Trois vol. in-8°. — Prix : 21 fr.

RÈGLES DE DROIT ET DE MORALE
TIRÉES DE L'ÉCRITURE SAINTE

Mises en ordre et annotées

PAR M. DUPIN

ANCIEN BATONNIER DES AVOCATS, DOCTEUR EN DROIT, PROCUREUR GÉNÉRAL A LA COUR DE CASSATION.

Un volume in-18. — Prix : 5 francs.

COURS D'ADMINISTRATION
ET DE
DROIT ADMINISTRATIF
PROFESSÉ A LA FACULTÉ DE DROIT DE PARIS

Par M. MACAREL, conseiller d'État.

TROISIÈME ÉDITION, MISE AU COURANT DE LA LÉGISLATION

PAR M. A. DE PISTOYE,

Ancien Avocat à la Cour d'appel de Paris, Chef de Bureau au Ministère de l'Agriculture,
du Commerce et des Travaux publics, Officier de la Légion d'honneur.

L'ouvrage, divisé en deux parties, forme 4 gr. vol. in-8°. — Prix : 30 fr.

La 1re partie contient : *l'Organisation et les attributions des autorités administratives.*
La seconde contient : *les Principes généraux des matières administratives.*

Subsistances publiques. — Industrie manufacturière. — Industrie agricole.

MANUEL DES PENSIONS CIVILES
Contenant l'Exposé de la Législation et de la Jurisprudence

A L'USAGE DES FONCTIONNAIRES ET EMPLOYÉS DE TOUT ORDRE

Par CASIMIR FOURNIER

Docteur en droit, Avocat au Conseil d'État et à la Cour de cassation.

Un volume in-18. — Prix : 75 c.

LES
CODES FRANÇAIS
EXPLIQUÉS

PAR LEURS MOTIFS, PAR DES EXEMPLES, ET PAR LA JURISPRUDENCE

AVEC LA SOLUTION, SOUS CHAQUE ARTICLE,

DES DIFFICULTÉS, AINSI QUE DES PRINCIPALES QUESTIONS QUE PRÉSENTE LE TEXTE

LA DÉFINITION DES TERMES DE DROIT,

ET LA REPRODUCTION DES MOTIFS DE TOUS LES ARRÊTS-PRINCIPES,

SUIVIS DE FORMULAIRES;

OUVRAGE DESTINÉ AUX ÉTUDIANTS EN DROIT,

aux personnes chargées d'appliquer les lois

ET A TOUTES CELLES QUI, DÉSIRANT LES CONNAITRE, N'ONT PU EN FAIRE UNE ÉTUDE SPÉCIALE

Par J. A. ROGRON,

Ancien avocat aux conseils du Roi et à la Cour de Cassation,
Secrétaire général du Parquet de cette Cour, membre de la Légion d'honneur.

CODE CIVIL EXPLIQUÉ. 17ᵉ édition, 2 énormes volumes grand in-18, contenant 3,450 pages (l'édition précédente ne contenait pas 2,000 pages).. 15 fr. »

CODE DE PROCÉDURE CIVILE EXPLIQUÉ. 10ᵉ édition. 2 énormes volumes grand in-18, contenant 2,500 pages................... 15 »

CODE DE COMMERCE EXPLIQUÉ. 11ᵉ édition. 1 vol. grand in-18, contenant 1,440 pages... 10 »

CODE D'INSTRUCTION CRIMINELLE EXPLIQUÉ. 5ᵉ édition, complétement refaite. 1 énorme vol. grand in-18, contenant plus de 1,600 pages.. 10 »

CODE PÉNAL EXPLIQUÉ. 7ᵉ édition. 1 fort vol. grand in-18, contenant plus de 1,400 pages.. 10 »

CODE DE LA CHASSE seul................................. 4 »

CODE POLITIQUE FRANÇAIS
DE 1788 A 1848

1 volume grand in-18. — Prix : 6 francs.

PANDECTÆ JUSTINIANEÆ

IN NOVUM ORDINEM DIGESTÆ
CUM LEGIBUS CODICIS ET NOVELLIS

QUÆ JUS PANDECTARUM CONFIRMANT, EXPLICANT AUT ABROGANT

Auctore ROBERTO JOSEPHO POTHIER

EDITIO QUARTA, CURIS ET VIGILIIS NICOLAI LATRUFFE.

Paris. 3 vol. in-fol. Prix : 60 fr.

Cette magnifique édition des PANDECTES DE POTHIER, la meilleure sous tous les rapports comme exécution typographique et comme pureté de texte, a été revue et collationnée avec soin sur toutes les éditions connues; le prix élevé auquel on l'avait tenue jusqu'à présent en interdisait l'accès à beaucoup de jeunes avocats.

Ayant acquis le reste des exemplaires de celle-ci, nous nous sommes empressé de mettre cet ouvrage à la portée de toutes les bibliothèques, en baissant le prix et le mettant à 60 francs seulement.

DU DROIT DE PUNIR
PAR
ÉMILE DE GIRARDIN

Un beau volume in-8°. — Prix : 6 francs.

Ce livre fait suite à celui de BECCARIA : *Des délits et des peines.*

T. CAMPENON
LE CODE NAPOLÉON

Commentaire usuel indiquant sous chaque article les solutions théoriques et pratiques de la jurisprudence; par T. CAMPENON, avocat à la cour d'appel de Paris. Cette édition, commode et portative, forme un volume in-32 de 320 pages. imprimé avec le plus grand soin sur caractères fondus exprès. Prix. . 2 fr. 50
Cartonné. . . . . 3 fr. »»

T. CAMPENON
LE CODE DE COMMERCE
ET LES LOIS COMMERCIALES

Commentaire usuel indiquant sous chaque article les solutions théoriques et pratiques de la jurisprudence, par T. CAMPENON, avocat à la Cour d'appel de Paris. Un volume in-32. Prix. . . . . 2 fr. »»
Cartonné. . . . . 2 fr. 50

LA LOI DANS SES RAPPORTS AVEC LA FAMILLE

Lectures populaires sur la loi civile

PAR MM.

G. DABANCOUR	A. PUTOIS
Docteur en droit	Juge de paix
Juge au tribunal civil de Mâcon	Auteur des *Petites Lectures sur la loi pénale*

MEMBRES DE L'ACADÉMIE DE MACON

Publiées sous le patronage de l'Académie

Un volume in-18. — Prix : 1 franc 50 c.

HISTOIRE DU DROIT DANS LES PYRÉNÉES

(COMTÉ DE BIGORRE)

Par M. G. B. DE LAGRÈZE, conseiller à la Cour d'appel de Pau.

1 fort volume in-8° cavalier. — Prix : 10 fr.

Imprimé par ordre de l'Empereur à l'Imprimerie impériale.

PHILOSOPHIE DE LA COUR D'ASSISES

Par EUGÈNE LAMBERT,

Conseiller à la Cour d'appel de Rennes.

Un volume in-8°. — Prix : 5 fr.

L'ARCHIPEL DES ILES NORMANDES

JERSEY, GUERNESEY, AUREGNY, SARK & DÉPENDANCES

Institutions communales, judiciaires, féodales de ces îles

AVEC UNE CARTE POUR SERVIR A LA PARTIE GÉOGRAPHIQUE ET HYDROGRAPHIQUE

PAR THÉODORE LE CERF

de la Société des Antiquaires de Normandie.

Un beau volume in-8°. — Prix : 5 francs.

DES VOITURIERS

PAR TERRE, PAR EAU ET PAR CHEMIN DE FER

OU TRAITÉ THÉORIQUE ET PRATIQUE

DES TRANSPORTS

Par AUGUSTE GALOPIN

Avocat au Conseil d'État et à la Cour de cassation, Membre de la Société de l'Histoire de France.

Un volume in-8°. — Prix : 6 francs.

LES LIMITES DU SUFFRAGE UNIVERSEL

PAR ANTONIN RONDELET

Un volume in-18. — Prix : 1 franc.

DROIT ROMAIN.

	fr. cent.
Explication historique des Instituts de l'empereur Justinien, avec le texte, la traduction en regard et les explications sous chaque paragraphe, précédée de l'Histoire de la législation romaine, depuis son origine jusqu'à la législation moderne, et d'une Généralisation du Droit romain, d'après les textes anciennement connus ou plus récemment découverts ; par M. ORTOLAN, professeur à la Faculté de droit de Paris. 8ᵉ édit., revue et considérablement augm. 3 forts vol. in-8.	22 50
Pandectæ Justinianeæ, in novum ordinem digestæ, cum legibus codicis et novellis, quæ jus Pandectarum confirmant, explicant aut abrogant, auctore Roberto-Josepho POTHIER, editio quarta, curis et vigiliis Nicolai Latruffe. Paris, 3 volumes in-fol.	60 »
Manuale juris synopticum in quo continentur Justiniani Institutiones cum Gaii Institutionibus e regione oppositis perpetuo collatæ; par M. PELLAT, professeur à la Faculté de droit de Paris. 1862, 5ᵉ édition. 1 vol. in-12.	5 »
Lettres d'un ancien rédacteur de la *Thémis* **à M. Laboulaye, sur l'***Histoire du Droit***. In-18.	» 30
Histoire du droit byzantin, ou du Droit romain dans l'empire d'Orient, depuis la mort de Justinien jusqu'à la prise de Constantinople en 1453 ; par MORTREUIL, av. à Marseille. 3 vol. in-8.	21 »
Cette histoire fait connaître les destinées du Droit romain en Orient, et les travaux dont ce Droit a été l'objet de la part des jurisconsultes et des canonistes grecs postérieurement au règne de Justinien. Il parcourt la série des événements juridiques parallèles à ceux que Savigny a suivis pour l'Occident. Il complète, par conséquent, l'histoire générale du Droit romain au moyen âge, dont la partie occidentale avait été seule étudiée jusqu'ici. A ce point de vue il est indispensable à ceux qui s'adonnent à l'étude historique du droit, trop négligée depuis les beaux jours de l'école française du seizième siècle, et dont l'importance se fait sentir aujourd'hui chez les esprits les plus éclairés.	
Cours d'introduction générale à l'étude du droit, ou Encyclopédie juridique; par M. FALCK, professeur de droit à l'université de Kiel ; traduit de l'allemand par M. PELLAT, prof. à la Faculté de droit de Paris. 1 vol. in-8.	6 »
Questions et exercices élémentaires sur les examens de droit, contenant, outre le renvoi aux auteurs, des indications spéciales sur les lois récentes qui ont modifié le système des codes ; par G. DEMANTE, docteur en droit. 1852. Le 1ᵉʳ et le 3ᵉ examen, 1 vol. in-18.	1 »
Le 4ᵉ examen, 1 vol. in-18.	1 50
Théorie des actions possessoires, ou des Moyens juridiques de faire valoir la possession en Droit romain et en Droit français, par J. CRÉMIEU, docteur en droit, avocat à la Cour d'Aix. Ouvrage couronné par la Faculté de droit d'Aix. 1 vol. in-8.	7 »

DROIT CIVIL.

Le Droit civil expliqué, par M. TROPLONG (1ʳᵉ et 2ᵉ séries). Voir page 1.	
Le Droit civil français, par TOULLIER. 6ᵉ édition, revue par M. J. B. DUVERGIER, bâtonnier de l'ordre des avocats. 14 vol. in-8.	70 »
Œuvres de Pothier, annotées et mises en corrélation avec le Code civil et la législation actuelle, par M. BUGNET, professeur de Code civil à la Faculté de droit de Paris, chevalier de la Légion d'honneur. 11 vol. in-8, y compris le volume de tables.	65 »
Le volume de Tables seul.	5 50

	fr. cent.

Code de la Veuve, de la femme délaissée, de la femme de l'absent, de l'aliéné, de l'interdit, du prodigue, du failli, du condamné, de la femme qui est dans la nécessité de recourir à la séparation de corps ou à la séparation de biens; enfin, de la femme marchande. Divisé en deux parties, dont la première contient : l'exposé et le mode d'exercice des droits de la veuve, suivant ses conventions matrimoniales; ses obligations comme tutrice; son pouvoir comme mère; l'adoption ou la tutelle officieuse à laquelle elle peut recourir;. les règles d'administration de ses biens et de ceux de ses enfants mineurs; les principes concernant les successions, pensions civiles ou militaires, la propriété littéraire ou artistique, l'assistance judiciaire, auxquelles elle peut avoir droit; enfin, les libéralités qui lui sont permises ou dont elle peut être l'objet. Et la seconde contient: l'exposé des droits et des obligations des femmes mariées, placées dans les situations indiquées plus haut. Par A. VENANT, avocat, anc. avoué de 1re instance, anc. agréé au Tribunal de commerce de la Seine. 1 fort v. in-8. . . . 7 50

« .... C'est un traité spécial dans lequel tout est grave, sérieux, méthodique, serré et concis; c'est un travail long et consciencieux.... A force d'étude et d'analyse, M. Venant, fidèle à la spécialité qu'il avait en vue, est arrivé à composer un livre très-bien fait et éminemment utile. » (*Journal des Débats*.) Quatorze autres journaux ont rendu compte de cet ouvrage dans des termes analogues.

Les Codes de l'Empire français, édition .clichée, *tenue toujours au courant des changements de la législation*, contenant la Constitution du 14 janvier et du 2 décembre 1852, les décrets les plus récents (rendus de 1848 à 1854); une nouvelle corrélation des articles entre eux, un supplément par ordre alphabétique, renfermant toutes les lois usuelles, une table générale des matières et un Dictionnaire des termes du droit; par M. TEULET, avocat à la Cour d'appel de Paris. 9e édition, imprimée sur papier collé. 1 vol. grand in-8. . . . 15 »

LES MÊMES, in-18. 14e édition. . . . 6 »
LES MÊMES, in-32. 14e édition. . . . 6 »

En demi-reliure très-soignée, 2 fr. 25 de plus pour l'in-8, et 1 fr. 25 pour l'in-18 ou l'in-32.

On vend séparément dans le format in-32 :

Code civil précédé de la Constitution. . . . 1 25
Code de procédure civile. . . . 1 25
Code de commerce. . . . 1 »

Codes expliqués (les) par leurs motifs, par des exemples et par la jurisprudence, avec la solution, sous chaque article, des difficultés, ainsi que des principales questions que présente le texte, la définition des termes de droit, et la reproduction des motifs de tous les *arrêts-principes*, suivis de formulaires, par M. ROGRON, secrétaire général du parquet de la Cour de cassation. 9 gros vol. in-18. . . . 70 »

Voici l'opinion de M. Armand Dalloz sur le travail de M. Rogron :
« On connaît le succès des *Codes expliqués* de M. Rogron. Ce succès est dû à une heureuse concision jointe à une grande clarté de style, à un tact judicieux qui sait mettre en relief tout ce qui doit être rendu saillant, qui laisse en oubli ce que la raison la plus commune sait comprendre, et ce qui n'est d'ailleurs que la conséquence la plus naturelle des explications que l'auteur a soin de donner. M. Rogron a joint à son travail l'indication des principaux arrêts, des *arrêts-principes*, comme il les appelle. Ce travail, en recommandant davantage ses *Codes expliqués* à l'attention des jurisconsultes, ne peut qu'augmenter le succès dont ils jouissent à juste titre. » (*Jurisprudence générale*, ann. 1835, 3e cahier.)
Plus de cinquante mille exemplaires des *Codes expliqués*, écoulés depuis cette époque, sont venus justifier les prévisions du jurisconsulte si recommandable auquel nous devons tant d'utiles travaux. — Chaque Code se vend séparément, comme suit :

Code civil expliqué, 17e édition. 2 vol. . . . 15 »
Code de procédure civile expliqué, 10e édition. 2 vol. . . . 15 »
Code de commerce expliqué, 1857. 11e édition. 1 vol. . . . 10 »
Code d'instruction criminelle expliqué. 5e édition, complètement refaite. 1 énorme vol. grand in-18, contenant plus de 1,600 pages. . . . 10 »

	fr. cent.

Code pénal expliqué, 7e édition, 1 fort vol. grand in-18, contenant plus de 1,000 pages. — 10 »

Code de la Chasse seul. 1 vol. — 4 »

Code politique, ou Charte constitutionnelle expliquée. 1 vol. — 6 »

Le Plébiscite du 8 mai 1870, expliqué par ses motifs, par la discussion au Sénat et par les grands principes de droit public proclamés par les constitutions antérieures, précédé d'un exposé des événements et des actes qui ont amené successivement la constitution de 1848, celle de 1852 et l'Empire, par J. A. ROGRON, ancien secrétaire général du parquet de la Cour de cassation et auteur des *Codes français expliqués*. In-12. — 1 »

PAILLIET — ROGRON. **Tous les Codes officiels français**, y compris les Codes militaire et maritime, collationnés sur le bulletin des lois, précédés des constitutions de l'Empire, et mis au courant de la législation actuelle par l'insertion dans leurs textes des nombreuses lois modificatives successivement édictées jusqu'à ce jour, avec : 1° Un exposé des faits et actes qui ont amené la Présidence et l'Empire; 2° une concordance des articles des Codes entre eux; 3° d'importantes annotations sur l'ancien et le nouveau droit; 4° des extraits de l'exposé des motifs sous les articles des Codes militaire et maritime; terminés par une table générale des matières et par une table analytique. 1 fort vol. grand in-8 de plus de 900 pages. — 12 50

En demi-reliure chagrin. — 15 »

Le Code Napoléon, Commentaire usuel indiquant sous chaque article les solutions théoriques et pratiques de la jurisprudence, par T. CAMPENON, avocat à la Cour d'appel de Paris. 1 vol. in-32. Broché, 2 fr. 50; cartonné, — 3 »

<small>Cette édition, commode et portative, forme un joli volume de 320 pages encadrées, imprimé sur caractères fondus exprès.</small>

Synopsie du Code civil annoté, en cent tableaux, précédés d'un discours préliminaire, et suivis de trois tables; par M. BROSSARD, magistrat. 1 beau vol. in-4, relié. — 10 »

Cours analytique de Code Napoléon, par M. A. DEMANTE, avocat à la Cour d'appel, professeur à la Faculté de droit de Paris, continué depuis l'article 980 par E. COLMET DE SANTERRE, avocat à la cour d'appel, professeur de Code civil à la Faculté de droit de Paris. 9 vol. in-8.

Les tomes I et II, renfermant les articles 1 à 710, se vendent — 15 »

Le tome III renferme les articles 711 à 892. *Traité des successions*, 1 vol. — 7 50

Le tome IV, continué par M. COLMET DE SANTERRE, renferme le titre des donations entre-vifs et des testaments. 1 volume. — 7 50

Le tome V renferme le titre des contrats et des obligations conventionnelles en général, articles 1101 à 1386. 1 vol. — 7 50

Le tome VI renferme le *Traité du Contrat de mariage*, art. 1387-1581. 1 volume. — 7 50

Le tome VII renferme le *Traité de la vente*, de *l'échange* et du *louage*. 1 volume. — 7 50

<small>Invité par nous, encouragé par la famille de M. Demante, M. Colmet de Santerre, professeur de Code Napoléon à la Faculté de droit de Paris, a bien voulu se charger de continuer le *Cours analytique de Code Napoléon*. Nourri des doctrines de M. Demante, dont il fut l'élève et le suppléant, M. Colmet de Santerre se trouve dans les meilleures conditions pour que l'esprit général de l'ouvrage ne change pas, pour que l'ensemble des doctrines reste le même.
Le *Cours analytique* aura encore deux volumes, qui paraîtront sans interruption, M. Colmet de Santerre s'étant engagé à travailler activement et assidûment à l'œuvre qu'il a entrepris de terminer.</small>

Traité du domicile et de l'absence, par DESQUIRON. 1 vol. in-8. — 4 »

	fr. cent.

Réquisitoires, plaidoyers et discours de rentrée prononcés par M. Dupin, procureur général à la Cour de cassation, avec le texte des arrêts, depuis le mois de novembre 1857 jusqu'à son décès (10 novembre 1865), publiés par M. le baron Ch. Dupin, avec le concours de M. L. Ménard, secrétaire en chef du parquet de la Cour de cassation. 3 vol. in-8°. — 21 »

La Loi dans ses rapports avec la famille. Lectures populaires sur la loi civile, par MM. G. Dabancour, docteur en droit, juge au tribunal civil de Mâcon, et A. Putois, juge de paix, auteur des *Petites Lectures sur la loi pénale*, membres de l'Académie de Mâcon, publiées sous le patronage de l'Académie. 1 vol. in-18. — 1 50

Traité des servitudes, ou SERVICES FONCIERS, 8ᵉ édition, corrigée et considérablement augmentée en ce qui concerne principalement les chemins, les cours d'eau, les usages, le voisinage et la compétence des juges de paix, d'après la loi du 25 mai 1838; par M. Pardessus, avocat à la Cour d'appel et membre de l'Institut. 2 vol. in-8. — 18 »

<small>Huit éditions d'un livre de droit sont remarquables à l'époque où nous vivons. Cet ouvrage était, au surplus, bien digne de cet honneur.</small>

Traité des servitudes réelles, à l'usage des jurisconsultes, des experts et des propriétaires; par M. Solon, avocat à la Cour d'appel de Paris. 1 vol. in-8. — 6 »

Commentaire sur la loi des successions, formant le titre Iᵉʳ du livre III du Code civil; par Chabot (de l'Allier); 6ᵉ édit., revue, corrigée et augmentée par M. Pellat, profess. à la Faculté de Paris. 3 vol. in-8. — 10 »

<small>Edition originale et la *seule* qui se rapporte aux citations faites dans les recueils d'arrêts du *Journal du Palais*, de *Sirey*, de *Dalloz*, et dans les ouvrages de Duranton, Toullier, etc., etc.</small>

Traité du retrait successoral, par Xavier Benoit, avocat, auteur des Traités de la Dot et des Biens paraphernaux. 1 vol. in-8. — 5 »

Traité des transactions, d'après les principes du Code civil; par M. Marbeau, avocat à la Cour d'appel de Paris. 1 vol. in-8. — 4 »

Traité des preuves en droit civil et en droit criminel, par M. Bonnier, professeur à la Faculté de droit de Paris. 4ᵉ édition. 2 vol. in-8°. — 16 »

Traité de la preuve par témoins en matière civile, par Desquiron. 1 vol. in-8. — 7 »

Du Droit nobiliaire français au dix-neuvième siècle, par Alfred Levesque, avocat à la Cour d'appel de Paris. 1 vol. in-8. — 6 »

PROCÉDURE CIVILE.

Cours de procédure civile, par Berriat-Saint-Prix, doyen de la Faculté de Paris, membre de l'Institut. 7ᵉ édition, refondue en partie et mise au courant des lois de 1841 et 1858. 2 vol. in-8. — 8 »

<small>C'est le seul ouvrage qui réunisse, à la procédure proprement dite, les règles sur la compétence et les devoirs des magistrats composant les tribunaux, et des officiers ministériels; c'est aussi le seul qui, basé sur une comparaison exacte de toutes les lois existantes, ait, dans ses éditions successives, tenu le public au courant des modifications apportées par la jurisprudence et la législation.
L'auteur possède au dernier degré le talent de l'analyse, et l'on peut dire de ses notes, avec M. Dupin aîné : *Breves quidem, sed succi plenæ*.</small>

Manuel de la Saisie immobilière tiré du Cours de procédure, par Jacques Berriat-Saint-Prix, et refondu d'après les lois de 1841 et 1858, suivi d'un tableau chronologique des actes; par Félix Berriat-Saint-Prix, avocat, docteur en droit. 1 vol. in-8. — 2 »

JURISPRUDENCE.

fr. cent.

Code de procédure civile expliqué par ses motifs, par des exemples et par la jurisprudence, suivi d'un formulaire des actes de procédure civile; par M. Rogron. 1854, 10ᵉ édition. 2 vol.   15 »

Éléments de procédure civile, par M. Bonnier. 1 fort vol. in-8.   9 »

La procédure civile des tribunaux de France démontrée par principes, et mise en action par des formules; par Pigeau. 5ᵉ édition, revue et augm. par M. Crivelli, avocat à la Cour d'appel. 2 vol. in-4.   15 »

De la juridiction civile des juges de paix, ouvrage faisant suite aux *Actions possessoires*, et dans lequel on traite de toutes les autres matières *civiles*, *contentieuses* et *non contentieuses*, entrant dans les attributions des juges de paix comme juges civils et comme juges de police; par Carou, juge de paix à Nantes; 2ᵉ édit., considérablement augm. et suivie d'un formulaire; par M. Bioche, avocat. 2 vol. in-8.   12 »

Tableau synoptique de la loi du 25 mai 1838 sur les justices de paix, par M. Brossard, juge au tribunal civil de Chalon-sur-Saône. In-fol. d'une feuille.   1 »

Traité de la juridiction civile judiciaire des juges de paix, par le Même. 1 vol. in-8 cartonné.   4 »

Traité de l'appel, et de l'instruction sur l'appel, suivant les diverses dispositions sur les matières contenues dans le Code de procédure civile et dans le Code de commerce; par M. Rivoire, auteur du *Dictionnaire du Tarif*. 1 vol. in-8.   7 »

Traité des référés, tant en matière civile qu'en matière criminelle, par M. Bilhard. 1 vol. in-8.   3 »

Théorie de la nullité des conventions et des actes de tous genres en matière civile, par M. Solon, avocat à la Cour d'appel de Paris. 2 vol. in-8.   10 »

    Cet ouvrage, dont tous les journaux de jurisprudence ont fait l'éloge, comble une lacune importante dans le droit. Fruit de longues recherches, fait avec conscience, et traité avec talent par son auteur, il se recommande vivement à l'attention des magistrats, des jurisconsultes, des notaires et de tous ceux qui, par état ou par goût, se livrent à l'étude des lois.

De la Vérification des écritures, par Lévêque. 1 vol. in-8.   2 50

    Sous presse, pour paraître avant les vacances :

Traité théorique et pratique des actions possessoires, par Carou; 4ᵉ édit., entièrement refondue, annotée, et suivie du **Traité du bornage**, par M. Lévêque, subst. du proc. gén. près la Cour d'appel de Paris. 1 vol. in-8.   8 »

    « Les ouvrages de Carou sont les plus complets, les plus médités de tous ceux qui ont
» été publiés sur ces matières, et nul n'a mieux justifié que lui ce précepte : que quand on
» écrit le dernier sur une science, on doit dire des choses nouvelles, ou faire mieux que ses
» devanciers, sinon s'abstenir; aussi les travaux de ce laborieux magistrat ne sauraient-ils
» être trop recommandés à l'attention des jurisconsultes.
    » Pour notre part, nous les avons analysés tout entiers dans notre Supplément à notre
» Dictionnaire général. C'est le plus certain témoignage de l'estime qu'ils nous ont in-
» spirée. » (Dalloz, 1841, *deuxième cahier*.)

DROIT COMMERCIAL.

Traité complet théorique et pratique de droit commercial. Nouvelle édition, comprenant dans un ordre nouveau l'ouvrage publié sous le titre du *Contrat de commission*, par MM. Delamarre et Le Poitevin (de Rennes). 6 vol. in-8.   48 »

JURISPRUDENCE.

fr. cent.

Règles internationales et Diplomatie de la mer, par M. THÉODORE ORTOLAN, capitaine de vaisseau, officier de la Légion d'honneur ; 4ᵉ édition, mise en harmonie avec le dernier état des traités, suivie d'un appendice spécial contenant les principaux documents officiels relatifs à la dernière guerre d'Orient, à la guerre des Etats-Unis, et les actes du congrès de Paris de 1856. 2 volumes in-8. 15 »

Code de commerce expliqué par ses motifs, par des exemples et par la jurisprudence, suivi d'un formulaire d'actes; par M. ROGRON. 11ᵉ édit.; in-18. 10 »

Le Code de Commerce et les Lois commerciales, commentaire usuel indiquant sous chaque article les solutions théoriques et pratiques de la jurisprudence, par T. CAMPENON, avocat à la Cour d'appel de Paris, un volume in-32. Prix : 2 fr. Cartonné. 2 50

Traité des assurances et des contrats à la grosse, d'ÉMÉRIGON, conféré et mis en rapport avec le nouveau Code de commerce et la jurisprudence; par M. BOULAY-PATY. 2 vol. in-4. 12 »

Le texte d'Émérigon est religieusement conservé, imprimé dans le même format qu'il avait cru devoir adopter lui-même, et à la fin de chaque section se trouve la conférence sur la matière, avec le rapprochement des articles du Code de commerce, des opinions de *Valin* et de *Pothier*, et de la jurisprudence des cours. Tout ce qui n'est pas combattu fait toujours un point de doctrine parmi nous ; mais on s'est moins attaché à faire des citations d'arrêts qu'à rappeler les véritables principes et les diverses dispositions de la loi nouvelle qui régit maintenant le commerce français.

Le Traité des assurances n'est pas borné à la seule matière qu'indique son titre. Il embrasse la presque totalité du droit maritime, et ne saurait être trop recommandé à ceux qui s'occupent de cette importante partie de la législation.

La Juridiction consulaire de Paris (1563-1792). Sa création, ses luttes, son administration intérieure, ses usages et ses mœurs; par M. G. DENIÈRE, ancien président du Tribunal de commerce de la Seine, président de la Chambre de commerce de Paris. 1 vol. grand in-8. 10 »

Traité de la Contrefaçon en tous genres et de sa poursuite en justice, comprenant tout ce qui concerne les inventions brevetées; les dessins et les marques de fabrique; les étiquettes, enseignes et noms de commerçants; les désignations et enveloppes de marchandises; les œuvres littéraires, musicales, dramatiques et artistiques; les titres d'ouvrages et les noms d'auteurs, par Étienne BLANC, avocat à la Cour d'appel de Paris. 1 très-fort volume in-8 de plus de 800 pages. 4ᵉ édition. 10 »

Code général de la propriété industrielle, littéraire et artistique, comprenant les législations de tous les pays et les traités internationaux sur les inventions brevetées, les œuvres de littérature, de musique, de théâtre, de peinture, dessin, sculpture et gravure; les enseignes, les noms de commerçants, les marques et les dessins de fabrique; par ETIENNE BLANC et ALEXANDRE BEAUME, avocat à la Cour d'appel de Paris. 1 vol. in-8 de 650 pages. 7 50

L'Inventeur breveté, Code des Inventions et des Perfectionnements, contenant la loi de 1844 et son commentaire; un traité des brevets et de la contrefaçon, avec les principaux monuments de la jurisprudence; la circulaire du ministre sur l'application de la loi; les exposés des motifs et les rapports des commissions devant les chambres; un formulaire pour les demandes de brevets et pour les procédures; un précis des législations étrangères; par ETIENNE BLANC, avocat à la Cour d'appel de Paris. 3ᵉ édition ; 1 volume in-8. 7 50

Les trois volumes pris ensemble, au lieu de 25 fr. Net, 18 »

Des Voituriers par terre, par eau et par chemin de fer, ou Traité théorique et pratique des Transports, par Auguste GALOPIN, avocat au Conseil d'État et à la Cour de cassation, membre de la Société de l'Histoire de France. 1 vol. in-8. 6 »

DROIT CRIMINEL.

fr. cent.

Traité de l'instruction criminelle, ou théorie du Code d'instruction criminelle, par M. Faustin Hélie, membre de l'Institut, président à la Cour de cassation. 2e édition, entièrement revue et considérablement augmentée. 8 vol. in-8.   80 »

Philosophie de la Cour d'assises, par Eugène Lambert, conseiller à la Cour d'appel de Rennes. 1 vol. in-8.   5 »

Cours de droit criminel (Instruction criminelle et droit pénal), par Jacques Berriat-Saint-Prix. 5e édition, mise au courant de la législation, par Félix Berriat-Saint-Prix, avocat, docteur en droit. 1 vol. in-8.   4 »

Jurisprudence des Codes criminels, par M. Bourguignon. 3 vol. in-8.   4 50

Manuel d'instruction criminelle, par le Même. 2 vol. in-8.   4 »

Traité des procès-verbaux en matière de délits et de contraventions, par M. Mangin, avec une introduction par M. Faustin Hélie. 1 vol. in-8.   8 »

Code d'instruction criminelle expliqué, par M. Rogron. 5e édition, complétement refaite. 1 énorme volume grand in-18, contenant plus de 1,600 pages.   10 »

Code pénal expliqué, par M. Rogron. 7e édition. 1 fort vol. in-18, contenant plus de 1,400 pages.   10 »

Code de la chasse, expliqué par ses motifs, par des exemples et par la jurisprudence, suivi d'un Appendice contenant la législation de la louveterie; par le Même. In-18.   4 »

Résumé des Éléments de droit pénal. Pénalité — juridiction — procédure, etc., par M. Ortolan, professeur à la Faculté de droit de Paris. 1 fort vol. in-8.   10 »

Les Pénalités de l'Enfer de Dante, suivies d'une Étude sur Brunetto Latini, apprécié comme le maître de Dante, par E. Ortolan, professeur de législation pénale comparée à la Faculté de droit de Paris. 1 vol. in-18.   2 50

Le Droit de chasse français, ouvrage renfermant la loi nouvelle sur la police de la chasse, commentée par M. Chardon. In-8.   5 50

Des fonctions d'officier de police judiciaire, par M. Demolènes, juge au trib. civil de la Seine. In-8.   3 »

De la composition du jury criminel en France depuis 1790. Nécessité de rétablir la loi du 4 juin 1853, par E. O'Reilly, conseiller à la Cour d'appel de Rouen. 1 vol. in-12.   1 50

DROIT ADMINISTRATIF ET MATIÈRES DIVERSES.

Cours d'Administration et de droit administratif professé à la Faculté de droit de Paris, par M. Macarel, président au Conseil d'Etat; 3e édition, mise au courant de la législation par M. A. de Pistoye, chef de bureau au ministère du commerce. 4 volumes in-8.   30 »

Manuel des Pensions civiles, contenant l'exposé de la législation et de la jurisprudence, à l'usage des fonctionnaires et employés de tout ordre, par Casimir Fournier, docteur en droit, avocat au Conseil d'État et à la Cour de cassation. 1 volume in-18.   » 75

Considérations sur l'enseignement du Droit administratif, par M. Jules Mallein, ancien bâtonnier de l'Ordre des avocats à la Cour d'appel de Grenoble, professeur à la Faculté de droit de la même ville, chevalier de la Légion d'honneur; 1857. 1 volume in-8.   6 »

Manuel des ateliers dangereux, insalubres ou incommodes, ou recueil de la législation et de la jurisprudence en cette matière; par Macarel. 1 vol. in-18.   3 50

JURISPRUDENCE.

	fr. cent
Pensions civiles, Caisses de retraites et Assurances sur la vie, par Adolphe TARDIF, docteur en droit. 1 brochure in-8°.	2 »
Ministère des affaires étrangères. In-8° broché.	2 »
De la fortune publique en France et de son administration, par MM. MACAREL et BOULATIGNIER, conseillers d'Etat. 3 vol. in-8.	24 »
Code politique ou **Charte constitutionnelle expliquée ;** par M. ROGRON. 1 v.	6 »
Le Plébiscite du 8 mai 1870 expliqué par ses motifs, par la discussion au Sénat et par les grands principes de droit public proclamés par les constitutions antérieures, précédé d'un exposé des événements et des actes qui ont amené successivement la constitution de 1848, celle de 1852 et l'Empire, par J.-A. ROGRON, ancien secrétaire général du parquet de la Cour de cassation et auteur des *Codes français expliqués*. In-12.	1 »
Les Limites du suffrage universel, par Antonin RONDELET. 1 vol. in-18.	1 »
Manuel de droit rural et d'économie agricole, par P. JACQUES DE VALSERRES, avocat à la Cour d'appel de Paris, professeur de législation industrielle à l'Ecole spéciale du commerce ; 2ᵉ édition, augmentée de toute la législation rurale annotée. 1 fort vol. in-8.	7 50
Des droits d'usage dans les bois de l'État, dans ceux des particuliers, et notamment dans les forêts de l'ancien comté d'Evreux ; par DAVANNES. 1 vol. in-8.	3 50
Traité de la législation concernant les manufactures, ateliers dangereux, insalubres et incommodes ; par M. TAILLANDIER, conseiller à la Cour d'appel de Paris. In-8.	3 »
Histoire du Droit dans les Pyrénées (comté de Bigorre), par M. G. B. DE LAGRÈZE, conseiller à la Cour d'appel de Pau. 1 fort volume in-8° cavalier (imprimé par ordre de l'Empereur à l'Imprimerie impériale).	10 »
Des Institutions judiciaires en Angleterre, comparées avec celles de la France et quelques autres États anciens et modernes ; par M. REY, conseiller à la Cour d'appel de Grenoble ; 2ᵉ éd. 2 vol. in-8.	10 »
L'Archipel des îles normandes : Jersey, Guernesey, Aurégny, Sark et dépendances. Institutions communales, judiciaires, féodales de ces îles, avec une Carte pour servir à la partie géographique et hydrographique, par Théodore LE CERF, de la Société des Antiquaires de Normandie. 1 beau volume in-8°.	5 »
Des Bases de l'ordre social, par J. REY, de Grenoble, conseiller à la Cour d'Angers. 2 vol. in-8.	15 »
Règles de droit et de morale tirées de l'Écriture sainte, mises en ordre et annotées par M. DUPIN, ancien bâtonnier des avocats, docteur en droit, procureur général à la Cour de cassation. 1 volume in-18.	5 »
Mémoire sur l'enseignement du droit en Hollande et sur les garanties d'instruction juridique exigées dans ce pays des aspirants à certaines fonctions et professions ; par M. BLONDEAU, membre de l'Institut de France et du conseil royal de l'Université. In-8.	6 »
Du Pouvoir discrétionnaire du président du tribunal. Ordonnances sur requête, par BERTIN, avocat à la Cour d'appel de Paris, rédacteur en chef du *Droit*. 1 brochure in-8.	1 »

Paris. Typographie de E. Plon et Cⁱᵉ, rue Garancière, 8.

www.ingramcontent.com/pod-product-compliance
Lightning Source LLC
Chambersburg PA
CBHW050106230426
43664CB00010B/1452